教育部人文社会科学重点研究基地
中国人民大学刑事法律科学研究中心系列丛书

刑事诉讼法学的发展脉络
（1997—2018）

主　编　刘计划

撰稿人　段君尚　朱　旭　张式泽
　　　　胡晴晴　王怡然　郭丰璐

中国人民大学出版社
·北京·

前 言
PREFACE

　　法学是理论与实践联系至为密切的学科，而刑事诉讼法学作为部门法学、应用法学、程序法学，尤其如此。伴随改革开放后民主与法制建设的恢复与推进，特别是我国刑事诉讼法的立法与修改进程，刑事诉讼法学研究日益发展并趋向繁荣。40多年来，刑事诉讼法学研究队伍不断壮大，刑事诉讼法学人辛勤耕耘，或对刑事诉讼基础理论展开争鸣与革新，或对刑事诉讼立法与司法实践进行分析与评价，或对域外刑事诉讼立法与理论研究进行比较与借鉴，或对我国刑事诉讼立法修改与司法实务建言，刑事诉讼法学取得了丰硕的研究成果。特别是党的十八大以来，司法体制改革深入推进，大部分改革事项都与刑事诉讼法有关，刑事诉讼法学一时成为一门显学。

　　刑事诉讼法关乎人的生命、自由、财产权利等诸项重要的宪法权利，关涉犯罪控制与人权保障、社会安全与个人自由等各种价值与利益的冲突与平衡。所有部门法中，或许没有哪一部门法堪比刑事诉讼法面临如此激烈的价值冲突。40多年来，我国刑事诉讼法于制定后历经多次修改，取得了长足的进步，不过仍存在诸多问题，需要持续推进修改完善。

　　我国刑事诉讼法学理论与实践紧密互动，互相促进，同样面临现代转型发展课题。伴随刑事诉讼立法进程，刑事诉讼法学理论研究围绕刑事诉讼法立法、司法实践，取得了长足发展，为刑事诉讼立法、司法提供了重要的理论支持和智识保障。刑事诉讼法学科获得了很大的发展，需要不断回顾与总结。为了更好地记录刑事诉讼法学研究的足迹，特撰写本书，以为学科综述。描述刑事诉讼法学的发展脉络，既能够回顾、总结本学科的发展与取得的成绩，便于博士生、硕士生及其他读者了解本学科的发展脉络，又能够为未来刑事诉讼法学的研究提供指引与镜鉴。

　　本书综述的内容起自1997年，止于2018年，时间跨度为22年。之所以作此选择，实乃基于两点考虑。其一，1997年与2018年是刑事诉讼立法与理论研究进程中两个具有特殊意义的年份。1979年7月，我国首部刑事诉讼法颁布，这是改革之初具有特定政治、经济与社会背景的一部法典。而1996年3月，全国人大对刑事诉讼法进行了第一次修改，这是该法典迈向现代化转型的重要一步。这次修改，也被称为"具有里程碑意义"的一次修改。刑事诉讼法学者以各种形式参与其中，作出了应有的贡献。1996年修改后的刑事诉讼法自1997年开始实施。因此，1997年是1996年修改后刑事诉讼法实施的第一年。自1997年开始，在具有连续性即继续坚持传统理论研究的同时，立法的修改与生动的司法实践为刑事诉讼法学研究的拓展注入了活力。可以说，以1997年为新的研究起点，中国刑事诉讼法学界取得了更多的成果。其后，刑事诉讼法学研究也为2012年刑事诉讼法修改以及 2018 年刑事诉讼法修改做了理论准备，贡献了理论智识。因此，选取 1997 年与 2018 年作为研究起止时点，能够展现转型期刑事诉讼法学研究取得的长足进步，具有承继性与连贯性。

其二，为了庆祝中国人民大学刑事法律科学研究中心成立 20 周年。中国人民大学刑事法律科学研究中心作为教育部普通高等学校人文社会科学重点研究基地，成立于 1999 年，至 2018 年走过了整整 20 年的光辉岁月。中国人民大学法学院刑事诉讼法学科是中国人民大学刑事法律科学研究中心的重要组成部分。我们选取中心成立前两年为始，2018 年为止，撰写出版学科综述，目的即为中心成立 20 周年献上庆贺之礼。

需要指出的是，受学术旨趣与研究水平的限制，本书一定存在梳理内容全面性不足与评述准确性不当，尤其是挂一漏万而未能反映刑事诉讼法学研究全貌之憾。为此，请刑事诉讼法学界方家见谅并批评指正。我们期待着，刑事诉讼法学人一如既往，努力耕耘，为刑事诉讼程序法治的实现，创作出更多高质量的研究成果，建构起更具解释力与指导性的理论大厦。

参与本书撰稿的有中国人民大学法学院与刑事法律科学研究中心刑事诉讼法学科已经毕业的段君尚、朱旭、张式泽三位博士以及在读的胡晴晴、王怡然、郭丰璐三位博士研究生，感谢六位同学的积极参与。

刘计划

2020 年 8 月

目 录
CONTENTS

第一章　基本理论与制度 ... 1
　第一节　刑事诉讼基本理论 ... 1
　第二节　管辖与回避 ... 18
　第三节　辩护 ... 23
　第四节　证据 ... 64
　第五节　强制措施 ... 116

第二章　审前程序 ... 141
　第一节　立案 ... 141
　第二节　侦查 ... 146
　第三节　起诉 ... 176

第三章　审判程序 ... 194
　第一节　审判组织 ... 194
　第二节　第一审程序 ... 203
　第三节　第二审程序 ... 224
　第四节　死刑复核程序 ... 236
　第五节　审判监督程序 ... 244

第四章　执行 ... 248
　第一节　自由刑的执行 ... 248
　第二节　财产刑的执行 ... 253
　第三节　刑罚执行中的法律监督 ... 255

第五章　特别程序 ... 257
　第一节　未成年人刑事案件诉讼程序 ... 257
　第二节　当事人和解的公诉案件诉讼程序 ... 259
　第三节　犯罪嫌疑人、被告人逃匿、死亡案件违法所得的没收程序 ... 264
　第四节　依法不负刑事责任的精神病人的强制医疗程序 ... 266
　第五节　缺席审判程序 ... 267

第六章　司法改革 ... 273
　第一节　前言 ... 273
　第二节　司法制度改革 ... 276
　第三节　司法体制改革 ... 287

第四节 推进以审判为中心的诉讼制度改革 …………………………………… 302
第五节 完善刑事诉讼认罪认罚从宽制度 …………………………………… 311
第六节 冤假错案的防范 ……………………………………………………… 320
第七节 国家监察体制改革 …………………………………………………… 327

第一章 基本理论与制度

第一节 刑事诉讼基本理论

对于刑事诉讼基本理论的探讨，主要集中于刑事诉讼的基本原则、刑事诉讼模式、刑事政策与刑事诉讼的关系。

一、刑事诉讼基本原则

刑事诉讼的基本原则对刑事诉讼具有普遍的指导意义与统摄的引领作用。我国刑事诉讼基本原则与国际通行刑事诉讼基本原则体系有着融会贯通的一面，但其更多地是符合我国国情的，是根植于我国刑事诉讼法律的基本准则。刑事诉讼基本原则体现于整个刑事诉讼过程中，不仅为公安机关、人民检察院与人民法院所遵守，也是全体诉讼主体参与刑事诉讼应遵照的准则。

在现有的法律体系中，刑事诉讼基本原则不仅被规定于《刑事诉讼法》中，在《宪法》《人民法院组织法》《人民检察院组织法》中也规定了刑事诉讼基本原则。因《宪法》是我国的根本大法，所以《宪法》中刑事诉讼基本原则的规定较为宏观，如《宪法》第33条规定的公民在法律面前一律平等原则与国家尊重和保障人权原则，第130条规定的审判公开原则等。这些原则表明了国家对刑事诉讼的重视，也彰显了刑事诉讼法在我国法律体系中的重要地位。在《人民法院组织法》《人民检察院组织法》中同样规定了"以事实为根据，以法律为准绳""司法公开""司法公正"等原则。在2012年修改后的《刑事诉讼法》中，针对司法实践中出现的新情况与新问题，为更好地完成刑事诉讼法的任务，刑事诉讼基本原则也进行了完善。相较于1996年的《刑事诉讼法》，2012年修改后的《刑事诉讼法》在刑事诉讼基本原则部分作了以下修改：第一，将"尊重和保障人权"纳入刑事诉讼法的任务；第二，将第14条第1款"人民法院、人民检察院和公安机关应当保障诉讼参与人依法享有的诉讼权利"修改为"人民法院、人民检察院和公安机关应当保障犯罪嫌疑人、被告人和其他诉讼参与人依法享有的辩护权和其他诉讼权利"。2018年《刑事诉讼法》则在第一编第一章中新增刑事案件认罪认罚可以依法从宽的原则，即"犯罪嫌疑人、被告人自愿如实供述自己的罪行，承认指控的犯罪事实，愿意接受处罚的，可以依法从宽处理"。在对刑事诉讼基本原则的研究中，不同学者针对不同原则发表了看法。

（一）依法独立行使审判权、检察权原则

依法独立行使审判权、检察权原则是我国《刑事诉讼法》第5条规定的基本原则，司法独立原则则是在西方资本主义与市场经济背景下衍生的法律准则。这两个原则有着共通之处，但存在着明显差异。前者体现为人民法院依照法律规定独立行使审判权，人民检察院依照法律规定独立行使检察权，不受行政机关、社会团体和个人的干涉。后者则着重强调司法官个人行使职权不受外界干预。

对于依法独立行使审判权、检察权这一原则，有学者将其与西方三权分立背景下的司法独立原则进行了比较。我国语境下的司法独立与西方的司法独立有着明显区别：首先，主体不同。我国的依法独立行使审判权、检察权的主体是法院与检察院，而非法官、检察官个人。而西方的司法独立则是指法官个人意义上的独立。其次，上下级主体间关系的不同。我国的上下级法院之间是相对独立的，而上下级检察院之间是领导与被领导的关系。这就决定了我国的上下级法院、检察院之间的关系与西方国家法院和法院相互独立的模式不同。最后，独立的程度不同。我国依法独立行使审判权、检察权的主体——法院与检察院应接受党的领导与权力机关的监督。而在西方司法独立原则中，主体是法官个人，因此法官个人独立审判，不受其他任何权力的干预。[①]

厘清我国的依法独立行使审判权、检察权原则与西方三权分立背景下的司法独立原则之间的关系有着重要意义。学界对于司法独立原则的研究与探讨也在进行。有学者提出，司法独立并不必然带来司法公正，甚至会导致司法腐败等现象的发生。首先，法官个人素质参差不齐。即使司法独立原则已良好运转的国家也会面临司法官职业能力与经验的挑战。个人能力不足或经验不丰富的法官，在司法独立的条件下，反而会暴露出诸多问题，影响司法独立效果的发挥，这对急于建立司法独立性环境的国家来说值得思索。其次，法官的待遇与保障问题。西方司法独立的主体是法官个人，因此对法官本身而言，必要的人身保障、优渥的物质待遇至关重要。只有尽可能减少甚至免除法官的负担，法官才能更多地投入到案件的审理中，免受外界的干涉。最后，社会环境的问题。有些国家在提高了法官个人待遇，给予其较高的人身保障诸如豁免权，投入大量司法经费之后，司法独立仍未带来良好的效果，反而滋生了司法腐败，这便是社会环境缺失的问题。司法独立离不开良好的社会秩序与系统化的法律体系，也离不开与本国具体司法实践相结合。更重要的是，一个国家的司法独立程度与政治发展程度息息相关，绝不会大幅度超越或者落后于政治的发展。因此，司法独立绝非一个因素所能促成，而是多重因素合力而成的结果。[②]

（二）"分工负责，互相配合，互相制约"原则

《宪法》与《刑事诉讼法》均对"分工负责，互相配合，互相制约"原则作了规定。根据我国《宪法》第140条的规定，人民法院、人民检察院和公安机关办理刑事案件，应当分工负责，互相配合，互相制约，以保证准确有效地执行法律。我国《刑事诉讼法》第7条也规定了几乎相同内容。在刑事诉讼法发展的长河中，学者们对三机关的职责、关系

---

① 陈光中. 比较法视野下的中国特色司法独立原则. 比较法研究，2013（2）.
② 支振锋. 司法独立的制度实践：经验考察与理论再思. 法制与社会发展，2013（5）.

等与此原则相关的讨论从未停止。

这一原则界定了三机关在刑事诉讼中的地位和相互关系，也构建了我国刑事诉讼的基本模式。有学者对我国"配合"为主的三机关关系，尤其是法检关系进行了反思，认为"配合制约"的刑事司法体制及其支持下的一系列控审不分的问题，实际上是建立在国家职权主义的政治理念和有效追诉犯罪的任务的基础之上的。这会直接或间接地导致：(1) 法官中立性的丧失。三机关的制约原则实质上就是"配合"原则，在这种背景下，法院是否能把自己看作是与案件没有利害关系，对控辩双方一视同仁，这是存在疑问的。(2) 刑事辩护职能的萎缩。基于控辩不平等的状态，要求国家在建构刑事诉讼程序时必须考虑如何为那些处于弱者地位的犯罪嫌疑人、被告人提供一些必要的特殊权利。但无论采取什么措施，在法官中立性丧失的情况下，法庭审判中的辩护职能就无法得到真正发挥。(3) 国家追诉权难以得到必要的制约。这是与弱化的辩护职能相对应的，三机关互相配合的原则使负有人权保护使命的刑事裁判权无法对国家追诉权进行有效的程序制约。①

有学者指出，"分工负责，互相配合，互相制约"这一原则存在几个问题：第一，配合过度。在中国刑事诉讼法的语境下，三机关都是国家权力的象征，都是为了实现刑事诉讼法的任务。在为了追究和惩罚犯罪的前提下，三机关必然要齐心协力，相互配合。因此，在这一原则之下，在司法实践中，三机关的相互配合远高于三机关的相互制约，可以体现为三机关之间的承接关系与对瑕疵问题的容忍。第二，制约不足。这与第一个问题密不可分，具体体现为流水线式的纵向诉讼模式。互相制约的关键点在于前面制约后面，侦查应制约起诉，起诉应制约审判。侦查过程中所搜集的证据材料应在起诉阶段被审查，若达不到起诉的标准也不能一味为了惩罚犯罪而提起公诉。起诉制约审判也是如此。而流水线式的诉讼构造则体现为起诉制约侦查，审判制约起诉，体现为后机关对前机关的认可与承接。第三，忽视辩护主体的地位。在前两个问题的影响下，"分工负责，互相配合，互相制约"原则暴露了过分关注控诉而忽视辩护问题。作为为被追诉人辩护的主体——当事人本人、律师及其他法律工作者却没有参与到对三机关权力行使的监督与制约中来。这将会导致侦查成为整个刑事诉讼过程的中心，公安机关、检察院与法院的职权行使不受外部的制约，控方所主张的证据与事实理所当然地会被法院所接受，这甚至会影响案件实体真实的发现。为解决这三大问题，可以尝试：首先，突出制约大于配合，删减关于互相配合的表述。由于在三机关分工负责的基础上，在相互关系上自然会表现为配合，因而并不需要在总体原则上再作表述，以免造成过度强调配合而忽视制约的情况。其次，注重逆向制约作用。强调法院与审判的关键性作用。这并不意味着后机关对前机关的全盘接受，而是通过法院的审判功能制约侦查环节与起诉环节。侦查环节中所认定的证据与事实并不意味着必然为法院所接受，审查起诉环节所提出的罪名与公诉意见也非法院必然认可。这是审判环节与其他环节的关系。而在侦诉环节中，强调检察监督发挥对侦查的制约。在发现侦查阶段所存在的问题之后，检察机关及时进行纠正，发挥检察指导侦查的作用。最后，强化辩护方的制约。辩护方作为刑事诉讼中不可或缺的一部分，合理促使其监督与制约三机

---

① 陈卫东，李奋飞. 论刑事诉讼中的控审不分问题. 中国法学，2004 (2).

关,将会使制约体系更加完善与全面。辩护方的加入是三机关制约体系的合理化体现,是优化三机关职权配置,更好地为刑事诉讼运行而服务的应有之义。①

有学者提出,三机关的关系问题涉及刑事诉讼中职能部门权力配置的优化问题。以往的研究多着眼于三机关内部的结构关系,这是远远不够的,应当考虑除三机关之外的刑事诉讼当事人。在过多地论述三机关内部的权力关系配分问题之后,容易形成"三位一体"的思维模式,即将其他刑事诉讼参与人,尤其是被追诉人排除在外,这样将会导致除三机关以外的刑事诉讼当事人的诉讼环境恶化,诉讼权益被忽视。因此,在未来对"分工负责,互相配合,互相制约"这一原则进行探讨的同时,除了研究三机关权力优化配置之外,应注重三机关之间的关系对刑事诉讼当事人,尤其是对被追诉人的影响。这样,在今后的司法改革中,将会在决策层面与措施层面更加周全与完善。② 有学者则提出对"分工负责,互相配合,互相监督"这一原则与新形势下以审判为中心的刑事诉讼改革相悖这一说法的反驳。第一,无法从法律解释学中解释出这一原则鼓励三机关联合办案的结论。第二,这一原则除了被规定于《刑事诉讼法》之外,也被规定于《宪法》。《宪法》是我国的根本大法,《刑事诉讼法》中进行重复规定是对于这一宪法性原则的重申与强调。在对"分工负责,互相配合,互相制约"这个原则的解释中,分工并不意味着分段。即使刑事诉讼法作为程序法,侦查、审查起诉与审判被划分为三个阶段,但这并不意味着三机关只在相对应的阶段内履行职能,当进行到下一阶段时便不再负责。由于分工负责是互相配合和互相制约的基础,因而分工应当被理解为分权而非分段。除此之外,辩护权在此原则中未得到明确保护的观点也受到了批判。这一观点将事关三机关工作职能的原则理解为了一项关于刑事诉讼构造的原则。在刑事诉讼构造的范畴内,缺少辩护方则构成了根本性的缺失。然而,这一原则并非否定辩护权的重要地位。相反,辩护权可否有效地发挥作用有赖于公权力机关是否形成优化的职能配置。只有在公权力机关之间有效配合、有效制约的前提下,辩护权才能在其中发挥自如。③

(三) 检察机关对刑事诉讼实行法律监督原则

检察机关对刑事诉讼实行法律监督原则,这可简称为检察监督原则,该原则同样被规定于《宪法》与《刑事诉讼法》。《宪法》第134条规定,中华人民共和国人民检察院是国家的法律监督机关。《刑事诉讼法》第8条规定,人民检察院依法对刑事诉讼实行法律监督。此外,《人民检察院组织法》中也对检察院的法律监督职能进行了具体化规定。学者们对检察监督原则进行了富有意义的讨论。

有学者提出,检察机关的法律监督职能依然存在一些问题,主要表现为检察机关的法律监督范围和内容不清晰,方式不明确。例如,在《刑事诉讼法》中,检察机关对侦查环节中立案的监督中,只规定了检察机关对应当立案但没有立案的监督,表现形式为要求侦查机关说明不立案的理由,但缺少检察机关对应当不立案却立案的案件的监督。此外,检察院作为法律监督机关,法律监督权并无强制力,也就是表明如果被监督的对象不接受监督,对于是否有可救济的方法并无表述。当被监督的对象无须承担法律后果时,法律监督

---

① 左卫民. 健全分工负责、互相配合、互相制约原则的思考. 法制与社会发展, 2016 (2).
② 王敏远. 司法改革背景下的三机关相互关系问题探讨. 法制与社会发展, 2016 (2).
③ 孙远. "分工负责、互相配合、互相制约"原则之教义学原理. 中外法学, 2017 (1).

是否具有立法设立之时的权威是存在疑问的。针对这些问题，应当进一步完善检察机关的司法监督权。应从监督范围与内容，监督手段与后果上进行具体化规定，实现对机关与个人，过程监督与结果监督相对应相结合的全方位的监督体系。①

有学者认为，刑事诉讼中检察监督过于弹性化。这一带有弹性化色彩的原则对刑事诉讼价值目标的实现与刑事诉讼目的的实现都会产生消极影响，也会削弱检察机关进行法律监督本身所具有的权威性。因此，应对检察监督原则进行刚性化的改造。例如，改变现阶段检察监督多采用建议性法律文书的局面，代之以具有强制性的法律文书。当受监督者面对建议性法律文书时，有选择拒绝接受的可能，而面对强制性带有命令色彩的法律文书，则会更好地进行自我审查与纠错。此外，还应该具体化检察监督程序性法律后果，即被监督者拒不执行监督中提出的要求时，相关的诉讼活动可归于无效。此外，杜绝法律监督原则的弹性化还应提高检察机关自身的法律监督能力。在一些情况下，被监督者面对监督者提出的意见而未进行更正的原因是监督者本身对案情没有充分、细致的了解，提出的建议建立在错误的判断之上。检察机关的控诉性职能运行得较为完善，但一些监督人员对于履行法律监督职责的职业素质还需要提高。②

对于这一原则，也有学者提出了检察机关作为法律监督机关没有渠道了解被监督者执法情况的问题。也就是说，检察监督本身带有滞后性，无法及时针对运用法律的过程中出现的情况以及违法违规的问题提出纠正意见。为解决这一问题，检察机关介入侦查就成为了不得不讨论的问题。赋予检察机关了解侦查机关办案情况的渠道，例如参与侦查环节中对重大案件的讨论，将会更加保证检察机关可以及时发现问题并对问题进行纠正，也就是提高检察机关进行法律监督的能力。除了对于检察机关法律监督能力的提升之外，也要明确侦查机关、审判机关与刑罚执行机关接受法律监督的义务。如果被监督者完全凭自觉接受监督，那么法律监督的弹性则会加大，监督者无法达到监督的目的，积极性也会减弱。法律监督不应只是口号，也不应只着重于侦查方面。检察机关在整个刑事诉讼法的体系中对各个阶段的监督都应该到位。因此，应当明确以上机关在不接受法律监督时或只做形式化纠正时应当承担的法律责任与应受的法律制裁，以提高法律监督的权威性。除此之外，检察监督是否应建立一套流畅的体系也不应被忽视。为此，完善审查逮捕程序、附条件不起诉制度与死刑复核制度是与检察监督的高效实现息息相关的。与法律监督有着关联的发回重审制度是否应当保留也成了学者讨论的问题。发回重审制度影响了检察机关进行审判监督的效果，发回重审不能改变下级法院的审判委员会组成，对案件是否能进行公正、客观的审理是存在疑问的，因此也有可能浪费司法资源。检察机关的法律监督职能是权力对权力的监督，是权力对权力的制衡，法律监督能否有效运作事关人民群众的人身安全与财产安全是否能够实现，也事关人民群众对司法机关的信任。③ 因此，应积极构建体系化、系统化的检察监督体系，使检察监督落到实处，不再被当作检察机关的"第二职能"。

有学者对检察机关的侦查监督职能与审判监督职能进行了分析。关于侦查监督，有学

---

① 刘莉芬. 论我国检察权配置的现状与优化构想. 中国刑事法杂志, 2011 (8).
② 朱立恒. 我国刑事检察监督制度改革初探——以刑事检察监督的弹性化为中心. 法学评论, 2010 (1).
③ 高景峰, 刘中琦. 完善检察机关法律监督职能健全刑事诉讼法律监督体系. 国家检察官学院学报, 2011 (4).

者指出，检察机关对侦查实施一元化监督，构成侦查监督制度的中国模式。检察监督侦查模式具有重大缺陷：对自行侦查的监督陷入同体监督的困局，对公安侦查的监督则存在追诉主导的局限性。其实质是自我监督、控方内部监督，弊端在于规避、排斥异体监督，即来自控方之外的法院监督和律师监督。在该模式下，侦查讯问监督机制缺失致刑讯发生，逮捕因审查程序中法官缺位和律师参与不足而沦为追诉的附庸，搜查、扣押、监听等强制处分亦未能建立起外部审查监督机制。为实现对侦查的监督，应贯彻法治和保障人权的宪法原则，根据诉讼结构理论建立对强制侦查的法院监督机制和律师监督机制，并完善程序规则，约束侦查行为。① 关于审判监督，学者指出，解构检察机关刑事审判监督职能表明，三种行使方式都系诉权范畴，即属诉讼职能。其中，向法院提出"纠正意见"名不副实，实为一种异议；抗诉案件改判比例极低，不及两成，占二审、再审改判案件的比例更低，不及百分之五，这与检察机关"在刑事抗诉中始终站在客观、中立、公正的立场上，代表国家对法院确有错误的裁判实施法律监督"的辩称不符，二审、再审中的抗诉不过是检察机关提起的上诉和申请再审；对审判人员职务犯罪案件的侦查，实为检察机关调查事实、收集证据的追诉活动，固定性为监督，造成诉讼法律关系混乱和诉讼职能冲突。将检察机关在刑事审判程序中的职能区分为诉讼职能和监督职能，是我国传统刑事诉讼理论研究中的误区，并无实际意义，相反却滋生了诸多负面效应。② 关于确立"检察监督原则"的《刑事诉讼法》第8条，该条无视检察机关在刑事诉讼中是侦查机关、公诉机关，承担的侦查、公诉（包括审查起诉、提起公诉、变更起诉、撤回起诉、抗诉）职能都属于控诉职能的范畴，而规定其对整个刑事诉讼实行所谓法律监督，是不适当的。刑事诉讼具有控诉、辩护、审判三种诉讼职能，审判中立、控辩平等为诉讼构造的内在要求。在此诉讼构造之外，将检察机关行使的某些诉讼职能定性为监督职能，不仅有违诉讼法理，实践中更是有害无益。这样的条款在现代国家刑事诉讼法中绝无仅有，有违以审判为中心的诉讼理念，对法院的中立性和权威性形成冲击。基于以审判为中心的诉讼理念，需要确立法院在刑事诉讼中的中立裁判者地位，为此，应当理性认识检察机关在刑事诉讼中的控诉主体地位，还原检察机关的"诉讼原告人"身份，否则就会出现"检察官的判官化、判官的检察官化"的审检不分现象。由此，应当删除《刑事诉讼法》第8条检察监督条款。③

（四）控辩平等原则

控辩平等原则属于国际通行的刑事诉讼原则，为现代法治国家所采纳。所谓控辩平等原则，即作为代表国家公权力行使控诉职能的检察机关与被追诉的犯罪嫌疑人、被告人在刑事诉讼中地位平等，权利对等。对于控辩平等的论述，多将我国具体的司法实践与国际标准相结合。

有学者对控辩平等的价值基础进行了分析。刑事诉讼中控辩双方的权益冲突是国家与个人之间的冲突，于是，在国家与个人出现利益冲突的情况下，就出现了何者为第一位的价值选择问题。个人本位主义、实体公正、程序公正正是控辩平等原则的价值基础。个人本位是控辩平等理论的核心价值基础。控辩平等原则的价值基础首先在于个人本位主义，

---

① 刘计划. 检察机关刑事审判监督职能解构. 中国法学，2012（5）.
② 刘计划. 侦查监督制度的中国模式及其改革. 中国法学，2014（1）.
③ 刘计划. 刑事诉讼法总则检讨——基于以审判为中心的分析. 政法论坛，2016（6）.

即刑事诉讼中国家与个人具有平等的法律地位。不能以国家利益高于个人利益为逻辑前提，认为控诉方代表的是国家利益，辩护方代表的是个人利益，就推导出控诉方诉讼地位高于辩护方诉讼地位的逻辑结论。在个人本位主义看来，这不仅是一个悖论，而且得出的结论可能恰恰相反。个人本位主义是相对于国家本位主义而言的，在法律规范体系内，个人与国家在法律地位上是相同的。这种法治理念对刑事诉讼活动的要求至少应当包含：第一，个人法律人格应当得到承认。这就要求摒弃将被追诉人视为诉讼客体的传统专制观念，承认个人的法律主体地位。第二，个人的尊严应受到尊重。刑事诉讼过程中，对个人尊严的尊重包括对肉体和精神的尊重。这就意味着要排除酷刑、逼供等肉体折磨，禁止侮辱、威胁等精神折磨。第三，个人诉讼权利的行使应可以自主决定。在刑事诉讼中，当事人对自己的权利可以在法律允许的范围内自主决定是否行使以及如何行使，除了证人之外，任何人都可拒绝提供违背意志的证据。第四，个人诉讼权利不应成为"民愤"或"利益"的祭品。这意味着在刑事诉讼中，当事人尤其是被追诉人的合法权利不应以任何借口被剥夺或受到限制。可见，个人本位主义在法治领域中体现出来的精神就是要保护公民个体权利，在刑事诉讼领域更是要保护被追诉人的权利，那么控辩平等原则就成为毋庸置疑的应有之义。[①]

有学者认为，控辩平等在我国刑事诉讼中的地位相比于其在国际中的地位较为不受重视。我国刑事诉讼中控辩平等依然存在着不足，目前仍处于雏形阶段，甚至未达到国际通行准则的最低要求。具体体现在：第一，我国刑事诉讼法中没有确定意义上的无罪推定原则。无罪推定原则是控辩平等最根本的保障。虽然在我国刑事诉讼法中也规定了"未经人民法院依法判决，对任何人都不得确定有罪"，但这并不是严格意义上的无罪推定原则，而是赋予了法院排他的审判权，却忽略了辩方在刑事诉讼中的地位。在缺少明确的无罪推定原则之外，我国刑事诉讼法中还存在"有罪推定"的做法：犯罪嫌疑人不讲真实姓名、住址，身份不明的，侦查羁押期限自查清其身份之日起计算。控辩平等原则与不得强迫自证其罪息息相关，因此被追诉人没有义务作出任何不利于自己的陈述，这也就是被追诉人的"沉默权"。但在我国的《刑事诉讼法》中却规定了"犯罪嫌疑人对侦查人员的提问，应当如实回答"。这与沉默权是相悖的。第二，控辩双方地位不平等。我国刑事诉讼中法律监督者是人民检察院，检察院不仅具有监督权力机关的权力，也具有监督辩方的权力。且由于检察院具有天然的控诉优势，掌握较多的司法资源，作为法律监督者有失公平，作为公权力代表的检察院不仅承担着代表国家提起公诉的职能，还对整个刑事诉讼程序进行监督，行使审判权的法院自然也在检察院的监督之下，这与国际规范显然有巨大差异，且体现了控方地位高于辩方地位。第三，控辩双方诉讼权力（利）不平等。《刑事诉讼法》中规定了控辩双方都有调查取证权、会见权与阅卷权等权力（利）。控方享有完全的调查取证权，因其代表国家行使权力以实现打击犯罪、惩罚犯罪的目的。但大多数情况下，辩方律师的调查取证权却大受阻碍。在时间上，辩护律师享有调查取证权的介入时间远晚于控方的。在会见权上，控方会见犯罪嫌疑人、被告人较为便利。而辩方会见犯罪嫌疑人的时间却明确规定在侦查机关进行第一次讯问或采取强制措施之后，会见的内容多被限制于

[①] 冀祥德. 论控辩平等之理论基础. 求是学刊，2009（9）.

提供法律咨询,处理程序性事务等方面。囿于案件类型的限制,"国家秘密"往往成为辩护律师不被准许会见犯罪嫌疑人的说辞。在阅卷权上,案卷材料的制作人本身就是控方,因此,及时、完整地阅卷对辩护至关重要。但辩护律师往往面临阅卷时间、范围和程序上的难题。这些不平等制约了控辩平等的实现。①

有学者提出,控辩平等原则的内涵包括两个方面:平等武装与平等保护。其中,平等武装是控辩平等原则的立法要求,在立法层面,在形式上要保证控辩双方具备平等的法律地位,因为控方具有天然的优势,控方的控诉实力要远远高于辩方的辩护实力,因此在实质上,法律应向辩方给予适当照顾。体现在平等武装层面,主要包括:第一,控辩双方具有平等的法律地位,确保控辩双方与居中审判的法院形成等腰三角形结构。第二,为实现真正的实质上的平等,应给予控辩双方不对等的照顾,也就是以不对等实现平等。而平等保护,是指双方的诉讼权益受到法律的关注程度相同,裁判者所做的裁判应当在控辩双方充分发表意见的情况下进行。②

除了以上提及的影响我国控辩平等原则实现的原因之外,还有学者认为,目前控辩的不平等还体现在以下方面:第一,侦查权依然较为强势。《刑事诉讼法》规定,在非法证据排除程序中,侦查人员只需对证据的合法性出庭说明情况。"说明情况"一词表明这是一项单向的活动,不需要与提出证据合法性质疑的一方进行辩论,不会像证人出庭作证一样需要接受质证。第二,"无罪判决率"作为检察机关的考评标准导致诉讼滥用。当无罪判决率作为控方的考评标准时,便是法律间接鼓励抗诉的体现,这更与控辩平等所体现的无罪推定恰恰相反,控方一味追求有罪判决,一味追求控诉目的达成,是对控辩平等原则的违背。为实现控辩平等,还需做的是尽快设立律师与委托人的作证豁免权。为了委托人的利益,与更尽职地为委托人提供法律帮助,更深入、全面地了解案情,律师应对委托人的相关信息进行保密。总体来说,控辩平等原则应建立在以被告人为主的权利保护体系之上,以保护辩方质证权的实现,律师辩护权的完整。从理论层面对控辩平等原则进行分析,有学者提出控辩两者的地位,在刑事审判阶段的平等,只能是相对的,而不是绝对的。两者的差距,只能随着社会的不断进步,司法文明程度的不断提高和法制的不断完善而逐渐缩小。从控辩的内在本质上看,可以说两者是对立的,但它们却是一对能够解决的矛盾。我们的刑事诉讼法在体现控辩平等的理念方面,还存在某些不足,特别是对辩方权利和行使保障还缺乏应有的力度,急需补救。总体上来看,重视、强化辩方权利及其行使的保障非常重要,主要缘于:第一,这是弥补控辩主体诉讼地位先天不平等的客观需要。第二,这是人民法院准确、及时地查明犯罪事实,正确应用刑法,提高审判效率和实现人权保障的需要。第三,这是实现社会公平正义,构建社会主义和谐社会的需要。为了更好地实现控辩平等,应做到两方面的工作:第一,需要认真查明有关法律特别是《刑事诉讼法》保障实现控辩平等的规定还存在的不足,并且在完善《刑事诉讼法》过程中予以全面弥补,再行完善其他有关的法律法规,这有助于避免发生《律师法》先于《刑事诉讼法》完善有关控辩平等的保障,但却遇到难以实施的尴尬情况的发生。第二,大力提高侦查、

---

① 冀祥德. 对我国控辩平等的检视与思考. 法学论坛, 2007 (11).
② 苑宁宁. 控辩平等原则下证据开示制度之反思. 法学杂志, 2011 (6).

检察和审判人员的素质。法律规范是纸上的东西，只有不折不扣地履行，才能使之发挥应有的作用。侦查人员、检察人员和审判人员的思想政治、职业道德和业务素质，在相当大的程度上决定着体现控辩平等原则的法律规定实施的效果。[1]

（五）无罪推定原则

无罪推定原则是指在刑事诉讼中被追诉或被怀疑有罪的人在未经司法最终程序判定有罪之前，应被推定为无罪。意大利刑事古典法学派代表人物贝卡里亚最早提出无罪推定的概念。无罪推定原则最早来源于国外，但我国学界对无罪推定原则的讨论一直在进行。虽然无罪推定原则已在很多国家确立，但学界对无罪推定原则的界定仍存在分歧。

有论者提出，无罪推定在英美法系和大陆法系学者论述里，各有自己的历史渊源，而对这些历史渊源的追溯，恰恰反映了他们各自关注问题的不同。大陆法系国家从应对审前程序中被告人的处遇角度阐释无罪推定；而英美法系国家则从应对中世纪长期存在的，在陈述式审判模式下被告承担证明责任以及诬告、伪证问题，来阐释无罪推定。进入当代以后，两大法系都转向了对审前羁押与无罪推定关系的关注，审前羁押的性质是否为刑罚的问题颇具争议。其背后反映的是，国家对未被证明犯罪的人何以有惩罚权，这也成为无罪推定的根本问题。[2]

无罪推定原则的规范意义是值得肯定的，它包括三个层面的内容：（1）提供证据证明被告人有罪的责任由控诉方承担；（2）控诉方履行证明责任必须达到案件事实清楚、证据确实充分或者不存在合理怀疑的程度；（3）被告人不负有证明自己无罪的义务，被告人提供有利于自己的证据的行为是行使辩护权的行为。[3]

有学者认为，无罪推定包含两个层面：证据法上证明责任分配与程序法上的正当程序。证据法上的证明责任分配体现了无罪推定原则，因为证明有罪的责任由控诉方承担，控方应将被告人有罪证明达至排除合理怀疑的程度。这也就是说，证明责任在控方，被告人不需要承担证明自己无罪的责任。这也是无罪推定原则应有之义，即被告人既不需要证明自己有罪也不需要证明自己无罪。根据这一原则，衍生出了被告人的沉默权，也即被告人享有不被勉强自证其罪的权利。而作为正当程序一部分的无罪推定原则，是对犯罪嫌疑人、被告人的程序保障。犯罪嫌疑人、被告人不能仅仅因为其他人认为他们有罪而被认定为有罪，而是应当经过法定程序，由审判机关在审理完案情的基础上，根据证据材料，认定其有罪，其才能被真正判定为有罪。因此，无罪推定原则适用于刑事诉讼过程的各个阶段，直到最终裁判确定。[4]

有学者提出，无罪推定原则应具备"有利被告"的解释，因此无罪推定原则延伸出了疑罪从无原则。疑罪从无原则是保障犯罪嫌疑人、被告人人权的必然选择，也对防范冤假错案有着重要意义。疑罪从无不代表对于犯罪嫌疑人、被告人无原则地偏袒，也不意味着实体正义难以实现。而是当案件的证据达不到确实、充分的程度时，无法确认犯罪嫌

---

[1] 傅宽芝. 法律监督与控辩平等探析. 法学杂志，2011（1）.
[2] 孙倩. 无罪推定的外国法溯源与演进. 环球法律评论，2014（4）.
[3] 魏晓娜. 刑事诉讼中的实体正义. 法学家，2005（1）.
[4] 易延友. 论无罪推定的涵义与刑事诉讼法的完善. 政法论坛，2012（1）.

人、被告人是真正的罪犯时，应认定其为无罪。①

有学者在分析无罪推定原则的发展进路时提到，无罪推定原则在英美法系与大陆法系的功能定位和法律效果上有所区分。在英美法系，无罪推定不同于一般的证据法中的证明责任规则。无罪推定是保障陪审团可以排除一切合理怀疑，最终定案的程序设置，是为了防止陪审团的有罪预判。而在大陆法系，无罪推定被提高到了更高的位置，它是为了防止被追诉人的人身权利被限制，以达到被告人权利保护体系愈加完善的效果，被赋予了证据法、程序法乃至于人权法领域的全部意义。因此无罪推定原则对两大法系的意义并不均衡。②

有学者提出，确立无罪推定原则有利于提高我国的国际形象和国际地位，有利于我国在国际人权斗争中取得主动。此外，这还有利于提高我国刑事诉讼的民主法治水平，提高人权保障水平，维护司法公正和社会公平正义。当然，确立无罪推定原则还应破除一些错误认识。其一，无罪推定原则是资产阶级的东西，我们不能吸收。无罪推定原则是资产阶级提出来的，但它并不是资产阶级的专利，它是人类刑事诉讼规律的反映和体现，是人类共有的法律文化成果。就如同我们可以接受并确立资产阶级提出的罪刑法定原则一样。其二，无罪推定的核心是"假定无罪"，并不是"决定无罪"。被告人最终是否有罪取决于控方的举证是否达到法定的证明标准，在人民法院依法判决被告人有罪之前，他只能被视为无罪，应当获得无罪的对待。其三，无罪推定并不会妨碍惩罚犯罪，相反不仅会促进惩罚打击犯罪，而且会有利于保障人权，防止冤假错案。③

对于如何将无罪推定原则进一步彰显与完善，有学者提出，无罪推定原则之精神在2012年修改后的《刑事诉讼法》中得到了彰显，但仍未真正到位，主要有以下几个方面：第一，修改后的《刑事诉讼法》第12条继续保留原规定的问题。原法"未经人民法院依法判决，对任何人都不得确定有罪"的规定，尽管体现了无罪推定原则的基本精神，但并非国际所惯用的无罪推定原则的规范表述。从国际惯用之无罪推定原则的表述来看，强调的是被指控人在刑事诉讼过程中所处于的被推定为无罪的地位，因此，无罪推定原则要求刑事诉讼中赋予被指控人推定无罪所应享有的诉讼权利；而我国《刑事诉讼法》第12条之规定强调的是人民法院的定罪权，即强调只有法院有权对被告人进行定罪，侧重点不在于强调被指控人在刑事诉讼中的境遇问题。第二，证明责任的分配问题。《刑事诉讼法》明确了犯罪嫌疑人、被告人有罪的证明责任由控诉一方承担，被指控人在被证实有罪之前处于无罪的地位，不承担证明自己无罪的义务与证明责任。这一举证责任分配方式的确定符合无罪推定原则的要求。第三，存疑有利于被指控人问题。存疑有利于被指控人是无罪推定原则的重要内容之一，其要求做到"疑罪从无"和"罪重罪轻存疑时从轻"两个方面。我国的"存疑有利于被指控人"原则贯彻得并不彻底，体现在：一是"证据不足"的"疑案"无罪判决是"有所保留"的结果。二是修改后的《刑事诉讼法》只体现了"疑罪从无"的要求，并没有规定"罪重罪轻存疑时从轻"的相关内容，这是一种缺漏。此外，

---

① 沈德咏. 论疑罪从无. 中国法学，2013（5）.
② 孙长永，闫召华. 无罪推定的法律效果比较研究——一种历时分析. 现代法学，2010（7）.
③ 顾永忠.《刑事诉讼法修正案（草案）》中无罪推定原则的名实辨析. 法学，2011（12）.

即便规定了疑罪从无原则，但是司法实践中也难以贯彻实施。事实上，对于有罪无罪存疑的案件，司法实践中往往采取"疑罪从轻"的做法，尤其是对重罪案件更是如此，而这一做法并不符合"疑犯从无"的要求。①

有学者对刑事推定与无罪推定的关系进行了梳理，认为可以归纳为三类具有代表性的观点②：一是认为刑事推定是无罪推定的例外。持该观点的学者主张，基于价值平衡和价值选择的一般原理，有原则就应当有例外，而刑事推定正是限制无罪推定原则的例外情形。例外并不是对原则的否定，恰好相反，例外通过限制原则的适用范围而使原则得以确立。刑事推定与无罪推定原则不相矛盾，且可以并存。二是认为刑事推定与无罪推定在总体上契合但在特定条件下存在一定的潜在冲突。持该观点的学者认为，刑事推定与无罪推定的契合性体现在二者分属于不同的范畴，刑事推定只是对部分犯罪构成要件的认定，只转移提供证据责任的推定，对被告的影响轻微；而二者间的冲突主要体现在三个方面，即二者的价值取向存在一定冲突，对被告人增加额外的负担可能影响无罪推定的贯彻以及刑事推定的效力受到被告人反驳能力的影响。③ 三是认为刑事推定改变了无罪推定原则的核心内容。第一是使控方的排除合理怀疑的证明要求得以放松；第二是相关构成要素的存疑风险改由被告人承担；第三是被告人需要在推定涉及的构成因素上自证无辜；第四是控方的证明内容有所改变。

（六）审判公开原则

审判公开原则是国际上大多数国家遵循的一项司法准则，同样也为我国刑事诉讼所遵循。我国《宪法》第130条规定：人民法院审理案件，除法律规定的特别情况外，一律公开进行。我国1979年颁布的第一部《刑事诉讼法》第8条规定：人民法院审判案件，除本法另有规定的以外，一律公开进行。1996年修改后的《刑事诉讼法》第11条对这一条文未作任何修改。此外，我国的法院组织法、民事诉讼法和行政诉讼法，都在总则中规定了审判公开的原则和基本规则。可见，审判公开在我国不仅仅是诉讼法中的一项重要原则，而且被上升为一项宪法原则。在审判公开的范围上，学者们很早就对"合议庭和审判委员会讨论案件的程序是否公开""二审不开庭审理的案件如何适用审判公开原则""死刑复核程序是否应当公开"等问题进行了思考；在向社会公开的方式问题上对"允许公民旁听应当按照法律规定提前公告，并提供群众旁听的场所""发放旁听证和记者采访证的注意事项""新闻媒体是否可以自由采访、拍照、录音、录像和报道的限度"等内容进行了关注。④

有学者指出，审判公开包括公开审理与公开判决。公开审理要求公开案件的名称，被告人的信息，法庭审理的时间，地点与人员组成等相关信息，还应为公众有渠道进行旁听提供条件。公开判决则包括公开宣判与裁判文书的公开。⑤

有学者认为，我国刑事诉讼中审判公开的运行面临几个问题：首先，法律规定粗疏。

---

① 陈光中，张佳华，肖沛权. 论无罪推定原则及其在中国的适用. 法学杂志，2013 (10).
② 张云鹏. 刑事推定与无罪推定之契合. 法学，2013 (11).
③ 赵俊甫. 论刑事推定的合宪性审查. 证据科学，2009 (6).
④ 程味秋，周士敏. 论审判公开. 中国法学，1998 (3).
⑤ 杨宇冠. 死刑案件公开审判问题研究. 中国法学，2008 (3).

除《宪法》与《刑事诉讼法》中的规定外，2007年最高人民法院发布的《关于加强人民法院审判公开工作的若干意见》中进一步规定了审判公开的相关问题，但操作性不强。立法中体现的审判公开原则解决不了何时公开、公开主体、以何种方式公开的问题，因此整个立法层面的规定都较为宽泛。其次，司法运作不规范。由于立法层面的疏漏，审判公开的形式往往大于实质。在庭审公告，限制性的公开形式上都无法满足审判公开的要求。最后，审判公开还面临着若公开不当会产生消极影响的问题。民意与媒体的意见是否会对案件裁判产生影响，法院与法官是否能承受与公众意见相悖的压力，都是对审判公开的考验。[①]

针对审判公开存在的一系列问题，学者们也提出了相应改革措施。一是刑事裁判依据公开。刑事裁判依据公开是刑事审判公开的前提，实践中"内部意见""会议纪要""解答"往往成为实际的执法依据。而这些依据在法律文书中不能被明确引用，实际上也无法受到监督。对此，应当将这些"意见""纪要"等进行清理，通过规范化、制度化的渠道向社会公开，接受批评和监督。二是加强对裁判文书公开的质效管理。不仅要改变裁判理由概念化、公式化的弊病，提高裁判文书释法析理的质量，还应加强对裁判文书上网的流程管理。应当以裁判文书上网为原则，对不上网的案件进行监督和审查，提高裁判文书上网的服务性，更加满足公众的需求，方便其理解法律的规定，领会法律的精神，发挥法律的教化功能。应当认识到司法公开是为了促使法院成为一个说理的法院而努力，并不是为了为难法院和法官。[②] 三是进行一些理念上的革新。要破除法院的一个认识误区，即将信息公开当作法院的一种特权。还应当纠正在审判公开问题上法院较普遍存在的一种错误认识：认为媒体和网络借个案炒作，抹黑法院，导致法院公信力丧失。[③] 四是加强法院内部管理信息的公开化。建议在不违反保密义务的前提下，通过网络平台、新闻发布等方式，公开审判管理、行政管理、队伍管理、完成的审判信息等工作信息，以促进社会公众对审判工作的了解，拉近彼此间的距离。[④] 五是，应减少对公民旁听的限制。应当在立法层面设置统一的公民旁听办法，满足公民对旁听庭审的需求。[⑤]

随着科技信息水平的提高，部分学者将视野投向庭审的直播和对信息化平台的运用。有学者从我国庭审直播难以真正发挥效果的角度，提出庭审直播具有如下缺陷：地区发展不平衡；直播体系不很规范，直播技术不够专业；直播内容不够完整。[⑥] 也有学者研究了庭审直播不当对公正审判的负面影响。如庭审直播不仅可能会分散法官的注意力，而且容易导致其受公众情绪的影响偏离公正审判的要求；庭审直播不仅可能会导致证人因紧张、恐惧或者担心自身的隐私、安全而不愿作证或拒绝作证，而且可能导致其为了迎合公众而故意隐瞒事实甚至改变证言；庭审直播不仅可能导致辩护律师为了自己的利益而进行过度表演，而且有可能导致其过度顾及公众的情绪而牺牲被告人的利益。更为重要的是，除了

[①] 姚剑. 刑事诉讼案件公开的反思与重构. 法律科学，2011（5）.
[②] 龙宗智. "内忧外患"中的审判公开——主要从刑事诉讼的视角分析. 当代法学，2013（6）.
[③] 龙宗智. "内忧外患"中的审判公开——主要从刑事诉讼的视角分析. 当代法学，2013（6）.
[④] 叶青. 刑事审判公开问题实证调研报告. 法学，2011（7）.
[⑤] 叶青. 刑事审判公开问题实证调研报告. 法学，2011（7）.
[⑥] 何家弘，王燃. 法院庭审直播的实证研究. 法律科学，2015（3）.

会对被告人的公正审判权造成负面影响外，庭审直播还会导致被告人重新回归社会更加困难以及被害人、证人等隐私的过度曝光。①

针对以上问题，有学者提出了改进庭审直播的具体方法，主要包括：第一，健全庭审直播的体系。全国法院的庭审直播应该设计统一的标识和模板，按照规范化的要求，分类发布相关信息，以便民众的查询、选择和收看。第二，完善直播的规则，包括庭审直播的案件挑选规则、庭审直播的审批程序规则、庭审直播的权利保护规则。第三，提升庭审直播的水准。第四，加强庭审直播的实效。② 也有学者提出，应当从维护刑事案件公正的角度，建立科学的刑事案件庭审直播规则，包括：第一，庭审直播的启动从"依职权"为主走向"依申请"为主。第二，申请主体从单一走向多元。个人同媒体具有同样的申请资格，但是个人申请一旦被批准就应当自己承担费用。第三，为了更有效地保护被害人、证人的正当利益，一方面，我国应明确赋予被害人、证人对庭审直播申请的异议权；另一方面，应赋予被害人、证人异议更高的效力。第四，刑事案件庭审直播决定程序的构造应当从行政构造走向司法构造。③ 还有学者提出，在庭审直播中应注意照顾当事人的隐私权，不应使庭审直播成为侵犯当事人个人隐私、暴露其家庭信息、职业信息的始作俑者。为更高效地发挥庭审直播的作用，在庭审直播之前，法院可以发布有关案件的主要争点、相关条文，以便大众更充分地了解案情。④

有学者运用实证研究的方法，对刑事审判公开的信息化转型进行探讨。其提出，尽管最高人民法院相继出台了一系列促进司法公开的规范性文件，实践中司法机关也不断推陈出新，通过信息化平台将"审判公开"向"审判信息公开"转型，但目前审判信息公开程度仍然不高。然而，审判信息的不公开存在诸多弊端，不仅有碍刑事诉讼基本原则的实现，也容易忽视当事人的权利、损害公共利益、动摇司法权威和司法公信力。该学者通过问卷调查发现，大部分法院之所以难以全面落实审判信息公开，并非碍于经费、技术的短缺。究其根源，审判信息公开主要存在五方面的阻碍因素：一是司法理念与公众观念的差异，二是司法职业化程度的局限，三是现行体制与职业利益的阻碍，四是司法腐败与权力寻租的运作，五是不法分子对信息化平台的利用。因此，有必要从根源上转变司法理念、深入司法专业化进程、推动司法体制改革、强化对司法腐败的监督并完善相关法律法规，以此落实审判信息公开机制，提升司法透明度，促进司法公正与社会和谐。⑤

二、刑事诉讼模式

职权主义与当事人主义是两种不同的诉讼模式。法国、德国等大陆法系国家的职权主义诉讼，又称非对抗式或审问式诉讼。这种诉讼注重发挥司法机关在刑事诉讼中的职权作用，强调法官在庭审中的主导地位。英国、美国等英美法系国家采取当事人主义诉讼模式，又称对抗制诉讼、辩论式诉讼。这种诉讼模式强调双方当事人在诉讼中的主体地位，

---

① 吴纪奎. 论刑事审判直播的规则. 中国刑事法杂志, 2014 (6).
② 何家弘, 王燃. 法院庭审直播的实证研究. 法律科学, 2015 (3).
③ 吴纪奎. 论刑事审判直播的规则. 中国刑事法杂志, 2014 (6).
④ 叶青. 刑事审判公开问题实证调研报告. 法学, 2011 (7).
⑤ 谢澍. 刑事审判公开的信息化转型——基于实证研究的路径探寻. 中国刑事法杂志, 2012 (2).

使他们在对抗中争辩,法官起居中裁判的作用。学界关于职权主义与当事人主义的讨论一直在进行。

有学者提出,职权主义与当事人主义的对立并非历史的产物,而是诉讼法学者的理论创设。职权主义的核心内涵也非一成不变,随着时代的发展在不断丰富。中国学术界对职权主义产生了不少偏见与诟病,原因是多样的。但根本原因是中国学术界普遍对欧洲大陆职权主义诉讼模式存在误区。这一误区的来源是欧洲大陆启蒙思想家对职权主义诉讼的批判性论点。但这些启蒙思想家普遍缺乏诉讼法的专业知识,其对职权主义的诟病更多来源于对旧制度的批判。而欧洲大陆职权主义经过数百年的发展,已经基本克服了一些程序上的缺陷,成为重要的"正当程序"的模型。中国因国家权力主导的制度背景、追求客观真实的司法传统以及原有的职权主义的基本构架,既应避免进入"当事人主义"或"对抗制"的陷阱,也不应设立理念混乱、制度杂糅的"混合式诉讼",而应坚持走职权主义的道路。①

有学者认为,对于职权主义与当事人主义,在当下中国的刑事诉讼研究中,已经成为参照域外法治国家诉讼模式的基本范畴;"贴标签式"认定大陆法系的刑事诉讼模式属于职权主义,英美法传统的国家则是当事人主义,也成了学界的固化认识,甚至被当作一种"正确知识"而传播开来。基于这种前设性的认知,在判别中国刑事诉讼基本模式上,人们往往认定中国的刑事诉讼基本形态是职权主义,总体上与欧洲大陆的近似。进一步,在刑事司法改革的浪潮兴起之后,吸收当事人主义或者当事人主义模式的某些要素,成了改革的主流意见。但在基本层面上,我们对此两个概念,尤其是职权主义的内涵缺乏应有的认知。学者提出,在很大程度上,职权主义是一个中国化或东方化的概念,是东方对西方制度和理论的理解和想象,它始于清末民初的近代中国;这种理解和想象随着东西方交流以及中国国情的演变而不断变化,并且深刻影响了中国刑事诉讼的理论研究和制度设计。②

有学者提出,与当事人主义中典型的预断防止做法相比,职权主义刑事诉讼有五个明显的差异,说明职权主义刑事诉讼中没有预断的防止机制。第一,实行"全案移送主义"。第二,在审判法官进行的预审中,或者后来进行的正式审理中,法官都有责任先于了解其他证据之前,听取被指控人或被告人的答辩。第三,审理法庭在开庭审理前,必须对全部诉辩主张和案件材料进行归纳整理,以便以职权推进诉讼。第四,在开庭准备中,审理法庭有权进行必要的证据调集。第五,没有严格的传闻法则。但是,预断防止机制的缺失并不必然导致职权主义诉讼审判的不公。在当事人信任主义之下,被告人有权利选择职业法官作为自己案件的审理者,且选择职业法官审理并不产生预断防止的必要。这主要是因为信任的重点不同,意味着信任内容的不同;审判法庭人数的不同;二元制与一元制的不同;裁判方式的不同;问责方式的不同。因此,对于司法公正的实现而言,是否建立起预断防止机制或者是否由法官主审并不是根本性的问题。中国司法的进步,既需要不断的改革,也需要避免造成过多的动荡。③ 我国刑事审判方式改革方向是继续向英美法系当事人主义模式靠拢,还是在更高层次上回归大陆法系职权主义模式,一直困扰着学界。刑事诉

---

① 施鹏鹏. 为职权主义辩护. 中国法学,2014 (2).
② 左卫民. 职权主义:一种谱系性的"知识考古". 比较法研究,2009 (2).
③ 莫丹谊. 职权主义诉讼中预断排除质疑. 政治与法律,2012 (4).

讼模式的选择离不开法文化，但其中包含着不同的两种因素：一是法文化的共性和相容性；二是法文化的相异性或者民族性。前者预示着强职权主义在我国刑事诉讼中必将消退，而后者体现在对和平与安定的向往，对权力的厚望与信任，体现在陈旧、落后的诉讼文化观的诉讼制度应当被体现人类共同文明与时代精神的诉讼制度与规则所替代。①

在2012年《刑事诉讼法》修改的讨论中，关于审判模式的选择出现了莫衷一是的局面。一种观点认为我国的刑事审判模式应当继续向当事人主义方向推进，它有利于实现实体公正，更符合法治原则下对冲突解决方式以及法院角色的要求。另一种观点则认为我国刑事司法改革应坚持走职权主义道路。还有一种观点认为我国应走混合式道路，采职权主义与当事人主义之所长。学者提出，应当明确的是，我国刑事审判方式的改革应遵循两个基本前提：其一，它应当是一种遵循刑事司法国际标准之下的模式选择。无论是当事人主义，还是职权主义，都是一种现代型的刑事诉讼制度，二者的共性首先是我们必须予以关注的。其二，它应当建立在对我国现行刑事审判方式的准确认知的基础之上。我国现行刑事审判模式无论是与职权主义还是与当事人主义，抑或是与混合式相比，在权利保障方面的缺憾是明显的。我国刑事审判方式兼具职权主义与当事人主义色彩，但它并非当事人主义与职权主义的简单相加。②

案卷移送制度的不同是两种诉讼模式的主要区别之一。有学者提出，在案卷移送制度的安排上，并非存在唯一普适的方案。所谓"起诉状一本主义"在当事人主义诉讼模式下，是一种合理的做法；而全案移送则是职权主义诉讼模式一个合乎逻辑的选择。法官庭前阅卷是否会形成先入为主的偏见，从而影响审判公正呢？这种可能性不能说没有，但危害不像在对抗式审判模式下来得那么具有毁灭性。因为在当事人主义的对抗诉讼中，控辩双方辩论机会的平等是审判公正的基石，而庭前阅卷恰恰直接摧毁了这一基石。相反，职权主义诉讼并不以双方平等辩论为最主要的考量因素，而是以法官的澄清义务为原则，由法官主导法庭调查程序。我国现行卷宗移送制度并非真正意义上的"起诉状一本主义"，因为法律要求检察院提交起诉书的同时，还要移交"证据目录、证人名单、主要证据的复印件、照片"。因此，学界通常将此种制度称为"部分移送"。这种"部分移送"的做法已经大大降低了法官先定后审的可能性。卷宗移送制度改革出台之后，学界普遍将其视为我国刑事诉讼程序转向当事人主义的一个重要表现，且在下一步应当将改革推向深入，建立更彻底的起诉状一本主义，以符合对抗制诉讼的要求。但这种观点有学者不赞同。首先，卷宗移送仅仅是刑事诉讼程序诸多环节中的一个，该环节如何安排方为妥当，端赖整个程序的制度逻辑而定。即使我国确立了起诉状一本主义，与真正对抗制诉讼之间的距离依然不可以道里计，且这一制度的移植可能会带来更多弊端。其次，当事人主义与职权主义均是程序设置的方法，而非最终目的。最后，当事人主义和职权主义并非可以由立法者在某一时间点上自由选择的对象，而是在漫长历史发展过程中形成的，在短时间内建构几乎是不可能的。因此应转变简单的思维方式，转而去寻找我国刑事诉讼过程中真正的问题所在，再进一步思考解决的方案。③

---

① 汪海燕. 法文化共性、相异性与我国刑事诉讼模式转型. 政法论坛, 2005 (5).
② 熊秋红. 刑事庭审实质化与审判方式改革. 比较法研究, 2016 (5).
③ 孙远. 卷宗移送制度改革之反思. 政法论坛, 2009 (1).

有学者认为，在庭前卷宗移送方式上，我国刑事诉讼经历了全案移送主义—主要证据复印件主义—全案移送主义的改革轮回。为完善我国刑事卷宗移送制度，学者提出了如下建议：第一，设置独立的公诉审查程序——兼采全部案卷移送制度。我国目前的公诉审查程序流于形式，开庭前的程序性审查只是形式审查，因而达不到对起诉条件进行严格把关的目的，同时也达不到过滤刑事案件的目的，这是导致我国庭前预断的主要原因。无论采取何种卷宗移送制度，如果没有公诉审查这样一个介于起诉和审判之间的中间程序，卷宗移送制度就一定不能良性运行。第二，预审法官主持庭前会议。对于庭前会议的主持者，刑事诉讼法中没有明确的表述，只表述为"审判人员"。在司法实践中，各地法院实际上多由同一个法官先主持庭前会议，再待检察院移送全部案卷材料且全面阅卷后又参与合议审判。鉴于此，主张由立案庭的法官来负责主持庭前会议，这样也符合设立独立的庭前预审机制的要求。由立案庭法官担任预审法官较为符合我国国情且节省司法资源。通过审查检察机关的公诉合法性，预审法官已初步掌握了案件的相关情况，然后再由其主持庭前会议，效率更高，其通常也不会偏向其中一方。因此，中国式卷宗移送问题的解决在短期内应以庭前程序为出发点，完善其所包含的公诉审查及庭前准备程序；若从长计议，则应进一步理顺诉审关系，同时改变我国长期以来庭审程序奉行案卷中心主义以及过于偏重惩罚犯罪的刑事司法理念。① 还有学者认为，我国可以借鉴意大利"两步式"刑事卷证移送制度。理由如下：首先，由于防止传统"全案卷证移送主义"所产生的痼疾进而确保法官中立、控辩双方平等对抗的"等腰三角形"庭审结构稳定是我国刑事诉讼改革始终应当坚持的大方向，因而没有理由再走"全案卷证移送主义"这一回头路。其次，"起诉状一本主义"是防止法官产生预断，保障庭审实质化的最佳方案，但需要一系列配套制度以及高素质的法官、检察官和律师队伍作为支撑，而我国目前不具备相关条件。学者认为改革的基本思路为：庭前审查之前适用"全案卷证移送主义"，庭前审查之后的刑事案卷移送方式因案而异。②

除对职权主义与当事人主义的探讨之外，还有学者提出一种新的刑事诉讼模式理论。以无罪推定、程序正义为标志的传统刑事诉讼理论，建立在国家与被告人具有相互对立的诉讼立场的基础之上。在被告人自愿认罪的情况下，这种对抗司法不具有存在的基础，国家与被告人具有诉讼合作的可能。在此前提下，国家追诉机构与被告人经过协商、妥协而进行的诉讼合作，具有"协商性公力合作"的特征；被害人与被告人经过协商达成和解协议，则属于一种"私力合作模式"。相对于对抗性司法模式而言，合作性司法已经初步形成了一种相对独立的理论框架，那就是实用主义的利益观、建立在诉讼合作基础上的司法正义观，以及独立于实体正义与程序正义的第三种法律价值观。③ 这种私力合作模式的出现，以刑事和解制度的产生为起点，将被告人—被害人关系置于刑事诉讼的中心，打破了刑事诉讼与民事诉讼，犯罪与侵权的界限，对传统刑事诉讼理论造成了较大的冲击。④

---

① 蔡杰，刘晶. 刑事卷宗移送制度的轮回性改革之反思. 法学评论，2014 (1).
② 唐治祥. 意大利刑事卷证移送制度及其启示. 法商研究，2010 (3).
③ 陈瑞华. 司法过程中的对抗与合作——一种新的刑事诉讼模式理论. 法学研究，2007 (3).
④ 陈瑞华. 刑事诉讼的私力合作模式：刑事和解在中国的兴起. 中国法学，2006 (5).

三、刑事政策与刑事诉讼的关系

宽严相济刑事政策的概念是在建设和谐社会的背景下提出的。宽严相济的刑事政策着重强调"宽严并重、宽严并用、反对偏轻偏重","从宽和从严都必须依照法律规定进行,做到宽严有据,罚当其罪","正确规范被告人积极赔偿与依法量刑的关系"。

有学者提出,宽严相济刑事政策要有良好的配置效率和制度效率,须重视以下几个方面的建设:首先,应尽可能地把制度变革纳入刑事政策机制中,而不仅仅是在技术上或者在行政上采取措施。其次,需要使不同的刑事政策机制相互衔接并关注其有效性。要使宽严相济的刑事政策更具有制度效率,就要以处理和协调好各种社会利益矛盾、利益关系为基础,着眼于问题的解决。为此,必须做到利益明晰化、规范化和制度化,并使之成为检验当代中国刑事政策制度的重要环节。而当前实现利益明晰化、规范化和制度化,首要的任务就是要使刑事政策体现效率原则,坚持公平正义原则。最后,应该尽可能地把制度变革纳入刑事政策治理理念中,指导刑法制度变革,建立一种回应型法律控制模式。[1] 而有学者提出,对检察机关而言,在检察工作中全面贯彻宽严相济刑事政策,在对严重刑事犯罪依法严厉打击的同时,对一般犯罪区分不同情况,最大限度地化消极因素为积极因素,减少和防止社会对抗。检察机关贯彻宽严相济刑事政策需要重点解决的问题有几点:第一,执法观念相对落后。司法实践中,检察人员重打击轻保护、重配合轻监督、重实体轻程序等片面思想仍时有反映,有些方面已成为制约检察工作发展的瓶颈问题。第二,重"严"轻"宽"依然存在。在程序上追求从快,强调打击效率,忽视司法公正和人权保障;在证据收集运用上为了突破案件而刑讯逼供、违法取证等。第三,诉讼监督工作有失偏颇。检察环节上的监督责任缺失、监督工作不力,不仅严重影响办案质量,更谈不上对宽严相济刑事政策的正确贯彻。第四,评价机制亟须改进。现行评价体系中对撤案率、不捕率、不诉率的严格控制,就反映了将撤销案件、不予逮捕、不起诉、撤回起诉等情况一概视为案件质量问题的认识。[2]

有学者提出,我国实行宽严相济刑事政策之后,其中"宽"的代表是刑事和解与社区矫正。刑事和解是指在刑事诉讼中,加害人以认罪、赔偿、道歉等形式与被害人达成协议后,国家专门机关对加害人不追究刑事责任的一项制度。很明显,刑事和解体现了宽容理念、自由契约精神和以人为本的观念,以全新的思维和视角重新思考与审视犯罪和刑事司法问题,为运用司法解决犯罪提供了新的路径。其中,刑事和解中存在几个问题也应当引起重视:第一,实践中,通常以犯罪人的合作程度、表现态度和互动的状况来决定刑事和解的取舍。如果犯罪人配合接受,就走和解的道路,反之,则走传统司法途径。潜台词是前者是可以挽救之人,而后者是难以挽救的人。这样的评判标准是否客观是值得怀疑的。第二,短短的交流能否让犯罪人产生内在的道德变化?许多事实证明,人性在没有严格的法律制度的制约下会变得率性不羁,唯有将教育与惩罚相结合,将管束与引导并行,才能对症下药。第三,刑事和解强调非正式和灵活性,使其过于个别化。缺乏正当程序和相应

---

[1] 姜涛. "宽严相济"刑事政策的制度基础与价值边界. 法商研究, 2017 (1).
[2] 叶青. 检察机关贯彻宽严相济刑事司法政策的思考. 政治与法律, 2008 (1).

的制度保障，导致其恣意，无法保障当事人的权益，而且会产生负面影响。[①]

"坦白从宽、抗拒从严"的刑事政策对犯罪嫌疑人、被告人供述犯罪事实有明显的激励作用，对于那些拒不供认有罪、推翻供述或者"认罪态度不好"的被告人，则会产生从重处罚的效果。尽管这一政策在指导法院量刑方面具有一定的合理性，却对被告人供述的自愿性以及被告人无罪辩护权具有否定作用。由此，中国刑事诉讼制度形成了一种"义务本位主义"的诉讼模式。根据这一模式，面对国家追诉机关的调查讯问，嫌疑人负有服从和配合的义务，以协助国家机关查明事实真相。在这种强调公民服从义务的政策影响下，所谓被告人供述的自愿性、保持沉默的权利、不受强迫自证其罪的特权、被告人与国家的平等对抗等自由主义哲学意义上的理念，并没有太多存在空间。"坦白从宽、抗拒从严"刑事政策对刑事诉讼程序所产生的一系列影响，尤其是对嫌疑人供述自愿性和被告人辩护权的否定作用，都足以说明这样一个道理："义务本位主义"的诉讼模式，构成了中国刑事诉讼制度的一种深层结构；只要这一深层结构不发生实质的变化，那么任何旨在推进诉讼制度和证据规则之改进的立法努力，都将只是一些技术性的规则调整，而难以带来中国刑事司法制度的真正变化。[②]

第二节　管辖与回避

刑事诉讼中的管辖问题是国家专门机关在受理刑事案件方面的分工问题。管辖的划分可以根据案件的性质、情节轻重、案件发生地点、案件的社会影响程度与各专门机关的职权来划分。明确管辖制度使公、检、法三机关各司其职、高效办案的基础，也是保障案件得到及时处理的关键。对于刑事诉讼中的管辖问题，学者也进行了讨论。

一、管辖制度

在 2012 年《刑事诉讼法》修改以前，有学者就对当事人提出管辖权异议的问题进行了回应，并提出了如下几点建议：第一，管辖权异议的主体应是刑事诉讼当事人，且只要是与案件有利害关系的就可以成为提出管辖权异议的主体，包括犯罪嫌疑人、被告人、被害人、自诉人、附带民事诉讼的原告、单位当事人和其他诉讼参加人。第二，管辖权异议的对象既包括审判机关，也包括侦查机关。第三，管辖权异议的提出不应是凭空的，当事人负有举证责任。为防止当事人滥用管辖权异议的申请权，应对这一权利进行规制。当事人应说明提出管辖权异议的理由。第四，管辖权异议应当在法律规定的期间内提出。虽然法律赋予了当事人可以提出管辖权异议的权利，但提出的时间并非不受限制，以防止当事人怠于行使权利，拖延诉讼时间，降低诉讼效率。第五，应由受理管辖权异议司法机关的上级司法机关处理。这样可以避免处理受理异议的司法机关无视管辖权异议的问题，使管辖权异议成为空谈。因此，由上级司法机关处理管辖权异议的问题，可以有效防止管辖权

[①] 陈晓明. 施行宽严相济刑事政策之隐忧. 法学研究, 2007 (5).
[②] 陈瑞华. 义务本位主义的刑事诉讼模式——论"坦白从宽、抗拒从严"政策的程序效应. 清华法学, 2008 (1).

异议制度形同虚设。第六，管辖权异议的救济制度。救济制度的设计应考虑到对于驳回管辖权异议应如何处理与对于违反管辖权设定的案件应如何处理。①

也有学者赞成建立并完善管辖权异议制度，并提出这是程序公正的必然要求；是保障人权的有效手段；是提高诉讼效益的体现；是诉讼民主的内在要求。在具体设想上，这包括以下几方面的内容：第一，在何种管辖下可以申请管辖权异议。第二，明确申请管辖权异议的主体——当事人。第三，确定申请管辖权异议的期间，遵循三个原则：一是申请管辖权异议的期间因管辖种类的不同而有所差别；二是保证有关申请主体有必要的时间提出申请；三是要考虑刑事诉讼的及时性。第四，规定申请管辖权异议的理由，包括管辖错误与管辖不适当。第五，明确申请管辖权异议的举证责任和证明标准，应当由当事人承担举证责任。第六，申请管辖权异议的效力，根据诉讼进程的特点来确定有关主体提出管辖权异议的法律后果。第七，管辖权异议的审查机关。首先，应当将管辖权异议的审查权赋予正在进行审理的法院的上一级法院。其次，对刑事诉讼职能管辖权异议进行审查的机关，如果不涉及法院，则应当是侦查机关的同级法院。第八，明确以书面申请为主、以口头申请为辅的申请管辖权异议的方式。第九，设立管辖权异议的审查、裁决程序。第十，明确管辖权异议成立的法律后果。第十一，完善管辖权错误、不适当的法律后果。②

在早期关于构建刑事管辖争议问题解决机制的讨论中，有学者指出，解决管辖权争议与三机关"分工负责，互相配合，互相制约"原则有关联。在三机关各司其职之外，还应注意：第一，完善立法，加强法律与司法解释中对管辖权异议的规定，应注重针对不同的管辖权争议采取不同的解决方法。第二，设立刑事管辖告知制度，这是为了确保公安机关刑事管辖权的合法行使。第三，强化检察机关对管辖权问题的法律监督。检察机关作为刑事诉讼的监督主体，对管辖权异议应进行审查，对管辖权不当配置也应在发现后及时作出处理和纠正，以保障管辖权异议问题真正得到解决。③ 在对刑事诉讼变更管辖问题的分析上，有学者提出，现阶段的变更管辖制度属于指定的模式，虽然可以防止犯罪嫌疑人或被告人复杂的人际关系网与其他相关因素对案件造成不公正的影响，但是牺牲了程序正义。第一，行政审批制度对诉权的限制。在《刑事诉讼法》中，管辖权变更的原因是"上级司法机关认为有必要的时候"。"有必要的时候"范围过大，为一些难以说明的原因提供了便捷的表达方式。此外，上级司法机关"认为必要"的表达方式多为"通知""会议纪要"等形式，这可以认为是对诉权的直接否定。第二，检察机关对于自侦案件的控制。在赋予了检察机关可以变更管辖决定权之后，法院难以与检察院抗衡，也无法改变诉讼的天平向检方倾斜的问题。应如何解决此类问题？首先，建立区别于"以裁判为中心"的诉讼构造，因为"以裁判为中心"的诉讼构造没有相配套的措施，所以没有操作性。应赋予侦查机关在侦查阶段的变更管辖权。侦查阶段的变更管辖权是重要的，可以防止侦查过程受外界不正当干扰。其次，取消法院的指定管辖权。上级法院与下级法院是监督关系，且属于事后监督。那么上级法院无从了解下级法院尚未审结案件的情况。上级法院主动进行管辖权的变更，重新指定案件的管辖，违反了司法权的中立性与被动性。而在审判阶段，应赋

---

① 陈卫东. 刑事诉讼管辖权异议的解决——韩风忠、邵桂兰贩卖毒品一案的思考. 法学，2008（6）.
② 石晓波. 刑事诉讼管辖权异议制度研究. 中国刑事法杂志，2004（4）.
③ 周永年. 构建刑事管辖争议问题的解决机制. 法学，2007（2）.

予检察机关起诉选择权。也就是当检察机关发现与自己相对的法院无权进行管辖时,应有权力将案件移送到其他检察院。法院应处于居中、被动的位置行使裁判权,不应主动启动管辖变更,而是应当在辩方对控方的起诉提出管辖异议时,法院才对双方的管辖争议进行审理。如果法院认为确实不应由自己管辖,则法院可以裁决异议成立,将案件退回检察机关。[①]

2007年,在对管辖争议问题的探讨中,有学者总结出以下几方面的问题:渎职罪原案的职能管辖问题,单位犯罪的职能管辖问题,转化犯的职能管辖问题,即此三种属于案件的管辖权应属公安机关还是检察机关。除此之外,还包括职务犯罪的地域管辖问题,侵犯知识产权的地域管辖问题,网络犯罪案件的地域管辖问题。这些问题的解决不能一概而论,应从不同案件的不同特点出发,将管辖范围与管辖权限进行明确,解决可能由此产生的争议,以展开诉讼活动。[②] 总而言之,对于管辖争议问题的解决应着眼于具体问题具体分析。

也有学者重点讨论了我国刑事侦查管辖权制度的问题。侦查管辖是指侦查机关对刑事案件行使侦查权的范围划分。我国侦查管辖权在立法上存在以下问题:第一,法律规定混乱。在《刑事诉讼法》中,只有关于职能管辖与审判管辖的概念,并没有明确规定侦查管辖。侦查管辖虽没有集中的规定,但仍然散见于不同的章节中。此外,部分司法解释与刑事诉讼法的规定存在冲突。法律法规中的条款可操作性差。例如当涉嫌主罪属于公安机关管辖时,由公安机关侦查,人民检察院予以配合;当涉嫌主罪属于人民检察院管辖时,以人民检察院为主侦查,公安机关予以配合。这样的规定看似符合逻辑,但在具体操作上,往往难以在立案时便可以区分主罪与次罪,且公安机关与检察机关毕竟分属于不同机关,即使受互相配合原则的指导,但也难以在侦查初期就开始协商配合。第二,在立法上要求根据审判管辖来确定侦查管辖不符合中国的具体司法实践。首先,由于侦查阶段与审判阶段之间有着较长时间的跨度,因而以审判管辖的标准制约侦查管辖便显得不切实际。其次,侦查是诉讼的起点,没有侦查就没有审判,因此不应以审判管辖反过来确定侦查管辖。第三,检察机关只对部分案件行使侦查管辖权不符合诉讼规律。一部分案件的侦查权归于检察机关不利于检察机关较好地行使控诉犯罪的职权,且不利于侦查监督的开展。第四,侦查机关之间对案件管辖的分工过于绝对,不利于侦查。这种绝对的划分违背辩证唯物主义认识论的规律,也不符合刑事侦查的规律。同时,也造成了刑事侦查与刑法中规定的罪名的可变性不协调。第五,目前关于侦查管辖的规定不能满足司法实践的需要。一些新的问题,例如国际互联网犯罪的侦查管辖,手机诈骗犯罪的侦查管辖等问题随着时代的发展日益突出。受利益的驱动,一些案件有不同的侦查机关抢着要管,而与之相反,办理难度大、阻碍多的案件却没有人要管。这显示出了没有系统的侦查管辖的规范会对诉讼效率的提升和诉讼目的的达成造成不利影响。第六,侦查管辖的相关配套措施不完善。这表现在管辖冲突机制的不健全,指定异地侦查管辖没有明确的规定,异地侦查的效力、管辖错误的诉讼后果没有法律规定,侦查管辖权的监督机制没有建立,没有侦查管辖异议制

---

① 蔡元培. 刑事诉讼变更管辖权问题研究:基于京、新、苏三地实证考察. 中国刑事法杂志,2013 (2).
② 王延祥,张少林. 刑事管辖常见争议问题析解. 法学,2007 (2).

度，缺乏侦查管辖救济制度等方面。侦查管辖在我国确立有着重要的现实意义，因此在《刑事诉讼法》中对侦查管辖的问题作具体化、系统化、集中化的规定是迫切需要的。①

有学者在对管辖问题的讨论中提到了集中管辖的问题。集中管辖在我国近年来的司法实践中常有出现，它具有以下特点：上下级司法机关联动，上级司法机关占据主导地位；公、检、法、司多个政法部门积极配合，以法院为核心集中推动；以提升特殊案件的审理质量为主要目标，具有良好的改革愿望。总的来说，集中管辖体现了近年来司法机关为应对司法需求在管辖领域采取的灵活性的举措，通过整合管辖资源的形式来提高案件办理的质量。在我国《刑事诉讼法》中，实行集中管辖的案件有五大类，可以分为两种：一种是身份特殊型案件，即外国人犯罪案件和涉台湾地区案件；另一种是权利保护型案件，即知识产权、环保和未成年人案件。前者属于较为敏感的案件，一旦处理不慎容易引发一系列连锁问题。而后者则具有较高的法律统一适用的要求。不难看出，集中管辖的制度目的与我国的司法理念相一致。从形式上而言，实践中的集中管辖是上级法院基于其在法院组织架构上的主导地位，整合司法资源强化案件质量管理，统一裁判的一项有力举措。集中管辖通过将某一类型的案件进行整合，将司法权的行使限定于一个或几个司法机关，在一定程度上有利于确保案件质量提高的司法理念的实现。②

对于指定管辖，也有学者发表了自己的观点。指定管辖是对办案主体的调整，出发点是为了保障司法公正和效率。但在司法实践中产生了一系列问题：第一，指定管辖的随意性较大。表现为启动的随意性，确定管辖单位的随意性与指定管辖中处理程序的随意性较大。此外，被指定主体的方式和程序不完善。虽然指定管辖规定了指定权在上级机关，但是应由上级机关逐级指定还是可越级直接指定，并未明确。第二，指定侦查管辖于法无据，三机关在指定管辖上不能高效衔接，易起冲突。我国目前《刑事诉讼法》中规定的指定管辖，主体为法院，涉及的是审判管辖。公安机关与检察机关在侦查、审查逮捕和提起公诉方面的指定管辖均无规定。这就需要由审判程序的指定管辖向前推导，但这种推导是应被质疑的，因其合法性可疑，且在逻辑上因不具有必然性而易引发三机关之间的矛盾。并且，指定管辖不完善易引发以下后果：司法审查功能削减，妨碍诉讼公正的实现；妨碍公民权益，损害司法公信力；违背基本法理，损害法治原则。这些问题都体现了指定管辖现阶段所面临的困难。③

管辖问题与现阶段进行的以审判为中心的诉讼制度改革息息相关，管辖问题在刑事诉讼法中的规定是否符合以审判为中心的标准还需要商榷。有学者考察了域外关于刑事管辖的规定，提出德日等国刑事诉讼法一般在第一编首先规定法院的审判管辖权，包括事务管辖权和地域管辖权，以此确定案件的审判法院，且并不在规定审判管辖时一并对检察机关、警察机构的职能管辖进行规定，而是将侦查管辖置于第一审程序编侦查章中进行规定。我国刑事诉讼法第一编总则第二章管辖不仅规定了法院的审判管辖，包括级别管辖、地域管辖等，还规定了检察机关、公安机关的职能管辖。大陆法系国家刑事诉讼法典总则对于侦查权的行使是不作规定的。究其原因是，总则的规定如同整部法典各编的规定一

---

① 王德光. 我国刑事侦查管辖权制度的立法缺陷及完善. 中国刑事法杂志，2007 (4).
② 张曙. 刑事诉讼集中管辖：一个反思性评论. 政法论坛，2014 (5).
③ 龙宗智. 刑事诉讼指定管辖制度之完善. 法学研究，2012 (4).

样，是基于审判中心主义围绕法院审判权的运行展开的。而我国的刑事诉讼法在第一编总则第二章管辖里平行规定公安机关、检察机关和人民法院的管辖权，看似明晰了侦查机关的侦查受案范围，解决了公安机关与检察机关之间的侦查分工问题，似乎具有明确各职能的积极意义，但存在着弊端：一是没有体现以审判为中心。刑事诉讼乃至所有诉讼的中心问题都是审判，因此，刑事诉讼管辖应当解决的是案件应由哪级、哪个法院审判的问题。公诉是启动审判的"诉"，侦查不过是公诉的准备而已，因此侦查的实施和审判管辖并非同一层面的程序问题。将侦查职能管辖和审判管辖一并规定可谓不伦不类。二是这一规定导致检察机关和公安机关之间的诉讼法律关系出现紊乱。就检察机关和公安机关之间的诉讼法律关系而言，原本应有的控方内部"检主警辅"的格局不复存在。因此，基于以审判为中心的诉讼理念以及确立科学的检警关系的需要，第一编总则第二章管辖无须亦不应规定公安机关、检察机关的职能管辖，而应在侦查章中按照检警一体化模式进行规制。[①]

值得关注的是，为了完善与《监察法》的衔接机制，保障监察体制改革的顺利进行，2018年修改的《刑事诉讼法》将原法第18条修改为第19条，删去由人民检察院管辖的"贪污贿赂犯罪、国家工作人员的渎职犯罪"，将其转隶于监察委员会。至此，我国的管辖制度发生重大变化。

二、回避制度

回避制度是指与案件有法定利害关系或者其他可能影响案件公正处理关系的人员及机构，不得参与该刑事案件处理的一种刑事诉讼制度。刑事回避制度起源于古罗马的"自然正义"原则，历来被称为公正司法的"第一道防线"。

2012年刑事诉讼法修改之前，有学者反思我国的回避制度，对我国侦诉人员的回避提出以下几方面的观点：第一，我国回避对象包含侦查人员、公诉人的立法体例，与俄罗斯联邦立法回避对象最为接近，可归于苏联刑事诉讼法对我国的影响。第二，法律赋予公、检、法机关近似的法律地位和职责，回避对象也统一适用于公、检、法机关，暗含的前提是公安机关与检察院和法院都是国家司法机关，与当事人有着法定的不适当关系的侦查人员、检察人员和审判人员都必须依法退出或者不得参与诉讼程序，这样才能确保案件得到公正的处理。第三，立法者以侦诉人员的回避为程序制约的手段，实现程序法保障实体法的目的。但由于在我国刑事诉讼中，侦查、起诉、审判是独立且平行的诉讼阶段，侦、控机关在侦查、起诉阶段中，近乎封闭地垄断了推动诉讼程序的决策权，因而这种制度设计因配套措施跟不上，难免出现架空的现象。该学者提出，应当变革我国侦查人员、公诉人员同审判人员一样被列为回避对象的立法体例。第一步，在其他制度未调整的情况下，首先，取消侦查人员作为回避对象的规定，在审前阶段，可以考虑侦查人员有权申请检察院在批捕等裁决性活动中回避；其次，在审前阶段，暂不改变要求公诉人回避的立法，但在庭审中，公诉人应当与被告人一样，是申请法官回避的主体，而非被他人回避的对象。第二步，作出以下变革：（1）取消公诉人所属机关的法律监督权，公诉权与监督权分离，由不同机关行使；（2）建立审前司法审查制度，法官作为中立的裁判者介入侦查起

---

① 刘计划. 刑事诉讼法总则检讨——基于以审判为中心的分析. 政法论坛，2016 (6).

诉程序，削弱侦诉机关审前过于强大的公共权力；（3）树立"审判中心主义"，废除三机关"分工负责，相互配合，相互制约"原则；（4）进一步改革回避对象，完全去除要求公诉人回避的立法，在整个诉讼过程中，法官、陪审员作为案件事实和适用法律的裁判者是回避的重心。①

对回避问题，有学者结合域外法律对回避制度的规定进行研究。我国刑事诉讼法第一编第三章回避一并规定了审判人员、检察人员、侦查人员的回避，同时回避申请权人为被告人等当事人及辩护人、诉讼代理人。该学者认为这样的立法体例与以审判为中心的诉讼理念不符。第一，检察官并非申请法官回避的权利主体，无疑忽视了检察官和被告人分属控辩双方诉讼主体的基本构造，有违以审判为中心的现代刑事诉讼中控辩双方都有权申请法官回避的基本法理。第二，将行使追诉职能的检察人员、侦查人员和承担中立裁判职能的审判人员相提并论，并列作为适用回避的主体，混淆了追诉职能和审判职能之间的本质区别，导致回避制度的功能与价值错位。对于审判人员而言，适用回避能够确保其与案件结果无涉而保持超然地位，在控辩双方之间保持中立，平等对待控辩双方，实现公平与公正审判。然而对于检察人员、侦查人员设置回避规则的意义极其有限。即使检察人员、侦查人员因具有刑事诉讼法规定的回避情形而回避，也不能保障侦查权行使的公正性，无法防止侦查机关及侦查人员滥用侦查权乃至违法实施侦查行为。因此，为了避免可能产生的误导，并基于以审判为中心和控辩平等的诉讼理念，应删除刑事诉讼法回避一章中关于检察人员、侦查人员回避的规定，并赋予检察官和被告人平等申请法官回避的权利。而为了避免侦查权和公诉权滥用，防止侦查中侵犯基本权利行为的发生，应将侦查合法性控制与保障机制建立在侦查监督主体多元化和监督模式的完善上。②

2009年，有学者对于侦查人员回避的问题发表了看法，提出刑事诉讼法中规定了担任过本案侦查人员的应当回避。也就是说，承办案件的侦查人员不能同时充当本案的证人。该条是专门针对审判人员、检察人员、侦查人员的回避问题所作的规定，其中应当回避的"担任过本案的证人、鉴定人、辩护人、诉讼代理人的"，也包括侦查人员。该规定是在两者诉讼角色发生冲突时，确立了证人优先原则，但不少人将该规定理解为侦查人员出庭作证的法律障碍，这种理解颠倒了这一条文的内在关系。③

第三节 辩 护

辩护是我国刑事诉讼的一项重要内容，也是现代法治国家刑事诉讼领域中不可或缺的重要部分。辩护制度的完善是一个国家诉讼进步、文明发展的标志。刑事辩护制度有多方面价值。有学者提出，就辩护与法治的关系而言，辩护制度在一个社会的存在与发展取决于该社会的民主制度、诉讼构造和诉讼价值，刑事辩护的正当性根据则包括人权保障、无罪推定和相对制度三个方面。④对于辩护中包含的具体问题，可划分为以下几个方面。

---

① 张品泽. 刑事回避对象之比较——兼评我国侦诉人员的回避. 政法论坛，2004（4）.
② 刘计划. 刑事诉讼法总则检讨——基于以审判为中心的分析. 政法论坛，2016（6）.
③ 顾永忠. 侦查人员出庭作证的法律依据辨析. 法学家，2009（12）.
④ 陈兴良. 为辩护权辩护——刑事法治视野中的辩护权. 法学，2004（1）.

一、辩护人的诉讼权利与义务

辩护人是犯罪嫌疑人、被告人诉讼权益的有力维护者，辩护人享有法律规定的诉讼权利，也应承担相应的诉讼义务。我国《刑事诉讼法》与《律师法》均对辩护人的权利与义务进行了规定，对于辩护人的诉讼权利，学者们也进行了充分的讨论。

（一）在场权

辩护律师的在场权是辩护律师基于其在刑事诉讼中独立的主体地位所拥有的独立权利。辩护律师在场权的实行可以使辩护律师及时介入刑事诉讼，为被追诉人提供法律帮助，有效地监督追诉权的行使，保障被追诉人的人权。在2012年《刑事诉讼法》修改之前，有学者提出应具体设计中国律师的在场权制度。

有学者提出，根据我国当时的国情及刑事侦查程序中存在的问题，结合国际上各主要国家通行的做法，在我国的刑事侦查程序中，应引入辩护律师在侦查机关讯问犯罪嫌疑人时在场的做法。引入这一做法在我国的刑事诉讼中具有以下意义：第一，可以强化辩护职能，帮助犯罪嫌疑人很好地行使辩护权。在侦查阶段，犯罪嫌疑人要想充分、有效地行使辩护权，必须具有良好的心态。否则，即使法律赋予了他诸多的诉讼权利，他也难以大胆行使，而辩护律师由于其特定的身份、地位和职责，因而决定了不仅辩护律师本人能够依法充分行使其职权，同时辩护律师的在场也可有效地消除犯罪嫌疑人孤立无助的心理，从而敢于行使法律赋予他的权利。第二，能够从外界促使侦查人员合法地应用其专门权力，防止讯问过程中可能出现的侦查人员违反法定程序的情形，保证对犯罪行为的追究在合法的轨道内有条不紊地运行。第三，保证审判程序建立在公正的基础之上，使刑事案件的处理不仅达到实体公正，而且做到"看得见的公正"即程序公正，最终实现司法公正。第四，有利于辩护律师及时、有效地掌握刑事诉讼的进行情况，从而真正发挥其特有的作用。我国刑事诉讼法规定了辩护律师在刑事诉讼中享有一系列权利，如在侦查阶段，辩护律师可代理犯罪嫌疑人申诉、控告；在侦查终结以后，辩护律师还有权申请人民检察院、人民法院收集、调取证据；在法庭审理过程中，辩护律师在提供被告人无罪或者罪轻的证据时，认为侦查、审查起诉过程中侦查机关、人民检察院收集的证明被告人无罪或者罪轻的证据材料需在法庭上出示的，有权申请人民法院向人民检察院调取该证据材料等。法律规定的上述辩护律师的权利实现及作用发挥，都有赖于律师在侦查阶段的全面介入，其中最重要的一条，就是律师在犯罪嫌疑人受讯时在场。因为侦查是刑事诉讼的基础，律师只有在刑事诉讼的基础阶段即侦查阶段全面及时地了解诉讼进程中的情况，才能为其他阶段权利的正确及有效行使奠定基础。第五，当被告人最终在法律上被定罪后，也有利于促使罪犯的改造。司法实践证明：罪犯改造的结果，可以溯及他在侦查阶段所受到的处遇。同是最终被判有罪，在侦查阶段受到公正对待并充分行使了辩护权的罪犯，较之在侦查阶段受到不公正对待从而无法有效行使辩护权的罪犯，其对待法律的态度以及认罪服判的心理状态是截然不同的。前者更易接受法律的判决，而后者或多或少地存在着对现行司法制度的抵触心理，从而妨碍其改造效果，影响刑罚功能的实现。第六，这一做法能以对我国刑事侦查结构的较小触动带来较大的功效，易为各方所接受，变革成本低。第七，为检察机关能够及时掌握侦查机关和侦查人员的侦查行为是否合法，从而有效地履行侦查监督职能增加了一条积极渠道。①

针对 1996 年修正的《刑事诉讼法》第 12 条规定的"未经人民法院依法判决，对任何人都不得确定有罪"，有学者提出这是对无罪推定原则合理内核的吸收，也有学者认为这是无罪推定原则的确立。刑事诉讼程序是一个逐步推进的过程，即从逻辑上的假想无罪，到运用证据推翻这一假想，从而在排除合理怀疑的基础上认定其有罪，因而它建立在证据裁判主义基础上。证据是诉讼的核心，整个诉讼的进行莫不围绕证据展开，而侦查阶段是侦查机关获取有罪证据的关键阶段，因而这一阶段就成为控辩双方获取均势的关键时刻。设立律师讯问在场权和单独会见权与排除侦查机关滥用权力，违法取证的意图相适应。在国外，律师讯问在场权是保护犯罪嫌疑人的沉默权；而其单独会见权则是控辩平衡的最直接需要。当然其核心也是围绕证据而展开的，不保障律师单独会见权就很难保证律师获取有足够说服力的第一手材料，同时也不能排除对侦查机关滥用权力违法操作的怀疑，也就很难相信侦查机关获取的证据绝对合法合理可采可用。因而，律师的讯问在场权和单独会见权又与证据排除规则联系在一起，所以在不保障上述权利的情况下，侦查机关获取的证据是或可排除又或可怀疑的。鉴于我国已确立了无罪推定原则，也鉴于刑事诉讼法在执行中存在各种问题，从法理上分析，呼吁设立律师的在场权是可以理解的。②

有学者先介绍了域外律师在场权的大致规定。关于讯问犯罪嫌疑人时律师是否有权在场，不同国家做法不尽相同。如美国通过米兰达案等一系列案件强调了讯问犯罪嫌疑人律师的在场权。英国《〈1984 年警察与刑事证据法〉执行守则〈警察拘留、待遇和讯问执行守则〉》也明确了讯问时律师有在场权。俄罗斯 2002 年生效的《刑事诉讼法典》第 53 条规定："自准许参加刑事案件之时起，辩护人有权：……参加对犯罪嫌疑人、被告人参加的询问……"意大利不仅规定了律师有权在场，而且规定违反此程序的后果，即按照《刑事诉讼法典》第 350 条规定，无论是司法警察还是检察官对被告人进行讯问，都必须甚至通知辩护律师到场参与；在没有律师在场的情形下，嫌疑人所作的任何供述在任何阶段不得作为证据。法国预审法官讯问时律师应当在场，但初步侦查中律师却没有此权利。而德国刑事诉讼法没有赋予讯问时律师在场权。不难发现，实行当事人主义诉讼模式的英美法系国家以及近期对刑事诉讼制度作出较大改革的国家均强调对律师在场权的保护，而传统的大陆法系代表国家对律师在场权还抱有一定的戒心。后而，该学者提出了我国刑事诉讼法典没有规定律师在场权，2007 年《律师法》采取了未置可否的态度。由于讯问时律师在场可以消除犯罪嫌疑人的紧张心理，平衡犯罪嫌疑人与侦查机关地位的悬殊，尤其是可以有效地减少甚至防止侦查阶段的刑讯逼供，减少侦查机关对口供的依赖，故提出建议，应当赋予律师讯问时的在场权，同时规定相应的保障配套措施。首先，法律应当明确规定讯问时律师的在场权。否则，律师在场很有可能遭到侦查机关的抵制。其次，法律应当将被追诉人委托律师的时间起点提前。无论被调查人有无被讯问或者采取强制措施，都可以委托律师。因为律师为公民提供法律帮助，二者之间建立委托关系，并不一定要以被调查人或被怀疑人成为犯罪嫌疑人为前提。最后，应当明确侦查机关的配合义务，包括侦查机

---

① 陈少林. 论辩护律师的在场权. 法学评论，2000（5）.
② 王圣扬，孙世岗. 侦查阶段律师辩护工作的理性思考. 政法论坛，2008（2）.

关应当提前告知律师讯问犯罪嫌疑人的时间、地点。只有如此，律师才有可能在讯问时到场。当然，为了落实律师在场权，还要建立其他的配套措施，如扩大法律援助范围，建立律师值班制度等。否则，该项制度即使被法律确认，也很有可能仅仅停留在纸面上。与此同时，为了防止律师在场给侦查活动带来负面影响，该学者建议，律师在场可以用"看得见，但听不见"的方式进行。①

有论者提出，律师的在场权可以进行如下分类：一是从权利主体的角度来说，律师在场权既指刑事诉讼中所享有的要求于特定场合在场的权利，也指犯罪嫌疑人、被告人享有的要求律师在场的权利。本质上，律师在场权并不仅仅是律师的权利，也是被追诉人的权利。二是在诉讼阶段上，可将律师在场权区分为广义与狭义两种情况。广义上的律师在场权是指在侦查、起诉和审判三个阶段中，侦查人员、检察人员、审判人员对犯罪嫌疑人、被告人人身、财产和现场进行讯问、勘查、搜查、扣押和询问或者审讯时，辩护律师有权在场为其当事人提供法律帮助，犯罪嫌疑人、被告人也有要求律师在场的权利。狭义上的律师在场权则仅指在刑事诉讼的侦查阶段，自犯罪嫌疑人第一次接受侦查机关的讯问直到侦查终结，侦查机关每次讯问犯罪嫌疑人时，律师均有权在场。三是从辩护律师在犯罪嫌疑人接受讯问时参与的程度及其发挥作用的角度看，律师在场权可以区分为形式上的在场权和实质上的在场权。形式上的律师在场权，将律师的作用仅限于防止侦查机关以不法手段获取口供，排除了律师在讯问中与嫌疑人进行交谈或提供法律意见的权利。实质上的律师在场权，将律师是否在场视为犯罪嫌疑人接受讯问的必要条件，并以此判定讯问是否符合法定标准，而且犯罪嫌疑人在接受讯问的过程中，律师可以为其提供必要的法律帮助。律师在场权的确立有几点必要性：一是律师在场权有利于实现实体正义和程序正义。二是律师在场权有利于建立符合诉讼民主要求的控辩平衡诉讼机制。三是律师在场权有利于推动我国侦查讯问方式的改革。四是律师在场权有利于完善我国的刑事辩护制度。对于可行性方面，该学者提出人权入宪是在场权确立的政治和法律基础；我国应履行的国际义务是律师在场权实现的动力；律师制度的不断完善和律师业的发展是律师在场权实现的保证；实行律师在场制度是改革侦查讯问方式的现实需要。②

对于特殊的未成年人犯罪诉讼程序中辩护律师在场权的确立，有学者提出以下几方面的意义。

首先，律师到场不违反"合适成年人"的立法意图。虽然从《刑事诉讼法修正案（草案）》[以下简称《修正案（草案）》]的字面规定来看，律师并不直接归于法律列举的"合适成年人"外延之内，但律师到场并不违反这一制度的设立初衷。从制度的沿革背景来看，合适成年人到场是对律师到场制度的补充和优化。通过查阅国际条约和其他国家的立法例可以得知，讯问时要求律师到场是犯罪嫌疑人不可剥夺的法定权利。在此基础上，考虑到未成年人的特点和独特需求，特别规定了合适成年人到场制度，以形成更为周全的制度保护。两种到场制度虽然初衷相似，但其服务的价值上有不同的侧重点。总体来说，应以律师到场为基本保障，而以合适成年人到场为前者的补充和某种程度上的修正。但反观

---

① 陈光中，汪海燕. 侦查阶段律师辩护问题研究——兼论修订后的《律师法》实施问题. 中国法学，2010（1）.
② 屈新. 论辩护律师在场权的确立. 中国刑事法杂志，2011（1）.

我国立法，犯罪嫌疑人在第一次讯问之后或者采取强制措施之日起方有权委托辩护人，也即在第一次讯问时不允许律师到场。在这种情形下，即使确立了合适成年人到场制度，也不能完全弥补律师缺位造成的制度漏洞。相反，律师作为委托人或者被接受指定辩护的被追诉人利益的专门维护者，对未成年人有法定的保护职责，从字面上看也并不超越"合适成年人"的语义范围，因此由其承担"合适成年人"的职责并不违反《修正案（草案）》拟增加的内容。

其次，律师到场制度同样能够实现合适成年人制度的功能。合适成年人到场有避免未成年人孤立，维护未成年人权利并保全证据，以及协助沟通的功能。相比而言，律师到场不但同样能够实现这些功能，而且其还被证明是更好的职责履行者。一方面，律师在场同样可以避免未成年人陷入孤立境地。实际上，律师的存在不仅打破了司法机关和未成年犯罪嫌疑人单独对峙的局面，而且还因其专业能力和辩护职能而给予未成年犯罪嫌疑人更大的心理支持。律师作为专业人士能够更专业、更有效地保护未成年人的合法权益。这不仅表现在律师在未成年人权利被侵害时能够及时干预、制止，还表现在律师能够积极地为未成年人争取权利，如申请变更强制措施等。另一方面，律师到场对于证据保全的意义更大。律师作为与控诉机关对立的一方，如若能肯定讯问中获得的未成年人供述的效力，则对于证据的合法性有更明显的证明作用，律师也能发挥协助沟通的作用。律师作为同时具备法律专业者身份和合适成年人身份的人，不仅能够协助未成年人理解司法人员的问题并准确表达，而且凭借专业知识，能够在回答将导致对其产生不利后果时提醒未成年人，保障其供述的自愿性。

再次，律师在场可以弥补《修正案（草案）》对合适成年人规定的缺陷。依照《修正案（草案）》的规定，未成年人对于合适成年人的人选没有选择权，即使未成年人不认为该人能够维护自己的合法权益，也没有表达意愿的机会。而律师无论作为委托辩护人还是指定辩护人都须受嫌疑人意愿的左右。在委托辩护的情况下，律师的聘任本就基于双方的信任关系，即使未成年人因行为能力的限制需由法定代理人或者其他近亲属代为履行委托权利，法定代理人或其他近亲属也不得违背嫌疑人的利益行事。关于指定辩护，《修正案（草案）》拟增加的第264条规定："未成年犯罪嫌疑人、被告人没有委托辩护人的，人民法院、人民检察院、公安机关应当通知法律援助机构指派律师为其提供辩护。"而根据《关于执行〈中华人民共和国刑事诉讼法〉若干问题的解释》（2012年失效）第38规定："被告人具有本解释第三十六条规定情形之一，拒绝人民法院指定的辩护人为其辩护，有正当理由的，人民法院应当准许，但被告人需另行委托辩护人，或者人民法院应当为其另行指定辩护人。"虽然该解释仅适用于法院指定辩护的情形，但这与《刑事诉讼法》仅在审判阶段规定了指定辩护有关。从立法保护未成年人和扩大辩护权的趋势来看，这一规定在侦查、审判阶段应当同样适用。因此，对于整个刑事诉讼过程中的指定辩护人，未成年人也有权拒绝，并由司法机关另行指定。这样一来，未成年人对律师的人选始终保留一定的选择权，这有助于弥补《修正案（草案）》在合适成年人人选方面的缺陷。此外，确定律师在场权更具有可行性。《修正案（草案）》拟增加的第264条规定："未成年犯罪嫌疑人、被告人没有委托辩护人的，人民法院、人民检察院、公安机关应当通知法律援助机关指派律师为其提供辩护。"因此，律师成为未成年犯罪嫌疑人、被告人的"标准配置"，这就首先实现了律师在场的前提是有一个律师。而且,律师作为维护被追诉人合法权益的法律执业者,有更充裕的时间行使讯问到场权。

最后,确定律师在场权有助于推进刑事诉讼制度的文明和进步。从国际刑事司法准则和其他国家的立法例来看,律师的讯问在场权是被追诉人不可剥夺的基本权利,这一权利适用于所有的犯罪嫌疑人。鉴于我国的现实国情,若目前在所有案件中都推行这一制度,时机尚不成熟,来自司法实践部门的阻力也很大,但如果在未成年人犯罪案件中进行初步尝试,并对其适用效果进行客观评估,也许对今后全面建立这一制度大有裨益。[①]

(二) 会见权

会见难是困扰我国刑事辩护由来已久的问题。有学者对侦查期间合理限制律师会见权的问题进行了讨论,并提出实践中,不少办案人员对法律规定的辩护制度的必要性和重要性认识不足,对法律规定的律师的诉讼权利认为可有可无。要解决律师会见难的问题最重要的措施之一,当属正确理解"国家秘密"的范围问题。根据刑事诉讼法的规定,"会见"应当经过侦查机关批准,即律师从接受犯罪嫌疑人的聘请到见到他们,要过两道"批准关",律师受聘与律师会见犯罪嫌疑人都要"经侦查机关批准",这就决定了律师见到犯罪嫌疑人过程之艰难。加之理论界和实务界对"国家秘密"的理解不同,有案件本身涉密说、案件本身涉密与诉讼中形成的双重涉密说等。该学者认为对于涉及国家秘密的案件,在押犯罪嫌疑人聘请律师和律师会见他们应当经侦查机关批准是正确的,但在会见过程中依然设立关卡和限制都是错误的,只有充分保障律师能够及时会见涉及国家秘密和不涉及国家秘密案件的犯罪嫌疑人,才能全面了解他们的情况,达到犯罪嫌疑人聘请律师的目的,使律师能够为在押犯罪嫌疑人提供有效、有力的法律帮助。[②]

有论者提出,侦查期间合理限制律师会见权的理论依据有:一是平衡侦查权与会见权的冲突。侦查权是国家的基本职能,在侦查阶段,相对于公正而言,效率处于更优先的地位。这是因为犯罪嫌疑人为了逃避法律制裁,经常会采用各种手段力图逃脱侦查机关的追捕、破坏、伪造证据。因此侦查权的快速有效行使,对于控制犯罪进而维护社会秩序具有极其重要的意义。与律师会见是犯罪嫌疑人最基本的权利,与犯罪嫌疑人会见是侦查阶段辩护律师工作的核心内容;不能会见犯罪嫌疑人,律师介入侦查程序的意义就无从谈起。但是侦查权与会见权存在冲突。侦查讯问与会见在时间上必然存在先后关系,在需要犯罪嫌疑人辨认及被辨认的情况下,辨认与会见在时间上也可能发生冲突。在彼此冲突的情况下,如果一味地采取会见权优先,则一方面可能丧失侦查时机,导致有些证据灭失;另一方面容易消解侦查机关讯问的心理优势,使讯问成效大打折扣。

二是生命权及自由权优先于会见权。从根本上来说,会见权是为生命权和自由权服务的,在价值位阶上低于生命权和自由权。保障律师会见权及被害人的生命权与自由权均是侦查机关应尽的义务;但是,在刑事侦查中,可能会出现侦查机关对这些权利的保护不能兼顾的情形。在权利发生冲突的情况下,一方面在价值位阶上生命权与自由权高于会见权;另一方面,对会见权的暂时限制,事后还可以给予弥补和救济。

[①] 汪建成. 论未成年人犯罪诉讼程序的建立和完善. 法学, 2012 (1).
[②] 周国均. 正确认识律师与被追诉者的关系 保障律师的诉讼权利. 政法论坛, 1997 (5).

三是会见的秘密性和谈话内容的难以证明性。辩护律师会见在押犯罪嫌疑人之功用，一方面是为犯罪嫌疑人提供有益的法律建议，使其正确对待侦查机关的讯问；另一方面是获取相关案件信息，为后续辩护作准备工作。此类功用之实现，无不依赖于犯罪嫌疑人如实向辩护律师陈述案件事实。因此，唯有保证辩护律师与犯罪嫌疑人会见交流的秘密性，犯罪嫌疑人才可能如实地向辩护律师陈述案件事实，刑事会见才有意义。尽管辩护律师是犯罪嫌疑人合法权益的天然维护者，但这并不意味着辩护律师会见犯罪嫌疑人时可以不顾最基本的职业伦理道德底线、甚至违法地为犯罪嫌疑人提供服务。律师在忠于犯罪嫌疑人的同时，还肩负一定的真实义务，此种真实义务要求辩护律师不得以积极的行为阻碍真相的发现。然而，在秘密会见的情况下，辩护律师与犯罪嫌疑人可能通过言语交流的方式从事上述违反职业伦理甚至法律的行为，但由于没有第三人在场，又不允许以任何方式进行监听，因而在诉讼证明上很难完成，由此形成了刑事会见的秘密性导致的谈话内容的难以证明性与依法追究律师滥用会见权的矛盾。①

就会见权拓展至侦查阶段律师辩护权利的问题而言，有学者提出，应当确认律师与犯罪嫌疑人之间会见交流的一般权利，同时对此应当进行适当限制。在纠问式侦查构造难以得到根本改变的条件下，暂时不宜规定律师在侦查阶段自行调查取证的权利，但应当规定律师有权查阅笔录、诉讼文书和鉴定意见，有权申请鉴定、补充鉴定或重新鉴定，有权申请保全证据。②

2012年《刑事诉讼法》修改之后，对于刑事辩护律师会见权实现的问题，有学者提到，新《刑事诉讼法》中对律师会见权的规定仍有改进的空间。具体而言，2012年《刑事诉讼法》中对于律师会见权的规定不足之处在于：第一，见面的次数、时间没有细化。虽规定了律师的会见权，但是并没有规定会见的次数和时间。在实践中易出现有关机关限制会见次数和时间的做法。如果限制会见次数以及会见时间，就无法保证律师向被追诉人全面了解案情，听取其意见或者为其提供有效咨询，也无法保证随着案情的发展，律师与被追诉人继续交流。因此，有理由认为只要律师符合会见条件，看守所均应在法定时间内安排会见，只要在正常的上班时间内，均不能限制律师会见被追诉人的时间。第二，易被曲解的"不被监听"。2012年的《刑事诉讼法》保护了律师与犯罪嫌疑人、被告人之间的"秘密交流权"，而且，"不被监听"与允许有关人员"在场"是矛盾的。根据以往的执法实践，在场的侦查人员经常会随意打断、甚至禁止犯罪嫌疑人与律师讨论案情，从而导致这一环节的有效辩护权无法真正落实。第三，无法实现的"核实证据"与不平等的"录音""录像"权。根据2012年《刑事诉讼法》，辩护律师向犯罪嫌疑人核实有关证据的时间段自案件移送审查起诉之日起，这意味着会见时律师可以就有关指控事实及相关证据告知犯罪嫌疑人、被告人，必要时可将有关证据出示给对方，让其辨认，与其核实。这使会见权的行使具有实质性。但是，在律师会见犯罪嫌疑人时，如果其不能向犯罪嫌疑人核实有关证据，会见权在一定程度上是被架空的。律师会见嫌疑人时都会作笔录，但仅作笔录不一定能全部记录下谈话内容，必须以录音、录像辅以帮助，这样也可以防止个别犯罪

---

① 陈学权. 侦查期间合理限制律师会见权研究. 现代法学，2011 (5).
② 孙长永. 侦查阶段辩护制度立法的三大疑难问题管见. 法学，2008 (7).

嫌疑人歪曲律师的会见纪录或者个别在场侦查人员指控律师有诱问、包庇的谈话内容等违法行为。在对会见权保障机制的建构上，其一，要做到保障安排机关的中立性，保障对犯罪嫌疑人的羁押由非隶属于侦查机关的其他机关负责，实行侦羁分离制度，对于相对中立的羁押机关来说，刑事案件的处理结果与其没有任何行政或其他利害关系。其二，应当将违反会见权所取得的证据纳入非法证据排除规则的适用范围，通过司法解释赋予被告人及其辩护人进行程序性救济的权利，即通过程序性辩护的诉权请求开启程序性裁判程序，宣布侵犯会见权所获得的证据材料以及以此为线索获得的材料为非法证据并予以排除。[①]

针对2012年《刑事诉讼法》修正案中关于侦查阶段会见权的内容，有学者指出，会见权作为辩护权的重要组成部分，是被追诉人最为重要的防御性权利之一，我国立法应以被追诉人为基点完善对会见权的设计。首先，应明确规定会见权的权属，在侦查阶段赋予在押犯罪嫌疑人会见律师的权利。其次，应确立自由会见的原则，以保障被追诉人防御权利的有效行使。所谓自由会见是指除法律特别规定的情况外，犯罪嫌疑人与律师的会见无须经过侦查机关的许可，且会见的时间、次数及保密性不受限制。侦查阶段是获取证据的关键阶段，犯罪嫌疑人与侦查机关之间存在一定的冲突关系，对此，立法应将两者间的冲突对抗规制在理性的范围之内。换言之，立法不仅需要考虑侦查活动的需要，而且应更多关注犯罪嫌疑人的基本权利，严防侦查权扩张给其造成的侵害。同时，应明确规定会见权的例外情况，但对法定的例外情况应严格限制。从我国实际情况出发，出于对国家安全及公共安全的保护，合理限制会见权是必要的，也是保障侦查顺利进行之必然要求。侦查在必要情况下会限制犯罪嫌疑人的一些权利，如逮捕、搜查、扣押、监听等都是对嫌疑人基本权利的限制，但这些限权的规定必须于法有据且经由正当程序方能适用。目前我国犯罪率居高不下，由于侦查技术的落后，依赖嫌疑人供述破案的情况还占多数，侦查人员收集证据、固定证据的压力很大。同时，由于我国律师行业监管的薄弱，少数律师受利益驱动违规会见嫌疑人，给侦查取证活动造成阻碍。故为了满足获取证据、推进诉讼活动的需要，出于对国家安全等重大利益的保护，在特殊情况下，法律对会见权进行限制是必要的。会见权的本质是交流权，应在侦查程序中赋予律师阅卷权和调查取证权，以促进会见权的实现。另外，会见权的内容是犯罪嫌疑人与律师自由交流的权利，这种交流应当是充分的和秘密的，以保障双方信息充分有效的交流，并在此基础上共同商讨形成辩护对策。通常，辩护律师会见嫌疑人时主要应传达如下信息：一是向其重申法定的诉讼权利，包括反对强迫自证其罪的权利；二是向其讲解涉嫌的罪名和法律规定；三是向嫌疑人了解有关案件的情况；四是了解其所处的程序境况及请求，如有无刑讯逼供等违法情形以及是否需要变更强制措施等。犯罪嫌疑人则主要围绕上述问题向律师问询、陈述并提出自己关于案件的意见及请求。最后，应赋予被追诉人及律师程序救济的权利，通过程序性裁判，及时排除侦查机关侵犯会见权所获取的供述。目前，我国对于侦查机关违反法定程序限制及剥夺会见权的情况尚无法通过非法证据排除规则予以规制。该学者认为，非法证据排除规则应当是一个开放的体系，目的是遏制侦查机关的程序违法行为以维护被追诉人的基本权利。美国非法证据排除规则即包含了违反正当程序取得的非法证据的排除，特别是侵犯律

---

① 黄文旭，袁博，周嫣. 论刑事辩护律师会见权的实现. 中国刑事法杂志，2013 (12).

师帮助权情况下的证据排除。因此,该学者建议《刑事诉讼法修正案》拓宽非法证据排除规则的适用范围,将侵犯辩护权及律师帮助权的行为纳入其中。立法至少应规定,侦查机关的违法行为导致侦查终结时尚未实现会见的,侦查讯问所取得的供述不得作为起诉意见、起诉决定和判决的依据。在审判程序中,应赋予被告人及其辩护人进行程序性救济的权利,即通过程序性辩护的诉权请求开启程序性裁判程序,对侦查人员侵犯会见权的程序性违法行为进行程序性制裁,宣布侵犯会见权所获得的供述为非法证据并予以排除。而在审前程序中,则主要通过犯罪嫌疑人及辩护人的控告申诉,通过程序性辩护活动,要求检察机关采用听证的方式进行审查,及时排除侵犯会见权所获取的证据。[1]

有学者提出,构建我国会见权保障机制,需要从以下几个方面做起:第一,在法律上明确赋予被追诉人会见权。我国现行立法仅确立了辩护人的会见权,而未确立被追诉人的会见权,这是将被追诉人客体化的表现。鉴于会见权主要是被追诉人的权利,应当在未来的《刑事诉讼法》中明确赋予被追诉人会见权,即被追诉人可以主动提出会见律师的要求,而不仅仅是被动地等待律师申请会见。实践中会见权遭遇实现障碍的根源之一就在于有些司法人员把会见权纯粹看作是律师的权利,这使会见权之争演变为部门利益与职业利益之争,偏离了会见权的本来含义。若以被追诉人权利为中心来设计相关制度则有助于回归会见权的本来含义,将各方的利益之争转向对当事人诉讼权利的关注,使追诉机关和辩护人各司其职,共同保障被追诉人会见权的实现。第二,设定会见权行使的合理界限。首先,应当在法律上明确,除法定例外情况外,被追诉人及其辩护人享有"即时会见"的权利,并且其谈话内容不被追诉机关监听;其次,应当延续现行法律中关于会见起始时间的规定,即被追诉人在被首次讯问后开始享有会见权;最后,对于严重危害社会的恐怖犯罪、黑社会犯罪、毒品犯罪等案件,在必要的情况下不适用关于"即时会见"以及"不被监听"的规定,但法律应当对这些例外情况下的会见程序作出具体规定以确保不妨碍被追诉人防御权的行使。第三,赋予被追诉人提起会见权诉讼的权利,即在《刑事诉讼法》的框架内构建相应的程序性诉讼机制来解决会见权的救济。在日本,侦查机关对于会见申请可能以此时正是"需要侦查的时间"为由指定其他会见日期,这样就有可能导致自由会见权难以实现,所以,在实务中允许辩护人对此提出准抗告。我国对此可予以借鉴。不过,考虑到会见权主要是被追诉人的权利,并且被追诉人与案件的实体处理结果具有直接的利害关系。因此,应当将被追诉人作为行使诉权的主体。由此,无论在审前程序,还是在审判程序中,被追诉人的会见权受到侵犯的,都有权向人民法院提起程序性诉讼,由人民法院依法作出裁决。对裁决不服的,被追诉人还可以提出上诉。当然,由于被追诉人处于羁押状态,其诉权只能由辩护人代为行使,即辩护人经被追诉人授权或同意可以提起和参与此类诉讼。人民法院经过审理,可以视情况作出裁决。对于拒绝会见或故意拖延会见时间的,应当裁定追诉机关在指定时间内安排会见;对于侵犯会见权情节严重的,应当裁定撤销该追诉机关对案件的管辖权,由其上级主管机关另行指定管辖。第四,确立有利于实现追诉的法律规则。首先,借鉴西方国家立法以及相关国际公约的规定,赋予侦查机关更多的技术侦查手段和特殊侦查手段。其次,确立"禁止反言"规则,赋予首次讯问笔录较强

---

[1] 闵春雷. 论侦查程序中的会见权. 当代法学, 2012 (1).

的证明效力。鉴于被追诉人在首次讯问前无权聘请律师，而其后与律师及其他辩护人的会见则可能导致被追诉人翻供。因此，可以考虑确立"禁止反言"规则。这样一来，首次讯问笔录便被赋予了较强的证明效力，即被追诉人在会见辩护人之后不得随意翻供，其推翻首次讯问时的供述需要有证据证明原供述为虚假或者原供述是在受到刑讯、威胁或者欺骗等情况下作出的。从司法实践来看，被追诉人在没有受到外部压力的情况下所作出的首次供述一般都是真实的。"禁止反言"规则的确立可以最大限度地减少会见活动对侦查工作的不利影响。最后，针对某些存在证明困难的犯罪，实行证明责任倒置或者降低证明标准。《联合国打击跨国有组织犯罪公约》以及《联合国反腐败公约》都规定，对于公约所列犯罪的明知、故意或者目的等主观方面的因素可以从客观实际情况推定。如果我国在法律上确立了类似的规则，就可以缓解侦查工作对口供的过分依赖，从而减轻侦查人员对会见问题的戒备心理。第五，强化对律师执业行为的监管。在具体的监管措施上，为了化解"不被监听"所带来的风险，可以由律师监管机构负责对律师会见被追诉人的全过程进行录音录像，以便作为对律师监督和惩戒的依据。当然，应当明确，除非律师的行为已经构成犯罪，录音录像资料不得被移交给司法机关，也不得向社会公开。这样既可以保障律师会见被追诉人的活动不被随意干扰，确保当事人获得有效的辩护，又可以防范少数律师滥用会见权利的违规行为，将赋予会见权可能产生的负面效应降至最低点。第六，培育和构建法律职业共同体，加强各界法律人士之间的交流和磋商，把各方对自身利益的关注引导到对国家利益和当事人利益的关注上来。使司法真正成为法律人共同的事业。值得我们注意的是，西方法治发达国家的法官、检察官和律师等法律职业者之间的沟通机制比较成熟和完善，这在很大程度上减少了由职能分工而导致的人为对立以及司法运作过程的内耗。[①]

针对会见权所包含的具体内容而言，有学者提出，仅仅将"会见权"定位为"律师会见在押嫌疑人"的权利，存在多方面的局限。另外，犯罪嫌疑人作为丧失人身自由的当事人，面临着刑事起诉和定罪判刑，天然地存在"要求会见辩护律师"的愿望。从刑事辩护的实践来看，律师要求"会见在押嫌疑人"与犯罪嫌疑人要求"会见律师"在时间上并非总是吻合。假如只强调律师享有会见在押嫌疑人的权利，那么，律师在会见犯罪嫌疑人方面就占据了主导权，犯罪嫌疑人在会见辩护律师方面就只能处于消极等待和被动承受的地位。更何况，并非所有律师都具有较高的敬业精神，若遇到敷衍塞责的辩护律师，在押嫌疑人就可能很难获得"被辩护律师会见"的机会。只从保障律师会见犯罪嫌疑人的角度展开制度设计，也会忽略犯罪嫌疑人的诉讼需求，使犯罪嫌疑人与律师的会面和沟通无法得到及时的实现。因此，有必要将会见权的内涵进行适度扩展即增加"在押嫌疑人要求会见辩护律师"的内容。实际上，"会见权"应当同时包括"辩护律师会见在押嫌疑人"与"在押嫌疑人会见辩护律师"这两项权利内容。这一点同样适用于那些被正式提起公诉的被告人。[②]

有学者提出，律师会见权与公民的自辩权息息相关。会见是被追诉人获取案件信息、有效准备辩护的重要方式，许多国家均对被追诉人的会见权予以明确的法律规定。例如，

---

① 封利强. 会见权及其保障机制研究. 中国刑事法杂志，2009 (1).
② 陈瑞华. 论被告人的自主性辩护权——以"被告人会见权"为切入的分析. 法学家，2013 (6).

《俄罗斯联邦刑事诉讼法典》第 46 条第 4 款第 3 项规定："犯罪嫌疑人有权在第一次询问犯罪嫌疑人前单独会见辩护人，会见内容保密。"《德国刑事诉讼法》第 148 条规定："被指控人，即使是不能自由行动的，允许与辩护人进行书面、口头往来。"《日本刑事诉讼法》第 39 条也明确规定："身体受到拘束的被告人或者被疑人，可以在没有见证人的情况下，与辩护人或者受可以选任辩护人的人委托而将要成为辩护人的人会见，或者授受文书或物品。"由上可见，国外刑事诉讼中的会见权被首先界定为系属被追诉人的一项权利，即被追诉人尤其是遭受审前羁押者所享有的主动约见其辩护人的权利。这种会见权贯穿于从侦查到庭审前的大部分时段，只要被追诉人有会见需求，就应尽可能地满足其会见要求，并保障会见的私密性。我国立法和实践长期以来将会见权片面理解为辩护人专享的单向性权利，何时会见由辩护人决定，而被追诉人只能消极等待。事实上，在会见问题上，被追诉人较辩护人更具发言权。因为作为当事人，会见需求和时机把握只有被追诉人本人才最有体会，律师对此并不能及时预测和掌握。而对于监所内的事态进展，如遭受司法人员刑讯和被追诉人相应的心理变化，辩护人往往更难以听闻，他们主动邀约的会见很多时候不过是例行差事，结果导致不少被追诉人在会见时缺乏相应准备，会见效果大打折扣，进而严重损及辩护质量。因此，立法应当对会见权重新定位：它是一种以被追诉人为主的双向性权利，会见应以被追诉人的诉讼需求为中心展开。故而，不仅应当将被追诉人纳入会见权的主体范畴，而且应将其作为主要主体。只要被追诉人有会见需求，其就可以随时提出会见要求并及时与其辩护人见面交流。[①]

（三）阅卷权

关于律师阅卷权，在 2012 年修法之前，学者们对 1996 年《刑事诉讼法》中的相关规定展开了讨论。对于阅卷权的具体范围，有学者提出，对于《刑事诉讼法》第 36 条第 1 款中规定的"辩护律师自人民检察院对案件审查起诉之日起，可以查阅、摘抄、复制本案的诉讼文书、技术性鉴定材料……自人民法院受理案件之日起，可以查阅、摘抄、复制本案所指控的犯罪事实的材料"，实践中对"诉讼文书""技术性鉴定材料"各包含哪些内容认识不一致。其中，"诉讼文书"除起诉意见书、起诉书、不起诉决定书、裁定书之外还应当包括司法机关制作的拘留证、批准逮捕书、逮捕证、搜查证、扣押冻结财务清单等程序性文书，以及处理各种程序性问题的决定等，也应当包括当事人及律师制作的申诉书、控告书、各种申请书等。这对律师了解案情，开展工作，提出有质量的辩护意见至关重要。关于"技术性鉴定资料"，若只包含"鉴定结论"未免狭窄，勘验检查笔录、尸体剖检记录及结论、侦查实验记录等也应当包含在内。[②]

有学者提出，律师阅卷权应当提前到侦查阶段，阅卷的范围可限定在侦查人员对犯罪嫌疑人的讯问笔录，同时可以选择借鉴国际上保障人权的国际性条约，如《关于律师作用的基本原则》《保护所有遭受任何形式的拘留或监禁的人的原则》的规定，侦查人员应当在其视力所及且听力所不及的范围内行使在场监督权。同时，在立法上不应当对阅卷范围作限定，理由有以下几个方面：首先，阅卷权的完整性对辩护职能的发挥至关重要；其

---

① 康黎. 刑事自辩权探究. 法制与社会发展，2016 (3).
② 徐静村. 律师辩护有待解决的几个问题. 现代法学，1997 (6).

次，律师查阅全案材料有助于检察机关把好起诉关；最后，律师查阅全案材料不会干扰证人作证。① 对于这一观点，有学者也持肯定意见，提出应当要求检察机关准许律师查阅全部案卷材料，使之在调查取证方面的不足通过阅卷加以补充。1996年《刑事诉讼法》颁布后，检察机关移送卷宗的内容大为减少，笔者认为可参考英美法系国家的做法，允许律师到检察机关去查阅卷宗，检察机关应当予以配合。英美法系国家在律师阅卷上的规定相对严格，辩护律师的要求如果被检察官拒绝，法官可命令中止程序或判被告人无罪，以这种形式上的不平等来保障实质上的平等，使辩方具备在法庭上与控方相抗衡的能力。②

还有学者提出阅卷权是属于被追诉人的一项权利，是被追诉人程序主体地位的一种要求，是维护被追诉人利益的一种手段。为了实现刑事诉讼中的利益权衡，被追诉人的阅卷权的行使主体呈现分离的状态，由被追诉人与辩护人共同行使。被追诉人的阅卷权的行使具有局限性，而辩护人行使的应是一种全面的、完整的阅卷权。第一，被追诉人行使阅卷权是辩护人不能代替的。被追诉人行使阅卷权有利于保障其辩护权的实现。既可以促使被追诉人更有效地参与法庭调查与法庭辩论，针对控方的指控提出更有力的辩驳，还可以增强被追诉人与辩护人之间的沟通。第二，被追诉人行使阅卷权有利于实现法律的平等保护。对于那些请不起辩护人的被追诉人，如果没有阅卷权，则会大大减损他们的诉讼权益，违背法律面前人人平等原则。第三，被追诉人行使阅卷权有利于诉讼效率的提高。在保护被追诉人阅卷权的同时仍应对其进行限制。原因在于阅卷权的背后涉及刑事诉讼法中的多种利益关系，除了控辩双方之间的对抗，还包括被害人利益的保护，证人及其亲属安全的问题，诉讼风险等，不可能完全不计后果地将被追诉人的利益凌驾于其他利益之上。而对于辩护人而言，具有全面阅卷权的原因是辩护律师与案件之间的利害关系相对较少，且律师本身有着职业道德和社会责任，让其直接接触案卷材料比较合理。且被追诉人多处于被羁押的不利状态，辩护人阅卷权的行使可以有效弥补被追诉人阅卷权的不足。该论者提出，在被追诉人阅卷权处于立法缺位的状态下，应当从以下几方面构建被追诉人的阅卷权。

第一，被追诉人阅卷的时间和范围。在侦查阶段，被追诉人阅卷可能会危及侦查的目的。因而，目前多数国家都对被追诉人侦查阶段的阅卷范围严加限制。尤其是侦查终结前的阅卷，由于各种证据还没有固定，更要防范阅卷可能带来的危及侦查目的的风险。我国1996年《刑事诉讼法》第95条规定犯罪嫌疑人有核对讯问笔录的权利；第121条规定犯罪嫌疑人有权查阅用作证据的鉴定结论。应进一步规定：被追诉人不仅可以查阅自己的供述或辩解笔录、鉴定结论，也应可以查阅源于自己的物证、书证、视听资料、辨认笔录，以及其他经过自己阅读核对的证据。这些证据，犯罪嫌疑人都是知情的，他当然享有阅卷权，亦不至于对侦查活动造成妨碍。案件进入审查起诉阶段以后，主要证据已经收集完毕且得到固定，被追诉人实施妨害证据行为的危险性较小；同时，各种证据材料已经公开，检察机关没有必要再继续垄断各种信息资源，而应将其与被追诉人平等共享。所以，在这两个阶段，原则上被追诉人应该享有知悉全部案卷材料的权利，但不排除有例外。首先，

---

① 王艳. 律师在刑事诉讼中的阅卷权. 法学杂志，1999（3）.
② 王秀芳. 平衡控辩关系 完善辩护制度. 政治与法律，1999（2）.

在可阅卷范围的设定上，立法应凸显对被追诉人利益的切实关照。其次，在例外规定的选取上，立法应体现对其他利益的兼顾。具体的例外情形包括：（1）涉及国家秘密的证据材料。（2）如为被追诉人知悉可能会危及他人重要权益的信息材料。如有关被害人、证人、鉴定人等诉讼参与人以及"线人"、举报人等个人身份（包括住址、电话等）的资料。（3）可能会危害侦查的证据材料。如同案人在逃的信息资料、一旦知悉后可能会妨碍其他案件侦查的证据材料等。（4）其他可能存在风险的情况。这种原则加例外的规定既能充分保障被追诉人的阅卷权，又可避免因被追诉人知悉某些证据可能产生的风险。在此，应特别注意例外规定在有辩护人的案件中的适用。因为，辩护人行使的是一种全面的、完整的阅卷权。实践中，基于辩护人与被追诉人之间的委托关系，存在被追诉人可能从辩护人那里获得例外规定情形的可能。一旦可能变为现实，例外规定就形同虚设了。所以，立法须着重强调例外规定对辩护人向被追诉人披露证据材料范围的约束，即对于有辩护人的案件，一旦出现上述例外，立法应明确辩护人不得将相关信息披露给被追诉人，并将其作为辩护人的一项法定义务，规定违反义务的法律后果。最后，对例外的必要补救。不能因为存在上述例外就断然否定被追诉人的阅卷权，立法还应规定对例外的必要补救，以便将被追诉人的利益损失降到最低程度，同时也可避免上述例外在实践中沦为司法机关任意限制被追诉人阅卷的借口。在德国，为最大限度地确保被追诉人利益的实现，对于被追诉人直接阅卷可能危险比较大的证据，在实践中采用了涂改、涂黑或者制作节录本的形式以最大限度地确保被追诉人阅卷利益的实现。可选择通过某种适当的方法对证据进行切割，将切割后的证据交由被追诉人查阅。对于有辩护人的案件，由辩护人将切割后的证据交由相应司法机关确认后，才能向被追诉人披露。

第二，被追诉人阅卷权的实现路径。首先，阅卷权的告知。在三大诉讼阶段，相应司法机关均应在案件进入该诉讼阶段后的一定期日内（如3日内）主动告知被追诉人有权查阅相关案卷材料，且告知应以书面通知的方式为宜。其次，不批准阅卷理由的说明。出现不允许被追诉人阅卷的例外情形，司法机关应说明不批准查阅的理由，同时说明是否考虑了其他的替代措施。最后，阅卷的地点和方式。侦查机关、检察院和法院应设有专门阅卷的地点，并提供必要的便利。2011年《刑事诉讼法修正案（草案）》规定了全卷移送制度，为避免检察机关只移送指控犯罪事实的证据及案卷材料，在审判阶段被追诉人应既可以到人民检察院阅卷，也可以到人民法院阅卷。有辩护人的案件，为统一规范，无论被追诉人是否被羁押，均应到相关司法机关专门阅卷地点阅卷。此外，阅卷的方式应以电子阅卷为宜。如果让被追诉人直接接触案卷，可能会为卷宗和证物带来一定的安全隐患，出于证据保全的目的，被追诉人阅卷的方式宜为电子阅卷。不具备电子阅卷条件的，应由相应司法机关为被追诉人提供证据的复印件，但被追诉人阅卷不宜收费。

第三，被追诉人阅卷权的司法救济。有权利必有救济，没有救济的权利就是一纸空文。要彻底保障被追诉人阅卷权的实现，立法必须赋予被追诉人相应的救济手段，且救济应采用诉讼化的方式。具体来说，审前程序中，应引入司法审查制度，由中立的法官裁决被追诉人阅卷权行使过程中的争议。通过举行专门的听证程序，在被追诉人与相应的公检机关共同参与下对被追诉人提出的侵害其阅卷权之诉进行裁判。有辩护人的案件，辩护人应参与该听证，协助被追诉人实现其诉求。审判阶段，则应当由负责该案的庭审法官就该项程序性权利争议进行裁决。此外，需强调的是，对公安、司法机关侵害被追诉人阅卷权的行为，法律应明确规定相应的程序性制裁后果：未经被追诉人查阅的案件相关证据不得在法庭上出示，必须加以排除。①

　　2012 年《刑事诉讼法》修改后，学界对于阅卷权的讨论也愈加多样化。对于被追诉人是否应当被赋予阅卷权，学者们发表了看法。从保障被告人有效行使辩护权的角度看，被告人获得庭前阅卷权无疑是具有正当性的。但从有效追诉犯罪的角度看，赋予被告人阅卷权却可能带来诸如翻供、串供、提供虚假陈述等一系列消极的后果。要真正解决被告人的庭前阅卷权问题，需要对被告人的双重诉讼角色作出重新调整。具体说来，被告人的"辩护者"角色应当得到强化，而被告人的"言词证据提供者"角色则要逐步得到弱化。唯有如此，禁止强迫自证其罪的原则才能得到切实的贯彻，被告人也才能从刑事追诉的服从者，走向辩护权的有效行使者。虽然从保障辩护权、实现有效辩护的角度来看，赋予被告人阅卷权是有正当理由的。但在被告人庭前阅卷权问题上，还有另一种观察问题的视角。从发现案件事实真相、实现国家刑罚权的角度来看，被告人一旦行使阅卷权，也有可能产生一些负面作用。因此，应当注意被告人的双重角色。作为一个重要的当事人，被告人依法享有辩护权，并可以亲自行使那些以辩护权为核心的诉讼权利。我国《刑事诉讼法》将被告人与辩护律师并列为"辩护方"，并赋予其与辩护律师大体相同的举证权、质证权、申请权和辩论权。在行使辩护权方面，被告人甚至还要比辩护律师具有更大的优先性，无论是提出申请还是发表意见，都会优先于辩护律师。除非被告人自愿放弃行使辩护权，否则，被告人与辩护律师会同时充当辩护者的诉讼角色。但与此同时，被告人也是言词证据的提供者，被告人供述和辩解属于一种独立的法定证据种类。在提供言词证据方面，被告人与证人具有相似的地位，被赋予如实提供陈述的义务。在开庭之前，公诉方一般都获取了被告人的有罪供述笔录，被告人事实上充当了证明自己有罪的"控方证人"。而在法庭审理中，公诉方期望被告人继续充当这一"控方证人"角色，也就是对其犯罪事实作出如实供述。被告人在法庭上无论是推翻供述、改作无罪辩解，还是作出虚假供述，或者根据其他共犯供述的内容而进行"串供"，都不符合公诉方的利益，也都是与被告人的"言词证据提供者"的角色不相符的。通常情况下，被告人的当事人角色与言词证据提供者地位大体是相互协调的。但在某些场合下，这两种诉讼角色则会发生一定的冲突。为维护被告人的辩护者角色，确保被告人有效行使辩护权，未来的刑事诉讼立法应当确立被告人的庭前阅卷权。具体说来，自审查起诉之日起，律师在会见在押嫌疑人、被告人时，可以将其认为有疑问的任何证据材料，交由后者查阅，与后者进行当面核实，并与后者协商质证的方案和辩护的思路。而在押嫌疑人、被告人假如提出查阅某一证据请求的，辩护律师只要复制了该份证据材料，就有义务携带该证据进入看守所，并出示给嫌疑人、被告人。无论是办案机关还是看守所，都有义务保障被告人庭前阅卷权的实现。不仅如此，在法庭审理过程中，被告人或辩护律师任何需要就任何证据进行核实和协商的，可以申请法庭暂时休庭，使被告人与辩护律师获得一个秘密谈话的机会，以便协调对证据的质证意见，或者及时调整辩护的思路。而在被告人自行辩护的案件中，为保障被告人的知情权，

---

① 杨波. 被追诉人阅卷权探究——以阅卷权权属为基点的展开. 当代法学，2012（1）.

确保其有效地行使辩护权，检察机关和法院都应主动向被告人提交案卷的复制件。具体说来，在审查起诉阶段，被告人没有律师帮助的，检察机关应当制作案卷材料的复制件，直接提交给在押的被告人，使其获得必要防御准备机会。而在开庭之前，法院则要另行制作一份案卷的复制件，提交被告人，使其为法庭上的辩护做好准备。在法庭审理过程中，法庭一旦发现公诉方准备提交新的证据材料，就要交由被告人提前进行查阅，或者提交其复制件。这是因为，被告人自行辩护的现实，决定了检察机关和法院要承担一定的证据展示义务，以确保被告人获得充分的防御准备，并尽量有效地行使辩护权。[①]

也有学者提出，我国各界关于被追诉人的阅卷权之争，与德国的阅卷权之争和美国的证据开示之争在基本论点上没有什么大的差异。德、美两国对被追诉人阅卷权以及证据开示权的积极确认的实践有力地驳斥了我国学界反对赋予被追诉人阅卷权的各种论调，从而为我国从立法上赋予被追诉人阅卷权扫清了理念上的障碍。然而，如果不能有效解决以下几个方面的问题，我国即使借鉴德美两国的做法赋予被追诉人阅卷权，其也不能健康运转。

第一是辩护律师的职业伦理问题。辩护律师的职业伦理不仅事关整个律师职业的形象，而且也直接影响着法律规定的被追诉人权利的实现程度以及法律赋予被追诉人权利的多寡，乃至整个刑事司法制度的正常运转。具体到阅卷权而言，我国现行法律规定，只有辩护律师才有阅卷权。之所以如此规定是基于这样一个假设：由于辩护律师受到职业伦理与职业纪律的限制，加之辩护律师与案件的利害关系极其有限，他因为一个案件的辩护利益就篡改或者湮灭案卷证据的危险与概率是比较低的。然而，一旦控方形成律师的职业伦理下滑的"错觉"，必然会进一步限制辩护律师阅卷的范围。更进一步说，辩护律师职业伦理的缺失，又会减损赋予被追诉人本人阅卷权的正当性。这是因为，在法律只赋予辩护律师本人阅卷权且辩护律师滥用阅卷权很容易被查证的情况下，尚有辩护律师铤而走险滥用阅卷权为被追诉人谋取非法利益，那么在同时赋予辩护律师与被追诉人本人阅卷权的情况下，若辩护律师利用专业知识"指导"或者"暗示"被追诉人谋取非法利益，将更难被查证。如此一来，岂不为辩护律师为被追诉人谋取非法利益提供了更大的方便？因此，如果没有辩护律师职业伦理的提升，赋予被追诉人阅卷权将会付出沉重的代价。

第二是法官对阅卷权争议的介入问题。通过考察德美两国有关被追诉人阅卷权与证据开示权成功运作的经验，可以发现，在没有中立的法官介入的情况下，将阅卷权争议的裁决权保留在控方的手里，被追诉人的阅卷权是很难有效实现的。在我国现有的法律框架下，法官不但不介入审前程序，即便在审判阶段也很少对程序性争议事项举行专门的听证程序。在这样的制度设计下，不仅审前程序中（有关羁押问题）被追诉人的阅卷权无法获得救济，就是案件移送法院后被追诉人的阅卷权也很难获得有效的救济，更遑论其经过利益权衡后采取有效的措施最大限度地确保被追诉人阅卷利益的实现。因此，如果没有整个刑事司法制度的诉讼化改造，即便赋予了被追诉人阅卷权，也难免如同被追诉人的其他权利一样沦为纸面上的摆设。

第三是证人保护措施的完善。在我国，现阶段对证人的保护仍不完善。在这样的情况

---

① 陈瑞华. 论被告人的阅卷权. 当代法学，2013（3）.

下仓促地赋予被追诉人本人阅卷权着实令人担忧。可以毫不夸张地说，在证人保护制度尚不完善的情况下，赋予被追诉人阅卷权不但不能确保被追诉人阅卷权的实现，而且也会进一步减损控方的取证能力。因为，在证人基于自身安全而拒绝协助司法的情况下，控方便无法获得证人证言，被追诉人也就无法通过阅卷得知证人证言（尤其是对量刑有利的信息）。①

有学者提出应当赋予被追诉人独立的阅卷权，这在被追诉人未聘请辩护律师而选择自辩的时候显得尤为重要。目前在我国刑事诉讼中，阅卷也在很大程度上被视为辩护人尤其是辩护律师的专有权利。被追诉人除了可以核对少许笔录外，在审前通常不能接触案卷材料，尤其是控方案卷和证据。辩护律师在会见时将案卷材料出示给被追诉人也常被视为违法行为。如果说案件在有辩护人的情况下，阅卷还可由辩护人代劳的话，那么，在目前我国绝大多数没有辩护人参与的刑事案件中，被追诉人既无辩护人辅助，又无法亲自阅卷，其很难有效准备辩护，而且在庭审时面对突如其来的控方证据，也难以有效回应。最终被追诉人的自辩自然也就在多数时候成了一种"无话可辩"。故而，立法还应赋予被追诉人独立的阅卷权，允许其对案卷材料和所涉法律进行独立的查阅和检视。这样不仅有助于解决无辩护人案件中被追诉人的辩护难问题，而且对有辩护人案件中的辩方内部交流也能起到积极的促进作用。②

为了解决阅卷难的问题，使辩护人更加有效地履行辩护职能，维护被追诉人的合法权益，2012 年《刑事诉讼法》赋予了辩护律师较为广泛的阅卷权，自审查起诉之日起，即可"查阅、摘抄、复制本案的案卷材料"。有学者认为，从文字的表述来看，"本案的案卷材料"的范围必定大于原《刑事诉讼法》规定的"诉讼文书、技术性鉴定材料"的范围及"所指控的犯罪事实的材料"的范围。判断、确定阅卷权的范围时，应当以材料是否与犯罪嫌疑人、被告人定罪量刑相关为标准，尽量使控辩双方对于案件信息的掌握处于对等的状态。因此，"案卷材料"，应当是指本案所有的诉讼文书及全部证据材料。在审查起诉阶段，主要是侦查终结后侦查机关移送的全部诉讼文书和全部证据材料，包括退回补充侦查后补充的材料；在审判阶段还有可能增加检察机关自行补充侦查补充的材料，以及在庭审过程中产生的各种程序性文件、庭审笔录、宣判笔录等。但是，并非所有的材料都应当属于辩护人可查阅的范围，如司法机关案件讨论笔录，包括合议庭笔录、审判委员会讨论记录等材料，对于辩护并无实质性影响，另外，基于评议不公开的原则，因而其不属于查阅的范围。为了使辩护人充分、及时地了解案件情况，除了要明确阅卷的范围之外，还应当建立完善的保障体系，从而使"纸面上的法"变成"实践中的权利"。为落实阅卷权，应当保证辩护人阅卷的请求能够充分、及时的实现。辩护律师提出阅卷申请后，接受申请的机关应当及时安排阅卷。对此，司法解释应当规定安排阅卷的时间，否则办案人员有可能借故推诿、拖延。为了让辩护律师可以及时阅卷，司法机关应当建立查询登记制度、预约阅卷制度，及时公开相关信息。随着诉讼活动的推进，"案卷材料"所包含的内容也会随之发生变化，还有可能出现中途变更辩护人等情

---

① 吴纪奎. 被追诉人阅卷权研究. 中国刑事法杂志, 2010 (8).
② 康黎. 刑事自辩权探究. 法制与社会发展, 2016 (3).

况，导致阅卷的需求的增加。因此，不应当限制阅卷的次数及每次阅卷的时间。对此，相关解释也应当明确。另外，应当设置实现阅卷权的配套设施。不论是人民检察院还是人民法院，都应当为辩护人提供阅卷的场所和必备的设施。由于案卷材料在案件尚未审结时应当保密，如若辩护人需要复制案卷材料，那么在检察院或者法院应当有复印设备供辩护人使用。由于我国审判前程序缺乏中立的第三方主持者，检察机关既是被申请者，也是决定者，而且阅卷的范围往往决定个案中控辩力量的对比，所以，这种机制存在一定缺陷。这种担心不无道理。不过在"当下"或者"近期"，由于种种客观原因，审前建立一个纯粹中立的第三方机构审查制度似乎不太现实。从目前来看，即使由法院对审前程序某些行为进行审批或者审查，如果不改变有权机关之间亲和性的状况，不难想象，这种第三方审查在很多时候也往往流于形式。2012 年《刑事诉讼法》的修改似乎找到了一种折中也比较现实的做法，即明确了律师的申诉权。第 47 条规定："辩护人、诉讼代理人认为公安机关、人民检察院、人民法院及其工作人员阻碍其依法行使诉讼权利的，有权向同级或者上一级人民检察院申诉或者控告。人民检察院对申诉或者控告应当及时审查，情况属实的，通知有关机关予以纠正。"该论者认为，相关解释应对此予以确认并细化、明确化。首先，如果辩护人认为检察机关阻碍其依法行使阅卷权，辩护人有权向其上级机关（而不是被申请的机关）申诉或者控告。其次，应当明确上级机关审查和作出处理的期限。由于审查起诉期内较短（一般不超过 1 个月），有时律师还存在异地办案的情形，为了提高诉讼效率，相关解释应当明确上级机关应当在收到申请的 3 日内作出处理决定。[①]

然而，在认罪认罚的制度背景下，也有学者提出了应当赋予犯罪嫌疑人、被告人有限制的阅卷权，主有以下几方面的缘由：第一，赋予无辩护人的犯罪嫌疑人、被告人有限制的阅卷权，是 70% 左右案件的犯罪嫌疑人、被告人实现"平等武装"、提高"控辩协商"或自行辩护质量的需要。在经济比较富裕，法治比较完备的国家，律师在刑事诉讼中的辩护除委托辩护外，还有较完备的指定辩护、强制辩护制度。除了为没有聘请律师的盲、聋、哑人，限制行为能力人、经济困难人指定辩护外，还规定对可能判处一定刑罚以上但无律师辩护的案件指定律师予以辩护。以指定辩护或强制辩护所适用的可能判处的最轻刑为例，美国的是拘役，瑞典的是 6 个月监禁，日本的是 3 年惩役或监禁，韩国的是 3 年惩役或禁锢。也就是说，凡可能判处上述刑种、刑期以上刑罚的案件，无辩护人的，必须指定辩护人为其辩护。因此，在这些国家，大多数刑事案件均有律师为其提供辩护。而在我国，律师辩护的案件（包括委托辩护和指定辩护）仅占刑事案件总数的 20%～30%。[②] 这些案件大多集中在普通程序的重罪案件和作无罪辩护的案件之中，轻罪案件和认罪认罚案件律师辩护率更低[③]，根据对全国 18 个速裁程序试点城市的抽样调查，速裁案件有律师辩护的仅占 8%。如何使占刑事案件 70% 左右无辩护人案件的犯罪嫌疑人、被告人，通过有限制地阅卷，获得平等武装，提高自我辩护质量，从而得到公正审判，这是必须高度重视、认真对待的问题。对于认罪认罚案件，根据《关于在部分地区开展刑事案件认罪认罚

---

① 汪海燕. 合理解释：辩护权条款虚化和异化的防线. 政法论坛，2012（6）.
② 左卫民. 中国应当构建什么样的法律援助制度. 中国法学，2013（1）.
③ 李本森. 刑事速裁程序试点实效检验——基于 12666 份速裁案件裁判文书的实证分析. 法学研究，2017（5）.

从宽制度试点工作的办法》的规定,检察机关在审查起诉过程中,应当就指控的罪名和适用的法律条款,从轻、减轻或者免除处罚等从宽处罚的建议、案件审理适用的程序等事项听取犯罪嫌疑人及其辩护人或者值班律师的意见,犯罪嫌疑人如同意,则应签署具结书。该具结书一经签署,对控辩双方就具有一定的约束力,检察机关应以犯罪嫌疑人同意的意见向法院起诉,法院审理后一般应当采纳人民检察院指控的罪名和量刑建议。对于检察机关听取犯罪嫌疑人意见、犯罪嫌疑人签署具结书的过程,一些学者称之为"控辩协商"。检察机关听取意见、犯罪嫌疑人签署具结书的程序(控辩协商程序),对犯罪嫌疑人来说十分重要,直接关系到对他的处理。为了保证犯罪嫌疑人、被告人认罪认罚的自愿性、控辩协商的平等性和具结书内容的真实性,防止犯罪嫌疑人在协商中因检察人员威胁、引诱、欺骗而违心认罪认罚和签署具结书,比较现实的思路是,对无辩护人的认罪认罚案件的犯罪嫌疑人,在值班律师提供法律帮助的同时,赋予其有限制的阅卷权,使其在了解证据"底牌"的基础上,与检察机关就案件的实体处理和程序适用进行协商,从而提高控辩协商的质量和公正性。第二,赋予无辩护人的被告人有限制的阅卷权,是消减言词笔录和"打包"举证对公正审判可能带来的消极影响的需要。我国正在进行以审判为中心的诉讼制度改革,该改革要求适当阻断"侦、审连结",实行直接言词原则和庭审实质化,做到事实证据调查在法庭、控辩意见发表在法庭、裁判结论产生于法庭。但是,由于历史的惯性和我国某些诉讼观念(如厌讼、证人不愿出庭作证等)的积淀,实行直接言词原则和庭审实质化的进程会比较缓慢,因而,在较长时间里,案卷内侦查机关收集的言词笔录仍会较多地进入法庭,经举证、质证后作为定案的依据。而为了提高庭审效率,对犯罪事实、证据较多的案件,检察机关又往往采取分组"打包"举证、质证的办法,难以做到一证一举、一证一质。因此,赋予被告人在庭审前有限制的阅卷权,是现阶段既不过多地增加国家司法资源负担、又能一定程度地消解上述问题的比较可行的办法。第三,赋予无辩护人的被告人有限制的阅卷权,是节约司法资源、提高诉讼效率的需要。根据《刑事诉讼法》设计的法院审理案件的普通程序,被告人就起诉书指控的犯罪进行陈述并接受有关人员发问(讯问)后,才进入举证(包括证人出庭作证)、质证程序,这时,被告人才全面知悉指控他的证据。但是,如果严格按照刑事诉讼法这一标准的程序设计进行审理,势必使一些案件的庭审时间冗长,这无疑会使司法资源有限性与司法需求不断增加之间的矛盾更加突出。为了节约司法资源,提高诉讼效率,不得不进一步推进繁简分流,即使是适用普通程序审理的案件,有些也要召开庭前会议,以便为庭审扫清程序性问题的障碍,明确庭审重点。对此,最高人民法院《关于适用〈中华人民共和国刑事诉讼法〉的解释》第 184 条规定,召开庭前会议,审判人员除了就回避、出庭证人名单、非法证据排除等问题了解情况、听取意见外,还可以就"是否申请调取在侦查、审查起诉期间公安机关、人民检察院收集但未随案移送的证明被告人无罪或者罪轻的证据材料"。这就必然要求辩方在庭前会议之前阅览案卷材料和证据。第四,赋予无辩护人的被告人有限制的阅卷权,是多数国家(地区)的一般做法。德国 1999 年修正后的《刑事诉讼法》第 147 条第 7 款规定:"无辩护人的犯罪嫌疑人可以在必要的辩护所需的范围内,依申请获取案卷中的信息或者影印件。"俄罗斯《刑事诉讼法》第 47 条规定:"刑事被告人有权在审前调查终结时了解刑事案件的全部材料并摘抄其中任何材料的任何部分。"我国台湾地区 2007 年修改后的"刑事诉讼法"第 33 条第 2 款规定:"无辩护人之被告于审判中得预纳费用请求付予卷内笔录之影本。"瑞典《司法诉讼法典》规定,一旦作出起诉决定,嫌疑人有权经申请获得侦查期间的记录或笔记的复印件。①

(四) 调查取证权

调查取证权是指辩护律师根据案情需要向人民法院或人民检察院申请收集、调取证据或者申请人民法院通知证人出庭作证的权利,也包括律师自行调查取证的权利。

有学者提出,应对广义的律师的调查取证权作两方面的解读:调查取证权与申请调取证据权。按照现行法律规定,在侦查阶段律师没有调查取证权。2007 年修订的《律师法》第 35 条规定:"受委托的律师根据案情的需要,可以申请人民检察院、人民法院收集、调取证据或者申请人民法院通知证人出庭作证。律师自行调查取证的,凭律师执业证书和律师事务所证明,可以向有关单位或者个人调查与承办法律事务有关的情况。"应当说,这一条仅仅是取消了律师调查取证时需要经过有关单位、个人同意或者需要经过检察机关、法院许可的规定,而没有赋予律师在侦查阶段的调查取证权。因为按照该条第 1 款,"受委托的律师"申请检察机关、法院调查取证或者要求法院通知证人出庭作证,相对应的分别是检察机关主持的审查起诉阶段和法院主持的审判阶段。而此条第 2 款"律师"的范围应当承接前款。实际上,第 2 款强调的是取消律师取证受限的问题,而并没有解决取证的阶段问题。因此,2007 年修订的《律师法》并没有赋予律师侦查阶段的调查取证权。在侦查阶段,从律师介入诉讼的目的以及我国庭审改革的方向考察,立法应当赋予侦查阶段律师调查取证权。如前文所述,律师介入侦查阶段的身份应定位为辩护人。在侦查阶段,律师就可以向侦查机关提出辩护意见,包括犯罪嫌疑人没有作案时间、犯罪嫌疑人无行为能力、行为不构成犯罪、犯罪嫌疑人罪轻、与被害人和解等情形。而这些辩护意见往往需要相应的证据材料证明或支撑。另外,律师介入侦查除了为犯罪嫌疑人提供法律帮助外,还应当为审查起诉阶段和审判阶段的辩护做准备。律师只有在比较全面收集证据、了解案情的情形下,在审查起诉阶段才可以向检察机关提出比较客观、中肯的辩护意见,才能在审判阶段为被告人提供更加有效的辩护。此外,赋予侦查阶段律师调查取证权,在诉讼开始时就注意控辩双方权力(利)平衡,才能在审判阶段真正形成控辩平等对抗的格局。

其实,在侦查阶段赋予律师调查取证权也是一种发展趋势。英美法系国家实行双轨制侦查,律师在侦查阶段有调查取证的权利自不待言。即使在传统的大陆法系国家,律师在侦查阶段也有此权利。例如,在德国,辩护人有权自行调查,只不过他们没有强制取证权,只能以公民身份收集信息。在法国,虽然法律没有明确规定侦查阶段律师是否有调查取证权,但是在实践中,律师可以行使此权利。在俄罗斯,根据《刑事诉讼法典》第 53 条,自准许参加刑事案件之时起,辩护人就有权进行法律不予禁止的辩护手段和方式。而法律没有禁止律师调查取证。据此,律师在侦查阶段也有调查取证权。基于以上分析,有观点认为,我国法律应当明确侦查阶段律师有权收集证据。当然,考虑到侦查阶段的特殊性,律师收集证据的权利可设定在其会见犯罪嫌疑人之后,以此减少此项制度所产生的负面影响。而对于申请调查证据权而言,由于受委托的律师行使权利的属性不属于公权力而

---

① 朱孝清. 再论辩护律师向犯罪嫌疑人、被告人核实证据. 中国法学,2018 (4).

属于"私权利",这就使其在调查取证方面存在"天然缺陷",这也使律师申请调查取证权显得特别重要。我国法律只是笼统规定了律师的申请权,但对于律师在何种情形下可以申请调查取证,相关机关按照何种标准进行审查,以及不同意申请后如何救济,法律皆语焉不详。

对于申请调查取证权,法律应当明确以下几个方面:首先,律师申请收集、调查取证的情形。律师申请调查取证除了基于案件需要外,还应当满足律师无法自行取证的条件。如果律师依法能够自行取证的,就不能启动申请程序。具体而言,律师申请调查取证应当包括以下几种情形:(1)申请调查收集的证据属于国家有关部门保存,须由人民检察院、人民法院依职权调取的档案材料;(2)涉及国家秘密、商业秘密、个人隐私,而律师无法调取的材料;(3)律师自行无法调取,但却提供了相关的线索或者说明了可以相信的理由,申请检察机关或者法院收集、调取的材料。其次,申请的对象。按照现行法律的规定,律师既可以向检察机关,也可以向法院申请收集、调查。但是,根据上文分析,这两个机关对应的诉讼阶段分别是审查起诉和审判阶段。基于我国检察机关行使法律监督权,所以在侦查阶段,律师可以申请检察机关调查取证。但考虑到检察机关同时又行使控诉职能,为了防止检察机关在取证上偏向侦查机关,律师也可以直接向法院申请调查取证。最后,赋予申请人救济的权利。如果检察机关或者法院驳回了律师调查取证的申请,申请人有权向其上级机关申请复议。如果上级机关认为下级检察机关或者人民法院不同意调查取证申请的决定是错误的,上级机关有权进行调查取证。[①]

有学者提出,《律师法》与《刑事诉讼法》对于律师调查取证权的规定存在争议,主要有两个方面。

第一,在侦查阶段,律师是否有权调查取证。按照当时《刑事诉讼法》第96条的规定,在侦查阶段,犯罪嫌疑人委托的律师仅有提供法律咨询、代理申诉、控告、申请取保候审、会见在押犯罪嫌疑人、向侦查机关了解涉嫌罪名的权利,而没有调查取证权。而修改后的《律师法》第35条第1款将申请调查取证权的主体界定为"受委托的律师",第2款将自行调查取证权的主体规定为"律师"。对于这种变化,有观点认为,新《律师法》将调查取证的主体改为"受委托的律师",意味着律师在获得辩护人身份之前,即在审查起诉阶段以前,凭相关证件就可以调查取证了。这实际上是将律师调查取证权提前至侦查阶段,与侦查阶段律师会见权的规定相结合,实际上律师在侦查阶段就已经行使了辩护权的内容。该学者认为,这一条仅仅是取消了律师调查取证时需要经过有关单位、个人同意或者需要经过检察机关、法院许可的规定,而并没有赋予律师在侦查阶段的调查取证权。因为按照修改后《律师法》第35条第1款,"受委托的律师"申请检察机关、法院调查取证或者要求法院通知证人出庭作证,相对应的分别是检察机关主持的审查起诉阶段和法院主持的审判阶段。而此条第2款"律师"的范围应当承接前款。另外,原《律师法》第31条规定的"律师"虽然没有限定阶段,但是与《刑事诉讼法》的规定结合,也是被理解为"辩护律师",而不包括侦查阶段"委托的律师"。实际上,第2款强调的是取消律师取证受限的问题,而并没有解决取证的阶段问题。在侦查阶段,从律师介入诉讼的目的以及我

---

① 陈光中,汪海燕. 侦查阶段律师辩护问题研究——兼论修订后的《律师法》实施问题. 中国法学,2010 (1).

国庭审改革的方向考察，立法应当赋予侦查阶段律师调查取证权。从律师介入侦查的目的看，除了为犯罪嫌疑人提供法律帮助外，还应当为审查起诉阶段和审判阶段的辩护做准备。律师只有在比较全面收集证据、了解案情的情形下，在审查起诉阶段才可以向检察机关提出比较客观、中肯的辩护意见，才能在审判阶段为被告人提供更加有效的辩护。另外，在庭审的控辩对抗性增强的前提下，赋予侦查阶段律师调查取证权，使控辩双方站在同一个起跑线上，对被追诉人而言才不失公平。

第二，律师是否有强制取证权。修改后的《律师法》取消了律师取证需要经过被调查人同意或经过检察机关、法院批准的规定，但是这并不意味着律师就有强制取证权。修改之前的法律规定，"律师承办法律事务，经有关单位或者个人同意，可以向他们调查情况"。对于律师而言，这既是权利性条款——"有权调查取证"，同时又是一项义务性规定——应当"经过有关单位或者个人同意"；而修改后的条文仅仅强调了律师调查取证的权利。但是，由于律师不掌握公共权力，其目的是为特定当事人提供法律服务，因而其调查取证权的本质是一种"权利"，这与行使公共权力的公安司法机关行使的"权力"有本质上的不同。这也决定了在被调查对象不配合律师取证时，律师不能对其采取强制性手段。正因为如此，法律为了弥补律师在调查取证权方面的不足，规定律师可以通过阅卷的方式获取控方掌握的证据材料。[①]

对于律师的调查取证权，法庭查明案件事实真相的首要职责需借助控辩双方提交到法庭的证据，做到兼听则明。而在司法实践中，法官对辩护律师的调查取证权持既怀疑又矛盾的态度。律师的调查取证权至关重要，若缺失，则将会使其与刑事司法制度的整体价值发生疏离。辩护律师的调查取证制度的供给不足首先反映在立法上。立法的本质是政治行为，而律师的本质是民意的代理者，因此辩护律师的调查取证权是国家权力与公民政治权利关系的体现。因为律师与司法、检察机关的工作人员不同，所以律师在访问案情时，避免直接访问与对方当事人有共同利害关系的证人，以免发生争执。其次，辩护律师调查取证制度初步建立之后，在实践运行中由于制度与行动者的行动逻辑之间发生价值错位，因而加剧了该制度有效性的缺失。[②]

有学者提出，辩护律师调查取证的倾向性是辩护律师参加诉讼活动，依照法律规定，收集、查阅与本案有关的材料，向有关单位或个人了解情况、提取证据的过程中对无罪、罪轻或者减轻、免除刑事责任的材料和意见的偏好。在我国的刑事诉讼领域，存在对律师取证的不合理的规制，因此对于辩护律师申请调查取证的，应当对相关规则进行细化。首先，辩护律师取证倾向性实体规制的完善。这些完善涉及刑法中的相关内容，涉及对律师"伪证罪"等罪名的界定。其次，辩护律师调查取证倾向性规制程序的完善。辩护律师常常因为需对抗公安机关与司法机关而面临不合理的风险。因此不仅应在实体法层面进行完善，还要通过程序法中的规定对律师的权利加以保障。例如，将对律师采取强制措施的决定权或审批权统一交由上级公安机关或检察机关行使，既可以避免当地公权力机关对律师调查取证的不正当干预，也可以让公安机关的愤怒情绪得到缓解。[③]

---

① 汪海燕. 一部被"折扣"的法律——析《律师法》与《刑事诉讼法》的冲突. 政法论坛, 2009 (2).
② 朱德宏. 辩护律师调查取证制度的有效性分析——以社会学制度主义为视角. 中国刑事法杂志, 2010 (9).
③ 蔡艺生, 任海新. 辩护律师取证的倾向性及其限界. 国家检察官学院学报, 2011 (4).

也有学者对辩护律师的调查取证权作比较法考察。由于辩护律师的调查取证权是一个世界性的话题，辩护律师享有调查取证权是辩护职责的应有之义。在大陆法系国家，以法国和德国的刑事诉讼法为代表的法律对于辩护律师的调查取证权规定类似，都不禁止律师实施调查取证，而且两国律师的积极性都不高。律师除了享有阅卷权以外，还可以要求国家公权力机关采取措施以帮助本方。由于职权主义的影响，德国的刑事诉讼中并非将控辩双方置于对立的位置。检察官的客观义务要求检察官有义务收集有利于被告方的证据，尤其是法官对于被告人的调查证据的请求多为允许的情况下，这在一定程度上也减少了辩护律师的自行调查取证行为。在英美法系国家中，尤其在美国，律师的调查取证权是被告人诉讼权利的重要组成部分，且由于美国有"有效辩护"的标准，因而律师必须竭力调查案件事实，寻找可能对委托人有利的证据和法律的薄弱点。在此层面，辩护律师和检察官可以运用的侦查技巧基本相似。但由于检察机关是公权力的代表，因而律师的调查取证能力不可与控方相比，但律师的调查取证权与犯罪嫌疑人的自身利益息息相关，其取证权与侦查机关的侦查权相互抗衡，也有利于侦查权的合法行使。而在英国，控辩平等原则指导刑事诉讼。因此律师的调查取证权不存在任何问题。在侦查阶段，法律并无阻碍被告人或其辩护律师收集证据的规定，且律师的调查取证权遇到障碍的时候，可以通过法官的强制传唤证人出庭来弥补。英国司法传统逐渐受到欧洲大陆法系的影响，国家公权力机关打击、惩治犯罪的力度在进一步加强，在这种背景下，对律师调查取证权的行使或多或少会造成一定的影响。

该学者认为，两大法系国家在律师的调查取证权上的差异主要有以下几点：第一，对国家机关的信任态度不同。大陆法系国家对公权力机关持较强的信任，且重视公权力机关的权威，寄希望于控方收集到的证据材料可以给予辩方以帮助。而英美法系国家的传统则是对公权力机关的不信任。第二，侦查的模式不同。大陆法系国家偏向单轨制的侦查，主要依靠公诉方获得侦查需要的证据材料。而英美法系国家采取双轨制的侦查模式，控方与辩方同时享有调查取证的权力（利）。第三，诉讼模式的不同。大陆法系国家的诉讼模式强调法官的主导地位，而英美法系国家的诉讼模式偏向控诉双方的平等与协作。第四，诉讼目标不同。大陆法系国家以查清案件事实真相为目标，实体真实占据绝对主导地位。而英美法系国家更侧重于纠纷的解决。①

关于辩护律师向嫌疑人、被告人"核实有关证据"的权利，实务界有观点认为辩护律师向嫌疑人、被告人核实证据，只能核实物证类证据，为了防止嫌疑人、被告人翻供，不能将同案嫌疑人、被告人的供述和证人证言在开庭前告知嫌疑人、被告人，予以核实。有学者对这一观点进行了反驳，主要有以下几方面的理由：第一，限制人证核实，违背立法原意。《刑事诉讼法》中对于辩护律师核实有关证据的规定包含将辩护律师查阅、摘抄、复制的有关证据材料及自行收集的有关证据材料的基本信息内容告诉嫌疑人、被告人，听取对方对这些证据材料的意见，从而帮助辩护律师确定这些证据材料的可靠性，以便在诉讼中适当使用这些证据。如果限制人证信息交流与核实，显然不能达到辩护律师核实证据材料可靠性的目的。第二，限制人证核实，严重脱离司法实际，并与控方法庭举证方式矛

---

① 余为青. 侦查阶段辩护律师调查取证权的比较法考察. 中国刑事法杂志，2009（3）.

盾。2012年《刑事诉讼法》修改后，律师在审前向当事人核实包括人证在内的各种证据，是刑事辩护实践的普遍做法。一是有法律依据，律师有权"核实有关证据"；二是辩护需要，为核实证据可靠性，有效准备辩护，并帮助当事人辩护，律师需要这样做；三是由法庭审判方式所决定，法院甚至检察院常常希望这样做，尤其是重大、复杂、证据繁多的案件。第三，限制人证核实，违背被告人有权辩护以及辩护有效性原则，有悖于刑事司法人权保障制度。禁止嫌疑人、被告人审前接触其他人证，是以为了达到控诉目的，通过阻断信息交流渠道，限制辩护权，妨碍其有效辩护为代价的。而限制嫌疑人、被告人庭前知悉人证的做法，对打击犯罪帮助不大，就刑事司法整体效益而言得不偿失。第四，限制人证核实，将妨碍庭审实质化，有悖于"以审判为中心"的诉讼制度改革的要求。庭审中心主义的核心是庭审实质化，而要实现庭审实质化，庭审时控辩双方就应当是有备而来的，从而实现有效举证、质证。如果被告不事先基本知悉与辩护有关的信息，就很难完成全面、有效的质证，在这意义上，庭审就不可避免地出现某种程度的"虚化"。第五，限制人证核实，缺乏可操作性，并可能对辩护方形成不适当的威胁，损害刑事诉讼的防错机能。从证据种类上看，物证与人证不能截然分开，相互间一定程度上的交叉也使限制人证核实的做法降低了可行性。[1]

有学者提出调查取证权与被追诉人及其家属对证据的知悉权息息相关。针对辩护律师能否将自行调查取得的证据材料交由被追诉人家属查阅的问题，该学者认为这要区分情况，对于家属提供的调查取证线索并在家属要求下调查取得的证据材料，律师可以告知其证据材料的内容。《律师执业行为规范（试行）》第54条规定："律师对委托人了解委托事项情况的要求，应当及时给予答复。"在家属作为委托人的情况下，其要求律师调查取证，必然希望了解查证的结果，这种要求是合情合理的，因此在调查取证完毕后，律师应当满足家属知情权的要求。对于律师主动进行调查取证而非根据家属要求所获得的证据材料，是否披露给被追诉人家属应当视律师调查取证的情况而定。如果取得的是有利于被追诉人的证据材料则可以向家属披露，如果是不利于被追诉人的言词证据则有权不予披露，但是辩护上有此需要时除外。[2]

有学者对2012年修法内容中辩护律师的调查取证权进行了解读。关于法律是否规定了侦查阶段律师调查取证权的争论，始于《律师法》的修改。由于对修改后的《刑事诉讼法》第41条可以作多种解读，因而法律是否赋予侦查阶段辩护律师的调查取证权并不明确，相关的解释对此问题也没有作答。虽然根据文理解释和历史解释，无法找寻此问题的确切答案，但是，按照体系解释和《刑事诉讼法》修改的基本精神，应当将此条理解为法律赋予了侦查阶段辩护律师享有调查取证权。具体而言，《刑事诉讼法》第41条规定："辩护律师经证人或者其他有关单位和个人同意，可以向他们收集与本案有关的材料，也可以申请人民检察院、人民法院收集、调取证据，或者申请人民法院通知证人出庭作证。辩护律师经人民检察院或者人民法院许可，并且经被害人或者其近亲属、被害人提供的证人同意，可以向他们收集与本案有关的材料。"如果按照文理解释，即文字解释、语法解

---

[1] 龙宗智. 辩护律师有权向当事人核实人证. 法学，2015（5）.
[2] 韩旭. 刑事诉讼中被追诉人及其家属证据知悉权探究. 现代法学，2009（5）.

释和逻辑解释，可以作出以下三种解读。

第一种解读：辩护律师在侦查阶段对于一般证人等有调查取证权，但是，对于被害人及其近亲属、被害人提供的证人只有在审查起诉和审判阶段才有调查取证权。另外，申请检察院、法院收集、调取证据权也只能在审查起诉和审判阶段行使。作出此种解读的解释方法包括文字解释和逻辑解释。由于2012年《刑事诉讼法》赋予了侦查阶段律师辩护人的身份，根据此条第1款的前半句，"辩护律师经证人或者其他有关单位和个人同意，可以向他们收集与本案有关的材料"，可以从字面上看出辩护律师在侦查阶段被赋予了调查取证权。但是，根据此条第2款，"辩护律师经人民检察院或者人民法院许可，并且经被害人或者其近亲属、被害人提供的证人同意，可以向他们收集与本案有关的材料"，由于检察机关主持审查起诉阶段，法院主持审判阶段，因而从字面上看，辩护律师在侦查阶段无权向被害人或者其近亲属、被害人提供的证人收集证据，而只在审查起诉和审判阶段有此权限，并且事先还需要经过检察机关或者法院的许可。同样，按照此逻辑，依据此条第1款后半句，辩护律师"也可以申请人民检察院、人民法院收集、调取证据，或者申请人民法院通知证人出庭作证"，辩护律师也只能在审查起诉和审判阶段行使申请收集证据权。

第二种解读：辩护律师在侦查阶段无论是对证人，还是对被害人等均有调查取证权，但是，如果对被害人等取证，事先需要经过检察机关许可。另外，在侦查阶段辩护律师也有申请检察机关收集证据权。显然，得出这种结论主要是考虑了两个方面的因素：一个因素是根据此条第1款前半句，侦查阶段辩护律师有调查取证权，而且此种意思是该条文义的核心，并统摄整个条文；另一个因素是，根据此条第2款，检察机关对于辩护律师向被害人等取证有"许可权"。但是，对于侦查阶段，检察机关是否有权对辩护律师的行为进行审查、许可，法律并无明确规定。即使是最高人民检察院解释性文件对此观点也并不认同。最高人民检察院《人民检察院刑事诉讼规则（试行）》第52条规定："案件移送审查起诉后，辩护律师依据刑事诉讼法第四十一条第一款的规定申请人民检察院收集、调取证据的，人民检察院案件管理部门应当及时将申请材料移送公诉部门办理。"由此可见，辩护律师在经过检察机关许可后可向被害人等取证，而侦查阶段辩护律师没有此权利。

第三种解读：侦查阶段律师没有调查取证权。律师调查取证权和申请收集、调取证据权只能在审查起诉和审判阶段行使。这种观点认为，对于法条的理解应当从整体出发，而不应当断章取义。虽然第41条第1款前半句笼统规定了辩护律师具有调查取证权。但是，后半句规定，辩护律师"也可以申请人民检察院、人民法院收集、调取证据，或者申请人民法院通知证人出庭作证"。据此，只有在审查起诉和审判阶段，辩护律师才享有申请调查取证权。如果将第41条前半句和后半句作为一个整体来解读，法律似乎规定的是律师调查取证权也应当限定在审查起诉和审判阶段；如果联系此条第2款的规定，立法意图似乎更为明显。第2款规定："辩护律师经人民检察院或者人民法院许可，并且经被害人或者其近亲属、被害人提供的证人同意，可以向他们收集与本案有关的材料。"综上，根据文理解释，无论是从语义的角度，还是从逻辑的角度，抑或是将前后条款作为一个整体的角度，对于《刑事诉讼法》第41条有无规定侦查阶段辩护律师调查取证权，得出的结论都是矛盾的。而联系法律整体进行解读则不难得出：侦查阶段辩护律师应有调查取证权。首先，从法律确定侦查阶段律师辩护人身份角度考量，侦查阶段律师应有调查取证权。其次，从侦查目的的角度考察，应当赋予侦查阶段辩护律师的调查取证权。最后，从法律所界定的辩护人职责角度考察，辩护律师在侦查阶段应享有调查取证权。如果将律师在侦查阶段是否有调查取证权问题纳入整个刑事诉讼法典体系视野考察，就不难发现，应当将《刑事诉讼法》第 41 条解释成侦查阶段律师享有此诉讼权利。这种解释也符合法律修改的基本精神。这次修改最大的亮点在于《刑事诉讼法》第 2 条中增加规定了"尊重和保障人权"，实现了从"人权入宪"到"人权入法"的突破，明显提升了保障人权在《刑事诉讼法》中的价值。而刑事诉讼中"尊重和保障人权"的核心要义就是保障犯罪嫌疑人、被告人的权利。因此，作出律师侦查阶段有调查取证权的解释彰显了"尊重和保障人权"的修法精神。[①]

有学者根据 2012 年修法的内容，针对职务犯罪的侦查模式对律师调查取证权进行了探讨。第一，充分发挥间接证据的证明功能。随着 2012 年《刑事诉讼法》的施行，律师在侦查阶段即享有调查取证的权利，证人证言的不稳定性必然会增加，直接证据的证明力会大大下降，对于证言以及口供的采信难度也会随之加大。在这种情况下，强化间接证据意识以及敢于和善于运用间接证据定案，充分发挥间接证据的证明作用，是职务犯罪侦查工作的当务之急。在运用间接证据时，一定要注意的是：所有间接证据都必须真实可靠；间接证据必须与案件事实有客观的、内在的联系；必须有一系列间接证据形成一个完整的、不中断的证据锁链，运用间接证据证明案件事实的结论必须是肯定的、唯一的、并且可以排除其他可能性。在现实办案过程中，尤其是"一对一"形态证据的分析判断中，一方面要把行贿方的检举揭发查证落实，即查明行贿受贿双方存在权钱交易的条件和可能；控告人、举报人提供的财务线索的可靠来源；查明行、受贿双方是否有恩怨或者矛盾，排除陷害可能性。另一方面，以控告检举为基础，收集相应的间接证据来证明犯罪嫌疑人或被告人是否有接受贿赂的时间、机会、条件，赃款、赃物去处，是否有经济上的不正常暴富、不正常消费等，并结合其他案情综合考虑。但是，在运用间接证据定案的情况下，一定要注意克服不能认定而强行认定的倾向，如果间接证据并不充分、不确定，尚未形成完整证据体系时，切忌匆忙定案。第二，双方在一定程度上的证据开示制度。首先要贯彻双向开示，即控辩双方均向对方开示己方证据。虽然在现行法律规定之下，辩护律师取证权利能力确实有限，但是现行法律并未根本剥夺辩护律师的取证权，辩护律师经过一定程序也可以收集获取一定的证据，特别是在 2012 年《刑事诉讼法》实施以后，辩护律师庭上突然出示其获取的关键证据、对控方突然袭击的情况将会增加。而且，按照提起公诉是建立在事实清楚、证据确实充分基础之上，规定辩护律师向公诉方开示证据没有必要，那么是否提起公诉后连辩护律师进行辩护也没有必要？一旦辩护律师获取了对犯罪嫌疑人有利的证据尤其是根本否定指控的关键证据，对被提起公诉的被告人而言，又何谈事实清楚、证据确实充分？只规定控方向辩方开示证据，而不对辩方作出同等规定，这对控方是不公正的。其次要贯彻对等性原则，增加由辩护方向控方开示证据的规定，形成良好的证据开示循环。抛开刑事证据取证自由度和占有量等因素，我国《刑事诉讼法》在有关证据开示方面的规定，事实上使辩护方（包括被告人和辩护人）在证据问题上处于有利的形势。因

---

① 汪海燕，胡广平. 辩护律师侦查阶段有无调查取证权辨析——以法律解释学为视角. 法学杂志，2013 (11).

为 2012 年《刑事诉讼法》赋予了辩护律师完整的阅卷权,"辩护律师自人民检察院对案件审查起诉之日起,可以查阅、摘抄、复制本案的案卷材料",从而使其对控方就整个案件所掌握的证据进行全面了解,发现证人、鉴定材料和其他证据可能存在的不足甚至漏洞。第三,加强侦、诉两部门配合。侦查讯问人员要和公诉部门的承办人员进行及时、有效的沟通,迅速地将在讯问过程中犯罪嫌疑人或者被告人容易出现的情况和公诉部门的承办人员交流,用公诉的标准来看待侦查过程中的讯问。公诉部门在对犯罪嫌疑人或者被告人进行讯问的时候,也可以请侦查人员适时到场参与对犯罪嫌疑人或者被告人的审讯,这样有利于公诉人对案件情况的把握,提升审讯的质量,为进一步出庭支持公诉做好充分的准备。对于侦查人员在什么时间、什么地点协助公诉人员对犯罪嫌疑人或者被告人进行讯问,则取决于犯罪嫌疑人或者被告人对犯罪事实采取何种态度,其所委托的律师所掌握的证据是否与侦查机关掌握的证据有所不同,或者产生矛盾,证据是否发生重大变化。可以说,证据的动态情况决定了侦查人员介入的适时性。在法庭审理过程中,侦查人员也可以到场旁听整个对被告人的审理过程,了解讯问的重点,有利于以后案件侦查时,对于证据的取舍有更好的把握。第四,提高职务犯罪侦查中收集证据的效率。案件的侦查是一项有时间限制性的工作,没有计划性,取证将变得没有方向,没有重点,效率也会变得极其低下。尤其是在 2012 年《刑事诉讼法》的环境下,律师在"犯罪嫌疑人自被侦查机关第一次讯问或者采取强制措施之日起",就可以接受委托成为辩护人,进行相关的调查取证工作,而律师的提前介入,必然会带来国家侦查机关收集证据的难度,以及证据的易变性加剧。收集证据本身就是一项"争分夺秒"的战斗,而在律师提前介入的情况下,时间对于侦查机关而言,就显得更加重要。如在案件的侦查过程中,国家的侦查机关和犯罪嫌疑人的律师同时掌握到了案件的相关证人的情况,如果时机被延误,犯罪嫌疑人的律师先对证人进行调查取证,侦查机关未能第一时间进行取证,证言就可能发生变化,甚至会影响整个案件的审理。[①]

有论者横向比较了英美法系国家和大陆法系国家的立法与司法实践,认为 2012 年《刑事诉讼法》在"实然"与"应然"上间接赋予了辩护律师侦查中的调查取证权。然而,侦查阶段引入辩护律师调查取证权并非意在形成实质平等的两造对抗,而在于规范修正侦查行为,遏制非法侦查以及保证侦查的客观全面,其对案件侦查带有"补遗""纠偏"的辅助性效果。因此,面对侦查权,对辩护律师的调查取证权应予必要限制,保持"谦抑",在具体实践中要比照任意侦查,从明显有利于犯罪嫌疑人的事项入手。除此以外,侦查机关与辩护律师的观念转变,相关配套制度、措施也应有效跟进,为新制度的推行提供坚实的条件支撑。

该论者认为,针对我国侦查阶段辩护律师调查取证权的性质,应从以下几个方面进行合理配置。

第一,辩护律师应比照任意性侦查调查取证。审前程序的侦查阶段,侦查权的行使是第一性的,必须保证侦查主体拥有必要的强制措施和技术性侦查手段,赋予其多样的取证方法,而对处于次要地位的调查取证权,由于取证主体的私权性以及调查取证的辅助、补

[①] 钱学敏,李和杰.律师调查取证权对职务犯罪侦查模式的影响及应对.中国刑事法杂志,2012 (9).

充性质，赋予其与侦查权同质性的调查方法不仅背离了我国强制性侦查措施和技术侦查方法专属侦查机关的法律规定，而且一旦辩护方武装起如此丰富的技术，其将会有足够大的力量与侦查机关抗衡，这不符合辩护律师侦查阶段调查取证权"有限性""谦抑性"的使用特点，可能诱发调查取证权对侦查活动的不当干扰。因此，侦查阶段辩护律师的调查取证权仍应按照大陆法系国家的适度限制模式，以被调查人的同意与配合为前提，采任意性侦查。调查取证的途径主要包括犯罪嫌疑人及其近亲属或者其他人向辩护人主动提供的有关证据材料或案件情况，以及辩护人依照2012年《刑事诉讼法》第41条规定自行向有关单位和个人收集的证据材料和相关案件信息。调查取证中辩护律师禁止强制取证，但是在某些证据可能灭失的紧急情况下，辩护律师可以被赋予一些必要的紧急性处理措施。

第二，调查取证的方向应围绕明显有利于犯罪嫌疑人的事项展开。基于辩护律师调查取证权对侦查权的辅助性、"补遗"的性质特点，调查取证的方向应首先限定在犯罪嫌疑人明显不应当被追究刑事责任的三个方面，即未达到刑事责任年龄、不在犯罪现场、属于依法不负刑事责任的精神病人。这些证明事项不仅是我国法律明文规定的情形，辩护律师调查取证有充分的法律依据。同时，对及时规范侦查机关调整侦查方向，划定侦查范围，选择侦查途径，保证侦查活动及时回归正轨，维护犯罪嫌疑人的合法权益也具有重要意义。另外，由于辩护律师只能以任意性侦查方法或手段去调查取证，证明上述事项的证据材料在任意性侦查取证中最易被知悉与获取，具有现实的可操作性，故侦查阶段辩护律师的调查取证应首先围绕上述三个方面展开。当然随着律师调查取证活动的日渐成熟和完善，一些对于犯罪嫌疑人明显有利的证据材料或情况如意外事件、无意识行为、胁迫、精神错乱、挑衅、正当防卫、紧急避险以及与被害人和解等情形也应当成为调查取证的重要方向。

第三，遵循先侦查机关后辩护律师的查案取证顺序侦查阶段，律师的调查取证开启后，如果其与侦查权的调查对象或调查时间发生了重叠冲突，该论者认为，首先应当秉承调查取证权"谦抑性"和"补充性"的特点，遵循先侦查机关后辩护律师的调查取证顺序，防止辩护律师的提前介入影响侦查活动的顺利开展。如果都要求对现场进行勘查，辩护律师应先让位于侦查机关的勘验技术人员，而后再对现场进行勘验。其次，同样是向犯罪嫌疑人调查案情，只要是在48小时内，侦查机关就有权先行讯问犯罪嫌疑人，而后再由看守所对辩护律师给予会见安排。再次，出于补充、修正已查明的案件事实，维护犯罪嫌疑人权益的目的，辩护律师对侦查机关遗漏的未予询问的证人、被害人可以进行询问，对侦查机关尚未收集的明显有利犯罪嫌疑人的物证、书证、视听资料和电子数据等应予补充性收集。最后，对侦查机关作出的鉴定意见，辩护律师如果存有异议，可以申请补充鉴定或重新鉴定。[①]

结合以审判为中心的诉讼制度改革的背景，有学者提出落实辩护律师的调查取证权是完善有效辩护制度的必要途径。但其中的困境主要是：中国刑事诉讼对案件真相的执着追求和对官方职权作用的偏爱决定了其具有"官方调查"模式的基本特征，这一点已基本预示了辩护律师调查取证权在现实中的困境。律师行使调查取证权在很多时候意味着额外的

---

① 董坤. 律师侦查阶段调查取证权新探. 武汉大学学报（哲学社会科学版），2016（2）.

职业风险。《刑法》第306条始终是"悬在律师头上的一把剑",调查取证过程中稍有不慎就有可能触碰该条规定,使律师成为伪证罪的追究对象。这也导致律师在实践中尽量不去行使调查取证权。此外,对于律师提出的调查取证的申请,检察机关、人民法院在什么情形下应予批准,什么情形下可以拒绝,立法上并没有明确的规定,完全取决于检察机关、人民法院的自由裁量,这就使拒绝律师的调查取证申请成为一件非常随意的事情。那么,要完善辩护律师的调查取证权,可以从以下几方面着手。调查取证权在中国刑事诉讼立法中又细分为三项权利:一是辩护律师直接向证人或被害人等调查取证;二是辩护律师申请人民检察院、人民法院调查取证;三是辩护律师申请人民法院通知证人出庭作证。如果回到审判中心视角,完善辩护律师调查取证权的起始点应该是第三项,即辩护律师申请人民法院通知证人,特别是有利证人出庭作证的权利获得切实、有效的保证。在德国,虽然查清案件事实的职责由法院承担,"官方调查"式的设计允许当事人扮演消极被动的角色,但当事人仍享有广泛的询问证人和针对法庭上出示的证据提出意见的权利,他们还可以向法庭提出证据调查申请,建议法庭进行某些他们认为有意义的调查。这样的证据调查申请,要具备一定的形式要件,比如,提出请求的当事人必须说明证明的手段(通常是证人)和待证的事实;对于证人,只要法庭经过适当的努力可以确定其所在的位置即可;申请对某些事项举证证明,必须指明可以通过该手段而被合理地证明的事实;对某些事项举证证明的申请必须在公开庭审时口头提出并被逐字记录下来。如果满足了上述形式要件,法庭就不能行使自由裁量权拒绝证据调查的申请,必须努力寻找和收集被申请的证据,除非存在拒绝申请的特别理由。拒绝当事人的证据调查申请需要全体法庭作出说明理由的决定。

该学者认为,借鉴西方法治发达国家的经验,为保障辩方审判阶段的调查取证权,必须提供相对"刚性"的保障措施。对此,可以借鉴德国的做法,采取以下几个方面的举措。其一,对法院拒绝辩方证据调查申请的自由裁量权作出立法限制,以批准申请为原则,以拒绝申请为例外,并明确列举拒绝申请的情形为:所申请的证据调查不被准许(例如通过刑讯的方式取证);所申请收集的证据是不必要的、多余的(因为要证明的事项属于常识);要证明的事实对判决没有意义(缺乏相关性)或者已经得到证实;申请的证据毫不适当或者无法获取;提出申请的目的是拖延诉讼;对于应当证明的、对被告人有利的重大主张,在直接接受为真实的主张情况下,才允许拒绝查证申请。其二,对于拒绝证据调查的申请,法院必须在判决中详细说明理由。其三,对于拒绝证据调查的申请,当事人可以在判决作出之后提出上诉,使其接受上级法院的审查,如果错误地拒绝申请导致当事人失去出示有利证据的机会,可能影响判决结果的,第二审法院可以根据《刑事诉讼法》第227条作出撤销原判、发回重审的裁定。审前,尤其是侦查阶段,辩护律师的调查取证权也需要落实。首先,立法应明确肯定辩护律师在侦查阶段享有调查取证权。辩护律师在接受委托或者指派后,为了解案件情况,进行一定的调查,只要不妨碍侦查,不妨害证据,没有理由禁止。在西方法治发达的国家,一般的通例是将这种调查等同于普通的公民调查,并不禁止,但都认为辩护律师不享有强制调查权。其次,修改2012年《刑事诉讼法》第41条第1款向证人调查取证的条件。第41条规定:"辩护律师经证人或者其他有关单位和个人同意,可以向他们收集与本案有关的材料……"这里要征得"有关单位"同意的条件颇值得商榷。证人负有如实作证的义务，这是证人作为独立的个体、独立的公民对法庭、对国家承担的法律义务。把"单位同意"作为证人作证的前提具有明显的人身依附色彩，不仅不符合现代法治精神，而且等于将个别单位的利益置于法治利益之上，在实践中助长了单位利益保护倾向，更为辩护律师调查取证权的实现设置了额外的障碍。为此，建议下一次法律修正时删去"有关单位同意"的条件。最后，由于辩护律师并不享有强制性取证权，面对拒绝配合的有关证人，需要借助司法机关的力量申请人民检察院、人民法院收集、调取证据。面对实践中检察机关和法院普遍不太配合的局面，未来立法应保持开放心态，积极探索实现调查取证权的有效途径，这既是协助办案机关查明案件真相之所需，也是推进以审判为中心，增强庭审抗辩性必须要过的一关。①

（五）辩护权的保障

对于如何从检察机关进行法律监督的视角对刑事辩护权利进行保障和救济的构建，有学者提出，首先应当明确刑事律师辩护权利保障与救济的理念。第一，是由"对立"到"对等"，即控辩平等的理念。在我国，侦查机关、检察机关与律师对立的观念依旧未加改变。侦查主体对律师辩护权的扩大存在一定的抵触情绪。检察机关基于办案和考核的压力，对律师辩护权的完善也持消极态度，认为辩护权的提升会加大检察机关的控诉难度。在这种理念的指导之下，辩护人权利难以得到有效的保护。平等的控辩关系是律师开展辩护行为、获得权利保障的前提与基础。第二，从"职权"到"人权"，树立人权保障的理念。从表面上来看，律师的辩护权是一种职业权利，具有"职权性"。如果深入分析就会发现，"职权性"只是律师辩护权的表象。律师的辩护权来自犯罪嫌疑人、被告人的授权，是犯罪嫌疑人、被告人权利派生物，所以，一系列辩护权虽然以律师权利为外在表象，却是不折不扣的基本人权。我国的律师辩护制度在独立性上过分强调了其对犯罪嫌疑人、被告人的独立，将律师辩护权作为律师的职业权利加以保障，而忽略了律师背后真正的利害关系人。因此，必须从人权保障的高度认识到律师辩护权保障的重要性。第三，从"分歧"到"共识"，树立公平正义的理念。公、检、法三机关在执法司法过程中，不仅要着眼于打击犯罪，保护公共利益，也要注重保障当事人及其辩护人的合法权利，二者不可偏废，但实践中对犯罪个体及其辩护人的权利保障不足。司法机关活动与律师辩护活动具有内在的统一性，两者开展活动的基础，都是案件的事实依据与法律准则，所以不会产生根本的对立，双方在案件事实、证据认定等方面的交锋，其行为诉求也都是为了法律的正确适用。所以就根本而言，司法机关与律师有共同的价值追求，遵从共同的法律准则，共同维护着社会的公平与正义。

2012 年修法前，1996 年《刑事诉讼法》曾规定："辩护律师和其他辩护人，不得帮助犯罪嫌疑人、被告人隐匿、毁灭、伪造证据或者串供，不得威胁、引诱证人改变证言或者作伪证以及进行其他干扰司法机关诉讼活动的行为。违反前款规定的，应当依法追究法律责任"。有学者提出该条的规定增加了律师在辩护活动中的执业风险。一方面，有失公允。侦查机关违法取证时，由侦查机关自己来追究，而律师违法取证时却依然由侦查机关来追究是不公平的，而且易发生职业报复行为。另一方面，何谓威胁、引诱，其他干扰司法诉

---

① 魏晓娜. 审判中心视角下的有效辩护问题. 当代法学，2017（3）.

讼活动的行为具体包括哪些，该条款未具体规定，这给了司法机关较大的追究律师责任的自由裁量权。因此该论者认为，为保护辩护律师的人身权，应当严格区分故意和过失，只有那些为达到某种非法目的，故意帮助犯罪嫌疑人、被告人隐匿、毁灭伪造证据和串供，故意威胁、引诱证人改变证言或者作伪证的，才应当追究法律责任；过失行为应当具有豁免权。[①] 2012 年《刑事诉讼法》修改之后，新《刑事诉讼法》对律师开展刑事辩护在诸多方面进行了完善，在明确了律师可以就司法机关及其工作人员的违法行为提出申诉控告的同时，也明确了律师在辩护权利受到侵害时的救济途径。但由于没有规定具体审查程序、期限，纠正和救济程序也存在模糊性，这些规定目前并不具有实际的操作意义，如果不及时加以完善，将面临被虚置的危险。[②]

我国《刑事诉讼法》规定了辩护律师的权利与义务，没有关于律师辩护权弃权与失权的规定，但相关司法解释规定了某些情况下律师辩护权不得放弃，某些情况下会丧失律师的辩护权。有学者在借鉴域外法律中对于律师辩护权弃权的规定后，对我国律师辩护权弃权与失权提出了立法建议。首先，律师辩护权可以放弃。因为律师辩护权作为被追诉人的一项宪法权利，可以放弃。但是放弃应当是自愿并明知后果的，并在公开的法庭上进行且记入庭审笔录。因此，对于法律规定"应当指派"辩护的情形，如果被告人自愿、明知后果地要求不要律师自行辩护，法院应当予以准许。最高人民法院《关于适用〈中华人民共和国刑事诉讼法〉的解释》中关于第二次拒绝辩护，如果属于"应当指派"情形的，法庭不予准许的规定，应当予以删除。其次，律师辩护权可以默示放弃。在认定律师辩护权失权时应当谨慎。但是，律师辩护权不能作为被追诉人拖延诉讼的一种手段。因此，对于反复更换律师、攻击辩护律师等极端行为的被追诉人，应当进行警告，告知其此种行为可能会导致失去辩护律师的后果。警告后被追诉人仍然进行该行为的，才可以认定为失权。在这种设计下，失权的本质是一种"默示放弃"。据此，最高人民法院《关于适用〈中华人民共和国刑事诉讼法〉的解释》中关于第二次拒绝辩护人为其辩护，如果不属于"应当指派"辩护情形的，合议庭同意，但是被告人不能再有律师，只能自行进行辩护的规定，应当予以修改。对于被告人第二次拒绝辩护的，合议庭应当告知他再次拒绝可能会导致没有律师的后果，以及没有律师辩护在诉讼中可能遇到的难题与风险。被告人坚持拒绝的，视为行为弃权。这样，对于被告人的律师辩护权，我国法律就只能承认明示弃权和默示弃权，而不规定失权。当然，对于几次拒绝律师就可以被理解为拖延策略，立法者可以认真考量，既可以保留现在的两次，也可以适当增加次数。最后，律师辩护权不因极端行为而丧失。对于被追诉人未经警告的情况下针对律师实施极端行为的，不应认定为其丧失了律师辩护权，而是对其予以警告，警告后仍然实施该行为的，视为行为弃权。但是对于极端行为，还应由法院作为妨害刑事诉讼顺利进行的行为予以处罚。对被追诉人殴打、威胁、辱骂律师的行为，可以在《刑事诉讼法》中增加对其罚款、拘留的规定。被追诉人的上述行为可以理解为对法庭的藐视，因为这种行为客观上阻碍了审判的顺利进行。我国《刑事诉讼法》目前规定了两类藐视法庭的行为，一是扰乱法庭秩序，二是证人不履行作证义务。

---

① 严本道. 律师参与刑事诉讼有关法律问题之我见. 法商研究，1998（2）.
② 林琳. 辩护律师权利的保障与救济——以我国新《刑事诉讼法》背景下检察机关发挥法律监督为视角. 法学杂志，2015（11）.

该学者认为对于被追诉人故意阻碍律师履行职责的行为，也应当由法庭作为藐视法庭的行为予以处罚。[①]

二、有效辩护与无效辩护

有效辩护原则是国际通行的刑事司法准则之一。有学者提出，有效辩护分为广义上的有效辩护与狭义上的有效辩护。前者是指辩护权以及其保障机制，后者是美国法律中特殊的制度设计。而无效辩护则主要涉及律师无效辩护及其救济问题。对于有效辩护与无效辩护在中国的引入问题上，广义上的有效辩护与狭义上的有效辩护存在指向上的差异。前者以实现被指控人的公正审判权为目标，探讨辩护权及其保障体系；后者则主要关注律师辩护质量的问题，并确立律师有效辩护的行为标准及无效辩护的认定标准。无论哪种定义上的有效辩护，引入中国在理论上都不存在障碍，而且确立有效辩护的理念对我国刑事辩护的发展有着很强的现实意义。而无效辩护制度针对律师无效辩护给予被指控人以司法救济，这一制度已经深深带有美国法律传统的烙印。无效辩护制度的出现与发育，与美国刑事诉讼中的对抗式庭审制度、陪审团审判、律师辩护所起的作用、法院在司法救济方面扮演的角色、程序正义优于实体正义的诉讼价值观等密不可分。而在大陆法系国家，职权主义诉讼模式下，无效辩护问题的必要性便显得降低。我国的刑事诉讼模式偏重于职权主义。法官在庭审中处于积极仲裁者的地位。此外，美国的刑事辩护率较高，处于普遍辩护的状态。而我国刑事辩护率不足30％，首先应解决的是如何提高律师办理刑事案件数量的问题，而非建立无效辩护制度。我国目前不适合通过建立无效辩护制度倒逼律师辩护质量的提高以及对被告人权利的救济。提高律师的辩护质量，应加强对律师的业务培训，提高律师的业务素质与责任心。对于律师的不称职行为，可以通过加强行业内惩戒的方式予以解决。给被告人带来的不利后果，可以通过上诉、申诉等途径进行解决。[②]

对此问题，还有学者提出，美国联邦最高法院将获得有效辩护作为被告人的基本宪法性权利，并通过判例法将宪法第六修正案视为这一权利的宪法渊源。这与中国的法律制度的情况有所不同。因此，动辄强调引入有效辩护制度的必要性，或者提出建构中国有效辩护的理论设想，这其实带有一厢情愿的研究态度。在中国，从律师辩护的现状来看，律师法所确立的律师执业规范，以及旨在调整律师与委托人关系的规范，还存在着一定的问题。影响律师辩护质量的第一个因素就是律师的执业条件。相比大陆法系国家的律师，我国律师的专业素质与实务能力都有待提高。影响律师辩护质量的第二个因素是律师与委托人的关系。法律对律师提出了一些执业伦理规范。例如，律师从事刑事辩护活动，只服从于事实和法律，独立提出辩护意见，"不受当事人意志的限制"，这就等于鼓励辩护律师发表与被告人不一致的辩护意见，甚至允许律师在被告人不认罪的情况下，当庭发表同意法院定罪但建议量刑从轻的辩护意见，造成当庭辩护效果相互抵消。影响律师辩护质量的第三个因素是律师惩戒制度。对于律师在辩护中不尽职、不尽责、不尽力的行为，没有建立专门的惩戒规则。结果很多律师在接受委托或者指定辩护人之后，不去调查、会见、阅

---

① 郑旭. 律师辩护权的弃权与失权. 政法论坛, 2013 (1).
② 熊秋红. 有效辩护、无效辩护的国际标准和本土化思考. 中国刑事法杂志, 2014 (6).

卷，也不进行准备工作，在法庭上轻率辩护。对于律师在一审程序中没有尽职尽责，或者存在重大辩护缺陷的行为，我国《刑事诉讼法》没有将其列为一审法院违反法律程序的行为。在我国的司法实践中，律师即便不会见在押被告人，不做任何阅卷摘要，也不进行任何形式的调查核实证据工作，二审法院照样会认定一审法院的审判合乎法律程序。一审法院只关注法官"违反法律程序"的行为，对律师严重不尽职行为熟视无睹，这是违反无效辩护理念的。除了这种不重视以外，法院"重实体，轻程序"的观念也成为阻碍无效辩护制度引入中国的一个障碍。无效辩护还是有效辩护制度不一定完全适合中国的刑事法制，但作为一种理念，有效辩护所蕴含的确保被告人获得高质量的法律帮助的原则，是中国未来刑事司法改革的一项重要目标。[①] 对有效辩护问题，有学者对美国辩诉交易中的有效辩护做了梳理。1970年，美国联邦最高法院将有效辩护权作为辩诉交易中被告人的一项重要宪法权利加以确认，其有利于保障被告人认罪的自愿、明知、理性。这一时期有效辩护的判断标准是律师适格性。1984年，美国联邦最高法院确立了无效辩护的两步法审查标准，对于无效辩护导致被告人有罪答辩的案件予以救济。此后，有效辩护对律师适格性的要求不断提高。2012年以来，对无效辩护导致被告人拒绝答辩提议，并已经公正审判的案件，联邦最高法院也开始给予救济。这涉及辩诉交易的公平与陪审团公正审判的效力之间的冲突，引发了较大的争议。放弃有效辩护权以及放弃主张无效辩护的权利是否适当，联邦、各州的刑事司法实践尚未达成一致。[②]

有学者认为，解决我国刑事辩护率低的问题最有效的方法首先是建立刑事辩护准入机制。刑事辩护准入机制的核心有二：一是律师的职业伦理，二是律师的职业能力与经验。对于我国刑事辩护准入机制的建构设想应以资格取得为核心，辅之以监管—惩戒机制和退出机制。在资格取得的准入条件方面，建议修改《刑事诉讼法》第32条，规定辩护人必须由律师担任；分层次设立基层法院出庭律师、中级以上法院出庭律师以及死刑案件辩护律师的准入条件。对死刑案件的辩护律师设置严格的准入条件，规定具有中级以上法院5年以上刑事辩护从业资历，并接受专门的死刑辩护业务培训和品行考核，获得死刑案件辩护资格者，方能从事死刑案件的辩护业务。在准入考试上，增设面试，考察律师申请者的语言表达、临场反应等辩护技能，同时弥补中国司法考试制度法律运用技能、法律思维能力等不足。建立辩护律师数据库，把所有取得律师辩护资格的律师名录纳入该数据库。数据库应包括：辩护律师基本情况、取得刑事辩护资格时间及其种类、律师业务专长和从业经历、奖惩考核记录等。其次是辩护退出机制，应包括自愿退出机制与强迫退出机制两种。取得刑事辩护资格的律师应当对是否从事辩护律师业务有选择的权利，包括从事刑事辩护转做其他律师业务，但更主要的是选择从事另外一种法律职业，比如做法官、检察官，也包括选择机关、团体、企事业单位从业人员。当前，中国法律职业共同体内没有形成一个有机的流动机制，法官、检察官均可以向律师转行，这种单一的流动机制极大束缚了律师的职业发展，也阻碍了整个法律职业共同体的健康发展。而强迫性退出机制系因业务水平所限或者严重违反执业纪律，不适合再从事刑事辩护职业而被取消刑事辩护资格的

---

① 陈瑞华. 刑事诉讼中的有效辩护问题. 苏州大学学报（哲学社会科学版），2014（5）.
② 祁建建. 美国辩诉交易中的有效辩护权. 比较法研究，2015（6）.

情况。应包括关于取消刑事辩护资格的条件、程序、掌握决定权的主体、救济机制与辩护资格恢复的问题。而对于刑事辩护的惩戒机制而言,应区分对辩护律师的惩戒与非律师辩护人的惩戒。对辩护律师的惩戒一方面是为了惩罚本人,另一方面是为了维护公众对辩护律师的职业信任。对于惩戒的种类,可以根据情节不同给予辩护律师轻重不同的处罚。而对非律师辩护人的惩戒,可以通过设置举报机制和司法机关的沟通机制,发现非律师辩护人,视情况给予警告、罚款、行政拘留等行政处罚。对于给被追诉人带来损失的,应当追究其民事责任;对于冒充辩护律师非法提供刑事辩护服务等造成恶劣影响或严重后果的,应当追究其刑事责任。[1]

而对于 2014 年十八届四中全会中提出、2016 年开始进行试点工作的认罪认罚从宽制度中的有效辩护,有学者认为,认罪认罚案件中有效辩护的主体是值班律师。而在实践中,值班律师缺位的情况较为严重。首先,应明晰值班律师的辩护人身份。在现有制度框架下,将值班律师解释为辩护人并承担辩护职责是完全可行的。在此基础上,应赋予并保障值班律师的辩护权。在认罪认罚案件中有效辩护的标准上,辩护律师应把握好自身的职业定位,依法尽职尽责辩护,努力避免陷入无效辩护的泥沼,应做好:第一,辩护律师始终是程序选择的建议者而非决定者。辩护律师应当结合案情为被告人分析利弊,帮助其认真权衡,尊重被告人的程序选择权,而不是轻率地替他作出决定,更不可强迫被告人选择某一程序。第二,辩护方式由抗辩转向沟通和协商。在量刑协商上对被告人量刑方面的问题进行充分沟通。第三,辩护律师把握审前程序中的辩护契机。一方面,积极进行程序性辩护,申请变更强制措施,维护被追诉人的权益;另一方面,被告人自愿认罪带来审判程序的简化,使得量刑辩护的重心前移,从审判阶段前移至审前程序中,主要在审查起诉阶段。在此阶段,律师应积极与检察官进行量刑协商,实现对被告人从宽处理的结果。反之,如果被告人自愿认罪认罚,若辩护律师的行为缺陷使其失去了通过量刑协商获得从宽处理的机会,就是辩护律师的失职行为。第四,辩护律师始终是认罪认罚程序的积极参与者而非消极"见证人"[2]。针对律师辩护质量的问题,有学者提出了"表演性辩护"一说。当前中国律师的辩护活动并非以说服裁判者接受其辩护意见为目标,而是匆匆走过场以完成辩护任务。这种带有"表演"性质的辩护,可以称为"表演性辩护"。根据律师的行为方式及其与公安司法机关的关系,"表演性辩护"可以分为"配合性表演"和"对抗性表演"两种模式。"配合性表演"是指辩护律师在权衡各种利弊得失之后,所作的一种配合公、检、法三机关"走程序"以快速完成定罪量刑的辩护模式。而"对抗性表演"既不是从被告人的指控的犯罪是否具备刑法所要求的构成要件、犯罪事实是否有充分的证据证明等方面作出无罪辩护,也不是从被告人是否存在自首、坦白等法定或酌定情节等方面进行量刑辩护,而是对一些程序、证据、法律规定吹毛求疵,或借助外界舆论压力施加给司法机关。造成律师"表演性辩护"的主要原因是,刑事庭审的空洞化和刑事审判权的异化。而解决律师辩护"表演化"的关键是在遵循司法规律的基础上,继续改革和完善中国的刑事审判制度乃至司法制度。除此之外,还应对辩护律师构建起特殊的保护机制和符合中国

---

[1] 冀祥德. 刑事辩护准入制度与有效辩护及普遍辩护. 清华法学, 2012 (4).
[2] 闵春雷. 认罪认罚案件中的有效辩护. 当代法学, 2017 (4).

现实情况的质量控制标准与机制。①

有学者提出，中国刑事辩护存在两方面的缺陷：一个方面是积极辩护的动力机制不足；另一个方面是积极辩护的外在阻力太大。因此，刑事辩护改革的关键就是在于激发律师进行积极辩护的动力以及消除积极辩护的外在阻力。首先，确立无效辩护的制裁体系。我国目前对国家侵权型无效辩护的制裁几乎是一片空白。针对律师不称职型的无效辩护，国外有三种制裁方式可供我们学习：一是撤销原判、发回重审。二是民事损害赔偿。三是职业惩戒。制裁体系的最大缺点就是其滞后性，其效果的发挥有赖于对无效辩护的发现能力、各个主体对无效辩护的纠正意愿及纠正能力等各种外在条件的限制。其次，确立有效辩护的积极动力机制。国外刺激律师积极辩护的动力是多元的，在中国激励律师积极进行辩护的动力则是一元的，甚至有时没有任何动力。在我国，有一个普遍共识就是我国刑事辩护质量差的一个重要原因是刑事案件收费低。大多数人认为提高刑事辩护质量差的出路之一在于提高刑事辩护的收费。但仅仅靠提高收费是不够的，如果不改变原有的固定收费模式，即便提高辩护律师的收费也未必能提高刑事辩护质量。世界各国采取的刑事辩护收费模式主要可以分为固定收费与计时收费的模式。由于侦查构造、诉讼构造以及法律渊源的不同，不同国家采取的收费模式也就不一样。虽然我国的诉讼传统来自职权主义的大陆法系国家，但在近年来的改革中，我国更像是一个实行对抗诉讼的国家。然而存在缺憾的是，我国在对诉讼模式进行改革的同时，却未对刑事案件的收费模式作出相应的改革。当今情况下，固定收费模式导致刑事案件辩护质量下降的问题已经影响对抗式诉讼的改革向前推进。当务之急是我们必须实现刑事案件收费模式的转变，以提高律师进行积极辩护的动力。②

关于律师的失职问题，关系到辩护律师的民事责任。有学者提出，在我国，由于诉讼构造和国家赔偿制度的影响，辩护律师的民事责任一直处于休眠状态。随着诉讼构造改革的推进、律师职业的商业化以及民众权利意识的提升，辩护律师的民事责任问题必将浮出水面。从世界范围看，尽管各主要国家和地区的立法和判例对辩护律师是否适用民事豁免存在两种截然不同的态度。但是从发展的角度来看，对不称职的辩护律师（包括指定辩护律师）课以民事责任是大势所趋。在责任构成方面，辩护律师与民事代理律师应适用同样的构成要件。提出支持对辩护律师实行民事豁免的共通理由主要包括：第一，对辩护律师的失职行为课以民事责任，会引发大量的、没有根据的甚至是报复性的民事失职诉讼，这不仅会增加法院的工作负担，也会造成司法资源的巨大浪费。第二，对辩护律师的失职行为课以民事责任，会导致辩护律师为了自保而损害被告人的利益和公共利益。第三，在赋予法官、检察官民事豁免权的情况下，仅仅对辩护律师课以民事责任是不公平的。但是，该学者提出没有证据表明让辩护律师承担民事责任，会严重影响从事刑事辩护的律师数量。赋予辩护律师民事赔偿豁免权，未必会吸引更多的律师从事刑事辩护工作。如果通过对辩护律师的失职行为课以民事责任减少不称职的辩护律师，反而是一件好事。另外，对辩护律师提起民事失职诉讼，不是限制辩护律师的自由裁量权，而是制裁辩护律师的失职

---

① 李奋飞. 论"表演性辩护"——中国律师法庭辩护功能的异化及其矫正. 政法论坛, 2015 (3).
② 吴纪奎. 对抗式刑事诉讼改革与有效辩护. 中国刑事法杂志, 2011 (5).

行为。该学者还提出，相比于其他的制裁方式，民事制裁具有无法替代的独特优势。民事赔偿既可以补偿被告人所受的损害，又可以对辩护律师进行威慑。对被告人来说，撤销原判发回重审，只是对其本应享有的权利的补救，他无法从中获得任何额外补偿。同样，职业惩戒的目的在于对辩护律师本人进行惩罚，并对其他律师进行威慑，受到无效辩护侵害的被告人只能从中获得精神安慰。对被告人来说，只有民事赔偿，才是对其所受损害的真正补偿。在建立辩护律师民事责任制度时应当注意：第一，在个案中要合理区分辩护律师的民事责任、国家赔偿责任以及第三人责任，警惕将国家赔偿责任转嫁给辩护律师。第二，建立对辩护律师失职诉讼与职业惩戒的联动机制，以及相应信息的强制披露制度。第三，进一步完善辩护律师收费制度，加大刑事法律援助制度，提升刑事法律援助的质量。[①]

有学者提出，"以审判为中心"与"有效辩护"存在相关性，以审判为中心的精神内涵在于形成判决基础的信息应当有机会得到反驳性检验，推进以审判为中心，必然以有效辩护为最终落脚点。因此，从推进"以审判为中心"诉讼制度改革的角度计议，当务之急是健全审判中的反驳性检验机制。这种反驳性检验机制的核心，是确立并保障辩护律师在刑事诉讼中的两项权利：一是直接反驳、检验对方举证的"质证权"，二是向法庭提交本方有力证据，用以反驳、削弱对方的"取证权"。首先，完善有效辩护制度应确立并保障被告人的质证权。我国已经存在保障被告人质证权的程序机制，但多数规则仅存在于司法解释中，法律层级有限。而从实践中极低的证人出庭率可以看出，这些程序性的制裁机制根本没有得到落实。其次，完善有效辩护制度还应落实辩护律师的调查取证权。中国的刑事诉讼具有"官方调查"模式的基本特征，这也基本预示了辩护律师调查取证权在现实中的困境：辩护律师提出调查取证的比重不大，被准许得更少。在对辩护律师调查取证权的完善方面，应当制定更加"刚性"的保障措施，尤其是强化侦查阶段的辩护律师调查取证权，使犯罪嫌疑人能及时地获得法律帮助。[②]

三、辩护人的诉讼地位

辩护人的诉讼地位是指辩护人在刑事诉讼法律关系中所处的位置。在刑事诉讼过程中，控方、法院、当事人与辩护人之间的许多冲突和矛盾，主要是因对辩护人诉讼地位的认识错误而产生的。在我国，辩护人在刑事诉讼中的法律地位是独立的诉讼参与人。一般认为，辩护人的独立性主要体现在两个方面：第一，从辩护人与犯罪嫌疑人、被告人之间的关系来看，辩护人独立于犯罪嫌疑人、被告人，不受其意见左右。第二，从辩护人与司法机关的关系来看，辩护人与司法机关之间主要系相互制约关系。

在辩护人与委托人的关系方面，有学者指出，一直以来，我国法学界与律师界奉行一种"独立辩护人"的理论。根据这一理论，律师应当独立自主地从事辩护活动，不受委托人意志的左右。具体而言，律师从事辩护活动尽管主要基于犯罪嫌疑人、被告人的委托和授权，但这种委托代理关系一旦成立，律师就不再受委托人意志的约束，而应根据自己对案件事实和法律适用问题的理解，独立地形成专业的辩护意见。律师的辩护思路即便与委

---

① 吴纪奎. 论辩护律师的民事责任. 环球法律评论, 2012 (6).
② 魏晓娜. 审判中心视角下的有效辩护问题. 当代法学, 2017 (3).

托人的意思表示发生分歧，甚至出现直接的对立和冲突，律师也应当坚持自己的辩护思路，为委托人进行独立的辩护。从表面看来，独立辩护人理论兼顾了律师职业伦理的两个方面，要求律师在维护委托人利益的时候，不得违背法律和事实，追求更高层次的公共利益，但这一理论使律师不得不承担与法官、检察官相似的法律义务，无视被告人的弱者地位，扭曲了律师与委托人之间的关系。首先，这一理论逻辑上存在缺陷。在维护委托人利益与维护事实和法律之间，要求律师优先选择后者；对于那些不符合事实或有违法律的委托人利益，律师可以拒绝加以保护。但是，在维护委托人利益与维护法律和事实发生冲突的时候，法律要求律师放弃前者选择后者，这无疑是将律师置于与法官极为相似的处境。此外，"独立辩护人"理论不仅混淆了律师与法官的职业伦理，而且严重忽略了对被告人进行特殊保护的问题。不仅如此，"独立辩护人"理论无视律师的权利来源，违背了律师作为法律代理人的职业伦理。实际上，辩护权是被追诉人享有的权利，犯罪嫌疑人、被告人可以亲自行使这些辩护权利。律师的存在只为了加强这种辩护权的行使。其次，实践中的消极后果。实践证明，在"独立辩护人"这一理论指导下从事刑事辩护活动的律师，经常遭遇与委托人发生立场冲突的尴尬，甚至还会因此遭遇委托人的不满乃至投诉。但是对"独立辩护人"的批判并不代表对独立辩护制度的彻底否定。在独立辩护与忠诚于委托人的利益发生矛盾时，律师有必要将实现后者作为优先的选择。在处理与委托人的关系上，律师应当保持专业判断上的独立性，不完全顺从委托人的意志，这对于有效维护委托人的利益而言是不可或缺的。但是律师在辩护活动中应严守一条职业底线，那就是永远不得实施有损于委托人利益的言行。这种忠诚义务应当成为律师辩护的基本准则，应将有效地说服法官接受本方的辩护观点作为一切辩护活动的目标和归宿。为达成这一目标，律师通过会见、阅卷、调查以及其他庭前防御准备活动形成辩护思路的同时，应当尽到向委托人进行告知、协商、讨论和说服的义务，并与委托人建立最基本的相互信任关系。[①]

还有学者指出，独立辩护对被告人的利益有不利影响。第一，绝对的独立辩护会导致辩护意见的自相矛盾，从而使辩护效果大打折扣或者相互抵消。一旦辩护律师和被告人在事实问题上形成了两种完全不同的辩护观点，结果往往对被告人是不利的。既然如此，辩护律师在选择不同的辩护立场时，就应将这些法律上的后果与被告人进行充分沟通和协调，在其知情的情况下作出选择，只有在其自愿承受这些可能的负面后果的时候，辩护律师才可以进行所谓的独立辩护。第二，绝对的独立辩护会导致被告人频繁拒绝辩护或者辩护人罢庭现象发生，导致法庭审理无法正常进行，损害被告人得到快速审理的程序利益。第三，独立辩护论使辩护律师享有很多根据其独特的法律地位所享有的固有权利，这些权利往往会侵蚀和损害被告人本身所享有的诉讼权利，使其难以全面知悉案件信息，并作出理智的决定，从而进一步加剧了其对辩护律师的依赖，难以真正成为控制诉讼进程的实质意义的当事人。第四，我国并没有建立有效辩护制度，一些特殊类型的案件如死刑案件也没有准入门槛的限制，律师水平参差不齐，同时又没有相应的制约对其进行约束和惩戒，辩护人独立选择的辩护观点和策略一旦对被告人利益造成损害，被告人无法通过有效的途径加以救济，也不能对辩护律师提出赔偿要求，使被告人完全沦为了诉讼程序的客体，其

[①] 陈瑞华. 独立辩护人理论的反思与重构. 政法论坛，2013（6）.

利益处于完全受漠视的状态。因此理论界所主张的独立辩护论完全无视被告人的意志，我们应当为传统的独立辩护设置一定的外部边界，提出一种全新的独立辩护的理论模式，以避免被告人的意志和利益受到双重的漠视。其一，基于司法现状，律师独立辩护应该更多地强调独立于外部干扰，而非片面地强调独立于当事人。其二，基于辩护律师和被告人关系合理定位的角度考虑，在辩护目标上，应当尊重被告人的意志，但在辩护策略的选择上，可以适度独立于当事人。其三，出于尊重律师行业自主性和维护被告人最大利益的角度考虑，在事实问题上，律师应当更多地尊重被告人的意见，而在法律问题上，可以适度独立于当事人。[①]

有学者提出，律师独立辩护具有内在法理支撑及外在依据，在德国等法治进步国家的实际司法运作中也运行良好，在我国也有一定的法律依据。在法律职业主义视角下，律师从辩护技艺及职业伦理两方面获得了相当大的独立性。但是，律师绝对独立辩护也存在着缺失。第一，在律师制度设计的目的方面，完全的律师独立辩护并不符合律师制度设计的初衷。第二，在与诉讼模式契合度方面，绝对的律师辩护与我国现在刑事诉讼模式不具有协调性。随着我国法律制度与相关理念的转型，诉讼模式也有向当事人主义转型的趋向及现实。第三，在法律职业主义角度方面，绝对的律师独立辩护并不符合法律职业主义的本质要求。第四，在被告人利益保护方面，绝对的独立辩护并不完全符合保护被告人利益之目的。

该学者认为，应当对律师独立辩护制度进行适度调整及转向。在原则上，采取有限的律师独立辩护的方式。在以下情形中，绝对适用独立辩护：一是被告人意见明显不合常理情形下的律师独立辩护。二是被告人智识或者能力明显不足情形下律师的独立辩护。三是在办案人员威胁、利诱、欺骗、刑讯逼供等情形下，被告人的意志会受到严重影响，因而可能不敢表达自己的真实想法，此时律师应作独立辩护。以上情况从表面上来看，辩护律师似乎是违背了被告人的意志，然而，却在实质上实现了对被告人最大利益的保护。对于律师独立辩护相对适用的领域，没有统一、具体的抉择标准，需要将被告人利益作为关键的衡量砝码之一。对于基于律师利益还是被告人利益存在模糊之处而律师独立辩护所产生的冲突，则应当区别分析不同情况，将各种因素综合权衡后予以解决。此外，律师独立辩护也应当有禁区，应当主要包括：(1) 被告人主张罪轻辩护，律师不得作罪重辩护。(2) 律师不能不顾被告人利益而采取哗众取宠式辩护。(3) 律师不能为讨好办案人员而进行献媚式独立辩护。综上，特殊情况下采取律师独立辩护的方式，一般情况下采取以被告人为主导的辩护方式是由我国法律制度、律师职业素质、职业管理、职业心理，以及法律服务市场的竞争机制等多种因素决定的，这是基于我国律师执业环境而采取的现实主义的做法。律师在辩护时当然可以追求公平与正义，最佳状态是实现被告人利益与真理、正义的平衡，这就是目的式的辩护。在目的式的辩护中，一个坚持要实现法律目的的律师，无论在代理关系中还是之外，都会力求坚持法律的精神，实现他们的基本目的，或者起码自觉地不去做那些践踏法律宗旨并使之无效的行为。[②]

---

① 陈虎. 独立辩护论的限度. 政法论坛, 2013 (4).
② 宋远升. 律师独立辩护的有限适用. 法学, 2014 (8).

还有学者从辩护冲突的角度对被告人与其辩护律师的关系进行探讨。该学者提出，被告人与其辩护律师之间的辩护冲突既体现在审判法庭上两者所发表的辩护意见或辩护观点方面，也体现在辩护策略的选择方面。我国的辩护制度尚不发达，律师制度作为西方的舶来品在我国引入较晚，且经历了被破坏和恢复重建的过程，律师执业中的违法和违纪行为时有发生，律师的执业伦理仍有待培育和提高。面对这一现实，强调律师与当事人之间的适度分离，强调律师辩护的独立性对律师制度和辩护制度的良性发展无疑具有积极意义。因此，处理我国的辩护冲突应当以大陆法系国家的"律师独立辩护模式"为基本参照，在吸收该模式的基础之上，探索出一条适合我国国情的"第三条道路"——既坚持律师辩护的"独立性"，又坚持辩护的"协商性"，从而实现从"绝对独立"辩护向"相对独立"辩护的转型。绝对独立的律师辩护会带来一系列负面后果：第一，过分强调律师独立辩护会削弱辩护的逻辑力量。第二，过分强调律师独立辩护会损害被告人的正当利益。第三，过分强调律师独立辩护会削弱被告人的诉讼主体地位。那么，对于实践中几种具体冲突应如何解决？在被告人当庭认罪的情况下，辩护律师原则上可以为被告人作无罪或者罪轻辩护，但是被告人解除委托关系的除外；在被告人当庭否认犯罪的情况下，即使辩护律师庭前是按有罪前提下的量刑辩护准备的，此时律师也不能违背被告人的意思，代为承认有罪并作量刑方面的辩护；为避免两位辩护人之间发生冲突，应当建立庭审前和庭审中的辩护协商机制。[①] 有学者提出，强调律师进行独立辩护，不受被告人意志左右的"独立辩护人"理论存在逻辑上的缺陷，并引发了实践上的消极后果。基于有效辩护和尊重被告人自我决定权的概念，在协调被告人与辩护律师的关系上，有必要提倡一种新的思路。此种思路可以在理论上概括为权利保留原则。其中，被告人作为辩护权的权利主体，对直接影响自身关键性权益和道德自由的保留性权利享有最终的决定权。一旦被告人在权利行使上与辩护律师发生冲突，根据权利性质的不同，可以分别适用被告人主导型和协商型的解决模式。辩护律师与被告人的约定、被告人行为能力受限、被告人与辩护律师沟通不能以及权利违反律师法定义务则构成权利保留原则适用的例外情形。在司法实践中，有经验的律师通常会在庭前与被告人进行沟通和协商，在尊重被告人意见的基础上决定最终的辩护策略，这也被认为是实现有效辩护的必要条件。首先，这是被告人作为诉讼主体的必然要求。其次，这是被告人对个人事务的自我决定权。最后，这有利于有效辩护的实现。被告人主导的模式是指在保留性权利的行使上，诸如被告人是否认罪、是否申请非法证据排除、是否选择适用简易程序等，律师应当将这些权利是否行使的利弊以及如何行使的方案与被告人充分进行沟通，以协助被告人作出最终的决定。被告人一旦作出了相应的决定，律师应当遵从。而协商解决模式是指一些非保留性权利主要是一些策略性、技术性和日常性的权利，对于这些权利，如果被告人与辩护律师未就权利归属和行使方式进行事先约定，一般认为辩护律师能够自由行使，辩护律师行使上述权利也无须逐一询问被告人的意图，被告人的默示即为认可。[②]

在辩护人与司法机关的关系方面，有学者对"辩审冲突"现象进行研究。其认为，可

[①] 韩旭. 被告人与律师之间的辩护冲突及其解决机制. 法学研究，2010（6）.
[②] 方柏兴. 论辩护冲突中的权利保留原则——一种协调被告人与辩护律师关系的新思路. 当代法学，2016（6）.

以将实践中的辩审冲突分为三种类型,即程序问题上的辩审冲突、证据问题上的辩审冲突以及诉讼行为方式上的辩审冲突。辩审冲突的产生原因有很多种,部分法官和律师的行为不当是产生冲突的直接原因。辩审冲突的现象存在,不仅损害司法的权威性与公信力,影响判决结果的可接受性,还对刑事诉讼的制度变革有一定影响。如何解决辩审冲突,对于法官而言,首先需要转变司法理念;其次需要提升法官的司法能力,特别是刑事法知识的综合运用能力。对于辩护律师而言,首先需要辩护律师坚守职业道德,加强自律,不得试图通过冲突提升个人知名度;其次需要辩护律师遵守法庭纪律,在辩护律师认为法官的行为有失公正的情况下,应当寻求合法的方式进行救济。[1]

四、程序性辩护

程序性辩护是一种新兴的辩护形态,是针对长期以来重实体轻程序的诉讼观念而提出的。

有学者认为,长期以来我国传统的刑事辩护以实体性辩护为主要形态。通过实体性的辩护,辩护方尽量说服裁判者作出无罪、罪轻或者有利于被告人的裁判,着重从实体法适用或者指控事实可成立性方面来推翻或者削弱控方主张。2012年《刑事诉讼法》确立了我国程序性辩护制度的基本框架,但由于其尚处于起步阶段,因而与之密切相关的一些配套措施未能完善,程序性辩护运作的基本程序规则和违法后果更是缺乏具体规定。我国程序性辩护制度运行陷入困境的原因如下:第一,无罪推定原则缺失。无罪推定原则是程序性辩护活动有效开展的制度前提。我国虽在《刑事诉讼法》中吸收了无罪推定的合理内核,但与完整意义上的无罪推定原则仍有一定差距。在无罪推定制度不发达的环境中,司法者更容易形成有罪直觉,在有罪直觉的支配下,程序性违法行为就会被视为达致实质意义而可以容忍的瑕疵。第二,程序裁判制度的独立性不强。在缺乏制裁规则的情形下,程序法定原则无法发挥其威慑功能。我国刑事案件的法庭审理注重实体问题的解决,程序裁判制度的独立性未被立法重视。此外,由于我国的刑事诉讼中不存在司法审查制度,审前程序没有中立法院的参与,侦查机关的侦查行为除逮捕需要由检察机关审批外,其他行为均可自行决定而不受中立第三方的审查制约。由于审前程序中缺少法院的参与,因而当事人程序性权利的维护没有相应的程序予以保障,程序性辩护只能沦为形式,很难削弱天生力量强大的追诉机关的指控,更不用说对诉讼活动中的国家专门机关的违法行为进行真正有效的制约。第三,程序性制裁方式单一。程序性制裁是以对那些违反法律程序的侦查、公诉和审判行为宣告无效、使其不再产生预期的法律后果的方式来惩罚和遏制程序性违法行为的。第四,律师权利保障机制不完善。程序性辩护在英美法系国家得以兴起和发展,与其对控辩平等的诉讼原则和对抗制设计有着紧密的联系。那么,应如何对程序性辩护制度作具体完善?第一,确立完整的无罪推定原则。第二,明确程序裁判制度的法律地位。第三,扩展程序性制裁方式。第四,强化辩护律师的权利保障。[2]

对于程序性制裁的讨论,有学者认为它在刑事诉讼法中是无可替代的。程序性制裁有

---

[1] 王彪. 刑事诉讼中的"辩审冲突"现象研究. 中国刑事法杂志,2015 (6).
[2] 詹建红. 我国程序性辩护制度之省思. 法商研究,2014 (3).

终止诉讼、撤销原判、排除非法证据、诉讼行为绝对无效、诉讼行为相对无效、从轻量刑等主要方式。就我国程序性制裁机制而言，缺陷主要包括：制裁范围过于狭窄；制裁方式过于单一；配套制度缺位等问题。因此，应当进一步扩大程序性制裁的范围、增加程序性制裁的方式、建立程序性制裁的配套制度以及合理确定程序性制裁的证明标准。① 也有学者提出，程序性制裁活动应当由法院主持和裁定，建立起程序性制裁的申请、受理、答辩、审理以及裁决等，使其成为程序性救济的最后一道措施。尤其我国没有在审前程序中建立司法审查制度，因此更加需要在审判程序中建立程序性裁判制度以遏制审前程序的程序性违法行为。②

有学者提出，从形式上看，律师可以通过申请排除非法证据、参加庭前会议、申请调取证据材料、参与庭审中的举证、质证和辩论等一系列诉讼过程开展程序性辩护。辩护律师还有可能就一审法院的裁判提起上诉，并参与二审法院的重新审判。程序性辩护的基本构成要素包括侦查程序合法性之诉的提起、初步证明责任的承担、对公诉方证明体系的反证和对不利裁判结论的救济等。而非法证据排除规则在中国的司法实践中遭遇了怎样的困境？首先，非法证据范围模糊。我国法律针对三类非法证据分别确立了不同的排除规则：一是针对非法言词证据的强制性排除规则；二是针对非法物证、书证的裁量性排除规则；三是针对瑕疵证据的可补正的排除规则。但在司法实践中，我国的非法证据排除规则已经变成了"非法被告人供述排除规则"。其次，程序审查与实体裁判关系混乱。在程序审查与实体裁判程序的关系上，最高人民法院曾发布过两份前后存在矛盾的司法解释。一份司法解释最初确立了"先行调查原则"，要求法院优先审查侦查程序的合法性问题。但在另一份司法解释中，最高人民法院却允许各级法院既可以在被告方提出排除非法证据申请后立即进行调查，也可以在法庭调查结束前附带进行这种调查。在司法实践中，很多法院都将程序性争议事实的调查置于实体性事实调查的后面，并将程序性争议的辩论安排在实体性的法庭辩论之后，甚至在法庭审理过程中都不宣告程序性裁判的结论，只在裁判文书中将实体问题和程序问题一并宣告。再次，辩护方取证能力的弱化，使辩护方对法庭协助调查的依赖性大大增强了。对于那些能够证明侦查程序合法性的证据材料，仅凭律师的力量，几乎不可能成功地调取到法庭上。因此，律师不得不请求法庭在调取证据方面给予协助。但是如果法官拒绝了辩护律师的请求，或遇到侦查机关、检察机关的阻力而无力调取这些证据材料，那么，律师就不可能获取这些证据材料。最后，相关证据规则的缺失。迄今为止，我国的刑事证据法主要是针对实体性裁判活动而设的，对程序性裁判活动难以起到规范作用。因此，律师在程序性辩护中经常遇到举证、质证等方面的困难。③

有学者认为，以排除非法证据为目的的程序性辩护并没有达到理想中的效果。现实出现难题的原因在于：首先，律师在非法证据排除程序的辩护中遇到的一个大障碍就是，法庭对控方用以证明程序合法的证据不进行任何审查而直接确认其具有证据能力，这个问题突出体现在用以代替讯问人员出庭作证的书面说明材料和不完整的录音录像资料的两种证据上。其次，法律规定的证明责任分配机制在实践中被架空，公诉方并没有真正承担口供

---

① 陈永生. 刑事诉讼的程序性制裁. 现代法学, 2004 (1).
② 顾永忠. 刑事辩护的现代法治涵义解读——兼谈我国刑事辩护制度的完善. 中国法学, 2009 (6).
③ 陈瑞华. 程序性辩护的理论反思. 法学家, 2017 (1).

合法性的证明责任。再次，在法院很少作出无罪判决的情况下，关键的定罪证据更加难以被排除。最后，救济机制的缺失成为制约程序性辩护发挥效力的"瓶颈"①。

有学者提出，举证责任是任何诉讼证明活动必须要面对的首要问题。程序性辩护与实体性辩护举证责任性质不同、证明对象不同。程序性辩护中的举证责任具有行为意义上的举证责任和结果意义上的举证责任双重含义；程序性辩护应由提出诉讼主张方举证，有着举证责任卸除或转移，不存在举证责任倒置问题；程序性辩护责任是从诉讼主体角度观察的证明标准，实质上是证明标准的主体化，证明标准是从诉讼客体角度观察的举证责任，实质上是举证责任的客体化，在程序性辩护中，举证责任与证明标准既有区别又有密切的关系；审判程序是否合法不应由原审法官或审判机关承担举证责任，只能由指控原审程序违法的当事人或辩护人承担举证责任；在程序性辩护中，被告人及其辩护人承担一定的举证责任与无罪推定原则并行不悖。②

五、辩护的其他问题

有学者提出，刑事辩护功能的有效发挥，固然有赖于刑事辩护规范体系的完善，但同时也有赖于刑事辩护规范运行环境的改善。从宏观的、整体的层面看，我国的法律体系从形成阶段进入了完善、成熟阶段，而国家的法治建设应自觉地从以立法为重点进入以法律实施为重点的新阶段。刑事辩护制度也不例外。刑事辩护制度作为刑事诉讼中一项基本制度，其功能的发挥离不开它所处的刑事诉讼整体的制度环境。首先，由于辩护职能具有一体性，被追诉人所享有的诉讼权利的多寡直接影响着辩护律师发挥作用的空间。其次，刑事诉讼构造对于律师辩护功能的发挥也起着明显的制约作用。③

还有学者提出，对刑事辩护可以进行理论上的分类。在刑事辩护领域，我国存在着一种"五形态分类理论"。根据这一理论，刑事辩护被区分为无罪辩护、量刑辩护、罪轻辩护、程序性辩护和证据辩护五种类型，这些辩护形态各有其诉讼目标，也各有其辩护手段。这种辩护形态的划分不仅存在于法庭审判阶段，在审判前阶段也有发挥作用的空间。但是，这五种形态分类法具有一些难以克服的缺憾和不足。在逻辑上，有些辩护形态相互间存在着一定的重合或交叉。突出表现在五个方面：一是在那种定罪与量刑没有完全分离的审判程序中，律师的量刑辩护与无罪辩护经常会发生冲突，量刑辩护的空间会受到无罪辩护的挤压；二是在法院无罪判决率越来越低的情况下，无罪辩护的空间很小；三是非法证据排除规则难以实施的情况下，程序性辩护的成功率极低；四是无罪辩护与证据辩护、证据辩护与程序性辩护之间都存在着一定的交叉，难以保持独立性；五是罪轻辩护是在法院变更起诉罪名制度的基础上形成的，带有明显的妥协性。④

有学者对无罪辩护与量刑辩护之间的关系进行了梳理。从理论上说，被告人不认罪的案件中，无罪辩护和量刑辩护之间存在着天然的矛盾。一方面，量刑辩护以有罪裁决为前提，纯粹的无罪辩护排斥任何形式的有罪辩护。另一方面，律师受当事人之托应尽忠于当

---

① 高咏. 程序性辩护的困境——以非法证据排除规则的适用为切入点. 当代法学，2012（1）.
② 王俊民，沈亮. 论程序性辩护中的举证责任. 政治与法律，2008（1）.
③ 熊秋红. 刑事辩护的规范体系及其运行环境. 政法论坛，2012（5）.
④ 陈瑞华. 论刑事辩护的理论分类. 法学，2016（7）.

事人利益,既然被告人与律师协商之后仍然不认罪,则辩护律师自当着眼于无罪辩护。如果被告人不认罪而律师却进行量刑辩护,则表明其默认了被告人有罪事实,充当了"第二公诉人"的角色。对于如何协调无罪辩护与量刑辩护之间的关系,该论者提出:第一,慎重选择无罪辩护,适当侧重量刑辩护。司法实践的现状告诉我们,绝大多数被告人最终会被定罪,此时的最优选择即是希望法院在定罪判决的同时对被告人适用较为轻缓的刑罚。第二,无罪辩护与量刑辩护发生矛盾时,律师应尽协商告知义务,征得被告人的同意,忠实于被告人的利益。律师作为专门的法律服务者,需要以其法律素养和执业经验提供专业化、合理化的意见。在庭审中出现难以预料的局面时,律师应根据庭审状况及时调整诉讼策略,向法庭申请当庭询问被告人的意见,以确定委托代理关系是否存续以及继续辩护的思路和方向。第三,量刑辩护应尽可能减少对无罪辩护的冲击,力求兼顾两者的辩护质量。此时律师的着力点仅限于量刑情节,通过事实和证据来证明量刑情节的成立,并论证该量刑情节具有何种法定或酌定的量刑效果。为尽可能消除不利影响,律师在提交辩护意见时也可以将定罪、量刑的辩护意见分别提交,使法庭在参阅后者时尽量弱化被告人是否有罪的印象。第四,全面收集无罪证据和罪轻证据,适当促成有利于被告人的量刑证据的生成,切实提高量刑辩护的质量。与定罪证据的形成不同,量刑证据的形成具有双面属性,有些量刑证据在犯罪行为完成之时就已经存在,也有些量刑证据是跟随案件的进展后续生成的,如达成和解等。律师更应着力提高刑事辩护的策略和技巧,充分挖掘量刑辩护的空间和独立价值,最终实现辩护制度对被告人权利的双重保障。[①]

第四节 证据

一、证据制度与证据概念

党的十一届三中全会以后,我国的证据制度得到了恢复、发展和完善。但是,现有规则难以满足司法实践的需要。证据制度的改革与完善仍然是立法和学界的热点。

有学者对证据制度与认识论的关系进行了探讨,认为刑事诉讼证明的目的是客观真实,即绝对真实与相对真实的统一,坚持法定"犯罪事实清楚、证据确实充分"的证明标准,认为设立刑事证据规则的目的和功能是多元的,必须将发现客观事实作为首要目标。[②] 有学者从寻求我国证据制度的历史定位出发,逐一研究了证据制度命名的规律和证明标准构成的规律,提出我国要在实质证据观、实事求是原则、实质真实标准的三大要素之上,建立实质真实的证据制度,通过确立事实面前人人平等原则、证据排伪法则、证据效力双统一原则、真正的无罪推定原则确立完整全面的证责体系,协调如实回答的义务与沉默权建立的关系,完善真实保障机制。[③] 有学者对人类社会司法证明模式的历史沿革进行了考察,认为其可以分为对司法证明没有限制的自由证明和法律为司法证明设计具体规则的法定证明两种基本模式。人类社会最初的司法证明或纠纷裁判活动属于自由证明。随着社会

[①] 牟绿叶. 论无罪辩护与量刑辩护的关系. 当代法学, 2012 (1).
[②] 陈光中, 陈海光, 魏晓娜. 刑事证据制度与认识论. 中国法学, 2001 (1).
[③] 裴苍龄. 创立新证据制度的初步构想. 中国刑事法杂志, 2001 (6).

的发展，纠纷逐渐复杂化，司法权威需要向神借助，由此产生的神明裁判是从自由证明走向法定证明的初次尝试。随着神明裁判的废除，人类的司法证明走上了理性发展道路，又回归到了没有法律规则限制的自由证明。当代英美法系国家的证据制度，经演变发展成为以大量的证据规则为基本内容。在英美法系，证据规则从少到多、从简到繁的发展过程恰恰就是从自由证明走向法定证明的过程。目前英美法系国家的证据制度属于法定证明与自由证明的结合，但更倾向于法定证明。大陆法系国家则走向了一条与英美法系国家不同的证据发展道路，既经历了法定证明模式的顶峰——法定证据制度，也经历了自由证明模式的顶峰——自由心证，现在也是一种相对的自由证明模式，在自由证明同时设置了不少规范。该学者认为，考察证据制度的发展历史，可以发现法定证明体现了司法证明活动的内在要求，我国的证据制度改革也应当以准法定证明为方向，在司法证明的大部分环节采用法定证明，而在个别环节以自由证明为补充，同时规范依据要以立法机关颁布的法律规则为主，以有关机关颁布的内部规则为辅，在强调规范性的前提下保持一定的灵活性。可以说，这一建议至今仍对我国的证据制度很有启发。[①]

有学者考察了实践中的刑事司法改革与探索，如针对严重犯罪构建特殊的证明标准、容忍特殊的取证方式、构建特殊的证明规则、设定特殊的推定规则、采用特殊的认证规则、针对不同犯罪建立相区别的证据调查程序等，认为证据制度是实施刑事政策、支撑程序改革的必要组成部分，为落实宽严相济的刑事政策，应当改革建立配套的刑事证据制度。该学者认为，就"严"的一面而言，实践中改革的总体目标锁定为通过证据制度的改革，降低侦控方的取证、举证难度和审判中认证的难度，以达到有效抑制犯罪的效果和目的；就"宽"的一面而言，主要将目标锁定为通过证据调查程序的简化，以达到使轻微犯罪被告人免于讼累的目的，同时实现了诉讼经济，并使司法资源得到合理的利用。同时，该学者指出，这些改革措施在实践中也存在一些问题，体现在改革的形式合法性与实质合理性方面，例如，关于特殊的取证方式中"犯疑引诱"和"双套引诱"的合法性问题，关于特殊的证明标准中有条件逮捕制度的合法性和合理性问题，关于推定规则的创设是应当立法化还是司法化的问题，关于特定的认证规则——同案被告人口供互为证言是否合法的问题，关于证据调查程序中"度"的把握问题，绝对不可突破法治国家刑事诉讼程序的基本原理与框架。[②]

有学者认为，证据制度是司法制度的重要组成，应当坚持证据裁判原则，处理好证明标准问题，利用好非法证据排除规则，实现刑事证据制度的改革。具体而言，其从证据裁判原则的产生与发展历史介绍了证据裁判的具体内容，认为我国刑事诉讼法虽然没有明文规定证据裁判原则，但已经基本体现了证据裁判原则的精神，贯彻证据裁判原则关键在于正确理解和处理案件事实和证据的关系。就证明标准问题而言，证明结论的"唯一性"不仅有必要而且能够达到，案件应该达到"事实清楚，证据确实充分"的标准和具有"结论唯一性"的解释，对于证据存疑的，应当作出无罪处理，而不是"留有余地"的判决。就非法证据排除规则问题而言，非法证据排除规则兼具程序价值和实体价值，辩护方应当承

---

① 何家弘. 从司法证明模式的历史沿革看中国证据制度改革的方向. 法学家, 2005 (4).
② 万毅. 宽严相济刑事政策视野下的刑事证据制度改革——基于实践的理论分析. 政法论坛, 2009 (6).

担启动证据非法性调查程序的初步责任,控方承担对被告人审判前供述合法性的举证责任,应当将"确实充分"的证明标准降低为"较大证据优势"或"明显证据优势"标准,实现案件真实与程序正义之间的平衡,以利于实务部门的具体操作,赋予检察机关排除非法证据的职权和义务可以把非法证据挡在法庭审判之外,避免其进入审判程序,影响法官评判证据认定案件事实之心证,而该学者对非法实物证据排除规则的实效表示怀疑。[①]

有学者认为,刑事证据制度的改革与发展,应与我国政治、经济、文化等社会环境相协调,应与国际刑事司法发展相适应,必须处理好刑事证据制度与无罪推定、诉讼目的、诉讼价值、诉讼模式、诉讼程序等问题的关系,在惩罚犯罪与保障人权、公正与效率等冲突价值中实现协调与平衡。具体而言,与无罪推定原则相适应的刑事证据制度在我国虽已有了明显进步,但在制度和观念层面,仍然存在一些问题和较大差距,在无形中影响了无罪推定原则在我国刑事诉讼中的真正确立和有效实施;刑事证据制度的构建既要体现惩罚犯罪的要求,又要贯彻人权保障的理念,无论是侧重惩罚犯罪,还是注重保障人权,都要把握好"度",刑事诉讼目的不合理、不科学,刑事证据制度设计就容易偏离诉讼规律的要求,推进刑事证据制度的改革与发展,必须与刑事诉讼目的相配套并有机衔接;刑事证据制度必须坚持司法公正与效率相结合;我国实行一种既偏重于职权主义又具有对抗制因素的"混合型"诉讼模式,吸收了两种诉讼模式的优点,既注重发挥法官在查明事实真相方面的积极作用,又适度提高了当事人在诉讼中的地位和作用,兼顾了当事人特别是被告人的诉讼防御能力;证据问题与程序问题水乳交融,具体的刑事证据制度想要取得良好的实施效果,必须要有相应的诉讼制度予以配套,而且证据制度之间也要相互协调;研究中国的刑事证据制度,既要立足国情,也要放眼世界,坚持国际刑事司法准则,如无罪推定原则、禁止酷刑和非法证据排除规则、不得强迫自证其罪规定等。[②]

有学者以《关于办理死刑案件审查判断证据若干问题的规定》和《关于办理刑事案件排除非法证据若干问题的规定》为分析视角,提出完善发展我国的刑事证据制度,应当顺应民主、法治、文明的刑事司法趋势,在坚持无罪推定、证据裁判、程序法治三原则的基础上,在取证、举证、质证、认证环节进行制度创新。具体而言,无罪推定原则、证据裁判原则、程序法治原则是刑事证据制度改革发展所必须遵循的准则,是现代刑事证据乃至整个刑事诉讼制度的基石。刑事证据制度的构建和司法证明活动的进行必须要遵循刑事证据三原则,只有在该三原则的宏观指导下,才能确立起取证、举证、质证和认证相互衔接、内在统一的制度体系。取证环节是刑事诉讼的重要阶段,证据收集的多寡、质量如何、收集的方式合法与否等问题,都直接影响着整个案件的证据数量和质量,以及案件的进展和结果。因而取证环节的制度创新最具实质性、基础性、根本性。举证环节的制度创新包括控诉机关举证和当事人举证两个方面,加强对控诉机关举证行为的规范,切实保障当事人特别是被告人的举证权利,如从立法上明确被告人享有举证的权利,切实保障辩护人的举证权利,平等对待被告人一方提供的证据等。就质证环节来说,为了充分发挥质证在整个证据运用锁链中的关键作用,应当建立庭前证据开示制度,健全证人出庭作证制

---

① 陈光中. 刑事证据制度改革若干理论与实践问题之探讨——以两院三部"两个证据规定"之公布为视角. 中国法学, 2010 (6).

② 沈德咏. 中国刑事证据制度改革与发展需要处理好的几个关系. 中国法学, 2011 (3).

度，确立关键证人出庭作证制度，确立全面的证人保护制度，确立强制证人作证制度。在认证环节，要完善法官自由心证、完善法官排除证据规则、完善具有中国特色的证据标准、完善心证公开和裁判说理制度。[①]

有学者认为，我国的证据立法遵循了一种以限制证据的证明力为核心的基本理念，不仅对单个证据的证明力大小强弱确立了一些限制性规则，而且对认定案件事实确立了一些客观化的证明力标准，体现出了新法定证据主义的特点。此种新法定证据主义混淆了证明力和证明能力，滥用了经验法则和逻辑法则，导致证据采纳和事实认定的形式化，带来了自由裁量权滥用的隐患，应当消除这一证据理念产生的制度土壤和文化环境，推动中国证据立法的健康发展。[②]

有学者认为，以审判为中心的诉讼制度改革，要求贯彻证据裁判规则，提高证据质量，确保案件的事实认定的可靠性。近年来发生的引起重大社会反响的冤错案件，大多是证据审查判断出现问题，导致事实认定错误。此外，我国刑事证据立法日益丰富，初步形成了证据制度体系。但是，从"排除合理怀疑"证明标准和非法证据排除这两个重要证据规则的适用情况看，刑事证据立法没有达到预期目的。造成这一现象的原因，有法律适用或者制度执行的原因，但更主要的原因是证据制度体系没有实现优化配置。我国当前证据制度体系的优化，应当在现有制度的基础上，遵循证据适用规律，在立法上界定证据规则，消除妨碍证据制度优化使用的不合理因素，从而实现证据制度体系的优化运作，实现刑事诉讼的目的。证据制度体系的优化，应当以优化的证据制度体系的应然特征为参照系，以证据制度体系优化的目的为导向，注重证据制度体系与其他诉讼制度、诉讼原则、诉讼理念的关系。具体而言，立法上界定的证据规则应当是通常意义上达成共识的证据规则，以日积月累的建构代替天翻地覆的重构；体系优化的证据规则应当是有次序的，"形塑"先于"排除"，权利保障先于义务施加，证据规则的次序并不是固定不变的；补充健全关键性证据规则，对于沉默权、对质规则等必不可少的规则加快立法步伐，通过合理和完整的证据制度体系提高证据质量；优先前置性证据规则，包括沉默权和律师在场制度，从而更契合审判中心主义与证据裁判主义的价值内核；确保重要诉讼行为尽早进行，强化对侦查阶段程序的探究和正当程序的建构，降低取证成本，提高证据质量，以实现审判中心主义和证据裁判主义。[③]

由于证据的复杂性、多样性、变化性，证据概念迄今为止在理论上仍是一个"猜想级"难题，学者们也对这一问题进行了探讨。

有论者认为，我国在证据学领域内"某些占统治地位的观点缺乏严谨的逻辑性和内在的科学性，因而导致了理论上的纷争和实践中的混乱"。"证据首先是一个法律术语，认为证据首先是一个日常生活用语，并因此要抛开人们对证据的一般理解而在所谓的法律意义上为其重新下定义的观点，实际上是证据概念问题上的第一个误区"；另外，"证据一词本身并没有真假善恶的价值取向，改变证据概念的这种'中性'立场是误区之二"。"从司法实践的情况来看，坚持'不属实者非证据'的观点很难成立"，因为"严格说来，在任何

---

① 沈德咏. 中国刑事证据制度改革发展的路径选择——以《刑事证据两个规定》为视角. 清华法学，2011（5）.
② 陈瑞华. 以限制证据证明力为核心的新法定证据主义. 法学研究，2012（6）.
③ 张栋. 中国刑事证据制度体系的优化. 中国社会科学，2015（7）.

一起案件的定案依据中,都存在着证据不完全属实的可能性,而且就每一个具体的证据来说,其中也存在着不完全属实的可能性"。而我们在很长时间内未能走出证据概念问题上的误区,是因为"某些决策者仍然坚持自己的观点";"崇拜权威的思想仍然起着很大的作用",表现出"我国学者中缺乏批判思维的习惯"。因此,需要修正我国刑事诉讼法中关于证据概念的定义,改用如下表述:"证据即证明案件事实的根据。"在学理解释中对证据可以表述为:证据即证明与法律事务有关之事实存在与否的根据。[①]

有论者对我国立法和司法解释中有关"主要证据"的概念进行了探讨。他认为,1996年《刑事诉讼法》关于庭前向法院移送"主要证据"的目录的规定中,"主要证据"并未被说明,而司法解释对此所作的解释,不论是从其定义上看,还是从其限定的范围上看,都存在着严重问题。从其定义看,应移送的证据范围极广,包括了对定罪和量刑均有影响的证据,而这是与刑事诉讼法对庭审前审查程序的改革不相符的。而从司法解释对"主要证据"所作的列举来看,则因为紧急避险、犯罪预备、主犯等有关情节的证据并不包括在其中,使量刑情节的列举本身也存在着不周延的问题。根据庭前审查程序改革的需要,"主要证据"应限定为对证明具体犯罪起主要作用的证据,即定罪证据,而不应包括量刑证据。[②]

有关证据的概念问题,大部分学者对"事实说"的证据概念持否定态度。同时,学者们也不赞成"根据说",因为"根据说"既未体现诉讼证据的特性,也与司法实践无益。有人提出了一种与传统证据概念和时下众多观点都迥然不同的证据新概念,认为证据是指蕴含了证据信息的物质载体。这里所说的载体就是人和物两类。依此"信息说"观点,证人证言、被害人陈述、犯罪嫌疑人、被告人供述和辩解都不再是证据,而只是证人等诉讼参与人提供的言词性证据信息。这三种证据以外的其他证据,均以特定的物体、物品为载体,所以蕴含证据信息的物体或物品本身是证据。所以,法定的证据分类无须分为七种,只需分为人证和物证两类。这种全新的富有挑战性的刑事证据概念,引起学者的兴趣,也引起了激烈的争议。有人认为,这种证据概念及其分类说科学性不足。言词证据当然离不开人,但不能因此把人当成证据;司法鉴定的对象通常是特定的物体、物品,但不能因此而把鉴定对象本身作为证据而否定鉴定结论独立存在的价值。在法律上将证据仅分为人证、物证两类,不利于实践中把握不同形式证据的证明力特点。有学者认为,诉讼中涉及的事实可分为案件事实和法律事实,法律事实是裁判上所认定的事实。法律事实可能与案件事实相一致,也可能不一致。案件事实是客观存在的,虽然只有被诉讼中的人认识后,这种事实才具有意义,但不能认为,只有被诉讼中的人比如法官感知了的事实才是存在着的案件事实。关于诉讼证明责任的问题,多数学者认为,对于实体事实,如果警方已经证明了犯罪构成要件事实,已履行了证实犯罪事实的证明责任,则辩方有责任证明其作为辩护主张的事实,即由辩护方承担有限的证明责任。有些学者还对司法实践中过分加重控方证明责任的做法提出了批评。在实践中,法官通常要求控方证明实际上不影响犯罪构成的事由,其结果是控方因无力承担这种证明责任而导致放纵犯罪。关于程序合法性事实由谁

[①] 何家弘. 让证据走下人造的神坛. 法学研究, 1999 (5).
[②] 陈永革. 论主要证据. 法学研究, 1999 (2).

承担证明责任问题，多数人提出诸如刑讯逼供等程序违法事实的证明责任问题。实践中常有被告人以受到刑讯逼供为由否定先前作出的供述的真实性。对此，法官常将证明此类程序违法事实的证明责任加在被告人身上，对于这种做法，学者普遍持否定态度，认为要有效遏制刑讯逼供等违反法定程序的现象，就应当在立法上明确由控方对其程序合法性承担证明责任。关于证据开示问题，多数人认为，1996年刑事诉讼法规定公诉机关起诉时向法院移送主要证据的复印件和证据目录、证人名单，这种折中态度既没有保障辩护的权利，也没能有效地阻止法官先入为主的形成。但卷宗移送主义和起诉状一本主义哪个更好些，学者们仍未对此达成共识。也有人认为，既然不能阻止先入为主的产生，还不如移送全部证据，这样至少可以通过控方证据的单向展示，让辩护方全面了解证据情况。也有人主张审前实行有效的证据开示制度。[①]

有学者认为，证据概念关乎诉讼证明的理论限度等一系列基本理论问题，对传统的"事实说"进行分析，必然涉及事实、命题和证据三个概念的关系问题，提出证据指涉的事实和命题有层次之分，不同意义上的证据有不同的真假问题。事实是证据的认识论根基，命题是证据的逻辑形式。该论者一一反驳了将证据概念定义为"事实说"面临着的四个诘难：一是证据必真带来的解释难题，二是将毫无断定的"自在之物"当作事实，三是无法合理解释假证据问题，四是将导致证据与案件主要事实的重合，间接证据与案件的中间事实重合的悖论，其认为"事实说"逻辑上不必然存在上述四个问题。该论者借助于言语行为理论，对法定种类的证据指涉的证据事实和证据命题做了系统分析，主张可将程序上直接确定的证据事实及从中引出的证据事实均解作证据。另外，作者对证据与求证事实之间是否是分析性逻辑关系及证据事实是否是求证命题之真的核实性标准问题做了分析，对两个问题均给出了否定答案。[②]

有学者认为，证据概念是证据法和证据法学理论大厦的基石，然而理论和立法表述都还存在着问题，应当将证据概念放置于诉讼意义上进行考量，以反映出诉讼证明区别于其他认识或证明活动的特殊原理，并承担法律对诉讼证明原理的独特要求。该学者提出，一个具有完整逻辑结构的一般性证据概念应当是与待证事实、主张、判定具有法律相关性、可直接观察认识的外在事实。[③]

批评证据概念诸学说，认为试图对证据含义予以描述而忽略其规范价值的证据概念并无存在的必要，在规范法学体系中，不需要证据概念。国内各种有关证据概念的学说"事实说""根据说""法律存在说""命题说""修正的事实说"等，存在统一性之追求和描述性之本质，均未能清醒认识到法律概念的规范价值，试图创设一个能统辖不同语境之下证据含义的描述性概念。这种努力既无价值，且极大阻碍了证据法学理论和规范体系的发展完善。证据法所需要的是与不同证据规则之解释适用相关的一系列"有关证据的概念"，或曰"证据法基本概念"，正是这些概念构成了证据法的基本概念体系。有学者提出应当以证据规则的基本原理为基础，比较借鉴两大法系证据法基本概念体系，认为两大诉讼模式中的裁判者在事实调查的手段方面有重大差异，不同的诉讼模式之中可供选择的最佳

[①] 李忠诚，等. 中国法学会诉讼法学研究会2004年年会综述. 中国法学，2004 (2).
[②] 宋振武. 传统证据概念的拓展性分析. 中国社会科学，2009 (5).
[③] 周洪波. 修正的事实说：诉讼视野中的证据概念新解. 法律科学，2010 (2).

"控制点"并不相同,裁判主体的二元结构与一元结构之间的区别是导致两大法系两种控制模式区别的根源。该学者认为,证据概念的设定应当以其所欲实现的功能为考量基准,我国《刑事诉讼法》规定"证据必须经过查证属实,才能作为定案的根据",程序规则和证据规则所要解决的主要问题就是如何"查证"的问题,应当以欧洲大陆各职权主义诉讼立法例为借鉴,建立相应规则,在规则的建立与解释适用过程中,围绕证据调查程序这一主题,设定相应的证据法基本概念体系。①

二、证据的分类与种类

对证据进行学理分类是进行理论研究的一种重要方法,我国学术界公认的证据类型有言词证据与实物证据、原生证据与派生证据、直接证据与间接证据、本证与反证等,依据不同的分类标准对刑事证据进行了重新分类。有观点认为,刑事诉讼或证据立法中规定的证据种类,是司法人员收集、审查和判断证据的重要依据,在诉讼活动中发挥着重要作用,要求证据分类的科学性。有学者分析了各国的证据形式,将其划分为开放型证据形式、半封闭型证据形式和封闭型的证据形式,并分析了各种证据形式在司法效率和探明案件真相方面存在的差异。该学者进一步指出,在我国封闭型证据分类模式下,物证,书证,证人证言,犯罪嫌疑人、被告人的供述和辩解,视听资料等证据都可以从证据形式、收集审查判断规则等方面加以完善。②

有学者指出,我国证据分类制度具有四个特点,一是具有某种形式主义倾向,二是构筑了封闭式的分类体系,三是倾向于细致具体的分类方式,四是类别设置有一定独特性。证据应当包含证据资料和证据方法。原生性与派生性的材料均可作为证据适用。改革证据分类制度,需要将"勘验、检查笔录"改为"侦查、审判笔录",将证人证言扩大解释为普通证人证言和专家证人证言两种,保留视听资料的分类,但将计算机资料划出,完善相关证据类型。③

有学者提出,科学的发展使证据可分类为常识证据和超越常识证据的科学证据,科学证据弥补了常识证据表象性、模糊性、不精确性等不足,解决了常识证据自身不能克服的难题,形成了对常识证据的超越,但并不是否定常识证据,也不意味着科学证据的使用具有优先性。科学证据随科学发展而呈现开放性,以科学为源泉和基础,因科学性而外延开放。使用科学原理、技术和方法经过证据运行环节过滤才能保证其科学性。在收集环节把好科学关,修改完善法律的相关规定,认真落实法律的相关规定,建立证据收集人员出庭作证制度。在生成环节把好科学关,做好鉴定人的资格管理和鉴定机构的质量管理。在质证环节把好科学关,破解质证的形式化倾向,从形式和实证两方面进行质证。在认证环节把好科学关,克服科学证据认证的逻辑悖论和实践困境,在借鉴国外做法的基础上,在我国现有制度框架内,充分发挥学术团体中各专业委员会的作用,在专业性较强的案件中,吸收专家陪审团组成合议庭,以提高法官认证科学证据的能力。④

---

① 孙远. 证据概念否定论——从证据概念到证据法基本概念体系. 中国刑事法杂志,2016 (2).
② 雷建昌. 论我国刑事证据分类模式的缺陷及其完善. 法律科学,2004 (3).
③ 龙宗智. 证据分类制度及其改革. 法学研究,2005 (5).
④ 刘振红. 科学证据何以可能——兼论常识证据. 中国刑事法杂志,2011 (9).

有学者从辨析证据种类和证据分类的概念入手，对大陆法系、英美法系和我国的证据分类进行了概括描述，将证据分类的依据归纳为依证据形态的分类、依证据来源的分类、依对被告人是否有利的分类、依证据与案件主要事实关系的分类，认为现有证据分类不尽科学，可能诱发误判等风险，分类缺少周延性，未能体现证据的运动与静止的属性。依据唯物主义运动与静止的理论，根据证据是处于相对静止还是运动状态，以及是否对案件具有直接的证明力为标准，可以将证据分为静态证据与动态证据。此种分类方法具有理论上、实践上、立法上、证明上的依据，有利于提高办案人员的诉讼意识，规范其行为，提升打击犯罪的能力。该学者提出，只有将静态证据转化为动态证据后，其内部蕴藏的证明力才能被释放，才能对案件事实产生证明作用，而将静态证据转化为动态证据的方法主要是勘验检查、鉴定、辨认、质证等，并具体阐述了物证、人证、书证、电子证据的转化方法。[①]

根据证据在诉讼活动中的不同表现形式，可将证据分为不同的种类，不同种类的证据遵守不同的证据规则。2012年新修改的《刑事诉讼法》第48条规定："证据包括：（一）物证；（二）书证；（三）证人证言；（四）被害人陈述；（五）犯罪嫌疑人、被告人供述和辩解；（六）鉴定意见；（七）勘验、检查、辨认、侦查实验等笔录；（八）视听资料、电子数据。"据此，我国的刑事证据有八种法定形式。有学者认为，此种形式主义的证据种类立法证据观混杂、类和种混杂、科技用语和证据用语混杂，特别是证据观混杂对证据学有全局性的不利影响。证据观问题是证据学中的头号问题，集中到一点就是证据究竟是事实还是事实的反映。该学者提出划清三条界限解决这一问题：首先，划清实体过程同程序过程的界限；其次，划清证据同证据资料的界限；最后，划清证据同证明的界限。该学者提出应当废弃形式证据观，确立实质证据观的主张。该学者还提出实质证据的分类方法，即证据只有物证、书证和人证三类。因为，证据是事实，而事实构成证据只有客观存在、被书记载和被人感知三种情况；人获取证据只有找物证、找书证、找证人三种途径；犯罪分子毁灭罪证也只有毁灭证物、毁灭证书、杀人灭口三种手段；电子证据只是书证的一个类型。[②] 有学者认为，证据种类有认识论逻辑和制度语境论逻辑两种区分逻辑，应顺应于中国整体诉讼制度语境的变化而对中国的证据种类区分制度进行改革。[③]

电子证据指借助现代信息技术或电子设备形成的一切证据，或者以电子形式表现出来的能够证明案件事实的一切证据。电子证据是现代信息技术的产物，是将各种传统证据部分地剥离出来而泛称的一种新证据形式。2012年，我国修正《刑事诉讼法》，正式确认了电子证据的法律地位。这表明，将电子证据独立出来并构建专门的运用规则，是大势所趋。2016年9月，最高人民法院、最高人民检察院、公安部印发《关于办理刑事案件收集提取和审查判断电子数据若干问题的规定》，对电子证据制度作出了变革。

电子证据入法前，有学者通过对电子证据进行界定，认为刑事诉讼中的电子证据是指在计算机或计算机系统运行过程中产生的，以数字电子为表现形式，收集、审查必须借助电子计算机相关专业知识的，能够证明刑事案件真实情况的一切事实。从司法实践来看，

---

① 李富成. 刑事证据分类新探——兼论静态证据与动态证据. 中国刑事法杂志，2013（3）.
② 裴苍龄. 再论证据的种类. 中国刑事法杂志，2009（11）.
③ 周洪波. 诉讼证据种类的区分逻辑. 清华法学，2010（6）.

常见的电子证据有封闭计算机系统中的电子证据和开放计算机系统中的电子证据两类。电子证据与其他证据种类相比具有客观性、可变性、复合性、再生性的特征。该学者在文章中明确了电子证据的证据能力，梳理了相关法律法规和司法解释对电子证据的定位和学界对电子证据的定位观点，提出电子证据应当作为一种独立的证据种类，适用特殊的证据规则。① 有学者对检察机关在批捕、审查起诉、民事行政抗诉、职务犯罪侦查等工作中遇到的电子证据问题进行了分析，认为检察机关应当遵循一般的证据规则和电子证据的特点对电子证据的证明力进行认定和检验。② 有学者将古老的证据法则"最佳证据规则"与新型的证据电子证据相结合，讨论了我国学者对电子证据原件的观点及域外电子证据原件理论的创新，提出了符合中国国情的电子证据原件的分层理论，认为电子书证、电子勘验检查笔录和电子视听资料的原件是指最初生成的电子数据及其首先固定所在的各种存储介质，是对电子证据原理的有益尝试。③

有学者发现，在检察实务中，以计算机及其网络为依托的电子数据对于证明事实、判定案件的价值日益突出。电子证据不仅在查办典型的计算机犯罪时必不可少，而且在处理以数字化信息设备作为犯罪辅助工具的案件中与其他证据互相印证，可以加强指控。有些案件中，电子证据还对于认定刑事责任年龄、发现线索、突破案件起到重要作用。检察实务中电子证据对证明案件事实日益发挥重要的作用。在提取电子证据时遇到了一些难题，潜在证人缺乏配合，取证工作困难；电子取证缺乏时效性、保密性，导致相关电子证据的灭失；电子取证的准确性、完整性存在困难。应当高度重视电子证据的鉴定工作，建构合理的定案规则，保证电子证据在定案中的有效运用。针对存在的问题，该学者提出了制定电子证据调查的特殊规则，一是电子取证要符合规范性要求，二是电子取证行为要符合时效性，三是电子证据提取要符合全面性要求，四是电子取证要符合比理性要求；完善电子数据鉴定的相关规则；完善电子证据的审查采信规则等建议，以更加有效地运用电子证据。④

有学者对电子证据及其相关概念进行了辨析，认为电子证据以电子数据为本质，具有各种外在表现形式，依据不同的技术基础可将电子证据分为模拟证据和数字证据两类，强调电子证据是与科学证据平行的科技证据的下位概念。⑤

有学者对电子证据在司法实践中的运用情况进行了统计和调研分析，认为关联性是电子证据运用的最关键指标，由于电子证据的特殊性质，其关联性应当包括内容上的关联性和载体上的关联性两个方面，提出了电子证据的关联性规则和相应的取证制度、司法鉴定技术规范，并强调在大数据背景下处理电子证据的关联性问题。该论者强调，作为主要的采证标准，电子证据的关联性长期以来并未受到应有的重视。然而，随着实践的发展，电子证据关联性的审查认定在司法领域遭遇到越来越多且棘手的挑战。若不尽快解决关联性问题，电子证据就不能很好地应用于司法实践。而双关联原理表明，电子证据必须既能够

---

① 徐燕平，吴菊萍，李小文. 电子证据在刑事诉讼中的法律地位. 法学，2007 (12).
② 高秀运. 检察机关应用视听资料与电子证据研究. 中国刑事法杂志，2009 (3).
③ 刘品新. 论电子证据的原件理论. 法律科学，2009 (5).
④ 周晓燕. 电子证据检察实务研究. 中国刑事法杂志，2011 (1).
⑤ 戴莹. 电子证据及相关概念辨析. 中国刑事法杂志，2012 (3).

从内容上影响对案件事实的认定，又能够从载体上证明虚拟空间的身份、行为、介质、时间、地址同物理空间的当事人或其他诉讼参与人具有某种联系。电子证据的关联性，就是连接两个空间、使之贯通并形成对应关系的重要纽带。其中，载体关联性是电子证据关联性的核心。我们必须努力推动电子证据规则、刑事民事取证制度与鉴定技术规范的推陈出新。[1]

有学者对《关于办理刑事案件收集提取和审查判断电子数据若干问题的规定》进行了评析，认为电子数据取证活动中强制侦查措施与非强制侦查措施未予区分，收集、提取电子数据与技术侦查的关系不清，可能导致实践中规避相关法律程序；在没有限制性规范的情况下，初查阶段可以收集、提取电子数据的规定可能突破立案前禁止采取强制侦查措施的基本法律原则；《刑事诉讼法》规定的侦查程序规范应当被遵循；取证主体的规定未能反映现实情况与工作需要。提出应当在《刑事诉讼法》的框架内执行该规定，并对部分规范进行限制和细化，以实现有效取证和保障权利的平衡。[2]

有学者从法律与技术相结合的角度对电子证据的基础理论进行了探究，认为电子证据的定义具有局限性，而虚拟性、系统性、稳定性、多元性等本质特点才是研究电子证据的起点，与电子证据相关的证据规则也应当从这些特点出发进行构建。应当从电子证据的系统性原理、稳定性原理和多元性原理出发，反思电子证据的审查判断规则，如关联性规则、合法性规则、客观性规则、证明力规则，反思取证制度和辩护技巧、认证技巧。只有树立起电子证据的正确观念，认识到电子证据是一座冰山，只有意识到冰山背后的信息，挖掘背后的信息，根据背后的信息挖掘出未知的故事，才是对电子证据的冰山图有了更明确的认识。[3] 有学者对快播案反映出来的电子证据的鉴真问题进行了研究。快播案中，控辩双方的争议主要围绕服务器和淫秽视频这两项关键证据的取证和保管环节展开，其核心是电子证据的鉴真问题，即这两项证据同被告人之间的联系是否是真实的。该案的审理应当适用我国自2010年起始建的电子证据鉴真规则。该论者认为我国司法实践中适用的电子证据鉴真规则与域外相关规则相比，存在着缺少"自我鉴真"和"独特特征的确认"方法，依靠笔录审查较多而知情人出庭作证较少，尚未建立证据标签制度和推定鉴真制度以及缺少鉴真不能法律后果的设定等规则性缺陷。快播案中的电子证据鉴真问题在一定程度上乃规则缺陷使然。虽然快播案中，法庭试图通过新委托鉴定进行补强，但这一做法并不能有效鉴真，也有悖于鉴真规则的本意。《关于办理刑事案件收集提取和审查判断电子数据若干问题的规定》对电子证据鉴真问题的鉴真方法、法律后果等规定能够弥补快播案反映出来的相关问题，但仍然有待完善。[4]

有学者对电子证据的采信问题进行了分析，认为由于电子证据的专业性同当代证据采信原则的天然冲突，我国刑事司法中电子证据的采信存在着体制障碍。要解决电子证据的采信问题，必须确立具体可操作的采信标准，即客观化的采信标准，提出孤证绝对否定、不同节点印证、属性痕迹补强、区间权衡等规则，设计出虚拟空间的印证体系，并通过概

---

[1] 刘品新. 电子证据的关联性. 法学研究, 2016 (6).
[2] 龙宗智. 寻求有效取证与保证权利的平衡——评"两高一部"电子数据证据规定. 法学, 2016 (11).
[3] 刘品新. 电子证据的基础理论. 国家检察官学院学报, 2017 (1).
[4] 刘品新. 电子证据的鉴真问题——基于快播案的反思. 中外法学, 2017 (1).

率的乘积规则量化出电子证据的印证公式,使电子证据的采信从经验判断向客观量化转型。①

有学者认为,缺乏明确的电子证据的概念,是导致电子证据在收集、保全、审查、判断、运用方面受限的主要原因。通过对电子证据的形成进行梳理,对电子证据的主要形式和认定电子证据真实性时存在的争议问题进行研究,提出构建电子证据的真实性认定规则,即确立"视同原件"的标准,对不同来源的电子证据的真实性以不同的方式进行判定,建立规范化的认证制度,以完善电子证据的规则体系,推动电子证据在诉讼领域的运用。②

三、司法证明

司法证明就是司法活动中的证明。这一概念看似简单,其实相当复杂,引发了不少学术讨论。这一概念是从西方引入我国证据学界的,对西方证据法中司法证明方式和证据规则的认识,也成为了解司法证明的概念、认识证据制度的重要窗口。何家弘教授作为早期留学美国的证据法学者,在这一问题的研究上作出了突出贡献。何家弘教授反思了"阶级分析"研究西方证据制度的研究方法,提出从更加客观中立的立场开展研究。他指出,西方古代的审判经历了神誓法、神明裁判法,实际上都是一种请求神"告知真理"的非理性司法证明。随着人类社会的发展和人类认识能力的提高,掌握真理的主体变成了人,由人"发现真理"取代了神明裁判,司法证明方式趋于理性。英国的证据制度在一定程度上是陪审团审判制度的副产品,从知情陪审团向不知情陪审团的发展,塑造了英国的文书证据规则、口头证据规则。在大陆法系,纠问式诉讼制度下武断、机械、残酷的司法证明,最终被自由心证所取代。两大法系证据制度的差异首先源于理念上的差异,大陆法系对人类理性信任的司法证明与英美法系认为人类理性总有不完善之处的司法证明,直接影响到各自不同的证据规则,这也为我国的证据改革提供了有益的借鉴。③

有学者比较了法定的司法证明规则和实践中的司法证明后指出,尽管1996年《刑事诉讼法》的修改引入了对抗制,但司法证明机制并没有在其中确立起来。在未来的刑事证据法中,必须重新构建证明对象、证明责任、证明标准规则,使法庭真正保持最基本的诉讼形态。④

一般认为,司法证明像一条流水作业线,由取证、举证、质证与认证四个基本环节构成。其中,取证是基础,举证与质证是枢纽,认证是核心,四个环节缺一不可,共同构成司法证明的链条,完成司法证明的任务。司法证明中证明主体、证明客体、证明手段、证明方法、证明目的、证明标准等都是其中的重要范畴。有研究认为,主体和客体是哲学上的一对重要概念,明确司法证明的主体和客体,对于制定证据规则、研究证明责任和证明标准等问题,都有重要意义。在证明主体问题上,该学者明确,只有公诉人和被告人才是证明的主体,侦查人员、审判人员和辩护人员都不是证明主体。不同证明主体在诉讼中地

---

① 刘品新. 印证与概率:电子证据的客观化采信. 环球法律评论,2017 (4).
② 汪闽燕. 电子证据的形成与真实性认定. 法学,2017 (6).
③ 何家弘. 司法证明方式和证据规则的历史沿革——对西方证据法的再认识. 外国法译评,1999 (4).
④ 陈瑞华. 刑事诉讼中的司法证明规则. 法学论坛,2003 (4).

位不同，其证明案件事实的方式和角度也有所不同。被告人是证明主体而非证明手段，这对于保护被告人的合法权利、转变司法人员的诉讼观念具有重要意义。① 有学者针对电子取证的特殊性，提出构建电子取证制度，实现对电子取证的法律规制。该学者提出，电子证据的概念应当注意以下几点：取证手段是借助计算机等电子设备，取证对象主要是处于虚拟空间的电子证据，取证主体呈现多元化特点。随着国内外司法实践的日新月异，如今电子取证已经发展为一个庞杂的取证手段群，以证据来源为标准，可以分为单机取证、网络取证与相关设备取证；以取证时刻潜在证据的特性为标准，可以分为静态取证与动态取证；以取证时间为标准，可以分为事后取证与事前取证；以调查人员是否需要亲临证据现场为标准，可以分为临场取证与远程取证；以技术手段为标准，可以分为数据获取、数据恢复、数据分析与数据鉴定等；从诉讼措施的角度划分，可以分为计算机搜查、计算机现场勘查、电子证据鉴定、电子证据保全、电子证据技术侦查、网络通缉、人肉搜索、电子证据开示等。我国的电子取证程序可以概括为准备、收集保全、检验分析及提交四个阶段，应当对依据尽量保证电子证据的客观、真实与完整的原则对电子取证进行技术和法律双重规制，在诉讼中使用原件、保证电子证据的真实性并建立相关的法律制度。② 有学者通过比较研究的方法，对科学证据的质证程序予以探究。通过考察美国科学证据的质证程序，对比我国科学证据质证程序中开示功能孱弱、质证效果不理想的现状，提出我国应当从健全与审判中心相适应的证据质证程序，强化证据开示服务质证的功能，规范鉴定意见书披露的信息范围，健全科学证据采信规则指引质证程序，发挥专家辅助人强化质证的积极作用等方面，完善科学证据的质证程序。③

有学者敏锐地把握到了司法证明一个突出且不可回避的特征，即其模糊性，并对此进行了研究。该学者指出，传统上对确定明晰的追求，滋生了一种偏颇的观点，认为模糊是一种非科学的方法。实际上，诉讼程序的诸多环节普遍存在不确定和模糊性，司法证明在本质上就是模糊的，具有不确定性，也就是司法证明的模糊理论。传统简单而求精的模式无法涵盖证明的全部，只有用科学的模糊方法描述司法证明各环节中具有普遍意义的模糊对象，还原复杂事物以复杂处理，才能全面化解问题，达到可控的模糊，使研究更加科学、准确。所谓的模糊性，不是不确定性，而是介于确定性和不确定性之间的属性，强调既保存整体上的确定，又很难具体化的一种过渡状态。模糊的结论并不用对错、真假来描述，而是在某一程度上可能是正确或真实的。模糊性不是对确定性和不确定性的否定和排斥，而是对确定性和不确定性相统一的抽象和升华。事实的模糊性是不可避免的，它既是证明事实的内在机理的局限所造成的，也是"事实"这一概念本身的多元性，事实认定的正确存在多种可能性，事实又与价值信仰融合在一起。就司法证明标准来说，法官真实也是个具有模糊性的标准。法官不是在所掌握的大量坚实过硬的证据之中，而是在更为模糊的给定证据之中，寻求真实的本来样态。法官能够运用的检验真相的唯一标准就是在此基础上建立起来的各种模糊因素之间的相互印证，并形成"法官真实"。司法证明的过程中，各种模糊思维形成的心证在诉讼主体沟通过程中的介入使诉讼具有解决事实问题的普遍、

---

① 何家弘. 论司法证明的基本范畴. 北方法学，2007（1卷总第1）.
② 刘品新. 电子取证的法律规制. 法学家，2010（3）.
③ 陈邦达. 科学证据质证程序研究——基于中美两国的比较. 现代法学，2017（4）.

完善而高效的特点。证明语言，作为司法证明的载体，也具有不可避免的模糊性。模糊理论的提出为司法证明科学的发展带来了新的视角与方法，包括似真推理、盖然性与贝叶斯定理、信息技术与人工智能、信念修正理论等，为诉讼法学尤其是证据法学提供了全新的思路，使立法者看到规则对法官发现事实的微薄效用，决定了评判事实标准必须更加科学合理，也强化了提高法官素质和司法权威的重要性。这一不同于既有法学语境的诠释，提供了一个能够科学描述和处理司法证明模糊性的概念体系和方法论框架，为司法永恒难题确定性与不确定性之间的困惑提供了一个解决方案，具有重要的理论和实践贡献。[①]

西方司法证明科学的发展，也为我国证据科学的发展提供了极大的参考。有学者将研究目光关注于司法证明科学的几项突出发展，分别做了介绍和评析。贝叶斯定理对事实判定者的认知过程加以量化，似真推理弥补了传统形式逻辑的不足，对话理论的应用对法庭中的论辩进行了更加细致的分析，信息技术的引入使得证明更加科学。这些新的研究视角与方法的提出，都为突破传统司法证明理论的瓶颈，作出了一定的贡献。[②]

对司法证明机理的研究，是一个庞大复杂又亟待开拓的领域。司法证明机理是指由多方证明主体共同参与进行证据推理活动的内在规律和原理。没有对证明机理的深入把握，就难以获得可靠的事实认定结论。司法证明机理是一个被我国学界忽视的领域，对域外司法证明机理的学习就成为我国证据法界不可忽视的重要过程。英美的"新证据学"以证明过程为研究对象，将概率论、逻辑学、心理学、语言学等学科引入对证明机理的研究，并产生了概率与证明、图表分析法、心理学与证据、话语研究、法律论证与证据、整合性证据科学、人工智能与证明等分支。有学者提出，证明机理的研究对于摆脱司法证明的现实困境具有重要意义，我们应当批判吸收和借鉴英美"新证据学"的研究成果，综合运用系统论、逻辑学、心理学、语言学、行为科学等多种研究方法进行系统化研究，以期实现司法证明的科学化。[③]

证明方法，是指司法活动中运用证据证明案件事实的方法，其中，推定是司法证明的重要方法，是司法证明领域内使用比较混乱的一个概念，也是实践中操作比较困难的证明方法。有学者对推定的相关问题予以澄清，明确推定与推理、推论的区别和联系，将推定分为立法推定与司法推定、可反驳的推定与不可反驳的推定，认为立法推定和司法推定都是关于事实的推定，在基础事实与推定事实之间的伴生关系比较稳定的情况下，就可以采用立法推定，而在二者之间的伴生关系不太稳定的情况下，就应该采用司法推定，由法官在诉讼活动中依据一定的规则进行。对于可反驳的推定，当事人可以用证据和推论进行反驳乃至推翻。对于不可反驳的推定，当事人不能反驳推定，但可以直接反驳甚至推翻基础事实。无罪推定属于不可反驳的立法推定。[④] 有学者认为，推定是在通常意义上的证明所要求达成的标准无法实现的情况下，基于刑事政策的考量和司法价值的综合权衡，不得已而采用的一种事实认定方式，是一个运用证据、依照经验法则和逻辑规则进行推理、得出

---

① 栗峥. 司法证明模糊论. 法学研究，2007 (5).
② 卞建林，王佳. 西方司法证明科学的新发展. 证据科学，2008 (2).
③ 封利强. 司法证明机理：一个亟待开拓的研究领域. 法学研究，2012 (2).
④ 何家弘. 论司法证明中的推定. 国家检察官学院学报，2001 (2).

推定结论的过程，指出只有在"推理论证"的事实认定方式中，推定才有存在的空间。①有学者认为，推定作为一种替代司法证明的认识方式，是为了解决特定刑事案件司法证明的困难而产生的，与日常生活经验中的推论、推断、推理有所联系，但也均有不同，与法律拟制也有明确区别。该学者对刑事法中的推定规则进行梳理，将我国刑法和司法解释确定推定规则分为三大类，分别为巨额财产来源非法性的推定、明知要素的推定和犯罪目的的推定，并分别举出案例、规则进行解释分析。从经验到理论，该学者认为，刑事推定发挥着解决特定事实的证明困难、贯彻特定的刑事政策、提高认定事实的效率三大功能。推定的适用，包括基础事实的证明、推定事实的自动成立、为推翻推定事实而进行的证明责任转移、证明责任的再次转移几个步骤。其中，检察机关对基础事实的证明、对被告人的辩解理由不成立的证明，都要达到"事实清楚，证据确实、充分"的程度。被告人对推定事实的证伪或对相反事实的证明，达到高度的可能性即可。该学者在文章中对刑事推定的讨论不是一种从理论到理论的研究，而是从案例、规范等实践经验出发，再提炼总结上升为理论，不仅对推定的概念、种类等理论问题进行了澄清，还为实务人员在司法实践中适用推定提供了相当明确的步骤、准则，解决了实践难题。②

另有论者对刑民交叉案件中事实认定的交互影响和诉讼证据的交互使用问题展开研究。该论者指出，刑民交叉案件中，预决效力及证据使用制度的设置，应考虑司法的统一性与诉讼的独立性、效率与公正、刑事优先及民事诉讼自身规律等因素，同时注意我国司法制度与诉讼机制的特殊性。应确认刑事生效裁判事实认定的特别效力，但要受制于"必要事实原则"与"确定事实原则"。民事生效裁判可作为书证，交由刑事法庭判断并说明采纳与否的理由。刑事法庭判断民事诉讼判定的同一事实，应慎用"穿透原则"否定其合法性及有效性，即使否定亦应采用适当方式。对于特殊类型案件，刑事法庭应将民事诉讼判定的事实作为预决事实。对于证据交互使用，应区别裁判已生效与未生效、定案根据与非定案根据、人证与物证等不同情形进行处理。民事诉讼使用刑事诉讼中形成的人证，应遵循民事诉讼规律。对讯问、询问笔录、鉴定意见均应依法审查，注意证据方法与证据形成要素而作适当使用。③

还有学者从质证与认证的定义出发，认为"质证"是审查和核实证人证言的一种方法。广义上讲"质证"就是对一切证据的质疑，狭义上讲"质证"仅指"质证制度"，即以交叉询问方式对言词证据的真实性提出质疑，从而确认其证明作用的诉讼活动。在当今实行"控辩式诉讼"的国家，法官对于证据，必须经过控辩双方充分的询问辩驳后才能采纳。这即是法学理论上"质证原则"的内在含义。认证是指在诉讼活动中，法官对控辩双方当事人举出的证据，或对法院自行收集、核实的证据，经过控、辩双方相互质证后，由法官确认该证据是否作为定案依据的一种诉讼活动。"质证"和"认证"的意义在于："控辩式诉讼"以"无罪推定原则"作为基石之一，而区别于"纠问式诉讼"，从而使审判程序确有存在的必要。庭审程序流于形式，就必须要求控辩双方就庭审前取得的证据在庭审

---

① 陈少林. 推定的运用与刑事证明方式. 法学评论，2012（3）.
② 陈瑞华. 论刑事法中的推定. 法学，2015（5）.
③ 龙宗智. 刑民交叉案件中的事实认定与证据使用. 法学研究，2018（6）.

中进行展示并给予充分质证。这样增强了刑事审判的透明度，使审判程序的合法性大为加强，同时，由于所有证据在经过充分的质证后才能予以采纳，可以使控、辩双方对证据的可采性或证明力进行充分的发现和揭示。这对于法官正确采纳证据、评定案件事实，都是莫大的帮助。而"当庭"认证，对前面的"质证"，法官居中裁判，对于控、辩双方经充分质证的证据，当庭表明取舍的态度，有利于庭审有序地进行，同时得以充分体现法院行使审判权的权威性和公正性，有利于增加庭审的透明度，促进司法民主与廉政建设。[①]

四、证明责任与证明标准

证明责任是指诉讼当事方在审判中向法庭提供证据证明其主张之案件事实的责任，既包括提供证据的行为责任，也包括说服事实裁判者的行为责任，还包括在不能提供证据或不能说服事实裁判者而且案件事实处于不清状态时承担不利诉讼后果的责任。在实践中，证明责任的分配和确定在很大程度上决定着诉讼的结果。

有学者在厘清证明责任概念的基础上，提出证明责任不只适用于审判程序，也向前延伸至审前程序。具体而言，在中国一元制法庭构造和审判方式中，一般应当采用行为责任与结果责任作为证明责任类型划分的基本概念，而不宜将二元制法庭中的相应概念不加限制地适用于我国证明责任法的研究。证明责任规范的适用空间，产生证明责任的承担者、主体与责任履行时的指向问题。在审判空间中发挥作用的证明责任延伸到审前程序中，表现在检察官直接承担证明责任，侦查官员辅助承担证明责任；由犯罪嫌疑人承担延伸性的证明责任，如被控巨额财产来源不明罪的犯罪嫌疑人应当承担证明责任；弹劾制侦查观与审前程序诉讼构造中的证明责任，审前程序中的处理已经具有了"诉讼性"的构造，即以侦查机关为一方，以嫌疑人及其辩护人为另一方，以检察机关作为实际上"司法机关"的三方组合，需要以证明责任规范作为支撑和动力。强调检察官客观义务与证明责任二元并重，一是将客观义务与证明责任附随检察官的不同角色而安置于不同的责任层级，客观义务是双面的，是兼顾的，而证明责任则是一面的，是单指向的，客观义务是上位理念，是检察官最基本的责任，是可以包含打击犯罪的证明责任，与保护无辜的证据上的责任以及关照义务相比更为宏扩的概念。在不同层级上安置两种责任，可以使其相互协调，相互弥补。二是实现诉讼制度的改造，以平衡的诉讼构造支持客观义务与证明责任的协调和并重，对抗因素的增强要求强化检察官的证明责任意识并完善相关的制度，职权主义因素的保留，为客观义务论提供了土壤。该学者主张，在一种新的客观义务论的基础上，坚持检察官客观义务与证明责任的二元并重，以客观义务统治证明责任，同时警惕客观义务论的负面影响。中国刑事诉讼中的检察官客观义务除了要求检察官超越当事人角色，客观公正地履行职务，兼顾打击犯罪与保护人权的要求外，还要求检察官正确对待法院裁判，一方面监督法院裁判的程序方面与实体方面，对不当审判行为和裁判依法提出纠正意见，另一方面应当尊重法院权威，维护法院的独立与公正，这是任何法律制度有效运行的基本条件，是建立法治的前提性要求，这就是中国法律制度中新的检察官客观义务论。警惕客观义务论的消极作用，应以正当程序包括控辩平衡制度与学理限制客观义务论，其中也包括

---

① 鄢旭. 试论刑事庭审方式改革中"质证、认证"的冲突及对策. 四川省政法管理干部学院学报, 2000 (2).

确认检察官的证明责任,使其既能超越当事人履行客观义务,又能不忘自己的"控方"当事人角色要求,作为控方当事人积极地履行证明责任,展开诉讼行为,在诉讼中尤其在审判中平等地与辩方进行对抗。另外,公诉案件中被害人由于其诉讼地位与诉讼请求的独立性,以及权利与义务的一致性要求,也应当承担一定的证明责任,独立于并辅助检察官的证明责任,被害人如果作为诉讼当事人提出与公诉不同的事实主张以及法律适用要求,应当为其提供事实依据即提供证据。根据被害人的有限能力,被害人承担的证明责任也是有限的,在证明标准上只需要实现"优势证据"即可。[①]

有学者认为,坚持和实践客观真实与法律真实相结合的中国特色诉讼真实观,离不开与其相适应的证明责任理论和制度的支持。该学者梳理了我国刑事证明责任理论的产生和发展过程和两大法系的证明责任理论,认为刑事证明责任在中国语境下具有两层含义,一是公安司法机关及其司法工作人员基于职务上的勤勉义务所产生的证明职责,二是审判阶段控辩双方所承担的支持自己的主张和说服裁判者的证明责任。确立并坚持公安机关及办案人员的证明职责理念,在立法上就要坚持我国《刑事诉讼法》规定的"以事实为根据"的诉讼原则不动摇。建议在明确由控方承担证明被告人有罪的举证责任的基本原则下,规定辩方需承担一定的推进责任,明确结果意义上的举证责任的例外并明确非法证据排除规则中举证责任的分配。以合理分配举证责任,实现客观真实与法律真实相结合。[②]

有学者认为,传统观念下片面加诸控方的证明责任与无罪推定原则、控辩平等原则并无必然连接,实务中绝对化的理解为刑事公诉工作带来了极大的负担,要求被告人承担证明责任不违背无罪推定和控辩平等的基本原则。该学者对刑事证明标准的双层责任区分说和法律要件分类说进行了反思,认为英美法系的双层责任区分说与我国现有刑事诉讼模式格格不入,仿效民事证明责任分配方法的法律要件分类说徒有形式却牺牲了疑罪从无的基本精神,应将刑事案件的所有证明对象区分为直接事实与间接事实,并结合不同证明事实在刑事审判中的特殊意义,提出刑事证明责任二元分配理论,即由控方承担直接事实的证明责任,由被告人承担有利于己的间接事实的证明责任。[③]

证明标准是一个与证明责任具有密切联系的概念,指司法证明必须达到的程度和水平,是衡量司法证明结果的准则。我国证明标准经历了从"客观真实说"向"法律真实说"、从一元化证明标准走向多元化证明标准的转变。

在关于证据认识论方面,学界普遍认为马克思列宁主义的认识论和辩证唯物主义同样应当运用于刑事证据制度,承认事物的可知论,不赞成认识论不适用或不完全适用于诉讼的说法。学者们争论的焦点在于查明案件真实是不是相对中存在绝对。第一种观点认为:人的认识既是无限的,又是有限的。认识具体客体包括绝对真理,又包括相对真理。每个客体绝对与相对的比例因案而异,相对真实有绝对真实的一面,相对中有绝对,绝对中有相对。另有学者指出:我国的刑事诉讼法规定了诉讼期限,绝对真实是诉讼期限内的绝对真实,不排除相对真实的存在,要处理好解放思想与实事求是的关系。第二种观点认为:由

---

① 龙宗智. 刑事证明责任制度若干问题新探. 现代法学, 2008 (4).
② 陈光中,陈学权. 中国语境下的刑事证明责任理论. 法制与社会发展, 2010 (2).
③ 程捷. 论刑事证明责任分配之迷思——兼谈二元分配方法的提出. 法学评论, 2012 (4).

于刑事诉讼具有自身的规律和特点,受人的认识限制,决定了认识客体的有限性,人的认识能力的有限以及不同的法官对案件的不同理解,决定了案件客观事实的认定只能是相对的,只能是接近绝对真实。另有学者指出,在证据问题上有认识论不能解决的问题,一类是案件事实查不清,另一类是非法证据排除,主张应确立相对真实的证据制度理念。在证明标准的问题上,主要有两种观点:(1)客观真实说。主张客观真实是绝对真实和相对真实的辩证统一,建议在肯定犯罪事实清楚、证据确实充分的刑事证明标准的基础上,设立分等级的证明标准。(2)法律真实说。认为"法律真实"一说是基于实践中很多问题由于追求"客观真实"而无法解决,案件久拖不决,出于解放广大司法人员的负担而提出的。证据法律真实仍然是必须坚持以事实为根据的宗旨。证据标准所追求的是努力符合原来的案件事实。有学者提出了"最大限度地接近客观真实"或"排他性"的证明标准,有学者指出,法律真实不是一种标准,可适用于古今中外,不解决问题。因此应确立标准,如英美法中确立了排除合理怀疑,大陆法的则是自由心证。同时客观真实也涉及如何把握的问题。客观真实在实践中不好把握,公、检、法三机关认识不一。起诉与判决的标准一致也值得推敲,应当重新确立起诉的事实标准。还有学者提出应加强证据标准的立法讨论。在间接证据和被告人翻供的问题上,有学者主张认为,关键是间接证据能否形成一个封闭的证据锁链,得出唯一的结论,如果可以印证,则可以定案,反之则不行。有的学者认为,死刑案件只有间接证据不能定案,以免错杀。对于被告人的翻供,主张应具体分析。翻供有两种情形:一种是被告人企图逃避惩罚,另一种是侦查和起诉阶段的刑讯逼供。如果经查证原供是正确的,则原来的供述应采纳,如果原供是错误的,翻供是正确的,则庭审翻供的供述应作为定案证据。①

针对1996年《刑事诉讼法》关于证明标准的规定的修改,有学者指出,法定证明标准欠完善,传统的证明标准理论也存在不足,应当坚持诉讼真实、法律真实而非客观真实的证明标准,并提出了完善有罪判决的证明标准的两条路径。② 也有学者认为,以事实为根据是我国诉讼制度的基本原则,也称公理性原则。它是建立在辩证唯物主义认识论和人民国家为人民的政治伦理理念基础上的;它更多地反映出一种理想,而非一种对现实的客观认识。由于人类认识能力的有限和案件事实的特殊性,我们无法达到一种客观真实。法律需要理想,理想是法律发展的源泉,但在事实方面,必须有现实主义的态度,没有事实的支持,法律理想只能是一种空想。我们要突破几十年来对"以事实为根据"的不恰当的认识。必须承认,人们达不到案件事实与客观真实的完全一致,1996年刑事诉讼法对证据有疑问时应作无罪判决的规定,实际上是承认了这一点。③

对于证明标准的应然形态,学者们进行了较丰富且深入的探讨。有学者提出证明标准应当是多元化和有层次性的。该学者考察了域外的立法例,分析比较了控方举证责任与说服责任证明标准的不同,对我国法律规定的审查起诉与定案证明标准进行了比较与思考,认为由于不同诉讼阶段具有不同的认识层次和阶段任务,在不同的诉讼阶段应当适用不同的证明标准;从证明责任的角度出发,不同证明主体适用不同证明标准;从诉讼效率及保

---
① 中国法学会诉讼法学研究会2000年年会综述. 中国法学,2000 (6).
② 陈卫东,刘计划. 关于完善我国刑事证明标准体系的若干思考. 法律科学,2001 (3).
③ 任伊珊,田应朝. 对"以事实为根据"的再认识. 政法论坛,1999 (1).

护人权出发,针对不同证明对象履行证明责任所需达到的证明标准也不相同。[①] 有学者表达了对"法律真实"证明标准的质疑,认为无论是刑事实体法律规范还是刑事程序法律规范,都不具有判定案件事实是否真实的功能。"法律真实"所陈述的基本内容与判定证据是否充分的标准重复,是一个伪概念。"客观真实"是对证据的真实性和充分性的统一,应当作为刑事诉讼证明的基本标准。[②] 还有学者梳理和分析了刑事证明标准的分类、刑事证明标准的理论基础、刑事证明标准的时间价值等问题,比较英美法系和大陆法系关于刑事证明标准的规定,发现证明标准的层次性或差异性主要从诉讼阶段、证明对象、证明主体等三方面得到体现,而对不同程度的证明标准的划分,以实证主义哲学中的可能性和确定性思想为主要的认识论基础,提出我国证明标准的立法表述,也要做到准确传递有关可能性或确定性程度的信息,并且要容易为人们所普遍理解和接受。[③]

2010年《关于办理死刑案件审查判断证据若干问题的规定》第5条规定:"办理死刑案件,对被告人犯罪事实的认定,必须达到证据确实、充分。证据确实、充分是指:(一)定罪量刑的事实都有证据证明;(二)每一个定案的证据均已经法定程序查证属实;(三)证据与证据之间、证据与案件事实之间不存在矛盾或者矛盾得以合理排除;(四)共同犯罪案件中,被告人的地位、作用均已查清;(五)根据证据认定案件事实的过程符合逻辑和经验规则,由证据得出的结论为唯一结论。"2012年我国修改《刑事诉讼法》,新增加的第53条第2款规定:"证据确实、充分,应当符合以下条件:(一)定罪量刑的事实都有证据证明;(二)据以定案的证据均经法定程序查证属实;(三)综合全案证据,对所认定事实已排除合理怀疑。"这些表明了刑事诉讼证明标准制度的变革。

有学者从证据的概念入手,分析了证明标准中的客观真实标准、法律真实标准、英美法系的排除一切合理怀疑标准及大陆法系的内心确信标准,认为刑事证明应当坚持客观真实标准,不能将客观真实标准与法律真实标准对立起来,法律真实也承认证明标准要以客观的事实为基础,坚持客观真实标准,坚持客观真实的可知性,更有利于防止疑案、减少错案。分析刑事诉讼法规定的"事实清楚,证据确实、充分"标准在侦查、起诉、审判中的表现形式,认为这一标准是司法实践经验的总结,是我国刑事诉讼中坚持辩证唯物主义思想路线的体现,是我国法律的科学确认,对于引导公安、司法人员客观全面、深入细致、及时准确收集证据,防止公安司法人员主观擅断,防止冤假错案具有重要意义。强调应当最大限度地追求客观真实,最大限度地满足法律要求的犯罪构成条件和程序性条件,以防止冤假错案。[④]

有学者认为,提高死刑案件的质量,关键在于把握死刑案件的证明标准,应当设置严格的证据制度和相关程序,如完善证据规则、保障有效辩护、确立特别的意见分歧处理程序,以实现死刑案件的严格的证明标准。[⑤]

---

① 李学宽,汪海燕,张小玲. 论刑事证明标准及其层次性. 中国法学,2001 (5);汪海燕,范培根. 论刑事证明标准层次性:从证明责任角度的思考. 政法论坛,2001 (5).
② 张继成,杨宗辉. 对"法律真实"证明标准的质疑. 法学研究,2002 (4).
③ 熊秋红. 对刑事证明标准的思考:以刑事证明中的可能性和确定性为视角. 法商研究,2003 (1).
④ 李忠诚. 简论刑事证据与证明标准. 政治与法律,2007 (2).
⑤ 王敏远. 死刑案件的证明"标准"及《刑事诉讼法》的修改. 法学,2008 (7).

有学者认为，刑事证明标准就是限制犯罪事实认定者的主观活动的客观要素，通过梳理和反思理论界关于证明标准的学说，该论者提出应当采"排除合理怀疑"的表述，以符合证明标准的特点和人类的认识规律。[1]

有学者认为，提高死刑案件的证明标准可能导致实施严重犯罪的嫌疑人被判无罪、实施轻罪的嫌疑人反被定罪的悖论，也可能导致实践中其他刑事案件证明标准把握降低，认为提高死刑案件证明标准不具有理论和现实上的可行性，应当区分定罪环节与量刑环节，提高可影响死刑适用的量刑情节的证明标准，增加合议庭人数，贯彻一致同意原则，建立消极的法定证据制度，并改变对死刑案件的心态，以破解死刑案件证明标准的困局。为了最大限度地保障死刑案件的质量，使死刑裁判能够达到最高程度的证明要求，防止发生冤杀这种不可弥补的错误，避免出现不可饶恕的错误，应当完善关于死刑案件的程序。其一，完善证据规则，确立非法证据排除规则，完善法庭质证规则。其二，保障有效辩护，以辩护律师的有效辩护发挥对死刑的"现实检验"的效果。其三，确立特别的意见分歧处理程序，要求死刑案件就事实和证据问题采用"一致同意"的特别规则，使死刑裁判建立在"明确和令人信服的证据""对事实没有其他解释余地"的基础之上。[2]

有学者认为，西方国家的盖然性不能构成证明标准。证明所追求的是真实性而不是可能性。司法证明的高标准是建立在物证、书证或者取得了客观验证的认证的基础之上，全面统一并且能够得出排他性结论的实质真实；司法证明的低标准是真诚自愿的人证主体陈述、主体证明三统一、经受法庭检验并作出的结论为不利一方所接受或者不被不利一方所动摇的形式真实。而推定是证明标准不能达标时所采用的一种补救方法，并不是司法证明的标准。[3]

证明标准具有一定的层次性，既包括主张者提出证据论证某一事实的真实程度，即司法证明的"确定性"，这是客观性标准，也包括主张者通过论证某一事实的存在，使裁判者对该事实内心形成的相信程度，即司法证明的"可信度"，这是主观性标准。由于不同证明对象所涉及诉讼利益不同，证明标准也要根据证明对象的不同进行区分。证明责任承担者不同，证明责任的分布也有所不同。在英美法系中，所有被纳入司法裁判领域的证明对象，都存在与之相适应的证明标准。其中，优势证据是被告人用来证明各类积极抗辩事由的证明标准，排除合理怀疑是对犯罪事实的证明标准。在大陆法系，内心确信是证明被告人构成犯罪的证明标准，并不是完全自由或纯主观的相信，而是具有客观的事实基础和可反复验证的效果。在中国法中，只对检察机关承担证明责任问题确立了"事实清楚，证据确实、充分"的证明标准，但对被告人承担证明责任的情形，却没有设置法定的证明标准，尤其是在量刑裁判和程序性裁判中，证明标准尚未明确。该学者进一步分析了何为"事实清楚，证据确实、充分"的证明标准，并对其进行反思，认为其实为一种理想目标，而非可操作的标准，过于重视客观层面的要求，而忽略了法官内心确信程度的主观层面，限制了法官的自由判断。尤其针对死刑案件，该学者提出应当作出有利于被告人的解释，

---

[1] 董玉庭. 刑事证明标准之证成. 刑事法评论, 2009 (2).
[2] 秦宗文. 死刑案件证明标准的困局与破解. 中国刑事法杂志, 2009 (2).
[3] 裴苍龄. 论证明标准. 法学研究, 2010 (3).

尽量不适用死刑,以避免误判、滥用死刑。①

有学者分析了传统法学对证明标准理论分析的不足,将经济分析的框架引入证明标准的研究,提出证明标准应当使行政成本和错误成本之和最小化的观点,而我国刑事诉讼以"排除合理怀疑"作为证明标准就是因为将无辜的人定为有罪带来的成本远比放走有罪的被告人带来的成本高,强调诉讼参与人为达到某一证明标准而付出的在收集和保存证据、调查证据、起诉、举证、认证、质证、评估和核定证据等方面的行政成本,是指定科学合理的证明标准的重要影响因素。②有学者认为,应当对"排除合理怀疑"的刑事证明标准进行语义和体系解释,将其理解为一种或然性、非唯一结论的"事实确信",摆脱"客观真实"论或"铁案"观等传统证明标准观念。③

有学者通过实证调研,发现刑事证明标准的适用受到司法人员的学历、工作经验、特殊经历等内在因素的影响,也受制于案件讨论机制、目标考核机制、刑事政策、案件适用的审判类型等外在因素。针对这一结果,提出完善检察官、法官的专业知识培训制度、工作经验培养制度、改革集体案件讨论机制、提升目标考核的合理性,规范刑事诉讼中刑事政策的运用,建立刑事证明标准案例指导机制,并加强刑事判决书中证明标准适用的说理分析,以完善刑事证明标准的适用,解决其实践难题。④

有学者认为,我国《刑事诉讼法》将"排除合理怀疑"引入证明标准之中,使其成为"证据确实、充分"的条件之一,意味着在原来客观化的证明标准中引入了一种主观性的证明要求,形成了一种客观要求与主观要素相结合的证明标准立法模式。这种立法模式既不是对"证据确实、充分"标准的简单解释,也不是要降低我国刑事诉讼中的证明标准。"证据确实、充分"的证据立法模式,仍属于一种从外在的角度推进证明标准客观化的立法努力,立法者没从裁判者对案件事实形成内心确信的角度,来确立一些旨在限制裁判者内心可信程度的指标,而更多的是从裁判者主观认识之外,对那些原本抽象的证明目标细化为若干个具体的条件和要求。事实上,"证据确实、充分"常被视为一种"证明要求",而不具有证明"标准"的属性,将单个证据转化为定案根据的条件不等于证明标准,客观化的证明标准无法衡量裁判者形成内心确信的程度,缺乏具体标准的证明要求容易促使法官对"事实清楚"进行任意解读。而将"排除合理怀疑"的主观标准引入,要求法院在运用间接证据认定案件事实时,在各项证据均已"查证属实""相互印证"并形成"完整的证明体系"的基础上,还要达到"结论是唯一的,足以排除一切合理怀疑"的程度,才能认定被告人有罪。"排除合理怀疑"标准的确立,有助于克服原有证明标准过于理想化的不足,有助于克服原有证明标准过于客观化的缺陷,可以发挥与"疑罪从无"相似的功能。"排除合理怀疑"既不等于也不低于"证据确实、充分"的客观标准,"排除合理怀疑"在与"证据确实、充分"的融合方面可以最大限度地避免错误、防止误判。我国刑事证据法目前对"排除合理怀疑"的含义并没有给出具体的解释,却对"证据确实、充分"设立了越来越具体的标准,包括"证据相互印证""间接证据形成证明体系""直接证据得到补

---

① 陈瑞华. 刑事诉讼中的证明标准. 苏州大学学报, 2013 (3).
② 张卿. 证明标准的经济学分析. 比较法研究, 2013 (4).
③ 周洪波. 迈向"合理"的刑事证明 新《刑事诉讼法》证据规则的法律解释要义. 中外法学, 2014 (2).
④ 叶锐. 刑事证明标准适用的影响因素实证研究. 中国刑事法杂志, 2014 (2).

强""结论具有排他性和唯一性"等方面。要使"排除合理怀疑"标准在我国刑事证据法中落地生根,在司法实践中被成功"激活",就要将这一主观标准与客观标准真正地加以融合。将"合理怀疑"标准与"证据不足"的表现形式进行适度的"嫁接",可能是这种融合的有益尝试。为避免法官滥用"排除合理怀疑"的标准,法律除了要为其设定可操作的内在要素以外,还应构建有效的外部制约机制。其中,确保司法裁判的独立性和正当性,是这种外部机制的主要内容。可以说,我国刑事证据法虽然保留了"事实清楚,证据确实、充分"的形式化证明要求,但其内核已经被"排除合理怀疑"标准所取代。[①]

有学者认为,我国《刑事诉讼法》引入的"排除合理怀疑"作为"事实清楚,证据确实、充分"的判断标准,有效弥补了"事实清楚,证据确实、充分"证明标准可能带来的弊端。"排除合理怀疑"作为"事实清楚,证据确实、充分"的判断标准,有利于减少片面追求证据完备的法定证据主义传统,充分发挥办案人员在刑事诉讼中的司法能动性。"合理怀疑"更多地强调外在的尺度而非个人化的尺度,更多的要求普遍的、公共性的感觉而非个人的、私人的体验,这就要求事实认定者在作出判断时更多地考虑一个理性人会如何判断。这样一种要求既是对事实认定者的束缚,也使其能够凭借公共尺度作出判断,为其提供了参考依据,减轻心理负担。"排除合理怀疑"证明标准实施的前提是审判时所依据的证据都具有可采性,这就需要证据排除规则的有效配合。"排除合理怀疑"要求判断主体所依据的证据必须建立在客观、真实、合法的基础之上,就要求处在初步阶段的非法证据排除规则继续予以完善,以传闻证据规则要求证人应当出庭作证,提高证据质量。我国"排除合理怀疑"的主体多样,包括侦查人员、审查起诉人员和审判人员,使该标准在侦查、审查起诉、审判等不同诉讼阶段的适用具有不同的层次,将审判中"排除合理怀疑"作为整个诉讼程序中的最高标准,既是"审判中心主义"的必然要求,也符合人类认识的基本规律。合议庭和审判委员会的规则对"排除合理怀疑"标准的适用发挥着重大影响,在中国法语境下合议庭对刑事案件定罪量刑的处理过程中,"排除合理怀疑"主体已经不仅是单个的法官或者人民陪审员,而是由作为整体的合议庭作出判决,如果合议庭成员对于案件情况存在重大分歧或者"重大怀疑",则需要将案件提交给审判委员会,在这种情况下,合议庭也不过是判决的发布者,真正的决定机关是具有中国特色的审判委员会。审判委员会要真正落实"排除合理怀疑"的证明标准,至少应当建立在三个重要的基础之上:第一"排除合理怀疑"的主体必须是独立的,在自由心证的基础上所形成的合理怀疑不受他人的干涉;第二,审判委员会成员必须提高业务水平和法律素养,积极参与会议讨论活动,提出问题、发表意见,决不能"走过场",甚至可以预先在庭前会议中决定该案是否应该交由审判委员会讨论决定,要求审判委员会参与法庭审理;第三,基于存在合理怀疑而作出的无罪判决应当具有权威性和终局性,在我国目前的审级情况下,除非提出了新的证据,否则不能允许要求申诉或者再审。[②]

有学者认为,"排除合理怀疑"的主观心态与"证据确实、充分"的客观要求在认识论维度上和价值维度上存在着较大差异。对比考察两大法系证明标准的认识论基础和价值

---

① 陈瑞华. 刑事证明标准中主客观要素的关系. 中国法学,2014 (3).
② 杨宇冠,郭旭. "排除合理怀疑"证明标准在中国适用问题探讨. 法律科学,2015 (1).

取向，认为我国的刑事证明标准"证据确实、充分"确立"真"之条件，是一种本质主义和还原主义，没有完全摆脱客观真实的情结，而"排除合理怀疑"表达"真"之信念，是一种社会建构的真理观，有助于回归证明标准的本质，促进司法独立，使无罪推定具体化，实现刑事诉讼向"审判中心"的转移。①

有学者认为，刑事诉讼证明标准的适用问题，是司法实务中的难题，人们总是希望为证据评价设置普遍性的外在规则，然而自由心证制度排斥外在的证据评价规则，刑事诉讼证明标准的"虚拟性""模糊性"正是刑事诉讼证明标准条款的本质特质，无法通过立法技术或法律解释技术予以解决。通过明确证据运用中的技术规范、颁布刑事诉讼证明标准适用的指导性案例、设置刑事诉讼证明标准适用更严格的程序操作规范，增强刑事诉讼操作过程的规范性，是适用刑事诉讼证明标准、增强其操作的规范性的有效途径。②

有学者认为，我国刑事诉讼动态的诉讼程序适用静态的证明标准的规定，实质上将事实认定与证据评价的权力让渡给侦查机关。要建立以审判为中心的刑事诉讼制度，就要坚持证据裁判原则，采取递进式的证明标准，明确区分查明、证明准备与证明、判明，使证据标准从侦查终结到提起公诉体现递进性，不同证明对象的证明标准体现递进性，不同证明主体的证明活动标准体现递进性，实现程序中心从侦查程序推进到审判程序，以证明之价值来推进以审判为中心的诉讼制度改革。③

另有学者指出，我国刑事诉讼证明标准在实践中往往会被降格适用，法律制度上的"高标准"并没有在实践中做到"严要求"，造成这一悖反现象的根本原因在于裁判者制度角色和制度能力之间的矛盾。一方面，立法者更为关注如何通过制度设计保护无辜者不受错误定罪的实体权利，而司法者更关注如何通过实践运作有效地惩罚犯罪，立法与司法层面对法官制度角色的定位存在较大偏差；另一方面，法官往往无法满足立法者的制度角色期待。提高死刑案件证明标准等改革方案进一步拉大了这种制度角色和制度能力之间的鸿沟，从而可能加大刑事司法错判无辜的风险。司法改革应重视制度角色和制度能力的互动关系，以避免规定与实践的悖反现象，真正实现改革的目标。④

五、证据规则

证据规则，是以法律形式规范司法证明行为的准则。我国已基本建成包括宪法、基本法律、司法解释和部门性规章以及国际公约或国际条约在内的多层次证据法律体系，而证据规则在很大程度上就紧密依附于现行证据法律体系。我国证据规则仍处于初创阶段，较为凌乱，学界关于证据规则的讨论卷帙浩繁，其中许多内容具有启发意义。

（一）概述

有学者认为证据制度是刑事诉讼中的重要法律制度。举证、质证、认证是诉讼中庭审阶段的核心，也是证据运用的主要内容。我国刑事诉讼法虽然设专章规定了证据制度，但

---

① 刘晓丹. 刑事证明标准的维度分析. 中国刑事法杂志，2016（3）.
② 徐阳. 我国刑事诉讼证明标准适用观念之思考——从增强可操作性到增强操作过程的规范性. 法商研究，2017（2）.
③ 谢澍. 论刑事证明标准之实质递进性——"以审判为中心"语境下的分析. 法商研究，2017（3）.
④ 陈虎. 制度角色与制度能力：论刑事证明标准的降格适用. 中国法学，2018（4）.

是由于立法本身存在不足，无疑会阻碍诉讼目的的实现。在我国刑事诉讼法中确立非法证据排除原则、直接言词原则、质证程序设计及证据展示制度等证据运用规则，对于完善我国刑事诉讼证据制度具有重要作用。①

有学者认为，中国证据制度建构遇到两大理论障碍，一是大陆法系传统问题，二是三大诉讼的特殊性问题。大陆法系传统不能证明证据法不能单独立法，三大诉讼的特殊性也不能否定各种案件事实认定的共性和规律性。中国现行诉讼法和有关司法解释中证据规则大量重复的现象，反证了制定统一证据规则的必要性和可行性。证据法的理论体系应当反映证据规则背后起支撑作用的正当理由、基本信念、法律原则或价值基础。证据规则发挥着促进事实认定的作用，是实现司法公正的基石，理解其具有的准确、公正、和谐与效率四大价值，是更好地制定或运用证据规则的基础。中国证据法理论体系的建构，应当明确相关性是证据法的一条逻辑主线，政策性是社会价值的集中反映，平衡价值权衡与审判人员的自由裁量权，正确理解法定证明程序和证明标准的相关规定。②

有学者认为，我国理论界关于证据立法的学者建议稿是我国学术界在证据规则法典化方向上迈出的一大步，中国当代的证据立法需要借鉴英美的经验。该学者以美国《联邦证据规则》为例，阐述英美证据规则法典化的一般历程，分析法典的框架体系，在分析法典的具体内容、证据规则法典化的实体基础、《联邦证据规则》所体现出来的形式化与理性化之后，认为其是一部高度形式理性化的法典，具有法典的完整性与可适用性、法律原理的一致性，并探求其中的法律精神，提出在借鉴英美证据规则的基础上将我国的证据规则法典化的主张。该学者指出，中国需要证据规则，约束法官心证，提高裁判事实的精确性，促进司法公正；统一法律实施，实现法制现代化；促进法学繁荣，增强公民法律意识。需要认识到引进证据规则的障碍，破除没有陪审团就不需要证据规则的迷信，同时变陈述式举证方式为问答式举证方式，增设有关证据可采性的裁决程序，扫除证据规则引进的制度性障碍。对于我国证据规则法典化的路径，该学者主张制定统一的证据法典，以可采性为基本内容，以约束法官为其基本目标，以"最佳证据原理"为其一以贯之的原则，对于可采性以外的规则，基本上予以忽略，以利于规则的精致化、科学化，法典内容统一有助于法律规则原理的一贯性，规则相对简单，没有不具操作性的规定，容易获得司法实践的支持，从而加强法律的权威性。③

有学者提出，由于程序性裁判的特殊性，应当设定有别于实体性裁判程序的证据规则，以解决程序性争议。该学者认为，程序性裁判中适用自由证明的准则，尤其是对于诸如回避、延期审理、证据展示、证人资格等程序性事实，不需要确立过于严格的证据方法和调查程序，也不应设立过高的证明标准。以实体性裁判为参照系进行分析，程序性裁判并不解决被告人的刑事责任问题，而主要用来解决控辩双方发生的程序性争议，这种程序性争议的裁判结论，或许会对刑事诉讼的进程具有程度不同的影响，但一般不会直接影响案件的实体结局，更不会带来要么导致有罪，要么促成无罪的严峻局面，即使发生事实认

---

① 李颖. 试论现行刑事证据制度的立法缺陷及完善. 法律科学，1999（1）.
② 张保生. 证据规则的价值基础和理论体系. 法学研究，2008（2）.
③ 易延友. 证据规则的法典化——美国《联邦证据规则》的制定及对我国证据立法的启示. 政法论坛，2008（6）.

定上的错误，也通常不会带来严重的法律后果。因此，实体性裁判需要确立严格证明的机制，避免错误定罪的风险，保证被告人获得公正的审判，使其各项诉讼权利得到较为充分的保障，而程序性裁判所具有的维护公平游戏规则的诉讼功能，决定了它与实体性裁判具有实质性的区别，双方都可以向法庭提出诉讼请求，双方的合意对法庭的程序性裁判结论具有决定作用，出于节省诉讼成本和提高诉讼效率的考虑，可对程序性裁判进行简易的程序设计，采取相对自由的证明方法。只有对被告人供述而言，采取了相对严格的证明机制，但即使是在被告人供述的合法性审查过程中，对程序性事实的证明也不应采取与实体性事实完全整齐划一的证明方式。就程序性裁判中证据的合法性问题而言，该学者以非法证据排除规则作为分析样本，分析了公诉方证据材料的证据能力、被告人当庭陈述的证据能力。从证明责任角度考察，被告人供述适用证明责任倒置法则；对于其他言词证据，如果诉讼一方对该证言、被害人陈述的合法性提出异议，举证方应对其合法性承担证明责任；对于物证、书证、视听资料、电子证据的合法性问题，适用"谁主张谁举证"的原则，共三种证明责任分配规则。该学者指出，中国法律只在非法证据排除规则的适用问题上确立了程序性裁判机制，这既是重大的制度突破，法院围绕侦查行为的合法性问题构建了司法审查机制，并给予控辩双方就此程序问题展开举证、质证和辩论的机会，标志着刑事诉讼的可诉性得到法律的确认，也是刑事程序领域的一大缺憾，其他程序性争议，如回避、管辖变更、延期审理、证人资格、重新鉴定、证据展示等问题还没有确立任何形式的程序性裁判机制。非法证据排除规则的适用经验表明，只有将某一程序性争议纳入程序性听证的范围，法院才能围绕该项程序问题构建专门的证据规则，只有确立这些程序性争议的裁判机制，才能建立专门的证据规则。[①]

有学者认为，证据规则是证据原则的下位概念，是证据原则的具体体现，具有法律强制效力、明确的指导性和明显的程序性。刑事证据规则可以从诉讼程序、证据制度、法庭审判的角度进行理解，厘清证据原理、证据原则与证据规则的关系与差异，明确完善证据规则对优化立法、解决司法实践问题、实现"法律真实"的证明标准、实现刑事诉讼目的与程序正义的意义，从中国的诉讼文化背景、诉讼制度背景出发，借鉴两大法系刑事证据规则的先进经验，完善我国的刑事证据规则体系。现行《刑事诉讼法》以及司法解释已经初步确立了我国的证据规则体系，研究和完善证据规则具有充分的理论支撑与立法依据。一方面，我国《刑事诉讼法》将"尊重和保障人权"写入法典，充分体现了人权保障原则。另一方面，我国刑事证据规则体系的框架已初步形成，既有规定中明确规定、已经形成条文化的证据规则，包括非法证据排除规则、证据裁判原则、程序法定原则、证据质证原则；也有审查判断证据的程序中所体现出来的证据规则，包括关联性规则、意见证据规则、原始证据有限规则、补强证据规则、直接言辞原则。现有的证据规则体系为进一步研究、完善我国的证据规则提供了坚定的支撑。完善我国的刑事证据规则体系，以相关性规则为例，审视英美法系国家的制度与我国相关制度存在的差异，考虑英美法系国家对抗制诉讼之下的具有合意性的案件事实概念、英美法系国家刑事审判由法官与陪审团分工负责的制度、英美法系国家刑事审判定罪与量刑程序分离的制度，鉴于这些差异，必须明确限

---

① 陈瑞华. 程序性裁判中的证据规则. 法学家，2011（3）.

制品格证据的适用范围、明确规定被告人先前犯罪行为、不法行为或其他行为的相关性范围、明确限制被告人及其近亲属的事后补救或救助行为的相关性、明确限制被告人和解提议或协商行为的相关性。该学者通过具有中国特色的相关性证据规则的建构，说明刑事证据规则必须从中国实际出发，不能照搬域外证据规则，重视对域外证据规则的研究，吸收其精华，坚持批判吸收的态度，结合我国的现实情况，凸显中国社会发展的阶段性，解决中国刑事审判中的实际问题。①

有学者对《人民检察院刑事诉讼规则（试行）》进行了研读，认为有关证据规则的修改、完善应当综合考虑《刑事诉讼法》的立法精神及《关于办理死刑案件审查判断证据若干问题的规定》《关于办理刑事案件排除非法证据若干问题的规定》（以下简称"两个证据规定"）的合理内核，积极关注、回应司法实践，并适度借鉴最高人民法院解释和公安部规定，提出，应当明确证据裁判原则的适用范围，增强证明力判断、证明标准适用、刑讯逼供认定等规则的可操作性，明确界定非法实物证据排除规则和瑕疵实物证据补正规则。②

有学者从我国刑事证据规则的现状与问题出发，提出刑事证据规则体系的建构必须立足于我国当前刑事证据立法和刑事司法的现实，构建和完善包括关联性规则、证据禁止规则、传闻证据规则、意见证据规则、陈述自愿性规则和原始证据优先规则在内的规范证据能力的证据规则，包括补强证据规则在内的证明力规则和包括作证特免权规则、交叉询问规则和证据相互印证规则在内的规范证据运用的证据规则。③

有学者认为，我国刑事证据规则目前面临证据法典缺失、证据规则可操作性不强、精密化程度不高和证据规则的实施效果不佳等困境与问题。我国刑事证据规则立法应当以诉讼认识论和价值论为理论基础，建立由规范证据能力的证据规则、规范证明力的证据规则以及规范证据运用的证据规则组成的刑事证据规则框架体系。同时，构建若干配套制度，具体包括证据裁判原则、无罪推定原则、不得强迫自证其罪原则和直接言词原则，以及程序性制裁、庭前证据开示制度、证人出庭作证制度和扩大刑事法律援助制度范围。④

有学者认为，刑事证据规则应当具有必要的灵活性，即采取一般性加例外性的规定方式，并提出应当对现有证据规则进行改造，对缺少合理性的证据规则创设必要的例外性规定，以增强其实效。该学者考察了域外刑事证据规则中不强迫自证其罪规则、非法证据排除规则、传闻证据规则、证明责任分配、无罪推定原则等一般性与例外性的规定，发现在证据法较为发达、刑事证据规则较为完善的英美法系国家，证据规则结构上一般都采用原则加例外的规定方式。而我国的刑事证据规则则很少采取这种规定方式，不少证据规则存在过于绝对化的缺陷，例如非法证据排除规则、举证责任等，必须对其进行改造，使其具有必要的灵活性，以应对复杂的司法实践。该学者提出，构建刑事证据一般性与例外性规定，应当权衡我国的刑事政策、现实的治安形势、不同利益的平衡，按照一般性规定的数量应大于例外性规定的数量、一般性规定与例外性规定动态平衡、例外性规定的设置不得

---

① 樊崇义. 刑事证据规则体系的完善. 国家检察官学院学报，2014（1）.
② 万毅. 检察机关证据规则的修改与完善——对《人民检察院刑事诉讼规则》"证据"章修改建议. 中国刑事法杂志，2014（3）.
③ 兰跃军. 刑事证据规则体系的建构. 中国刑事法杂志，2015（6）.
④ 樊崇义. 刑事证据规则立法建议报告. 中外法学，2016（2）.

突破法律底线、一般性规定与例外性规定的系统化的要求进行设计。目前我国的刑事证据规则呈现简单化、概括化较强的特征，可能导致司法人员自由裁量权难以控制，不利于实现证据规则的规范目的，缺乏合理的例外性规定也不利于兼顾实体公正与程序公正的实现，对于非法证据排除规则、最高人民法院《关于适用〈中华人民共和国刑事诉讼法〉的解释》的证据规则、证明责任分配规则、证明标准、证明力规则等需要设置必要的例外性规定，以完善我国的刑事证据规则体系。①

有学者明确提出刑事诉讼中口供规则应当体系化的观点，认为任何一个口供规则的建立都必须以口供规则的体系化为基础，即任何一个口供规则的建立，都必须以其他口供规则的存在为条件，脱离其他口供规则，任何一个口供规则都难以发挥作用。口供的真实性体现的是对客观公正的审判结果的保障，任意性则是出于对犯罪嫌疑人、被告人个人尊严和意志自由的尊重，体现的是对理性文明的审判过程的追求。各国有关口供的证据规则也必然是对两者一并调整，无法完全区分清楚哪些是针对真实性的，哪些是针对任意性的。证据规则作为诉讼制度的一部分，必然要与其赖以存在的整个诉讼程序相协调。在设计口供证据规则的体系时，也要考量其在不同诉讼程序中所呈现出的差别，这有助于口供证据规则与整个诉讼程序的良性运转。所谓的口供的真实性和任意性，并非从通常意义或实质意义上来讲的，而是两个法律上的概念，重要的衡量标准就是合法性。口供的真实性是一种法律上的真实，即形式真实，而非客观真实。口供的任意性也不是一个实质上的概念，而仅仅是一种符合法律要求的任意性。因此，口供证据规则即由规范口供收集过程的取证规则、维护口供真实性与任意性的质证规则、确保口供真实性的补强规则和保障任意性的排除规则组成。该学者认为，在取证规则中应当明确讯问开始的条件、权利告知、律师帮助、讯问过程和结果的固定。质证规则则包括质证的内容、质证的对象、对口供任意性的证明责任。排除规则包括关于取证手段的排除、关于取证程序的排除、关于"毒树之果"的排除。补强规则包括补强证据的证明对象、证明标准、范围等内容。②

（二）非法证据排除规则

非法证据排除规则是一项重要的证据规则，目的在于制止那些野蛮、残忍、不人道的非法取证方式和手段，是维护宪法尊严，保障公民合法权利的要求；是保障诉讼程序公正，防止冤假错案发生的需要；也有利于促进司法人员严格执法，提高总体办案水平。学者们对非法证据排除规则的价值进行了考察。有学者认为，非法证据排除规则在证据史上具有进步意义，体现了对人的尊重，有助于促进程序正义和实体正义。非法证据排除规则的适用必须付出一定的代价，但其价值远大于成本。为了增加其价值、降低其成本，应当兼顾总体的正义和具体案件中的正义。③ 还有学者在考察了非法证据排除规则的价值及冲突的基础上，比较了域外非法证据排除规则建构中价值侧重的区别，将其分为强制排除模式与自由裁量排除模式，建议我国在建立非法证据排除规则时，应当就各个类型的违法情况加以区别，就各种违法程度情况探讨清楚。④

---

① 李富成. 刑事证据规则的一般性规定与例外性规定. 中国刑事法杂志，2016（5）.
② 汪建成，孙远. 刑事诉讼中口供规则体系论纲. 北京大学学报（哲学社会科学版），2002（2）.
③ 杨宇冠. 论非法证据排除规则的价值. 政法论坛，2002（3）.
④ 黄维智. 非法证据排除规则价值论纲. 中国刑事法杂志，2004（6）.

有学者认为，尽管非法证据排除规则以司法解释的形式被确立在中国刑事诉讼之中，但在当时的司法实践中处于名存实亡的状态，要通过明确非法证据的范围、非法取证手段的类别以及排除非法证据的法律后果重建这一制度。同时要建立专门的程序性裁判机制，确立有关排除非法证据问题的司法庭审形式，明确有关举证责任和证明标准以及排除规则适用后的再救济问题。①

有学者提出，确立非法证据排除规则的基础在于确立其理论基础。该学者考察了域外非法证据排除规则的理论基础，将其概括为虚伪排除理论、人权保障理论和违法控制理论三类。该学者认为，根据我国的国情和司法状况，应当将基本人权保障理论和重大违法控制理论作为我国非法证据排除规则的理论基础。②

有学者认为，非法证据排除规则的构建需要解决具体的程序操作问题，明确其适用范围、排除对象，强调非法证据排除规则只规制侦查机关的取证行为，不适用于私人取证行为，但对于私人采用极端反人性的手段获取的证据，应当适用非法证据排除规则予以排除；非法证据排除规则只适用于非法证据，不适用于瑕疵证据，瑕疵证据可经由补正继续使用，而非法证据则应当彻底排除，即一经排除不得再次采用；对于口供而言，不仅排除该证据，而且排除该证据源，即不仅排除该口供本身，而且排除口供这一证据类型。③

有学者认为，非法证据排除规则在我国的建立已是必然，但如何建立该制度，应当结合域外经验及我国现实进行考察，从程序的提起、动议的主体、时间、方式、排除庭审的性质、运作模式、规则、证明等诸方面设计出一套科学可行的程序方案。具体而言，提出非法证据排除动议的主体应当是作为"非法取证被害人"的被告人，自身宪法权利并未受到非法取证行为侵害的被告人，宪法权利受到非法取证行为侵害的证人、被害人、司法裁判者、辩护人、检察官等。动议提起的时间一般在审前，也可以在特殊情况下提起临时动议，动议提起的方式应当通过书面或口头的形式，维护刑事司法过程的"程序性"，又预先设置一定空间，保证被告人权利行使的顺畅。非法证据的审查应当由程序裁判者实施，预审法官难以解决非法证据审查的全部问题，庭审法官负担起部分非法证据排除的责任是不得已的选择。就非法证据排除程序的形式而言，庭审前提起的排除动议可以通过预审法官以审前程序的形式解决，庭审中的非法证据排除程序只能由庭审法官在庭审过程中将事实问题与程序问题清晰地区分，通过恰当的方式对各种问题进行裁判。控辩双方对非法证据排除的裁判不满时，可以通过上诉进行救济，上诉法院也有权主动救济，对于非法证据排除的裁判错误，应当裁定撤销原判，发回原审人民法院重新审判。非法证据排除程序的证明应当考虑证明责任问题、证明标准问题、证据规则问题，建构起较为完善的非法证据排除规则。④

有学者对非法证据排除规则在美国的确立和发展历史进行追溯，考察美国非法证据排除规则的基本原理及程序，介绍了非法证据排除规则的法律地位、非法证据排除规则对警察的违法行为是否有震慑作用、美国非法证据排除规则的困难、处理警察违法行为的其他

---

① 陈瑞华. 刑诉中非法证据排除问题研究. 法学, 2003 (6).
② 邓思清. 论非法证据排除规则的理论基础. 法律科学, 2006 (3).
③ 万毅. 非法证据排除规则若干操作问题研究. 中国刑事法杂志, 2007 (3).
④ 陈卫东, 刘中琦. 我国非法证据排除程序分析与建构. 法学研究, 2008 (6).

办法、非法证据排除规则中律师的作用、检察官和警察出庭作证等问题。其认为我国立法部门应当采纳联合国公约中有关非法证据排除的规则，转化为我国的法律法规，使非法证据排除规则得以在中国实施。该学者厘清了非法证据排除规则要在中国确立应当解决的一些概念性问题，如非法证据与证据合法性的关系、非法言词证据与实物证据、供述和证言等，提出确立中国特色非法证据排除规则应当考量国家利益、公检法机关关系、打击犯罪维护社会稳定的需要、诉讼各方的利益等，发挥检察机关在侦查、起诉、出庭支持公诉、法律监督职能中排除非法证据的作用，协调非法证据排除规则与证据展示制度、同步录音录像制度、法庭对质制度、听证制度等相关性制度的关系，建议各地根据自身情况灵活掌握非法证据的操作程序，为确立中国特色的非法证据排除规则勾画了蓝图。①

2010年5月，最高人民法院、最高人民检察院、公安部、国家安全部、司法部联合发布"两个证据规定"。"两个证据规定"明确，刑讯逼供等非法手段获取的证据，不能作为定案的根据，要求各级政法机关严格执行刑法和刑事诉讼法，依法惩治犯罪、保障人权，确保办理的每一起案件经得起历史的检验。其中，《关于办理刑事案件排除非法证据若干问题的规定》是我国第一份专门规定非法证据排除问题的司法文件，该规定明确了两大类非法证据，即言词证据和实物证据，形成了非法证据排除规则的基本框架。有学者对"两个证据规定"出台的背景、意义、亮点及不足进行了系统梳理和评析，建议更新证据观念，保障制度执行，确立配套措施，完善现有规则，并考察中国实际，以建立起科学合理的刑事证据制度。②

有学者对"两个证据规定"的规范和执行问题进行研究，指出应当对威胁、引诱、欺骗等非法取证问题作出必要规范，确立有限的直接言辞证据规则和细化的瑕疵证据补正规则，禁止在死刑案件中适用特殊侦查措施等，证据规则的实施需要审判环节、检察环节发挥合力。③ 有学者认为，以西方国家的相关证据规则作为参照系，"两个证据规定"对非法证据排除实体及程序方面创新性的规定，呈现出了非法证据排除规则的中国模式。然而，徒法不足以自行。为了有效实施非法证据排除规则，必须建立起司法审查机制和裁判中心的诉讼构造，并完善相关司法体制改革。具体而言，《关于办理刑事案件排除非法证据若干问题的规定》确立了"强制性的排除"与"自由裁量的排除"相结合的排除规则。对于"强制性的排除"，两部证据规则在适用范围上作出了一些限制，而"自由排除的裁量"规则要得到有效实施，需要法官以善意的态度，掌握利益权衡的精神，对于多种因素进行全面的考量，对多方面的利益进行合理的权衡。该学者指出，"两个证据规定"所确立的"可补正的排除"与大陆法中"可补正的无效"不是一个层面上的概念，而与英美法中"无不利后果的撤销起诉"以及"撤销原判发回重审"具有相似的性质。确立"程序审查优先原则"，使侦查行为的合法性问题被纳入专门的程序性裁判程序之中，为非法证据排除规则的有效实施提供了程序保障。就证明责任而言，"两个证据规定"在吸收英美证据法的基础上，确立了独具特色的证明责任分配规则。④

---

① 杨宇冠. 非法证据排除规则及其在中国确立问题研究. 比较法研究, 2010 (3).
② 陈卫东. 中国刑事证据法的新发展——评两个证据规定. 法学家, 2010 (5).
③ 龙宗智. 两个证据规定的规范与执行若干问题研究. 中国法学, 2010 (6).
④ 陈瑞华. 非法证据排除规则的中国模式. 中国法学, 2010 (6).

有学者指出,"两个证据规定"重申了非法言词证据一般应予以排除的原则,界定了非法言词证据的含义,修订了之前的非法言词取证规范,确立了瑕疵证据一般不予排除的原则,是我国刑事证据制度改革的突破进展;同时,也存在着对严格予以排除的"强制情形"列举粗疏,对部分情形取得的证据效力有待明确,特殊口供的排除原理需要完善,取证禁止规定需要更高位阶的人权法引导,特殊情形下非法言词证据的证据能力还需要补充五大改革局限。该学者认为,应当借鉴域外的共通经验,严格排除通过"强制"讯问(尤其是以身体为导向的)所获取的口供,有限定地确立一些合法的侦查讯问策略,根据中国刑事司法语境的发展,适时地引进阻吓性标准,并综合吸收预防性基准、正当性基准、任意性基准的优点,有必要以《刑事诉讼法》再修改为契机,增订禁止强迫自我归罪特权,针对一系列特殊情形的非法言词证据之证据能力,仍需学理解释、实务判例的补充与完善。[1]

也有学者指出,我国严格运用非法证据排除规则存在定义难、辨别难、提出难、举证难、调查难、对质难、认定难、排除难、协调难、配套难等十大技术难题,而《关于办理刑事案件排除非法证据若干问题的规定》则部分地解决了这些难题,但要将该规定所彰显的价值理性真正落实为程序规则技术,还有待于将来的法治发展。[2]

有学者认为,我国学界对"非法证据"广义理解的主流观点,与非法证据排除规则的目的实际相冲突,可能导致其适用对象和范围的不当扩张,应当将"非法证据"仅限于非法定方法取得的证据。[3] 有学者认为,正确适用非法证据排除规则的前提,是对"刑讯逼供"作出准确而允当的解释,应当根据条约神圣的原则,依据《禁止酷刑和其他残忍、不人道或有辱人格的待遇或处罚公约》对酷刑的定义来解释刑讯逼供,并根据具体个案进行具体判断。[4]

有学者对《关于办理刑事案件排除非法证据若干问题的规定》的规定进行肯定的同时,也指出一些条款规定得过于原则化,使操作上可能遇到相应的困境,应当在实务中对刑讯逼供问题的庭审现行调查程序严格限制、严格调查、严格处理,同时扩大解释"刑讯逼供",扩大运用庭审前置调查程序及其适用阶段,以解决非法证据排除规则的操作难题。[5]

有学者对"规定"的实施状况进行了考察,提出应当明确非法证据的定义,统一非法证据的理解等问题,建议建立本土化的非法证据排除规则,明确理论依据,发挥法官的能动性,对规则进行细化完善,以真正形成非法证据排除规则体系,发挥刑事非法证据排除规则的实际功效。[6] 有学者从检察机关的职能切入,指出其应当从预防和排除非法证据的双重视角来加强在非法证据排除中的作用发挥,以保证证据收集固定的合法性,规范排除

---

[1] 林喜芬. 论"两个证据规定"的三大突破与五个局限——以非法言词证据的证据能力为重心. 现代法学, 2011 (2).

[2] 张斌. 我国非法证据排除规则运用的十大技术难题——兼评《关于办理刑事案件排除非法证据若干问题的规定》. 中国刑事法杂志, 2010 (10).

[3] 万毅. 解读"非法证据"——兼评"两个《证据规定》". 清华法学, 2011 (2).

[4] 万毅. 论"刑讯逼供"的解释与认定——以"两个《证据规定》"的适用为中心. 现代法学, 2011 (3).

[5] 刘彦辉. 论非法证据调查程序在我国的立法确立. 中国法学, 2011 (4).

[6] 叶青. 关于非法证据排除规则体系的若干问题思考. 政治与法律, 2011 (6).

非法证据的程序，以实现证据审查判断的准确性。[1]

有学者对《关于办理刑事案件排除非法证据若干问题的规定》的规则和实施情况进行考察，认为应当明确"非法取证"的手段，完善非法实物证据的规定，明确非法证据范围和证明要求，采取同步录音录像、看守所身体检查报告、侦查人员出庭作证等方法对证据的合法性予以证明，建立侦查讯问中律师在场制度，保证律师的辩护权利，将法律援助与值班律师制度相结合，并针对非法证据排除裁决的性质和我国的司法实际建构非法证据排除规则的救济程序。[2]

还有学者采用实证研究的方法，对"两个证据规则"颁布后的非法证据排除规则实施状况进行了考察，发现其实施过程中出现举证、司法裁量、权利滥用等问题，提出应当细化规则，合理界定非法证据的范围，完善排除程序，并健全相关配套制度，以促进非法证据排除规则在我国的发展。[3]

有学者认为，《关于办理刑事案件排除非法证据若干问题的规定》虽然对非法证据排除的程序作出了相关规定，但是还存在着裁判程序独立性不足、诉讼效率较低、二审程序救济不畅及相关配套制度有待健全等问题。该学者考察了美国、英国、日本、俄罗斯等国非法证据排除规则的适用程序，认为区分实体性裁判与程序性裁判、隔离事实裁判者与非法证据、注重诉讼效率、二审程序对非法证据排除程序予以救济等是各国不同程序设计背后的价值共性。该学者提出，我国非法证据排除规则适用程序的建构也应当遵循以上价值因素，建立以庭前排除为核心，以审中、审后救济为辅助的多层次的程序结构，为非法证据排除规则的实施提供程序平台。[4] 有学者认为，"两个证据规定"所确立的瑕疵证据的补正规则应当采取审慎的态度，明确界定瑕疵证据并规范补正程序，防止对该规则发生误读和滥用自由裁量权的问题。[5]

2012年修订的《刑事诉讼法》第50条规定："审判人员、检察人员、侦查人员必须依照法定程序，收集能够证实犯罪嫌疑人、被告人有罪或者无罪、犯罪情节轻重的各种证据。严禁刑讯逼供和以威胁、引诱、欺骗以及其他非法方法收集证据，不得强迫任何人证实自己有罪。"这一规定确立了严禁非法取证的原则。对于非法收集的证据的效力，《刑事诉讼法》第54条规定："采用刑讯逼供等非法方法收集的犯罪嫌疑人、被告人供述和采用暴力、威胁等非法方法收集的证人证言、被害人陈述，应当予以排除。收集物证、书证不符合法定程序，可能严重影响司法公正的，应当予以补正或者作出合理解释；不能补正或者作出合理解释的，对该证据应当予以排除。在侦查、审查起诉、审判时发现有应当排除的证据的，应当依法予以排除，不得作为起诉意见、起诉决定和判决的依据。"这从立法层面上首次确立了非法证据排除规则。《刑事诉讼法》确立的非法证据排除规则也成为学界和实务界的热点话题。

---

[1] 卞建林，李晶. 检察机关排除非法证据的规范——基于预防和排除的双重视角. 政治与法律，2011（6）.
[2] 杨宇冠，杨恪.《非法证据排除规定》实施后续问题研究. 政治与法律，2011（6）.
[3] 徐清宇. 非法证据排除规则的现实困境及其解决路径——基于"非法证据排除规则试点项目"的实践与思考. 政治与法律，2011（6）.
[4] 杨波. 非法证据排除规则适用程序研究——以庭审程序为核心的分析. 中国刑事法杂志，2011（9）.
[5] 陈瑞华. 论瑕疵证据补正规则. 法学家，2012（2）.

有学者对纳入刑事诉讼法典的非法证据排除规则进行分析，认为其规定明显侧重于对非法言词证据的排除，而对非法实物证据的规制不足，非法实物证据排除规则的内容缺陷也导致其在实践中难以发挥作用，提出应当在《刑事诉讼法》实施的过程中克服重实体轻程序的价值取向、职权主义的诉讼模式、司法潜规则对辩护权的限制、司法机关的偏见、诉讼行为善恶标准的曲解、沉默法则及双重标准的不利影响以及司法体制的障碍，使非法证据排除规则在纸面上和行动中能够相偕。[1]

有学者认为，文本上赋予检察机关在排除非法证据方面的职权过于笼统，对"非法证据"的界定不清、缺乏具体的操作规程、证明责任分配不明等问题导致了"审前裁判"难以形成、检察监督消极、非法取证屡禁不止等现实困境，提出应当加强检察机关排除非法证据的制度建构。[2]

有学者从非法证据排除的角度对侦查活动的专业化和规范化予以分析，认为我国对于讯问获取的言词证据的排除标准不明导致非法证据排除规则无法落地。通过比较考察美国司法实践中对警察通过"欺骗"讯问手段获取证据的认定，可以对我国非法言词证据的界定提供明确的标准。[3]

有学者认为，虽然《刑事诉讼法》规定了侦查机关与检察机关在审前程序中排除非法证据的职责，但对相关程序性内容的规定较为缺乏，应当通过明确相关规则，如明确审查非法证据的具体部门、犯罪嫌疑人辩护人启动程序的相关权利、侦查机关检察机关的相关义务、审查证据合法性的方式及证明责任、对非法证据排除的处理及救济等问题，落实非法证据排除规则在审前阶段的实施。[4]

有学者就非法证据排除规则下检察机关的证明标准问题进行了探究，认为应在厘清概念、澄清认识论并考察域外经验的基础上，对我国非法证据排除规则的证明标准予以规范，提出了对于非法言词证据适用"确实、充分""排除合理怀疑"的证明标准，对于非法实物证据适用"优势证明"标准的观点。[5]

有学者认为，由于语言的模糊性，仅依靠文本上的法律规则，非法证据排除规则是不明确的，需要司法者在实践中面对具体案例时进行解释性适用，也就是说，适用非法证据排除规则需要司法判例。[6]

针对重复性供述问题，有学者认为重复性供述排除与否取决于先前的非法取供手段对重复供述的实际影响，提出原则上应当只排除非法取供发生后至确认前在统一诉讼阶段获取的重复供述，建立以激励为主的取供机制，减少对非自愿供述的依赖。[7] 有学者在对重复供述问题作出深入分析后，认为司法实践中对重复供述的应对模式均存在不足，提出考察先前非法讯问对随后供述的任意性是否继续产生影响的继续效力排除模式，由控方至少

---

[1] 张建伟. 非法证据缘何难以排除——基于刑事诉讼法再修改和相关司法解释的分析. 清华法学，2012（3）.
[2] 詹建红. 检察机关排除非法证据的制度建构. 法商研究，2012（3）.
[3] 董开星. 非法证据排除与讯问策略——以《刑事诉讼法》第50条中"欺骗"的理解为例. 中国刑事法杂志，2012（10）.
[4] 樊崇义，吴光升. 审前非法证据排除程序：文本解读与制度展望. 中国刑事法杂志，2012（11）.
[5] 吴宪国. 非法证据排除规则下检察机关的证明标准. 中国刑事法杂志，2012（12）.
[6] 何家弘. 适用非法证据排除规则需要司法判例. 法学家，2013（2）.
[7] 闫召华. 重复供述排除问题研究. 现代法学，2013（2）.

以优势证据承担供述任意性的证明责任。①

有学者通过考察我国非法证据排除规则制度建立及完善的过程，分析了非法证据排除制度在思想基础、利益基础、制度基础、逻辑基础及现实基础上对我国预防刑讯逼供等司法人员职务犯罪的价值所在，认为非法证据排除制度的体系化、法治化、科学化可以作为反腐败制度的样本，对反腐败治理具有启发意义。②

有学者通过样本统计、问卷调查等实证研究方法对非法证据排除规则的实施状况进行考察，指出由于《刑事诉讼法》对非法证据排除的审理程序设计粗疏，我国非法证据排除规则在司法实践中适用困难，提出应当通过明确非法证据排除审理程序的衡平价值观、补强非法证据排除庭前程序、细化非法证据排除的法庭调查程序、保障对非法证据排除裁判结果的救济方式等方面对其进行功能重塑，以发挥非法证据排除规则的实践力量和程序生命力。③

有学者运用实证研究的方法对"非法供述排除规则"的实施状况进行研究，发现供述合法性证明责任分配虚化、非法供述排除的排除标准拔高化、排除非法供述考量因素多元化、控方合法性证据形式化等问题，提出排除合理怀疑的证明标准不具有操作性、非法证据排除规则过于忽略实体价值、非法供述排除规则的目的在于"震慑"侦查人员严格依法取证。④

有学者对非法证据排除在司法实践中的运行状况进行了实证考察，发现审查起诉阶段的非法证据排除程序启动频率要高于审判阶段的，认为审查起诉阶段的非法证据排除与公诉机关、审判机关、侦查机关三主体的利益契合，在司法实践中实际发挥着证据把关而非证据排除的作用，是非法证据排除规则在我国既有刑事司法体制中的产物。⑤

有学者通过调研分析，了解到非法证据排除规则在刑事司法中适用的现实障碍与困境，指出《刑事诉讼法》及其解释对非法证据排除规则的规定过于粗疏，审查起诉、审判阶段难以发挥对前阶段的制约作用，重实体轻程序的传统司法观念和司法机关不合理的考核方式是非法证据排除规则的现实障碍，不甚明确的规则和理论的缺失造成了其适用上的困难。⑥ 有学者对非法证据排除制度的法理依据进行了分析，考察其立法目的和制度要素，对学术研究和司法实践中遇到的非法证据的排除范围、排除主体、法庭调查程序、证明责任、证明方法等难题进行了探究。⑦

有学者指出，缺乏完善的证明责任分配机制，非法证据排除调查程序会因法官滥用自由裁量权而难以被启动，非法证据排除规则成为具文，因此应当为非法证据调查程序提供制度保障，提出应当明确界定辩护方的证明责任及其证明标准，通过改革辩护制度和侦查程序提升辩护方的举证能力，构建程序性的诉权制约机制。⑧

---

① 吉冠浩. 论非法证据排除规则的继续效力——以重复供述为切入的分析. 法学家，2015（2）.
② 宋寒松. 我国非法证据排除制度的完善对防治腐败的启示. 中国法学，2013（6）.
③ 杜豫苏. 非法证据排除审理程序的困境与完善. 法律科学，2013（6）.
④ 王爱平，许佳."非法供述排除规则"的实证研究及理论反思. 中国刑事法杂志，2014（2）.
⑤ 吴洪淇. 证据排除抑或证据把关——审查起诉阶段非法证据排出的实证研究. 法制与社会发展，2016（5）.
⑥ 李海良. 非法证据排除规则适用情况之实证研究. 中国刑事法杂志，2013（11）.
⑦ 李寿伟. 非法证据排除制度的若干问题. 中国刑事法杂志，2014（2）.
⑧ 王超. 非法证据排除调查程序难以激活的原因与对策. 政治与法律，2013（6）.

有学者针对非法实物证据的规则缺陷和程序保障缺陷，考察域外非法实物证据排除规则确立的历程，明确其立法目的在于保障公民基本权利，并据此提出我国非法实物证据排除规则之构建方案，从实体要件、程序规范和保护机制三方面予以建构。[1] 有学者认为，《刑事诉讼法》对非法证据排除规则的立法表达，违背了非法证据排除规则的应然原理与规律，使非法证据排除规则失去实效，非法证据在实践中几乎不可以被排除。该学者提出，应当将非法证据排除规则体系全部复制，完善相应的配套措施，才能真正发挥其效用。[2]

有学者对最高人民法院、最高人民检察院的司法解释中的非法口供的相关条款予以分析，认为我国非法口供排除的核心要件为"痛苦规则"，探讨了司法实践中适用"痛苦规则"的三种情况，以及其他取证方法的应对方案，并提出对于重复自白，除庭审自白及发现隐蔽性很强的物证、书证外，应认为受波及效力影响而排除。[3]

有学者指出，司法实践中缺乏独立性的法院将非法证据排除与供述的真实性问题捆绑，利用立法用语的弹性滥用自由裁量权，导致非法证据排除规则实施效果有限，建议将非法证据排除规则从面向事实的事后制裁规则转变为一种面向程序的事前预防规则，以技术规则破解现实困境。[4]

有学者对非法证据排除的程序进行了全面剖析，认为作为一项程序性裁判应当具有优先于实体性裁判的效力，通过初步审查和正式调查两个程序并明确其中不同的证明责任分配、证明标准等问题，实现非法证据排除规则的适用。[5] 有学者通过对地方检察机关的调研，了解非法证据排除与庭前会议在实践中的运行状况，认为庭前会议应当起到解决非法证据问题的作用，允许在庭前会议中基于证据开示的基础提出非法证据排除的申请，避免"确认或者不能排除存在非法取证可能"的证据进入法庭审判。[6]

有学者以法解释学的方法对非法证据排除规则进行了规范性分析，明确了"排除"的概念、非法证据的来源、非法言词证据与实物证据的界定、排除的程序阶段等一系列基本问题，为非法证据排除规则的实施提供了理论铺垫。[7] 有学者指出，非法证据排除规则既受制于司法体制机制的制约，又受司法人员观念的影响而适用有限、效果不佳。该学者指出，实践中对非法证据排除规则的适用有扩大的倾向，混淆了非法证据与瑕疵证据、违法证据的界限，遭遇了非法证据认定主体在追诉犯罪与诉讼监督、放纵犯罪与保障人权之间的冲突；证明标准把握不严，举证责任落实不够；实体、程序问题一并审理等问题，提出应当通过规则捋顺适用程序，通过制度排除适用障碍，以解决非法证据排除规则在司法适用上的困境。[8]

有学者指出，非法证据与瑕疵证据的界限模糊是司法实践中非法证据排除规则运行不

---

[1] 闫永黎, 张书勤. 论非法实物证据排除规则的构建. 中国刑事法杂志, 2013 (7).
[2] 栗峥. 非法证据排除规则之正本清源. 政治与法律, 2013 (9).
[3] 龙宗智. 我国非法口供排除的"痛苦规则"及相关问题. 政法论坛, 2013 (5).
[4] 吴宏耀. 非法证据排除的规则与实效——兼论我国非法证据排除规则的完善进路. 现代法学, 2014 (4).
[5] 陈瑞华. 非法证据排除程序再讨论. 法学研究, 2014 (2).
[6] 杨宇冠, 等. 非法证据排除与庭前会议实践调研. 国家检察官学院学报, 2014 (3).
[7] 程雷. 非法证据排除规则规范分析. 政法论坛, 2014 (6).
[8] 王树茂. 非法证据排除规则的司法适用辨析. 政治与法律, 2015 (7).

畅的内在原因，应当通过司法解释建立覆盖面广、刚性的非法证据排除规则，并通过指导性案例发展实用的例外法则。① 有学者通过对司法实践中大量刑事案例的分析，指出非法证据排除案例明显增加，非法证据排除程序确实排除了一部分非法证据，个别案件被告人获得无罪释放，分析了非法证据排除规则实际适用中的证据种类、排除理由、证明责任以及"毒树之果"的保障作用等问题，认为我国的非法证据排除规则已经从法律文本走向司法实践，在保障无辜者不受错误追究、促使侦查机关依法办案、促进法治、实现审判中心主义、加强刑事裁判的正当性等方面发挥着重大作用。该学者建议通过加强裁判文书说理、确立"毒树之果"、"权利分类型"排除规则等方式，完善非法证据排除规则的实施。②

有学者认为非法口供排除标准在我国立法和理论上都尚未构建起来，提出了以可靠性为基本标准、以必要性为补充标准的观点，即主要考察侦查人员采用威胁、引诱、欺骗方法所产生的心理强制力是否过度以至于使犯罪嫌疑人虚假认罪，补充考察当非法言词证据证明力较强时，是否有必要为维护司法公正而排除该证据。③

2017年6月20日，最高人民法院、最高人民检察院、公安部、国家安全部、司法部联合发布了《关于办理刑事案件严格排除非法证据若干问题的规定》，不仅是对2010年《关于办理刑事案件排除非法证据若干问题的规定》的升级修订，也是对相关司法解释和规范性文件的系统梳理、归纳、补充和完善，对实践中进一步严格实行非法证据排除规则提供了规范性依据，是我国非法证据排除规则的新发展。

有学者认为，严格实行非法证据排除规则是司法改革的重要部署，是推进以审判为中心的刑事诉讼制度改革的配套措施，对于规范司法行为、保障公民权利、提高司法公信力具有重要意义。该学者通过对《关于办理刑事案件严格排除非法证据若干问题的规定》的文本进行解读，阐释了此规定的亮点，即对"非法方法收集证据"的范围作出了进一步界定，明确了重复性供述的排除规则及其例外情形，突出强调了侦查机关自行排除非法证据的职责，规范了讯问录音录像和讯问笔录的制作要求，规范了讯问场所，完善了看守所提讯登记和收押体检制度，强化了人民检察院对非法证据的调查核实，完善了辩护和法律援助制度，完善了庭前会议对证据收集合法性争议处理的机制，完善了庭审阶段对证据收集合法性的审查与调查程序，完善了二审程序中对证据收集合法性的调查和处理程序。④

有学者认为，这一规定文件重点赋予了检察机关在审查、排除非法证据和推动庭审实质化等方面新的职责内涵，有助于检察机关转变办案观念、明确其证明责任和法律监督职责，也对其履职提出了新要求，是检察改革发展的有利机遇。⑤ 有学者认为《关于办理刑事案件严格排除非法证据若干问题的规定》既有理论依据又解决了许多困扰已久的实务问题，既立足国情又吸收了先进的域外经验。其中，在排除的范围规定上首次将"威胁"方法列入，使司法实践中惯用的"威胁"方法得以有效遏制，在重复性供述问题上采取"主

---

① 马明亮. 非法证据排除规则的结构性困境——基于内部视角的反思. 现代法学, 2015 (4).
② 易延友. 非法证据排除规则的中国范式——基于1 459个刑事案例的分析. 中国社会科学, 2016 (1).
③ 纵博. 以威胁、引诱、欺骗方法获取口供的排除标准探究. 法商研究, 2016 (6).
④ 万春, 高翼飞. 刑事案件非法证据排除规则的发展——《关于办理刑事案件严格排除非法证据若干问题的规定》新亮点. 中国刑事法杂志, 2017 (4).
⑤ 陈卫东. 《严格排除非法证据规定》下的检察发展新机遇. 中国刑事法杂志, 2017 (4).

体更替说",实现了实体公正与程序公正、惩罚犯罪与保障人权的平衡,在排除的证明问题上应当明确辩方、公诉方的举证责任和证明标准,以落实非法证据排除规则在实践中的适用。[1]

有学者通过对《关于办理刑事案件严格排除非法证据若干问题的规定》的规则内容予以分析,认为其对非法证据排除规则实施中的许多现实问题作出了回应,其中所体现的证据裁判原则有利于推动以审判为中心的诉讼制度改革,并能对侦查机关、检察机关的司法行为予以规范,有利于维护和促进司法公正。[2]

有学者考察了检察机关的性质及其法律地位,认为检察机关在非法证据排除中应当扮演监督者、裁判者和公诉人三重角色。《关于办理刑事案件严格排除非法证据若干问题的规定》规定的对犯罪嫌疑人进行身体检查时的驻监所检察人员在场制度,重大案件侦查终结前的驻监所检察人员核查制度,辩护方可以在侦查、审查批捕和审查起诉环节向检察机关申请排除非法证据的制度,检察机关在庭审前自行排除非法证据制度以及辩护方向检察机关申请调取证据制度,都强化了检察机关在排除非法证据中的作用。[3]

有学者认为,《关于办理刑事案件严格排除非法证据若干问题的规定》关于侦查办案人员出庭作证的规定,有效保障了辩方申请侦查办案人员出庭作证的权利,促进了控辩平等,提出对于出庭作证的侦查办案人员应当由控方直接询问,并通过交叉询问和对质的方式接受质证,使侦查办案人员出庭作证成为常态。[4]

(三)最佳证据规则

有学者通过追溯最佳证据规则的历史及法例发展过程,对该规则的内容和法理基础进行了辨析,认为最佳证据规则的法理基础在于原件的可靠性、内容的丰富性与完整性,最佳证据规则适用于文书、照片与记录,为了证明该文书、记录或图片术语而存在,适用时在不同情况下对原件有不同的判断标准。该学者特意说明了最佳证据规则的例外情形,即在当事人对副本或复制件无争议、原件已丢失或损毁、原件掌握在对方或第三人手中、证明内容为官方记录等情况时,对该文书、照片与记录的证明不受原件要求的约束。该学者分析了中国法律中的最佳证据规则,并与英美最佳证据规则对比考察,认为在我国,该规则存在着适用范围较广、适用场合较多、适用依赖于法官的自由裁量权、覆盖面较窄、侧重于证明力而忽视了可采性等问题,应当明确界定最佳证据规则的适用范围,完善其例外规则,并删除有关证明力大小的规定,将证明力问题交还给法官,实现自由心证,以促进我国相关制度的改革与完善。[5]

(四)意见证据规则

意见证据是证人作出的意见、判断,通常由专家根据其专门知识、经验、技能或借助于专门设备、操作程序、准则作出。通常情况下,普通证人只能对其所看、所听等感受到的情况作出描述,而不能在其中表达自己的意见、看法。

---

[1] 陈光中. 对《严格排除非法证据规定》的几点个人理解. 中国刑事法杂志,2017(4).
[2] 卞建林. 我国非法证据排除规则的新发展. 中国刑事法杂志,2017(4).
[3] 熊秋红. 检察机关在非法证据排除中的多重角色. 中国刑事法杂志,2017(4).
[4] 张保生. 非法证据排除于侦查办案人员出庭作证规则. 中国刑事法杂志,2017(4).
[5] 易延友. 最佳证据规则. 比较法研究,2011(6).

从"刘涌案"中第一次出现了专家意见书起,专家意见书的性质就受到了广泛关注。有学者专门对其性质进行了研究,认为只有当专家意见书的具体内容仅就案件事实中涉及某些专门性问题作出鉴别和判断,且不属于本国法律问题时,专家就此类专门性事实问题所提出的专家意见属于意见证据。实践中的专家意见书,如果涉及本国法律问题,可能成为起诉状或答辩状的一个组成部分,也可能是外国法查明的辅助方法。总之,对于专家意见书的法律性质不能一概而论,无法简单地从其名称上判定,而应从其所载明的具体内容中分析判断。①

有学者考察了英美法中的意见证据规则,认为传统证据法理论上一律排除意见证据的规则过于绝对化,普通证人意见证据在具体情况下经法官自由裁量可以被采纳,建议我国普通证人意见证据规则的适用应当明确证据可采的基本条件,赋予审判人员决定是否采纳该证据的裁量权,明确不得采纳的特殊情形,并对采纳该证据提供程序保障。②

自2010年7月1日起施行的《关于办理死刑案件审查判断证据若干问题的规定》,确立了我国刑事意见证据规则,"证人的猜测性、评论性、推断性的证言,不能作为证据使用,但根据一般生活经验判断符合事实的除外"。证据法学者针对立法中初现的意见证据规则,开展了相关理论研究。有学者认为,意见证据规则之所以对普通证人意见证据和专家证人意见证据的可采性通常作出大相径庭的取舍,其根源在于,事实认定者面对普通知识和专业知识时,自身能力存在的普遍差异性。我国的意见证据规则仅规定"但根据一般生活经验判断符合事实的除外",这规定得过于抽象、概括,不利于其具体的适用。在我国,虽然没有"专家意见""专家证言""专家证人"或"科学证据"等术语,但却有着本质上与"专家意见"等语词一样的"鉴定结论"。所谓的"鉴定结论",也不过是专家个人的一种意见或推论,能否作为认定案件事实的依据,还要看它是否有充足的事实或数据作支撑并且是否属于可靠原理和方法之产物的鉴定意见。意见证据规则的适用,要求法官拥有充分的自由裁量权并能自如、自觉地行使,质证程序要得到充分保障并有效实施,总结实践经验并与理论研究互动,促进意见证据体系的科学化、缜密化。③

2012年《刑事诉讼法》的修改将鉴定结论改为鉴定意见,这对刑事司法规范鉴定意见的审查与运用提出了新要求。有学者考察了英美国家专家意见证据规则的起源和发展,发现英美国家从意见证据的相关性、意见证据所依据科学原理、方法的可靠性等方面规范专家证人意见证据的可采性,对我国规范鉴定意见的审查与运用具有重要借鉴意义。该学者认为,我国《刑事诉讼法》对鉴定意见的有关规定,重点关注于鉴定人的资质问题、检材问题、鉴定程序方法问题、鉴定意见文书问题和鉴定意见与案件事实的关联性问题,有其局限性。由于我国刑事诉讼立法与司法实践长期以来对鉴定意见形式要件的重视程度要远远高于对鉴定意见的可信性因素的,鉴定意见虽被冠以鉴定结论的名称,其公信力却严重不足,多头鉴定、重复鉴定现象严重。而理论研究则集中于鉴定人与鉴定机构的规范问题、鉴定意见的质证问题、鉴定程序的启动问题、英美国家科学证据可采性标准介绍与借鉴问题。实际上,我国应当结合《刑事诉讼法》基本框架,借鉴英美国家专家证人意见证

---

① 金震华. 专家意见书的法律性质. 华东政法大学学报,2004 (1).
② 何挺. 普通证人意见证据:可采性与运用规则. 中国刑事法杂志,2010 (10).
③ 李学军. 意见证据规则要义——以美国为视角. 证据科学,2012 (5).

据规则，以相关性规则、必要性规则、可靠性规则、合规性规则、充分性规则、适格性规则为内部性规则，以鉴定人出庭作证规则、专家辅助规则、采信理由公开规则为外部性规则，从内、外两个方面规范鉴定意见的审查与运用，以确保刑事司法的公正性。①

有学者对加拿大的专家意见规则做了专门的研究。专家在诉讼领域凭借其独有的知识与资格来表达别人不可替代的意见，再由法官自由裁量是否采用该意见证据。该学者观察到，加拿大法院对专家意见证据的采用日益慎重，对专家意见形成了关联性、可靠性、必要性、排除规则检验、新技术规范、独立性的证明标准。②专家证据的可采性范围由证据法或诉讼的程序规则予以确定，集中于专家的客观性与独立性问题。专家证据的目的是为法官和陪审团就诉讼中的、在非专业人士的经验之外的有关事项提供协助。专家意见证据只有满足相关性、必要性、不适用证据排除规则、专家具备适当资格的条件，方能具有可采性。近年来又发展出了可靠性标准、客观性标准及独立性标准，使加拿大诉讼中的意见规则标准越来越精致。③

有学者对我国刑事诉讼中意见证据规则的适用情况开展了实证研究，发现证人提出"意见证据"的趋势在上升，意见证据在不同地域、不同级别管辖、不同审级法院均有出现，我国法官在刑事诉讼中运用意见证据时存在标准不统一的问题。其原因在于，《刑事诉讼法》针对意见证据采用的"原则＋例外"的体例，使例外的表述过于笼统。通过实证分析，并借鉴域外意见证据规则的规定，该学者提出，只有建立在亲历感知基础上所作出的推断、评论或者猜测，才有可能被采纳为证据使用，建议进一步完善我国现有的刑事意见证据规则。④

（五）补强证据规则

在刑事审判中，对被告人的口供如何审查与认定，历来是刑事证据理论和审判实务中较为复杂的问题。作为刑事诉讼中口供运用的一项重要规则，口供补强是指限制口供的证据能力，不承认其对案件事实具有独立和完全的证明力，禁止以被告人的供述作为定案的唯一依据；口供必须在其他证据以佐证方式补强其证明力的情况下，才能作为定案的根据。有学者针对自白补强规则规定的粗疏、实践问题突出，对该规则的理论基础进行了研究。该学者认为，自白补强规则的理论基础有二：一为保障人权，防止自白之强求；二为保障正确认定事实，防止错判。通过对域外相关规则的研究，发现法庭上的自白与法庭外的自白有所区别，各国对两种自白是否需要补强的规则和实践有很大差异。该学者认为，无论是法庭上自白还是法庭外自白，均需要补强证据，以保证判决的正确性，防止误判发生。对补强证据的范围，作者也提出了对犯罪事实主要部分予以补强的观点，具有一定的新意。⑤

有学者专门对自白补强规则进行了比较法考察，发现美国和日本两国在补强证据的证明对象、补强证据的证据能力、补强证据的证明程度以及共犯自白应否补强等几个方面各

---

① 樊崇义，吴光升. 鉴定意见的审查与运用规则. 中国刑事法杂志，2013（5）.
② 李峣，陈庆凤. 加拿大专家意见的证明标准. 中国刑事法杂志，2013（4）.
③ 李峣，吴三军. 加拿大意见规则的考察基点. 河北法学，2015（8）.
④ 李学军，张鸿绪. 我国刑事诉讼中意见证据规则适用的实证分析. 证据科学，2016（5）.
⑤ 吴海威. 论自白补强规则. 国家检察官学院学报。2003（1）.

有特色。就证明对象来说，美国的补强规则证明"案件主要事实"，日本则将"罪体"作为补强对象。在证据能力上，美国的绝大多数司法管辖区认为补强证据应当是自白以外的证据，而且该证据应当能够证实犯罪实体。补强证据既可以是间接证据，也可以是直接证据，但是非法证据、传闻证据不得作为补强证据使用。在日本，传闻证据可以作为补强证据使用。但两国都要求补强证据必须独立于被补强的自白。在证明程度上，美国的补强证据没必要达到排除合理怀疑的程度，如果有充分的证据，该独立的补强证据可以和自白一同被考虑，从而判断有罪的证明程度是否已经达到排除合理怀疑。在日本，补强证据与自白的证明对象相同，共同构成认定犯罪事实的基础，补强证据并不需要达到单独使审判官形成确信的程度。两国对补强证据证明程度的要求，有一个基本的上下限标准，上限即最高要求为补强证据能独立证明案件事实的存在，下限即最低限度为补强证据对案件事实具有间接证明作用，要与自白相一致，担保自白的真实性，并共同证明案件事实。在共犯自白是否应当补强的问题上，两国做法不一。依英美判例，被告在法庭外所做的自白，对于被诉为共犯的人不能作为证据，共犯自白应予补强，但对被告人在有罪答辩程序中的自白无须补强；日本则认为共犯自白原则上应予补强，但存在例外情形。该学者认为，我国虽然没有使用"自白"一词，但实际上确立了自白补强规则，非常注重通过其他证据与自白之间的相互印证来认定案件事实，其他证据的运用主要不是检验自白的真实性，更重要的目的是查清犯罪事实。但仍存在一些不足，未将自白明确区分为法庭上自白和法庭外自白，而是要求所有的自白都应予以补强，不利于有效地打击犯罪和提高诉讼效率；未对补强证据的证明对象、证据能力和证明程度作出明确界定，导致各地实践做法不一。针对上述问题，该学者提出，可以适当借鉴美国和日本的成功经验以改进我国的自白补强规则，包括在立法上应当明确补强证据的证明对象，针对犯罪性质严重程度和刑罚轻重不同的案件，确立不同证明程度的自白补强规则，对补强证据的证据能力予以明确规定，明确共犯自白补强问题。[①]

有学者认为，自白补强规则包括自白补强的范围、补强证据的证据能力和补强的程度。该学者认为，在我国简易程序中的法庭上自白可以不需要补强，除此之外，其他一切刑事案件中的自白都需要补强；在对自白进行补强时，自白的补强证据只要能够保证自白的真实性即可，而不应当对补强的范围作形式上的要求。自白的补强证据除了应当具备一般意义上的证据能力外，还必须独立于被补强的自白；在程度上，补强证据只要能与自白结合在一起使法官产生确信即可，而不需要达到能独立使法官产生确信的程度。另外，共犯自白在作为认定其他共犯犯罪的证据时同样需要补强证据；共犯自白可以作为其他共犯自白的补强证据。[②]

有法官撰文研究了口供补强规则在审判中的运用问题。其指出，被告人口供具有直接认定案件事实的证据功能，在刑事诉讼中具有重要的证据价值，又因言词证据极易受陈述主体的主观意志左右，呈现出复杂多变的特点。口供补强规则作为自由判断证据原则的例外，可以担保口供的真实性，避免以虚假供述导致误判，也有利于防止偏重口供的倾向。

[①] 梁玉霞，郭明文. 自白补强规则比较研究. 当代法学，2006（2）.
[②] 张吉喜. 论自白补强证据规则. 西南政法大学学报，2007（2）.

在审判实践中，口供补强的对象不仅表现为被告人在法庭上对法官所作的有罪陈述，还包括其在侦查、检察阶段所作的有罪供述。在诉讼证明中，补强证据必须在质和量上达到一定的要求，才能达到补强的目的。首先，补强证据本身必须具有证据资格，具有一般意义上的证据能力。其次，补强证据对被补强的口供应当起到补充作用，具有担保口供真实的能力。最后，补强证据必须具有充分性。①

有学者认为，补强证据规则的程序地位在整个补强证据规则理论中处于牵一发而动全身的核心，有必要对其程序地位进行研究。证据规则的理论依据一定程度上决定着证据规则的程序适用，证据规则的程序适用反过来体现出证据规则的理论依据，两者联合起来共同反映和体现证据规则的程序地位。在英美法系，奉行法官消极追求正当程序理念。法官一般情况下不主动地介入证据收集、询问和审查过程中，但有义务主动对补强要求是否具备进行审查。补强证据对主证据之可靠性的证明标准较为理想的选择是高度盖然性。该学者提出，补强证据规则的依据是某些特定的立法政策，补强证据规则的程序处理作为一个法律问题，由法官在审前阶段予以处理，因此，可以肯定地说，补强证据规则是一个证据能力规则，而不是证明力规则。②

有实务工作者专门研究了死刑案件适用补强证据规则的问题。该论者通过死刑案件的实践考察，发现许多因事实和证据上存在问题而不予核准的案件大都与审查判断证据不当有关，甚至可以说，与补强规则适用不当直接相关，因此必须对补强证据规则的若干理论问题进行梳理。该论者认为，补强证据规则，建立在主证据与补强证据的理论分类之上，是指某些证据由于自身的证明力较弱，在有其他证据予以佐证的情况下，才能作为证明案件事实之根据的证据制度。被告人供述需要补强的范围，包括被告人供述涉及的全部犯罪客观要件事实，涵盖犯罪结果事实、犯罪行为事实和因果关系事实三个方面。在司法实践中，除了客观要件事实，被告人的供述还会涉及犯罪主观要件事实，包括目的、动机和故意、过失以及共同犯罪中的共谋。被告人供述涉及的这类事实经过证据补强或者印证，同样能起到担保供述可信性的作用。证据欲用于补强，需要具备一定的资格、能力，才能起到增强、担保主证据之证明力的作用。所谓证据的资格，可以包括两类：一是证据用作证明案件事实之材料的一般资格；二是证据可用于增强、担保主证据真实性的特殊资格。对于什么样的补强证据才具有特殊资格，该学者认为，补强证据包含事实信息应当来源独立或属于被告人案发后"行为证据"。补强证据作用的大小取决于补强证据自身的证明力和补强证据所包含的信息量是否充分。前者涉及补强证据的证明作用，后者涉及补强证据的佐证作用。一般而言，在补强证据包含的事实信息与犯罪事实的关联程度既定的情况下，补强证据的证明作用与佐证作用成正比，即补强证据的证明作用越大，对被告人供述的佐证作用也越大；反之，补强证据的证明作用越小，对被告人供述的佐证作用也越小。这是因为无论是补强证据的证明作用，还是佐证作用，都取决于补强证据所包含的事实信息与犯罪事实之关联程度的高低。对于死刑案件而言，被控告人供述涉及的全部客观要件事实，都有证据佐证，且补强证据大体上或者基本上能够独立地予以证明，并能得出被告人

---

① 管应时. 口供补强规则在审判中的运用. 中国审判新闻月刊, 2008（8）.
② 赵信会. 论补强证据规则的程序地位——以英美法为视角的分析. 中国刑事法杂志, 2010（5）.

与犯罪人同一的结论。在此基础上，该学者提出，需要从立法上对补强证据规则进行完善。一是明确需要补强的要素，扩展主证据范围。二是明确补强证据的证据资格，强化补强作用。三是提高补强证据的证明要求，明确操作规范。此外，为了确保口供、证人证言、被害人陈述具有真实性且系合法取得，应完善口供取得程序、非法证据排除规则等配套制度。[1]

自白补强规则作为一种刑事诉讼的证明规则，在我国现行法律中虽有原则性的规定，但却需要在司法实践中予以深化，并应根据案件具体情况作不同处理。通过案例对自白补强规则进行实证分析，也成为该规则研究的重要路径。有研究发现，关于补强证据的补强范围，理论上存在"罪体说"与"实质说"的对立。从实践中案件的处理来看，补强证据仅能佐证"自白"的真实性，尚不能认定案件事实。法院未采纳"实质说"的观点，而采纳了"罪体说"的观点。一般认为，须对法益侵害后果等犯罪客观要件进行补强才谓充分。关于补强的强度，"专门性知识原则"及"被告人身份同一性补强"为较高的要求，不能达到时则须对自白的亲历性、自白与其他证据是否有矛盾、能否排除合理怀疑及自白的外部环境进行综合考察，进而判断自白的真伪。该学者提醒，在运用自白补强规则认定案件事实时一定要重视证据之间的矛盾。在存有疑问的情形下，要仔细讯问嫌疑人，让其对证据之间的矛盾进行合理的解释，一旦发现嫌疑人对案件证据之间的矛盾无法合理解释，即应考虑其供述虚假的可能性。此外，对嫌疑人供述时的案外情况也要格外予以关注，尤其要注意是否存在可能影响嫌疑人真实供述的特殊的案外情况。关于共犯口供的补强问题，即能否以共犯的口供对被告人的自白予以补强从而认定案件事实的问题，也是司法实践中的一个难题。这一问题的产生主要是因为：共犯的口供虽然可以被视为是证人证言，但是由于共犯的口供本身也属于被告人的供述与辩解，可能存在嫌疑人为逃避罪责而嫁祸他人、虚假供述的危险。因此，仅凭共犯的口供能否对被告人的自白予以补强在理论上存在争议，在实践中也有不同的做法。司法实践中的处理表明，在没有其他补强证据能补强犯罪客观要件的情况下，一般认为，如果三名以上共犯的供述自然、真实，且在犯罪细节上能相互印证，并排除非法取证情形，应可认定案件事实。[2]

有学者认为，"实物证据定案主义"反映了我国司法实务中口供补强规则的适用缺乏具体标准指引的突出问题，有必要对口供补强规则进行精细化阐释，以弥补刑事证明标准含义的模糊性。文章建议，建立口供补强规则的罪体标准与可信性标准，在坚持可信性标准的前提下，根据案件类型与特点对罪体标准做不同的要求，核实补强证据的可靠性、审查口供及其衍生证据的取得过程等具体问题，增强口供补强规则适用的客观化。[3]

（六）证人作证规则

证人出庭难，是我国刑事诉讼中的"老大难"问题。在理论上，证人出庭作证是法庭审判的重要环节，是现代庭审制度的基本要求。然而在我国，证人不出庭却成为法庭的常态。这一现象导致证人庭前陈述在庭审中的大量直接使用，法庭的抗辩性遭到削弱、庭审流于形式的问题十分严重。

---

[1] 党建军，杨立新. 死刑案件适用补强证据规则若干理论问题研究. 政法论坛，2011（5）.
[2] 刘浪. 自白补强规则实证分析. 华东政法大学学报，2012（5）.
[3] 向燕. 论口供补强规则的展开及适用. 比较法研究，2016（6）.

早在20世纪末，就有学者对证人作证制度进行了研究，并提出了制定"证人条例"的建议。该学者指出，完善证人作证是推进审判方式改革的需要，是强化公民法律意识的需要，完善证人作证的法律制度需要界定证人的范围和职责、明确其权利义务，规范其参与诉讼的程序，确立证人的保护和补偿机制，设置合理的奖惩机制，并提出了完整的理论研究版本的"证人条例"①。其他学者对于如何设计证人出庭作证程序也有研究。有学者指出，1996年《刑事诉讼法》和最高人民法院解释的相关规定已经形成了证人出庭作证程序的初步轮廓，但仍应当加以完善。证人出庭作证程序应当包括：申请证人出庭作证程序、通知证人出庭作证程序、查明到庭证人身份程序、法庭向证人交代权利义务程序、证人宣誓程序、证人陈述作证程序、控辩双方交叉询问质证程序、法庭补充询问证人程序、证人退庭程序等。在上述程序中，必须确立直接言词原则、排除传闻证据规则、完善证人保护制度并给予证人经济求偿权，以推动刑事证人出庭作证程序的运作。②

有学者选取了证人作证中的豁免权问题进行研究。证人豁免权，特指对于负有作证义务的证人，在特殊情形时，法律免除其作证义务的权利，是证人的适格性与可强迫性分离的体现。证人作证豁免权的内容，表现在公务特权、拒绝自陷于罪的特权、"亲亲相为隐"的特权、职务上的特权和非法手段获取证据的排除。之所以要设立证人作证豁免权，是在利益均衡原则的指导下，为了克服片面强调证人作证义务所带来的消极影响而产生的，它注重证人利益和与此相关的特定社会利益，它珍视人与人之间关系的和谐，反对对证人动辄施暴（如惩处"藐视法庭罪"），更反对为了追求某种形而上学的"案件利益"，而牺牲更大的社会整体利益或者某种更值珍贵的社会关系。证人作证豁免权的制度价值，在于它体现了对证人人权的保障，在于它体现了对人文精神的关怀和亲情关系的尊重以及对正常社会伦理道德观的维持，在于它体现了对特定社会关系的保护和对社会公众利益的维持。该学者建议，我国的证据立法不应当单纯强调证人的作证义务，而应该客观、冷静地看待证人作证义务与权利保障义务之间是否存在失衡状态、承认证人在符合法律精神前提下的作证豁免权。③

还有学者从反传闻规则出发，认为反传闻规则是国外诉讼法律制度中的重要证据规则之一，该规则构成了对抗式审判制度的基础。我国目前尚未确立该项规则，不利于我国控辩审三方诉讼构造及案件的公正审判。在我国刑事诉讼法律制度中应当确立反传闻证据规则，以此对我国的庭审方式进行改革。此外，在刑事诉讼中应当明确赋予当事人知悉权，建立举证时限、证据展示和证据交换制度，将合议庭及审判委员会的评议内容进行公开。④

有学者针对学界讨论众多的证人作证问题，旗帜鲜明地指出，证人保护比补偿更重要。证人恐吓和报复是诉讼制度产生的副产品，是不可避免的人性利益选择。但证人恐吓和证人报复阻碍了诉讼的良性运行，必须通过证人保护加以解决。该学者认为，证人保护是对证人合法权利救济的必然要求，是防止证人恐吓，实现诉讼程序正当化的必然要求，

---

① 陈新民，曾芳文. 完善证人作证制度的方法构想——关于制定《证人条例》的建议. 政法论坛（中国政法大学学报），1997（2）.
② 甄贞. 刑事证人出庭作证程序设计与论证. 法学家，2000（2）.
③ 房保国. 证人作证豁免权探析. 法律科学，2001（4）.
④ 李学宽，郭志远. 反传闻规则对我国刑事审判方式改革的启示. 安徽大学法学评论，2004（1）.

具有积极的社会价值，也是维护法律权威的手段。当然，对证人的保护也是有限度的，要选择合适的保护措施，兼顾各方利益，才能更好地解决证人作证问题。①

实证研究方法也很早就被运用于对刑事证人出庭作证程序的研究中。有学者对实践中的证人出庭程序进行调查，认为核心问题在于证人出庭作证运行机制并不具备程序的自洽性和独立性，必须从口证原则的结构性视角对证人出庭程序主要环节存在的问题进行审视，包括从通知证人、证人作证、书面证言出示、法官征求质证意见、法官认证等环节入手，建立自由心证证据制度，赋予法官对证据和事实自由判断的权力，改变习惯于书面审判的司法环境，才能真正改变证人出庭作证存在的问题。②

有学者采用实证研究方法，通过对基层人民法院和中级人民法院的抽取案件的调查，发现实践中证人出庭率不到1‰，证人出庭的法律规范和审判实践存在很大的差距。审判人员面对司法资源紧张的现实，以实用主义为导向选择了不通知证人出庭，以简化庭前准备和法庭审理程序；加之证人出庭可能对案件事实的认定产生不确定性的影响，法官对控方立场通常存在着先入为主的意见，偏向于案卷反映的案件事实，不希望也认为没必要让证人出庭。该学者认为，证人不出庭是当时证据制度、程序制度和司法体制下的必然结果，是证据制度缺乏可操作性、刑事程序异化的表现，与司法机关角色偏差有着密切联系。要让证人出庭作证制度落地，必须转化法院角色，法院必须在审判实践中真正重视证人作证的证据法意义，平等对待控辩双方，并为证人出庭提供更多的权利、提供人身安全等保障。该学者特别指出，证人的主观因素并非证人不出庭的主要原因，法院应当为维护司法公正而争取更多的刑事制裁权。③

在《刑事诉讼法》修改的讨论中，证人出庭难问题也是其中的重点。最高人民法院法官撰文指出，证人作证不出庭或者不出庭作证，已经成为影响某些案件的质量和制约刑事司法公正的瓶颈问题。制约证人出庭作证的难题，包括对证人出庭的认识不到位，司法资源难以满足证人出庭作证的需要，不愿意当面作证的传统心理，需要证人出庭作证的案件和证人过多，刑事诉讼的管辖制度不利于证人出庭，法律没有规定证人出庭作证的义务，证人出庭的保障制度付诸阙如，证人出庭后如何作证没有规定。该法官指出，证人出庭和作证难问题，是一个非常复杂的问题，要解决这个问题需要从理念、文化、制度、规则、保障和惩戒等各方面综合加以解决，尤其要注意从证人的角度考虑问题，要以鼓励和教育为主，强制和惩罚为辅，特别不能在条件尚未具备之时，过高地加重证人的义务。具体的完善措施包括：法律要硬起来，对必须出庭作证但没有正当理由拒不出庭作证的人要规定必要的制裁措施；保障要跟上去，应当建立和完善对证人的经济补偿和人身安全保障制度；数量要降下来，采取有效措施，对案件进行分流，切实减少需要证人出庭的案件数量进而减少证人出庭的数量，使国家和社会有能力承担证人出庭作证的费用。④

有学者认为，证人出庭作证制度在英美法系和大欧法系国家都受到普遍重视，其原因在于证人出庭作证是审查判断证人证言真实性的需要，证人出庭作证是司法礼仪的需要，

---

① 毛立华. 证人作证：保护比补偿更重要. 中国刑事法杂志, 2005 (1).
② 左卫民. 刑事证人出庭作证程序：实证研究与理论阐析. 中外法学, 2005 (6).
③ 吴丹红. 司法场景中的证人作证. 国家检察官学院学报, 2006 (3).
④ 胡云腾. 证人出庭难及其解决思路. 环球法律评论, 2006 (5).

证人出庭作证是被追诉方行使质证权的需要。只有证人出庭作证，才能让审判真正回归审判。在我国，刑事证人不出庭作证也有其原因。一方面是公民法律意识淡薄，认为出庭作证是给自己找麻烦，害怕作证后，卷入当事人之间的矛盾，遭到犯罪嫌疑人及其同伙、亲属的打击报复，或者认为出庭作证费时费力。另一方面是相关法律规范也有缺漏，对未到庭证人的证言可以当庭宣读的规定、未出庭证人的证言宣读后经当庭查证属实的可以作为定案的根据的规定，都为证人不出庭打开了方便之门；缺乏对证人无正当理由拒绝出庭作证的强制措施和法律责任的规定，导致控辩双方和法院难以强制证人到庭作证，证人出庭作证义务的规定形同虚设。此外，法院承担着沉重的办案压力，机械地要求所有案件的证人或特定案件的所有证人都出庭作证是不现实的，言词证据的易变性使法官更钟情于书面证言的简便易行，不愿采用证人出庭作证的审理方式，甚至有意无意地鼓励证人不出庭。针对上述问题，该学者指出让证人走向法庭，有赖于全方位的配套改革，除了证人和司法人员观念的转变，立法亟须作出一系列修改，例如规定证人出庭作证是法庭审理的必经步骤和程序，明确证人出庭作证的案件范围，建立强迫作证制度，增设作证豁免权，规范证人出庭作证的程序，建立证人出庭作证的保障机制等，使证人的权利义务趋于平衡，为证人出庭创造良好的条件。①

英美证据规则对于证人资格、证人的作证能力和容许作证的范围、证言可信度的加强、证人可信度的检验以及交叉询问等事项，均作了比较详细的规范，也成为我国学者研究证人作证规则不可回避的智识资源。有学者对《美国联邦证据规则》第601~615条进行了分析，发现在证人资格问题上，一般认为任何人均有作证的资格，法官和陪审员因具有特殊身份被取消作证资格，证人有足够的机会感知其拟作证的事项，即具有作证能力。在美国，证据可信度的保证通过证人宣誓与具结实现，技术上则是通过交叉询问盘问证人实现。弹劾证人可信度时，不能使用关于证人信仰的证据，但可以使用关于证人品格的名声、意见和特定事例，证人先前被定罪的记录，证人先前不一样的陈述，证人证言中的矛盾，精神缺陷，偏见等。书面的记录被用以唤醒证人的记忆，证人必须单独作证。《美国联邦证据规则》没有关于证人出庭义务以及法庭如何强制传唤证人出庭的规定，而是规定在程序法中。程序的归程序，证据的归证据，也为我国的证据立法提供了启发。②

对刑事证人作证制度进行反思后，有学者认为，证人出庭率低不是问题的关键，被告人的对质权没有得到保障才是我国刑事审判中真正的问题之所在。刑事证人作证制度并非简单的技术性问题，刑事被告人的权利保护的重要性必须在其中凸显。该学者梳理了英美法和大陆法中的对质权，认为对质权与直接言词原则二者殊途同归，在保障被告人与不利于己的证人进行对质方面，达到了相同或相似的效果。而作为刑事司法国家标准的对质权，则获得了超越国界的认可，被一些国家规定为公民的一项宪法权利。对质权的保障，最重要的是保障双方当事人在通过询问证人介绍证据方面获得平等对待，被告方的质证是揭露伪证、检验控诉方的举证是否达到证明标准的有力武器。该学者建议，在我国确立对质权，促进审判的实质化，解决庭审流于形式的问题，加强审判的公正性，让法官的自由

---

① 陈卫东. 让证人走向法庭——刑事案件证人出庭作证制度研究. 山东警察学院学报，2007（2）.
② 易延友. 英美证据法上的证人作证规则. 比较法研究，2008（6）.

心证建立在对证人进行察言观色和听取控辩双方意见的基础之上，而非屈从于警察和检察官的心证。当然，在我国的具体语境下确立对质权，还需要明确证人的概念。凡是以陈述的方式对案件事实进行证明的人，其陈述应当在法庭上得到严格检验方可作为认定被告人有罪的依据。对质权的保障不是绝对的，也不是要求所有证人出庭，而是要承认一定条件下的证言特免权，保证关键证人、特殊证人的出庭。对质权的保障也离不开对证人的保护。对质权在我国刑事审判中的真正实现，有赖于司法实践中对"案卷笔录中心主义"的摒弃，有赖于刑事司法超越"实体真实发现主义"的桎梏，迈向"法的正当程序主义"[1]。

有学者认为，面对证人受到威胁和伤害的现实，证人保护势在必行。从我国现有立法规范出发，该学者认为我国法律从实体法到程序法虽然都有证人保护制度的规定，但存在诸多缺陷，提出应当从司法实践的需要出发构建完善的证人保护制度。具体而言，应当在法典中列专章明确规定证人保护制度的法律地位，借鉴域外先进经验明确证人保护的执行机关，设立隶属于司法部的全国性的国家证人协调保护中心，明确证人保护的启动程序和证人保护的范围，从人身安全保护、财产损失补偿、证人保护制度的范围对象等内容建立危险报告制度、侵害追究制度，建立医生和律师的职业免证特权规则等，以构建证人保护制度。[2]

有学者认为，随着我国非法证据排除规则的正式确立，侦查人员出庭作证已经有了明确依据。从理论上讲，传唤侦查人员出庭作证也是法庭调查的客观需要；就侦查人员与公诉人员的关系而言，侦查人员应该成为公诉人员的法庭助手；就侦查人员与被告人之间的关系而言，侦查人员作为程序性的被告有义务出席法庭；就侦查人员与法庭之间的关系而言，侦查人员有义务就其侦查行为当庭接受法庭的司法审查。然而，就目前的刑事诉讼立法与司法而言，我国侦查人员作证面临一系列制度困境。一是在缺乏传闻证据规则规制的情况下，公诉人员凭借各种书面材料足以证明控方证据的合法性，因而根本没有必要申请侦查人员出庭作证。二是由于侦查人员的特殊性质，现行的证人作证制度尚不足以保证侦查人员出庭作证。三是在侦查人员存在各种思想顾虑和人力资源配置严重短缺的情况下，司法管理制度无法为侦查人员作证提供足够的支持。[3]

2012年《刑事诉讼法》修改，对证人出庭作证制度作出大幅修改，一方面加强了对证人权利的保障，构建了证人权利保护体系；另一方面加重了证人承担的义务，完善了证人强制出庭作证制度。但是，这一修改只是触及了证人不出庭作证的表象原因，就是关于证人作证制度的立法缺失以及证人自身不愿出庭作证的原因，而证人不出庭的其他更深层次的原因并未触及。仅靠刑事诉讼法的修改并不能完全解决证人出庭作证的问题。有学者指出，证人出庭作证制度面临着虚化的危险。究其原因，一是证据规则体系的不完备，没有确立传闻证据规则，反而规定了对未到庭的证人的证言笔录应当当庭宣读，给证人不出庭作证打开了一扇门。二是以案卷笔录为中心的裁判模式的影响。2012年《刑事诉讼法》恢复了全案移送，使用以定案的言词证据可以不经过在公开的法庭上质证，仅通过公诉方当庭宣读就可以作为定案的依据，架空了证人出庭作证制度。司法实践中刑事案件数量的

---

[1] 熊秋红. 行驶证人作证制度之反思——以对质权为中心的分析. 中国政法大学学报，2009 (5).
[2] 胡晓霞. 论证人保护制度的构建. 法学杂志，2009 (11).
[3] 王超，牛向阳. 侦查人员作证的制度困境. 法学杂志，2012 (11).

激增也导致司法资源紧缺，司法机关负担加重，公诉者与裁判者未精英化的现实，也使在法庭上对证人当庭盘问、主持证人交叉盘问难以落地。且证人出庭作证时，翻证情况严重，这也是司法机关不愿意让证人出庭的重要原因。根据上述分析，该学者提出证人出庭作证制度虚化的防范路径，包括优化司法资源配置，将有限的司法资源分配给有争议的疑难案件，保证在这些案件中关键证人能够出庭作证；确立传闻证据规则，拒不出庭作证的证人提供的证言不得作为定案根据，不再为证人不出庭打开方便之门；实现公诉者与裁判者的精英化，改革考评制度，将当庭宣判率与证人当庭质证率作为法官、检察官考核和奖惩的重要标准，通过这一激励机制促使法官、检察官提高庭审能力和业务素质，同时以完善伪证罪、提高侦查水平等方式遏制证人翻证。[1]

有学者强调"公众有权获得任何人的证言"，证人负有作证义务。证人作证义务的理论基础是社会契约论，它要求每一个人基于自身的安全为他人利益作出牺牲，所有人应当平等地履行义务，具体到作证义务中就是平等地履行作证义务。证人作证义务包括出席法庭并如实作证，证人可以被强制履行作证义务，只有法院有权强制证人到席作证。保障证人作证义务的实现，需要保障对质权、强制程序权和强制程序，设置藐视法庭罪维护法庭权威，建立便利证人出庭作证机制、证人补偿机制与证人保护机制。在我国刑事诉讼中，证人作证义务包括出庭作证并接受质询，人民法院有权强制证人出庭作证，也作出了强制作证的例外规定，并明确了对拒不出庭或拒不作证的处罚，要求司法机关为证人作证提供便利和保护。尽管如此，我国刑事审判中必要证人不出庭的现象仍然比较普遍，在有些案件中，必要证人虽然到庭，但却拒绝回答提问，法庭强制传唤证人的情况比较罕见，侦查机关强制取证的现象却层出不穷。该学者提出，应当通过刑事诉讼法修正案的形式明确赋予被告人对质权和强制程序权，对 2012 年《刑事诉讼法》第 188 条但书规定出台更加详细的司法解释，并引入传闻法则，提升人民法院审判程序的公正程度，降低辩审冲突发生的频率，加强法院裁判中认定事实的精确性和可接受性，使证人作证义务能够更好地促进司法的文明和进步。[2]

还有学者运用比较研究方法，对我国台湾地区和大陆刑事证人出庭问题进行了考察，认为两地在法律传统和法律文化上有很多相通之处，证人作证心理和作证习惯上也很类似，两地证人出庭作证状况的区别更多的是来自制度设计的不同。台湾地区在确定应出庭证人范围、强制证人出庭作证、证人保护与作证补偿、证人拒绝作证等方面的可行性做法，为大陆完善证人出庭作证制度提供了富有启发的借鉴和参考。[3]

有学者基于法教义学的立场和方法，从 2012 年《刑事诉讼法》第 188 条第 1 款存在的两种不同解释出发，论证了"作证却免于强制出庭的权利"并不能真正实现立法目的，也剥夺了作为被告人辩护权应有之义的对质权。该学者认为确保不利证人出庭是维护对质权的基本要求，对质权是辩护权的应有之义，在亲属证人"作证却免于强制出庭的权利"和被告人的对质权之间应当优先保护被告人的对质权。第 188 条第 1 款应被解释为亲属证人"免于强制作证的权利"，而非"作证却免于强制出庭的权利"，即亲属证人在审前向控

---

[1] 赵珊珊. 刑事证人出庭作证制度虚化防范. 中国政法大学学报，2015（2）.
[2] 易延友. 公众有权获得任何人的证言. 法律科学，2015（5）.
[3] 罗海敏. 两岸刑事证人出庭作证制度之比较. 证据科学，2012（3）.

方作证的，法庭不得强制其到庭作证。如其已在审前向控方作证，且符合出庭作证条件，经法院通知没有正当理由拒不出庭作证的，法院非但不能强制其出庭，还应将其庭前书面证言予以排除。采取法教义学方法，可以将传统认为的立法问题转变为解释问题，解决刑事诉讼中的传统难题，推动刑事诉讼法学的发展。[1]

脆弱证人是指那些按照通常的方式作证会对自身产生不利影响或不能全面、准确地提供证言的证人，其应否作证、如何作证关系案件事实调查、质证权的保障、证人权利保障等各方利益。在"推进以审判为中心的诉讼制度改革"的背景下研究脆弱证人作证制度具有特别重要的意义。有学者对此进行比较研究，发现脆弱证人主要包括三类：未成年人，性犯罪案件中的被害人以及按照通常方式作证可能对自身产生不利影响或影响证言质量的其他证人。脆弱证人自身的特征决定着对其需要适用特殊的作证方式，交叉询问的缺陷决定着对脆弱证人需要适用特殊的作证方式。相关国家法律规定，脆弱证人可以在出庭作证时适用特殊的作证方式，包括禁止被告人直接对脆弱证人进行反询问、由辩护人或法院指定的其他人员询问脆弱证人、由审判人员询问脆弱证人，通过不出庭作证的方式提供证言。该学者回应了对脆弱证人适用特殊作证方式的质疑，认为尽管脆弱证人的有些作证方式限制了被告人的对质权，但是并不能因此说这些作证方式侵犯了被告人的公正审判权；并且从脆弱证人的角度来看，特殊作证方式有助于提高证言的准确性；从裁判者的角度来看，脆弱证人通过特殊的方式作证既不会对裁判者认定证言的可靠性产生不利影响，也不会对最终裁判结果产生实质性影响。该学者建议，我国可以明确脆弱证人的范围、作证方式、作证程序，以构建脆弱证人作证制度。[2]

在庭审实质化改革的背景下，有课题组对证人出庭作证开展了实证研究，发现在几个调研法院，开始作为试点以前的证人出庭率都非常低，大部分案件都是书面证人证言代替证人出庭。证人不出庭给刑事审判造成了很大的负面影响，最主要的影响是程序的不公和实体上的错误风险。作为试点后，证人出庭人数显著增加、案件类型不断丰富。试点法院试行了视频作证、遮蔽容貌或不披露身份作证等证人出庭的全新方式，证人出庭在补强指控证据、强化法官内心确信以及防范冤假错案方面发挥了相当明显的作用，提升了案件的审理质量。该课题组根据调研的结果，对证人出庭制度的改革与完善提出了若干建议。例如，明确证人应当出庭的情形和证人无须出庭的案件类型、完善强制出庭制度、亲人拒证制度和证人作证的保障制度，避免伪证罪成为打击证人的工具。[3]

（七）印证规则

最早采用实证研究方法，将我国强调证据之间相互印证的刑事诉讼证明概括为"印证证明模式"的是龙宗智教授。龙宗智教授分析了英美法系和大陆法系各国对证据的证明力评判与案件事实的认定和裁判者内心确信的证明标准后，认为自由心证在两大法系具有普适意义。而我国证明案件事实、作出事实判定的证明模式则为"印证证明模式"，作为自

---

[1] 李奋飞. "作证却免于强制出庭"抑或"免于强制作证"？——《刑事诉讼法》第 188 条第 1 款的法教义学分析. 中外法学，2015（2）.
[2] 张吉喜. 论脆弱证人作证制度. 比较法研究，2016（3）.
[3] 陈光中，郑曦，谢丽珍. 完善证人出庭制度的若干问题探析——基于实证试点和调研的研究. 政法论坛，2017（4）.

由心证的一种亚类型，与典型的自由心证存在明显区别。所谓的"印证证明模式"，是将获得印证性直接支持作为证明的关键，注重证明的"外部性"而非"内省性"，要求证据间相互印证导致很高的证明标准，在信息有限的司法环境中达到该标准的难度很大，为了实现印证目的，易于采取比较灵活的取证手段。"印证证明模式"之所以能够在我国刑事诉讼中产生并占主导地位，最重要的原因是我国非直接和非言词的审理方式，审理与判定的分离进一步支持了这一模式，二审和再审对事实的重复审理也需要案件在书面上的可检验性与印证性。此外在法官素质还有待提高的情况下，采用印证证明模式判断证据和事实，具有合理性。唯物主义认识论也为印证证明模式提供了支持。该学者认为，刑事司法实践中，经常很难按照印证证明的要求搜集到足够的证据，那就要在其中引入自由心证制度，适当辅之以自由心证方式，防止自由心证的弊端。[①]

"印证证明模式"一经提出，就饱受学术界争论。持支持意见和反对意见的学者纷纷作文著书对其进行讨论。但不可否认的是，在印证证明模式提出后，"印证"一词频繁出现在法律法规当中。2010年，最高人民法院、最高人民检察院、公安部等联合发布的《关于办理死刑案件审查判断证据若干问题的规定》的8个条文中出现了11次，最高人民法院在2012年发布的《关于适用〈中华人民共和国刑事诉讼法〉的解释》的7个条文中出现了10次。[②]

认可"印证证明模式"观点的学者认为，我国刑事诉讼确实奉行相互印证的证明模式，它既是侦查机关破案的有力工具，也是公诉机关审查起诉案件、证明诉讼手段的重要主张，更是法官认定事实的方法。相互印证的证明模式忽视对单个证据的独立审查，强调证据之间的相互印证作为审查证据的关键；突出被告人口供作为印证机制的中心；相互印证成为定案的形式依赖。之所以形成相互印证的证明模式，是因为通过印证实现对案件的内心确信符合人类正常的心理认识，追求客观真实的理念也驱使法官选择更容易为大家认同的印证证明方法。同时，对单个证据的独立审查采用的是非直接、言词的审查方法，忽视了对补助证据的应用，致使证据的审查判断不得不依赖印证的证明方法。此外，缺乏依据间接证据定案的推理规则和主观故意方面的推定规则，也导致不得不依赖于被告人口供。相互印证证明模式以追求客观真实为价值取向，但忽略对单个证据的审查、依赖被告人口供的证据体系并不一定有助于事实的发现，不利于对被告人权利的保障。要消解相互印证的证明模式的弊端，必须正确认识客观真实的证明标准，健全被告人供述自愿性的保障机制和激励机制，建立对单个证据的审查方法，并确立依间接证据定案的推理规则和对犯罪主观构成要件的推定规则。[③]

证据相互印证是我国刑事证明活动的传统，是我国刑事证明活动中的潜规则，是司法理性主义的必然要求。证据相互印证作为证据审查判断和案件事实认定的一种方法和规则，有助于判断证据是否确实、充分，体现了对实体公正和程序公正两大基本价值的追求。证据相互印证不仅是对我国刑事司法实践的概括和总结，在具有其他法律传统的国家和地区也能找到支持，是自由心证原则的一种制约。在实践操作中，证据相互印证规则的

---

① 龙宗智. 印证与自由心证——我国刑事诉讼证明模式. 法学研究，2004 (2).
② 左卫民. "印证"证明模式反思与重塑：基于中国刑事错案的反思. 中国法学，2016 (1).
③ 谢小剑. 我国刑事诉讼相互印证的证明模式. 现代法学，2004 (6).

重点与难点在于其限度问题，运用中还需要注意对证据的独立审查等问题。[①]

有实务工作者对司法实践中的刑事印证进行研究，发现其具有证据的多数性、印证性、可重复检验性、客观稳定性和视野的整体性等特征。在司法实践中，刑事印证通常表现为全面印证和部分印证、概括印证和细节印证、肯定犯罪的印证和否定犯罪的印证、普遍印证和关键印证几种类型。证据之间不可能是完全一致的，证据间的合理差异不影响主要印证事实的认定，但对于差异，应当查明其存在的原因和差异的程度。对刑事印证的审查判断主要包括两个方面，一是证据间是否印证的判断，二是印证是否真实的判断。司法实践中的关键印证通常在查明事实中发挥着关键性作用，例如关于犯罪主体的关键印证、关于犯罪对象的关键印证、关于犯罪客观方面的关键印证等。这一研究既是对实践经验的总结升华，也为实践提供了重要指导。[②]

有学者通过分析规范性文件，从印证证明模式、案件笔录确认程序、口供中心主义切入，认为我国刑事证明的印证模式突出表现了如下特点：系争内容由不同来源的证据提供同一性印证、证明程度排他性要求可能促成采用具有灵活性的取证手段等。《关于办理死刑案件审查判断证据若干问题的规定》之中的印证条款，主要作用于审查证据、采信证据和对全案事实认定。这些条款体现了如下特点：需要印证的对象主要针对证人证言、被害人陈述、被告人供述和辩解等容易因为出庭而出现反复的证据形式以及间接证据；印证的目的主要是解决庭审中翻证、翻供以及作证资格缺陷和利害关系人的证言效力问题；印证的条件错综复杂，而印证的效力有一种法定证据制度的痕迹，同时又因为其语言模糊而可能存在滥用裁量权的嫌疑。印证规范可能导致司法活动的僵化，带有鲜明的法定证据制度的痕迹，把法官的思维逻辑和理性简化为满足印证规则的"形式真实"。因此，需从证据能力入手确保对事实认定的可接受性。第一，需要把以量取胜和以主观真诚和正当程序为基础的以质取胜相结合；第二，需要把靠证据说话与辩论、说理和质证等形式的意见之争相结合。[③]

有学者认为，我国刑事诉讼中的证据相互印证规则，并未形成一种"证明模式"，只是一种证据规则。我国刑事证据法中的证据印证规则包括两类，一是作为单个证据证明力要求的证据相互印证规则，二是作为证明标准的证据相互印证规则。根据经验法则，证据相互印证规则是有效验证信息真实性的重要方法。在我国的司法实践中，作为证明力要求的证据相互印证规则主要适用于自相矛盾的证人证言、前后不一致的被告人供述以及一些特殊的言词证据。作为证明标准的证据相互印证规则，主要适用于只有间接证据的案件，通过各项间接证据间的相互印证和作证，各信息链条发生相互验证的关系，最终形成较为完整的证据锁链。证据互相印证规则可能出现的负面作用，一是司法证明的形式化，二是证据准入资格证明的缺乏，三是证据范围的局限性，四是司法证明的机械化。这一规则的存在基础是新法定证据主义的立法理念，与间接和书面审理方式存在密切联系，与法院的行政审批方式存在直接关系，对客观事实的无限追求和对发现真相的重视，使证据相互印

[①] 李建明. 刑事证据相互印证的合理性与合理限度. 法学研究，2005（6）.
[②] 张少林，卜文. 刑事印证之研究. 中国刑事法杂志，2010（2）.
[③] 陆而启. 智识互转：印证规范解析. 证据科学，2011（4）.

证规则在我国刑事证据法中具有生命力。①

2012年《刑事诉讼法》修改,为印证式的办案方法营造了新的环境。有学者提出,相互印证证明模式在我国刑事诉讼中发挥着重要作用,其原因在于我国刑事诉讼的程序机制,而《刑事诉讼法》的修改将冲击相互印证式的办案方式。相互印证式的办案方式存在于以下特定的程序机制中:首先,在侦查阶段,由于被告人的口供通常是案件的全面反映,对于案件的侦破具有重要价值,对其他证据的印证也至关重要,因此突破口供成为其中的关键步骤,也就造成了侦查机关对口供的依赖,公检法办案机关对"口供中心"证据的依赖。其次,印证规则要求口供具有稳定性,就不可避免地需要对被告人在没有外部联系的情况下进行多次讯问,甚至修正其供述内容,以达到一致稳定。这一要求就切断了犯罪嫌疑人获知其他证据的可能,羁押适用率高、案件信息知晓少、律师会见难等问题从而出现。对口供的依赖也造成口供排除难。而《刑事诉讼法》的修改在很大程度上破坏了上述程序机制。一方面,2012年《刑事诉讼法》对讯问程序进行了严格限制,致使获得被告人稳定一致的口供较为困难。另一方面,律师会见权的保障、讯问地点的限制,也使犯罪嫌疑人翻供的可能性增加。非法证据排除规则的适用,也增加了证明的难度。在《刑事诉讼法》修改的背景下,该学者认为,相互印证的办案模式将面临很大的冲击,必须实现办案模式的转型,从"由供到证"向"由证到供",突破口供时要注意其中的隐蔽性细节、关键性知识,讯问时做好同步录音录像固定证据等改变,以保证相互印证的办案模式的作用,避免打击犯罪与保护人权的失衡。②

对印证证明模式的批判,分别从理论和实践两个层面展开。从理论上,有学者对刑事印证理论的基本观点做了梳理,从印证模式的理论发端开始,到后续的跟进性研究,认为刑事印证理论存在以下主要问题:第一,刑事印证理论对印证这一概念缺乏清晰的表述,印证所要求的"孤证不能定案"也是一种似是而非的规范要求,印证理论无法解释什么时候完成了印证证明。第二,印证理论无法解释我国刑事证明方法的成因,无法解释我国与西方国家在运用理性判断证据的证明方法上的区别,也对证明标准含糊不清。第三,印证模式的反思性规范立场模糊不清,既不知道如何合理坚持印证,也不知道如何借鉴自由心证的证明方法。针对上述问题,该学者呼吁寻找新的替代性模式理论来说明我国刑事证明方法的改革和转型。③

有学者认为,印证证明的内涵一直缺乏清晰的描述。事实上,印证证明既可以指综合分析多个证据在证明指向上的内在联系的证据评价原则,又可以指具体的补强证据规则。前者是一种整体主义的认知模式,后者则是规范意义上的法律规则。印证的认知模式具有普适性,无须法律明确规定,是人们认知过去事物的特定思维方式。印证规则则根源于程序机制的不足,决定了我国的印证证明规则广泛适用于各类案件、印证构造以口供为基础、印证规则以书面审查形式存在的特征。印证规则与程序机制作为一个整体共同决定刑事诉讼真实发现的任务能否实现,呈现此消彼长的互动关系。除了印证规则自身的粗疏,

---

① 陈瑞华. 论证据相互印证规则. 法商研究, 2012 (1).
② 谢小剑. 刑诉法修改下相互印证的证明模式. 中国刑事法杂志, 2013 (5).
③ 周洪波. 中国刑事印证理论批判. 法学研究, 2015 (6).

案件因素、程序因素也导致了司法机关对印证证明的不合理适用。针对印证规则在司法适用中的弊端，片面引入自由心证或正当程序都是不可取的，必须兼顾考虑真实发现与诉讼效率，寻求印证规则与程序机制配置的整体重塑。①

在实务界，有法官提出印证证明模式应当融合自由心证的观点。该法官认为，所谓的印证模式就是对自由心证的排斥，而之所以产生这样的印证模式，是因为刑事审判实践具有法官办公室作业、依案卷判断证据、依靠行政审批的特点。适应于上述审判文化而出现的证据相互印证规则，是一种程序性规则，是对司法理性的彰显。但是印证证明模式携带法定证据主义的基因，其对口供的依赖可能催生刑讯逼供；其对庭审直接言词原则的弱化也导致被告人的翻供经常为法官所忽视；其重视书面证据形式上的相互印证性，也使庭审的作用降低，律师在法庭上的辩护显得苍白无力。况且，相互印证规则也在客观上对法官的自由心证形成了限制，只要证据没有完全印证，即使法官已经形成内心确信也不敢定案；而证据表面的相互印证，增加了误判的风险。证据之间的矛盾是一种常见现象，到底印证到何种程度才算符合相互印证，这就存在一个印证的限度问题。该法官具体分析了不同间接证据之间存在同向性、证据间只有部分事实相互印证、证据的获取源于另一份证据的支持几种情况下印证限度的判断。该法官提出，首先，在实践中应当寻求自由心证和印证的平衡，对单个证据的独立审查是保障印证可靠性的第一步，法官的内心确信要以审判经验为基础，加大庭审质证力度，指引控辩双方对证据能力和证明力的辩论与交锋；其次，法官依据审判经验和逻辑推理形成的内心确信，特别是在证据采信方面的自由裁量权必须得到规范；最后，法官的裁判必须中立，要尊重律师的辩护权，给出诚实说理的裁判理由，并通过这种方式限制法官的自由裁量，以坚守审判中心主义、规范印证规则、预防刑事错案。②

也有法官从印证规则对采纳言词证据的影响切入，对实践进行了反思。以审判为中心的诉讼制度改革要求加强在庭审中对证据材料的审查判断，但刑事司法实践中采纳言词笔录却以印证为最重要的标准，将笔录材料采纳为认定案件事实的证据，而忽视了以直接言词方式出现的证据。事实上，这一印证式采纳言词笔录的做法曲解了证据印证的要求，将证据资格与证明力混为一谈。是否采纳庭外证言笔录，应当根据其取证地点、方式、主体等进行判断，而非根据其内容是否与其他证据相印证进行判断。实践中的这一做法，在一定程度上对侦控人员的行为产生了错误的激励，过于重视证据之间的相互印证，不仅会忽略被告人无罪、罪轻的证据，甚至可能故意制造有罪证据，以被告人认罪的多份口供"固定"证据，以侦查人员"文明办案"的材料印证侦查的合法性，导致人民法院审查证据时难以做到全面、客观。而由此形成的相互印证的证据材料，也虚化了庭审的质证程序，依靠卷宗的办案代替了庭审程序，既否定了程序的价值，也容易酿成冤假错案。该法官认为，刑事司法中采纳印证式言词笔录的实践，根源于部分司法人员对证据真实性的模糊认识，将真实性误读为笔录内容的真实性，而忽略了其可靠性审查。对言词笔录证据而言，关联性与可靠性是重要的证据资格审查标准。③

---

① 向燕. "印证"证明与事实认定——以印证规则与程序机制的互动结构为视角. 政法论坛, 2017 (6).
② 朱锡平. 融合心证：对证据印证证明模式的反思. 法律适用, 2015 (2).
③ 郭文利. 刑事司法印证式采纳言词笔录实践之反思. 证据科学, 2015 (6).

在学界，也有学者持相同的观点。该学者认为，我国证据证明力的审查判断采取的印证模式，与自由心证模式存在本质区别，它的形成与我国司法传统密切相关。第一，我国刑事诉讼注重追求客观真相，强调证明力的客观性；第二，注重限制法官的自由裁量权，强调证明力的外部性；第三，注重反复的书面审，强调证明力的可检验性，三方共同作用下形成了我国的印证模式。在当前的司法环境下，印证模式可以规范法官内心的事实认定活动，相对易操作，也可以节约审查的时间，简化证明的过程，提高办案效率。但是，作为一种经验法则，印证模式本身存在诸多漏洞。一是在司法认知层面，或然性经验法则被普适化，会导致司法实践陷入僵化，案件无法达到实质真实，只能达到形式或表面上的真实。二是在证明方法层面，重视证立、轻视排伪，办案机关普遍忽视对相反证据的收集。三是在证据体系层面，过于依赖口供等直接证据，容易催生刑讯逼供，引发冤假错案，也容易对非法证据排除规则的实施产生抵制。该学者提出，印证与心证融合，是我国印证模式的发展方向。这一融合既是尊重司法规律的具体体现，也是防范冤假错案的制度保障，还是审判中心主义的必然要求，与排除合理怀疑能够有效衔接。在制度安排上，裁判说理制度的落实、证据能力规则的构建、笔录类证据规则的完善、对单个证据审查判断的强化、有限适用印证规则，是实现心证融合的制度保障。①

有学者从在全社会引起重大反响的聂树斌案等错案切入，指出印证证明模式存在若干缺陷。首先，在结果上，印证证明模式不能有效遏制刑事错案的发生；其次，在过程上，印证证明模式的运作往往是非精细化的，在相当部分案件中存在印证不充分的情况。总的来说，印证证明模式在某些案件上的失误，可能撼动整个刑事司法制度的正当性基础，必须对其予以反思。该学者研究认为，印证证明模式的一个主要问题在于过于关注案件本身的证据构造而忽略了取证过程的正当性和合法性，侦控机关为了实现有罪认定，可能会从既有的不充分证据中生产一些能够与这些客观证据相互印证且往往真实性严重存疑的主观证据。再加之侦查中心主义下书面处理模式的影响，印证成为作为单一主体的法官通过阅卷、摘抄、讨论开展的活动，由此，主体缺乏多元化，方式也缺乏正当性。这就导致看起来合理的印证在实践中发展成为一种匆忙的、宣示性的、职权性的证明过程。缺乏正当性支撑的印证，无法成为一种科学的证明机制。针对这一问题，作者提出程序化的证明模式，包括取证过程的中分正当化、整个诉讼过程中案件证据信息传递的完整性、打造诉讼共同充分实质参与的印证机制、实现事实认定过程的自由心证。②

也有学者认为，印证与自由心证并非所谓的"证明模式"，而是裁判者确定证据的证明力和运用证据认定案件事实所遵循的裁判方式。印证是我国司法实践中法官进行裁判时普遍以来的规则，强调证据之间的相互印证，使证据包含的信息得到其他证据的验证，并最终形成一个完整闭合的证据链条。但依赖印证的实践，强化了查明事实真相的要求，忽视了程序正当性的保障；过于强调证据之间形式上的相互印证性，审查限于形式，也加剧了庭审的形式化；而印证规则适用的形式化又进一步挤占了法官心证的空间，与以审判为中心的改革要求不符。如此，在以审判为中心的制度下必须强调法官自

---

① 蔡元培. 论印证与心证之融合——印证模式的漏洞及其弥补. 法律科学（西北政法大学学报），2016 (3).
② 左卫民. "印证"证明模式反思与重塑：基于中国刑事错案的反思. 中国法学，2016 (1).

由心证的回归，要实现庭审证明的实质化，通过控辩双方在庭审上的直接言词交锋为法官的自由心证创造外部条件。对法官自由心证的实现而言，该学者指出，一是要实现由证明力到证据能力的转变，强化对控方所举证据的证据能力的审查，避免以口供为中心，为达印证不择手段的做法；二是要完善庭审举证、质证和认证程序，推进庭审证明的实质化，避免印证表面化、形式化；三是要强化辩护权的行使和保障，为裁判者的自由心证提供辩方信息；四是要改造合议庭的构成，避免法官借助印证规避自由心证的问题；五是要合理规定法官责任制，打破其对印证的依赖；六是要强化裁判文书的公开和说理，让裁判者的自由心证有可以检验的方式；七是要改变法院内部的行政化问题，让审、判不分离。该学者认为，印证本质上是一种证据分析方法，这种证据方法应当向规范化和精细化发展，与自由心证相结合，实现庭审的实质化。[①]

印证模式的提出者龙宗智老师，在印证模式提出十多年后，对该理论进行了"谨慎的突破"。他认为，当前对印证模式的研究存在一些不足，例如对印证证明的含义解读不精确，对印证证明发挥证明作用的机理解释不足，对印证证明的适用范围和技术要求研究不足，对相关的制度程序改革也有待深入。针对上述问题，龙老师撰文指出，印证即指证明材料相互证明、彼此符合，可分为直接印证与间接印证、强印证与弱印证、简单印证与复杂印证等。印证证明的适用对象和范围与证明的对象和范围一致。印证证明的作用机理在于真理融贯论、真理符合论、归纳逻辑与溯因推理。影响印证证明效力的因素，包括参与印证的证据的品质、参与印证的证据的数量、印证信息的清晰度、印证证据反映的事实是否符合经验法则、印证事实是否与案件的其他证据事实相矛盾、印证之中是否存在合理差异等。龙老师认为，近年来司法实践中存在过度强调印证和印证运用简单化的倾向，存在在印证模式的压力下违法取证、强求印证，甚至人为制造印证证据，过分看重印证事实，忽略对案件的综观式验证，忽略心证，违背证明规律等问题。当前，事实证据观的转变、证明标准的调整、司法责任制的推进、推动"以审判为中心"与庭审实质化改革等观念、制度的发展，都对改革印证模式提供了条件支持。关于如何变革刑事证明方式，龙老师认为，还是要坚持印证主导、加强心证功能、注重追证作用、发挥验证功效。具体而言，坚持印证主导就是要坚持将印证方法作为个别证据真实性、合法性审查的主要方法，尤其是对于有争议的证据，应当将证据间的相互印证作为证据审查的主要方法和判定标准，还要坚持将印证方法作为案件事实认定，即事实综合判断的主要方法。在证据的综合判断上，只有符合印证规则的，才能认定案件事实清楚、证据确实充分。加强心证功能，首先，要确立刑事证明中的主观标准，即以"排除合理怀疑"来解释和充实案件事实清楚、证据确实充分的证明标准。其次，要强调间接证据与间接事实对案件主要事实的推论，加强经验法则的应用。最后，可调整部分案件的印证要求乃至证明标准，提高打击犯罪的效率。注重追证作用不仅意味着向前追查证据来源，防止证据被人为扭曲，还意味着要向后追证，对形成刑事裁判的证据基础进行审查和检验。发挥验证功效要求由人证即主观证据形成的印证事实，能够被客观证据或客观事实验证，还要求局部印证事实应与案件整体事实证据

---

① 杨波. 审判中心下印证证明模式之反思. 法律科学，2017 (3).

相协调，使印证证据合理嵌入整体的证据构造。①

第五节　强制措施

一、概述

强制措施，是指公安机关、人民检察院和人民法院为了保证刑事诉讼的顺利进行，依法采取的对刑事案件的犯罪嫌疑人、被告人的人身自由限制或者剥夺的各种强制性方法。强制措施是一柄"双刃剑"：运用得当，能保证刑事诉讼活动的顺利进行；运用不当，则会侵犯公民的人身权利及财产权利。②

在20世纪90年代以前，理论界比较关注强制措施限制公民人身自由的正当性，集中在强制措施与强制性措施的区别、财产保证是否增加为一种独立的强制措施、扭送是否属于强制措施、收容审查是否要列入强制措施范围等，1996年修改《刑事诉讼法》时对上述问题均作出了回应。③ 1996年《刑事诉讼法》对强制措施制度的修改主要体现在以下四个方面：第一，放宽了逮捕的条件，将"主要犯罪事实已经查清"改为"有证据证明有犯罪事实"。第二，增加了财产保证作为取保候审的保证方式，同时也规定了保证人的义务和责任。第三，取保候审、监视居住的对象、期限及应当遵守的规定也得到了明确。第四，废除收容审查这一行政强制手段，将其适用对象吸收到拘留制度中。

由于刑事诉讼强制措施在实践中运用十分普遍，而且适用强制措施又具有限制或剥夺人身自由的作用，因而，立法除规定了强制措施的适用条件外，还规定了对强制措施进行调节的机制，即强制措施的变更、解除和撤销。《刑事诉讼法》和司法解释中的相关条款很多，准确理解这些规定对于强制措施的正确适用具有重要意义。有学者对强制措施变更、解除和撤销的原因、要求、具体程序和保障机制进行了深入研究。④

（一）强制措施体系

进入21世纪后，强制措施体系的科学定位与具体设计问题日益受到重视。许多学者认为在强制措施制度中应当实行令状主义原则和司法审查制度，完善审查逮捕程序，构建权利救济制度，减少审前羁押。有学者提出，为了解决司法实践中存在的问题，适应社会转型时期的客观需要，缩小与联合国刑事司法准则的差距，我国应当对包括逮捕、监视居住等在内的强制措施制度进行改革，对超期羁押进行制度性的防治，协调行政措施与强制措施之间的关系。⑤

也有学者认为刑事强制措施体系存在的问题集中表现在：法定的拘传时限过短，其功能被留置盘问所取代；取保候审的定性错位，出现功能障碍；监视居住的定位不清、功能模糊；拘留期限设置过长，悖逆了其作为一项临时性强制措施的本质；否认公民"无证拘

---

① 龙宗智. 刑事印证证明新探. 法学研究，2017（2）.
② 陈卫东. 刑事诉讼法. 4版. 北京：中国人民大学出版社，2015：160.
③ 宋英辉. 刑事诉讼法学研究述评（1978—2008）. 北京：北京师范大学出版社，2009：194.
④ 杨旺年. 论刑事诉讼强制措施的变更、解除和撤销. 法律科学，2005（5）.
⑤ 陈光中，张小玲. 中国刑事强制措施制度的改革与完善. 政法论坛，2003（5）.

留"的合法性,"公民扭送"造成逻辑上的混乱。该学者主张对刑事强制措施进行技术性改良,具体而言:延长拘传期限,拘传后不讯问视为非法拘禁;设立与权利取保和裁量取保相配套的取保制度;将监视居住制度改造为暂缓逮捕制度;取消《刑事诉讼法》第61条第7项的规定,"有流窜作案、多次作案、结伙作案重大嫌疑的",不再单独作为适用拘留的事由;建立无证拘留制度,赋予普通公民无证拘留权。①

有学者从比较法的角度出发,认为我国刑事强制措施制度具有立法授权的分散性和实际权力的集中性、适用对象的特定性和适用目的的单一性等特点,但在体系上过度依赖羁押性手段,在制度设计上未能充分体现人权保障的精神,司法实践中"惩罚性"地适用强制措施以及追诉机关自我授权和执法违法的现象比较突出。为了保障公民的人身自由不受非法侵犯,应当对适用强制措施的权力进行重新分配,形成以强制到案的措施和强制候审的措施为基本类型的强制措施新体系,将取保候审设计为最常用的一种强制措施,并且完善相关的配套制度,健全适用强制措施过程中的权利救济机制。②

2012年《刑事诉讼法》对刑事强制措施进行了重大修正,主要体现在以下方面:(1)细化逮捕条件,完善审查批准程序;(2)新增指定居所监视居住措施,明确规定适用条件;(3)严格限制采取强制措施后不通知家属的例外情况;(4)扩展了被取保候审人的义务类型,规定了适用于特定案件中被取保候审人的特殊义务。③修改后的刑事诉讼法对于强制措施制度的规定被视为一大亮点,对强制措施条件的细化更是人权保障理念的集中体现,这些修改也是学者们对各种具体类型刑事强制措施的讨论推动的结果。

刑事强制措施这一概念的内涵外延与刑事强制措施的体现和内容有直接关联。有学者指出,2012年《刑事诉讼法》在立法体例上仍然沿袭了1996年《刑事诉讼法》的做法,在立法思路上并未认真检讨传统强制措施概念的缺陷。一直以来,我国刑事诉讼法学界关于刑事强制措施概念的通说缺乏准确性和科学性,并未能准确揭示其本质和目的。与我国当前的强制措施概念相比,大陆法系职权主义诉讼模式下的强制处分概念不仅包括人身保全措施、证据保全措施,还将其拓展到了暂时处分措施,此内涵与外延更符合该项措施的本质,更具解释力,也更能凸显刑事诉讼人权保障的功能。该论者进而提出,我国的刑事强制措施的概念应修正为:公安司法机关在刑事诉讼过程中为保障刑事诉讼顺利进行而干预(限制或剥夺)公民基本权利的各种强制性行为。④

有学者认为2012年《刑事诉讼法》延续了以前的做法,在强制措施部分并未将对物的强制措施纳入,是修法的一大遗憾。在现代刑事诉讼的强制措施体系中,刑事扣押对于收集和保全证据,保证诉讼活动顺利进行,尽量减少国家和被害人所受的经济损失有着十分重要的作用。我国刑事附带民事诉讼的执行难,一定程度上也与我国没有确立保全性扣押制度密切相关。为了保证将来的判决能够执行,犯罪嫌疑人的合法财产可以成为扣押的对象。侦查机关、检察机关、审判机关均应有权依职权或依刑事诉讼被害人的申请对涉案款物、犯罪嫌疑人的其他财产实行保全措施,但应当强化对物的处分的程序化和正当性的

---

① 万毅. 论我国刑事强制措施体系的技术改良. 中国刑事法杂志, 2006 (5).
② 孙长永. 比较法视野中的刑事强制措施. 法学研究, 2005 (1).
③ 卞建林. 中华人民共和国刑事诉讼法最新解读. 北京:中国人民公安大学出版社, 2012:83-84.
④ 万毅. 论强制措施概念之修正. 清华法学, 2012 (3).

规范，建立和完善合理的对物的强制措施制度，以切实保护刑事诉讼当事人的财产权。[①]

关于强制措施的种类和体系，有学者以刑事诉讼进行的先后顺序以及功能目标为标准，将刑事强制措施分为以抓捕、截停、带到为目的的措施和以保证被告人出席审判为目的的措施两大类。为防止政府权力的滥用，西方国家从适当根据、令状主义、迅速带见法官等方面对羁押之前的抓捕、截停进行了规制；从羁押适用的法定理由、决定主体、上诉救济以及迅速审判等多个角度对审判前的羁押进行了规制。在我国，刑事强制措施也涵盖了以拘留为中心、以留置盘问与公民扭送为补充的抓捕、截停、带到措施，以及以逮捕为术语标志的审前羁押措施和以取保候审、监视居住为形式的审前释放措施，并对这些措施设置了与西方的大体相当而又略有差别的规制机制。总体来说，中国的刑事强制措施体系基本上是完整的，逻辑上是自洽的，但仍需从拘留的临时化、逮捕羁押的司法化以及监视居住的自由化等方面进行完善。[②]

也有论者对世界主要国家和地区立法例进行了考察，认为强制措施的本质是对公民基本权利的干预，刑事强制措施立法的主旨在于制约公权力所可能导致的专横，保障宪法赋予公民的各项基本权利免受非法侵犯或干预。现代刑事强制措施体系的形成以逮捕与羁押的分离为逻辑起点；后经人权保障理念的深入人心，使以保释为代表的非羁押性刑事强制措施制度地位凸显。中国刑事诉讼制度规定的以五种人身强制措施构建的强制措施体系与现代刑事强制措施体系有相当大的差距：逮捕、羁押没有分离；拘传、拘留、逮捕三者之间从立法逻辑到适用逻辑很难厘清；取保候审与监视居住两种非羁押性刑事强制措施适用率低下且界限不明。该论者认为，如果现阶段一步到位式地建立对人、对物、对隐私权的刑事强制措施体系还有困难，那么完善现有的针对人身权利的强制措施体系就显得既可行又必要，在依法治国、人权保障的语境下就更是如此。[③]

（二）强制措施的功能

有学者将刑事强制措施的功能分为应有功能、法定功能和实有功能。具体来说，刑事强制措施的应有功能是强制措施在刑事诉讼中确立并应用的内在性功能，如保障性、预防性、保护性、教育性功能。刑事强制措施的法定功能是强制措施应有功能在法律上的体现，它以法律规定为前提，体现了立法者对强制措施应有功能的理解和接受程度。刑事强制措施的实有功能是强制措施法定功能在刑事诉讼中应用的实际情况或者结果。该学者认为，我国刑事强制措施体系具有相对完整性、羁押措施的核心性、内部结构的层次性、适用条件的明确性等特点，但在实际适用中仍然存在超过法定功能或者未能达到法定功能的情况。为了有效地发挥我国强制措施的功能，必须完善立法，提高执法水平，强化法律监督。[④]

也有学者从刑事强制措施的诉讼保障和人权保障双重功能进行分析，认为对惩罚教育、刑罚预支、证据发现以及犯罪预防等强制措施功能异化或者泛化的现象应当予以规范。我国刑事强制措施较其他国家而言呈现出更为明显的单一性特征。首先是适用主体单

[①] 张栋. 刑事诉讼法中对物的强制措施之构建. 政治与法律, 2012 (1).
[②] 易延友. 刑事强制措施体系及其完善. 法学研究, 2012 (3).
[③] 郭烁. 新刑诉法背景下的强制措施体系. 政法论坛, 2014 (3).
[④] 李忠诚. 刑事强制措施功能研究. 法制与社会发展, 2002 (5).

一，即只能由办理刑事案件的公安司法机关适用，其他机关和个人无权实施强制措施；其次是适用对象单一，即只能适用于犯罪嫌疑人、被告人以及现行犯和重大嫌疑分子，而不能对其他诉讼参与人以及诉讼以外的人适用；最后是适用目的单一，强制措施立足于保障刑事诉讼活动的依法顺利进行，而非用以进行实体制裁或者替代侦查行为。该学者提出，未来我国强制措施的制度完善，应当以实现诉讼保障和人权保障功能回归为主线，秉持宪法视野、实践视野和国际视野，从整体上将强制措施区分为羁押措施和非羁押措施，实现逮捕与羁押相分离，设置独立的羁押程序，强化羁押的审查与救济，丰富羁押替代措施的种类并对其加以权利化改造，完善监视居住制度等。[1]

有学者提出，程序指向性是刑事强制措施正当化的基础，但是我国刑事强制措施存在实体化的错误倾向：理念上认为刑事强制措施具有教育、惩罚等功能，实践中则对预防性羁押予以广泛适用。具体表现为忽视了强制措施是实体处分手段与程序保障目的的统一体，将强制措施混同于刑罚、行政处罚以及其他社会治理措施，片面地注重强制措施具备刑罚、行政处罚同样的实体处分手段，忽略了它们之间不同的目的指向，进而曲解了强制措施的属性、目的以及功能。在未来刑事诉讼法的修改中，应当突出刑事强制措施程序指向，遏制刑事强制措施的滥用。具体而言，首先，应重新界定各种刑事强制措施适用的法定条件，摒弃教育、惩罚等实体化因素。其次，不仅要注重刑事强制措施适用的合法性，还要注意其适用的合理性。再次，法律应当赋予被强制处分者一定的程序性权利，以对抗强制措施实施者的滥权行为。最后，法律应当为违法强制措施设置一定的法律后果，包括程序性后果，诸如非法证据排除规则，以及实体后果，对于强制措施实施中的违法行为造成的人身伤害等侵权行为，可以责令给予国家赔偿、建议追诉部门给予实施强制措施的人员以相应的纪律处分、行政处分甚至刑事责任等。[2]

二、拘传

在刑事强制措施体系中，拘传是一种到案手段，与羁押性措施及羁押替代性措施并列。刑事拘传是我国强制措施体系中强制性最弱的一种。

2012年《刑事诉讼法》出于人权保障之目的，对拘传制度进行了一些修改，改变原拘传制度时限"一刀切"；明确被拘传人的权利保障。但是，在法律层面上，对拘传的适用条件、适用程序以及救济措施的规定仍有些粗疏。司法解释只是对法律规定的简单重复，对个别问题的突出强调，三机关对于拘传程序的规定在某些方面还不尽一致，比较混乱。首先，拘传的执行主体没有明确规定。执行拘传的主体是否必须与作出拘传决定的主体具有同一性，三机关的规定并不明确。其次，执行拘传的具体程序，三机关的规定有不一致之处。如最高人民法院以及最高人民检察院均规定了执行拘传不得少于两人，但公安机关则无此规定。再次，在不同的诉讼阶段拘传法律文书的名称也有所不同，侦查阶段是"拘传证"，审判阶段是"拘传票"，有伤司法的严肃性。最后，对于变更或者解除拘传的措施，公安机关以及最高人民检察院均有规定，但最高人民法院的司法解释则忽略了

---

[1] 卞建林. 我国刑事强制措施的功能回归与制度完善. 中国法学, 2011 (6).
[2] 杨雄. 刑事强制措施实体化倾向之反思——以预防性羁押为范例. 政法论坛, 2008 (4).

此点。①

拘传的法律规定简略，导致其在司法实践中适用率低。有学者认为，《刑事诉讼法》所规定的拘传措施基本处于"悬而不用"状态，实践中被大量适用的是作为行政强制措施的留置盘查等非刑事强制措施手段。以留置代替拘传在司法实践中衍生出很多问题：不利于保障犯罪嫌疑人的人身权利，不利于保障检察机关的立案监督，亦有可能导致隐形超期羁押。对此，改革的思路绝不是直接取消留置制度的简单化做法，而应在正确厘定"刑事、行政"边界的基础上，对留置制度进行重构，使二者相互协调。该学者进而提出应当从多个角度完善拘传制度：第一，将拘传适用对象从犯罪嫌疑人、被告人扩大到证人。第二，为了防止犯罪嫌疑人、被告人被变相羁押或者相关机关利用疲劳战术讯问，收集口供，法律理应明确两次拘传的最小间隔时间。第三，还应当完善拘传执行主体的规定，增设委托拘传与协助拘传制度，并且规定拘传的司法救济程序。第四，在中国刑事司法实践中，作为刑事强制措施的拘传制度基本被作为行政强制措施的留置制度架空，产生了诸多与人权保障的刑事诉讼基本理念相悖的现象，这一问题也亟待解决。②

也有学者以古今对照、中西比较为视角，探讨了我国当下刑事拘传制度的几个重要问题。首先，目前我国刑事拘传的对象限于犯罪嫌疑人、被告人，应理解为"未被采取其他强制措施"的犯罪嫌疑人、被告人更合适，并增加"应当出庭作证的证人"。其次，刑事拘传的时间和间隔。2012年修改的《刑事诉讼法》第117条新增了24小时的拘传时限，但"案情特别重大、复杂"的标准以及两次拘传的间隔时间有待细化。再次，对于刑事拘传的条件，我国2012年修改的《刑事诉讼法》第188条体现了先传后拘、审判阶段拘传证人的做法，这既符合公法比例原则之要求，也是对我国传统"无讼"法律观念影响下证人一般不愿作证的深刻理解。最后，从刑事拘传的监督来看，我国拘传决定权与执行权合一的制度设置，是同流水线式的诉讼模式相关联的，这必然导致公检法缺乏监督、各自为政。我国应本着拘传决定权和执行权相分离之原则，建立拘传的外部监督机制。③

三、取保候审

取保候审作为一种重要的非羁押性刑事强制措施，是刑事诉讼程序中与无罪推定原则、人权保障理念关系最为密切的制度之一。取保候审如果得到准确有效地适用，必将在保证刑事诉讼顺利进行和保障被追诉者的合法权益方面发挥重要作用。1996年《刑事诉讼法》明确了取保候审的条件、保证的方式、保证人的条件和责任、违反取保候审的法律后果等。这与1979年《刑事诉讼法》关于"根据案件情况"对被告人可以取保候审的规定相比无疑是巨大的进步，使取保候审措施的适用更具操作性。然而，取保候审的适用也暴露出一些需要解决的问题。

1996年修改《刑事诉讼法》后，有论者研讨了取保候审在实践中产生的一些新问题，包括公、检、法三机关能否重复取保；保证人担保和保证金担保两种方式的运用；取保候

---

① 郭烁. 中国刑事拘传存在的问题及其变革. 比较法研究，2013（4）.
② 郭烁. 中国刑事拘传存在的问题及其变革. 比较法研究，2013（4）.
③ 谢波. 我国刑事拘传制度探讨. 法治研究，2013（1）.

审的期限如何理解；单位（法人）是否具有保证人资格；如何正确处理取保候审决定机关与执行机关的关系。[1]

有论者认为，司法实践中应注意以下问题：第一，单位、社会团体能否作为保证人；第二，如何认定保证人的法律责任；第三，确定保证金数额应考虑的因素及种类；第四，取保候审期间能否折抵刑期；第五，外来人口犯罪的取保候审；第六，公安、司法机关错误作出取保候审应否追究法律责任；第七，被取保候审人在取保候审期间潜逃行为的刑事责任。[2]

也有论者认为取保候审制度在实践中的问题集中在以下方面：第一，适用的比率低，执行情况不理想；第二，保证金担保的问题突出；第三，取保候审的变更适用不及时。该论者从执法观念、法律规范、执法操作三个层面分析了问题背后的原因，认为要想充分发挥取保候审措施在保障刑事诉讼顺利进行和保护公民合法权益中的作用，关键是要从制度设计入手完善取保候审制度，增强其操作性和实用性。具体而言，包括尽量放宽取保候审的适用对象、对保证金保证适用进行限制、建立专门的社区执行机构、应用科技成果增强取保候审执行上的准确性与有效性、落实取保候审执行监督责任，等等。[3]

有文章着重对取保候审保证金在执行中的问题进行了深入研究，主要是收取保证金数额的差幅太大，在司法实践中不易掌握；违法收取保证金的现象依然存在；乱收保证金极易导致违法违纪现象发生。该文章提出，基本对策有三：一是严格履行收取保证金的程序，确定科学、实际的保证金数额，以有效地防止收取保证金主观随意性的发生。二是建立和完善检察备案监督制度，使保证金的执行置于检察机关的法律监督之下。三是开展法制宣传，提高公民依法保护合法权益的意识，增强司法机关执法透明度，运用社会舆论的监督形式，防治在保证金执行过程中发生的司法腐败，并为检察机关查处司法腐败，开展法律监督提供案源。[4]

有学者从观念方面、制度方面、物质方面详细分析了取保候审在我国的适用情况。顺应刑事司法中保障人权的趋势和要求，扩大适用非羁押措施是刑事司法改革的内容之一，但在我国目前社会状况下，囿于文化传统、民众心理、司法体制、物质基础、社会控制手段等因素，扩大适用取保候审存在诸多困难。显然，对这些困难的厘清乃是立法在取保候审制度上作出正确选择的一个前提。该论者进而提出，应当更新观念，修正法律、完善制度，加强社会控制能力建设，逐步建立独立的取保候审的服务、监督、教育机构。[5]

有学者通过实地调研方式分析了取保候审适用中的司法困境。首先，取保候审适用对象存在不平衡现象，外地犯罪嫌疑人、被告人适用取保候审率较低，社会地位、财产状况等也会影响取保候审的适用。其次，取保候审配套措施欠缺导致取保候审流于形式。执行机关、家庭、学校、社区之间普遍没有建立起有效的配合机制以及确立帮教协议，所以在适用取保候审时对其本身未必能发挥好的作用。再次，犯罪嫌疑人、被告人虽被赋予了

---

[1] 沈柏成, 邱利军, 廖慧兰. 关于取保候审若干新问题之探讨. 中国刑事法杂志, 1998 (S1).
[2] 谢书展, 陈志荣. 试论刑事诉讼中的取保候审制度. 检察理论研究, 1997 (5).
[3] 李忠诚. 论取保候审制度的完善. 中国刑事法杂志, 2003 (6).
[4] 王纯. 取保候审保证金执行中存在的问题及对策. 中国刑事法杂志, 1998 (4).
[5] 周伟, 邵尔希. 释放还是羁押——扩大适用取保候审的困难与选择. 现代法学, 2007 (1).

取保候审的申请权，但该权利在相当程度上存在被虚化的现象。复次，对脱保的惩戒难以实现。立法上并未将被取保候审人逃跑视为一种严重的违法犯罪行为，办案机关受经费、地域等限制，对脱保人的追逃也面临重重困难。又次，若干司法工作机制与取保候审制度之间存在冲突。办案指标、职业风险等因素影响办案人员职业心理，促使其进行保守主义的选择。最后，法院在实践中反映了超职权主义的司法思维方式和惩罚犯罪的强势心理，使扩大取保候审的适用面临付诸东流的危险。[①]

该学者还提出，取保候审制度和实践层面存在的问题与传统理论对取保候审功能的定位有密切关系。权利属性和程序化的取保候审制度在应然层面上主要具有人权保障、程序保障、诉讼效益三种功能。按照上述对取保候审功能的定位来改革和完善我国的取保候审制度，应当从两个方面入手：一是取保候审的权利化。必须确立取保候审的权利属性，使取保候审的制度结构由"权力主导型"转变为"权利主导型"，从而引导取保候审的功能趋向由控制犯罪向保障人权的转变。二是取保候审的程序化，必须重新理顺取保候审的操作流程，使取保候审由行政审批模式转变为诉讼程序模式，同时应当建立取保候审的社会支持的保障机制。[②]

2012年修订的《刑事诉讼法》细化了被取保候审的犯罪嫌疑人、被告人的行为约束以及增加了保证金的确定和缴存机制，使取保候审制度在司法实践中更具可操作性。取保候审制度在实践中的适用状况也一直受到理论界和实务界的广泛关注。

有学者基于对2012年《刑事诉讼法》实施以来部分省市适用取保候审情况的实地调研报告，探究了司法实践中适用取保候审的"影响性因素"。就司法实践反馈的相关情况看，取保候审的适用率在局部地区有着显著抬升，在调研的大部分地区则并无明显变化，审前羁押率居高不下的现象只是稍有改观。现实中取保候审措施采用与否的"影响性因素"是多元化的，包括绩效考评、入罪标准的变化、"不致发生社会危险性"的认定标准、诉讼构造、制度偏差等因素。为了改进取保候审的适用，首先，应当善用"绩效考核"，进一步明确取保候审的适用标准，采用量化的方式出台取保候审适用条件指南；其次，应当构建取保候审的监督机制和救济程序，通过审查起诉、受理控告申诉、检察建议等环节加强对取保候审过程的监督，强化社会监督的效果，赋予申请人在取保候审程序中的救济权；最后，应当完善取保候审的执行方式，规定多样化的保证形式，运用信息化技术解决被保人易脱保以及取保候审期间监督难的问题。[③]

有学者认为，在取保候审制度表面问题的背后，其深层次的问题是取保候审的实体化。学界对取保候审功能的理论假设主要包括以下三种观点：取保候审应当具有权利保障的功能、替代羁押的功能、保障诉讼顺利进行的功能。但是，与学界对取保候审功能的理论假设相比，我国立法中取保候审的功能已经发生了异化：取保候审不具有权利保障的功能，替代羁押的功能也受到了很大的限制。另外，增加了理论假设不具有的两项功能：预防犯罪，为收集证据服务。与立法规定中体现出的取保候审功能相比，我国司法实践中的取保候审功能再次发生了异化。实践中将赔偿协议、刑事和解协议的达成和履行作为适用

---

① 宋英辉. 关于取保候审适用具体问题的调研分析. 法学，2008（6）.
② 宋英辉，王贞会. 对取保候审功能传统界定的反思. 国家检察官学院学报，2007（4）.
③ 郭烁. 取保候审适用的影响性因素实证研究. 政法论坛，2017（5）.

取保候审的前提，在证据不足、应当终止诉讼的案件中适用取保候审，体现出实践中取保候审功能的再次异化：取保候审具有预演案件实体判决的功能；承载着变相结案的功能。[1]

在英美法系国家刑事诉讼中，保释是被逮捕人或者被羁押人的一项重要诉讼权利。其中，英国的保释制度历史最为悠久，立法最为完善。有学者考察了英国保释制度的历史沿革，并详细介绍了保释的性质、权力主体、保证形式、违反保释义务的法律后果、救济程序，提出借鉴英国保释制度，完善我国取保候审制度的若干建议：第一，立法思想应当实现从"权力本位"向"权利本位"的转变，获得取保候审应当成为权利原则；第二，取保候审的决定权原则上应当赋予法官；第三，改革保证形式，引进具结释放的保证方式，允许非货币担保，规定保证金的最高限额；第四，规定被取保候审人违反应当遵守的法定义务时单独构成新的犯罪，与原来的犯罪实行数罪并罚；第五，应当规定控辩双方对取保候审决定不服的救济程序。[2]

有学者在借鉴英国保释经验的基础上，反思了我国取保候审制度的基础与立法缺陷。英国的刑事诉讼将保释确认为一项犯罪嫌疑人、被告人在刑事诉讼中享有的权利，而中国刑事诉讼法将取保候审定位为强制措施，一定程度上也产生了立法的不合逻辑性。取保候审制度本身的不合理性导致了取保候审在司法实践中的诸多问题，主要表现在：决定的任意性，理由的局限性，保证种类的单一性，期限的模糊性。该学者认为应当将取保候审确认为犯罪嫌疑人、被告人的一项权利，并提出了构建程序化的取保候审制度的设想。[3]

此外，也有学者认为有必要借鉴加拿大保释制度的相关规定，对我国取保候审的性质与程序构造、取保候审的方式、取保候审中的证据运用、取保候审的救济以及未成年人取保候审的特殊规定等方面进行完善。[4]

但是，也有论者认为，我国固有的法律特点和自身法律发展状况使我国的取保候审制度无法为英美的保释制度所代替，所以当前不适宜引进保释制度。该论者分析了英美保释制度在我国刑事诉讼中的不适宜性：首先，保释制度赖以产生和发展的两个深厚理论基础——无罪推定和人身自由权利原则，在我国立法中尚未真正确立，实践中更是谈不上深入人心。其次，英美刑事诉讼程序对保释的设计目的主要是要求被保释人承担在下一次法院庭审时到庭的义务。我国在国家法律制度设计中对强制措施的定位，与英美保释制度的固有内涵有着深刻反差。再次，英美保释制度另一个重要的价值体现，即保障辩方对证据的搜集，也由于我国现行刑事诉讼法尚未赋予辩方在侦查阶段取证的权利而变得失去意义。最后，我国刑事诉讼法一直把准确、及时查明犯罪事实和惩罚犯罪分子作为我国刑事司法程序的首要任务，因而带有超职权主义诉讼模式的色彩。[5]

四、监视居住

（一）监视居住的适用

监视居住在司法实践中的低适用率与变相羁押带来的弊端，使其从设立之初到现在一

---

[1] 褚福民. 取保候审的实体化. 政法论坛，2008（2）.
[2] 徐静村，潘金贵. 英国保释制度及其借鉴意义. 现代法学，2003（6）.
[3] 徐美君. 构建程序化的取保候审制度——兼论英国保释制度对我国的借鉴意义. 法制与社会发展，2003（5）.
[4] 宋英辉，何挺. 我国取保候审制度之完善——以加拿大的保释制度为借鉴. 法学评论，2007（5）.
[5] 元轶. 取保候审制度与保释制度的比较法考察及其改良. 比较法研究，2008（2）.

直备受质疑。有论者认为，立法上的一些模糊概念和规范本身的不确定性，造成司法实践中监视居住由限制人身自由的强制措施变成了变相拘禁，违反了刑事诉讼法的基本原则和立法本意。该学者还主张，因监视居住被变相羁押的期间应当折抵刑期，应当给予被变相拘禁的人法律救济。①

有学者对三个地区公安机关进行调研，结果表明监视居住的确能发挥替代羁押这一预期功能，但容易转化为变相羁押，使犯罪嫌疑人的合法权利受到不当限制。另一个问题是，受制于较高的成本支出，监视居住适用率处于较低水平。该学者提出，可能的改革进路是将监视居住的决定权与执行权分离，将执行权交付司法行政机关；以提高监视居住适用率为目的，将监视居住纳入取保候审，将分散式监视改为集中式监视，即由执行主体（司法行政机关）设立专门的监视场所，这种场所不同于羁押场所，无限制自由的外在条件。②

理论界对于监视居住制度的存废之争由来已久，集中形成了"废除论"与"改造论"两种针锋相对的观点。事实上，持"废除论"观点的学者站在司法实然角度认为监视居住制度没有存在的必要，理由集中表现为以下几个方面：第一，监视居住制度生存的根基已经被剥离。③ 第二，监视居住与变相羁押难以区分，且执行成本高，不符合诉讼经济原则。第三，监视居住极易侵犯人权，具体包括对犯罪嫌疑人、被告人财产权与人身自由权的侵犯。④

与之对应的，改造论者承认监视居住制度存在缺陷，但以应然为视角，认为监视居住制度本身也有其他强制措施所不能取代的优势，完全可以通过改良的方式完善之。保留论者所持理由集中表现为以下几点：第一，监视居住制度具有重要的彰显程序正义的功能。⑤第二，监视居住制度有利于减少审前羁押。第三，监视居住制度能够发挥衔接功能。⑥

有学者从监视居住措施的功能与价值角度，论证《刑事诉讼法》保留监视居住措施的必要性。第一，监视居住措施作为介于取保候审与逮捕之间的强制措施，具有独特的功能。第二，监视居住措施替代羁押的功能可以减轻刑事诉讼过程对犯罪嫌疑人、被告人人身自由的侵害。第三，国外类似于监视居住的强制措施的实践证明，监视居住措施有其存在的价值。⑦

也有学者从保护人权、减少羁押角度来看，认为设立监视居住强制措施是十分必要的，而且监视居住并非我国独有，有关国家的立法中也规定了此类强制措施。该学者还提出，监视居住的本质属性是限制人身自由，与剥夺人身自由有本质区别；监视居住的地点是住处或指定的居所，但不是居住房屋以内的空间；监视居住可根据具体情况，采取不同的监视方式。⑧

监视居住制度一直是《刑事诉讼法》修改的重点，1996 年修改《刑事诉讼法》时完

---

① 周伟. 关于监视居住的几个问题. 当代法学，2000（4）.
② 马静华，冯露. 监视居住：一个实证角度的分析. 中国刑事法杂志，2006（6）.
③ 程荣斌，赖玉中. 论废除监视居住的理由. 山东警察学院学报，2010（1）.
④ 江涌. 监视居住：异化及废止. 江苏警官学院学报，2009（4）.
⑤ 李昌林. 侦查阶段的取保候审与监视居住//陈兴良. 刑事法评论：第 25 卷. 北京：北京大学出版社，2009：156.
⑥ 杨正万. 监视居住制度功能分析. 贵州民族学院学报（哲学社会科学版），2008（6）.
⑦ 李建明. 适用监视居住措施的合法性与公正性. 法学论坛，2012（3）.
⑧ 杨旺年. 关于监视居住几个问题的探讨. 法律科学，2001（6）.

善了监视居住的适用程序。有学者对监视居住的适用范围、对自由的限制程度、监视居住的执行机关和执行方式、监视居住的期限进行了详细探讨。该学者认为,由于法律规定过于原则和粗疏,对监视居住的合理限制难以把握,对嫌疑人、被告人自由的限制程度以及执行机关的监视程度在操作上均有相当的弹性,而且在执行上如何兼顾控制犯罪与保护公民权益也有相当的难度。在司法实践中,各司法机关及其人员对有关立法规定的理解和认识很不一致,对监视居住这种强制措施的使用出现混乱和偏差。这些现象应引起理论界及立法和司法部门的足够重视,应对监视居住进行深入的研究,并对有关立法规定进行进一步的修改和完善。①

有学者认为,监视居住的立法在监视居住的地点、对象、方式、期限,以及对被监视居住者权利的限制和保障等方面均存在严重缺陷,这是呈现上述监视居住适用状况的根本原因。该学者认为,对监视居住不能因噎废食,而应通过对其进行必要的修改予以完善,发挥其应有的作用。具体说来,对监视居住的修改,应从以下五个方面进行:第一,在监视居住的地点方面,应增加规定监视居住的地点,并对监视居住的地点进行具体的界定。第二,在监视居住的对象方面,适当缩小采用监视居住的犯罪嫌疑人、被告人的范围。第三,在监视居住的期限方面,适当缩短监视居住的期限。第四,在被监视居住人的权利方面,对犯罪嫌疑人、被告人的权利既要增加限制,又要加强保障。第五,在监视居住的方式方面,应对监视居住的方式作出明确的规定。②

2012年《刑事诉讼法》充分注意到了监视居住制度在实施过程中所暴露出的问题,并对监视居住制度进行了一系列的改造。对于监视居住制度的存废之争,立法者作出了回应,明确采用了"改造论"观点,但此次改造似乎并未使争论平息,反而在实务界与理论界掀起了更热烈的讨论。修法后,学界对《刑事诉讼法》采取保留并进行改善的做法予以充分肯定,讨论的重点不再集中于制度的"存废",转变为集中于对当前监视居住的适用及进一步改革的方向。

有学者认为,2012年《刑事诉讼法》致力于解决监视居住立法和实践中的变相羁押问题,将监视居住与取保候审分离,为监视居住准确定位。同时,凸显了监视居住强制措施保障诉讼顺利进行的功能,加强了对被监视居住犯罪嫌疑人、被告人的人权保护。对于监视居住制度因立法术语模糊、遗漏、歧义等产生的语意不清晰问题,应以"人权保障"为中心进行限权(力)解释。③

也有学者提出,在监视居住措施的条件设定与司法适用中,必须以保障诉讼顺利进行为目的导向,防止该措施被不当适用。在适用条件上,应当明确"案件的特殊情况"与"办理案件的需要"的具体情形;在执行中,应当明确执行场所的范围与执行监视的具体方式;适用监视居住措施还要注重对相关人员的人权保障,明确通知被监视居住人家属的通知内容。④

---

① 林楠. 监视居住若干问题的思考. 中国刑事法杂志, 1998 (4).
② 钱雪棠. 论监视居住的适用及完善. 中国刑事法杂志, 2005 (5).
③ 庄乾龙, 李卫红. 监视居住制度改革得与失——兼评新《刑事诉讼法》第73条及相关规定. 法学杂志, 2014 (1).
④ 陈卫东, 聂友伦. 监视居住制度问题研究. 贵州民族大学学报(哲学社会科学版), 2016 (4).

(二) 指定居所监视居住

在监视居住制度方面，《刑事诉讼法》修改过程中争议最大的条款莫过于指定居所监视居住制度的创设。有学者认为，刑事诉讼法的初衷是将监视居住确立为一种减少羁押的替代性措施，但具体的条文设计却使监视居住制度产生了内部的分裂。在犯罪嫌疑人、被告人自己住所执行的监视居住可以被认为是一种非羁押性的强制措施，但指定居所的监视居住显然已成为一种羁押性的强制措施。因此，为了防止权力的滥用和充分保障嫌疑人、被告人的人权，对指定居所的监视居住需要进行更为严格的审查与控制。具体的审查、控制方法可以参照对逮捕的审查、控制方法，同时也需要确立对其进行定期羁押必要性审查的制度。另外，还需确立错误指定居所监视居住的国家赔偿制度作为最后一道"防线"[1]。

有学者认为，2012年《刑事诉讼法》修改过程中对指定居所监视居住进行了重新定位，随着立法的完成应当实现由政治争论到法律解释的转变。2012年《刑事诉讼法》第72条及其相关条款的准确、合理解释完全可以化解政治诉求方面的不同争论。该学者对监视居住的适用对象、适用条件、被监视居住人保有与被限制的权利、指定居所监视居住的执行进行合规范的法解释学研究，以回应社会关切、妥帖实现立法意图。就适用对象、条件而言，该条规定的六种适用对象的设置理由主要基于三种原因：人道主义、强制措施体系的内在联系以及办案需要。就监视居住的地点而言，首先要区分住处与固定住处，其次应当明确"指定居所"的范围，这方面的争议较大，但对于其不得是办案场所已成共识。就指定居所监视居住的三类犯罪而言，要划清这三类犯罪与其他犯罪类型的界限。就监视居住干预权利的内容和方式，首先明确监视居住的本质是强制措施，不是侦查措施，其次，被监视居住人保有的权利有与家属共同生活的权利、执行处所应当满足基本的生活条件、被监视居住人申请被逮捕的权利、对错误的监视居住要求国家赔偿的权利等。针对执行中的疑难问题提出，要明确执行主体与决定主体的分离、在执行过程中甄别被监视居住人与共同居住人、利用电子监控、通信监控措施干预被监视居住人的隐私权应符合比例原则、明确通知家属的具体内容、细化指定居所监视居住的检察监督程序和内容。有学者提出，应当对指定居所监视居住的适用对象进行规范解释，明晰执行指定居所监视居住的执行地点与执行主体的含义以规范司法适用[2]。

该学者随后又对2012年《刑事诉讼法》实施近三年来的法律实践进行了研究，认为指定居所监视居住制度的实施状况差强人意，出现了不少问题：执法标准不统一、适用不规范；不少法律规定不知如何执行；规避法律的情形具有普遍性；法律滥用、异化问题突出并伴随着侵犯人权的重大风险。上述问题的解决正道应当是回归立法精神，运用法律解释技术，明晰指定居所监视居住的性质与定位，从其限制自由的强制措施本质出发，纠偏司法适用的错误倾向，回应实务困惑。对于指定居所监视居住适用对象上的"无固定住处""特别重大贿赂犯罪"以及后续能否转捕都应当进行规范解释；对于执行指定居所监视居住的执行地点与执行主体也迫切需要明晰含义以规范司法适用[3]。

---

[1] 李钟, 刘浪. 监视居住制度评析——以2011年《刑事诉讼法修正案(草案)》为视角. 法学杂志, 2012 (1).
[2] 程雷. 刑事诉讼法第73条的法解释学分析. 政法论坛, 2013 (7).
[3] 程雷. 指定居所监视居住实施问题的解释论分析. 中国法学, 2016 (3).

立法理念的偏向和条文内容的粗疏，导致指定居所监视居住的适用存在较大的弹性空间和解释张力，极有可能会引发实践操作中的诸多问题。有学者的实证研究表明，在地方公安、司法机关的工作中，指定居所监视居住的实践呈现积极适用与消极适用的两极化现象。出现这种局面的原因主要在于公安机关对于指定居所监视居住执行场所和执行方式的理解存在不同的认识。积极适用指定居所监视居住措施的公安机关基本采用非羁押化的执行方式，这种方式不仅成本较低、实施难度较小，还具有较强的诉讼保障功能。①

也有学者基于多份实证调研材料数据发现，指定居所监视居住制度依旧没能走出"或者不予适用，或者侵犯人权"的怪圈。监视居住，尤其是指定居所的监视居住或许已成为比逮捕更严厉的、现行制度下很难找到制约或审查手段的羁押措施。这种尴尬的司法实践的形成，是立法导致的，是制度性的。另外，原先存在于部分学者心中的那种"改良"该制度的构想被现实证明只是立法的一厢情愿。指定居所监视居住的功能完全具备可替代性，其适用率始终低下，且易产生侵害刑事被追诉方权利等问题，或许可以思考一种可能的解决办法：作为一种"超羁押手段"的指定监居制度，可能到了应被废止的时候。②

有学者认为，由于在适用条件、适用内容及法律后果等方面均与现行法律规定的五种强制措施存在重大差异，指定居所监视居住事实上已经成为法定的第六种强制措施。但是，由于其在适用对象、适用机制、适用成本以及公平性方面都存在隐忧，因而，有必要在肯定其现实合理性的同时，秉持打击犯罪与保障人权相平衡的理念，对其进行公正化改造。首先，应当明确指定居所监视居住在强制措施体系中的独立地位，可以考虑将其从监视居住中剥离出来，成为一种独立的强制措施类型。这种认识对于提高对指定居所监视居住的规制意识，防范"被失踪"具有重要意义。其次，鉴于指定居所监视居住对犯罪嫌疑人、被告人人身自由影响的严重程度，有必要采用"准司法化"的适用程序，并且在后续的指定居所监视居住过程中对其继续适用的必要性进行审查。最后，也要细化适用范围，确保适用的妥当性，尤其是指定居所的条件以及"监视"的方式。③

还有学者从宪法角度分析了指定居所监视居住背后潜藏着基本权利危机，其比拘留和逮捕更容易失控，不能体现法院、检察院和公安机关互相制约的程序控制精神。《刑事诉讼法》的修改迁就了原法律执行中监视居住羁押化的现实，让名监实押的"潜规则"成为法定的"明规则"。为了化解指定居所监视居住背后的基本权利危机，必须首先将指定居所监视居住定位为一种羁押措施，并比照拘留和逮捕这类羁押措施的人权保障要求，建立互相制约的决定、审查和救济程序，提高指定居所监视居住的保障程度，压缩指定居所监视居住的时间，让辩护权、申诉权和控告权的行使更加充分，并且与其他羁押措施实行同等的抵扣和赔偿制度。④该研究透过公民宪法基本权利的保护，将刑事诉讼问题提升到宪法层面，不仅对于推动指定居所监视居住的完善具有重要意义，更为重要的是打通了宪法学和刑事诉讼法学的关联，使刑事诉讼法真正成为宪法的"测震仪"。

---

① 马静华. 公安机关适用指定监居住措施的实证分析——以一个省会城市为例. 法商研究, 2015 (2).
② 郭烁. 论作为"超羁押手段"的指定居所监视居住制度. 武汉大学学报（哲学社会科学版）, 2016 (6).
③ 左卫民. 指定监视居住的制度性思考. 法商研究, 2012 (3).
④ 孙煜华. 指定居所监视居住的合宪性审视. 法学, 2013 (6).

五、拘留

刑事拘留期限问题一直饱受学界争议。实践中，延长刑事拘留期限成为任意的、普遍的现象，绝大多数案件被延长至近 30 日，使刑事拘留制度异化为刑事诉讼常规化的强制措施，这极大地损害了犯罪嫌疑人权利。有学者认为，这一现象归因于我国立法与执法理念上的偏差、以口供为中心的相互印证的证明模式、刑拘与批捕之间证据标准差距过大等。我国的改革应当树立程序正义的理念，明确刑事拘留的证据标准，由检察机关对刑事拘留及其延长期限进行审查等。[1]

近年来，较多学者开始将视角转往域外，采用比较研究方法分析拘留制度的改革。法国 2011 年 4 月 14 日第 2011—392 号法律首次对刑事拘留的含义以立法的形式做了界定。为减少刑事拘留的频繁适用，新法律规定刑事拘留的适用必须严格满足两个条件：一是必须达到法定严重性；二是具有法律规定情形之一。对刑事拘留的程序方面也进行了细化，唯有"司法警官"才能够决定采取刑事拘留措施。另外，法律还对刑事拘留期限的计算及延长问题进行了补充和完善。具体化了检察官对刑事拘留的监督职权，即刑事拘留措施应当在检察官的监督下实施。重要的是，法律对犯罪嫌疑人应享有的权利也进行了完善，尤其是律师帮助权。[2]

也有学者指出，法国的拘留制度呈现出两大特点：一是适用目的的单一性，即以"真相发现"为绝对指向；二是保障机制的完善性，即塑造行之有效的"控权模式"。这两大特点虽有一定的内在契合性，但更多的是表现为相当程度的张力甚至对抗：真实发现要求立法者提高拘留措施的强度（如延长拘留时间），但"控权理念"却希望尽可能地保障被拘留者的休息权及精神完整权。从法国现行法看，真实发现依然是侦查阶段的主导理念，这亦是职权主义国家的一大共性。该学者进而指出，法国现行的"控权机制"依然存在较大的硬伤，远未达到理想的境地。[3]

有学者分析了法国刑事拘留改革的成功经验与不足，参照刑事诉讼国际准则的基本标准，立足中国的基本司法国情条件，探索适合中国国情的刑事拘留模式。法国刑事拘留最新立法改革，从宏观上回应了人权保障的呼声，充分考虑国际刑事司法最低标准及欧洲人权法院的要求，顺应了现代刑事司法理念的发展；但从微观角度进行审视，法国刑事拘留的立法改革在某些层面上仍显得不够彻底，未能摆脱传统大陆法系职权主义刑事诉讼模式的影响，如仍保留了对刑事拘留的检察审查制度而未能彻底适用对刑事拘留的司法审查原则等。该论者提出，中国的刑事拘留制度应从宏观与微观两个角度进行设计。宏观上，应当以刑事诉讼国际准则的有关规定为参照，从宪法的角度对刑事拘留制度进行设计，使之具有合宪性。微观上，应当引入司法审查机制；引入听证程序，注入抗辩元素；应当明确列举被拘留人所应享有的各项权利并规定侦查机关应负有告知义务，同时还应建立相关的救济机制。[4]

---

[1] 谢小剑, 皮德艳. 刑事拘留运作：理论与实践的悖反. 中国人民公安大学学报（社会科学版）, 2007 (4).
[2] 俞亮. 法国拘留制度改革最新动态. 比较法研究, 2012 (2).
[3] 施鹏鹏. 控权模式下的真相发现：法国拘留制度述评. 比较法研究, 2010 (6).
[4] 王洪宇. 借鉴与反思：法国刑事拘留改革对中国之启示. 比较法研究, 2012 (3).

2012年《刑事诉讼法》实施后，有不少学者对新法实施后刑事拘留的适用情况进行了实证研究。有学者通过对东部地区、中部地区、西部地区三个不同地区基层法院2013年1月至2014年3月公开的判决书中被告人基本情况的统计与分析发现，2012年修改的《刑事诉讼法》实施前后刑事拘留均是公安机关在侦查阶段适用率最高的强制措施，但不同地区的公安机关对特殊类型案件的处理方式及各地人口结构的差异造成刑拘的适用率存在一定差异；在同一地区，刑拘适用率因案而异；所涉犯罪的严重性、某类案件的发案频率及办案人员对此类案件的处理方式等五个因素对刑拘的适用率具有影响；刑拘的到案功能较弱，刑拘前采用传唤、拘传等措施成为常态；获得相对充裕的侦查取证时间是刑拘的主要目的；刑拘后，逮捕和取保候审是强制措施变更的主要方式。2012年修改的《刑事诉讼法》实施后，延长刑拘期间的现象仍然突出，但犯罪嫌疑人因刑拘被剥夺人身自由的时间呈缩短趋势；刑拘转捕率有所下降，取保候审的比例相对上升。[①] 刑事拘留适用情况的这些变化表明我国公安机关刑事执法规范化建设取得了一定的积极成果，刑事司法领域对人身自由的程序保障得到了实质性强化。

还有学者着眼于基层社会治理，认为刑事拘留的滥用与基层政府刚性维稳的思路、执法人员和公众法治意识水平不高、相关法律制度的空白和缺陷都有很密切的关系。这种现象污染了公权力的正当性源头、错误地引导了公民法治观念、给少数人以刑事手段介入民事纠纷创造了机会，埋下了更深的隐患。该论者进而提出应当以法治手段对此进行规制，有赖于立法上完善刑事拘留的严格适用标准；体制上建立刑事追诉目的性审查程序；司法上向前延伸强制措施必要性审查。[②]

六、逮捕

逮捕是最为严厉的一种刑事强制措施，通过剥夺犯罪嫌疑人、被告人的人身自由从而达到保障刑事诉讼的顺利进行之目的。逮捕关乎公民的基本宪法权利，一旦被错用或滥用，将对犯罪嫌疑人、被告人的人身权利造成重大损害，因此学界对于逮捕制度的问题和改革极为关注。

有论者对逮捕制度产生以来经过的几个发展阶段的状况和变化原因进行了介绍和阐述。纵观中西方封建社会法制，在逮捕方面呈现以下特点：其一，体现了封建等级特权和专制统治的野蛮性。其二，建立了以逮捕和羁押为核心的强制措施体系。其三，与奴隶制国家比较而言有明显进步意义的是，在立法上规定了逮捕的相应程序和防止滥捕的措施。现代意义的逮捕制度，是以依法定程序取得的逮捕证为条件的；是以构成犯罪、需要受到法律的追究为前提的；从目的性看，是以追诉犯罪、保障刑事诉讼实现与有效保障人权相结合的；它赋予被逮捕者足以保证自己人身自由不会受到非法侵害的必要权利；它建立了比较完整的错误逮捕的救济制度。[③]

[①] 孙长永，武小琳. 新《刑事诉讼法》实施前后刑事拘留适用的基本情况、变化及完善——基于东、中、西部三个基层法院判决样本的实证研究. 甘肃社会科学，2015（1）.

[②] 赵旭，李雷. 基层社会治理中刑事强制手段的滥用及规制——以刑事拘留的滥用为例. 山东社会科学，2016（10）.

[③] 孙谦. 逮捕制度的产生与发展. 中国刑事法杂志，1999（2）.

进入21世纪，学界对逮捕制度进行了全方位反思。在考察中国的逮捕立法及实践后，有论者认为中国逮捕制度存在的问题，有的属于宪法性法律的权威性没有得到保障，有的属于实践操作问题，有的属于立法技术问题。在逮捕制度立法方面，羁押期限问题，逮捕后取保候审的适用问题，保障被逮捕者的申诉、辩护权问题，犯罪嫌疑人的沉默权问题仍有进一步完善的必要，建议立法机关在条件成熟时作适当修改。逮捕制度在适用中的突出问题有以下两个：超期羁押现象比较严重；被逮捕的犯罪嫌疑人会见律师的权利没有得到应有的保障。从观念上来看，要真正树立保障人权的观念，转变轻视人权的观念；要树立"无罪推定"的观念，转变"宁枉勿纵"的观念；转变对逮捕作用的片面认识，树立慎用逮捕的观念。[①]

该论者还对各国关于逮捕的立法和实践进行了比较研究，认为逮捕的基本原则主要表现为：合法、公正、谦抑、即时、示证和告知权利等。这些要求对逮捕的立法完善、逮捕令的签发与执行，都起着不可忽视的指导作用，司法机关和司法人员在逮捕的实际操作过程中，要努力满足这些要求。随着人权意识的普遍觉醒，随着社会人权观念、法治观念的不断加强，这些原则所体现出来的法律价值、社会价值和政治价值也会越来越为人们所重视。[②] 该论者深入分析了逮捕与人权的辩证关系：逮捕存在的根本目的是保障人权，然而却是以限制或剥夺具体个人的基本人权为条件的；从对被害人人权和社会制度角度讲，需要而且离不开逮捕，从被告人人权保障角度讲，要控制和慎用逮捕。二者统一于社会的共同道德和法律基础，尊重人权是人道的，正确地适用逮捕同样是人道的，尤其应当注意对被逮捕者权利的保障。[③]

（一）逮捕的条件

1996年《刑事诉讼法》实施后，有关方面对逮捕的几个问题的认识仍很不一致，影响了法律的正确实施和刑事诉讼的顺利进行。有论者对如何理解"有证据证明有犯罪事实"、如何理解和把握"特殊的逮捕条件"、如何界定"错捕"进行了详细阐述。[④]

有学者从逮捕的证据要件、刑罚要件、必要性要件三个方面研究了适用逮捕的实质要件，并就如何完善我国现有的立法规定进行了探讨。同时，还重论述了变更型逮捕与一般逮捕所应具有的关系，以保障逮捕适用的合理性、正当性。该学者认为，变更型逮捕要件突破了一般逮捕的刑罚要件，而且未充分考虑必要性要件。对于以其他原因被适用取保候审或者监视居住的人，均因违反上述法定义务而予以逮捕的法律规定是否可行，也值得商榷。因此，在适用变更型逮捕措施时，应当根据不同案件、不同对象、不同违反义务的情节等因素，权衡利弊，作出是否予以逮捕的决定。这样既能警戒被取保候审或监视居住人，使之不敢以身试法，做到遵纪守法，随传随到，保障诉讼活动顺利进行，又能保障人权，避免发生错案。[⑤]

有论者评析了国外逮捕的证明标准，例如美国的"合理根据"，英国的"合理根据怀

[①] 孙谦. 关于完善我国逮捕制度的几点思考. 中国法学，2000（4）.
[②] 孙谦. 论逮捕的原则. 法学家，2000（5）.
[③] 孙谦. 论逮捕与人权保障. 政法论坛，2000（4）.
[④] 朱孝清. 关于逮捕的几个问题. 法学研究，1998（2）.
[⑤] 刘根菊，杨立新. 逮捕的实质性条件新探. 法学，2003（9）.

疑"，日本的"有充分或相当理由怀疑"。该论者认为，我国"有证据证明有犯罪事实"这一逮捕证明标准比较模糊、缺乏层次性，证明标准过低，法律规定与现实脱节。该文章的初步构想是构建"'三基本'条件下合理相信"的逮捕证据标准："基本犯罪事实清楚，基本犯罪证据确实，基本犯罪指向明确，相信犯罪系犯罪嫌疑人所为。"其理由如下：这一标准不仅强调了证明标准的客观性，而且又融入了主观因素，符合主客观相结合的认识论；可以从客观上使批准和决定的逮捕机关和逮捕执行机关对证据掌控的标准进行明确界定，并兼顾检察官在运用证据时的主观裁量和合理相信，符合人类本身的思维逻辑规律；既可以为侦查活动提供进一步的保障，确保刑事诉讼的有效进行，还可以从制度环节上有效防止因滥捕而侵犯人权。①

2012年《刑事诉讼法》完善了逮捕的社会危险性条件。有学者认为，在我国，面对逮捕条件难以把握、审查逮捕诉讼化改造难获实质性突破、短期内难以通过修法对逮捕制度进行根本变革的复杂情势，逮捕制度再改革应超越过度依赖立法式刑事司法改革的思维定式，寻求借助法释义学开拓改革空间。基于基本权干预理念，有必要重新解释逮捕三要件之间的关系，将"有证据证明有犯罪事实"作为适用强制措施的基础性条件，将罪责条件视为原则上排除可能判处徒刑以下刑罚的人适用逮捕的否定性条件，将社会危险性条件视为适用逮捕的核心要件并采取高度盖然性的证明标准，从而改变逮捕三要件平行并列的关系，建构三者之间层层递进的证明体系。②

（二）逮捕审查制度及其改革

批捕权的归属问题直接涉及检察机关强制处分权的正当性和检察官的中立性，相关的争论由来已久，主要存在两种观点。一种观点是废除检察机关的批捕权，改由法院行使；另一种观点主张保留检察机关的批捕权。

有学者认为，批捕权是一项重要的司法权力，应该由人民法院来行使；并应通过设置上诉审程序，来保障其公正实现。具体运作程序可设定为：在刑事诉讼中，侦查人员及检察官认为需要逮捕犯罪嫌疑人或被告人时，应当向法庭提出请求书，并须向法庭公开逮捕的理由。如果法官认为完全符合逮捕条件时，应该裁定批准逮捕，并及时签发逮捕证；如果法官认为理由不成立或不充分时，应裁定不予批准逮捕，并应在裁定书中阐明不批准逮捕的理由。当侦查人员及控、辩双方对法庭裁定持有异议时，都有权在法定期间内向上一级法院提出上诉。③

反对的观点则认为，批捕权是法律监督权的重要组成部分，由检察机关行使批捕权是与我国的刑事诉讼体制和诉讼目的相符合的，而且我国检察机关行使批捕权已经形成了完善的监督体制和有效的救济程序。④ 也有论者指出，批捕权与控辩平等原则之间没有任何必然的联系；在中国，由法院行使批捕权并不利于保护人权。该论者建议，在法院内部没有专门设立预审法官的情况下，批捕权应当统一交由检察机关行使；同时通过立法赋予法

---

① 贺恒扬. 审查逮捕的证明标准. 中国刑事法杂志，2006（2）.
② 李训虎. 逮捕制度再改革的法释义学解读. 法学研究，2018（3）.
③ 郝银钟. 论批捕权的优化配置. 法学，1998（6）.
④ 刘国媛. 也谈批捕权的优化配置——与郝银钟同志商榷. 法学，1999（6）.

院根据当事人的申诉对检察机关的批捕权进行审查裁定的权力，以防止批捕权的不当行使。①

有论者指出，检察机关批捕权废除论存在着三方面的认识误区：首先，国际人权文件并未将批捕权的行使主体限定为法院，而是为检察机关预留了空间；其次，令状签发程序并非诉讼程序，其对签发主体中立性的要求明显低于司法救济程序的；最后，应当在本土的司法体制语境中考察检察官的中立性问题。② 也有论者认为，我国不具备实行司法令状的条件，主张在现有法律制度框架内保留检察院的批捕权，重塑检察官品格，同时赋予被逮捕人向法院申诉的权利，建立具有中国特色的人身保护令制度。③

有学者通过对中国逮捕制度和实践的观察，提出了逮捕审查的中国模式，分析了中国式逮捕审查的理论基础。根据我国刑事诉讼法的基本条款，"侦查中由人民检察院批准、决定逮捕"，构成逮捕审查制度的中国模式，其理论基础是检察监督理论。该学者进而用定量、定性的方法分析了逮捕审查中国模式的弊端及其成因，提出了逮捕审查的实体化等问题。定量分析表明，逮捕在我国刑事诉讼中被普遍适用，有违法定逮捕要件，对公正审判与有效辩护造成不利影响；定性分析表明，逮捕被普遍适用的根源在于，享有批准、决定逮捕权的检察机关实为追诉机关，其执行的实体标准、审查程序及"快捕快诉"的追诉性指导思想，挤压了取保候审等羁押替代措施的适用空间。解决逮捕普遍化问题，应依据"互相制约"的宪法原则确立法院审查模式，由法院统一行使逮捕决定权，即在检察机关初次审查的基础上，增加法院审查程序，以制约公安机关、检察机关行使的追诉权，更好地实现保障人权的刑事诉讼目的。④ 该研究有助于认清逮捕审查的中国模式的形成机制，发现这一模式的弊端及其改革方向。

关于逮捕的审查程序，有学者从对羁押性强制措施的现状分析入手，主张通过建立公开听证程序来完善我国的羁押性强制措施的适用，以达到加强人权保护、完善诉讼制度的目的。羁押性强制措施在我国刑事诉讼中被广泛使用，但是采取羁押措施决定的作出带有浓厚的行政色彩，被羁押人也不能申请中立司法机构予以审查，从而不利于犯罪嫌疑人、被告人审前合法权利的保护。我国羁押性强制措施的主要弊端可归纳为：带有浓厚的行政色彩，缺乏司法活动所应当具有的公开性，不利于犯罪嫌疑人、被告人合法权利的保护。完善现行的羁押性强制措施的适用的突破口是将其改造成以一种诉讼的形态作出决定的程序，并赋予受羁押人申请中立司法机构审查的权利。⑤

在2012年《刑事诉讼法》修改前，已有实务部门人员提出，审查逮捕应当每案必讯，复核关键证据，在此基础上形成捕与不捕的正确决断。一是程序正当性的要求。现代刑事诉讼中，对于涉及公民人身自由的强制措施，应当充分听取控辩双方的意见，切实保障犯罪嫌疑人的抗辩权。通过讯问，既听取其有罪、罪重的供述，又听取其无罪、罪轻的辩解，并容许其对是否逮捕提出抗辩事由。二是逮捕审慎性的要求。逮捕即意味着长达2至

---

① 张智辉. 也谈批捕权的法理——"批捕权的法理与法理化的批捕权"一文质疑. 法学, 2000 (5).
② 高峰. 对检察机关批捕权废除论的质疑——兼论检察机关行使批捕权的正当性. 中国刑事法杂志, 2006 (5).
③ 张建伟, 赵琳琳. 论检察机关批捕权的完善. 人民检察, 2004 (7).
④ 刘计划. 逮捕审查制度的中国模式及其改革. 法学研究, 2012 (2).
⑤ 叶青, 周登谅. 关于羁押性强制措施适用的公开听证程序研究. 法制与社会发展, 2002 (4).

7个月的羁押,不经提讯,将"一个未见过面的人"长时间羁押,是极不严肃的,并且随着网络技术、远程视频的发展,"每案必讯"有物质上的支持。三是信息局限性的要求。由于逮捕位于侦查初期,侦查卷宗承载的信息非常有限,特别是"有无逮捕必要"的信息很少。通过讯问,可以查明其悔罪表现、家庭情况、工作和生活情况、是否有严重疾病、是否怀孕等。同时,通过提审,可以进一步核实事实和证据,排除疑点和矛盾。如果仅凭案卷审查,难免以偏概全,不利于全面掌握案件事实和证据。四是职能多重性的要求。审查逮捕还承担着立案、侦查监督的职能,不经审讯和研判,难以发现立案环节和侦查活动中的违法问题,不利于开展法律监督。①

2012年《刑事诉讼法》对逮捕审查程序作出了修改,初步建构了诉讼化构造的审查逮捕模式,弱化了逮捕持续剥夺被追诉者人身自由的功能,强化了犯罪嫌疑人在诉讼中的主体地位。有学者采取定量分析的方式,对公安机关提请批准逮捕案件的审查批准逮捕工作进行了专题实务调研。调研地区检察机关在掌握审查批捕的具体条件时,对社会危险性的审查,给予了较多的关注,同时基本上落实了新刑事诉讼法关于径行逮捕、听取辩护律师意见、讯问嫌疑人等制度的相关规定。但是批捕阶段贯彻落实新刑事诉讼法的力度有待增强,效果尚不如意,各项规定仍有待于进一步规范执行。②

有学者提出,有必要在审查逮捕环节建立听证制度,充分听取侦查机关、犯罪嫌疑人及辩护律师和被害人的意见。这既是完善刑事诉讼制衡结构,增强审查逮捕诉讼性的需要;也是完善审查逮捕方式,增强审查逮捕公开性和公信力的现实需要;同时还是提高审查逮捕质量,保护犯罪嫌疑人合法权益,化解社会矛盾的有效途径。修订后的《刑事诉讼法》、《律师法》、检察机关提前介入制度和审查逮捕律师介入制度为审查逮捕阶段建立听证制度提供了法律依据和现实可能。审查逮捕听证制度应当从听证的案件范围、听证的程序、听证的内容等方面进行构建。③

还有学者认为,应以审判中心主义的理念对审查逮捕程序进行诉讼化改造。作为审前的程序性裁判活动,审查逮捕应坚守检察官裁判主体的中立性,检察改革中的"捕诉合一"有损审查主体的中立性及程序的正当性,应当慎行;应构建控辩裁三方参与的逮捕听证模式,并通过检察官办案责任制强化逮捕听证的效力;确立审查逮捕的程序性证明机制,注重社会危险性要件的证明,采用多层次的证明标准;赋予犯罪嫌疑人不服逮捕决定时的救济权利,以防止不当逮捕的发生。④

也有学者认为,审查逮捕权在实践中异化为侦查权、公诉权和"纠错型"侦查监督权。审查逮捕权作为一种裁决性权力,具有中立性。我国检察机关审查逮捕权的正当性基础是其与侦查权、公诉权的分离。然而,我国检察机关审查逮捕时在一定程度上参与侦查、引导侦查甚至补充侦查,内部考核制度等因素又"倒逼"审查逮捕公诉化,同时,审查逮捕兼具"纠错型"侦查监督功能。为使我国审查逮捕权回归程序裁决权之"本性",应改革审查逮捕侦查化、公诉化的相关规则和考核制度,将侦查性质的行为从审查逮捕中

---

① 王延祥,张雅芳. 审查逮捕主要程序问题研究. 政治与法律, 2011 (7).
② 李强,朱婷. 新刑诉法实施后审查批准逮捕制度运行的调研报告. 中国刑事法杂志, 2013 (12).
③ 肖中华,饶明党,林静. 审查逮捕听证制度研究. 法学杂志, 2013 (12).
④ 闵春雷. 论审查逮捕程序的诉讼化. 法制与社会发展, 2016 (3).

剥离，并将审查逮捕与"纠错型"侦查监督活动分离，禁止"捕诉机关合一"的做法。[①]

关于审查逮捕程序中律师介入的问题，有学者指出，刑事诉讼法及其司法解释虽为审查逮捕程序中律师的介入提供了法律基础，但仍存在操作性不强、权利救济不完善、检方应对程序不明确、律师介入后的实体权利未落实及法律援助范围有瑕疵等问题，很有必要构建听证式逮捕程序及相关配套制度，以避免律师介入审查逮捕程序的虚置。[②]

（三）职务犯罪案件审查逮捕

在很长一段时间内，检察机关办理职务犯罪案件时采取强制措施都是自我决定、自我执行，缺乏外部制约主体，导致权力被滥用，也受到了诸多学者的质疑。有论者认为，我国职务犯罪案件审查逮捕制度存在监督缺位、目的异化、救济缺乏等问题，但若将审查逮捕权交给法院行使，实践中又可能产生以下弊端：一是会使法官形成先入为主的预断；二是由于国家赔偿责任的存在，使法官无法保持超然中立的立场；三是不利于公民救济权利的保护。该论者指出，应当将职务犯罪案件的逮捕权上提一级，同时赋予被追诉人充分的权利交涉程序和最终的司法救济程序。决定逮捕权由上一级人民检察院行使，具有内在的理论正当性和外在的现实合理性。应当变简单的制度移植为制度的本土化改造，通过上级检察机关予以审查节制，建立层级监督的准司法审查程序，创建犯罪嫌疑人对逮捕异议制度、逮捕复议程序，赋予法院对检察机关决定逮捕的消极司法审查权，从而克服逮捕程序不足的缺陷。[③]

2008年年底中央政法委员会出台的《关于深化司法体制和工作机制改革若干问题的意见》及分工方案中提出了职务犯罪案件逮捕权改革方案。2009年9月，最高人民检察院正式下发了《关于省级以下人民检察院立案侦查的案件由上一级人民检察院审查决定逮捕的规定（试行）》。职务犯罪案件审查逮捕"上提一级"是对逮捕制度改革的一种有益尝试。

在推行这项改革之初，检察系统对该项改革存在各种疑虑，有人担心难以有效加强监督制约，也有人担心会削弱打击职务犯罪力度。有检察官认为，职务犯罪案件决定逮捕权上提一级后，在检察实务中将会出现办案时间压力过大，侦逮联动受限，具有决策风险的案件适用逮捕措施缺乏完善的操作规则，对不捕决定不服的案件缺少异议沟通机制，人民监督员部分监督机制面临调整，审查逮捕阶段律师介入职务犯罪案件程序亟待完善等问题，有必要通过改革审查逮捕办案模式，提高侦查工作能力，调整外部监督等方面予以解决，以充分发挥职务犯罪逮捕决定权上提一级后的制度优势。[④]

学术界对此项改革也褒贬不一。有学者认为，以决定逮捕权上提一级为核心内容的职务犯罪案件审查逮捕方式改革在现阶段具有学理上的合理性及现实中的可操作性，运行效果良好。[⑤]

也有学者认为，这一改革的效果既非持悲观论调者所言的纯粹是为了回应外界质疑

[①] 汪海燕. 检察机关审查逮捕权异化与消解. 政法论坛，2014（6）.
[②] 叶青. 审查逮捕程序中律师介入权的保障. 法学，2014（2）.
[③] 卓俊涛. 职务犯罪案件审查逮捕方式的改革和完善. 中国刑事法杂志，2009（9）.
[④] 上海市宝山区人民检察院课题组. 职务犯罪决定逮捕权上移的现实应对. 法学，2009（7）.
[⑤] 王剑虹，任海新. 论职务犯罪案件审查逮捕方式改革. 中国刑事法杂志，2010（5）.

的一种搪塞手段,不会有什么实质效果,也不像支持者所宣称的那样,逮捕权上提就能顺利实现强化内部监督提高逮捕质量的目的。影响"上提一级"改革效果的关键因素包括上下级检察机关之间的科层制关系、上下级检察机关在程序运转中的风险考量、上下级检察院的工作量。采取顺应现行司法科层制的纵向权力监督模式必然是利弊共存的,应当有针对性地通过明确指导理念、引导利益考量、健全工作机制等方面对改革进行完善。今后还面临着检察官办案责任制和逮捕程序诉讼化的双重挑战,有待进一步改进才能顺应时代的要求。[1]

(四)附条件逮捕制度之争议与废止

"附条件逮捕"是指检察机关在审查逮捕过程中,对证据有所欠缺,但已基本构成犯罪、认为经过进一步侦查能够取得定罪所必需的证据、确有逮捕必要的重大案件的犯罪嫌疑人,经检察委员会讨论决定予以批准逮捕,并要求侦查机关进一步补充证据材料的一种强制措施。2006年8月,最高人民检察院第十届检察委员会第五十九次会议通过的《人民检察院审查逮捕质量标准(试行)》首次对附条件逮捕作出规定。2013年4月,最高检又发布《关于人民检察院审查逮捕工作中适用"附条件逮捕"的意见(试行)》,对"附条件逮捕"的适用范围、标准等予以细化规范。

早在2006年宣布适用时,"附条件逮捕"制度就因可能降低逮捕的证据标准、有违"少捕慎捕""疑罪从无"原则受到质疑。该制度违反1996年《刑事诉讼法》第60条之规定,违背程序法定和刑事司法解释的原则,背离刑事诉讼的价值目标,不符合司法改革的基本原则。而且,该制度难以避免逮捕适用的扩大化和超期羁押现象。从实施情况看,存在着任意扩大适用范围、撤捕比例高、违背程序现象严重、不利于提高公安机关的办案质量等弊端。实施附条件逮捕制度只会扩张检察机关的逮捕权,而不利于保障犯罪嫌疑人的合法权益。该论者进而建议立法机关对附条件逮捕制度进行审查,并通过相关程序修改或废止这一制度。[2]

由于多种原因,附条件逮捕规定在适用过程中出现了一些问题。如案件适用范围被不当扩大、对证据标准的把握随意性大、逮捕案件决定程序没有得到严格遵守。[3] 有学者认为,理论分析的停滞与实践需要的扩张之间的极大落差,凸显了对附条件逮捕进行重新审视和定位的需要。[4] 有论者提出,附条件逮捕制度是侦查监督工作的一项制度创新,是基于宽严相济的理念对当下检警关系及逮捕制度的反思和求变。在不断的摸索中,该项制度收到了日益明显的工作成效,但仍然存在一些问题有待解决。为完善附条件逮捕制度,应当由公安机关启动附条件逮捕,完善审查、决定、撤销等相关程序,严格限制适用对象及范围,建立完善的错案追责标准和机制。[5]

也有学者对附条件逮捕制度进行了批判,认为有必要暂缓这一制度的实施。首先,附

---

[1] 葛琳. 职务犯罪案件审查逮捕权"上提一级"改革研究——以某省改革实践为分析样本. 政法论坛,2013(6).

[2] 张兆松. 附条件逮捕制度批判. 现代法学,2009(5).

[3] 宋超. 我国逮捕条件的缺陷与完善——从附条件逮捕制度的产生与运行中存在的问题谈起. 河南社会科学,2009(6).

[4] 谭刚. 附条件逮捕的体系性地位新论. 中国刑事法杂志,2011(12).

[5] 王臻,潘云龙. 刍议附条件逮捕制度. 中国刑事法杂志,2010(7).

条件逮捕动摇了"疑罪从无"原则，损毁了无罪推定原则的根基；其次，附条件逮捕与刑事诉讼法的逮捕条件存在冲突，最高人民检察院的司法解释超越了刑事诉讼法规定，属于"私自授权"，违背了对于限制或剥夺人身自由的规定应当由法律作出规定的"法律保留原则"；最后，附条件逮捕制度有"以捕代侦"之嫌，违背了基本的诉讼法理，是对犯罪嫌疑人、被告人人权的严重侵犯。①

2016年9月，内蒙古律师苗永军在代理一起案件的过程中，因备受"附条件逮捕"困扰，向全国人大常委会法工委提出了对该规定的审查申请。2017年4月28日，最高人民检察院下发通知，要求从即日起不再执行《关于人民检察院审查逮捕工作中适用"附条件逮捕"的意见（试行）》，今后在审查逮捕工作中不再适用"附条件逮捕"。

（五）羁押必要性审查的理论与实践

2012年《刑事诉讼法》增设第93条作为我国检察机关履行羁押必要性审查职责的法定依据，是强化检察机关法律监督功能的进步举措，有利于切实保障犯罪嫌疑人、被告人的人身权益不被非法侵害。

对于该项制度，首先应当认识其设置的立法初衷。有学者认为主要体现在以下几方面：第一，解决羁押率高的难题，以满足保障人权的需要；第二，考虑到羁押的不确定性，设置该制度以控制羁押过长的情况发生；第三，促进我国刑事诉讼程序进步是修改刑事诉讼法的指导思想之一，而设置该制度充分体现了这一点；第四，它是对检察机关实践经验的概括，并成为立法层面的肯定和承认。②还有学者归纳了"必要性"的几项考量要素，即：其一，涉嫌犯罪的严重性；其二，再次犯罪的可能性；其三，犯罪嫌疑的程度；其四，逃亡和妨碍作证的可能性；其五，羁押的适合性；其六，已经羁押的时间。③

该制度探索前行，取得了一定效果，但与立法预期仍存在一定的现实差距。有学者以某省会城市十二个基层检察院为对象进行调研后发现，既有对权利保障予以促进的良性效果，但同时也存在诸如审查范围过窄、裁量空间有限以及审查方式单一等不足。通过调研，还发现了制约羁押必要性审查制度的深层次问题，即制度本身的不健全、权力运行机制的限制以及打击犯罪优先的诉讼理念困扰。④可见，羁押必要性审查要在中国形成效应还有诸多障碍需要克服，其具体做法还需待实践经验成熟后上升为法律。

有学者基于参与式观察、对五十余名司法实务人员（包括检察官、法官、警察、律师）的深度访谈以及一系列司法数据，分析了实践中羁押必要性审查的两种改革模式。一方面，《人民检察院刑事诉讼规则（试行）》所确立的分段审查模式主要兼顾了侦查监督、公诉等办案部门的职能安排。另一方面，归口审查模式的试点效果之所以得以彰显，在很大程度上是因为基层检察院协调了检察院内部和外部的权力关系，但这种促生或支撑归口审查模式的基层司法生态并不稳定，因此试点改革的长期可持续性存疑。该学者进而提

---

① 陈卫东. 关于逮捕条件与程序若干问题的思考. 河南社会科学，2009 (6).
② 陈卫东，万春，宋英辉，苗生明. 羁押必要性审查的理论认识与实践应用. 国家检察官学院学报，2012 (6).
③ 项谷，姜伟. 人权保障观念下羁押必要性审查制度的诉讼化构造. 政治与法律，2012 (10).
④ 胡波. 羁押必要性审查制度实施情况实证研究——以某省会市十二个基层检察院为对象的考察和分析. 法学评论，2015 (3).

出，在中国，一项旨在保障被追诉人权益的改革举措，其落实和成效在很大程度上要受制于司法权力博弈和司法生态。①

《刑事诉讼法》并没有对羁押必要性审查的时间、频次，审查的具体内容、材料作出细化规定，对于该制度在实践中如何实施缺乏相关规定。学界针对此问题展开了激烈讨论。有学者提出，以《人民检察院办理羁押必要性审查案件规定（试行）》颁布为契机，系统建构羁押必要性审查的制度、机制等将是新一轮司法运行的起点。②

有学者认为，《刑事诉讼法》对捕后羁押必要性审查机制的规定过于原则，需要从审查主体、程序的启动、运行以及救济等方面进行细化。③ 也有学者认为，改革的方向应当是建立检察院开展羁押必要性审查的动力机制，确立明晰的羁押事实标准，建立量化评估及证明制度，优化诉讼结构。④

还有学者从羁押必要性审查的配套制度角度出发，构思完善羁押必要性审查机制，指出新设的羁押必要性审查制度要发挥其功能，在科学的程序构架之外，还要注重配套机制建设。未来应完善羁押必要性证明机制和取保候审保障机制，通过明确羁押必要性证明标准、证明责任以及创新取保候审监管方式等措施，来化解必要性难以证明、替代性强制措施不足等难题。⑤

另有，有学者对羁押必要性审查制度落实的各项支撑机制展开了为期两年的试点研究。在这两年期间，羁押必要性审查人数较试点前的有所增加；适用案件范围逐步扩大，但仍然主要适用于审查起诉阶段的案件；审查后的释放或变更强制措施建议采纳率高；在少数案件中采用了公开听证的诉讼化方式进行审查，取得了良好的法律效果和社会效果。基于试点的发现，该学者提出，完善羁押必要性审查制度，需要在理论上明确：羁押必要性审查的制度性质是对逮捕适用条件的持续、定期审查，具有司法权属性，对羁押必要性审查应进行诉讼化改造并将建议权改为决定权；同时，应更新对侦查保密原则的传统认识，向辩方开示与逮捕适用条件有关的证据，以便辩方有效参与羁押必要性审查程序。⑥

（六）审前羁押问题

现代羁押制度是在刑事法治原则及无罪推定原则指导下的，由专门机关根据法定审查机关决定，将犯罪嫌疑人、被告人关押在指定场所剥夺其人身自由的强制措施。有学者分析了羁押在不同的诉讼阶段中的法律意义以及羁押的功能性质、目的类别，进而提出在制定和适用羁押制度过程中，要贯彻法制、比例、司法、诉权以及一次性、令状、防止双重风险等原则。⑦

有学者认为，羁押的存在既有正当性道德基础，又有正当性法律基础。正当的羁押制

---

① 林喜芬. 分段审查抑或归口审查：羁押必要性审查的改革逻辑. 法学研究，2015（5）.
② 郭冰. 羁押必要性审查制度实践运行审视. 中国刑事法杂志，2016（2）.
③ 姚莉，邵劭. 论捕后羁押必要性审查——以新《刑事诉讼法》第93条为出发点. 法律科学，2013（5）.
④ 谢小剑. 羁押必要性审查制度实效研究. 法学家，2016（2）.
⑤ 曾勉. 中国境遇下羁押必要性审查的难题及其破解——以羁押必要性审查配套制度的构建为中心. 政治与法律，2013（4）.
⑥ 陈卫东. 羁押必要性审查制度试点研究报告. 法学研究，2018（2）.
⑦ 隋光伟. 羁押属性及适用原则. 当代法学，2004（3）.

度应当包括如下规则的构建：准确界定剥夺人身自由的情况，并确定正当程序保障；为犯罪嫌疑人、被告人提供必要而有效的诉讼救济程序；建构合理的赔偿（补偿）程序。羁押的适用不可避免地受诸多因素的影响，需要平衡不同诉讼主体需求的不同利益需要，最大限度地满足各方的利益，而不能简单地作出某种价值选择。我国羁押制度的存在也具有正当性，但在规范层面存在某些正当性缺失，在实际运作过程中也有与法治社会不符的情况发生。因此，有必要在法治的视野下研究如何对其进行完善。[1]

我国的刑事羁押包括刑事拘留和逮捕这两种措施，是刑事诉讼中的五种强制措施中最为严厉的手段。由于刑事羁押所具有的剥夺人身自由之严厉性，因而，其不得滥用问题备受强调人权保护的《公民权利及政治权利国际公约》及联合国人权事务委员会的关注；在中国，如何有效控制刑事羁押以减少、预防其被滥用的问题在刑事司法制度和程序的改革讨论中一直是热点问题。

有学者进行比较研究发现，西方法治国家在其特定的检警关系、检法关系基础上，对逮捕后的羁押措施的决定和羁押期限的延长，羁押后犯罪嫌疑人或被告人的救济等实行司法抑制模式，可分为事先的司法授权和事后的司法救济。该学者认为，我国在羁押制度的立法与司法实践上同样讲究对羁押权进行制约和监督，其"中国化特色"有二：一是强调羁押权的内部制约，缺乏司法审查机制。二是强调检察机关对羁押活动的检察监督，缺乏司法救济机制。因此，应借鉴国外的羁押分权和程序模式，引入司法审查观念，引进诉讼对抗机制，并明确羁押审查的主体和方式，确立羁押的司法救济程序。[2]

有学者认为，我国应借鉴国外的羁押分权和程序模式，引入司法审查观念，引进诉讼对抗机制。遵循控审分离、分权制约的理念，检察院应作为羁押的启动者，而羁押决定权理应交给法院，确立法院司法抑制功能是出于对司法公正和诉讼规律的寻求。[3]

有学者考察了司法实践中未决羁押被滥用的实际状况，探讨其成因，并在此基础上研究解决问题的基本思路。我国未决羁押存在适用范围过广、羁押期限过长、超期羁押现象非常普遍且久禁不止等严重问题。引起这些问题的原因涉及诉讼体制、立法规定、办案人员、社会状况以及案件本身等多个方面。解决这些问题应当采取以下措施：完善诉讼体制，严格限制羁押期限，建立羁押的程序性裁判机制，确立超期羁押的程序性制裁制度，切实贯彻无罪推定原则等。[4]

有学者通过实证研究指出，我国审前羁押存在的问题是：体制封闭，羁押率畸高；羁押替代措施适用少但滥用严重；超期羁押为害普遍。主要原因是侦查过分依赖口供；缺乏外部控制约束和救济机制。改变羁押滥用的现状，必须走权利化的开放路线，以刑侦体制改革和司法机关的结构性职权调整为基础，改革口供规则，增加羁押替代措施，赋予看守所独立地位，构建对审前羁押的诉讼机制，并对超期羁押规定非法羁押的法律责任。[5]

---

[1] 杨立新，刘根菊. 法治视野下的羁押制度. 政法论坛，2004（4）.
[2] 陈卫东，陆而启. 羁押启动权与决定权配置的比较分析. 法学，2004（11）.
[3] 陈卫东，陆而启. 羁押启动权与决定权配置的比较分析. 法学，2004（11）.
[4] 陈永生. 我国未决羁押的问题及其成因与对策. 中国刑事法杂志，2003（4）.
[5] 唐亮. 中国审前羁押的实证分析. 法学，2001（9）.

有学者指出，我国实行逮捕与羁押一体化，实践中极高的逮捕率导致羁押普遍化，对国家、社会和个人而言都有损害。逮捕措施的滥用源于逮捕功能被异化。落实"国家尊重和保障人权"的宪法条款，应减少逮捕数量，降低批捕率。①

有学者认为，在中国刑事诉讼中，未决羁押与刑事拘留、逮捕无论在实体条件还是适用程序上都没有发生分离。同时，无论在审判之前还是审判阶段，羁押的适用几乎完全依附于刑事追诉活动，而没有形成独立的、封闭的司法控制系统。未决羁押制度在启动、审查、期限、场所、救济等方面都存在着明显的缺陷，存在羁押的恣意化、羁押的惩罚化、比例性原则的违反、羁押适用的非司法化、羁押救济的虚无化。该学者认为，要完善对未决羁押的法律控制，就必须贯彻法治原则，引入针对未决羁押的司法审查机制，由专门的预审法官主持司法审查程序，对羁押的合法性和羁押理由进行审查，并对变更申请加以裁判。②

该学者也对西方国家逮捕与羁押分离制度、羁押的实体构成要件、羁押期限及延长、羁押场所、羁押的司法救济途径进行了比较法上的系统考察，归纳了西方国家控制审前羁押的法律原则。实体性原则包括羁押法定、程序保障与比例性原则，程序性原则包括司法授权、告知羁押理由与诉权原则。对中国而言，在审前羁押的设计上，贯彻上述原则比移植一些具体的制度和程序更具有现实性和针对性。③

有论者认为，在中国是由拘留和逮捕两种强制措施来共同组成实际意义上的"羁押"制度，但这种"羁押"事实上还不具备严格意义上的司法审查特征，主要表现为两个方面：羁押制度的分散无序和决定机关缺乏制衡不能发挥审前程序的应有功能；审前程序的设置不符合刑事诉讼构造的整体要求。该论者提出，在中国构筑一个有效的审前司法审查制度，要重新调配公检法三家的诉讼地位和相互关系，强化批捕权的司法特征，使批捕权成为法律监督权的一项具体内容。④

有学者认为，中国的刑事羁押制度的显著特点均与联合国的《公民权利及政治权利国际公约》中之刑事司法标准所要求的"人身保护令"制度的不一致，主要表现在缺乏司法控制、羁押期限较长。该学者认为，在对刑事羁押的各种控制方法中，就刑事诉讼制度和司法程序的层面而言，司法控制是其中最为重要的一种手段，进而提出了法院审查刑事羁押的相关程序和相应原则。⑤

也有学者通过实证分析方法，参考不同变量，分析了中国刑事诉讼中羁押率高的原因及可能的对策。1996年及2012年中国《刑事诉讼法》对于逮捕、取保候审等刑事强制措施的适用条件进行了修改，就立法取向而言，其降低审前羁押适用率的意图明显，然而实践中高未决羁押率的状况一直没有得到根本改善。中国超高羁押率的由来是制度性、结构性的，在逮捕与羁押并无分离，现行强制措施体系格局大体不变的情况下，局部若干条文、具体操作办法的改进作用有限。真正降低未决羁押率的办法有三：第一，

---

① 刘计划. 逮捕功能的异化及其矫正——逮捕数量与逮捕率的理性解读. 政治与法律，2006 (3).
② 陈瑞华. 审前羁押的理论反思. 法学研究，2002 (5).
③ 陈瑞华. 审前羁押的法律控制——比较法角度的分析. 政法论坛，2001 (4).
④ 谢雁湖. 构筑以检察批捕权为主导的审前司法审查制度. 中国刑事法杂志，2004 (6).
⑤ 王敏远. 中国刑事羁押的司法控制. 环球法律评论，2003 (4).

实现逮捕和羁押分离；第二，强化羁押替代性制度，降低不必要的刑事羁押；第三，完善司法赔偿制度。①

此外，针对长期存在的超期羁押问题，学者们超越了"清理"这种治标不治本的权宜之计，从借鉴英美保释制度提出了对羁押实行司法审查与救济的程序设计，寻找到了摆脱"前清后超"怪圈的根治之策，从而使对解决实践问题的研究上升到更高的理论层次。

有论者认为，超期羁押的原因是多方面的：有执法观念上的重实体轻程序、挖隐案破积案的功利思想方面的原因，有法律规定的羁押期限不尽合理、非羁押措施应用不理想、案件复杂、执法机关经费不足装备落后方面的原因，也有执法者的执法水平不高等原因。超期羁押影响了我国司法机关公正执法的良好形象；妨碍了刑事诉讼效率的提高，不利于有效惩治犯罪和维护社会稳定；不利于保护公民的合法权益。要解决超期羁押问题，应当以完善立法为先导，以提高执法人员的素质、技术装备水平作保障，以建立程序公正与实体公正并重的司法理念为基础，以强化法律监督职能、完善监督措施和建立相应的责任制为基本手段。②

2003年，超期羁押问题引起了最高公安司法机关的高度重视，并开展了集中清理活动。在3月份的保释制度国际研讨会上，有学者指出，超期羁押是严重蔑视、侵犯人权的违法行为，实践中的普遍羁押虽具有形式上的合法性，但本质上是对公民权利的侵犯，应站在宪法的高度来看待这一问题。学者们分析了超期羁押产生的原因，主要有：未决羁押不是强制措施，依附于办案；没有中立的审批程序；羁押场所非中立化；无有效的救济措施。③

有论者提出建立防止超期羁押的长效工作机制，具体包括五个方面：第一，制定疑案标准，用疑案从无的观念处理疑案。第二，规范和减少案件请示，保障司法机关依法独立办案。第三，改变依照口供收集证据的办案模式，注重非羁押强制措施的适用。第四，完善办案机关内部监督和社会监督机制相关立法规定。第五，建立超期羁押责任追究制。④

有学者认为，刑事赔偿作为现代国家侵权"事后救济"的基本方式之一种，若能在赔偿范围上不加苛刻的限制，并在现实中切实地付诸实施，对于防止超期羁押现象的泛滥猖獗，制约刑事执法、司法人员的有恃无恐，具有重大的现实意义。我国的国家赔偿应当实现"无过错"责任原则和"违法"责任原则的结合，对被超期羁押者予以全面的经济上的救济。当然，这在目前中国还存在严重的制度和观念上的障碍。⑤

也有学者提出，错误羁押以刑事程序法为认定依据，即使没有错案发生，羁押行为违反《刑事诉讼法》的规定亦照样构成错误羁押。与错案相联系的错误羁押或合法羁押都应当导致刑事司法机关的国家赔偿责任，而未构成错案但构成错误羁押并导致当事人合法权益损害的，国家也应当有条件地承担赔偿责任。国家对无错案条件下错误羁押承担赔偿责任，有利于增强刑事司法机关的程序公正意识和人权保障意识，防止和减少羁押的滥用。⑥

---

① 郭烁. 徘徊中前行：新刑诉法背景下的高羁押率分析. 法学家，2014 (4).
② 李忠诚. 超期羁押的成因与对策. 政法论坛，2002 (2).
③ 陈卫东，刘计划. 2003年刑事诉讼法学学术研究回顾. 法学家，2004 (1).
④ 徐海法. 超期羁押的预防机制研究. 中国刑事法杂志，2003 (5).
⑤ 房保国. 超期羁押刑事赔偿的若干问题. 政法论坛，2004 (1).
⑥ 李建明. 错误的刑事羁押与国家的赔偿责任. 现代法学，2004 (6).

第二章 审前程序

第一节 立 案

刑事诉讼中的立案,是指公安机关、人民检察院、人民法院对报案、控告、举报、自首等方面的材料,依照管辖范围进行审查,以判明是否确有犯罪事实存在和应否追究刑事责任,并依法决定是否作为刑事案件进行侦查或审判的一种诉讼活动。[①] 关于立案制度的研究主要围绕立案制度的存废、立案程序的完善和立案监督展开。

一、立案制度存废之争

受苏联法律体系的影响,我国早在1979年制定《刑事诉讼法》时,就将立案作为一个独立的诉讼阶段加以规定。1996年《刑事诉讼法》修改,对立案制度作了补充,增加了"立案监督"等内容。与此相呼应,最高人民法院、最高人民检察院、公安部纷纷出台相应的规则和解释,细化操作的步骤和标准,使立案程序在立法上的独立地位不可动摇。然而,自立法确立刑事立案制度起,对其概念的研究和争论就没有停止。

传统观念从我国直线型诉讼结构的特点出发,认为立案是刑事诉讼的必经阶段,没有此程序即不能展开刑事诉讼,简言之,没有立案就没有侦查和审判。但是,有论者对立案程序的必要性、独立性提出质疑,认为我国的刑事立案程序立法中存在着严重的弊端:第一,法律对立案阶段的明确界定,使受案主体的"审查活动"性质模糊,立法的不合理导致侦查机关在立案之前适用强制措施和侦查手段的不准确性。第二,立法程序的不合理设置,是司法实践中"不破不立"现象的一个重要成因。第三,将立案与其他程序并列,不利于维护诉讼的完整性。在此基础上,该论者建议取消立案程序,代之以相对简化的案件登记制度,将立案程序纳入侦查的阶段之中,这样既可以解决初查行为的法律定性问题,也使法律规范更便于操作。[②]

有学者认为,我国刑事立案程序既无存在的价值也无存在的必要,立案制度的存在导致诸多的立案前审查行为无法得到合理的解释。刑事诉讼程序的启动应当迅速、合法,在

[①] 陈卫东. 刑事诉讼法. 4版. 北京:中国人民大学出版社,2015:205.
[②] 吕萍. 刑事立案程序的独立性质疑. 法学研究,2002(3).

诉讼程序启动之后的诉讼过程中要有良好的司法控制体系，才能实现立法机关试图通过现行的立案制度所要达到的目的。[①]

2003年以后，《刑事诉讼法》的再修改被纳入立法规划，有学者认为在这一背景下有必要对立案与侦查的关系，尤其是刑事立案程序的独立性进行重新认识。该论者认为，需要突破长期以来"立案是侦查的前提"这一不恰当的认识，并必须承认，不仅立案之前需要进行必要的侦查活动，立案本身实际上也只是侦查的一个有机组成部分。[②]

有学者从公正和效率的视角进行了分析，认为应该取消立案程序的独立地位，将其并入侦查程序中，并加强检察院对侦查的监督。该学者提出，公正与效率是国家司法活动所要追求的两大永恒价值目标，刑事诉讼作为国家司法活动的一部分，在设置刑事诉讼制度时当然也是以公正与效率作为主题的。我国刑事诉讼法把对公诉案件的立案作为一个独立的程序，旨在通过立案制度的屏蔽功能与权利保障价值，最大限度地实现刑事诉讼所要追求的公正与效率价值，然而立案制度并未按照立法者所想象的那样发挥它应有的功能。第一，立案人为地把立案前后的一种行为分为两种性质，妨碍了侦查效果，难以有效地惩罚犯罪。第二，立案标准的主观化，使"立案可以有效地保护公民的合法权益不受侵犯"成为理想境界。第三，司法实践中的立案不实，无法实现立案程序设置初衷。因此，该论者提出应该取消立案程序的独立地位，将其并入侦查程序中。[③]

另外，有学者从宽严相济刑事政策的角度分析了我国立案程序存在的问题，认为应当取消其独立地位。该论者指出，我国立案程序存在的问题主要包括以下几个方面：立案程序的意义与功能名不副实、立案条件过于苛刻、立案监督的范围与对象狭窄、立案监督措施缺乏强制性、立案过程中的审查或者初查缺乏基本法律层面的规制、立案指标考核不科学等。该论者主张，为彻底贯彻宽严相济的刑事政策，应当实行立案登记制度，其基本做法是：首先，明确将侦查分为初步侦查和全面侦查两种，立案之前的侦查属于初步侦查，而立案登记之后的侦查属于全面侦查。其中，初步侦查原则上应当采用任意性侦查措施，只有在情况紧急或者经过严格审批之后才能采取强制性侦查措施。其次，侦查机关受理立案材料以后，如果认为必要，可以展开初步侦查活动。在紧急情况下，侦查机关既可以对现行犯或者重大犯罪嫌疑人采取拘传或者拘留措施，也可以采取搜查等措施。如果侦查机关认为没有必要，也可以不经过初步侦查活动，直接予以登记立案。此外，立案登记采取对事模式，即立案登记的根据是犯罪事实，而不是追诉对象的特定化。侦查机关经过初步侦查以后，只要认为有犯罪事实存在，而不管是否需要追究刑事责任，也不论是否确定犯罪嫌疑人，都可以进行立案登记，从而对案件展开全面侦查。[④]

不过，也有学者强调立案程序的独立性，认为立案是追究犯罪的一个重要阶段，应予以保留。该论者提出的原因主要包括：第一，立案程序有其固有功能，包括对国家权力的遏制功能；有利于保障公民的合法权利；有利于保障被害人申诉权的实现。第二，立案程

[①] 刘瑞榕，刘方权. 刑事诉讼程序启动研究——对我国现行立案制度的质疑. 中国刑事法杂志，2002 (1).
[②] 李奋飞. 对立案与侦查关系的再认识. 法学家，2006 (3).
[③] 胡赟，祝吉军. 从公正与效率的视角看现行刑事诉讼立案制度的存废. 湖南社会科学，2007 (5).
[④] 朱立恒. 论宽严相济的立案程序之构建. 中国政法大学学报，2010 (4).

序作为独立的阶段存在，可以有效解决立案前审查行为的性质问题。第三，立案程序具有天然的独立性。第四，从法律的稳定性考虑，应当保留立案程序。[1]

还有观点认为，我国的刑事立案制度应当借鉴吸收国外随机型启动模式的合理内核，进行改造完善。该论者提出，应当将侦查程序区分为初步侦查程序和正式侦查程序，分别适用不同的启动模式，建立兼有随机型启动模式特点和程序型启动模式的刑事立案制度。具体来说，初步侦查程序采用非强制性侦查措施，由于基本不涉及对公民权利的侵犯，采用随机型启动模式；正式侦查程序可以采用任何侦查措施，由于可能对公民权利造成侵犯，采用程序型启动模式，防止强制侦查权的滥用。[2]

二、立案程序

《刑事诉讼法》明确规定了刑事立案制度，包括立案的主体、条件、立案的程序等。一方面，正确、及时地启动立案程序，有利于迅速揭露犯罪、证实犯罪和惩罚犯罪，并有效地保护公民的合法权益不受侵犯，对于司法公正具有重要意义。另一方面，立案程序在司法实践中也出现了很多问题，立案标准过高、立案手续烦琐、立案前的调查缺乏法律依据、"初查"获取的证据缺乏法律效力等问题，引起了理论界的关注。

关于立案的条件，通说认为，立案必须同时具备以下两个条件：（1）有犯罪事实；（2）需要追究刑事责任。学界对立案的事实条件的分歧主要集中在是否"认为"有犯罪事实，而对"犯罪事实"本身并无异议。有学者主张，以"认为有涉嫌犯罪事实"为事实条件，使立案时对案件的证明要求降低，立案机关可迅速立案侦查，也使初查时的大多数准侦查措施包括紧急措施纳入了侦查序列，使侦查介入案件的时间得以实质性的提前；"涉嫌犯罪事实"事实基础的确立有助于办案人员转变诉讼观念尤其是侦查观念，提高办案效率。[3] 也有学者提出，立案标准是在衡量立案审查的程度及功效的基础上设定的，应当降低立案标准，增强启动程序的输入功能；以高度盖然性标准证明"有犯罪事实发生"；用自由证明方法证明"有犯罪事实发生"[4]。

初查是指侦查机关为确定案件是否符合刑事立案条件而进行的初步调查活动。立案前的初查在实践中被广泛应用，我国《刑事诉讼法》对立案前的初查没有明确规定。有学者认为，初查的性质和法律地位不明确，在实践中导致许多问题。从应然的角度分析，初查实质上就是侦查性质的调查活动，属于刑事诉讼程序的范畴；因此，我国应借鉴国外的相关立法，取消立案的独立性，从立法上明确规定初查制度。[5] 但也有学者认为，初查与立案是两个不同的概念，初查绝对不能代替侦查，初查较侦查而言具有取证方式的限制性和手段的不完全性的特点，初查也根本代替不了侦查。在初查过程中，应当适时把握立案时机，恰当地做好初查与立案的衔接。[6]

---

[1] 袁军，孙世萍. 刑事诉讼立案的独立性. 人民检察，2008（7）.
[2] 姚石京，于宝华. 刑事立案制度的"是"与"非". 华东政法大学学报，2008（5）.
[3] 杨宗辉，刘为军. 立案侦查条件新论. 法商研究，2001（2）.
[4] 陈冬. 改革我国刑事立案标准问题的探讨. 中国刑事法杂志，2011（8）.
[5] 孙长永，杨柳. 论刑事立案前的初查. 河北法学，2006（1）.
[6] 张静. 论初查与刑事立案的区别与衔接. 中国刑事法杂志，1998（4）.

针对我国的刑事立案制度，有学者提出应当改革立案审查标准以及改革绩效考核机制，以保障立案质量，并提出了初查程序废除论。在司法实践中，初查行为不宜作统一定性，有些"具有社会调查性质"，有些则是"准侦查行为"。初查程序最早为提高立案质量而设，此后因"实质性的立案审查标准"及"计件式的绩效考核机制"而逐渐发生异变。司法实践中"以初查代替侦查，侦查阶段前移"的现象时有发生，有必要废除初查程序。①

2015年民事诉讼领域推行立案登记制改革后，大量案件涌入法院。有学者认为，立案登记制的改革并非专属于民事诉讼，其对重构我国现有的刑事预审制度亦具有积极意义。如何对立案受理后的刑事公诉案件进行程序审查，以及如何对刑民交织的自诉案件进行有效的管理和分流已是刻不容缓的需要解决的问题。应当以立案登记制改革为契机，在借鉴西方国家刑事预审制度的基础上提出若干设想，以期为重构我国的刑事预审制度提供参考。②

立案对于确定犯罪嫌疑人具有重要程序意义，只有在发现能够证明原判"确有错误"，从而"影响定罪量刑"的新证据时，才能将受无罪宣告者再次确定为嫌疑人。有学者以"念斌案"为视角研究立案问题，认为念斌被再度确定为犯罪嫌疑人，缺乏达到法律要求的新证据，对其再度立案缺乏法律依据，且损害当事人合法权利，冲击裁判既判力和审判权威。针对"念斌案"进行反思，该学者提出应当完善我国刑事诉讼中的立案及确定犯罪嫌疑人程序；完善既判力法则，有条件地确认"禁止双重危险"原则；还应当完善司法监督和司法救济制度。③

三、立案监督

刑事立案监督是指检察机关对刑事立案主体的立案活动是否合法而进行的法律监督。立案监督是检察机关对刑事诉讼实行法律监督的重要组成部分，与侦查监督、审判监督和执行监督等共同构成完整的刑事诉讼监督体系。1996年3月17日修正的《刑事诉讼法》第87条赋予了检察机关对公安机关的刑事立案监督权。

透过《刑事诉讼法》关于立案监督的规定大致可以看出，我国构建的立案监督有以下特点：第一，在立案阶段，公、检、法三机关对彼此的立案活动相互制约、相互监督，但检察机关是我国立案监督的专门机关。第二，对公安机关的立案监督主要来自人民检察院、人民法院以及自己内部的上级机关等三条渠道。第三，对检察院的立案监督主要来自其上级检察机关和同级人民法院。第四，对人民法院自诉案件的立案监督，主要是通过复议予以解决。④

司法实践中，立案监督的效果不尽如人意。在湖北"佘祥林杀人案"中，"凶手"被错误判刑十多年后，被害者活生生地出现了，一个不该立的案件不但立了，而且判了；对于湖南"黄静猝死案"，公安机关多次不予立案，当事人家属和一些专家不依不饶，在媒体上闹得沸沸扬扬达三年之久。在2005年全国公安机关的大接访中，关于立案争议的纠

---

① 施鹏鹏，陈真楠. 初查程序废除论——兼论刑事立案机制的调整. 社会科学，2014（9）.
② 洪浩，罗晖. 论我国刑事预审制度的重构——以立案登记制的改革为视角. 学术论坛，2015（4）.
③ 龙宗智. 念斌被再度确定为犯罪嫌疑人问题法理研判. 法制与社会发展，2015（1）.
④ 张建良. 完善刑事立案监督的若干思考. 法学评论，1997（4）.

纷案件数不胜数。

有论者总结了立案监督在具体实践中面临的难点和亟待改进的问题：案件来源渠道狭窄；向公安机关发出"说明不立案理由通知书"后，有回复的少；立案监督成案难。这些问题制约了立案监督工作的开展，对此，该论者认为应当扩大立案监督的渠道，增加案件来源；让"说明不立案理由通知书"充分发挥作用；坚持公正执法，完善监督机制。[1]

有论者认为，对立案内涵的不同理解使立案监督工作受到滞碍，实践中公安部门对刑事立案监督不甚配合。检察机关应当拥有对侦查活动一定的指挥权力和对拒绝侦查的责任人的处分或者提起处分程序的权力。现行侦查监督除了退回补充侦查、径行追诉外，缺少纯粹监督意义上的具体程序，应当更多地考虑如何对公安的侦查活动进行有效的、可操作性的监督，而且对公安机关的监督程序不能仅局限于立案环节，应当向立案后的侦查活动延伸。[2]

有论者对立案监督的对象、范围、机构及实施立案监督中的几个常见问题进行了研究，提出立案监督的对象不仅是公安机关，而且包括检察机关和人民法院；立案监督的范围除消极立案行为外，应包括积极立案行为；分析了检察机关内部现有立案监督机构的不足，论证了设置专门立案监督机构的必要性。[3] 还有学者将博弈论应用于刑事司法研究领域，通过对现今刑事立案中存在的双重标准的博弈分析，认为部分立案标准非纳什均衡性是造成司法实践中立案困境的制度原因，并提出立案标准均衡性变迁的方向。[4]

2012年《刑事诉讼法》对立案保持了原有的规定，近年来学界对刑事立案监督实践中存在的问题进行了深入研究并提出了相应的对策，对于完善我国刑事立案监督机制具有重要意义。

有学者认为，立法规定的缺失，使现行的刑事立案监督难以落到实处；实践操作不规范，导致刑事立案监督在实践中往往流于形式。[5] 还有学者提出，除了立法规定粗疏、缺失而导致的监督信息有限、监督手段乏力、监督效果差弱等困境，检察机关自身的绩效考评机制和人员短缺等因素也影响了立案监督的效果。检察机关可以拓展立案信息的线索来源，充分发挥现有监督权的功能，同时加强检察机关内部各部门的配合与人员调剂整合，从而走出目前立案监督所面临的重重困境。[6]

也有学者认为，案源少、纠正难、效果差、发展不平衡等因素是制约刑事立案监督深入发展的几大瓶颈，这除了受人们主观上不愿监督所限之外，客观上还受我国检警侦查权配置模式、检察机关监督手段的有限、不合理的业务考评制度以及专门监督机构和监督人员缺乏等因素的影响。在我国现有法律下，可以考虑加强行刑衔接以拓展案源、完善立案监督案件调查权以丰富监督手段，实行建议更换办案人制度以增加监督的强制力，合理制定业务考评制度以正确导向等破解路径。[7]

---

[1] 谷祖颖. 立案监督在司法实践中存在的问题及对策. 当代法学, 2002 (10).
[2] 李永红, 李庭华. 刑事立案检察监督若干问题研究. 法学, 1999 (11).
[3] 莫勤德, 刘选. 刑事立案监督中的若干问题. 法学评论, 1998 (4).
[4] 杨昌军, 李必强. 刑事立案困境的博弈论诠释. 法学评论, 2006 (4).
[5] 彭志刚, 王贞会, 黄河. 刑事立案监督中的法律问题研究. 江西社会科学, 2009 (12).
[6] 季美君, 单民. 论刑事立案监督的困境与出路. 法学评论, 2013 (2).
[7] 孙琴, 邓勇. 刑事立案监督的困境及破解途径. 中国刑事法杂志, 2013 (5).

有学者采用实证研究方法,以某一地区刑事立案及立案监督情况为主线,结合全国近十余年的立案监督情况,使用数据和案例进行问题导向型研究,对刑事立案监督存在的问题进行了深入分析。针对较高发案率、有限的监督力量难以延伸至刑事受案至立案全过程导致的受案初查不受重视、立案不作为、立而不侦、降格处理等问题,该论者认为要将立案监督问题纳入侦诉审合理化构造下进行研究,才能寻找到解题的关键。可以考虑将立案监督与侦查监督、行政执法监督相结合,并在侦诉审合理化构造下加强对侦查权的控制。[1]

第二节 侦 查

侦查是刑事诉讼的开始阶段,其主要任务是调查和收集证据,查明案件事实,查获犯罪嫌疑人,为提起和支持公诉、实现国家刑罚权做好准备。侦查活动是否合法和有效,关系刑事诉讼活动的成败,关系刑事诉讼能否实现公正而有力的惩罚犯罪和切实有效的保障人权两大任务的完满实现。侦查是整个刑事诉讼活动的基础,侦查制度也是刑事诉讼法学研究的重点。

一、概述

侦查结构是刑事诉讼结构的重要组成部分。学者们普遍认为刑事诉讼结构中主要存在两个子结构:一个是侦查结构;另一个是审判结构。研究这个问题时所触及的不只是侦查结构本身的问题,而且必须涉及侦查目的、价值取向、侦查在诉讼中的地位和作用等一系列基本问题。有学者运用结构主义原理,对侦查目的与侦查程序结构的关系、侦查程序的纵横向结构及其选择等问题进行了初步探讨。[2] 有学者分析了中国侦查结构的特点,认为改革思路是:对侦查权力及权限的设计应当以侦查机关能够承担追诉职能所必要;为犯罪嫌疑人、被害人等其他诉讼参与人设计一系列保障性权利;完善侦查的体外监督机制、分散侦查权限。[3]

有学者通过比较法研究发现,各国都试图构造出完全、合理的侦查模式,由于两大法系刑事诉讼制度的差异,形成了英美法系国家的双轨制侦查模式和大陆法系国家的单轨制侦查模式,这两种侦查模式各有利弊。我国的侦查模式在打击和惩罚犯罪方面发挥了巨大作用,但也存在一些弊端。因而需要借鉴两大法系侦查模式良性运作经验,对我国侦查制度进行改革和完善,使其适应我国建设社会主义法治国家和人权保障的需要。[4]

也有学者将世界各国的侦查制度归纳为两种模式:一种是以当事人主义诉讼观为支撑的对抗制侦查模式,这种模式将国家侦控机关、被告人及其辩护人均视为当事人,双方当事人平等享有调查罪案的权利,不承认任何一方当事人有优于他方当事人的侦查权。另一种是由职权主义诉讼观主导的非对抗制侦查模式。职权主义诉讼不承认控辩双方在侦查阶段的平等地位,因此法律只规定侦查机关享有侦查权,否认或者限制辩护一方的侦查权。

---

[1] 雷鑫洪. 刑事立案监督实证研究. 国家检察官学院学报, 2016 (6).
[2] 陈岚. 侦查程序结构论. 法学评论, 1999 (6).
[3] 周欣. 我国侦查结构初探. 法学家, 2001 (6).
[4] 侯德福. 论我国侦查制度的完善——以两大法系侦查模式的比较为视角. 法制与社会发展, 2003 (3).

犯罪嫌疑人、被告人认为存在能够证明自己无罪、罪轻或者应当减轻处罚的证据，可以请求侦查或者审判机关予以收集，如果侦查或审判机关不予收集或收集不力，这类证据便有自然灭失或者不能有效进入诉讼以致影响查明事实真相并导致发生错误裁判的可能。同时由于嫌疑人或被告人是侦查对象，而侦查属于国家机关的单方行为，因而嫌疑人或被告人必然负有忍受国家机关侦讯的义务。这种侦查模式强调对侦查机关和侦查人员的信赖，并赋予其较大的侦讯权力，因而有利于侦查工作尽快取得成效，但又极易忽视和损害嫌疑人、被告人的权益，其制度缺陷也是十分明显的。该论者进而认为，由于制度背景和基本诉讼结构的不同，两种侦查模式都不宜直接在我国适用。①

有学者提出，刑事侦查不应当仅仅是由侦查机构代表国家对犯罪实施的追诉活动，而且还具有一定的"诉讼"性质。与西方国家相比，中国刑事侦查程序具有自己的特点，但也存在以下缺陷：第一，缺少一个中立的裁判者，由中立司法机构主持的司法审查和授权机制并不存在。第二，犯罪嫌疑人承担着被迫自证其罪的义务，辩方律师所能提供的帮助极为有限，嫌疑人的诉讼主体地位受到极大的削弱，甚至沦为诉讼的客体。第三，为犯罪嫌疑人提供法律帮助的律师，对侦查活动的参与范围极为有限，对侦查机构权力的制约极其微弱，导致侦查几乎完全变成侦查机构针对犯罪嫌疑人的单方面追诉活动。第四，本来应当由不负有侦查职责的司法机构实施的司法审查活动，却由侦查机构负责人或者检察机关进行授权和审查，这种所谓的"内部制约"和"法律监督"对于保证侦查活动的合法性不具有积极有效的作用。该学者认为，应当从侦查权的分配，司法审查机制的运行方式，嫌疑人、被告人的诉讼地位以及辩护律师参与的范围等几方面来构建起旨在约束追诉机构权力的司法审查机制，从而确保那些处于被追诉地位的公民应拥有的最基本防御权的实现。②

有学者考察了一些代表性国家的侦查立法体系，并结合我国1996年《刑事诉讼法》关于侦查立法的规定，认为我国的侦查立法存在九大缺陷：第一，侦查权由专门机关行使原则的表述存在缺陷。第二，规定侦查权分配条文的位置不当、不集中，授权主体的列举不完整，缺乏授权方面的弹性条款。第三，界定"侦查"内涵的条文的安排位置欠妥。第四，侦查程序立法的条文不足。第五，侦查之前必须先立案的规定不符合侦查实践的情况。第六，"侦查"一章第1节"一般规定"仅仅规定了公安机关的职权和侦查阶段的划分，该条的内容与其地位不相称。第七，侦查中预审阶段的设置已无必要。第八，对侦查手段的规定虽集中但体系不完整。第九，侦查阶段中犯罪嫌疑人权利保障的规定在"侦查"一章中没有凸显。③

关于刑事侦查阶段的犯罪新闻报道，有学者分析了侦查阶段犯罪新闻报道与犯罪嫌疑人的人格权、公平审判权的冲突，比较了西方国家侦查阶段犯罪新闻报道的限制原则与技术。该学者认为，中国的刑事侦查程序具有鲜明的封闭性，应当积极探索合理的媒体报道模式，以便最大限度地发挥犯罪新闻报道对侦查活动的监督作用，同时又尽可能地消除媒体报道所可能造成的消极影响，使侦查阶段的犯罪新闻报道自由与犯罪嫌疑人的人权在不

---

① 徐静村. 侦查程序改革要论. 中国刑事法杂志, 2010 (6).
② 陈瑞华. 刑事侦查构造之比较研究. 政法论坛, 1999 (5).
③ 樊学勇, 陶杨. 论我国侦查立法体系之完善. 法商研究, 2005 (3).

断磨合中实现艰难的、动态的平衡。①

二、侦查权的行使

侦查权依法行使是实现刑事诉讼目的的基本保障，合理制约侦查权是刑事诉讼文明与科学发展的基本要求。关于侦查权是否会被滥用的讨论一直存在，这些讨论反映出公众对待侦查权的矛盾心态。理论界关于侦查权行使原则的讨论基本上都是从限权的角度展开的，在考虑侦查权的配置时，除了考虑高效之外，还需要特别注重保障人权，以提升侦查权行使的正当性，实现打击犯罪与保障人权的动态平衡。

侦查权的行使大都与公民的各种权益有关，如果缺乏必要的程序保障措施，侦查权就可能被滥用而侵犯公民的权利。有学者考察了法国、德国参与式侦查模式，认为在我国，长期以来将侦查活动视为侦查机关单方实施的秘密行为，从而影响了公正审判，甚至酿成了一些冤、假、错案。为此，我国应进行参与式侦查模式改革。②

为了把强制侦查控制在合理的必要限度以内，法治国家普遍要求强制侦查必须贯彻比例原则、法定原则和司法审查原则，但我国的强制侦查在这几个方面都存在不同程度的问题。西方各国对侦查权进行司法控制一般通过以下几种方式：司法授权、司法救济、对非法证据进行排除，法院也可以通过开庭审理的方式，对侦查机构的侦查结论进行独立的实体裁判。有学者分析了我国未能建立这种司法审查制度的原因：第一，"侦查中心主义"的诉讼构造的影响。我国现行刑事诉讼程序实际上是以侦查程序为中心的，侦查机关的侦查活动在整个程序中占据了极为重要的地位，我国刑事诉讼理念强调打击犯罪，保障社会安全。第二，检察机关法律监督职能的影响。由于已经有检察机关对侦查机关的侦查行为进行法律监督（尽管这种监督存在诸多缺陷），但是或许在立法者看来，在此格局中再赋予法官对侦查行为的司法审查职能是不必要的。第三，法官的地位缺乏权威性。公、检、法三家平起平坐，要让居于平等地位的警察接受法官对其侦查行为的司法审查，至少在公安机关看来是不可接受的。第四，刑事诉讼司法审查制度的整体阙如。③

有学者分析了我国刑事侦查程序中司法审查机制的缺失，具体体现在：（1）刑事拘留、搜查、扣押等强制性侦查措施均由侦查机关自行决定、自行执行，缺乏必要的司法审查，导致侦查行为的随意性，滥用侦查权的情况时有发生。（2）逮捕由人民检察院批准，而不受法院的司法审查。检察机关作为追诉一方从控制犯罪的角度出发，对于公安机关提请批捕的意见，绝大多数予以批准，批捕率居高不下；这与司法审查所要求的中立性相差甚远。而自侦案件由于缺乏必要的外部制约，逮捕的合法性、正确性更是欠缺有效保障。（3）羁押的恣意性及无法预期性。拘留、逮捕即为羁押的开始，侦查羁押期限的延长通常由上级检察机关批准或决定，而这完全取决于追诉方控制犯罪嫌疑人的需要，法院无从审查其合法性及必要性，被追诉人的人身自由缺少切实的司法保障。（4）侦查过程中刑讯逼供、超期羁押问题严重，被追诉者缺乏权利救济途径。由于被追诉者在侦查中始终处于追

---

① 周长军. 刑事侦查阶段的犯罪新闻报道及其限制——基于犯罪嫌疑人人权的分析. 中外法学, 2005 (6).
② 刘计划. 法国、德国参与式侦查模式及其借鉴. 法商研究, 2006 (3).
③ 蒋石平. 浅论对侦查行为的司法审查制度. 现代法学, 2004 (2).

诉方单方面的权力控制之下，刑讯逼供、超期羁押的发生十分普遍且难于查处，公民申告无门，诉讼应有的社会矛盾"减压阀"的作用无法实现，反而增加了新的矛盾和冲突。[①]

有学者认为，我国以检察监督为主的侦查权控制方式存在着重大的缺陷：首先，由于我国公、检、法三机关"分工负责，互相配合，互相制约"的刑事司法体制的设计，在刑事诉讼中公、检都行使控诉职能，均承担着追诉犯罪的任务，彼此之间有着内在的必然的不可分割的联系，这就使检察官很难摆脱追诉犯罪的心理负担，往往在监督公安机关时"心太软"，对公安机关逮捕权的制约也常常流于形式。而且，检察机关在我国宪法体制以及在刑事诉讼中该不该定位为国家的法律监督机关，无论从诉讼法理上，还是从法治国家制度构建上，都不无问题。其次，检察机关的监督方式相当有限，也缺乏相应的保障措施，致使监督常常流于形式。以检察监督为主体的侦查控制模式，客观上存在着权力滥用的可能，不但是一种十分危险的制度设计，而且也与我国建设社会主义法治国家的理想背道而驰，在司法实践中产生了不少弊端。该学者主张借鉴西方各国侦查权良性运作的经验，并对侦查权的司法控制机制是否具有内在的正当性进行系统的考察，从而对我国侦查权的司法控制机制之建构进行宏观上的设计，以规制我国侦查权的行使，保护被追诉人的权利。[②]

也有学者认为，我国侦查程序的法制化水平还相当低，侦查机关的权力在很大程度上没有受到法律的约束，解决这些问题的基本思路应当是"以法限权"、"以权制权"和"公平救济"。其中，建立对强制侦查的司法审查制度，不仅仅是解决我国强制侦查实际存在的问题的重要对策，更是基于调整侦查权与审判权之间的相互关系、建立健全宪法权利的程序保障机制的战略需要；在合法性审查的范围内，建立强制侦查司法审查制度也是可行的。在具体设计强制侦查的司法审查制度时，既要体现刑事司法国际准则的基本要求，又要从我国实际情况出发，在司法审查的范围、内容、方式以及违法救济等方面作出适当的规定。[③]

该学者进而提出建立对侦查行为的司法审查制度，以解决我国侦查权力行使过程中所存在的问题，调整侦查权与审判权之间的相互关系、建立健全宪法权利的程序保障机制。该学者认为，令状制度体现了司法审查原则，它将政府与人民之间具有宪法意义的"政治关系"纳入了"技术化"的程序处理系统，以规范侦查行为、维护个人权利和保障独立行使司法权的形式予以"个别分解"，这不仅可以使直接的利害关系人通过正当程序获得救济，也可以使政府执法所依赖的政治权威得以维持。[④]

然而，当真正着手建立针对侦查行为的司法审查制度时，又面临一系列悬而未决却又富有争议的问题：司法审查的权力应当交给谁？是交给法院还是检察院？哪些侦查行为应当接受司法审查？审查的内容是什么？有学者对司法审查的权力主体、范围、内容进行了深入探讨：司法审查的权力不应当由检察院行使，而只能由法院的法官行使。对侦查行为的司法审查应当针对所有的侦查行为，而不应当局限于强制侦查。至于司法审查的内容，

[①] 闵春雷. 刑事侦查程序中司法审查机制的构建. 法制与社会发展，2003（4）.
[②] 陈卫东，李奋飞. 论侦查权的司法控制. 政法论坛，2000（6）.
[③] 孙长永. 强制侦查的法律控制与司法审查. 现代法学，2005（5）.
[④] 孙长永，高峰. 刑事侦查中的司法令状制度探析. 广东社会科学，2006（2）.

主要涉及三个问题：第一，法院在审查侦查行为时是否只能就其"合法性"作出判断，而无权过问其"必要性"。第二，法院在审查过程中，如果发现某一侦查行为是根据上级主管部门的规定（通知、部门规章、地方政府规章等）或者行政法规、地方性法规、自治条例或单行条例的规定进行的，因而违反了"法律"的规定或者精神，应当如何处理。第三，法院在审查过程中，如果申请人主张侦查行为虽然形式上符合"法律"的规定，但实质上侵犯了其宪法上的权利，应当如何处理。①

2012年修改后的《刑事诉讼法》在加强侦查权力制约，实现人权保障方面向前迈进了一大步，这得益于理论界对侦查权制约的反思与制度革新。2012年《刑事诉讼法》中有扩充警察权的法律规定，更有限制、细化警察权的法律规定。目前，制约刑事警察权的方式主要是检警一体化模式和司法审查模式，这两种模式的核心在于实现刑事警察权在授权与控权之间的平衡，刑事警察权行使时应当遵守相应性原则或比例原则。即为了维护社会秩序，保障公共安全，刑事警察权必须保持足够的强制力以高效地打击犯罪；与此同时，不应以不必要地牺牲公民在人身与财产方面的自由权为代价。该学者认为，对于如何科学规范警察权的行使以保障公民基本权益的规定，仍有待在司法解释等角度予以修缮。主要应当从以下两个方面加以完善：（1）厘清相关术语的内涵，如细化修正后的《刑事诉讼法》第54条非法证据排除中"刑讯逼供""暴力取证"等规定，又如细化修正后的《刑事诉讼法》第73、83、91条对犯罪嫌疑人被采取指定居所监视居住、拘留、逮捕等强制措施后，在特定情况下可以不在24小时以内通知其家属的规定，等等。（2）设置违反程序的后果，也即根据刑事警察权行使过程中违反法定程序的严重程度，可以由相关司法解释在设置违反程序法律后果方面规定以下两种情形，分别为可以补正的情形和归于无效的情形。②

也有学者分析了现有体系的缺失，进而提出了侦查权程序性控制的制度构建。该论者认为，我国现有的侦查权程序性控制表现为以内部自律的科层制控制为主、以外部他律的分权式控制为辅的基本制度格局。从制度构造的表象看，传统的线性分工模式、功利导向的控制方式和不彻底的程序性救济，暴露了侦查权程序性控制体系的残缺和现有制度的羸弱。在社会文化和制度环境的作用下，长期的科层制控制和检察监督所形成的固化观念，使我国侦查权的程序性控制陷入了理念上的"内卷化"，并逐步消解着以现有制度为对象而进行的种种机制性改良尝试。立足于未来发展，我国侦查权程序性控制的制度远景应该是建立合乎我国国情的司法审查模式，使侦查权的控制走向彻底的法治化和专业化。在既有的法律框架下，侦查权程序性控制的制度近景则是以非法证据排除规则为后盾，通过与检察监督的衔接，建立审前程序中以检察机关为中心、审判程序中以法院为中心的二阶层控制模式；并通过与案例指导、国家赔偿、司法建议等制度的配套运行，形成制度合力，倒逼侦查方式和技术的改善，进而促进制度远景目标的实现。③

在加强侦查权的制约方面，还有学者进行了比较法研究，认为可借鉴德国通过侦查法

---

① 孙长永. 通过中立的司法权力制约侦查权力——建立侦查行为司法审查制度之管见. 环球法律评论，2006(5).

② 陈卫东. 刑事诉讼法再修改后刑事警察权与公民权的平衡. 法学家，2012 (3).

③ 詹建红，张威. 我国侦查权的程序性控制. 法学研究，2015 (3).

官司法审查、检察官监督制约以及被指控者的抗辩与救助机制等多个方面，实现对侦查权的制约。我国可以考虑设置中立机构对侦查行为进行司法审查，限制侦查权的肆意发动；推行检察引导侦查机制，强化对侦查行为的监督；进一步加强侦讯法制建设，更好地遏制违法侦讯行为；完善辩护与抗告机制，形成反向制约合力。①

有学者从我国刑事错案出发，认为侦查阶段出现错误侦查行为而最终造成刑事错案不仅是个别侦查人员的职业能力问题或者客观原因，应当分析与厘清的是在我国现有法律下侦查权的定位与运行。该论者认为，我国的侦查权行使出现了以下问题：侦查权在刑事诉讼模式转化下的滞后性、侦查权与公安机关治安管理权的混淆定位以及侦查权与犯罪嫌疑人权利"对立化"等问题。我国具有侦查主体唯一性、侦查中立要求性以及公安机关与人民检察院分别独立行使侦查权等特征，结合我国《宪法》与《刑事诉讼法》的规定，应当将我国刑事司法职权之间的关系进行"菱形"定位，对"下三角"中的侦查权以多元化主体进行监督。②

刑事诉讼中的国家权力主要表现为侦查权、检察权与审判权。正确认识和把握三者之间的关系对合理配置侦查权，防止公权力之间混用、滥用现象十分必要。有学者研究了世界各国司法制度中国家权力的配置情况，认为在侦查权与审判权之间既有侦查权被审判权"借用"的现象，也存在审判权对侦查权的分割情况，同时审判权对侦查权还有监督功能。而从侦查权与检察权的关系上看，世界主要国家普遍赋予检察权两项权能：一是刑事案件的公诉权；二是对刑事案件的侦查权。侦查权与检察权的关系主要有四种表现形式：第一，检察权与侦查权分立；第二，检察权中包含全部侦查权；第三，检察权对侦查权具有宏观的指导作用；第四，检察权中只有对特定案件的侦查权。③

还有学者重点关注了现行公安行政权与侦查权错位的问题。该论者认为，一方面，公安行政权不断向侦查程序渗透，另一方面，公安行政程序与侦查程序的转换也过于随意。警察权失范的耦合机制造就了公安行政权与侦查权错位的面相，而警察权控制中的内卷化趋势则是公安行政权与侦查权错位所反映的本相。从警察权控制的角度来看，治理公安行政权与侦查权的错位现象不是要争论公安行政权与侦查权的权力属性，而是要从不同层面入手，进行良好的制度安排与协调，通过警察权控制内卷化的祛离与耦合机制的阻断来实现错位现象的整饬。④

在当前我国深化司法体制改革的背景下，侦查制度的改革也必然要遵循刑事司法规律。有学者对侦查权运行规律进行了多视角的深入研究。侦查权运行规律的外延既包括方法论层面上的侦查权内生性规律，也包括诉讼法学层面上的侦查权外源性规律。前者是对侦查权运行本质的一种现实描述，包括侦查权运行是探索性的而非判断性的，是隐秘性的而非公开性的，是效率优位的而非公正优位的；后者则是侦查权运行的一种应然需要，包括侦查权运行应当严格依照法律，应当以审判为中心，应当恪守比例原则。在我国，刑事

---

① 董邦俊. 侦查权行使与人权保障之平衡——德国侦查权制约机制之借鉴. 法学, 2012 (6).
② 胡德葳, 董邦俊. 论我国刑事司法职权配置下侦查权的定位——以"刑事错案"问题为出发点. 法律科学, 2016 (6).
③ 周欣. 侦查权与检察权、审判权关系解析. 法学杂志, 2007 (3).
④ 蒋勇, 陈刚. 公安行政权与侦查权的错位现象研究——基于警察权控制的视角. 法律科学, 2014 (6).

诉讼的运行倾向于职权主义模式，侦查权严重泛化，造成实践当中的诸多问题，原因主要在于侦查权运行两大规律之间的冲突没有得到有效的调和，侦查权在运行体制上缺乏司法权的有效介入，运行机制上缺乏公诉权的合理引导，运行过程中缺乏辩护权的充分参与，需要依据侦查权的运行规律加以健全。完善路径应为确立司法审查与令状许可制度，健全程序性制裁体系，强化对侦查权运行的司法控制；推行检警一体化的侦查模式，探索公诉权对侦查权的合理引导；贯彻无罪推定原则，保障辩护权在侦查程序的有效参与。[1]

三、侦查行为

（一）概述

对侦查行为进行分类，有利于厘清其本质并明晰其价值指向。有学者认为，1996年《刑事诉讼法》对侦查进行的解释不够科学，强制措施应属侦查行为。预审是侦查活动中的最后证明过程，是侦查活动的组成部分，不能与侦查相提并论。法律规定的具体侦查行为还应包括询问被害人、电子监听、对质、辨认等活动。检察机关拥有侦查权导致权力配置违背刑事诉讼基本规律。人民法院的某些权力带有侦查性，与审判机关的诉讼地位不符。[2]

有论者提出，根据侦查行为是否违背受处分人的意志，可以分为强制侦查行为和任意侦查行为。侦查机关可以采取强制侦查行为以查明案件事实、搜集证据、查获犯罪嫌疑人，但必须通过法定程序将其限制在合理范围内。应当严密科学立法，《刑事诉讼法》应当对公民权益、权利侵犯较大的强制侦查行为进行明确列举，只有较轻微侵犯公民权利的侦查行为可以由侦查人员自由掌握。该论者还提出，应当吸收和借鉴英美法系双轨制侦查行为制度的精神内核，赋予犯罪嫌疑人一方在侦查阶段的调查权。[3]

有学者从我国诉讼证据制度的有关特征出发，提出在侦查实践中应注意以下几点：第一，诉讼证据的形式由法律明确规定，任何证据材料都必须纳入诉讼证据形式之中，否则不具备法律效力。为此，在侦查工作中，收集任何作为证据的材料和事实，都必须与刑事诉讼法所规定的各种证据的表现形式相吻合，即做到形式合法，这是保证侦查中所收集的证据具有证明力的前提和基础。第二，一切证据必须经过查证属实，才能作为定案的根据，在侦查工作实践中，对证据的审查工作，应是侦查阶段的核心工作之一。第三，对一切案件事实的认定和对一切案件的判处，都不能轻信口供，必须重证据，重调查研究。侦查工作中，收集证据必须客观全面，严禁以非法的方法收集证据，要保证一切与案件有关或者了解案件情况的人，有客观充分地提供证据的条件。第四，司法人员必须按照法定程序，全面、客观地收集和审核证据，并在忠于事实真相的基础上，自由判断和取舍证据，确定各种证据的证明力。据此，侦查阶段作为刑事诉讼的重要的取证程序，必须首先依照法定程序取证，对收集到的证据在审查判断时，侦查人员应依照法定程序，进行客观性、相关性、合法性等方面的审查，以保证侦查阶段所获取的证据能真正地满足认定事实、定罪量

---

[1] 卞建林，张可. 侦查权运行规律初探. 中国刑事法杂志，2017 (1).
[2] 杨明. 侦查权探析. 法学，2001 (4).
[3] 宋远升. 论侦查行为的分类. 犯罪研究，2009 (3).

刑的需要。①

在刑事法治方面，搜查与扣押两种侦查行为存在的问题是继刑讯逼供、高逮捕及羁押率之后我国刑事法治人权保护所面临的第三大障碍。司法实践中，侦查机关搜查与扣押权的行使有时存在对公民权利的侵害，我国在搜查与扣押证/令的审批、搜查与扣押的时间、搜查与扣押的手段、搜查与扣押的内容等方面的相关立法存在纰漏。

关于搜查，有学者认为我国《刑事诉讼法》对搜查程序的规定存在诸多缺陷：搜查是侦查机关的独家权力，缺少必要的权力制衡；搜查程序可以轻易启动，缺乏应有的证明标准；搜查证空泛，千篇一律，缺乏特定性及针对性；粗陋的执行程序，缺少必要的人文关怀；漠视被搜查人的权利保障，面对非法搜查，被侵害人投告无门；对非法搜查的后果没有明确规定，缺乏对非法搜查的程序性规制。因此，应该借鉴两大法系关于搜查程序的共通性规定，重构我国的刑事搜查制度，具体而言，包括以下内容：引进司法审查机制；明确搜查的实质条件；强化搜查证的特定性要求；确立对非法搜查的程序性制裁机制。②

也有学者试图通过我国大陆与台湾地区搜查要件的比较研究，为我国大陆的搜查制度立法设计提供一个尽可能周全的"解决之道"。虽然二者在形式上均强调搜查应有搜查证，但大陆刑事诉讼法并未如台湾地区的那般对搜查的启动设置必要的实质要件，决定搜查的机关也并不是法院；无证搜查的情形也不尽相同。从世界范围来看，基于保障人权的考虑，大部分国家和地区对搜查的启动设置了实质要件，个别没有规定实质要件的，也通过大量采用任意搜查，通过法院对搜查进行审查等形式加以弥补。总体而言，英美法系国家对搜查实质要件的要求比较高，大陆法系国家和地区的则相对比较低。这与两大法系在控制犯罪与保障人权的价值的侧重点不同有关。该学者认为我国可以考虑作如下设计：初查阶段，由于对是否发生犯罪事实仍处在调查阶段，不易进行强制性的侦查手段，此时进行的搜查应以被搜查人同意为原则。侦查中的搜查都是在立案后进行的，且其干预的基本权利远低于人身自由之拘束（如逮捕），所以其要求的条件至少不能低于立案的条件，并应比逮捕的条件稍低。所以进行搜查的前提首先是有证据证明有犯罪事实发生；其次应有证据显示存在有犯罪嫌疑的人或可作为证据的物品；最后是有证据显示有犯罪嫌疑的人或可作为证据的物品存在于嫌疑人或第三人的住所、身体或物品。侦查中搜查的决定权收归检察院，由检察院的侦查监督部门统一行使，待将来宪法对逮捕的决定机关作出相应修改后，再由法院统一决定。考虑到目前大陆侦查力量的情况以及打击犯罪的压力，对无证搜查的情形可以做较宽泛的设计，可考虑引入同意搜查和逮捕后的搜查。③

还有学者认为，在中国的侦查实践中，法定的有证与无证搜查运用有限。公安机关更多的是通过到案检查、场所检查等实质性搜查行为与证据提取方式来规避和替代搜查。而从控制犯罪与保障人权平衡的角度看，对搜查制度的改革应是调整无证搜查的适用条件，建立针对无证搜查的事后审查机制，并完善有证搜查制度。④

---

① 郑晓均. 浅论侦查取证的法律规则. 现代法学，1999 (6).
② 闵春雷. 完善我国刑事搜查制度的思考. 法商研究，2005 (4).
③ 刘玫，张建英. 我国大陆与台湾地区搜查要件之分析研究——比较法视野的考量. 比较法研究，2006 (5).
④ 左卫民. 规避与替代——搜查运行机制的实证考察. 中国法学，2007 (3).

此外，有观点认为，长期以来我国刑事诉讼理论界对搜查制度的研究也仅限于强制性搜查的范畴。然而，被警察滥用以规避正式的司法监控是合意性搜查与生俱来的危险，因此，在西方法治国家，合意性搜查是一种运用范围较广但又受到严格的程序规制的任意性侦查行为，日益受到立法的重视。在我国，合意性搜查在侦查实践中尽管普遍存在并运行良好，但处于立法制度缺位的无序状态。合意性搜查的法理基础存在于其搜查必要性与被搜查人自由意志的双重保证之上。基于对现行制度的考察与法治国家的经验借鉴，我国合意性搜查制度的立法模式的建构应包括以下诸方面：以被搜查人的同意为搜查进行的合法依据；明确有同意权的主体资格；权利人的同意必须以明示的、书面的方式作出；无论是以查看还是翻查的方式进行的搜查，侦查人员均应制作搜查笔录；在未取得权利人同意的情况下进行的搜查属于违法搜查，由此而获得的证据不能作为定案依据，但这并不必然导致此后进行的其他诉讼程序无效。[①]

关于扣押，有学者提出应当将《刑事诉讼法》相关规定中的"物品"解释为"可为证据之物"或"可得没收之物"，即包括动产、不动产、权利电子信息等在内的广义上的"物"，进而将"扣押"解释为包括多种形式（针对动产、电子信息的"强制提取保管"、针对不动产的"查封"、针对权利的"冻结"）在内的一类强制处分措施。同时，作为一项强制处分行为，"扣押"所产生的法律效力也是相对的，它仅仅是对当事人财产权的部分限制，在采用扣押限制当事人财产权的同时，不能妨碍当事人行使那些与侦查目的无关的财产权利的行使，这也是刑事诉讼保障人权价值的题中应有之意。[②]

也有学者在研究和借鉴美国在宪法及刑事立法方面相关经验的基础上，提出我国搜查与扣押制度在以下几方面应予完善：首先，在《宪法》《刑事诉讼法》层面规制搜查与扣押权利；其次，建立司法审查制度；再次，对以往搜查证及其申请的范式内容进行变革，搜查证及其申请必须详细描述搜查对象的特征；复次，对搜查与扣押时间加以规制，并在法定的搜查方式与范围基础上丰富搜查的方法；最后，侦查人员在搜查时需要进行扣押的，可根据搜查证中的具体描述予以扣押，不需另行申请扣押令。[③]

有学者认为，强制采样与公民的人身自由权、身体权和隐私权等之间存在紧张的冲突关系。我国有必要借鉴西方法治国家关于强制采样的立法经验，在《刑事诉讼法》再修改时将强制采样作为一种独立的侦查行为，并对强制采样的适用对象、程序、被采样人的权利保障及救济机制等作出规定，以实现强制采样与人权保障之平衡。[④]

也有学者对盘查这一行政强制措施在刑事侦查领域的运用进行了深入研究。盘查是警察为防止危害发生以及实现刑事侦查目的而对他人所实施的盘问、检查行为，属于行政强制措施，并同时适用于刑事侦查领域。世界各国均对盘查设立了实体要件和程序要件，并针对不同种类的盘查措施给予不同的限制。该学者认为，我国的盘查措施的种类单一，立法未能设立启动盘查措施所需的要件，未能区分盘查措施与刑事强制措施的界限。此外，出租屋成为盘查的重点场所，相关的司法救济制度阙如，也是我国盘查措施适用中突出的

[①] 马静华. 合意性搜查制度：基础与应用. 政法论坛，2005（4）.
[②] 万毅. 刑事诉讼中的扣押：规范分析与法律解释——以两个关键词为例. 法学，2008（7）.
[③] 王弘宁. 我国搜查与扣押制度的完善——从中美搜查与扣押制度比较研究谈起. 法学杂志，2016（7）.
[④] 陈光中，陈学权. 强制采样与人权保障之冲突与平衡. 现代法学，2005（5）.

问题。解决问题的根本途径是建立科学的盘查措施体系，严格确定盘查措施的界限，逐步取消对出租屋的盘查制度，完善司法救济制度。[1]

刑事强制性措施，是指侦查机关在侦查过程中所适用的限制或剥夺公民人身自由或财产权利的措施，包括限制或剥夺公民人身自由的五种强制措施以及限制公民人身权利和财产权利的搜查、扣押、检查、通缉等侦查措施。有论者认为，在我国侦查实践中，存在适用羁押性强制措施比率过高、违法适用刑事强制性措施的现象比较突出和"法外"适用刑事强制性措施等问题。从制度层面看，造成上述问题的主要原因是缺乏全面的司法审查制度、刑事强制性措施之间缺乏衔接性、权利救济制度不完善等。因此，应当从以下几个方面改革和完善我国的刑事强制性措施制度：将公安机关适用的搜查、扣押和拘留交由检察机关审查批准；将司法审查的诉讼方式引入检察机关的审查批准逮捕程序中；明确检察机关适用的决定逮捕要接受法院的司法审查；完善我国刑事强制性措施体系和当事人权利救济制度。[2]

侦查终结是侦查阶段对已经开展的各种侦查活动和侦查工作进行审核和总结的最后一道程序，是侦查任务已经完成的标志。因此，正确认识并确立完善、合理的侦查终结条件对于保证案件得到正确处理，保护犯罪嫌疑人的合法权益来说至关重要，对于起诉、审判阶段工作的顺利进行也具有重大影响。有学者从案件事实清楚，证据确实、充分，法律手续完备等三个方面详细论述了侦查终结的条件，并且论述了在特殊情形下侦查终结的特殊条件。[3] 有论者比较了英美法系和大陆法系的侦查终结模式，分析了我国侦查终结程序的具体问题：移送审查起诉的证据材料范围过窄；撤销案件环境过于宽松；侦查终结方式严重不足；疑案的处理规定欠缺。该论者认为应当加强侦查程序独立化，完善侦查终结方式，改变撤销权行使主体，建立案卷材料全部移送制度，严格限制侦查时限。[4]

本来"诉讼"之意是循序渐进，往前发展的一个过程，每个诉讼阶段都有其严格的条件、任务、程序，理应不存在什么"补充"或"退查"之说。有些西方国家规定，一旦发现案件证据不足，即作出驳回起诉或宣告无罪的决定，并实行一事不再理原则，不得另行起诉。不同的是，我国刑事诉讼法规定了补充侦查制度，是对侦查的一项补救措施。有学者对补充侦查的理论依据、概念、种类、条件、程序逐一进行了讨论。[5] 也有论者认为，在我国司法实践中，补充侦查制度的问题主要有：法律对退回补充侦查和检察机关自行补充侦查的条件规定不明，在决定补充侦查中对犯罪嫌疑人和被告人的权利保护不够，往往造成超期羁押现象，检察机关对退回补充侦查的案件监督不够等。[6]

2012年《刑事诉讼法》修改，涉及诸多侦查行为的规则变化。有学者认为，《刑事诉讼法》增加了尊重和保障人权任务，这就要求侦查人员充分理解尊重和保障人权的主体、原因以及路径。侦查人员迫切需要确立新的侦查观，其规范基础包括：侦查任务的增加，

---

[1] 高峰. 比较法视野下的盘查措施. 现代法学，2006（3）.
[2] 张智辉，邓思清. 论我国刑事强制性措施制度的改革与完善. 法商研究，2006（1）.
[3] 刘根菊，李大华. 论侦查终结的条件. 法学评论，2001（3）.
[4] 卜开明，刘维翔. 侦查终结若干问题之比较研究. 中国刑事法杂志，2003（4）.
[5] 徐美君. 论补充侦查制度. 中国刑事法杂志，1998（5）.
[6] 黄烨. 论补充侦查制度. 中国刑事法杂志，2005（4）.

影响侦查行为的主体职能（作用）和范围扩大，以及侦查活动变化与延伸。检察院、法院、辩护人、利害关系人等诉讼参与人，对侦查行为的影响方式和程度虽有不同，但都明显挑战与突破了传统侦查观，而身处侦查行为空间领域变化与延伸的侦查人员，则更能直接体验到新侦查观的现实意义。[1]

另外，近年来曝光的一些刑事错案，与侦查程序之间存在着密切联系。侦查是刑事诉讼的开始，分析和研究侦查程序对于从源头上预防和遏制刑事错案具有重要意义。有学者选取 30 起刑事错案为样本进行分析，认为我国刑事错案的发生从根本上讲与侦查理念相关，并通过侦查制度以及违法侦查行为予以表现。[2] 也有学者提出，在侦查阶段预防刑事错案，首先应当在司法理念层面转变"有罪推定"的思想观、"命案必破"的政绩观、"口供主义"的取证观，将"无罪推定""疑罪从无"等现代司法理念融入执法办案的每一个环节。在司法运行层面，应规范讯问、辨认、物证的收集等具体侦查行为。在司法制度层面，建议在我国刑事诉讼法中确立沉默权制度，实现与"如实供述义务"之间的价值平衡；明确侦查讯问时辩护律师在场权，增大侦查活动透明度；完善和落实非法证据排除、侦查人员出庭作证等诉讼制度；加强侦查监督机制建设，强化检察机关对侦查活动的法律监督。[3]

刑事速裁程序试点是适应刑事司法实践需求的一项改革举措，其目的既在于通过刑事案件的繁简分流，实现办案资源的重新调配，也在于迅速解决纠纷，维护社会的和谐稳定。上述目的的达成，其落脚点集中于速裁程序"效率"的实现。试点中刑事速裁程序的效率导向集中体现于起诉与审判环节，侦查阶段的效率提升则未引起足够的关注，这对于速裁程序的实效产生了消极的影响。实现速裁案件侦查阶段的效率性，改革以往的侦查模式，首先必须解决合法性授权的需求矛盾。在此基础上，应当通过明确侦查阶段速裁程序适用标准、精简侦查流程、构建符合速裁程序特点的强制措施适用等具体方式来解决侦查工作拖沓、强制措施适用不当等一系列问题。[4]

（二）侦查讯问

犯罪嫌疑人、被告人的供述和辩解是重要的证据之一，它和其他证据共同构成一个有机的证据体系，以充分发挥其证明的效力。通过讯问犯罪嫌疑人，侦查机关可以查明犯罪人，甄别核实证据，发现新的犯罪线索；同时，讯问也是给犯罪嫌疑人充分行使辩护权的一个机会，以便防止无罪的人遭受刑事追究。因此，讯问犯罪嫌疑人在整个侦查活动中起着十分重要的作用。

有论者从审判中心主义视角出发，研究了侦查讯问的程序意义。侦查讯问的诉讼价值最终取决于法庭审判的评价与认同。审判因其直接、言词、公开、辩论诸原则而对侦查讯问造成了一种制度性拒斥，因此，侦、审两权分离后的相互协调就显得十分重要。在两大法系的制度设计上，侦查权在体制和程序两方面受制于审判权，侦查讯问因此获得了法庭认同的根据。审前辩诉交易等的存在，使侦查讯问的诉讼化就显得更有意义。我国的侦查

---

[1] 张品泽. "新刑诉法"视野下侦查观的重塑. 中国人民公安大学学报（社会科学版），2014（2）.
[2] 胡志风. 我国刑事错案侦查程序的特点. 郑州大学学报（哲学社会科学版），2012（3）.
[3] 穆书芹. 侦查阶段刑事错案防范之侦查理念、行为与制度构建. 中国刑事法杂志，2016（1）.
[4] 陈卫东，聂友伦. 侦查视角下的刑事速裁程序效率研究——现状、问题与展望. 中国刑事法杂志，2016（6）.

讯问与审判虽毫无关联但却能直接作为庭审证据使用，这也正是我国侦审关系的盲点和需改革的重点。[1]

有学者认为，有必要对侦查讯问设定一些程序性原则，以制约国家公权力的不当行使，保护犯罪嫌疑人的权利。侦查讯问的程序性原则包括：禁止先行讯问原则、禁止刑讯逼供原则、公密结合原则、法定讯问原则和不轻信口供原则。[2] 也有学者认为，我国侦讯程序存在四个特点和问题：强制性；封闭性；侦讯结果的直接可采性和高度证明力；对违法侦讯缺乏适当的救济程序。因此，必须从制度设计上实现侦讯程序的正当化。[3] 关于讯问规则，有观点认为，应当以讯问规则的国际一般标准为参考，将讯问规则明确化、具体化、规范化，加强对讯问程序的监督，将非法讯问的方法及后果具体化，以及采用现代科学技术手段将讯问过程通过录音、录像等形式进行保全，这些均是将讯问程序合理化的有效尝试。[4]

还有学者提出，侦查讯问活动的改革与发展必须与侦查讯问程序的改革与完善相同步。为此，目前应该重点明确以下几个主要问题：首先，必须充分认识侦查讯问程序改革与完善的必要性；其次，必须把握正确方向，循序渐进地推进侦查讯问程序的改革与完善；再次，必须正确认识和理解侦查讯问程序改革基本完成之后侦查讯问的功能定位；最后，必须提升侦查讯问的策略与方法，确保侦查讯问应有功能的充分发挥。[5]

有学者探讨了讯问犯罪嫌疑人的策略原则。"依法、有据、有理、有利、有节"是整个讯问工作的一般原则，而利用心理弱点、击破顽抗依据则是指导众多讯问策略方法的策略原则。主要包括两点：第一，摸清并利用被讯问人的心理弱点，即不自觉的心理状态和心理特点中的薄弱环节。第二，弄清并击破被讯问人对付讯问的顽抗依据。[6]

关于侦查讯问，以下几个问题是刑事诉讼法学研究的重点。

第一，口供自愿性。

侦查讯问涉及犯罪嫌疑人、被告人供述的自愿性问题，对其进行充分的研究，对于保障犯罪嫌疑人、被告人的基本人权和诉讼的公正进行具有十分重要的意义。对保障犯罪嫌疑人供述自愿性的基础理论进行研究，特别是有关沉默权问题的讨论，得到了多篇论文的关注。

有观点认为，实行沉默权制度以后，在侦查阶段受到冲击最大的措施是侦查讯问。主要表现在侦查讯问过程中的四个环节，即权利告知规则对侦查讯问的制约；预防侵权规则对侦查讯问的制约；律师帮助规则对侦查讯问的制约；侵权救济规则对侦查讯问的制约。侦查实践中，并非所有犯罪嫌疑人都会主张沉默权。沉默权确立后，口供在侦查破案中的作用同样重要。如果将"坦白从宽，抗拒从严"等刑事政策真正体现到刑事诉讼法中，沉默权制度无疑将促进侦查讯问工作更加科学化、规范化。[7]

---

[1] 梁玉霞. 侦查讯问的程序意义——一个审判中心主义的视角. 法学评论, 2002 (4).
[2] 徐美君. 侦查讯问的程序性原则. 政法论坛, 2003 (1).
[3] 孙长永. 论侦讯程序的立法改革和完善. 江海学刊, 2006 (3).
[4] 靳学仁. 论我国侦查讯问规则之合理构建. 中国刑事法杂志, 2006 (6).
[5] 郝宏奎. 侦查讯问改革与发展构想. 法学, 2004 (10).
[6] 杨连峰, 邵国松. 讯问犯罪嫌疑人的策略原则之探讨. 法学评论, 1997 (5).
[7] 李金秀. 沉默权制度与侦查讯问之关系辨析. 中国刑事法杂志, 2006 (3).

有学者从侦查讯问制度中的价值冲突与选择出发,结合现代侦查讯问制度的构建,探讨了我国侦查讯问制度的改革与完善。由于侦查讯问活动只是获得犯罪嫌疑人陈述的手段,侦查讯问制度实质上是过程价值和结果价值冲突与平衡的产物。在现代刑事诉讼中,侦查讯问制度是以承认犯罪嫌疑人诉讼主体地位为前提的。因此,尽管各国仍十分重视犯罪嫌疑人陈述的积极价值,侦查讯问制度的构建却是以保障犯罪嫌疑人陈述的自愿性为核心的。我国现行侦查讯问制度中,侦查人员与犯罪嫌疑人的权利配置严重失衡,由此引发了许多问题。其中,集中表现在以下两个方面:一是侦查人员超乎寻常地重视讯问犯罪嫌疑人这一手段,犯罪嫌疑人的诉讼主体地位几乎丧失殆尽而沦为查明案件事实的手段。二是获得犯罪嫌疑人陈述几乎成为侦查讯问的唯一目的,为了获得犯罪嫌疑人的陈述甚至可以不择手段,造成犯罪嫌疑人人身伤亡的恶性事件时有发生。因而,对我国侦查讯问制度的改革完善应着眼于讯问过程中犯罪嫌疑人陈述自愿性的保障,并强化检察机关对侦查讯问活动的监督。[1]

有学者认为,2012年《刑事诉讼法》第50条中增加的"不得强迫任何人证实自己有罪"的规定,表明中国已经建立了默示的沉默权制度。但要使之从应然的制度转变为实然的制度,仍然需要进一步明确规定犯罪嫌疑人、被告人在被讯问时有权保持沉默,进一步完善与沉默权有关的非法证据排除规则,同时,法官、检察官、警察都要积极转变观念,自觉适用有关法律规定,才能够让中国式沉默权制度名副其实。[2]但是,也有学者认为我国《刑事诉讼法》中并没有规定沉默权,相反,犯罪嫌疑人"如实回答"义务的存在,限制了犯罪嫌疑人、被告人的诉讼主体地位,弱化了诉讼的对抗性因素,与沉默权在诉讼中发挥着完全对立的功能,各自体现着不同的诉讼价值、诉讼文化,并存在于不同的诉讼结构中。[3]以上这些研究,对沉默权等犯罪嫌疑人、被告人所拥有的基本权利进行了非常好的讨论,属于对口供自愿性的一种权利导向的研究路径。

但也有学者认为犯罪嫌疑人、被告人的沉默权以及获得律师有效帮助的权利等权利体系未能完整地在我国刑事诉讼法中得以体现,在通过诉讼权利体系来保障犯罪嫌疑人、被告人供述自愿性之外,还应当关注另外一种保障犯罪嫌疑人、被告人供述自愿性的机制,也就是通过外部权力制衡审讯权力(例如,审讯场所、审讯记录、监控设施等方面的保障制度),从而间接维护供述自由的权力保障模式。[4]这一研究成果,为保障犯罪嫌疑人、被告人供述的自愿性,提供了另一个方向上的良好观察视角。

第二,刑讯逼供问题。

有学者界定了刑讯逼供的概念:刑讯逼供是在刑事诉讼过程中,追诉者对被追诉者进行讯问时采用肉刑、变相肉刑或精神折磨等方法逼取其供认犯罪的行为。该学者进一步分析了刑讯逼供的原因及对策,对采用现代科学技术和测谎器与严禁刑讯逼供、不得强迫被指控者自证其罪与严禁刑讯逼供、刑讯逼供取得的供认与严禁刑讯逼供、使用"诚实剂"与严禁刑讯逼供等一系列问题进行了深入、细致的研究。[5]

---

[1] 吴宏耀. 侦查讯问制度研究. 中国刑事法杂志, 2001 (5).
[2] 何家弘. 中国式沉默权制度之我见——以"美国式"为参照. 政法论坛, 2013 (1).
[3] 白冬. 如实回答与沉默权的功能主义分析与文化解释. 法学杂志, 2012 (2).
[4] 马静华. 供述自愿性的权力保障模式. 法学研究, 2013 (3).
[5] 周国均. 严禁刑讯逼供的若干思考. 政法论坛, 1999 (1).

有的学者指出，刑讯逼供分为两类，即文逼和武逼。致成的原因有多种，如主观唯心主义、侦查技术不够完善、证据立法不健全、有罪推定思想作怪等。防止刑讯逼供的对策有：完善立法、严把司法队伍入门关、强化对侦查活动的监督和对刑讯逼供司法人员的惩罚。① 有学者从社会角色、讯问情境与社会容忍等角度分析了中国存在刑讯逼供的现实问题。② 有学者对刑讯逼供社会认知状况进行了调查。③

有学者提出了制止和纠正刑讯逼供的途径和方法：应当赋予律师讯问到场权，赋予犯罪嫌疑人以沉默权，建立证据排除规则，加大对刑讯逼供案件的查处力度，加强司法队伍建设，提高司法工作人员的素质。④ 还有的学者认为，禁止刑讯逼供应该健全立法保障：一是确立无罪推定原则；二是明确非法口供的排除规则；三是赋予被追诉者以沉默权。⑤

有学者概括了《禁止酷刑和其他残忍、不人道或有辱人格的待遇或处罚公约》的内在一般原则：不实施原则、不引渡原则、治罪和处罚原则、普遍管辖原则、非法证据排除原则。⑥ 有学者认为，反对酷刑，既要遏制又要预防。遏制酷刑，应该程序和实体并重，从程序法上讲，可以完善非法证据排除法则，断绝酷刑实施者的动机，从实体法上，应给予酷刑实施者相应的责任，但制裁酷刑的前提是有良好的申诉机制和调查机制。预防酷刑，从刑事被告人的角度讲，应落实强迫自证其罪的原则和讯问时及时的律师帮助；从权力制衡的角度，应推广侦查讯问的录音录像制度；还应吸纳社会力量的参与，建立独立的酷刑预防监控机制，英国的平民巡视员制度即值得参考。⑦

第三，同步录音录像。

在我国，由于刑事诉讼中警察采用刑讯逼供等非法手段收集证据的问题一直比较严重，因而侦查讯问录音录像制度受到法学界以及法律实务部门的高度推崇。有学者认为，侦查讯问录音录像在西方国家的侦查实践中被广泛运用，并经实践证明，具有保障犯罪嫌疑人权利、规范警察讯问行为等程序正当效果。在我国推行侦查讯问录音录像技术，除了要解决获得警察的支持与经费两大问题之外，还要制定严格的关于侦查讯问录音录像的操作规则，并使看守所处于中立的地位。⑧

有学者认为，侦查讯问录音录像制度的建立对遏制侦查人员采用刑讯逼供等非法手段获取口供具有非常重要的意义，但是在相关保障机制尚未建立的情况下贸然推行这一制度不仅不利于保障人权，而且可能进一步恶化被追诉人的地位。该论者进一步提出，发挥录音录像制度的功能必须具备一定的前提：对讯问活动的录制必须是全程的；必须建立完善的程序和证据规则。为了保证录音录像制度在我国实践中良性运作，必须对相关制度作以

---

① 傅宽芝. 刑讯逼供存在的原因及对策. 中国法学会诉讼法学研究会年会论文，1999.
② 吴丹红. 角色、情境与社会容忍——法社会学视野中的刑讯逼供. 中外法学，2006 (2).
③ 林莉红，赵清林，黄启辉. 刑讯逼供社会认知状况调查报告. 上篇·民众卷，下篇·警察卷. 法学评论，2006 (4) (5).
④ 李忠诚. 反对刑讯逼供，中国律师，2000 (6).
⑤ 徐丹彤. 严禁刑讯逼供的立法保障. 中国法学会诉讼法学研究会年会论文，1999.
⑥ 谢佑平. 反酷刑公约的价值与一般原则. 人民检察，2006 (19).
⑦ 陈卫东，李伟，王静. 对酷刑酷起来——"反酷刑公约及附加议定书"国际研讨会要. 人民检察，2006 (19).
⑧ 徐美君. 侦查讯问录音录像制度研究. 中国刑事法杂志，2003 (6).

下改革：其一，强化对侦查权的控制，杜绝侦查人员在讯问程序外对犯罪嫌疑人采用强制手段。对此，应当缩短侦查机关控制犯罪嫌疑人的时间，将看守所由公安机关划归司法行政机关。其二，建立录音录像材料的审查判断规则，确保裁判者客观公正地审查录音录像材料的证据能力和证明力。立法应当明确规定，在控诉方将录音录像材料用作证明案件事实的根据时，如果被告人在法庭上的陈述与录音录像材料记录的口供不一致，除非有充分证据证明庭前口供的证据能力和证明力更强，否则法官应尽可能采纳被告人的当庭陈述。在控辩双方对庭前口供的合法性发生争议时，如果控诉方将录音录像材料用作证明讯问程序合法的依据，法官应当要求控诉方证明录音录像材料的制作程序是合法的；否则，不能以此作为认定被告人庭前口供合法的依据。其三，完善程序规则，强化辩护方对录音录像的程序参与权。在程序启动上，应当充分尊重辩护方的程序选择权。在程序设置上，应当充分保护被追诉人的正当权利。在录音录像结束后，应当保障辩护方对录音录像材料的使用权。[①]

有学者在对录音录像的功能、证据属性等基础问题进行研究的基础上，提出了科学构建我国同步录音录像制度的设想：在划定全程录音录像的适用范围上，提出当前宜采取权衡原则和法定原则相结合的思路，条件成熟以后可以积极采取原则加例外的思路；在违反录音录像制度的法律后果方面，指出在应当录音录像而未录音录像的情况下，侦查机关违反法律规定所得犯罪嫌疑人、被告人的口供应当被视为非法证据而予以排除。[②]

还有学者针对实践中侦查机关在适用全程同步录音录像制度中存在的困惑，提出了解决这些困惑的方法和路径。该文指出了我国同步录音录像制度所具有的不同于西方国家同步录音录像制度的固化口供、防止翻供的功能，主张对我国同步录音录像的调阅使用主体、程序和范围都应当进行特殊的限定和规范。[③]

也有学者对侦查讯问中律师在场制度的试验情况进行了深入研究。2002年7月～2003年4月，中国政法大学诉讼法学研究中心在北京市海淀区公安分局的大力支持和配合下，开展了"第一次讯问犯罪嫌疑人律师在场试验项目"。业已进行的讯问犯罪嫌疑人律师在场制度的试验表明：犯罪嫌疑人对此一般表示欢迎，他们在侦查中形成的口供比较稳定，此后没有翻供现象。而另一组没有律师参加讯问的犯罪嫌疑人，侦查终结后有的人进行翻供，并把原因归咎于侦查人员的不当讯问。同时，大多数侦查人员对试验表示理解和支持，并认为对侦查活动没有负面影响，反而有积极意义。试验还表明，建立讯问犯罪嫌疑人律师在场制度，并不需要"一刀切"，且我国目前及今后相当长一段时期也难以做到"一刀切"，因此，需要探索、建立替代性制度，如讯问时录音、录像制度。[④]

此外，如何防范因目击者指证错误导致的无辜者被定罪，是一个世界性难题，有学者对此进行了比较研究。美国所有的冤假错案中，半数以上是由目击者指证错误所造成的。心理学的研究结果证实，指证形成过程中的任何阶段都有可能出现差错。美国防范指证错

---

① 陈永生. 论侦查讯问录音录像制度的保障机制. 当代法学, 2009 (4).
② 沈德咏, 何艳芳. 论全程录音录像制度的科学构建. 法律科学, 2012 (2).
③ 王戬. 论同步录音录像扩大适用的证据困惑与障碍破除. 政治与法律, 2013 (1).
④ 顾永忠. 关于建立侦查讯问中律师在场制度的尝试与思考. 现代法学, 2005 (5).

误的主要措施有：以成列指证、照片指证为原则，暴露指证为例外；以律师的在场帮助权约束侦查机关的暗示性指证；庭审辨认时引入指证专家的意见；在采信指证结论时适用"本身排除"和"总体情况权衡"规则。我国证据法应该借鉴美国防范指证错误的一些措施，以规范我国的指证实践。[①]

（三）技术侦查

技术侦查俗称"技侦"，是我国侦查实践中对监控型秘密侦查/秘密监控的习惯性称谓，广义上是指利用现代科学知识、方法和技术的各种侦查手段的总称。根据《国家安全法》和《人民警察法》，狭义的技术侦查是指国家安全机关和公安机关为了侦查犯罪而采取的特殊侦查措施，包括电子侦听、电话监听、电子监控、秘密拍照或录像、秘密获取某些物证、邮检等秘密的专门技术手段。

1996年《刑事诉讼法》规定了七种侦查行为，侦查实践中新出现的秘密监听、卧底侦查等侦查行为由于其便利性和有效性而颇受侦查机关的青睐，对此却没有明确的法律规定，因而这些侦查行为缺乏监督。技术侦查的特殊性决定了相对模糊的授权具有现实合理性，但严格规制又是技术侦查法治化的必然要求。2012年《刑事诉讼法》修改中将技术侦查这一广泛应用的特殊侦查手段纳入法律规制，是我国刑事司法进步的一个方面。

关于技术侦查的概念，有学者认为，隐匿身份秘密侦查和控制下交付不具有技术性，"技术侦查措施"这个概念不足以容纳隐匿身份侦查和控制下交付这两项措施，以"技术侦查措施"作为统称的上位概念并不贴切，而用"特殊侦查措施"或者"秘密侦查措施"可能更为准确。[②] 还有学者对"技术侦查"和"乔装侦查"两个概念进行了比较法解读，认为，立法中"技术侦查措施""乔装侦查措施"等基础概念含义不清、相关法条内容模糊，减损了法条的可操作性，威胁司法的确定性，可能直接或间接地冲击《刑事诉讼法》保障人权和打击犯罪的终极目的。因此，应运用法律解释的方法对"技术侦查措施"和"乔装侦查措施"这两个基础性概念进行规范解释，勘定"技术侦查措施"和"乔装侦查措施"的合理内涵与外延。[③]

技术侦查在提升侦查效率、助推刑事侦查从重主观证据向重客观证据模式转变的同时，具有滥用公权力、侵犯公民隐私、危及社会互信等潜在风险。很多学者都对技术侦查措施可能被滥用的风险表示了担忧。例如，技术侦查的有关法律和司法解释规定采用了模糊授权的做法，对于技术侦查适用范围和对象，对于何为"经过严格的批准手续""有关机关"，法律和有关规定均语焉不详，这可能导致技术侦查措施的滥用。有学者提出，未来应当走出模糊授权的制度性藩篱，走向以明确授权、严格规制为核心的技术侦查控制路径。[④] 还有学者认为，应当在国际通行法律规制原则的基础上，立足实践层面，从实体、

[①] 张泽涛. 目击者指证规则中的若干问题. 环球法律评论，2005（1）.
[②] 张建伟. 特殊侦查权力的授予与限制——新《刑事诉讼法》相关规定的得失分析. 华东政法大学学报，2012（5）.
[③] 万毅. 解读"技术侦查"与"乔装侦查"——以《刑事诉讼法修正案》为中心的规范分析. 现代法学，2012（6）.
[④] 胡铭. 技术侦查：模糊授权抑或严格规制——以《人民检察院刑事诉讼规则》第263条为中心. 清华法学，2013（6）.

程序和证据可采性等三方面探讨进一步完善我国技术侦查的法律规制措施，以期实现技术侦查在打击犯罪和保护人权两大刑事诉讼价值上的总体均衡。①

刑事诉讼法学理论界对技术侦查中涉及的理论问题和实践问题进行了细致的研究，但目前技术侦查制度仍存在一些争议需要解决。

1. 秘密侦查合法化的基本问题

有学者对秘密侦查的概念、特征、分类及其表现形式等基本问题进行了界定和深入探讨。秘密侦查，是指为了侦查某些具有严重社会危害性且采取公开侦查行为难以奏效的犯罪行为，由法定的国家机关或部门在法定职权范围内，依照法定程序采取法定的隐蔽性措施以查明案情，收集证据和查获犯罪嫌疑人的一种专门调查工作。与公开侦查行为相比，它具有隐蔽性、强制性、程序性、从属性。秘密侦查可以根据其内容及其实施方式的不同，划分为外线侦查、内线侦查和技术侦查三类。②

也有学者对秘密侦查正当程序问题作了初步探讨。秘密侦查的正当性，源于犯罪控制与个人自治利益的价值冲突与合理平衡，其平衡点的合理确定可以从哲学、伦理、法律等多重视角展开。应根据秘密侦查措施强制性程度的序位，依次确定大小不等的适案范围；在适用上，通常遵循必要性原则和比例原则，并区分司法令状与行政令状程序。③

我国秘密侦查手段日益扩大适用，纵观当前秘密侦查立法面临的政治、社会状况以及刑事司法改革的大背景，秘密侦查立法过程中仍然存在不少的消极因素和阻碍需要认真分析与对待：第一，秘密侦查长期高度保密的状态造成了严重的信息不对称。对此，有学者认为，关键是要区分个案中的秘密侦查过程与秘密侦查的法律依据以及适用程序两项不同的内容，分别作出不同的保密要求，后者应当对公众、辩方公开，以保护公众的知情权、辩方的辩护权。第二，秘密侦查中夹杂着复杂的政治因素。对此，一方面要重新审视党委审批技侦手段的背景、技侦手段应用于职务犯罪的本质及党委审批技侦手段的效果；另一方面是要将危害国家安全的犯罪整体打包移交给国家安全机关适用并制定与普通刑事诉讼不同的侦查程序以及适用不同的秘密侦查规定。第三，我国当前的立法过程中依然存在着不少阻碍此次立法的因素。对此，要依赖于我国立法过程的革新，在这方面由于立法机关已经在其他部门法的立法过程中开始探索开门立法、民众参与，只要能够在刑事诉讼立法中进一步加以推进，就可以有效地解决立法不公开、参与程度低所带来的障碍。同时，秘密侦查合法化应当坚持以下原则：（1）秘密侦查立法的全面性、细致性以及区别对待原则；（2）审批程序与司法审查原则；（3）秘密侦查的外来监督；（4）证据使用与"毒树之果"原则。④

有学者就具有代表性的两种技术侦查，即测谎检查和秘密录音录像等的运用进行了研究，并就其适用范围、条件、程序及所获得的材料的使用提出了立法建议。具体应当包括以下内容：（1）只限于难以收集充分的其他证据或者采取其他侦查方法未能取得效果，必须采用此种手段的案件，即对于查明涉嫌的犯罪，有此特别必要性；（2）适用于危害国

---

① 王东. 技术侦查的法律规制. 中国法学，2014 (5).
② 谢佑平，邓立. 秘密侦查的解读与诠释. 中国刑事法杂志，2005 (6).
③ 邓剑光. 秘密侦查正当程序之理论解说. 政治与法律，2005 (3).
④ 程雷. 秘密侦查立法宏观问题研究. 政法论坛，2011 (5).

家、社会及公民重大利益的犯罪，如危害国家安全和社会公共安全的重大案件、重大经济犯罪案件、危害公民人身和财产的重大犯罪案件，或者通过网络进行的各种犯罪及利用电话等电讯设备实施的敲诈、恐吓、骚扰等其手段本身即表明需要此项技术侦查的犯罪案件；(3) 只针对犯罪嫌疑人及尚不知道但与嫌疑罪行有关的人使用；(4) 要经过有权机关负责人批准并严格履行有关手续；(5) 许可采用该手段的令状应当载明实施的具体对象、场所、方式、有效期限等要件。将侦听、截获通讯、电子监控及秘密拍照或录像等技术侦查手段作为定案证据时，必须符合法律关于运用证据的要求。①

有学者借鉴其他国家关于秘密拍照及相关技术侦查手段的立法经验，并结合我国实际，对秘密拍照的立法提出了建议：(1) 规定秘密拍照适用案件的范围和适用的条件，刑事侦查中运用秘密拍照的范围也应控制在重大暴力犯罪、有组织犯罪、走私犯罪、毒品犯罪和跨国犯罪等严重危害社会秩序和国家利益的犯罪活动中，必须是在使用其他侦查手段难以取得证据或者有重大危险时才可以采用秘密拍照侦查手段。(2) 对秘密拍照的决定权和监督权进行程序控制，由法院来决定其行使和具体运行，贯彻"司法令状"的原则，体现司法权的最终裁判属性。(3) 对于违法采用秘密拍照的程序性救济，赋予相对人及其委托律师以知悉权、阅卷权和异议权，赋予辩护方对侦查机关违反法定程序进行秘密拍照所取得的证据材料，请求法院排除不予采信的权利，赋予犯罪嫌疑人及相关人员对于侦查机关违法秘密拍照侵犯其权益的行为要求国家给予赔偿的权利。②

2. 技侦手段所获资料的证据使用

在 2012 年《刑事诉讼法》修改以前，技术侦查手段获取的材料不得作为证据在刑事诉讼活动中使用。2012 年《刑事诉讼法》在"侦查"一章中新增"技术侦查措施"一节，明确规定采取技术侦查措施收集的材料在刑事诉讼中可以作为证据使用。遗憾的是，2012 年《刑事诉讼法》实施以来，由于法律规定过于原则，加之实践探索裹足不前，庭审中少见技术侦查证据的身影，该条款面临法律适用难题。

有学者提出，技术侦查所获材料的使用涉及两个方面的规范：一是在仅衍生证据的情况下，通过确立类似"毒树之果"的证据规则，即凡是技侦手段自身违法的，其所产生或衍生的后续证据均不具有可采性；二是将技术侦查所获的材料直接用作证据的情况下，使用刑事诉讼中已有的各项证据规则检验技术侦查这种取证行为。两方面的规范是相互联系的，只有确立第一个方面的规范，才能促使技术侦查所获材料更多地被直接用作指控犯罪的证据。但是，由于缺少衍生证据规则，技侦手段的规范在绝大多数的情况下都只能依赖自律，因而大部分技侦手段使用的结果都不为外界所知悉。控方对于是否使用技侦获取的材料作为证据指控犯罪享有裁量权。在控方裁量是否使用技侦材料作为指控犯罪的证据时，应当坚持证据最后使用原则。检察机关应当有权决定是否将技侦材料用作证据，但同时应当通过告知程序或证据开示机制让辩方有机会知悉技侦手段的大致情况，以判断是否存在违法技侦的情况并提出相应的"毒树之果"抗辩。③

该学者还提出，要实现平衡技术侦查权效能与公民权利保障的目标，需完善一系列基

---

① 宋英辉. 刑事程序中的技术侦查研究. 法学研究, 2000 (3).
② 樊学勇, 林铁军. 刑事侦查中秘密拍照手段法制化研究. 中国刑事法杂志, 2005 (5).
③ 程雷. 论技侦手段所获材料的证据使用. 证据科学, 2012 (5).

本的技术侦查证据使用制度，包括：技术侦查材料用作证据的，必须事先告知辩方并经辩方质证方可作为定案根据；技术侦查证据的形式应当是原始的实物证据，使用传来证据的，应当适用实物证据的鉴真规则；法官可以对技术侦查证据进行庭外核实，但仍应保障辩方的质证权。为保护技术侦查方法与过程不被泄密、国家秘密、公民的人身安全，应允许在证据使用过程中设置若干变通措施，比如：使用证据替代品、衍生品；对证据来源予以保密；设立特定律师代理制度，由特定律师而非被告人本人对证据进行质证。[①]

3. 诱惑侦查的程序性问题

为应对日益严峻的隐形化犯罪的挑战，在过去二三十年间的侦查实践中，诱惑侦查得到了更多的应用。关于诱惑侦查这一种特殊的侦查手段，学界也展开了热烈的讨论。有学者认为，诱惑侦查已为许多国家的立法认可，但是诱惑侦查一旦被滥用，即构成警察圈套，赋予被告人无罪辩护权和非法证据排除规则是警察圈套成立后的救济措施。犯意诱发型的诱惑性侦查手段会导致本无犯意的公民犯罪，机会提供型的诱惑性侦查手段会影响被告人的量刑情节。因此，对前者应该从立法上禁止，对后者则应从程序上进行严格控制。[②]

有学者持类似观点，从法律原则角度看，"提供机会型"诱惑侦查基本上是合法与合理的，而"犯意诱发型"诱惑侦查因可能引起诸多违法的后果而应被坚决禁止。对于实践中的诱惑侦查，有必要从适用范围、适用对象、行为方式和程序控制等方面进行规制，将我国的诱惑侦查纳入法制的运行轨道。[③]

有学者对美、日有关诱惑侦查的法理及论争进行了系统的梳理。美国有关诱惑侦查的判例及法制度，由"陷阱之法理"的主观说逐渐转向强调以宪法的合法诉讼原则进行规制的变化。影响日本有关诱惑侦查论争的理论，刑法上主要为来自大陆法的"诱惑者之法理"。但是，随着美国的"陷阱之法理"的创设，以及美国联邦最高法院形成的根据宪法合法诉讼原则来衡量诱惑侦查合法与否的法思潮的导入，要求遵循合法诉讼的原则，确保司法诉讼的公正性、无暇性、廉洁性，以诉讼法来判断诱惑侦查的合法与否，并进行规制的理念，不仅体现在日本裁判所的判例中，而且成为学术思想的主流。[④]

同时，也有学者对英国的诱惑侦查制度进行了评析与借鉴。20世纪80年代以后，英国法上发展出了在某些圈套案件中排除证据或终止诉讼的救济措施。在判断诱惑侦查合法性方面，形成了一种兼顾多种相关因素、重点关注警察行为、注重利益权衡、诉诸自由裁量的判断模式。但司法上对待诱惑侦查仍然持相当宽容的态度，表现出法律言说与司法实践的某种背离。这对我国具有如下启示：在法律规制方面，应当力求明确清晰；在判断方法上坚持综合审查，以"因果关系"为最终标准；应建立非法诱惑侦查的程序性制裁机制，加强对被告人权利的保护。[⑤]

有学者通过比较研究发现，为了追诉"隐蔽性无被害人犯罪"，诱饵侦查的合法性已

---

① 程雷. 技术侦查证据使用问题研究. 法学研究，2018 (5).
② 陈学权. 程序法视野中的诱惑侦查. 中国刑事法杂志，2004 (2).
③ 吴丹红，孙孝福. 论诱惑侦查. 法商研究，2001 (4)；许志. 关于诱惑侦查的法律思考. 法律科学，2006 (1).
④ 马跃. 美、日有关诱惑侦查的法理及论争之概观. 法学，1998 (11).
⑤ 杨志刚. 英国诱惑侦查制度的评析与借鉴. 现代法学，2006 (2).

为许多国家认可，我国司法实践中对此也有运用。该学者认为，由于诱饵侦查具有无法克服的局限性，极易侵犯公民权利，因而我国立法应在有限度地允许使用的同时，对适用范围加以严格限定，对适用过程严加控制。①尽管2012年修改《刑事诉讼法》过程中，通过新增第151条的规定试图提升此类侦查手段的法治化程度，但由于法律规定的宽泛与模糊、司法处断原则的失当与片面，诱惑侦查适用过程中凸显出执法无序与司法失范的弊端。有学者认为，解决问题的出路是在法律解释论层面对合法性判断标准、适用对象、程序控制机制与违法制裁后果予以明确；在司法裁断方面，应当跳出"犯意引诱"与"机会提供"二分法的窠臼，基于我国特有的侦查权规制现状，采用控权最为严格的分离式混合模式，即无论是违反诱发他人产生犯意的主观标准，还是僭越客观标准，如果侦查人员使用了过度且令普通人难以抵御的诱惑手法均属违法。②

也有学者对卧底侦查的法理基础、特有原则、适用条件、法律补救进行了探讨。卧底侦查是强制侦查中的一种，与诱惑侦查同属于化装侦查。卧底侦查是对付重大的有组织犯罪的有效手段，也是最后的侦查手段。由于卧底侦查副作用明显，我国又没有相关法律规定，而实践中的适用又因有组织犯罪的猖獗而无法回避，对卧底侦查法理根据的探讨，关于卧底侦查具体法律规定的讨论，就为未来的立法和当前的侦查实践所需要。③

4. 检察机关的技术侦查权

在《刑事诉讼法》修改过程中，检察机关自侦案件中应否享有完整的技术侦查权也曾引起很大争议。有学者提出，首先需要分析现有规范性依据及实践中自侦案件技侦手段的使用情况。占主流观点的支持者提出了种种理由，然而从技侦权配置的整体改革方向来看，基于技侦手段干预权利的程度及技侦手段规制的必然要求，技侦的决定权与执行权应当分离，检察机关在技侦权配置体系中应当承担其监督职能，而不是执行职能。也即在完全可以通过落实、完善公安机关执行配合机制的情况下，鉴于技侦手段干预公民权利的重大风险，自侦案件中决定权与执行权不宜合一，即检察机关不宜自行建立技侦队伍，自己决定、自行执行技侦手段，反倒是其在技侦权配置中应当转变角色，向技侦手段及其他秘密侦查行为的"守门人"方面努力。④

（四）电子数据的侦查

2012年《刑事诉讼法》在第48条证据种类中增加了"电子数据"，不少学者对电子证据的侦查活动进行了研究和论述，尤其是针对电子数据采取的搜查和扣押活动。

有学者认为，电子数据搜查扣押多采用"二阶段搜索模式"进行，首先搜查扣押电子数据存储介质，然后在存储介质内搜索电子数据。我国《刑事诉讼法》没有明确电子数据可以作为搜查扣押的对象，实践中多以勘验、检查、鉴定等方式来收集电子数据。从权利侵害的角度，于存储介质内收集电子数据的行为直接影响公民的隐私权和财产权，成立实质意义上的搜查。⑤

---

① 吴宏耀. 论我国诱饵侦查制度的立法建构. 人民检察，2001（2）.
② 程雷. 诱惑侦查的程序控制. 法学研究，2015（1）.
③ 杨明. 论卧底侦查. 现代法学，2005（5）.
④ 程雷. 论检察机关的技术侦查权. 政法论丛，2011（10）.
⑤ 骆绪刚. 电子数据搜查扣押程序的立法构建. 政治与法律，2015（6）.

还有学者提出，电子数据存储内容的海量性、形态的易变性、变动的可察觉性以及内容的难以直接感知性，对电子数据的搜查、扣押提出了更加严格的要求：首先，在搜查、扣押之前，侦查机关必须申请司法机关签发令状；在搜查、扣押过程中，无论是对电子设备的搜查、扣押还是此后对电子设备中存储的电子数据的进一步搜查，都必须受到令状原则有关合理根据和特定性要求的约束。其次，侦查机关搜查、扣押电子数据之后，必须允许辩护方对被搜查、扣押的电子数据进行查看、审查和复制，从而防止侦查机关滥用权力，保护辩护方的合法权利。另外，为保障电子数据的客观性和原始性，还必须建立严密的证据保管链制度。①

电子证据的自身特性一方面使其成为一种独立的证据类型，另一方面这些特性也对传统侦查取证规则构成挑战。有学者提出，比例原则要求侦查取证行为满足四项基本要求，即目的正当性要求、手段目的匹配要求、谦抑性要求、成本收益平衡要求。法律规范对于挑战的应对之策应当在比例原则的基本框架下进行，其中关键在于以个人权利受干预之程度为标准细化电子证据分类，并在此分类基础上明确取证行为的合理界限，为衡量权利干预之正当性提供评价标准。②

对于电子数据搜查的程序规范，目前存在最大的争议是电子搜查与非电子证据的搜查是否可以适用同一程序规范，换言之，是否有必要为电子搜查单独制定一套程序规范，适用既有的一般性搜查程序规范是否足以保证电子证据的合法性。有学者认为，物证的扣押与搜查程序不能简单地套用于电子数据的搜查。在载体的扣押与数据的专门检索这两个程序中，任何一个环节都应当建立起必要的制约程序，否则极易产生问题证据，甚至非法证据，这不利于刑事诉讼的正常进行。③

还有论者提出，大数据侦查通过计算机技术对存储于网络与计算机系统中的海量数据进行收集、共享、清洗、对比和挖掘，从而发现犯罪线索、证据信息或者犯罪嫌疑人。大数据侦查主要包括数据查询、数据比对与数据挖掘三种行为样态，在犯罪预防预测和犯罪侦破领域均有实践应用，并呈现出下述特征：（1）大数据侦查具有权利干预的普遍性与深刻性；（2）大数据侦查的出现改变了侦查权的权力分布格局；（3）大数据侦查在应用时间节点上呈现出前瞻性与主动性；（4）大数据侦查的实现过程具有智能化、低风险性和常规化趋势。需要注意的是，大数据侦查的双刃剑效应已经凸显，执法司法实践中已然暴露出一些问题，对一些基本权利和法律价值形成挑战，及时对其进行法律控制具有必要性。然而，传统的法律规范框架存在滞后性，对大数据侦查的法律属性界定模糊，区分数据内容与元数据具有局限性，侦查启动门槛虚置，已然犯罪与未然犯罪界限模糊。对大数据侦查进行法律控制，可采取侦查规范和数据规范的双重路径。在侦查规范方面，应遵循合法性原则、比例原则，加强外部监督和司法监督。在数据规范方面，建议适度引入个人信息保护方面的法律原则和机制，包括确立目的合法与特定原则，赋予信息主体的知悉权与更正权，建立信息安全与数据质量控制机制，以及个人信息使用的监督与救济程序。④

---

① 陈永生. 电子数据搜查、扣押的法律规制. 现代法学, 2014 (5).
② 裴炜. 比例原则视域下电子侦查取证程序性规则构建. 环球法律评论, 2017 (1).
③ 周新. 刑事电子搜查程序规范之研究. 政治与法律, 2016 (7).
④ 程雷. 大数据侦查的法律控制. 中国社会科学, 2018 (11).

四、职务犯罪案件

我国当前正处于社会转型时期,在经济保持持续高速增长的同时职务犯罪亦呈现出高发多发的态势,职务犯罪案件的侦查也一度成为刑事诉讼法学研究的重点。

(一)职务犯罪专业化

职务犯罪是智能型、高隐秘型犯罪,较之普通犯罪侦查,具有案件一般不会自行暴露、侦查进路一般是"由人查事"、物证少而言词证据和书证地位突出、犯罪嫌疑人反侦查能力强、外界干扰大和证据收集、固定难等特点。但是,我国法律并没有针对职务犯罪侦查的特殊性规定相应的特殊侦查措施,使职务犯罪侦查步履维艰。有论者提出,为了提高职务犯罪的侦查能力,根据职务犯罪侦查的特殊需要,借鉴国外的和《联合国反腐败公约》的有关规定,我国法律应当增设技术侦查、派遣秘密侦查员、诱惑侦查等特殊侦查措施以及测谎、强制证人作证等措施,完善拘传、监视居住和取保候审,并建立和完善有关的侦查保障措施。[①]

有学者提出了职务犯罪的侦查应当专业化的主张。所谓职务犯罪侦查的专业化包括职务犯罪侦查职能、人员、方法三方面。其中,职务犯罪侦查职能的专业化有三种模式,即警察职能模式、独立职能模式和检察职能模式,该论者认为维持现行的检察职能模式既符合当前中国社会的发展需要,也适合中国司法体制的基本框架,最符合当前中国社会的状况。与职务犯罪侦查人员专业化有关的三对范畴是:专门化侦查与一般化侦查;集中型侦查与分散型侦查;一步式侦查与两步式侦查。职务犯罪侦查组织的一体化与职务犯罪侦查人员的专业化之间有着密切的关系。职务犯罪侦查方法的专业化则表现在三个方面:人证调查方法的科学化、物证调查方法的常规化、秘密侦查方法的规范化。[②]

有学者系统地分析了职务犯罪侦查措施的结构、功能及适用原则,指出职务犯罪侦查措施的基本目的是实现惩罚犯罪与保障人权的统一,直接目的是及时快速实现侦查目的。职务犯罪侦查措施的结构,主要体现在职务犯罪侦查措施的主体、客体和内容三个方面。职务犯罪侦查措施具有惩治职务犯罪、实现程序正义、保障人权和提升侦查效率等功能。职务犯罪侦查措施的适用原则包括法定程序原则、比例原则、谦抑原则。[③]

关于职务犯罪案件中的强制措施,有学者认为刑事诉讼法规定的五种强制措施法律功能实现的状况和程度令人担忧,而且与相关制度和措施的关系相当紧张。在立法上完善我国职务犯罪侦查中的强制措施,应寻求惩罚犯罪和保障人权之间的平衡,建构科学、实用的强制措施体系。与此同时,还应当协调强制措施与侦查手段的关系,调整强制措施与"双规""两指"的关系,建构强制措施适用独立性的保障机制,强化国内司法机关异地协作和国际刑事司法协助机制,确立程序性制裁机制和程序性辩护制度。[④]

(二)检察机关的职务犯罪侦查权

理论界围绕检察机关侦查权的属性问题展开了较为充分的研究,形成了各自具有理论

[①] 朱孝清. 职务犯罪侦查措施研究. 中国法学,2006 (1).
[②] 何家弘. 论职务犯罪侦查的专业化. 中国法学,2007 (5).
[③] 王建明. 职务犯罪侦查措施的结构、功能及适用原则. 中国法学,2007 (5).
[④] 宋英辉. 职务犯罪侦查中强制措施的立法完善. 中国法学,2007 (5).

支撑但又明显分歧的学术观点，概括起来主要有以下三种分歧意见：一是主张检察侦查权应定性为法律监督权，二是主张检察侦查权的属性是行政权，三是主张检察侦查权具有司法权属性。①

对检察机关侦查权的质疑乃至争议，其基本着眼点在于检察机关侦查权与其诉讼监督权之间的相互矛盾：既然是监督者，则应当"冷眼旁观"，保持客观中立、公正立场。有学者认为在检察机关自侦权的运行中，由于对自行侦查案件的侦查控制主要是在检察机关内部进行，在"检察一体"原则之下，可能产生诸多问题：立案监督不力、批准逮捕程序虚置、延长羁押期限失控、不起诉程序中救济的缺失等，由此可能引发检察机关内部侦查部门的违法行为得不到有效的监督制约，不利于犯罪嫌疑人合法权利的保障，导致对真正罪犯的放纵，且易滋生腐败等。②

但也有论者提出，上述否定侦查权的立论并没有正当性和充足的理由。首先，以权力制衡理论为基点，质疑或否定检察机关侦查权存在的合理性，缺乏基本的理论对话平台。其次，重建职务犯罪的侦查机构，实际上陷入了监督的循环悖论。再次，监督的角色并不要求中立。最后，正义原则也要求对不同犯罪主体采取不同的措施，包括由不同的侦查主体予以管辖。③

关于检察机关应否享有侦查权这一问题，也有学者返回检察制度滥觞之初，从检察权的历史起点上探寻检察权与侦查权的历史纠葛。从思想渊源上看，欧洲大陆启蒙先贤创设现代意义上的检察制度的初衷和目的主要基于以下两个方面：改造纠问式诉讼制度，防止法官集权擅断；控制警察活动的合法性，摆脱警察国家的梦魇。检察官作为侦查程序的主导者行使侦查权，不仅是创设检察官角色及其制度的初衷，同时也符合控辩式诉讼制度的内在法理，是法治国家刑事诉讼活动的内在要求。④

对于职务犯罪侦查权的配置，有论者从历史发展、比较考察、法律定位、职权运行以及司法实践等多重角度详细论证了由检察机关承担职务犯罪侦查任务的正当性、合理性、必然性和必要性。对于职务犯罪侦查权的规制问题，该论者提出了构建和完善我国职务犯罪侦查规制体系的基本主张：第一，调整检察机关内部职权配置，完善检察机关内部制约机制，整合检察机关职务犯罪侦查资源，实现检察机关侦查、公诉、监督职权分工的明确化，并相应建立统一的职能部门；第二，大力推行职务犯罪侦查规范化建设，严格程序、健全制度，依法办理职务犯罪案件；第三，进一步加强上级检察机关对下级检察机关职务犯罪侦查权的规制和监督，除坚持并完善现行"双报备、双报批"和审查逮捕上提一级制度外，探索建立与职务犯罪相关的申诉和异议、调卷审查、定期巡查、介入和指导侦查等制度；第四，进一步强化外部监督的机制，实现诉讼程序的制约，如加强专门机关之间的监督制约、发挥辩护律师的应有作用、健全完善人民监督员制度等。⑤

有论者认为，我国的检察侦查权在立法和司法上都有明显的缺陷和问题，除了存在一

---

① 上海市人民检察院研究室. 检察侦查权属性理论研究综述. 法学，2005 (11).
② 汪海燕，范培根. 检察机关自侦权探析. 浙江社会科学，2002 (1).
③ 叶青，秦新承. 论检察侦查权的法律监督属性. 法学，2005 (11).
④ 万毅，华肖. 检察机关侦查权溯源. 法学，2005 (11).
⑤ 卞建林. 职务犯罪侦查权的配置和规制. 河南社会科学，2011 (4).

般侦查权的某些不足以外,还有一种根本性的结构性缺陷,突出表现为两个方面八个字:同体监督,配置不力。既要授予检察侦查权以必要的权威,又要对检察侦查权加以合理的构建和严密的控制以防范自侦权的滥用,以维护司法的公正和人权的保障。具体来说,要在侦查案件范围、侦查方法、侦查措施以及侦查保障机制等方面进行设计,努力构建起职责明确、权能完备、手段齐全、保障有力的能够担负起反贪重任的侦查权力。[①]

也有论者通过对我国检察院自行侦查案件侦查监督的考察,比较中西方自侦案件侦查监督的模式,总结出我国自侦案件侦查监督的特点,分析自侦案件侦查监督中效率不高、理论缺陷、监督滞后、权限过于集中等弊端,并提出改革自行侦查监督的方向:由上级检察机关监督。[②]

有学者认为,检察机关的侦查权存在被滥用的可能性,突出反映在非法取证行为和与此相联系的强制措施的滥用两个方面。有学者重点分析了职务犯罪侦查中强制措施的适用情况,认为在我国当前职务犯罪侦查中,刑事诉讼法规定的五种强制措施法律功能实现的状况和程度都令人担忧,而且与相关制度和措施的关系相当紧张。因此主张完善我国职务犯罪侦查中的强制措施,建构科学、实用的强制措施体系。[③] 有学者提出,检察机关虽然建立了自我约束机制,但这不足以有效防止侦查权的违法行使;检察机关侦查权也受到外部的监督制约,但外部的监督制约机制因种种原因功能弱化。完善和强化检察机关侦查权的自我约束和外部制约机制,基本路径是优化检察机关在自侦案件侦查过程中的权力配置,确立并严格实施以检察机关承担证据合法性证明责任为特征的非法证据排除规则。[④]

(三)职务犯罪案件侦查的转型

党的十八大以来,我国反腐进入"密集期",反腐形成常态化并逐步走上法治轨道。理论界亦围绕我国职务犯罪惩治与预防问题进行了更为全面、深入的研究。有观点认为,随着2012年《刑事诉讼法》的实施,检察机关职务犯罪侦查方面不可避免地将发生深刻转型,需要对侦查理念与取证策略作出必要改变:首先,必须改变"由供到证"的侦查模式,应当调整侦查取证重心、加强侦查人员运用实物证据的能力、加强初查环节并及时固定证据、重视行刑衔接机制以拓展证据来源等;其次,应当更加注重尊重权利,提升侦查行为的规范性;再次,应当实现侦查模式由相对封闭到适度透明的转变,正确应对辩护律师在侦查阶段的介入;最后,应当探索运用综合手段取证,完善技术侦查与诱惑侦查等相关侦查手段。[⑤]

随着大数据时代的到来,职务犯罪侦查工作与思维也都在发生着变革。有学者提出,大数据与大数据技术在职务犯罪侦查领域的运用不仅使侦查信息化理念得到确认,还将在很大程度上推动职务犯罪侦查模式的转型,即由单一机制模式向三维立体模式转变,同时推动职务犯罪侦查行为模式实现从"由供到证"向"由证到供"转变。[⑥]

---

① 叶林华. 检察机关侦查权的构建和控制. 政治与法律, 2005 (1).
② 叶晓龙. 论检察机关自侦案件的侦查监督. 中国刑事法杂志, 2003 (5).
③ 宋英辉. 职务犯罪侦查中强制措施的立法完善. 中国法学, 2007 (5).
④ 李建明. 检察机关侦查权的自我约束与外部制约. 法学研究, 2009 (2).
⑤ 秦策, 艾新平. 职务犯罪侦查方式的转型及其应对. 河北法学, 2014 (5).
⑥ 胡志风. 大数据在职务犯罪侦查模式转型中的应用. 国家检察官学院学报, 2016 (4).

2016年，国家监察体制改革拉开了序幕，在这一背景下，监察委员会是否拥有职务犯罪侦查权曾经引起了热烈讨论。有学者认为，国家监察委员会行使类似刑事侦查的权力应当受到《刑事诉讼法》的约束，留置与逮捕有着相同的实质，应依照宪法规定纳入司法权控制的范围。国家监察委员会查办犯罪案件，应当允许律师为被调查人提供法律帮助。我国建立新监察制度，需要考虑将检察机关的法律监督延伸至国家监察委员会的调查领域。①

还有学者对各国司法体制中刑事案件管辖权的分工和职务犯罪侦查权的配置进行了比较研究，认为主要有由警察行使侦查权、由检察官直接行使侦查权和设专门机构行使侦查权三种。不同的模式选择往往由法律文化传统、诉讼模式、职务犯罪的特点、腐败的严重程度、侦查能力、公众的信任程度等多种因素共同决定。监察委员会的设立，使我国职务犯罪侦查权从检察机关直接行使模式转向专门机构行使模式。在此背景下，新加坡贪污调查局、我国香港地区廉政公署、我国澳门地区廉政公署的实践经验对我国大陆具有重要的借鉴意义。该论者提出，受法治原则和人权原则的约束，应当赋予监察委员会履行反腐败职责所需的必要权力，而非打击腐败所需的全部权力；监察委员会侦查权不应是原有反腐败机构权力的简单相加，而应从我国现行法律出发，参照新加坡及其他地区的经验和刑事司法国际标准进行具体甄别；在监察体制改革中，应注意避免"只转权力、不转权利"的片面思维，完善对监察委员会侦查权进行监督和制约的机制。②

2018年3月11日，十三届全国人大一次会议审议通过的《宪法修正案》，明确了监察委员会的组成、产生以及在国家机关体系的地位。随后，十三届全国人大一次会议表决通过了《监察法》。从《宪法修正案》与《监察法》的规定可以看出，监察机关的职务犯罪调查活动是一种独立于刑事诉讼法之外的特殊追诉活动，不适用刑事诉讼法的相关规定。

为了与《宪法》《监察法》相协调，2018年10月26日，十三届全国人大常委会六次会议审议通过了《关于修改〈中华人民共和国刑事诉讼法〉的决定》。具体来说，《刑事诉讼法》在基本原则、管辖、强制措施、审查起诉、证据收集和运用、涉案财产处置等方面作了相应的修改，主要解决了三方面的问题：检察机关是否继续保留职务犯罪侦查权及其范围；监察机关职务犯罪调查活动是否适用刑事诉讼法的规定；对于监察机关移送的职务犯罪案件，如何与刑事诉讼程序进行对接。③

五、侦查监督

侦查监督是指人民检察院对侦查机关的侦查活动是否合法进行的监督。为防止违法侦查行为侵犯犯罪嫌疑人和被告人的权利，妨害案件事实的查明，侦查监督不可或缺。加强侦查监督是维护法律公平与正义，保障司法公正的现实需要。

有观点认为，检察机关在加强侦查活动监督方面，具有实现权力运行保障和社会利益保障的双重目标，重点是要加强对侦查机关在刑事诉讼过程中具体侦查行为的监督，主要应当从以下四个方面努力：（1）加强对侦查措施和侦查手段的监督，保障犯罪嫌疑人、被

---

① 张建伟. 法律正当程序视野下的新监察制度. 环球法律评论, 2017 (2).
② 熊秋红. 监察体制改革中职务犯罪侦查权比较研究. 环球法律评论, 2017 (2).
③ 吴宏耀. 论刑事诉讼法与监察法的制度衔接. 中国检察官, 2018 (23).

告人的合法权益不受侵犯。（2）积极推行刑事诉讼法所确立的"无罪推定原则"。（3）确立并推行非法证据排除规则，杜绝采用违法取证手段获取的证据追究犯罪嫌疑人、被告人的刑事责任。（4）对被告人、犯罪嫌疑人和律师在诉讼过程的辩护权和法律帮助权是否得到真正保障和落实，实行有效的诉讼监督。①

有学者通过数据透视侦查监督的现状，发现侦查监督的具体职能在运行效果方面差异较大，总体制度设计并没有完全达到预期目标。侦查监督相关实证研究反映，侦查监督权并没有充分控制侦查权，在侦查监督运行中，侦查监督权威与手段较弱，实务中侦查监督基本依赖卷宗。司法改革中检察机关进行了有所成效但值得商榷的探索。该学者认为，侦查监督权运行不力的原因在于侦查监督的理念突出犯罪控制而弱化人权保障，侦查监督主体对违法侦查行为与违法侦查人员缺乏制约，侦查监督职能行使的司法考核指标不合理。侦查监督制度的改革应以强化人权保障为目标，按照控权模式改造侦查监督权，提升侦查监督权威。②

有论者在介绍英美法系与大陆法系主要国家的侦查监督制度的基础上，对中西侦查监督制度作了比较，认为我国的侦查监督制度与西方国家侦查监督的主体、客体范围、途径都不相同。为了防止侦查机关（侦查人员）滥用侦查权，保证有效地惩治犯罪和保障人权，确保司法公正，必须在借鉴国外科学、合理的侦查监督制度的基础上，结合我国国情、司法体制特点和刑事诉讼模式，对我国现行的侦查监督制度进行健全立法、完善机制：强化侦查监督主体的法律地位，扩大侦查监督客体范围，完善侦查监督中的纠错机制和制裁手段。③

还有论者认为，侦查监督应当从立案开始，其理由如下：第一，法律未明确规定侦查监督从审查批捕和审查起诉开始。第二，我们不否认立案与侦查是并列的两个阶段，但是，立案是侦查的开始，有侦查必定已经立案，有立案不一定要侦查，不能孤立地看待立案，不能将立案与侦查绝对化。第三，侦查活动多数是秘密进行的，如果侦查监督不包括对立案的监督，容易产生对立案进行监督的空白和真空区。加强侦查监督应当通过扩大同步监督的范围强化侦查监督，从法律上赋予检察机关侦查决定权和建议权，完善侦查监督中的纠错机制。④

2012年《刑事诉讼法》修改后，检察机关侦查监督模式有了一定的进步，但仍有进一步完善的必要和空间。有学者重点分析了我国现行侦查监督渠道和监督方式存在的问题。首先，侦查监督权的权力属性尚不明晰，缺乏有力的侦查监督手段。其次，侦查监督的范围和途径不甚具体，增加了侦查监督的茫然性。最后，侦查监督方式的滞后性削弱了监督的效力。我国现行的侦查监督制度确立的侦查监督大体上属于事后监督，只有两种监督是事中监督：一种是人民检察院根据需要派员参加公安机关对重大案件的讨论和其他侦查活动；另一种是审查批准逮捕。检察机关介入公安机关的侦查权只在最高人民检察院《人民检察院刑事诉讼法规则》中作了原则规定，并没有具体规定介入侦查的程序和措施，

---

① 刘方. 论检察机关的侦查监督职能及其完善. 法学评论，2006（6）.
② 左卫民，赵开年. 侦查监督制度的考察与反思——一种基于实证的研究. 现代法学，2006（6）.
③ 王学成. 论侦查监督. 法律科学，2002（3）.
④ 蔡杰. 关于侦查监督的几个问题. 法学评论，1997（6）.

介入侦查也并非强制性的。审查批准逮捕环节大多只是就侦查主体提供的证据和事实进行形式审查，很难对证据的收集、采信进行实质审查，难以发现侦查中存在的侵害犯罪嫌疑人和其他诉讼参与人合法权益的行为。事后监督措施在保障正确规范行使侦查权上则更加乏力。[①]

为了完善我国侦查监督机制，有学者提出，侦查监督方式的选择应遵循司法规律，比如通过合理配置侦查权与侦查监督权、增强侦查权运行的诉讼程序性、打破侦查活动运行的封闭性等司法方式完善侦查监督，使其更契合侦查权的内在特性。[②] 同时，侦查程序中被害人的权利保护也不容忽视，有学者认为应当以权利制约权力，使被害人的监督与检察监督相互补充，共同实现侦查监督的目标。[③]

另外，有学者对中国目前的一元化侦查监督模式提出质疑，认为检察监督侦查模式具有重大缺陷：对自行侦查的监督陷入同体监督的困局，对公安侦查的监督则存在追诉主导的局限性。其实质是自我监督、控方内部监督，弊端在于规避、排斥异体监督，即来自控方之外的法院监督和律师监督。在该模式下，侦查讯问监督机制缺失致刑讯发生，逮捕因审查程序中法官缺位和律师参与不足而沦为追诉的附庸，搜查、扣押、监听等强制处分亦未能建立起外部审查监督机制。以上种种不足，导致自由权、财产权、隐私权诸权处于侦查机关的完全控制之下。该论者进而提出，为实现对侦查的监督，应贯彻法治和保障人权宪法原则，根据诉讼结构理论建立对强制侦查的法院监督机制和律师监督机制，并完善程序规则约束侦查行为。[④]

还有学者对中德侦查权监督机制进行了比较研究，认为德国对侦查权进行监督的方式是设置侦查法官，建立司法审查制度。我国对侦查权的监督制约主要是通过侦查机关的内部约束和检察机关的外部控制两个方面来实现，但由于立法上的不足、业已形成的实践套路与立法精神的严重背离而存在着诸多缺陷。可以借鉴德国侦查权监督机制的合理因素，建立司法审查制度，通过司法权监督制约侦查权，以完善我国的侦查监督机制。[⑤] 但是，也有学者认为不能忽视国情而盲目模仿、照搬他国制度，我国检察机关侦查监督模式应以"准司法审查"为改进与完善方向，这不仅与我国刑事诉讼的法治理念相符合，也与刑事诉讼模式的法律进化原理相一致。[⑥]

六、检察机关与侦查机关的关系

检、侦（警）关系是反映一国司法体制最敏感的话题，也是刑事司法实践中不可回避的话题，在近年来的刑事诉讼法学研究中一直是争论的焦点。我国的检警关系是一种"分工负责，互相配合，互相制约"的关系，这种关系模式对实现刑事诉讼的任务和目的起了

[①] 刘妍. 侦查监督机制的构建与完善. 中国刑事法杂志, 2009 (5).
[②] 樊崇义, 刘辰. 侦查权属性与侦查监督展望. 人民检察, 2016 (Z1).
[③] 刘志远, 赵景川. 侦查监督制度的功能定位与重构——兼论侦查程序中被害人的权利保护. 法学杂志, 2008 (6).
[④] 刘计划. 侦查监督制度的中国模式及其改革. 中国法学, 2014 (1).
[⑤] 施业家, 罗林. 中德侦查权监督机制之比较与我国侦查权监督机制的完善. 法学评论, 2011 (5).
[⑥] 何秉群, 陈玉忠, 王雷. 我国检察机关侦查监督模式的问题及完善路径——基于诉讼模式进化原理的分析. 中国刑事法杂志, 2013 (10).

重要的保障作用，但也存在诸多问题。理论界提出了侦诉合一、检警一体化、检察引导侦查等诸多改革方案，各地检察机关也进行了一些有益的改革和尝试。

有学者明确提出侦检一体化的观点，认为检警关系的理想模式是侦检一体化。各国的表现为：检察官控制警察；警察履行告知义务和送交义务；检察官享有启动刑事诉讼程序权或刑事立案决定权；检察官享有完全侦查权、侦查程序主导权、侦查领导权、指挥权、征用权、对侦查程序全程监督权、惩戒权。① 该学者认为，从诉讼的阶段性来看，作为一个有机的整体，侦查机关与检察机关都没有独立存在的价值基础。只有通过双方相互依存并经常性地相互产生影响，才会使整个司法体制充满活力。侦检一体化刑事司法模式不但能够充分满足诉讼效率的内在要求，且能够促使该刑事司法体制最终成为连接司法理想与社会现实的桥梁，因此是科学的。该学者也对我国现行体制进行了分析，认为"分工负责""互相制约"的原则存在着一些带有根本性的缺陷和种种弊端，故不再用来调整公安机关和检察机关的相互关系，更不能作为构建我国刑事司法体制的指导性原则，应予废止；而由于侦检一体化模式集中体现了诉讼规律的基本要求，顺应了当今世界刑事诉讼法学发展的历史潮流，所以应该成为我国刑事司法体制改革的首选目标。② 随后，该学者又进一步提出了"起诉引导侦查"的改革思路。③

有学者认为，根据1996年《刑事诉讼法》的规定，公安机关、检察院为侦查机关，各自对一定案件享有侦查权，这并不能有效发挥检察机关的监督职能和加强反腐败斗争。改变目前公安、检察在侦查阶段各自为政的局面，唯一的出路是通过侦查权的重组，实现"侦检一体化"，使检察机关具有对公安侦查的指挥权。侦检一体化模式是在现有的框架内调整公检两机关在刑事诉讼中的关系，使两机关能更好地协调与配合，提高诉讼效率。具体设想是：警察侦查案件，得随时向检察官报告侦查的过程。检察官认为必要，可以亲自侦查案件，可以介入任何案件的侦查。检察官认为需要警察帮助时，警察必须予以协助。检察官发布的命令，警察应当接受，否则构成渎职。④

有学者认为，适应控辩式庭审方式改革，为实现有效追诉以及防止侦查机关滥用权力，应打破检侦各自为政的局面，确立检察机关在追诉活动中的主导地位，实现其对侦查的有效控制，表现为对立案、撤案的监督以及取证行为的合法性、有效性的指导，在此意义上实现检侦一体化。还应对公诉案件的审前程序进行改造，概言之，即在审前构建控、辩、裁即侦检方、辩护方与中立的裁判机关等三方组合的基本格局。⑤

关于侦检关系，尽管已有检察引导侦查的成功实践，但理论纷争仍然不止。有学者指出，实践中自发的检察引导侦查的改革是对现行接力型检警关系的突破，其本质是检警一体化，构成了当下诉讼程序改革与司法体制改革的一项重要创新。长期以来我国固有的警察主导侦查模式具有重大缺陷，尤其在控辩式庭审改革的背景下愈发暴露出弊端：不仅难

---

① 郝银钟. 依法治国视野下的侦检关系. 中国人民大学学报, 2002 (6).
② 陈卫东, 郝银钟. 侦、检一体化模式研究——兼论我国刑事司法体制改革的必要性. 法学研究, 1999 (1).
③ 陈卫东. 侦检一体化与刑事审前程序的重构. 国家检察官学院学报, 2002 (1).
④ 徐美君. 试论侦查权的重组. 政治与法律, 2000 (5).
⑤ 陈卫东, 刘计划. 论检侦一体化改革与刑事审前程序之重构//刑事法评论：第8卷. 北京：中国政法大学出版社, 2001.

以满足检察机关有效指控、惩罚犯罪的需要,也无法适应侦查监督、保障人权的要求。检警一体化模式的实质是检察机关参与侦查权的行使,而非检警机关在组织上的一体化,亦非二者角色的混同。我国建构检警一体化模式,不仅存在理论基础,而且具有法律依据。采纳这一模式有助于提升侦查质量、强化检察机关指控犯罪的能力,也便于检察机关践行侦查监督职能。[1]

有观点认为,近年来在司法实践中出现的检察引导侦查的探索恰好反映了建立具有中国特色的侦查监督制度的迫切要求。最先实施此项改革并取得一定成效的河南省周口市人民检察院将检察引导侦查概括为,"检察机关通过参与公安机关的重大案件的侦查活动,对侦查机关的证据的收集、提取、固定以及侦查取证的方向,提出意见和建议,并对侦查活动实行法律监督"。对此概念进一步解释为三层含义:"第一,关于对证据的引导;第二,关于侦查方向的引导;第三,就是监督"。从概念中可以看出,实践部门对于检察引导侦查的理论基础,认为不只是监督职能的行使,亦不只是公诉职能的行使,而是二者的结合。该论者认为,要真正落实检察引导侦查,必须赋予引导侦查以法律渊源,将相关做法上升到法律,强制侦查机关遵守。检察引导侦查的基本思路是从过去"形成合力"向"体现制衡"转变,通过检察权这一体现客观性的外在力量的制约,促使侦查权不至于在缺乏实质性的制约力量的情况下滥用,保证警察权力在充分发挥公共服务效能的同时,尽可能减少其对人民权利和自由的不当侵害。引导侦查的内容应该集中于以下方面:(1)主要是监督、制约,或者说为了公民权利的保障充当客观的法律监督主体;(2)规范取证行为,促使侦查行为合法进行。[2]

但是,也有学者认为,检警一体在现存刑事司法体系中基本不存在,检警一体将损害刑事司法的合理性与效率,因此当前检警关系调整的关键是加强对刑事侦查活动的检察调控和监督。该学者进一步认为,我国检警关系模式的调整有两种可行方案:一种是实行双重领导制,对公安的刑事侦查活动实行公安与检察双重领导制;另一种是实行一重领导一重监督制,但强调将监督落在实处,公安侦查活动由其上级领导,同时服从检察机关的监督,这也许是更为现实的一种方案。[3] 有学者认为,通过对国外不同侦、检关系模式进行深入地考察和对我国侦、检关系现状及论者所主张的未来变革进行细致的分析,不难发现,理想与现实相差甚大,"侦检一体化"的主张值得谨慎的思考和缓行。[4]

有学者认为,检察指挥侦查或检警一体化的构想行不通,根本原因是设计者脱离了中国国情和中国检察体制的实际,其立论构想以西方"三权分立"理论为基础。[5] 检察指挥侦查或检警一体化是以"三权分立"的国家理念和制度为基础的,这一主张脱离了中国国情和中国检察体制的实际,如果采用这一主张将使检察机关的法律监督权与公诉权双双受到损害,同时这一主张也有违追求更加完美的制约与平衡的现代法制发展的趋势。[6] 但是

---

[1] 刘计划. 检警一体化模式再解读. 法学研究, 2013 (6).
[2] 但伟, 姜涛. 侦查监督制度研究——兼论检察引导侦查的基本理论问题. 中国法学, 2003 (2).
[3] 龙宗智. 评"检警一体化"——兼论我国的检警关系. 法学研究, 2000 (2).
[4] 顾永忠, 李晓. 侦检一体化:理想与现实. 国家检察官学院学报, 2005 (2).
[5] 陈晓. 一种"特洛伊木马"式的构想——对"检察指挥侦查"主张的辨识. 人民检察, 2001 (6).
[6] 陈晓. 一种"特洛伊木马"式的构想——对"检察指挥侦查"主张的辨识. 人民检察, 2001 (6).

相反观点则认为，检警一体化模式的产生并非西方资本主义国家三权分立体制的固有产物，而是经过历史发展推演、新旧经验扬弃后所形成的，我国现行法律制度实行检警一体化既必要又可行。①

有学者对"检警一体化"从理论和实践两个角度提出了质疑。该学者认为，"检警一体化"的理论误区在于，不符合无罪推定的理念与审判中心主义改革的发展要求，我国检察机关的职能和根本性质与西方国家政体下的检察机关不同。实践误区在于，监督不等于领导指挥，对于我国侦查程序的监督和制约问题，应该着重于加强检察机关监督的全面性和有效性；由检察领导侦查，将忽视侦查规律，在很大程度上限制了专门侦查机关的紧急处置能力，阻碍侦查效率的提高。②

同时，还有学者认为，与"检警一体化"相比，在我国既有的警检分离基础上构建"检察引导侦查"机制是更为合理的选择，应当明确其适用的案件范围、引导侦查的主体、时间和具体方式。③ 有观点认为，检察提前介入侦查的法律依据可以归纳为：提前介入的主体是人民检察院审查批捕部门；提前介入的前提是人民检察院认为必要的时候；提前介入的范围是公安机关的重大案件；提前介入的内容，是公安机关重大案件的讨论和其他侦查活动；提前介入的任务是了解案情、分析证据、提出建议和对公安机关的侦查活动是否合法实行监督。检察机关提前介入中存在的问题主要是：部分案件提前介入无法律依据；"不捕"案件没有通过诉讼程序反映出来；主体混乱，影响执法的严肃性；该查不查，可能放纵本该追究刑事责任的人；过于依赖，不利于互相制约功能的发挥；缺乏制约，容易产生司法腐败。完善检察机关提前介入制度，应当明确目的，统一范围，规范制度，把握尺度，处理好配合和制约的关系。④

有学者认为，评判侦查程序中检警关系构建是否合理的标准应为是否有利于侦查程序目的的实现。侦查程序具有三重目的：直接目的为寻求证据、查缉甄别犯罪嫌疑人；深层目的为衔接起诉、提升公诉质量和效果；根本目的为规制侦查权力、保障公民权利。该学者以侦查程序的三重目的来设定侦查程序中理想的检警关系所应具备的功能，并依此功能设定分析我国现行检警关系所存在的缺陷：警察机关的侦查取证活动与检察机关的公诉活动衔接不畅，致使侦查程序的间接目的无法达致，导致侦查效率相对低下，同时也间接损及了侦查程序直接目的的达致，检察机关对警察机关侦查权行使的制度约束不力，侦查权滥用现象比较严重，致使侦查程序的根本目的没能获得良好达致。因此，优化我国侦查程序中检警关系，应建立检察引导警察进行侦查取证的机制，强化检察机关对警察机关的侦查监督。⑤

有学者以我国"分工负责，互相配合，互相制约"原则为切入点，认为在我国特定的历史条件和司法背景之下，"分工负责，互相配合，互相制约"的检警关系模式，对于打击和遏制犯罪、实现刑事司法的重要目的产生过良好的效果，在现有刑事司法体系下，

---

① 高羊生，阎志强. 追诉权、检警一体化与我国法律制度之研究. 刑事法判解，2001，3 (2).
② 杨宗辉，周度. "检警一体化"质疑. 法学，2006 (5).
③ 张小玲. 审判中心背景下审前侦诉关系之重塑. 政法论坛，2016 (3).
④ 毛晓玲. 检察机关提前介入中的问题及对策. 法学，1998 (11).
⑤ 卞建林. 论我国侦查程序中检警关系的优化——以制度的功能分析为中心. 国家检察官学院学报，2005 (3).

"互相制约"的积极作用也不容忽视。但是,"分工负责,互相配合,互相制约"的检警关系在法理上存在缺陷,在制度上也难以保证被严格遵守,其实际运作效果远远不像制度设计者所预想的那样理想。该论者提出要建构一种"以强制性侦查监督为主导,建议性侦查监督为补充的检察引导侦查"的检警关系模式。其具体的改革措施包括:废除"分工负责,互相配合,互相制约"原则;划定强制性侦查监督和建议性侦查监督的适用范围;规定检察机关对于侦查活动的参与权。①

研究域外检警关系及其发展趋势,对我国检警关系的重构具有启发意义。有学者系统介绍了瑞典的检察制度:检察机关与警察机关侦查管辖划分的基本依据是案件是否"复杂",但不论案件由谁主导,主要责任都由检察机关承担。从瑞典检警关系近年来的发展趋势可以看出,对检察机关权力的限制和扩大是同步进行的,限制是为了使检察机关"大幅度提升侦查效能",扩大是为了使检察机关具备"大幅度提升侦查效能"的能力。该论者进而提出,我国检警关系的重构不必盲目谋求检察权的单向扩大或限制,重构检警关系的根本原则应是从现实需要出发,把权力交由最合适的机关行使,并采取措施保障其有效地行使权力。②

在我国目前"以审判为中心"的诉讼制度改革背景下,要实现庭审实质化目标,必然涉及审前程序的改革与优化,尤其是侦检关系的重塑。有学者认为,在全面贯彻证据裁判原则的基础上,侦查程序改革突出"由供到证"模式,建立取证指引制度以实现侦查行为规范化,革除"侦查中心主义"积弊;审查起诉程序改革则应着重退回补充侦查制度的规范化,健全驻所检察工作中对侦查活动合法性的核查机制;契合认罪认罚从宽制度改革趋势,保障控辩双方量刑协商机制的合法性、正当性。③

第三节 起诉

刑事起诉是指国家公诉机关和享有控诉权的公民针对所发生的犯罪行为,依法向法院提起诉讼,要求法院对指控的犯罪进行审判,以确定被告人刑事责任并予以刑事处罚的诉讼活动。按照行使追诉权主体的不同,刑事追诉可以分为公诉和自诉两种方式。

一、公诉

有学者对刑事公诉的特征和本质进行了深入分析,认为刑事公诉的特征为检察机关依据其职能向犯罪发起的国家公权力的运作过程,其本质表现为以审查刑事追诉、监督刑事法律统一正确实施为手段和载体,主张和维护国家与社会受刑法所保护的利益。在此基础上,该论者提出刑事检察公诉必须立足于其职能属性,以实现国家和社会其他成员对刑事检察公诉的需要。④

有学者着重就检察公诉的价值目的择取展开探讨。检察公诉的职能作用,首先是指刑

---

① 陈岚. 我国检警关系的反思与重构. 中国法学, 2009 (6).
② 陈琴, 刘为军. 瑞典的检警关系及发展趋势. 中国刑事法杂志, 2009 (3).
③ 陈卫东. "以审判为中心"与审前程序改革. 法学, 2016 (12).
④ 董明亮. 论刑事检察公诉的特征与本质. 政治与法律, 2007 (3).

事检察公诉通过职务的履行，调整国家、社会的各种利益的作用。其次是代表国家和社会依照法定授权，在对已经侦查终结的刑事案件审查后，依据刑事实体法条文，对犯罪嫌疑人涉嫌犯罪的行为所作的政治、道德上的评价职能作用。最后是监督作用。刑事检察公诉的本质就在于，它是以对已经由侦查启动的刑事追诉的决定为载体，以监督刑事法律的统一正确实施为手段，主张和维护国家和社会受刑法保护的利益的国家公权力。①

有观点认为，公诉的价值目标是国家与社会通过公诉活动所追求的结果。公诉在客观属性上具有众多功效，但国家与社会自觉追求的是其中最有意义的功效。公诉的价值目标主要表现在三个方面：一是实现法律正义，这是公诉的外在价值，保证公诉结果的正确性；二是体现程序公正，这是公诉的内在价值（独立价值），突出公诉过程的公平性；三是注意诉讼效益，这是公诉的功利价值，强调公诉制度的社会性。②

（一）公诉权的运行逻辑

公诉权运行的合理化程度，直接影响着刑事司法活动的公正、效率以及权威等方面的要素，公诉权的运行逻辑、起诉裁量权、附条件不起诉、撤回公诉等问题愈发值得关注和研究。

有论者认为，公诉权本身包含着丰富的内容：立案决定权或立案控制权、提起公诉的权力、决定不起诉的权力、出席法庭的权力、变更起诉的权力、上诉的权力、申请再审的权力、监督刑罚执行的权力。公诉权的行使必然对被追诉人以及侦查机关、审判机关甚至包括检察机关本身产生一定的制约。因此公诉权的行使应当十分慎重。为了防止公诉权的滥用，提起公诉应当坚持必要性原则，应当具有确实充分的证据，应当设置有效的控制程序。③

有学者对公诉权的根据、属性和功能等公诉权的基本理论问题进行重新思考。国家意志、刑罚权、程序正义是决定公诉权确立和发展的根本的法理依据。在权能的实现上，公诉权与刑罚权互为条件，公诉权源于刑罚权；程序正义是公诉权发展的永久根据之一。公诉权是一种具有开放性的公权力和具有系统制约性的诉权，以及具有对应性的事实主张权。④ 有学者从公诉权的性质出发，阐述了刑事公诉权的表现：检察机关通过追究犯罪维护法律实施、监督侦查权、制约审判权等。⑤

有观点认为，起诉权与审判权的冲突，通过程序操作"细则"的规范化，应当可以得到基本解决。我国刑事诉讼要求既要保证检察院独立行使起诉权，又要保障法院完成查明案件事实真相的任务，因而在不影响"抗辩式"中立审判的前提下，起诉权同审判权在具体的操作中应作相应的协调，才能使矛盾化解到最低限度，达到最佳运作状态。当起诉范围同审判范围不一致时，在不影响法院中立审判的前提下，可以作变更起诉、追加起诉和撤回起诉三种处理。⑥

---

① 董明亮. 论刑事检察公诉的价值目的. 政治与法律，2006（2）.
② 姜伟. 公诉的价值. 法学研究，2002（2）.
③ 张智辉. 公诉权论. 中国法学，2006（6）.
④ 徐鹤喃. 公诉权的理论解构. 政法论坛，2002（3）.
⑤ 严明华，陈柏新，张少林. 论公诉权的性质. 政治与法律，2008（5）.
⑥ 张华，王颖. 论公诉权同审判权的冲突及调整. 法学，1997（9）.

有学者对检察权进行了反思,认为检察机关的基本职能是公诉,检察权在本质上主要表现为公诉权,以公诉权为基本内容的检察权在本质属性和终极意义上应属于行政权。检察机关在刑事诉讼中的各项权力都是具体的诉讼程序性权力,与所谓的法律监督机关、法律监督权并不存在必然的关联性。应该按照检察机关就是公诉机关的思路去改革司法制度,建立以公诉机关为核心、主导的审判前程序,同时改革现行的逮捕和其他侦查措施的审查批准制度。①

也有学者认为,公诉权不仅是一种追诉权,而且与法律监督紧密相关,公诉权本身具有法律监督权的性质,是法律监督权的重要组成部分。公诉权作为法律监督权具有深厚的法理基础。刑事公诉权通过追究犯罪维护法律的实施;刑事公诉权具有监督侦查权的性质是由侦查和公诉的关系确定的,也是由侦查活动的特点决定的;刑事公诉权具有法律监督权的性质,可以从公诉与自诉、公诉权与侦查权、公诉权与审判权的区别中得到体现。②

公诉权作为请求法院行使审判权以确定被告人刑事责任和刑罚的一种权力,易被滥用。有学者认为,我国对公诉权规定了比较严格的监督制约措施,但还存在诸多疏漏,需要进一步从建立对检察机关的起诉决定以及酌定不起诉和证据不足不起诉决定的预审程序、被害人不服不起诉的强制起诉程序、被不起诉人对不服酌定不起诉或证据不足不起诉的强制起诉程序等方面加以完善。③

各国在公诉问题上的基本立场直接影响着立法对检察机关起诉裁量权的态度。④ 在国际刑事诉讼中,检察官起诉裁量权的外部控制不可或缺,而单纯的外部控制却凸显范围有限、效果不佳、成本高昂等局限与不足。与单纯的外部控制相比,内部控制具有主动性、自律性的特点,且这种内部监督和控制的限度还与国际刑事法治的境界相契合。在当前检察官的起诉裁量权广泛存在的情况下,只有将基于内外因辩证关系原理指导下的双重控制有机结合起来,才能防范裁量权滥用,促进实现裁量正义,保证国际刑事诉讼中检察官裁量权的公正行使。⑤

有学者介绍了日本"公诉权滥用论"的产生与发展,这一学说是以当事人主义的诉讼构造和正当程序原则为基础的。"公诉权滥用论"并没有否定检察官的起诉裁量权,而是在肯定起诉裁量权的前提下,主张对明显不当的起诉赋予被告人声明不服的权利,通过公平的法院以司法抑制手段维护正当程序的精神给予被告人以适当的救济。仅就这一点而言,日本诉讼理论深刻地把握了英美当事人主义诉讼中预审制度的基本精神,并试图将它运用于日本司法实践。然而,由于日本立法上缺乏抑制不当公诉的必要措施,为弥补立法上的缺陷而提出的"公诉权滥用论",不能不带有以学理解释代行立法解释的特点,因而其对于司法实务的影响只能借助于法官以正当程序维护者的身份出发而作出的努力。又因日本法院不具有普通法系国家法院传统上因袭下来的固有职权,在缺乏成文法明确授权的情况下,法官很难以判例的形式对立法缺陷加以修补,这些恐怕是导致"公诉权滥用论"

---

① 陈卫东. 我国检察权的反思与重构——以公诉权为核心的分析. 法学研究, 2002 (2).
② 陈柏新,李静,陈柏安. 公诉权与法律监督的关系. 法学, 2006 (12).
③ 施业家,谭明. 论公诉权的规制. 法学评论, 2009 (5).
④ 宋英辉,吴宏耀. 不起诉裁量权研究. 政法论坛, 2000 (5).
⑤ 蒋娜. 检察官起诉裁量权的外部控制及其反思——以国际刑事诉讼为视角. 现代法学, 2013 (1).

未能发挥学者们预期效果的主要原因。①

有学者在比较研究的基础上，提出我国应当借鉴域外的立法及实践经验，重新认识和界定我国的公诉权滥用形态，以更好地规范公诉权的运行。域外各国突破传统以实体作为判断公诉权滥用的标准，引入正当程序理念确立了多元的公诉权滥用形态，包括违反迅速审判的起诉、违反一事不再理的起诉、违法诱惑侦查的起诉、报复性起诉、歧视性起诉等。②尤其是针对我国司法实践中不时出现检察机关为打击报复举报人、新闻记者、辩护律师等而提起公诉的现象，有观点认为，我国可以借鉴美国的报复性起诉辩护制度，被告人有权请求法院审前驳回检察机关基于报复的动机而提起的公诉，以防止公诉权滥用。③还有学者深入分析了公诉权滥用的成因，在此基础上提出构建庭前起诉审查程序、引入刑事诉因制度、实现撤回起诉规范化、不起诉后再诉的规范化、再审抗诉规范化、司法管理现代化以及将法官职务犯罪的侦查权从检察权中剥离，以防范公诉权的滥用。④

另外，检察机关办案过程中在实体、程序、证据运用方面存在机械主义倾向，近年来这一问题也引起了理论界的关注。有学者通过实证调查获取典型个案进行分析，进而提出需要以循序渐进的方式推动诉讼生态从微观到宏观的全面转变，直至检察机关可以自主、能动地行使公诉权。⑤

（二）起诉裁量权

起诉裁量权是指检察官在审查起诉过程中，对事实清楚，证据确实充分的犯罪案件，基于自由裁量，酌情决定是否起诉的权力。由于各方面的原因，我国法学理论界对起诉裁量权的研究远不如法官的自由裁量权那样充分。起诉裁量权在刑事诉讼中发挥着前承侦查、后启审判的重要作用，在很大程度上决定着诉讼程序是否继续进行。因此，起诉裁量权具有很高的制度价值，尤其是在司法体制改革的大潮中，研究起诉裁量权制度更具有重要的现实意义和深远的历史意义。目前我国的起诉裁量权制度存在瑕疵，行使效果不如人意，亟须进一步改革和完善。⑥

1979年《刑事诉讼法》第101条规定："依照刑法规定不需要判处刑罚或者免除刑罚的，人民检察院可以免予起诉。"有观点认为免予起诉制度是中国的宝贵经验，应当进一步完善。⑦但免予起诉制度在实践中存在很多争议，有观点认为应当废除免予起诉制度，理由主要包括：法院统一行使审判权是国际通例，也是审判权应有之义，不经人民法院审判程序就认定公民有罪，不符合法制原则；免予起诉由人民检察院一家作出，缺乏应有的制约、限制，甚至剥夺了被告人诉讼权利的行使。⑧

1996年《刑事诉讼法》废除了免予起诉制度，将合理内容吸收进不起诉制度，规定人民检察院对疑案有不起诉的决定权。同时，扩大了不起诉的范围，设立了相对不起诉制

---

① 孙长永．抑制公诉权的东方经验——日本"公诉权滥用论"及其对判例的影响．现代法学，1998（6）．
② 谢小剑．公诉权滥用形态的发展．中国刑事法杂志，2009（11）．
③ 谢小剑．刑事诉讼中的"报复性起诉"．环球法律评论，2008（6）．
④ 周长军．公诉权滥用论．法学家，2011（3）．
⑤ 孙皓．论公诉权运行的机械性逻辑．法制与社会发展，2017（5）．
⑥ 王钦杰，纪兵．论起诉裁量权．法学论坛，2008（6）．
⑦ 龙宗智．免予起诉制度应当进一步完善．法学，1987（5）．
⑧ 徐琴．论我国免予起诉制度的终结．法律适用，1997（7）．

度，赋予了检察机关一定的自由裁量权，体现了起诉法定主义与起诉便宜主义的有机结合，这是中国刑事诉讼进一步走向民主法制的又一重要体现。本次修法也明确规定，未经人民法院依法判决，对任何人都不得确定有罪。

对于"未经人民法院依法判决，对任何人都不得确定有罪"这一规定，有些检察机关在起诉书中仅指控被告人触犯某法律条款，不指控罪名，有观点认为这一做法是不适当的。从根本上讲，不指控罪名的做法违反了刑事起诉制度的一项基本原则，即"指控明确"。进一步而言，不指控罪名的做法有悖我国刑事诉讼制度的发展方向。从刑事诉讼法规定也可以推导出指控罪名明确的要求，长期的司法实践也证明，检察院明确的指控对控诉、辩护和审判活动都比较方便，也便于检察院、法院的司法统计、办案分工等具体工作。①

在提起公诉问题上，我国采取起诉法定原则兼起诉便宜原则，这两项原则都有其深厚的法理基础。起诉法定原则是由公平和平等原则、罪刑法定原则和控审分离原则所决定的；而起诉便宜原则体现着非犯罪化与轻刑化的刑事政策、刑罚个别化的刑事政策、公益利益的考虑和诉讼效率的要求。有观点认为，检察官的自由裁量权则直接源于刑事诉讼法中的起诉便宜原则，主要是通过相对不起诉、撤回公诉、选择起诉体现出来的。除美国检察官享有几乎不受控制的自由裁量权外，多数国家为防止检察官滥用起诉裁量权，设立了若干控制机制，大陆法系国家主要有司法控制、专门组织的控制、检察机关内部的控制。我国对于检察官自由裁量权的控制主要集中于公安机关侦查终结的案件和有被害人的案件，在通常没有被害人的检察机关自行侦查的案件中，检察官自由裁量权的运用则没有上述种类的控制。②

也有观点认为，我国起诉裁量权行使形态复杂，存在以不起诉的法定形式行使方式和退处中的隐性行使方式。实证研究表明，刑事政策和检察机关内部指导规则对起诉裁量权行使程度的抑扬变化和行使方式的选择均有突出影响。在实行宽严相济刑事政策、构建和谐社会的背景下，检察机关应当调整不起诉率等内部机制，引导起诉裁量权科学行使，并应当区别严重性程度不同的犯罪，贯彻刑法谦抑原则，轻重刑罚协调适用，以期真正化解矛盾，实现有效犯罪控制。③

有学者围绕刑事司法实践中出现的"选择性起诉"这一司法操作，澄清了对它的模糊认识，研究分析了它的成因与影响。刑事诉讼中的选择性起诉是指检察机关对同一类群犯罪案件中多个符合起诉条件的犯罪人不合理地只起诉了某一个或者少数犯罪人的行为。选择性起诉的出现与社会转型时期犯罪预防难度加大、程序工具主义思潮的影响以及对人权保障的忽视等因素有直接关系。选择性起诉有碍于实现司法公正和预防犯罪，是一种不合理的司法操作。应当通过科学司法理念的培养以及完善相关制度进行防范，树立个别正义与普遍正义相统一的理念，检察机关须回归法律监督意识，对起诉裁量权进行有效的规制，将选择性起诉作为定罪量刑的酌定情节。④

---

① 龙宗智. 检察官该不该指控罪名. 法学，1997（11）.
② 陈岚. 论检察官的自由裁量权——兼析起诉便宜原则的确立及其适用. 中国法学，2000（1）.
③ 侯晓焱. 起诉裁量权行使状况之实证分析. 政治与法律，2009（3）.
④ 张旭，李峰. 论刑事诉讼中的"选择性起诉". 法学评论，2006（4）.

此外，还有学者认为，应当在比较研究和实证分析的基础上，对中国刑事诉讼中的重复追诉予以法律控制。大陆法强调法院生效裁判的既判力和确定力，而英美法则禁止对同一行为实施重复的刑事追诉。与此均不相同的是，中国法以客观真实、有错必纠为理论基础，允许检控方和法院对同一被告人采取多次重复的追诉和审判，从而使被告人因同一行为而面临多次危险。有错必纠原则必然导致国家刑事追诉权的滥用和犯罪嫌疑人、被告人法律安全感的牺牲。对于第一审和上诉审阶段的重复追诉问题，免受双重危险原则具有较大的启发性；而对于法院裁判生效之后的重新审判问题，既判力理论则可以提供一些理论上的灵感和动力。①

1. 不起诉

不起诉是指公诉机关依职能对不符合起诉条件或没有起诉必要的案件所作出的不予追诉的决定。1979 年 7 月 7 日发布的《刑事诉讼法》在第 11 条明确规定了不起诉的条件，第 102、103、104 条规定了不起诉的复议、复核及申诉的程序和期限等，确立了中国的不起诉制度。1996 年修法后，有学者对不起诉制度、起诉的标准、起诉的效力、被害人自诉及其与公诉的关系进行了评述。②

《刑事诉讼法》对不起诉制度的规定仍过于粗疏与原则，操作起来漏洞较多。有学者对不起诉种类的完善、不起诉的监督和制约、附带民事诉讼问题、不起诉转自诉后检察机关应履行的职责、不起诉决定书制作中应注意的问题进行了深入研究。③ 有论者着重探讨了适用不起诉制度的几个问题：相对不起诉的法律性质和条件，存疑不起诉是否以退补两次为条件，不起诉案件扣押、冻结财物的处理，不起诉决定的效力，不起诉案件中复议、复核与申诉交叉，不起诉案件转自诉后的案件材料移送，不起诉后能否再行提起公诉等。④

有观点认为，1996 年修法已经较好地解决了公诉的自诉化问题，但应进一步明确自诉的公诉化问题；关于公诉的方式以及卷证材料的移送，应当统一对"主要证据"范围的认识；关于公诉的效力，人民检察院应当享有撤销公诉及变更、追加起诉的权利，并且鉴于立法的规定、人民检察院的性质和为保障审理程序的顺利进行，对于人民检察院提起公诉的案件，人民法院不宜用裁定的方式驳回公诉从而终止公诉的程序效力。⑤

关于不起诉的效力，有学者认为，不起诉是一种程序上的处分，而非实体上的处分，体现了公诉机关一定的自由裁量权。不起诉表明刑事诉讼不进入审判阶段，阻断了刑事诉讼的继续进行，其直接法律后果是刑事诉讼程序的终止。不起诉决定一经作出，就具有终止诉讼的法律效力，诉讼不再继续进行。但是，不起诉这种终止诉讼的法律效力不是绝对的，而是相对的。如果有了新的证据或发现新事实，符合法律规定的起诉条件的，公诉机关依职权应撤销原来的不起诉决定，依法向法院提起诉讼。对于有被害人的案件，被害人对不起诉决定不服的，也可以向法院提起诉讼，依此作为一种自诉案件，被害人得以寻求

---

① 陈瑞华. 刑事诉讼中的重复追诉问题. 政法论坛，2002（5）.
② 龙宗智，左卫民. 法理与操作——刑事起诉制度评述. 现代法学，1997（4）.
③ 闵春雷，李大名，李英民. 论不起诉适用中的几个问题. 法制与社会发展，1998（3）.
④ 陈国庆. 论适用不起诉的几个问题. 中国刑事法杂志，1998（4）.
⑤ 姚莉. 论我国公诉制度中的若干问题. 法学评论，1998（3）.

法律上的救济，保护其合法权益。但是，在被害人不服不起诉决定的情况下，直接向法院起诉并非最佳救济途径，仍保留公诉的方式似乎更为合理、科学，即允许被害人申请并提出一定的证据，法院审查后裁定检察机关强行起诉。对于不起诉的案件，立法应赋予被害人以知悉权。有学者建议，增设一个类似听证会的程序，检察机关此时应负有公开展示案件证据的义务，被害人以此了解案件的证据情况。[1]

关于不起诉听证，有观点认为不起诉听证程序的积极意义在于有利于完善不起诉制度，有利于贯彻落实检务公开，促进检察业务建设，有利于增强检察机关决策的民主性和科学性，提高不起诉的效率和质量，有利于完善对检察机关的监督机制，保证司法的公正。该学者还对设置不起诉听证程序的诸多问题进行了探讨：不起诉听证的范围，听证程序的启动，听证中的附带民事赔偿，参加不起诉听证的主要人员及其地位、职能，不起诉听证的期限。[2]有学者设想了听证会的具体程序：由承办检察官主持，通知被害人及其诉讼代理人等到场，检察官展示该案证据并说明不起诉的理由、根据，听取当事人的意见，然后依法作出起诉或不起诉的决定。[3]

关于酌定不起诉，有论者认为，在本轮司法改革中，中国检察系统的公诉职能被凸显出来，借鉴别国成熟制度，包括权力分配模式，重新审视不起诉制度，特别是酌定不起诉制度似乎正当其时。通过比较法研究可以发现，酌定不起诉制度在世界范围内都有着广泛的理论共识与深度的效用空间，但在中国，该制度远未"物尽其用"，检察官依然有浓厚的"法定起诉情结"。未来应淡化所谓的"不起诉分类"，尽早取消人为控制不起诉案件数量的做法；建立相对公开的不起诉审查程序，彻底废除"内部审批制"；进一步完善"公诉转自诉"制度，从而扩大该制度的适用。[4]

有观点认为，相对不起诉制度符合现代先进的司法理念，但由于制度设计存在不足，因而实践运作中出现一些弊端，其理论价值并未得到应有体现。在实体方面，对"犯罪情节轻微"与"依照刑法规定不需要判处刑罚或者免除刑罚"两者之间的逻辑关系存在争议，对"犯罪情节轻微"的界定缺乏法律依据。在程序方面，事先审查决定程序不够公开透明，事后监督控制程序处于"不到位"或"越位"两个极端。完善相对不起诉制度应该明确适用相对不起诉的实体条件，建立系统的相对不起诉程序规则。[5]

有学者认为，酌定不起诉的立法本意是为了节约司法资源，通过非刑罚化的方式使犯罪人顺利回归社会。但是，我国现行酌定不起诉制度并不能实现此立法初衷。烦琐的程序不仅与司法效益原则相悖，而且也不能防范自由裁量权滥用。同时，程序不公也窒碍了非刑罚化目标的实现。解决这些问题的根本途径是，根据诉讼主体原则和程序参与原则，赋予犯罪嫌疑人选择审判的权利。[6]

为了更好地发挥酌定不起诉制度的作用，针对目前司法实践中存在的问题，有学者提

---

[1] 陈卫东，李洪江. 论不起诉制度. 中国法学，1997 (1).
[2] 邓晓霞. 不起诉听证制度探究. 政治与法律，2004 (5).
[3] 孙洁冰. 关于不起诉与扩大自诉范围研究. 全国诉讼法学研究年会论文，1997.
[4] 郭烁. 酌定不起诉制度的再考查. 中国法学，2018 (3).
[5] 马楠，李艳秋. 论相对不起诉制度之立法完善. 中国刑事法杂志，2006 (1).
[6] 汪海燕. 我国酌定不起诉制度的困境与出路——论赋予犯罪嫌疑人选择审判权的必要性. 政治与法律，2004 (4).

出改革建议，即适当放宽酌定不起诉的适用范围、简化酌定不起诉的运作程序、试行听证程序、加强酌定不起诉程序的透明度和完善酌定不起诉的救济机制。[1] 有学者认为，刑事不起诉制度的改革应当从三个方面着手：一是扩大不起诉的适用范围，包括法定不起诉和酌定不起诉，应当以公共利益衡量作为公诉机关裁量是否提起公诉的根本准则，据此应当建立"污点证人"制度；二是增设暂缓起诉制度，建立不起诉与暂缓起诉相配套的二元"消极公诉"机制；三是借鉴国外立法例设立人大审查起诉制度和准起诉制度作为不起诉的制约机制。[2]

有学者细致研究了证据不足不起诉。1996年《刑事诉讼法》第140条第4款规定，"对于补充侦查的案件，人民检察院仍然认为证据不足，不符合起诉条件的，可以作出不起诉的决定"。该学者对这一条文中"仍然认为""证据""不足""可以"及证据不足不起诉的条件进行了深入探讨，同时还比较了"证据不足不起诉"与"不视为犯罪不起诉"的异同。关于证据不足不起诉这一诉权的行使，该学者认为，公安机关对证据不足案件无权撤销案件而应当将案件移送人民检察院处理，人民检察院对自行侦查的证据不足的案件只能由审查起诉部门决定。[3]

也有学者对澳大利亚与我国的不起诉制度作了比较研究。由于法律文化背景、诉讼机制及诉讼理念、法律环境等原因，我国与澳大利亚的不起诉制度有较大不同，我国适用的是起诉法定主义原则，并辅之以一较小范围内的起诉裁量主义，澳大利亚则实行起诉便宜主义，检察官享在较大的自由裁量权，具体表现在不起诉的基本原则、存疑不起诉及酌定不起诉等方面。研究澳大利亚的不起诉制度并借鉴其某些符合我国国情的做法对发展与完善我国刑事诉讼的审前程序具有重要的意义。该学者认为，完善我国的不起诉制度，应给检察官在作不起诉决定时以更多的自由裁量权，检察机关拟作出不起诉决定前可举行犯罪听证会。[4]

2. 附条件不起诉

在改革、完善我国公诉制度的呼声中，一些地方的检察机关开始了对暂缓起诉的尝试。实践中，早在20世纪90年代中期，各地的检察机关为了实施对未成年人犯罪的挽救、教育，进行了许多有益的尝试，如建立了青少年帮教基地，结合社区的功能，对一些罪刑较轻的未成年人进行考察，在一定期间内未成年人不再犯罪，则决定予以不起诉，如果不能好好悔改或重新犯罪的，则予以移送起诉，既维护了未成年人的利益，又体现了司法机关宽柔政策。这些做法被很多媒体进行了报道，取得了良好的社会效果，实际上这就是对附条件不起诉进行的有益尝试，也逐渐被司法界接受和肯定。

有学者认为，暂缓起诉的实质是附条件不起诉。在司法改革的背景之下进行对暂缓起诉制度的探索，这种探索的结果对于刑事诉讼的公正、效率及对相关权益的保护，均具有不同以往的意义。[5] 有学者认为这是扩大检察官起诉裁量权的要求，有利于发挥检察机关

---

[1] 陈光中. 论我国酌定不起诉制度. 中国刑事法杂志, 2001 (1).
[2] 万毅. 刑事不起诉制度改革若干问题研究. 政法论坛, 2004 (6).
[3] 周国均. 对证据不足不起诉的探讨. 政法论坛, 1997 (2).
[4] 高丽蓉, 杨正彤. 中澳不起诉制度比较研究. 中国刑事法杂志, 2002 (3).
[5] 王敏远. 暂缓起诉制度——争议及前景. 人民检察, 2006 (4).

的公诉功能。有学者反对这一改革或者主张法律确认后再行实施，也有学者主张引入这一制度，但认为暂缓起诉的适用范围、救济程序需要认真研究。[①]

有观点认为，暂缓起诉具有节约有限的司法资源，贯彻刑法个别化原则，有利于一般预防和特殊预防等作用。但是缺乏救济和制约的暂缓起诉可能导致不起诉权的滥用和司法腐败，因而应控制其适用案件范围、严格审批程序、建立配套的制约救济程序。我国应借鉴暂缓起诉制度，赋予检察机关对案件是否起诉更大的自由裁量权。[②] 但也有观点认为，这一制度在实践中的实施没有法律依据，且在当前未成年人犯罪呈现较快上升的社会状况下不太适宜，实行未成年人暂缓起诉于法无据，与现实相脱节。[③]

对此，学界也进行了相关的比较研究。有学者认为，附条件不起诉作为轻罪非犯罪化处理的一种起诉替代措施，具有有效化解刑事纠纷、实现审前程序分流的功能。德国、我国澳门地区及我国台湾地区刑事诉讼法都规定了完全意义上的附条件不起诉制度，我国增设该制度既有必要性又具可行性，应当借鉴域外的共同做法，构建适合我国国情的附条件不起诉制度。[④] 也有学者认为，应该由中央司法体制改革领导小组制定统一规范暂缓起诉的法规，在制定该法规时，适当借鉴美国暂缓起诉制度的合理因素，明确规定暂缓起诉的适用对象、条件、暂缓起诉协议的内容和暂缓起诉的效力及其监督机制。[⑤]

有学者指出，我国可以在满足一定条件的前提下，在提起公诉阶段以一种交易的形式来处理未成年人案件，从而使教育、感化、挽救的方针得到真正有效的贯彻。西方国家根据未成年人的特点，在未成年人犯罪案件的处理上走出了一条社会化、简单化、交易化的路子，让其在社会各界的关心和监督下进行改造而不是将其与世隔绝，这在当前我国未成年人犯罪案件呈上升趋势和现有司法资源有限的背景下值得我们借鉴。该学者在适用不起诉交易的前提条件、主体和适用阶段以及形式方面对于未成年人案件不起诉交易制度提出了初步构想。[⑥]

2012年《刑事诉讼法》修改前，有学者提出我国的公诉制度有必要实行以下三项重要改革：在起诉程序中适用非法证据排除规则；建立附条件不起诉制度；创建量刑建议制度。[⑦] 有学者分析了附条件不起诉的法理基础：首先，附条件不起诉符合法律的基本政治属性和社会属性；其次，附条件不起诉符合法律运行的基本规律，符合法治现代化的要求和法律适用的目标；再次，附条件不起诉符合具有时代特征的司法理念，是恢复性司法理念在刑事诉讼领域的具体运用；最后，附条件不起诉符合刑事诉讼法的根本任务、立法原则和基本规定。[⑧]

2012年《刑事诉讼法》增设附条件不起诉制度，不仅使未成年犯罪嫌疑人能避免因起诉而受有罪判决的前科烙印，更重要的是使未成年犯罪嫌疑人能于刑事设施外，依其自

---

① 孙力，刘中发. 暂缓起诉制度再研究. 法学杂志，2004 (5).
② 黄维智. 暂缓起诉制度探析. 政治与法律，2005 (2).
③ 刘桃荣. 对暂缓起诉制度的质疑. 中国刑事法杂志，2001 (1).
④ 兰耀军. 论附条件不起诉. 法律科学，2006 (5).
⑤ 张泽涛. 规范暂缓起诉——以美国缓诉制度为借鉴. 中国刑事法杂志，2005 (3).
⑥ 叶青，周登谅. 未成年人案件不起诉交易制度的构想. 法学，2003 (7).
⑦ 陈光中，彭新林. 我国公诉制度改革若干问题探讨. 法学研究，2011 (4).
⑧ 张继平. 论附条件不起诉的法理基础. 中国刑事法杂志，2011 (6).

助的精神致力于自我的更生与自律，是一个值得推行和推广的理想刑事政策运作模式。检察机关在附条件不起诉裁量权行使过程中，应以特别预防需求作为核心考量，在裁量形态与处分内容的选择上，应遵循合目的性、必要性与比例原则的要求，本着特别预防、犯罪嫌疑人最小负担原则，协调关系人相互间的利益，促成未成年犯罪嫌疑人的社会复归，在广泛而多样的裁量权限中，找到一套合目的、安定而可行的运作基准。①

但是，也有观点认为2012年《刑事诉讼法》对附条件不起诉的设计不尽合理，造成了附条件不起诉与酌定不起诉间关系的混沌，且未能充分发挥附条件不起诉的制度功能。通过对两种不起诉制度之理论基础的探析、应然关系的剖析以及实然关系的分析，应当对附条件不起诉与酌定不起诉进行改造，从而令二者各尽其责，并行不悖。②

3. 撤回公诉

在撤回公诉的问题上，有学者指出了我国刑事司法实践中的三大误区：司法解释创设撤回公诉是司法权对立法权的僭越；司法解释关于撤回公诉的规定内容，意味着公诉权对审判权的僭越；司法实践中撤回公诉的现状严重损害了司法公正，侵害了被告人的合法权益，降低了诉讼效率，浪费了司法资源。但是，对实践中存在问题的批判并不意味着是对该制度的否定，而是应该在立法上予以重构。③ 有学者肯定了撤回公诉对保障人权和提高诉讼效率所具有的重要价值，但同样认为我国应以立法的形式在刑事诉讼法中就公诉撤回制度作出明确规定。④

从应然的角度分析，撤回公诉应当是审判阶段检察机关行使裁量权的一种方式，但是我国长期以来对撤回公诉的功能定位存在偏差，实践中存在"名实反差"、脱法运行、功能变异、程序正当化不足以及撤诉后恣意再诉的问题。撤回公诉的实践困局，源于立法的缺位以及司法层面的绩效考核机制和"审判去中心化"的诉讼模式。因此，有学者认为立法应当对撤回公诉的适用情形进行调整，规定对犯罪情节轻微，依照刑法规定不需要判处刑罚或者免除刑罚的，检察机关可以撤回公诉；对被告人没有犯罪事实、不应追究刑事责任或者证据不足的，检察机关不得撤回公诉。也有学者结合目前"以审判为中心"的诉讼制度改革，提出合理扩展撤诉事由，将撤诉时间限定在一审辩论终结前，强化法官对撤诉的审查和制约，建构撤诉的告知——防御机制，规制撤诉后的重新起诉行为。⑤

（三）审查起诉程序

审查起诉程序对于制约滥行公诉、保障被告人人权、促进审判公正具有不可或缺的价值。有学者分析了我国审查起诉程序在侦查、案件处理与程序自治等多方面功能存在的问题：侦查补正功能与其他功能相冲突；制约审判功能相对于案件分流与程序分流功能过于强势；程序本位功能中只突出了证据的收集，其他功能都没有发挥的空间。因此，该学者提出以通过程序正当化权力为路径，中国的审查起诉程序功能应确立为监督侦查、制衡审

---

① 刘学敏. 检察机关附条件不起诉裁量权运用之探讨. 中国法学，2014（6）.
② 李辞. 论附条件不起诉与酌定不起诉的关系. 法学论坛，2014（4）.
③ 顾永忠，刘莹. 论撤回公诉的司法误区与立法重构. 法律科学，2007（2）.
④ 余经林. 论撤回公诉. 法学评论，2007（1）.
⑤ 张小玲. 论我国撤回公诉的功能定位. 中国刑事法杂志，2015（1）；周长军. 撤回公诉的理论阐释与制度重构——基于实证调研的展开. 法学，2016（3）.

判与正当化公诉权三个方面,同时应对相关程序进行改造。①

实践中,刑事公诉审查程序流于形式产生了诸多弊端,对其改革已经成为必要。有学者反思了我国公诉审查程序的理论与实践,借鉴法治国家的经验,科学合理地构建我国的刑事公诉审查程序。② 也有学者在"推进以审判为中心的诉讼制度改革"的背景下审视现行审查起诉工作,认为问题主要体现在以下方面:不愿意主动排除非法证据,"带病"举证;证据不够充分,勉强起诉;撤诉后以原事实、证据重新起诉甚至变更管辖后重新起诉;不全面移送证据材料,将有利被告人的证据隐匿不送等问题。该论者进而提出应当坚持"以审判为中心",依据审判的要求和标准审查案件事实证据;以审判的思维决定是否起诉;全面收集和移送证据材料;避免就案件事实认定和定性与法院提前沟通;客观公正作出无罪不起诉决定。推进"以审判为中心"的审查起诉工作改革,检察机关还必须转变理念,确立当事人角色意识;调整关系,支持法院依法独立公正行使审判权;破除陈规,改革审查起诉工作考评机制。③ 此外,还有学者从宽严相济的刑事政策出发,对重构审查起诉程序提出了建议。④

我国任何案件进入审判程序都必须经过审查起诉程序,也有学者主张进行起诉程序改革。迅速起诉程序是指在一定条件下,案件无须公诉审查而使案件直接进入审判程序的有关程序。纵观各国立法实践,在一定轻罪案件中,在被告人放弃预审权利时,现行犯罪案件中,被告人坦白时,检察官认为证据清楚时都可以迅速起诉。我国可以考虑对一定的轻罪案件,如果犯罪嫌疑人同意立即起诉的,经过检察机关同意可以省略审查起诉程序。⑤

此外,有学者认为,应建立人民监督员监督公诉的制度,即检察机关联系、同级人大常委会或者司法行政机关组织和主持下的人民监督员的监督。⑥ 人民监督员制度是最高人民检察院推行的引入外部监督的一项创新性举措。有学者分析了人民监督员制度法律化的可能性和必要性。⑦ 有学者认为,在人民监督员制度立法的过程中要着力解决好以下两个问题,一是要实现人民监督员制度由"体制内"向"体制外"的转化;二是要实现检察机关独立行使检察权和人民监督员独立行使监督权的统一。⑧ 关于人民监督员制度的性质,有学者认为,它是在人民检察院外部和诉讼程序外部,对人民检察院直接受理侦查案件的特定诉讼决定进行社会性监督的制度。需要进一步深化试点,不断发展和完善。改革的思路为:人民监督员与检察机关需要保持一定距离;坚持监督的独立性、超脱性和机构以及运作程序的外部性。⑨ 有学者认为,这是一项具有生机和活力的制度,必将在我国得到很好的推广和落实,取得良好的成效。⑩

---

① 陈海锋. 刑事审查起诉程序功能的重构. 政治与法律, 2015 (5).
② 韩红兴. 我国刑事公诉审查程序的反思与重构. 法学家, 2011 (2).
③ 陈涛. 论以审判为中心的审查起诉工作改革. 东方法学, 2017 (1).
④ 朱立恒. 反思与重构:宽严相济的审查起诉程序. 法商研究, 2009 (6).
⑤ 刘本燕, 谢小剑. 迅速起诉程序论. 政治与法律, 2005 (6).
⑥ 张智辉. 公诉权论. 中国法学, 2006 (6).
⑦ 王磊. 论人民监督员制度的法律化. 人民检察, 2006 (15).
⑧ 卞建林, 田心则. 人民监督员制度立法刍议. 人民检察, 2006 (15).
⑨ 周士敏. 人民监督员制度的性质和功能. 国家检察官学院学报, 2004 (4).
⑩ 樊崇义. 人民监督员制度是一项有生机和活力的制度. 人民检察, 2004 (2).

（四）公诉方式

我国刑事公诉方式经历了从"全案移送、实质审查"到"部分移送、形式审查"再到"全案移送、形式审查"的历史变革。审视刑事公诉方式的价值和功能，探究修法的理由，需细致分析公诉方式对审判模式变革带来的深远影响。公诉方式改革与审判方式改革密切相关，二者相辅相成。开庭前案件材料的移送是审判方式改革的中心内容，它关系到刑事庭审模式是更加靠近职权主义还是当事人主义，关系到改革的力度和改革能否实现，关系到能否防止法官产生预断和使庭审流于形式的大问题。[①]

我国 1979 年《刑事诉讼法》所确立的公诉方式属于典型的全案移送主义，存在使法官先入为主导致庭审走过场的弊病，刑事诉讼的程序公正受到过严重的质疑。1996 年《刑事诉讼法》对公诉方式作了重大改革，理论界将其概括为"部分证据移送主义"或"复印件主义"，即检察院向法院提起公诉时，在移送起诉书、证人名单和证据目录的同时，还须移送主要证据的复印件或者照片。1996 年《刑事诉讼法》关于公诉方式的改革属于刑事审判工作改革的范围，这个时期刑事审判工作改革还包括审判组织、第一审程序、第二审程序、死刑复核程序等。[②]

此次改革得到较为广泛认可。有学者指出，我国第一部刑事诉讼法典的诞生，揭开了公正审判的新篇章，而 1996 年 3 月对第一部刑事诉讼法典的修改，使我国在刑事审判程序公正的道路上逐步接近了国际标准。当然，改革的步履是艰难的，在新的历史时期，我国正处于发展之中，对于有些在国际上通用的程序公正的标准，结合我国的情况，还要积极地创造条件，才能得以认同和实施。即使已经为立法所确定的一些内容，其贯彻落实还有一个适应的过程，还存在一个实施难的问题。随着我国民主与法制的不断深入和发展，这些问题会不断得以解决，为世界各国公认的国际标准，定会在中国大地开花结果。[③]

也有学者系统地总结了 1996 年《刑事诉讼法》确立的刑事审判方式的特征，包括：其一，从庭前审查来看，由原来的实质性审查改为程序性审查，与对抗式下起诉状一本主义比较类似。其二，从法官的地位来看，他已不再主要承担讯问被告人、询问证人、出示证据的责任，只保留了在必要情况下（而且是在控辩双方之后）讯问被告人、询问证人等权利，即法官已走向中立地位。其三，从控辩双方的地位来看，在庭审中，主要由双方共同出示证据，进行质证并互相辩论，双方在形式上的地位是平等的，这带有对抗式色彩；但是，我国的公诉人不是当事人，而是检察机关的代表，这既不是审问式审判的特征，又不是对抗式审判的特征，而是传统社会主义国家审判方式的特征。其四，从被告人的诉讼地位来看，被告人由控辩双方为主进行讯（询）问，带有对抗式审判特征，但又有审问式色彩。其五，从证据的采纳上来看，我国不要求法官当庭采纳证据，实践中法官多是在庭后完成，这是审问式审判的典型特征。其六，从庭后评议程序来看，在对抗式审判之下，陪审团宣告被告人有罪之后，法官要举行一个由控辩双方参加的类似法庭审判的对席课刑听证会。[④]

[①] 刘根菊. 刑事审判方式改革与案卷材料的移送. 中国法学, 1997 (12).
[②] 李克非. 简论我国刑事审判工作的改革. 河北法学, 1997 (3).
[③] 樊崇义. 论联合国公正审判标准与我国刑事诉讼程序改革. 中国法学, 1998 (2).
[④] 锁正杰. 我国刑事审判方式研究. 政法论坛, 1998 (4).

然而，对于1996年《刑事诉讼法》确立的"复印件主义"，理论上也存在否定的观点。有学者对这一公诉方式的结构性缺陷以及在诉讼实务中滋生的种种弊端进行了全面、深入的考察和分析，明确提出复印件主义公诉方式与我国抗辩制庭审形式所追求的价值理念是相互冲突的，同时也不符合刑事诉讼的规律性要求，因而应予废止。该学者认为，在刑事诉讼中防止伏击审判和法官预断现象的最有效措施，是在刑事诉讼结构中确立起诉书一本主义、诉因制度和证据展示制度，由上述三项诉讼制度所构筑的公诉方式是抗辩制庭审形式不可或缺的有机组成部分。[①]

也有学者认为，1996年对公诉方式的修改欠缺系统性的考虑，非但没有实现其立法初衷，而且引起了连锁的负面反应。首先，主要证据复印件和照片的移送丝毫不会阻断法官在开庭前对实体问题的接触和了解，并未排除庭审法官预断。其次，法官在开庭前只对案件进行程序性审查，达不到对起诉条件进行严格把关的目的，忽视了对公诉权的制约。再次，检察机关仅移送"主要证据"，限制了辩方的阅卷权，与1979年《刑事诉讼法》实施期间相比，律师在庭前能够查阅到的证据材料不但在数量上减少了，而且在内容上也大打折扣。最后，主要证据复印件在案件审理结束后就被丢弃，新增加的诉讼成本不但不利于提高审判质量和保护被追诉人的权利，反而加重了检察机关的经济负担，造成了资源严重浪费，一定程度上阻碍了公诉职能的正常运行。[②]

有学者认为，尽管1996年《刑事诉讼法》对卷宗移送制度的改革是在未充分考虑刑事诉讼制度之基本原理的情况下进行的一次失败尝试，但它对于我国刑事诉讼法学研究以及今后的立法改革都提供了许多重要启示。刑事诉讼程序是由一系列环环相扣之诉讼阶段组成的有机整体，在设立与修改某一具体制度的同时，务必要考虑与其他制度的协调问题。当事人主义和职权主义究其实质，均是一种程序设置的方法，都是为实现正义之目的而设。而且，当事人主义和职权主义并非可以由立法者在某一个时间点上自由选择的对象，而是在漫长的历史发展过程中形成的，在短时间内的人为"建构"几乎是不可能的。因此，应当摒弃那种"主义先行"、照猫画虎的简单思维方式，转而去寻找我国刑事诉讼程序中真正的问题所在，再进一步思考切合实际的解决方案。[③]

也有学者从整体功能出发，根据起诉主导权的归属，将刑事起诉制度归纳为司法控权与检察控权两种模式，并分述两种模式的特点与优劣，然后就我国公诉制度的立法定位展开讨论。该学者认为我国刑事公诉制度具有司法控权模式的外观，但在实质意义上却应归属于检察控权模式。以此制度定位为基础，我国刑事庭前审查程序的改革，应以促成庭审实质化为目标，走向彻底的起诉书一本主义。[④]

学者们也对1996年审判工作改革中，与公诉方式改革密切相关的其他问题进行了分析。有学者指出，1996年审判工作改革运行障碍的原因之一，即应当与之匹配的制度没有得到确立，这其中也包括审判前程序没有进行相应的变革。因此，刑事审判前程序的改革，既是我国继审判方式改革之后进一步完善刑事诉讼程序的重要任务，也是真正实现审

[①] 陈卫东，郝银钟. 我国公诉方式的结构性缺陷及其矫正. 法学研究，2000（4）.
[②] 陈岚. 试论我国公诉方式的重构. 法学评论，2010（4）.
[③] 孙远. 卷宗移送制度改革之反思. 政法论坛，2009（1）.
[④] 吴宏耀. 我国刑事公诉制度的定位与改革——以公诉权与审判权的关系为切入点. 法商研究，2004（5）.

判方式改革意图之必需。而改革我国刑事审判前程序,首先需要建构其基本的理念和原则。为此,考察现代刑事诉讼审判前程序,发现其理念和原则,以此为借鉴,便尤为必要。①

有学者从诉权的角度出发,认为诉权理论也可成为刑事诉讼法学基础理论之一,刑事诉权与刑事审判权仍是构成刑事审判制度的两个基本要素。在刑事诉讼法的再修改提上立法日程之际,运用刑事诉权理论来分析我国刑事审判制度中的一些制度,我们不难发现,在1996年《刑事诉讼法》确立的审判制度下,诉权不能主导审判进程,诉权与审判权关系失衡。正视这些问题,运用刑事诉权理论指导刑事审判制度的改革,强调诉权保障理念,才能真正理顺诉权与审判权的关系。②

2012年《刑事诉讼法》对庭前移送案卷制度的恢复,意味着1996年完成的旨在限制检察机关移送案卷范围的改革努力宣告失败,也标志着中国刑事诉讼中的案卷移送制度又回到了1979年的状态。在这种改革、规避改革和废止改革的表象背后,其实一直存在着法院通过阅卷来形成裁判结论的司法文化。造成这一文化形成的原因,除了有法官存在依据职权主导证据调查的传统、法官无法通过庭审来组织实质的事实审查以外,还有法院在庭外形成裁判结论、上级法院通过阅卷进行事实复审这些较深层次的因素。③

依靠侦查案卷形成公诉决定,是世界范围内比较普遍的公诉运作机制。基于现代司法审判对于口头主义的严格强调,美国、德国和意大利等国都对侦查案卷在审判阶段的使用进行了不同程度的限制,以避免法官庭前形成预断以及法庭审判流于形式。然而,侦查案卷一直以来在我国的使用却不受任何的限制,其可以畅通无阻地从审判前阶段进入审判阶段,并直接作为法庭调查的对象和法官认定事实的根据。在当前审判中心主义的改革目标下,对侦查案卷的限制已迫在眉睫,我们有必要在汲取美国、德国和意大利等经验的基础上,对我国的侦查案卷进行有效的限制。④ 与此同时也应该着力进行各种相关程序制度的建设,以促成兼具合理性与正当性的审查起诉机制。⑤

(五)公诉证明标准

提起公诉的证据标准是指控诉机关决定提起公诉或者维持已经提起的公诉时,控诉证据必须达到的法定标准。有学者对法、德、日、英、美五个国家的公诉证据标准及其司法审查进行了比较研究,发现上述五国刑事诉讼中的公诉证据标准之所以都比有罪判决的证据标准低,有其特殊的原因:一是审查起诉时所依据的证据不完全等同于法庭审理时所可能提出的证据,检察官在决定起诉时对于证据证明力的判断具有一定程度的不确定性;二是在西方国家,起诉并不意味着侦查的终结,控方在决定起诉后仍然可以继续收集有关的证据。为了防止无根据地决定起诉或者恶意追诉,法治国家普遍要求对重罪案件在决定起诉之后、实体审理之前进行司法审查,公诉证据标准不仅是控方自行掌握的"行业标准",而且是一种必须接受司法审查的"法定标准",达到这一标准是国家要求被告人在公开的

---

① 宋英辉. 刑事审前程序的理念与原则——兼谈我国刑事诉讼制度改革面临的问题. 诉讼法论丛,2000(12).
② 樊学勇,陶杨. 刑事诉讼理论视野下的刑事审判制度改革. 当代法学,2005(7).
③ 陈瑞华. 案卷移送制度的演变与反思. 政法论坛,2012(5).
④ 刘译矾. 对侦查卷宗的法律限制——比较法视角下的考察. 苏州大学学报(哲学社会科学版),2017(1).
⑤ 郭松. 透视"以侦查案卷为中心的审查起诉". 法学论坛,2010(4).

法庭上回答指控的前提条件。我国的公诉证据标准与定罪的证据标准相同,而且不受司法审查;我国特有的诉讼构造和证据规则以及防止错诉、错判的现实需要,决定了我国应当坚持而不应当降低现行法规定的公诉证据标准。①

也有学者介绍了世界各主要国家采用的两种起诉证据标准,在此基础上对两者的立法意图及主要特点进行归纳总结,分析比较其共同点及区别,得出了起诉证据标准与诉讼模式及各国法律文化历史传统紧密相关,并由其决定,但应该低于有罪判决的证据标准这一结论。鉴于当今世界两大法系不同诉讼模式之间相互融合、吸收,取长补短这一趋势,两种起诉证据标准之间的界线也日渐模糊,呈现出融合的趋势。该学者主张,对我国现行的起诉证据标准进行改革,建立我国特有的起诉证据标准,适当低于有罪判决的证据标准,具体表述为"认为有充分证据足以证明指控并可能获得有罪判决",即以与职权主义诉讼模式紧密相关的"有足够证据证明控诉"为主要标准,而且也要适当考虑"定罪的可能性",兼采"预期可予定罪"。

有论者认为,我国提起公诉的证明标准可定位为:检察官认为有足够的证据证明被告人实施了犯罪,这一标准可从三个方面进行把握和理解:第一,在客观上,所指控的犯罪的各个构成要件事实均有证据证明,据以定罪的证据一般能有相应证据予以印证即不是"孤证",或者该证据虽然没有相应证据予以印证,但依据常理或者惯例能够排除合理怀疑。第二,在主观上,即从内心确信角度,检察人员在现有证据的基础上,根据自己的经验、理智和常理以及办案的整个过程,通过对案件证据的亲身感受,能够"排除合理怀疑","真诚地"相信犯罪嫌疑人实施了被指控的犯罪。第三,从对诉讼结果预测角度,根据现有的证据,被告人很有可能被判有罪。该论者还提出,随着我国提起公诉的证明标准的重新定位,在我国刑事诉讼中,至少有两个问题需要重新调整:一是对错案的界定,在起诉阶段就是错诉的问题。我国错诉的界定应以徇私舞弊、枉法裁判、故意违反诉讼程序等故意行为和执行程序法的过程中因玩忽职守导致的错诉为限,那些因对法律的理解、证据的认识和取舍不同而导致的败诉不能认定为错诉。二是在一些案件的起诉证明标准降低的情况下,如何协调检察官作为公诉人和国家法律监督者的角色冲突问题。该论者认为,检察机关作为国家的法律监督机关,并非所有活动都是法律监督活动。检察机关在审查案件证据是否充分和作出起诉时,其实行使的是诉讼中控方的职责,不是法律监督职责。而且,法律监督就其性质上是一种诉讼监督,主要是对诉讼程序及司法人员在诉讼中的行为是否合法进行监督,对案件实体的处理不属于法律监督的范围。②

二、被害人与自诉程序

(一)被害人诉权

1996 年修改《刑事诉讼法》的一项重要举措,是将刑事公诉案件的被害人作为诉讼当事人,此举被认为是顺应了国际上强化被害人保护的潮流,加强了被害人的诉讼地位,有利于诉讼价值的平衡。

---

① 孙长永. 提起公诉的证据标准及其司法审查比较研究. 中国法学, 2001 (4).
② 朱仁政, 史宝伦, 王玉全. 论我国提起公诉的证明标准. 法制与社会发展, 2002 (1).

有学者认为，将被害人作为公诉案件的诉讼当事人，虽然具有一定的积极意义，但在法理上难以自圆其说，在实践中则弊大于利。因为被害人并非刑事案件的原告，同时又不享有上诉权；被害人的当事人角色不仅损害了证据来源的客观性、可靠性，也违背了证人不得旁听庭审的原则；另外，在控诉方中加入被害人后更加剧了控辩双方的不平等。国际上加强被害人的权利保护的措施也少有将被害人作为当事人对待的。因此，该学者认为，在目前法律框架下关于被害人参诉要把握参与的量与质，并尽量减少其他诉讼证据对被害人作证的影响。[①]

有学者分析了被害人的诉讼职能，以及被害人作为当事人对诉讼构造的影响。被害人作为控诉一方当事人，与控诉机关同为公诉中的控诉主体，而且他们的控诉目标都是指向被告人。被害人在执行控诉职能上并不与控诉机关并驾齐驱，而是有主次之分的，控诉机关的控诉始终是公诉案件中的控诉主轴，协助控诉应是被害人发挥职能保障自身权益的重要方面。但是，为了防止控诉机关懈怠控诉，为了防止诉讼中被害人沦为控诉犯罪的工具，被害人应具有充分权利来制约控诉机关的权力行使。同时，无论从对司法权力监督的角度，还是从控辩地位平等上讲，都应使诉讼构造中被告人与被害人的地位达到一定的平衡。[②]

有学者深入研究了被害人诉权的正当性与相对独立性：犯罪具有双重属性，即社会危害性和私人侵权性，前者是公诉权的根据，后者则构成了被害人诉权的正当性基础；同时，由于社会危害性与私人侵权性既有重叠也有分殊，故不可因公诉权的存在而否认被害人诉权的相对独立性。该学者还认为，刑事诉讼程序的特殊性的确限制了被害人诉权的行使阶段和实现方式，特别是被害人的起诉权、程序处分权、定罪建议权被公诉权吸收后形同乌有。但是，除了这些必要的限制以外，被害人对国家追诉和公正程序的请求权、对诉讼进程的知悉权、量刑建议权、在一定条件下对诉讼程序甚至诉讼结局的选择权、获得及时裁判权等依然为被害人经由公正的程序获致公正的结果提供着最有力的支撑。[③]

（二）自诉

我国在刑事起诉制度上实行以公诉为主、以自诉为辅的原则。有论者对我国公诉与自诉的关系进行了理性思考，认为公诉与自诉作为刑事追诉权行使的两种不同方式，在不同的刑事诉讼制度下，彼此的涵盖范围、作用、地位以及相互关系并不完全一样。在现代刑事诉讼中，两者关系的基本趋势是公诉占据明显的主导地位，自诉只是公诉的必要补充。我国现行公诉与自诉的关系存在诸多缺陷，这主要是因为自诉制度的设计存在较多的不合理之处。应当在立足于以公诉为主、以自诉为辅的基础上，重构我国公诉与自诉的关系。具体措施是正确界定自诉案件的涵盖范围；建立公诉对自诉多层次的干预途径；对公诉与自诉的程序运行进行适当的平衡和协调等。[④]

1996 年修正后的《刑事诉讼法》大幅度扩张了刑事自诉案件的范围，致使我国自诉

---

① 龙宗智. 被害人作为公诉案件诉讼当事人制度评析. 法学，2001（4）.
② 石英. 论被害人的控诉. 现代法学，2001（5）.
③ 韩流. 论被害人诉权. 中外法学，2006（3）.
④ 罗智勇. 对我国公诉与自诉关系的理性思考. 中国刑事法杂志，2006（2）.

制度在刑事起诉制度中的地位和作用明显得以提升。在这一背景下，我国刑事自诉制度中应解决的问题也越来越多并日渐凸显了出来，亟须研究、完善。有学者认为，我国刑事自诉制度有以下特色：自诉权相对于公诉权具有较强的独立性，自诉权与公诉权的关系具有多样性，我国自诉案件的处理具有明显的简易化倾向。①

有学者探讨了扩大自诉案件范围的必要性，新增加的第三类自诉案件有利于更好地维护被害人的合法权益；有利于增强公民同犯罪作斗争的信心和自觉性，有力地打击犯罪；有利于促使公安、检察机关正确行使权力，严格执法。该学者认为，第三类自诉案件被害人起诉权能否实现的关键在于被害人是否掌握充分证据，应当增设和完善必要的制度和程序：（1）在不起诉制度中，增设听证会程序，使被害人全面了解案件证据。（2）完善自诉案件的律师代理制度，为被害人提供法律援助。（3）认真贯彻和完善审判自诉案件的程序。②

有学者认为，《刑事诉讼法》关于自诉范围的规定粗疏且紊乱，实践中问题重重。在法定的三类自诉案件中，第一类的"圈"划得过宽，第二类的"圈"边界不明，第三类的内容存在矛盾，等等。因此，需要对立法中关于自诉圈的规定进行合理重构：调整第一类自诉案件范围，适当缩减第二类自诉案件罪名，以及通过制度变革，解决"公诉转自诉"制度近乎形同虚设的问题，强化适用效果；同时取消2012年《刑事诉讼法》第204条关于犯罪客体的限定，避免出现共同犯罪案件中既有公诉又有自诉的尴尬局面。③

刑事自诉制度是国家追诉犯罪、保障社会秩序的重要手段，如何确保被害人个人意愿的正当表达是刑事自诉制度中的难题。有学者提出，国家刑事司法职权的介入对保障被害人意愿的有效表达以及防止其诉权不当滥用提供了一个重要的解决途径。④ 有学者认为，国家公权应在必要时候介入侵犯公民婚姻家庭权利的案件，立法应当明确规定该类案件既可以是自诉案件，也可以是公诉案件，使国家公权能够依法保障公民的婚姻家庭权利。⑤也有论者论证了创设自诉前置调解程序的可行性并提出了与之相匹配的制度。前置调解程序的确立，不仅可以将绝大多数刑事自诉案件在前置调解程序中予以调解处理，节约大量审判资源，而且在前置调解程序中，通过警署的介入，案件证据被及时锁定，事实得到确认，自诉人得到应有的司法援助，为法官顺利对案件作出裁判奠定基础。⑥

有学者对"告诉才处理"案件进行法解释学分析，认为对此类案件应采公诉与自诉并举的追诉模式。被害人可根据具体情况，自行选择启动公诉或提起自诉。在司法实践中，"绝对自诉主义"将对"告诉才处理"案件的追诉错误地理解为是被害人的私事，这种理解未关注国家与个人诉权之间的平衡，不仅会造成诉讼资源的浪费，被害人因取证困难而无法获得救济也是常见的现象。该学者认为，"告诉"的本质是诉讼条件，它会制约刑事追诉整体的合法性。在公诉过程中，无论是在侦查、起诉还是审判阶段，告诉欠缺或撤

---

① 吴宏耀. 刑事自诉制度研究. 政法论坛, 2000 (3).
② 孙洁冰. 自诉案件范围的扩大与实现. 法学, 1998 (3).
③ 吴小帅, 周长军. 从实践困境看我国刑事自诉圈的立法重构——以对S省若干区县的实证调研为基础. 法学论坛, 2015 (2).
④ 张曙. 论我国刑事自诉制度的合理性重构——以刑事司法职权的介入为中心. 法治论丛, 2009 (3).
⑤ 郭丽红. 论侵犯公民婚姻家庭权利罪的自诉与公诉. 政治与法律, 2005 (4).
⑥ 毛国芳. 论创设自诉前置调解程序. 政治与法律, 2004 (1).

回，均应从程序上终止诉讼。被害人有自诉权，但现行自诉制度的设计妨碍了其诉权实现。因此，应当区分起诉条件、诉讼条件和有罪判决条件。立案时只需对形式性的起诉条件作出审查，而对诉讼条件和有罪判决条件需在法庭审判阶段进行"二元复式"审查。当条件欠缺时，分别作出不受理裁定、驳回起诉裁定和无罪判决。①

有论者认为，我国的亲告罪立法存在着公权力与私权利不相衔接的逻辑缺陷，由此带来严重的司法困境。在现有法律制度下，可以通过告知等程序以及司法机关之间的协调找到一种出路使公权力与私权利相互衔接，以保障被害人的自诉权，达到实体正义与程序正义的均衡；同时，该论者建议在立法上对告诉才处理犯罪的实体和程序的双重完善来解决这一困境，并对盲目扩大亲告罪范围的立法建议进行了批判性思考。②

有学者对轻微刑事案件自诉效果进行了评析。被害人对于其有证据证明的轻微刑事案件通过提起自诉的方式期望达到"实现诉权""获得赔偿""追究犯罪"三个目标，实践中这三个目标的实现程度各不相同，而影响目标实现的关键性因素主要有自诉人的举证能力、被告人的认罪赔偿态度和司法裁判的规范化程度。要提升和优化该类自诉犯罪的诉讼效果，需进一步明确公诉与自诉程序的衔接机制，增设刑事证据保全制度和诉前调解机制，细化附带民事诉讼赔偿的标准和范围。③

---

① 王一超. 论"告诉才处理"案件的追诉形式. 环球法律评论, 2014 (4).
② 于志刚. 亲告罪的司法困境及其解决. 法学, 2008 (5).
③ 李扬. 轻微刑事案件自诉效果评析与优化——基于257例轻伤自诉判决的实证分析. 政法论坛, 2017 (4).

第三章 审判程序

第一节 审判组织

一、合议制

国内对于合议制的研究开始于合议制的价值和功能，在这一进程中对合议制中存在的问题和解决对策的研究也不断深入。21世纪初人们就认识到了合议制具有"追求裁判事实基础客观性""抑制主观偏见，把握法律精神，统一适用法律""权力制约，防止滥用"的作用。[1] 近年来合议庭作为我国人民法院最重要的庭审组织形式，其在发挥集体智慧、防止个人专断、实现审判资源的有效配置、发扬司法民主、确保诉讼程序和裁判结果的公正等方面的重要作用也越来越得到人们的重视，正因如此，合议庭制度的改革一直是我国人民法院司法改革的重要内容之一。2010年1月11日，最高人民法院发布了《关于进一步加强合议庭职责的若干规定》，在理顺合议庭与审判委员会、院长、庭长、庭务会之间的关系上做了进一步明确。之后，合议制问题研究则主要结合新的状况展开，而且对合议庭评议机制的研究逐渐兴起。

(一) 我国合议庭制度存在的问题及其完善建议

早在2000年就有学者指出，从庭前准备、证据调查到案件裁决的基本意见都是由承办人一人独立完成的，其他合议庭成员并不直接参与审判活动，只是在最后评议案件时，凭阅卷和承办人的汇报意见，就承办人的裁决意见进行表态而已。案件的把关自然便交给院长、庭长，从而导致合议庭合而不议，合议制实质上变成了独任制，合议制应有的功能完全没有发挥出来。[2] 之后，还有学者认为我国法律虽然确立了合议庭评议的民主原则，但缺少贯彻民主原则的程序和方法，导致审判实践中存在合议庭评议对象不清、表决规则模糊等潜在的民主危机。[3] 由于长期以来合议庭的非独立性和虚置化，以及审判委员会的存在，合议制潜在的民主危机隐而未发。有学者认为，由于我国对合议庭制度的适用规则

---

[1] 张永泉. 论合议庭制度. 法律科学，2001 (5).
[2] 刘春年. 审判工作机制的独立与监督. 人民司法，2000 (5).
[3] 林劲松. 我国合议庭评议制度反思. 法学，2005 (10).

缺乏具体的规定，并以行政管理的模式管理、监督合议庭的审判工作，因而合议庭制度的适用出现了形式化的倾向，在审判实践中存在"合而不审"、"合而不议"及"审而不判"等问题。具体可以概括为：（1）领导负责制与合议庭集体决策机制相冲突，院长、庭长对案件的评议意见往往对合议庭具有重大影响。（2）实行裁判文书审核签发制度不科学，即裁定书由案件承办法官拟制后，须报经有关合议庭审判长、审判庭庭长、分管副院长或院长审查、核准并签发。如此一来司法行政化色彩过重，影响司法公正和法官积极性。（3）审判委员会对合议庭的监督方式不合理。审判委员会有权决定自己审理案件的范围。审判委员会独揽裁决权，极大地弱化了合议庭成员、审判委员会委员的责任意识。[①]（4）合议庭表决规则过于原则。"少数服从多数"的合议庭评议的原则，缺乏具体的规定，且难以保证形成有效的表决。（5）陪而不审。受专业知识、工作时间、参与机制等方面的限制，很多人民陪审员实际上并不能有效地参与案件的审理，也无法独立地对案件的审理发表意见。人民陪审员只是在开庭时来法庭上坐坐，在评议意见书上签字而已。[②]（6）合议庭审判质量考评机制不完善。如过于看重调解率、撤诉率、上诉率、改判率等考评指标；质量效率的考评标准过于单一，难以考虑到案件类型等差异因素。[③]

　　针对不同时期暴露出的问题，学者们的改革建议也存在一定的差异。起初针对合议庭形式化问题，有学者提出：第一，禁止结论性的评议意见。在进行案件评议时，合议庭成员必须展示其评判证据效力、认定案件事实的心证程度和心证过程，以及适用法律作出判决结论的逻辑推理过程，禁止仅仅作出"同意"或"不同意"之类的表态性的评议意见。第二，一次评议原则。合议庭在对案件进行评议之前，每一个合议庭成员理应充分了解案情，在评议时不得含糊其词，模棱两可，必须阐明自己对案件的意见。禁止成员之间为取得一致意见相互协商、讨论、妥协和让步，更不允许反复合议。第三，限定合议庭成员在合议时发言的先后顺序。第四，对"少数服从多数"的评议活动原则进一步具体化。在合议庭出现三种以上的分歧意见时"各不达半数者，以最多额之意见顺次算入次多额之意见，至达过半数为止"[④]。

　　随着研究深入，院长、厅长负责制以及审判委员会讨论案件等因素成为影响合议制的新因素，对此有学者建议改变院长、庭长和审判委员会对合议庭的监督方式。就院长、厅长负责制而言，如果院长、庭长不是合议庭成员，那么就不应该对案件的实体审理发表意见，更不宜进行过多的直接干预。应当限制并逐步取消院长、庭长对合议庭的直接干预，如对合议庭案件的最后签发权、将案件提请审判委员会讨论的决定权。审判委员会对案件的裁决享有终局决定权，裁判文书经合议庭成员审核同意后，应直接以合议庭的名义签发。就审判委员会讨论案件而言，应当从直接监督转变为对合议庭工作的外部监督。一方面减少个案监督，另一方面将审判委员会讨论决定案件的权力限定于法律适用方面。[⑤]也

---

　　① 叶榅平. 论我国合议庭制度的完善. 法商研究，2010（6）.
　　② 李玉华. 中国陪审制度的现状与未来. 中国司法，2009（8）.
　　③ 重庆市第一中级人民法院课题组. 合议庭职责和院庭长裁判文书签发权限制度的完善. 西南政法大学学报，2008（3）.
　　④ 张永泉. 论合议庭制度. 法律科学，2001（5）.
　　⑤ 叶榅平. 论我国合议庭制度的完善. 法商研究，2010（6）.

有学者指出，应当规范中间评议制度，明确评议对象和审判长职责，细化禁止弃权、发言顺序限定、心证展示、一次表决、票数顺次递加、表决效力延续、异议公开等评议规则。[①]

另有学者认为，合议庭审判案件的数量和范围也是影响合议庭制度效果落实的重要原因。案件数量的不断增长，使合议制审判的一般原则已经不再可能；我国对包括基层法院在内的一审案件均以适用合议制为原则的规定与国际趋势相背离。[②] 其认为对合议制决策质效的影响因素取决于决策主体、决策目标、决策机制以及案件承办制度。因此，我国合议制的改革方向是：减少合议制适用范围，缓解法官工作压力；提高法官任职条件，增强法官个体决策能力；完善合议庭运行规则，提高决策质效；规范合议庭外力介入决策机制，强化合议庭的独立性。

（二）合议庭评议机制的问题和完善

有学者认为，为了使合议庭成员之间能够真正平等地、独立地表达审判意见，同时共同对案件的裁判负责，需要对合议庭制度进行改进：（1）取消指定一个法官作为承办法官对具体案件负责的做法。（2）建立合议庭作为一个整体对案件的裁判结果共同负责的制度。（3）建立多数意见和少数意见分别载入裁决书的制度。（4）逐步消除法院内部行政权力对合议庭审判活动的影响。[③]

除了对合议庭制度的宏观研究外，研究重点开始转向了合议庭评议机制。有学者从决策心理的角度，寻找针对合议庭"审而不议""形合实独"顽疾的解决之道。通过实证研究发现，合议庭决策功能实际运行中存在的问题是：决策目标模糊导致评议事项发生偏差；发言顺序与行政化体制致使成员产生权威服从；合议庭成员间信息交互处于较低水平；评议过程中的集体主义群思维过强；以人际关系为导向的内外部冲突致使决策低效；评议责任诱发趋同从众。因此，应当对症下药，完善合议庭评议规则，包括：组成具有多样社会特性和认知特性的决策群体；规定明确具体的决策目标；保证任务特征的适度新异性；鼓励评议人员形成独立个体认知；促使信息交互过程充分有效；制定分层多元的偏好集结方法；避免负面结果对评价行为的不良抑制；重视评议反馈的量刑互动。[④]

有学者将研究视野聚焦于"评议对象"和"表决"上，认为实务中普遍存在评议对象和待表决对象空洞和形式化的情况，从而导致表决的虚无化。为此，需要对评议对象与表决进行重构，具体包括：（1）明确评议对象为裁判理由而非结论；（2）发表评议意见应当符合规范；（3）确定待表决对象和表决规则；（4）禁止表决弃权或变相弃权；（5）确定表决后形成多数决的规则；（6）明确表决后的法律上的效果；（7）评议过程应完整记入笔录；（8）明确上诉、救济审法院对评议意见具有审查义务；（9）合议庭成员发表评议意见违反职业道德时，应当向监察机构检举。[⑤]

---

① 林劲松. 我国合议庭评议制度反思. 法学，2005（10）.
② 晋松，吴美来. 合议制决策功能的实现模式及其完善——兼对合议庭独立审判权的现实解读. 法律适用，2011（1）.
③ 姚莉. 法制现代化进程中的审判组织重构. 法学研究，2004（5）.
④ 余亚宇. 群体决策心理视角下的合议庭评议功能之弥合. 法律适用，2014（1）.
⑤ 马荣，葛文. 合议庭评议的对象与表决——以规范性评议意见为中心的分析. 法律适用，2015（9）.

二、陪审制

1954年我国第一部《宪法》明确了"人民法院审判案件依照法律实行人民陪审员制度",1954年和1979年的《人民法院组织法》又对人民陪审员制度进行了重申。1979年《刑事诉讼法》规定,凡是由合议庭审理的一审案件都必须有人民陪审员参加。由于这一规定僵化而缺乏灵活性,因而陪审制度在司法实践中流于形式。为此,1982年《宪法》删去了有关人民陪审员制度的规定,1982年《民事诉讼法(试行)》和1983年《人民法院组织法》也没有将人民陪审员作为合议庭的必要组成。1989年颁布的《行政诉讼法》、1991年颁布的《民事诉讼法》和1996年颁布的《刑事诉讼法》都没有规定第一审案件必须实行陪审制,从而人民陪审制成了一种法院根据具体情况灵活适用的审判组织形式。

(一)人民陪审员制度的成因

人民陪审员制度发展和完善的背后必然有一定的制度目的和制度需求。总体来说体现为主动追求与被动需求两类。

所谓主动追求是指,人民陪审员制度的重要目标是展现司法的"大众化"功能。[1] 因为"通过陪审这座桥梁,动员和组织人民群众以陪审员的身份参与案件审判活动,让普通群众协助司法、见证司法、掌理司法,充分体现司法的民主功能,可以更集中地通达民情,反映民意,凝聚民智,在更大程度上实现人民民主"。早期的人民陪审员制度的功能就是以政治参与、监督司法权、保障司法公正、教育为主。[2]

所谓被动需求是指,案件激增与法官短缺和司法预期增长与司法能力相对不足催生了人民陪审员制度的复苏。人们抱有以下制度期待:其一,与当事人具有相似背景的陪审员可以提升庭审中的沟通协调氛围,具有专业知识的陪审员还能为某些案件的处理提供智力支持。其二,陪审员与当事人生活在大体相同的空间,有助于营造迫使被执行人履行义务的舆论环境,在"捕获"执行标的方面也能提供更多信息。其三,陪审员能够在法庭之外拓宽当事人协商的时空平台,凭借其人生经验和生活常识促进纠纷解决。其四,陪审员将陪审经历及其所思所感告知周遭群众,可以增进人们对法院工作"同情的理解"。

(二)人民陪审员制度的实践困境

20世纪初,学者们就已经开始了对人民陪审员制度的反思。有学者分析了人民陪审员制度当时的状况:(1)"不陪不审""陪而不审""审而不议""议而不判"。陪审员的作用得不到发挥,共同阅卷、共同调查、共同审理、共同裁决难以实现。(2)陪审员产生的程序混乱。司法实践中陪审员的产生缺乏规范,有的地方通过同级人大选举产生,有的地方由有关单位"推荐"产生,有的地方则由法院自己直接聘任,甚至还有个别地方的法院由审判庭根据需要选任陪审员。(3)陪审员缺乏统一管理。有些法院的陪审员长期由一些单位的富余人员、离退休人员或由无业人员充任,以致陪审法院成为"离退休人员俱乐部"和下岗人员的"再就业中心"。(4)一审适用普通程序审理的案件,由审判员与陪审

---

[1] 廖永安,刘方勇. 人民陪审员制度目标之异化及其反思——以湖南省某市人民陪审员制度实践为样本的考察. 法商研究,2014 (1).

[2] 蒙振祥,叶晓川,周永旭. 陪审制的理性与理性的陪审制——为人民陪审制辩护. 现代法学,2003 (1).

员组成合议庭进行审理的比率非常小。①

近十年来人民陪审员制度存在的问题越发凸显，其主要体现在以下方面。

第一，人民陪审员制度的制度目标产生了异化。该制度的具体设计明显脱离了我国现实的社会情境和司法环境，以致在司法实践中出现了人民陪审员选任精英化、职权行使虚名化、管理机制法官化等现象。②

第二，人民陪审员制度在促进司法公正和提升司法效益方面力有不逮。主要体现在两方面：（1）人民陪审制不必然促进司法公正。程序公正只是实现司法公正的一部分，而人民陪审在促进程序公正以及程序公正的可接受度上，实践效果并不乐观。其一，陪审员在审判中往往难有实质作为。其二，即便他们确实起到实质作用，法院在陪审员选任和管理中的主导地位也容易使人产生联想，即凭什么相信由法院"定下来的"陪审员。其三，作为普通人的陪审员更有可能存在不公正的倾向。更何况，我国并非采用集中开庭的方式，陪审员在审判之外的活动难以监管。其四，尽管人民陪审能为审判增添"司法民主"等象征意义，或许还能成为法院抵抗外来干涉的壁垒。不过，人民陪审复苏后，在调解方面的突出表现或许能在一定程度上促进人民对司法公正的感受。（2）对司法效益的提升有限。由于人民陪审员难以实质性地参与审判，因而对审判工作的减负没有多大影响。不可否认的是，人民陪审在提供人力资源和疑难案件的解决上有一定助益。③

第三，陪审员定位尴尬。对于法院来说，陪审员成了召之即来挥之即去的人力资源；当事人对人民陪审员审判案件缺乏信任；人民陪审员的参审动机是为了获取荣誉评价、经济补偿和知识积累。久而久之，人民陪审员发生了"理想角色"和"实际角色"间的分离，国家希望其扮演"提供多方面的声音"和"监督审判员"的角色，而实际上其成了为法院提供补充的审判资源。④

第四，人民陪审员制度机制上存在不足。有学者根据实证分析得出结论，认为我国选任人民陪审员的人员构成不合理；人民陪审员参审案件数量不均且存在"陪审专业户"；参审案件范围划分不科学；人民陪审员参审的"随机抽取方式"不合理；人民陪审员参与审判"陪而不审现象突出"⑤。

此外，还有学者认为，我国人民陪审员并非"陪而不审"，而是"助而不审"。法官在法庭上占有知识上的比较优势，因此无法与陪审员就法律问题形成商谈。选拔陪审员是为了补充审判人力、司法监督、弥补法官知识和经验的缺乏，而陪审员选任程序使法官可以选择满足其需要的陪审员。陪审员和法官之间的关系并不是一种审判活动中司法民主式的平等参与。⑥

（三）人民陪审员制度的改革方向

首先，有学者认为，立法机关应当在功能定位上予以变革，只有从体制上加以变化，

---

① 蒙振祥，叶晓川，周永旭. 陪审制的理性与理性的陪审制——为人民陪审制辩护. 现代法学，2003（1）.
② 廖永安，刘方勇. 人民陪审员制度目标之异化及其反思——以湖南省某市人民陪审员制度实践为样本的考察. 法商研究，2014（1）.
③ 彭小龙. 人民陪审员制度的复苏与实践：1998—2010. 法学研究，2011（1）.
④ 刘哲玮. 人民陪审员的现状与未来. 中外法学，2008（3）.
⑤ 张嘉军. 人民陪审制度：实证分析与制度重构. 法学家，2015（6）.
⑥ 蔡琳. 人民陪审员助理角色之实证考察. 法学，2013（8）.

陪审制度才能避免成为"司法民主化"这一政治概念的陪衬。因此，除了参与开庭审判之外，还需要为陪审员参与其他与审判相关的诉讼程序提供条件。为此，需要为陪审员参与开庭审判外的其他程序提高条件。基层法官和当事人最关心的不是司法民主本身，而是使具体案件的纠纷得以解决。有学者认为应明确陪审制的三种功能定位，即政治功能、司法功能和社会功能。而其中政治功能是第一位的，司法功能是第二位的。该学者还提出，在此基础上进行进一步的制度改造，包括：优化陪审员构成；改革陪审案件的范围；增加普通群众参审；改变现有的陪审员参审选取机制；改造陪审员参与庭审以及合议的模式；将参与陪审规定为公民的基本义务；改变陪审员培训的内容。①

其次，即使追求最广泛的民主也应当保证陪审员具有一定的知识，即提高准入门槛。②但另有学者观点与此相悖，其认为人民陪审团成员的选任更多的是"去精英化"的体现，"缺乏广泛性与大众化"。因此应当优化比例结构，提高普通公民所占比例；应当去经验化，保证陪审员最大限度的来源于社会各阶层；在相关法律中规定有关人民陪审团成员任职资格的排除性条款，限制人大代表、政协委员以及公务员等"特殊人士"作为人民陪审团成员。③

再次，有观点认为，现有研究大多选择选任人民陪审员等"外围应对"思路，导致陪审制改革前景不佳。其认为："陪而不审"的核心是案件是否有陪审的必要；"合而不议"的核心是异议的主体及程序保障（异议的主体保障和程序保障）。④

复次，有学者以破除司法潜规则的障碍为切入点，认为，司法潜规则以追求审判的准确性来表达司法的公正性，"着力点"集中于维护法官审判权；人民陪审员以公民参与审判的方式来体现司法的公正性，"着力点"是分割法官审判权。两种"着力点"呈现出两种不同层面的价值体系，在信任缺失的社会人文环境下，人民陪审员的象征价值成了公众可以接受的司法状态。消解司法潜规则，改进人民陪审员参审机制，提高履职能力的有效方法是重新设计陪审员选任方式，缩小陪审案件的范围，明确陪审案件中法官的责任标准，规制陪审员的合议细则，划分陪审员票权比重。⑤

最后，随着中共十八届四中全会通过的《关于全面推进依法治国若干重大问题的决定》提出的"逐步实行人民陪审员不再审理法律适用问题，只参与审理事实认定问题"，有学者主张探索陪审中法律问题与事实问题的区分。将世界范围内陪审员回答事实和法律问题的模式概括为五种：一是仅让陪审员回答被告人是否有罪之结论性问题；二是仅让陪审员回答有关犯罪构成的具体事实问题；三是要求陪审员既回答被告人是否有罪之结论性问题，又回答有关犯罪构成的具体事实问题；四是要求陪审员必须回答有关犯罪构成的具体事实问题，同时法官有选择性地决定是否要求陪审员回答被告人是否有罪之结论性问题；五是要求陪审员必须回答被告人是否有罪之结论性问题，同时法官有选择性地决定是

---

① 张嘉军. 人民陪审制度：实证分析与制度重构. 法学家，2015（6）.
② 刘哲玮. 人民陪审员的现状与未来. 中外法学，2008（3）.
③ 许乐. 论人民陪审机制的构建——以S省F县人民法院创设人民陪审团的探索为基础. 中国刑事法杂志，2013（4）.
④ 郭倍倍. 人民陪审员制度的核心问题与改革路径. 法学，2016（8）.
⑤ 何进平. 司法潜规则：人民陪审员制度司法功能的运行障碍. 法学，2013（9）.

否要求陪审员回答有关犯罪构成的具体事实问题。其认为我国刑事陪审中区分法律问题与事实问题的可能模式只能是第三种或第四种类型。①

三、审判委员会

在我国司法制度中，审判委员会制度被正式用法律确定下来，是在 1954 年 9 月 21 日通过的《人民法院组织法》中，该法第 10 条规定："各级人民法院设审判委员会。审判委员会的任务是总结审判经验、讨论重大的或者疑难的案件和其他有关审判工作的问题。" 1979 年 7 月 1 日通过的我国第二部人民法院组织法及其修改仍保留了该项内容，并在其后颁布的相关法律中得到具体体现。大部分人认为审判委员会制度是民主集中制的体现，在审判中发挥着重要作用。但是早在 20 世纪 90 年代学界就已经对审判委员会制度提出了质疑。有学者认为审判委员会制度不仅与我国现今审判环境不相适应，而且与法律的一些基本原则、精神及原理相违背，已无存在价值，应予废除。一是，审判委员会总结审判经验的职能受到质疑。（1）总结审判经验的目的和作用仅是为立法提供参考，本身不具有强制适用效力，无须通过审判委员会这样的权威审判组织作出。（2）总结审判经验，必须通过对具体案件的归纳、分析，作深入、系统的研究后方可得出结论，而不是几个人开半天或一天会就能总结的。（3）经验来自实践，直接从事审判业务的审判人员、庭长、院长，他们是理论与实践结合的桥梁，应将总结审判经验的工作作为法官的一项日常工作，由他们履行此职能。二是，审判委员会讨论决定重大、复杂、疑难案件的职能受到质疑。（1）审判委员会讨论决定重大、复杂、疑难案件，违反法律确立的公开、回避原则，影响案件公正判决。（2）审、判分离，违法违理；短时间内作出准确决定；审判委员会的成员来自不同业务庭，擅长领域有所差异，导致判案质量得不到保证。三是，与法官法抵触。保留审判委员会讨论决定案件的职能，不仅使法官考核难以落实，而且不利于锻炼审判人员。四是，审判委员会讨论决定案件，增加不必要的环节，加之集体讨论的共有特点——人员难召集、意见难统一（除非草率决定）——必然延长审结期限，影响案件及时判决。五是，对于重大疑难案件立法上已经有了相应的保障，如重大案件可申请上级法院管辖的规定、合议制、两审终审制、审判监督程序等。② 此外，还有学者认为审判委员会的决定权有悖直接审理原则和公开审判的原则。一方面，由于审判委员会对案件所作出的实体性决定，并不是建立在直接感性认识的基础之上，也不是在社会监督之下作出的，而是基于间接审理、秘密审判的方式作出的，因而，这种对案件作出决定的方式，难以从法律制度上防止非司法因素的介入，难以保证对案件决定的正确性。另一方面，从审判责任承担的角度来说，审判委员会也易于导致合议庭在审理案件时，产生不负责任的心理态度。③ 彼时，对审判委员会制度的研究主要围绕其制度价值和存在的问题进行展开。

（一）审判委员会审理案件的范围

近年来，学术界与实务部门就审判委员会制度存废的讨论更加激烈，在观点上也显得更加具体和细化，主要有保留说、取消说、改革说、拓展职能和完善说，在每一观点下又

---

① 陈学权. 刑事陪审中法律问题与事实问题的区分. 中国法学, 2017 (1).
② 吴小英. 审判委员会运行状态的实证研究. 广西社会科学, 1998 (3).
③ 江晓阳. 审判委员会决定权再审视. 社会科学, 1999 (6).

引申出如审判委员会有无裁决权，审判委员会讨论范围等具体问题的争议，以致有学者认为，进入审判委员会的案件数量未能得到控制，审、判分离问题不仅未获缓解，有的法院甚至进一步加重。而且，对于什么属于"疑难、复杂、重大"案件，至今缺乏判断基准，因此这使审判委员会实际上可以讨论决定一切案件。① 最高人民法院《关于适用〈中华人民共和国刑事诉讼法〉的解释》第 178 条规定，拟判处死刑的案件、人民检察院抗诉的案件、合议庭成员意见有重大分歧的案件、新类型案件、社会影响重大的案件以及其他疑难、复杂、重大的案件等，应当或可以提交审判委员会讨论。在以往的研究中，由于对行政化色彩下干扰司法独立的恐惧，加之对审、判分离，责任追究消弭的担忧，主张废除或缩小审判委员会讨论决定案件范围的声音一直不绝。近年来，对审判委员会运作的研究愈发关注实证调研，学者的观点越发克制和谨慎。当然，这与司法改革过程中，审判委员会已经获得一定程序的自我调剂、审理案件数量有所减少有关。②

部分研究在对如何调整审判委员会讨论案件的范围上不一而足，主要是由于对实务的误读。有学者通过实证研究证明了审判委员会讨论案件所占比例并没有人们想象中的那么高，而且并不都是"高、精、尖"的疑难案件。以往把审判委员会当成中国法院内部多数案件或者所有重大案件决策者的判断，显然不符合当下的实践。事实上，审判委员会只是极少数案件的最终决策者，而且这些案件也并不就是所谓"重大、复杂、疑难"案件，刑事案件尤其如此。从实证调查反映的情况来看，审判委员会讨论的案件，不一定都是具有较高专业难度的案件，甚至多数案件都不具备这样的属性。③ 审判委员会所议事项的数量与类型，在不同级别与不同地区法院之间存在差异。级别越高，审判委员会讨论案件的工作量越大，反之，基层法院的审判委员会较为清闲。从不同地区经济发展水平上看，经济发展水平越高，提交审判委员会讨论的案件数量越少；经济发展水平越低，提交审判委员会讨论的案件数量越多。

但不可否认的是，对审判委员会讨论案件范围的缩减有其必要性，也是大势所趋。有学者认为，可以将讨论范围限定在疑难案件、涉及法律创新、具有普遍适用性的指导性案件，从而把审判委员会从一个讨论案件的日常性、认同性、批准性组织变成一个讨论争议性、困难性、新颖性案件的决策性或参谋性组织，进一步是将更多的精力用于履行"总结审判经验、讨论决定审判工作重大事项的宏观指导职能"，从而促进审判委员会真正的功能转型。④

还有持范围限缩观点的学者认为，由于死刑政策的控制需要，有必要将拟判处死刑立即执行的案件提交审判委员会讨论，但是对于拟判处死刑缓期二年执行的大量案件，应当放权给合议庭进行裁决。对于确实需要正式请示上级人民法院的案件，包括根据《刑法》第 63 条第 2 款的规定，"犯罪分子虽然不具有本法规定的减轻处罚情节，但是根据案件的特殊情况，经最高人民法院核准，也可以在法定刑以下判处刑罚"的，由于层报需要，合

---

① 张卫彬. 人民法院审判委员会制度的实践与再创——基于 A 省 B 市中院审委会案件回流与分流的样态. 中国刑事法杂志，2017（2）.
② 左卫民. 审判委员会运行状态的实证研究. 法学研究，2016（3）.
③ 左卫民. 审判委员会运行状态的实证研究. 法学研究，2016（3）.
④ 左卫民. 审判委员会运行状态的实证研究. 法学研究，2016（3）.

议庭应当提交审判委员会讨论。此外,对于同级人民检察院提出抗诉的刑事案件、拟在法定刑以下判处刑罚或者免予刑事处罚的案件、拟宣告被告人无罪的案件,只有其中重大的、疑难的,且经过合议庭以及审判长联席会议讨论以后仍然存在重大分歧的案件,才能提交专业审判委员会讨论决定,其他案件应排除在讨论范围之外。①

(二)审判委员会讨论案件的内容

审判委员会对案件问题的讨论既包括法律问题又包括事实问题,学术界和实务界一度提出的建议是限制审判委员会对事实问题的判断,而只专注于法律适用。近年来的研究观点对此进行了审慎驳斥,认为一旦把审判委员会的案件讨论限定为法律适用问题,将影响办案质量,尤其是个案层面的司法公正。原因如下:首先,对每一个案件来说,适用法律必须以认知案件的事实为前提。其次,很多重大疑难案件,其"疑"其"难",不在于法律如何适用,而主要是事实如何认定,尤其是证据如何采信,特别是在一些死刑案件中,某些事实或情节的认定更是决定案件的关键。② 最后,案件的事实认定与法律适用很难从本体论或认识论上加以明确界分。③ 法律适用往往也要以事实与证据的认定为前提。审判委员会只讨论法律适用问题在实践中并不具有可行性。或许更为审慎的改革策略是,逐步限制审判委员会对案件事实问题的讨论,从而渐次过渡到只讨论案件的法律适用问题。④

从另一个角度看,我们大可不必对审判委员会讨论决定案件事实问题过度担忧。实证研究发现,审判委员会基本具有承担其职责的能力。如院长、副院长一般都是从审判业务干部起家,从办案法官、庭长逐级晋升,具有较强的业务素质和专业水平。审判业务庭庭长在审判委员会中占了重要位置,他们基本是审判业务的骨干。以审判委员会委员具有领导身份来驳斥其决定案件的水平和公正性是不太能站得住脚的。⑤

也有学者认为,审判委员会制度未来的改革方向是:大幅限缩审判委员会讨论常规案件的范围,审慎处理审判委员会对案件事实的讨论,分层级、分区域、区别化界定审判委员会的功能,进一步构建制度化、民主化和公开化的议事讨论机制。⑥

(三)审判委员会的未来

1. 机制设计

目前审判委员会制度面临的主要难题是与"由审理者裁判,让裁判者负责"理念的抵触,而且,在以审判为中心的制度改革下,"司法亲历性"与审判委员会决定案件的机制之间似乎很难协调。

第一,落实回避制度。对此,有学者认为,审判委员会委员若发现自己与案件或者当事人有利害关系,可能影响公正审判的,应当自行回避。此外,对于提交审判委员会讨论决定的案件,应当将拟讨论决定的事项、审判委员会委员名单、召开审判委员会的时间等

---

① 夏孟宣,胡苗玲. 司改背景下审判委员会职能合理定位的路径选择——以温州市中级人民法院审判委员会改革为视角. 法律适用,2015(11).
② 顾培东. 再论人民法院审判权运行机制的构建. 中国法学,2014(5).
③ 陈杭平. "事实问题"与"法律问题"的区分. 中外法学,2011(2).
④ 左卫民. 审判委员会运行状况的实证研究. 法学研究,2016(3).
⑤ 左卫民. 审判委员会运行状况的实证研究. 法学研究,2016(3).
⑥ 左卫民. 审判委员会运行状况的实证研究. 法学研究,2016(3).

提前告知当事人。这不仅是审判公开原则的体现,而且为当事人申请回避提供了现实保障。当事人申请院长回避的,由本院审判委员会讨论决定;当事人申请其他审判委员会委员回避的,由院长审查决定。如果审判委员会委员应当回避而没有回避,等同于审判人员违反了回避制度。

第二,强化列席制度。有学者认为,首先,审判委员会讨论案件应当以合议庭全体成员列席为原则,如果由于工作冲突合议庭其他成员客观上无法列席的,可以出具书面意见。其次,对于同级人民检察院检察长列席的案件,为了保障控诉双方平等对抗原则,合议庭应当提前通知被告方并允许他们提供书面的补充意见(仅限于法律适用问题),连同审理报告一并提交审判委员会数字管理系统。

第三,建立审判委员会决议跟踪反馈机制。审判委员会办事机构要细化决议事项的工作台账,适时跟踪督促,按时反馈结果,并依托信息化手段将督办落实环节纳入审判委员会数字管理系统。[1]

2. 定位调整

学界普遍认同对审判委员会的功能定位进行一定的调整。有学者认为,随着审判委员会讨论案件数量的减少,审判委员会将有更多的精力用于履行"总结审判经验、讨论决定审判工作重大事项的宏观指导职能",从而促进审判委员会真正的功能转型。有学者在政策指导和个案指导之外,将实现法律指引功能作为审判委员会的回归目标。还有学者根据上文提到的审判委员会实践中讨论案件数量和类型的差异,认为应当根据法院级别和所在地区,差异化地界定审判委员会的功能。也有学者提出,从长远来看,审判委员会制度的改革路径在于还权赋能,即通过逐步取消审判职权,全面强化指导功能,实现审判权完整回归合议庭和独任庭,重塑审判委员会作为审判中的咨询者和规则制定中的决策者两大角色。[2]

第二节 第一审程序

一、庭审方式改革

有学者强调,庭审制度是刑事诉讼制度的重要组成部分,刑事诉讼的价值取向及其变化必然通过庭审制度表现出来。我国刑事庭审制度首先确立于1979年的《刑事诉讼法》,之后,随着改革开放的不断深化,社会主义市场经济的初步确立,我国社会、经济、政治条件发生了深刻的变化,与此相适应,第八届全国人民代表大会第四次会议于1996年3月17日通过了《关于修改〈中华人民共和国刑事诉讼法〉的决定》。该决定以惩治犯罪与保障人权相结合为指导原则,对我国刑事诉讼制度进行了较大幅度的改革和完善,其中,庭审制度改革是此次修改的中心内容。[3]

---

[1] 夏孟宣,胡苗玲. 司改背景下审判委员会职能合理定位的路径选择——以温州市中级人民法院审判委员会改革为视角. 法律适用,2015(11).
[2] 徐向华课题组. 审判委员会制度改革路径实证研究. 中国法学,2018(2).
[3] 樊崇义,吴宏耀. 中国刑事庭审制度的改革与特色. 中国刑事法杂志,2000(1).

有学者从法庭设置出发，指出刑事法庭的设置因其直观形象地反映了控、辩、审三方诉讼主体在审判中所处的法律地位和相互关系而成为刑事审判构造的重要表征。由于我国古代以"审讯"为核心的审判模式的影响、被告人沉默权的缺失以及刑事审判方式改革不够彻底等原因，因而我国现行刑事法庭设置呈现出"伞型"特征。重塑我国刑事审判构造，应当去除目前庭审方式的"审讯"色彩，加强庭审的听证性，建立审判中立、控辩平等、当事人主导的"正等腰三角形"的审判构造。尽管诉讼法学界对审判构造问题已经开展了较为深入的研究，但鲜见有人将法庭设置与审判构造相联系，从法庭设置对审判构造的映射作用，探讨我国审判构造的构建与完善。为此，该学者试图从我国刑事法庭现行设置入手，力求准确、形象地勾勒出其所反映的我国刑事审判构造的独特模式，分析这一独特模式形成的原因及其在司法实践中引发的弊端，并根据刑事审判的应然构造和联合国刑事司法准则的基本要求，对重塑我国刑事审判的"等腰三角形结构"提出改革和完善建议。①

有学者认为，尽管自 20 世纪 90 年代以来，我国通过不断的刑事司法改革试图强化刑事庭审的功能、避免法庭审判流于形式，但是从司法实践来看，强化庭审功能、避免法庭审判流于形式的改革目标并没有得到充分实现，刑事庭审形式化仍然是我国刑事司法面临的一个最重要问题。在这种背景之下，党中央在十八大之后对推进以审判为中心的诉讼制度改革以及庭审实质化改革作出了较为明确的部署。尽管理论界已经对刑事庭审实质化进行了广泛讨论并取得了丰硕的研究成果，但是学者们对于刑事庭审实质化的研究往往注重于刑事法庭审理这个阶段，而对刑事庭审之前的准备程序和刑事庭审结束之后的后续程序有所忽略。在该学者看来，尽管法庭审理阶段是实现刑事庭审实质化的重中之重，但是，如果不能从刑事庭审之前的准备程序和刑事庭审结束之后的后续程序为刑事法庭审理提供强有力的支持，那么不管刑事法庭审理有多么全面和彻底，都无法真正充分发挥刑事庭审的功能和确保刑事庭审在证据调查、事实认定、法律适用等方面起到实质性的或决定性的作用。换句话说，要想实现我国刑事庭审实质化的改革目标，仅仅着眼于刑事庭审的法庭审理是远远不够的，而必须向刑事庭审之外延伸，即向刑事庭审之前的准备程序和刑事庭审结束之后的后续程序延伸，为刑事庭审的实质化提供强有力的制度保障。有鉴于此，有必要从庭前和庭后的制度保障角度来探讨我国的刑事庭审实质化改革问题。②

有学者提出，1996 年《刑事诉讼法》除了对原条文予以修改、补充外，还增加了一些新内容，同时也删去了一些条文内容，其中在人民法院审理刑事案件的方式上，废止了"先定后审"，吸收了当事人主义的精髓——抗辩，增设了简易程序等。这些修改缩减了完全职权主义诉讼的成分，更增加了民主、公平的色彩。这样的转变与改革在司法实践中的真正实现，还必须注意证人出庭作证问题、法庭调查的举证责任分配问题、合议庭定案制度的确立问题和疑罪从无原则的确立问题。③

有学者采用规范、法理与实际三者结合的分析方式，首先分析了 1996 年《刑事诉

---

① 卞建林，李菁菁. 从我国刑事法庭设置看刑事审判构造的完善. 法学研究，2004 (3).
② 王强之. 论刑事庭审实质化的庭外制度保障. 政治与法律，2016 (9).
③ 杨鸿. 论刑事案件庭审方式改革的几个问题. 中山大学学报（增刊），1997 (S1).

讼法》确立的庭审方式在庭前程序、庭审程序、诉讼主体的权利义务以及审决机制四个方面的七大特点,并对新制度做了定性和评估。而后,该学者着重分析了我国庭审制度的运行条件和背景,指出:在我国借鉴当事人主义的庭审制度改革,将受到本土资源的顽强抵抗、限制和改造,其中包括文化、政策、制度和实际资源的四大限制,造成不彻底的实质化、不充分的对抗性、不完全的平等制以及不够规范的操作方式。而运行中的最大矛盾是控辩式程序与追求实质真实的冲突。该学者提出了改革完善庭审制度的构想,即改革的目标模式为具有中国特色的灰色模型,改善的主要路径是磨合、调和与局部和全局的整合。①

有学者从当前我国司法制度改革的热点问题着眼,从制度设计、司法层面、价值理念三个方面深入地分析了当前我国刑事庭审法律监督与刑事庭审方式改革之间的冲突及两者协调之艰难,折射出"现代化与法治"这个话题本身的复杂性和挑战性。②

有学者提出,1996年《刑事诉讼法》确立的刑事庭审制度以公平、公正、高效和有序作为其追求的价值目标。因此,针对旧的审判方式存在的先入为主、先定后审、开庭流于形式、控审合一、法官包揽审判、控辩双方地位不平衡等弊端,该庭审制度在认真总结我国人民法院多年刑事审判工作经验和其积极探索的改革成果的基础上,对原属职权主义的庭审方式作了较大的改革,并吸取了当事人主义的某些合理成分,同时适应我国社会主义市场经济发展的需要,从而形成了我国现行的兼职权主义和当事人主义的具有中国特色的庭审制度。改革后的庭审制度大大弱化了庭前审查程序,强化了法庭审判程序,明确检审职责,注意发挥法官在庭审中的主持和组织作用,激励并强调控辩平等对抗及其力度等。应该说,新的刑事庭审制度的确立,是我国目前所处的历史阶段的必然产物,也是我国法制建设与国际接轨反映的要求并体现其时代特征的。当今世界诉讼制度的不断发展,使职权主义和当事人主义两大诉讼模式相互融合、相互吸收、取长补短成为一种潮流,其兼容性极高、时代感明显的优越性,已为世界诉讼理论所肯定,因而有着较强的进步性、科学性和时代性的意义。③

还有学者认为,我国审判方式的缺点是不能以看得见的方式实现司法公正:开庭方式无须当庭宣判,难免引人质疑;闭庭方式偏重书面材料,具有神秘色彩;特殊方式情形过于特殊,淡化外在标准。司法公正以看得见的方式实现,对审判方式提出的要求在于:尊重当事人的主体地位,法官的职权服务于当事人的权利;发挥法律职业共同体的作用,实现控辩力量的平衡;维护法官独立审判的权力,限制法官的任性。围绕司法公正以看得见的方式实现改革我国的审判方式,应当从内外两方面入手。内在方面是使审判方式改革与司法制度改革同步进行,关键是改革审判管理体制和陪审制度,并推行公开审判制度。外在方面是赋予现有的审判方式以新的活力,即突出开庭审判和当庭宣判的主导地位,闭庭方式与特殊方式限于基层人民法院在简易程序中合并适用,高级以上人民法院实行巡回审判。④也有学者提出,应当正确地认识当庭宣判的内涵、诉讼价值,弄清当庭宣判的案件

---

① 龙宗智. 论我国刑事庭审方式. 中国法学,1998(4).
② 倪德锋,孟昊. 论刑事庭审法律监督与庭审方式改革的冲突. 甘肃政法学院学报,1999(2).
③ 魏虹. 我国刑事庭审制度的再思考. 甘肃政法学院学报,2000(3).
④ 魏胜强. 司法公正何以看得见——关于我国审判方式的思考. 法律科学,2013(6).

适用范围和条件，以及基本要求和规范等，对于不断推动庭审方式改革向纵深发展是具有非常重要的意义的。[1]

二、庭前会议

（一）庭前会议的价值

庭前会议制度蕴含着丰富的价值理念，对于促进庭审程序的优质高效，实现诉讼公正意义重大。首先，庭前会议有助于提高诉讼效率，保证庭审的集中高效。其次，庭前会议有助于促进庭审的实质化，提高审判质量。最后，庭前会议有助于保障当事人的诉权，促进程序公正的实现。陈卫东教授认为，庭前会议旨在"消除可能造成审判中断和拖延的因素"[2]；陈瑞华教授认为，庭前会议可以起到程序过滤的作用，将控辩双方的程序争议解决在开庭之前，避免开庭后因此类争议的大量出现而中断正常的庭审过程[3]；胡云腾教授认为，庭前会议有利于审判人员全面把握案件的相关情况，解决回避申请等程序性问题，能使审判人员更好地把握庭审重点，确保庭审集中、有序、高效开展。[4] 还有学者认为庭前会议能够实现诉权对裁判权的制约。[5]

（二）庭前会议讨论的内容

有学者研究表明，我国早期的庭前会议在功能性上长期存在缺失。如我国1979年刑事诉讼法所建构的庭前审查及准备程序，除了公诉审查外，只有组成合议庭、通知、送达等程序性规定。1996年在修正刑事诉讼法的过程中，立法机关为了克服长期存在于我国司法实践中的先定后审、法庭审判形式化等问题，将公诉审查由实体性审查修改为主要进行程序性审查，取消了法官的审前调查和退回补充侦查权，但其他方面未作实质性修改。立法上的缺陷，导致了我国庭前准备程序弱化，功能单一，难以保证审判的公正、有序和效率。为了改变这种状况，1998年1月19日最高人民法院等六机关发布的《关于刑事诉讼法实施中若干问题的规定》和1998年9月2日最高人民法院发布的《关于执行〈中华人民共和国刑事诉讼法〉若干问题的解释》对庭审前程序作了一些补充规定，但由于立法确立的基本构架的限制，这些补充规定并无实质性突破。这导致我国庭审前准备程序与外国的相比，尚有不少差距，主要表现在：（1）整理和明确诉争要点的功能、证据排除功能和特殊证据的提前通知和检验功能均未得到体现；（2）决定是否启动正式审判程序及纠错功能、证据的保全展示功能、案件的提前处理和分流功能等其他几项功能虽有所体现，但存在严重的缺陷和不足。[6]

但是，随着2012年《刑事诉讼法》的修改和"两高"司法解释的完善，庭前会议制度的功能得以逐渐完善。2012年《刑事诉讼法》第182条第2款规定，"在开庭以前，审判人员可以召集公诉人、当事人和辩护人、诉讼代理人，对回避、出庭证人名单、非法证

---

[1] 叶青. 刑事诉讼中的当庭宣判与审判方式改革. 诉讼法论丛, 2000 (4).
[2] 徐日丹. 庭前会议制度：在起诉、审判之间植入中间程序. 检察日报, 2012-05-14 (8).
[3] 陈瑞华. 评《刑事诉讼法修正案（草案）》对审判程序的改革方案. 法学, 2011 (11).
[4] 胡云腾，喻海松. 刑事一审普通程序修改解读. 法律适用, 2012 (9).
[5] 高洁. 程序性争议的庭前听证程序. 国家监察官学院学报, 2012 (10).
[6] 宋英辉，陈永生. 刑事案件庭前审查及准备程序研究. 政法论坛, 2002 (2).

据排除等与审判相关的问题,了解情况,听取意见"。但是,在"两高"司法解释中对"等"的阐释范围存在差异。最高人民法院《关于适用〈中华人民共和国刑事诉讼法〉的解释》第184条除了"回避、证人出庭名单、非法证据排除"外,还将管辖异议、辩方是否申请调取辩护性证据材料、控辩双方是否提供新的证据、是否对出庭鉴定人和专家辅助人的名单有异议、是否申请不公开审理以及附带民事诉讼的调解纳入了庭前会议的可议事项范围。《人民检察院刑事诉讼法规则(试行)》第431条第1款则将"延期审理、适用简易程序、庭审方案"列为可议问题,但未涉及附带民事诉讼的调解。[1]

庭前会议应集中解决案件审理中可能遇到的程序性问题,对此学界及司法实务中意见颇为一致,且认为随着新情况的出现,可以拓展司法解释之外的程序性内容,如关于证据展示、证据保全、证人保护、变更强制措施等,为法庭审理扫清障碍。但是对于庭前会议是否涉及案件实体问题意见尚不统一:一种观点认为,庭前会议只能解决程序性问题(民事诉讼的调解除外)[2];另一种观点认为,立法表述中"与审判相关的问题"本身就包含了部分实体问题。后一观点的支持者认为,在刑事诉讼法及司法解释中亦能找到依据,如证据及案件事实的整理、附带民事诉讼的调解等。由此可知,庭前会议解决的主要问题可以概括为对程序性问题的汇总解决及部分实体问题的整理明晰,以利于庭审的优质高效。[3]其中实体问题主要包括:证据整理及事实争点的明晰;指控罪名的变更;附带民事诉讼调解及刑事和解意向的达成。

在程序性问题的范围上学者们的阐释具有很大的差异性。有学者认为:应当包括"管辖权异议、申请回避、公开未随案移送的证据的申请、被告人及其辩护人提出新证据的申请、调取证据的申请、传证人、鉴定人、侦查人员出庭作证的申请、重新鉴定、勘验检查的申请、被告人受审能力不明的处理、不公开审理的申请"[4]。此外还有学者认为程序分流、非法证据排除也应当被涵盖在内。另有学者认为延期审理不应当被纳入程序性事项的范围。[5]

(三)庭前会议的效力

我国《刑事诉讼法》只是规定了人民法院在庭前会议中对于审判相关的问题了解情况,听取意见,并没有要求法院对这些问题作出决定或裁定。这是庭前会议制度中备受学者重视的问题之一。对于是否应当明确庭前会议的效力,学界有反对说、支持说,其中支持说占主要地位。

一方面,反对说主要从"庭前会议为集中审理做准备,但不得代替集中审理"的立场出发,认为庭前会议只限于"了解情况,听取意见",不具有裁决效力。[6]

另一方面,持支持说的学者认为,如果不明确庭前会议的法律效力,必然会削弱庭前会议的价值。以回避问题为例,即使庭前会议的参与人当时未提出回避请求,但是其在庭

---

[1] 莫湘益. 庭前会议:从法理到实证的考察. 法学研究,2014 (3).
[2] 莫湘益. 庭前会议:从法理到实证的考察. 法学研究,2014 (3).
[3] 闵春雷. 刑事庭前程序研究. 中外法学,2007 (2).
[4] 闵春雷. 刑事庭前程序研究. 中外法学,2007 (2).
[5] 莫湘益. 庭前会议:从法理到实证的考察. 法学研究,2014 (3).
[6] 胡云腾,喻海松. 刑事一审普通程序修改解读. 法律适用,2012 (9).

审过程中提出请求的权力仍然存在,这样情况的出现,必然会削弱庭前会议的价值。在当前法律没有规定庭前会议可以作出的决定种类及其效力的情况下,主张可以基于庭前会议双方的合意,认定相关决定的效力。[①] 其中,有支持者进而主张应当作出程序性的裁决,相比于决定仍有寻求救济的可能,而且进一步提出应当针对不同的程序设置中间上诉的救济、庭审阶段继续审查的救济和事后上诉的救济。还有学者认为,无论现在如何,"从维护庭前会议的制度定位的角度出发,长远来看,还是应当赋予庭前会议具有作出有关裁断的权力。因为,只有解决了这些事项才能够解决庭审的后顾之忧,将庭审真正集中在实体争议之上,庭前会议制度的价值才能够得到切实体现,其所具有的各项功能才能够正常发挥"[②]。总之,庭前会议如能形成更具实质性与权威性的程序处理决定,其在中国会有相当的制度前景。[③]

另外,有学者对以上两种观点均进行了批判,认为第一种观点完全否定庭前会议达成的共识的效力,大大降低了庭前会议的地位;而第二种观点偏离了 2012 年《刑事诉讼法》第 182 条第 2 款的字面含义,将我国的庭前会议等同于西方国家的预审程序,忽视了庭前会议不开庭听证的实质。[④]

(四)庭前会议改革方向

实证分析表明,庭前会议的整体适用率较低,召开庭前会议的表面理由与法律规定趋于一致,而庭前会议的议题溢出了法律规定的范围。从效果层面观察,庭前会议立法所预设的目的并未完全实现,这突出表现为庭审效率提高有限、被告人的权利保障形式化以及庭审对抗性增效甚微。造成这种局面的原因主要有:庭前会议程序设计的"职权性",庭前会议效果设置的"非完整性",法官对庭前会议运用的"策略化",以及庭审中心主义的缺失。

1. 树立对抗式的诉讼理念

现代刑事审判奉行法官居中裁判、控辩平等对抗的三方构造。庭前会议是审判程序的重要组成部分,应当符合审判构造的基本要求。陈光中教授指出,庭前会议搞得好的话会使控辩关系协调得更好,但是搞不好就有可能变成法院和检察院联手压制辩护权的行使。

在 2012 年《刑事诉讼法》修改以前就有学者提出建立庭前听证程序,在中立第三方主持下争议双方到场,双方有机会针对争议事项充分发表自己的观点与理由,涉及事实争议时还有机会进行举证及相互质证,第三方在听取双方意见的基础上加以裁判。听证程序给予了与争议事项有利害关系的当事方影响裁判结局的机会,具备了基本的诉讼形态。[⑤]

2. 从实际出发适度扩张议题范围

2012 年《刑事诉讼法》第 182 条第 2 款明确列举的议题只包括"回避、出庭证人名

---

① 方洁. 论庭前会议程序的改进. 中国刑事法杂志, 2013 (12).
② 陈卫东, 杜磊. 庭前会议制度的规范构建与制度适用——兼评《刑事诉讼法》第 182 条第 2 款之规定. 浙江社会科学, 2012 (11).
③ 龙宗智. 未完成的变革: 刑事庭前会议实证研究. 中外法学, 2015 (2).
④ 莫湘益. 庭前会议: 从法理到实证的考察. 法学研究, 2014 (3).
⑤ 高洁. 程序性争议的庭前听证程序. 国家检察官学院学报, 2012 (10).

单、非法证据排除"。庭前会议的议题范围可在此基础上适度扩张。扩张具体有三类：一是纯粹的庭审程序性事项，如管辖、回避、是否适用简易程序、是否公开审理、庭审方案等；二是与证据相关的程序性事项，包括证据开示，证据异议，申请向被害人取证或申请法院调取证据，申请重新鉴定或勘验以及申请证人、鉴定人和专家辅助人出庭；三是可依法嵌入庭前会议平台一并解决的事项，包括申请变更强制措施、附带民事诉讼调解和刑事和解。[1]

3. 发挥以审判为中心制度改革对完善庭前会议的推动作用

有学者指出，"推进以审判为中心的刑事诉讼制度改革，突出庭审在刑事诉讼中的中心地位，也是充分发挥庭前会议实质作用的关键之所在"。庭前会议制度在实施过程中时常面临被形式化的困境。在庭前会议中，"法官"或以主动缺席或以被动缺席的方式导致庭前会议失效，证明了没有法官的独立审判权的运行，庭前会议召开等于司法资源的浪费。法官权力运行失效根本在于法官审判权威被行政化的管理模式所剥夺。以追求公正审判为目标的"以审判为中心"的诉讼制度的改革核心，应是"以法官为中心"，即以法官的独立审判权的权威发挥为落脚点。[2]

三、审判与民意

（一）民意产生的原因

顾培东教授认为，公众判意是在我国社会发展到一定阶段才有其存在基础，并获得其应有意义的。其认为公众判意出现的社会原因与条件主要有以下四个方面：第一，社会阶层、群体分化，利益主体多极化和价值观念多元化格局的形成，使司法个案蕴含着多重主体复杂的利益冲突，由此形成了社会公众关注和参与个案讨论的动因；第二，社会公众政治关注点以及政治参与方式发生转变，对司法个案处置的讨论逐步成为公众参与政治、参与社会管理的一种方式；第三，司法公开化、透明化程度的提高，司法为民理念的确立，为公众对司法个案的评价提供了有利条件；第四，传媒的渗透力、辐射力空前加大，尤其是网络的普及与运用，使公众参与司法个案的讨论获得了多种渠道和广泛的空间。[3]

另有学者认为，诉诸媒体的原因有以下几点：一是诉求表达渠道的不通畅。由于中国目前缺乏很好的响应与吸收公民情感与意见的程序性机制，使得其在某些时候并没有得到良性的散发，甚至演变成一种"民粹主义"的宣泄，任意冲击刑事司法实践。二是司法公信力的缺失。公众意见的聚集是因为他们担心自己将来可能会像案件中的当事人一样遭遇司法不公。[4]

除此之外，还有学者从网络民意的角度分析，提出民意产生的原因，包括：（1）公众对人民法院属于人民的思维范式，再加上当代中国司法过程非常关注法院裁判案件的法律效果与社会效果的统一，这就使网络上热议必然给司法过程带来影响；（2）在中国，从理论界到实务界都普遍把司法与媒体的关系理解为媒体对司法的监督，这也强化了中国社会

---

[1] 莫湘益. 庭前会议：从法理到实证的考察. 法学研究, 2014 (3).
[2] 杨新慧. 从庭前会议之困管窥"以审判为中心". 法律适用, 2015 (11).
[3] 顾培东. 公众判意的法理解析——对许霆案的延伸思考. 中国法学, 2008 (4).
[4] 简乐伟. 司法诉诸媒体现象分析. 国家检察官学院学报, 2012 (2).

网络对司法的影响;(3)网络舆论成为全民大审判的推手,还根源于对法院职能定位的错位。法院是典型的司法机构,司法的职能是依法裁判案件。

(二)如何对待民意

1. 司法审判中民意的客观评价

应当认识到,公众判意有其合理性和偏颇性。前者是指,公众判意有一定的法律基础,通常不会超越现行法律的规定;在对个案某些问题的认知上,社会公众具有独到的智慧和能力;公众判意在很大程度上体现了人民群众正当的社会要求。后者是指,公众判意中包含着相对落后的法律观;公众判意往往缺少对法律上程序性、技术化要求的理解与重视;公众判意中可能夹带着某些偏激的社会情绪。[1]

2. 司法审判中民意的应然定位

应当认识到,公众判意不构成对司法独立性的贬损。独立性并不排除司法机构依据自身的立场和判断去接受、吸纳或认同社会各方面的建议和意见。评价司法是否具有独立性的标志,是司法有没有排拒依据法律所应当排拒的(包括公众判意在内的)其他意见和要求的能力。[2] 法官的人格独立仅仅意味着法官不受外在力量的强迫性驱使而违背自己的良知和理性作出裁判,这并不阻止他对社会舆论的自主考量。[3]

3. 民意是司法机构处置个案的重要参考

公众判意的直接功用首先在于它能够为司法机构对相关个案的处置提供一种参考。可供参考的有三个层次:一是案件的处理方式与结论。二是缺少充分论证但从民间视角所提出的理由。三是在公众判意中所体现出的偏向与要求,亦即当某种意见具备"民意"的属性时,这种意见就已经获得了需要司法机关加以考虑的理由。[4] 还有学者主张,在常规案件中,公众意见作为一种准用的辅助性依据,可以通过弱的裁量成为合理化判决结论的说明性事实。在遇有法律漏洞的疑难案件中,与社会性主张相一致的公众意见,如果耦合法律体系中的法律原则或基本权利规范,可以借由强的裁量充当个案推理的运作性依据,成为非常情形中正当化个案规则创制的立法性事实。[5]

(三)审判与民意之间的关系

1. 民意需要正确辨识、引导

首先,对民意需要进一步辨识。一方面,公众判意应当是大众、亦即多数人的意见,而不是小众、少数人的意见。尽管很难通过量化手段加以测定,但在广泛和充分讨论中,多数与少数,主流与非主流,主导性与非主导性仍然是有识别可能的。另一方面,要辨识在公众意见的背后,有无特定利益主体炒作、操作,或媒体煽情、拨弄的因素,防止相关利益主体的不当行为对公共判意形成扭曲。此外,还要对寄寓在公众判意中的其他诉求和情感偏向加以辨识,从社会大局出发,考量并确定对这些诉求和偏向的应有态度。

其次,对民意应当适当地引导。一方面,应及时、准确、全面地披露相关案情及处理

---

[1] 顾培东. 公众判意的法理解析——对许霆案的延伸思考. 中国法学, 2008 (4).
[2] 顾培东. 公众判意的法理解析——对许霆案的延伸思考. 中国法学, 2008 (4).
[3] 孙锐. 司法裁判考量社会舆论的正当性. 国家检察官学院学报, 2012 (1).
[4] 顾培东. 公众判意的法理解析——对许霆案的延伸思考. 中国法学, 2008 (4).
[5] 陈林林. 公众意见在裁判结构中的地位. 法学研究, 2012 (1).

情况，使公众的讨论和判断建立在对事实真相充分认知的基础之上。另一方面，司法机关和政府相关部门要通过恰当的方式对个案中的相关问题表明自己的意见和态度。

2. 以"畅通民意渠道"为核心，建立获取民意、甄别民意畅通管道

一是畅通言论自由渠道，确保言论自由实现。简言之，既要允许民众说真话、好话，也要在法律界限之内允许民众说错话、发泄不满，不能因"言"获罪。二是着力推动我国非政府组织的发展，使其成为以政府为主导的民意表达的重要补充。三是广泛采用科学的"民意调查"方法收集民意、甄别民意，实现民意调查科学化、制度化。①

3. 法官应当对民意进行回应

公众判意的意义绝不仅仅体现于公众单向度地向司法机构提出自己的要求，同时应体现于司法机构对公众判意作出正确回应。这种回应，并不意味着对公众判意部分或完全采纳。②

有学者以网络民意为例，认为，为消除网络民意对审判的质疑，应采取如下措施健全完善审判公开机制：第一，对社会关注的刑事案件应及时公布审理进展，让当事人及民众全面、及时和快捷地了解案件相关信息，如果技术条件允许应打破场域限制，并加大网络视频直播力度，以满足网民了解案情和案件审理情况的客观需求。另外，还需要做好宣判以后的释法答疑工作。第二，对于网络关注的热点案件，法院可成立舆论评价小组（成员的构成并非一定来自法院，也可邀请专家学者参与）对相关的舆论评价资料予以收集、分析，并形成评估报告，帮助审判组织在合法的前提下科学合理地处理案件。第三，着力构建与广大人民群众、社会各界沟通交流的长效机制，改进和完善与人大代表、政协委员的联络工作机制以及民主党派人士的协调沟通机制，进一步加强网络民意收集制度，推行审判、执行信息网络公开制度，加强与新闻媒体的交流和协调。③

但是有的学者对此持更加谨慎的态度，认为，法官应当回应社会需求和社会变迁，但不应回应公众舆论，包括网络舆论。社会需求、社会变化与公共舆论或者民意不是一回事儿。公共舆论中所反映的只是众意，而不是公意。司法应当是公意而不是众意的体现。④

4. 建立深度有致的司法公开管道

司法公开既是接受外界监督的重要渠道，也是为将民意纳入司法场域打开了大门，亦为司法公正提供了制度保障。司法公开应当围绕三个工作重心。一是着力推进司法公开的制度化、体系化；二是确保司法公开内容明确化、有限化，重点落实文书公开；三是司法公开形式的多元化。就当下而言，重点要正确有效使用互联网这一新媒介和传统媒介，使司法公开及时有效。当然，应当明确不属于司法公开的范围。⑤

四、证人出庭

长期以来，我国刑事审判中证人出庭率低的问题一直没有得到有效的解决。在20世

---

① 石艳芳. 公众参审的实践进路之探讨. 中国刑事法杂志，2013（10）.
② 顾培东. 公众判意的法理解析——对许霆案的延伸思考. 中国法学，2008（4）.
③ 潘庸鲁. 网络民意对刑事审判的影响. 国家检察官学院学报，2012（2）.
④ 李清伟. 网络媒体与司法裁判. 国家检察官学院学报，2012（2）.
⑤ 石艳芳，李晓磊. 公众参审的实践进路之探讨. 中国刑事法杂志，2013（10）.

纪 90 年代，学者们已经认识到证人出庭作证的重要性，并对可能涉及的问题以及促进证人出庭作证的办法进行了讨论。有的学者认为，证人应由控辩双方安排出庭，有关费用亦由控辩双方负责解决，如证人不出庭作证，举证方可能承担举证不力的法律后果。另有学者主张传唤证人出庭应由法院负责，有关费用由国家财政统一解决。理由是根据法律规定，控辩双方都缺乏保证证人出庭的强制能力和经济能力。更多的学者认为，从根本上解决这一问题的途径在于建立一套保证证人出庭的制度，包括强制作证制度、证人保护制度、证人补偿制度等，目前，刑事诉讼法明文规定由法院通知证人到庭，法院应当依法承担此项义务，保证证人出庭作证。①

彼时，1996 年修正的《刑事诉讼法》仍然未对证人出庭作证制度进行明确规定。实务工作者只能根据刑事诉讼法证据部分和法庭调查部分的规定，得出证人原则上应当出庭作证的结论，但是实践操作远远不够。一是有时案件证人众多，全部出庭又不现实，此时如何确定出庭作证的证人就显得尤为重要。二是关于证人是否可以不出庭作证的问题不明确。实践中有些证人确实有客观原因不能出庭的，此时，对于如何处理与公民法定作证义务的关系，没有定论。三是法律尚未规定拒绝作证的处罚措施，使出庭作证义务的规定难以发挥实际效果。四是刑事诉讼法修改后并未明确规定如何对证人因出庭作证所致精神损失进行补偿的问题。但值得肯定的是，1996 年修正的《刑事诉讼法》中对加强证人保护的问题进行了回应，如在第 49 条规定人民法院、人民检察院和公安机关应当保障证人及其近亲属的安全。②

还有学者分析了当时证人出庭作证极为少见的主要原因。一是法院对刑事诉讼法规定由其承担保证证人出庭作证的责任有不同认识。检察院认为，修改后的 1996 年《刑事诉讼法》第 151 条第 1 款第 4 项规定，由法院通知证人出庭作证。而法院则从诉讼法学原理的角度，认为谁举证谁就有义务保证证人到庭作证。这也导致双方谁也不愿主动去做证人到庭的相关工作。二是证人不愿或者害怕到庭作证。一方面是受传统道德观念影响，怕涉及"官司"，不愿参与诉讼，社会责任心不强，作证意识淡薄，不愿出庭作证。另一方面是证人与案件中的被告人有亲属、朋友、同事、同乡等关系，磨不开情面，不愿"得罪人"，有明哲保身的思想。此外，证人还会担心出庭作证会使自身及其近亲属受到干扰。③

还有学者根据实证分析，较为全面地分析了证人出庭作证的障碍。（1）立法缺陷形成的障碍。法律对证人作证行为性质规定不统一；法律对证人保护制度不健全；对证人的有关权利义务规定失衡；证人拒证制裁条款不具有完整性和可操作性。（2）司法资源匮乏形成的障碍。司法物质资源匮乏，使证人保护制度难以完善和落实；证人出庭作证成本消耗没有补充源。（3）社会心理误区和传统理论束缚形成的障碍。司法人员和诉讼参与人（包括证人）的法制观念不强；审判人员存在"宽容"心理；司法人员缺乏对证人的保护观念；律师的心理障碍；证人的恐怖心理、和讼心理、仇讼心理。④

2012 年《刑事诉讼法》修改的一项重要内容就是采取若干措施提高证人出庭率。然

---

① 李忠诚，刘晓英，李佑标，左卫民. 1996 年全国诉讼法学年会学术观点综述. 中国刑事法杂志，1997 (1).
② 王旭光，赵雯，吕梁. 对刑事诉讼中证人出庭作证的若干思考. 山东审判，1997 (3).
③ 广州市人民检察院研究室. 证人出庭作证现状的思考. 中国刑事法杂志，1998 (S1).
④ 蒋大兴，马放海. 刑事诉讼法中证人出庭作证的障碍分析与对策思考. 法制与社会发展，1997 (1).

而修改后的《刑事诉讼法》实施以来,证人出庭率的提高收效甚微,直接影响了庭审实质化的实现。有学者实践调研发现,各个试点法院司法实践中证人实际出庭率非常低,一审法院有证人证言的案件中证人出庭率最高不超过 2.3%,最低仅为 0.33%;二审法院有证人证言案件中证人出庭率最高也仅有 7.38%,最低仅有 1.35%。① 在此客观情况下,学者们围绕着新刑事诉讼法中证人出庭制度的不足和完善进行了大量的研究工作。

(一)证人出庭作证的局限性及其完善

首先,2012 年《刑事诉讼法》第 187 条第 1 款规定:"公诉人、当事人或者辩护人、诉讼代理人对证人证言有异议,且该证人证言对案件定罪量刑有重大影响,人民法院认为证人有必要出庭作证的,证人应当出庭作证。"根据这一规定,应当出庭的证人需符合三项条件:(1)法律规定的关键诉讼参与人对该证人证言有异议;(2)该证人证言对定罪量刑有重大影响;(3)法院认为其必须出庭的。只有同时符合这三项条件的证人才应当出庭。在满足前两项的规定之余还需要具备"法院认为其必须出庭的"这一主观性极强的要求,显然过于苛刻。这种授权性规定一方面留给法院过大的裁量空间,另一方面在当前我国以审判为中心尚未得到贯彻落实的流线型诉讼模式下也给法院出了难题。还有学者认为,"这不仅增加了法官的决策负担,也容易造成不同案件证人出庭作证的标准不同而引起社会诟病。司法实践中,法院往往陷于标准掌握过严、重要证人难以出庭,与掌握过宽、浪费司法资源的两难境地。而且,标准过宽,过严都影响证人作证的效果,不利于案件的公正裁判。"②

令人期待的是,2016 年 7 月,最高人民法院、最高人民检察院、公安部、国家安全部、司法部联合发布的《关于推进以审判为中心的刑事诉讼制度改革的意见》对此进行了调整,该意见第 12 条规定:"公诉人、当事人或者辩护人、诉讼代理人对证人证言有异议,人民法院认为该证人证言对案件定罪量刑有重大影响的,证人应当出庭作证"。但是有学者认为,将证人出庭作证的决定权任交由法院自由裁量,仍然稍显遗憾。③

其次,立法的缺陷进一步体现在第 187 条与第 190 条的结合上。《刑事诉讼法》第 190 条规定:"公诉人、辩护人应当向法庭出示物证,让当事人辨认,对未到庭的证人的证言笔录、鉴定人的鉴定意见、勘验笔录和其他作为证据的文书,应当当庭宣读。"这无异于,一方面证人出庭的难度很高,另一方面即便证人不出庭其证言也能得到采纳,实际上进一步架空了证人出庭作证制度。

最后,《刑事诉讼法》未对不出庭作证的证人证言效力作出规定。最高人民法院的司法解释也仅作出了保守规定,即最高人民法院《关于适用〈中华人民共和国刑事诉讼法〉的解释》规定"证人没有正当理由拒绝出庭或者出庭后拒绝作证,法庭对其证言的真实性无法确认的,该证人证言不得作为定案的根据"。而且,在传闻证据与当庭证言的效力上,最高人民法院司法解释持保守立场,即最高人民法院《关于适用〈中华人民共和国刑事诉讼法〉的解释》规定"证人当庭作出的证言与其庭前证言矛盾,证人能够作出合理解释,并有相关证据印证的,应当采信其庭审证言;不能作出合理解释,而其庭前证言有相关证

---

① 陈光中,郑曦,谢丽珍. 完善证人出庭制度的若干问题探析——基于实证试点和调研的研究. 政法论坛,2017(4).
② 侯建军. 刑事证人出庭作证制度研究. 法律适用,2015(12).
③ 陈光中. 完善证人出庭制度的若干问题探析——基于实证试点和调研的研究. 政法论坛,2017(2).

据印证的,可以采信其庭前证言"。这一规定,使证人出庭作证的效力与必要性大打折扣。

对于证人出庭过于苛刻的问题,以及法官自由裁量导致证人出庭率较低的问题,有学者认为,应当重新确定出庭证人的范围,包括:规定公诉人、当事人或者辩护人、诉讼代理人对证人证言有异议,且该证人证言对案件定罪量刑有重大影响的,则该证人应当出庭;规定可能判死刑或者有重大社会影响案件中的重要证人应当出庭。有其他学者认为,最高人民法院《关于适用〈中华人民共和国刑事诉讼法〉的解释》规定第208条"应当由院长签发强制证人出庭令"的规定是实践中强制出庭率过低的原因之一,应当将决定权赋予具体承办案件的法官。[①]

为了解决《刑事诉讼法》第187条和第190条的冲突,学界普遍认同应将第190条删除。

对于不出庭作证的证人证言效力的问题,有学者认为,如果证人庭前拒绝到庭作证或者证人出庭之后当庭拒绝作证的,其所作证言也不能作为定案根据。理由有二:一是从证人出庭的必要性角度来看,符合《刑事诉讼法》第187条第1款规定的证人,其所提供的证人证言不仅对案件的定罪量刑有着重要作用,关键是该证人证言本身尚存疑问,还需要进一步的解释、核实,而拒不出庭则无法完成对证言的解释及核实,当然不能采信存在疑问的庭前证人证言。二是从采信逻辑来看,该证言又经控辩一方提出异议,在此情况下,如果证人采取相对抗拒的方式,在庭前作出证言,无疑丧失了进一步质证的基础。[②]

有学者认为作证意识在阻碍人们出庭作证的障碍中扮演重要角色。有学者提出克服出庭作证难题的关键方式之一是:加强法治宣传,逐步提高公民的作证意识。提高公民的作证意识应以正面引导和强制驱动相结合的方式进行:一方面,加强对于履行作证的公民义务有利于有效打击犯罪,保障社会良好治安的宣传,使证人主观上想来作证;另一方面,通过对于经人民法院通知而拒不出庭的证人采取强制性手段而产生反面教育的效果,尤其对于经人民法院通知而藏匿逃避的,应依法给予训诫、拘留等处罚,从而使证人接到法院通知后不敢不来作证。

(二)强制证人出庭作证的局限性

强制证人出庭作证的立法依据是《刑事诉讼法》第188条第1款规定:"经人民法院通知,证人没有正当理由不出庭作证的,人民法院可以强制其到庭,但是被告人的配偶、父母、子女除外"。第2款规定:"证人没有正当理由拒绝出庭或者出庭后拒绝作证的,予以训诫,情节严重的,经院长批准,处以十日以下的拘留。被处罚人对拘留决定不服的,可以向上一级人民法院申请复议。复议期间不停止执行。"

有学者认为,上述第1款关于被告人的配偶、父母、子女可以不受出庭作证的强制的规定有两点不足。一是主体范围过窄,没有将同胞兄弟姐妹,以及其他可能因证人作证遭受危险的人纳入其中。二是权利不完整。只是免除了配偶、父母、子女强制出庭的义务,没有免除其作证的义务,相当于认同了这些人庭外证言的效力,不具有证据法上的实质意义。[③]有学者认为可以考虑在刑事诉讼法再次修改时作出如下规定:"除严重危害国家安全、社会公共利益的案件外,其他案件犯罪嫌疑人、被告人的近亲属在刑事诉讼各个阶段

[①] 袁枫. 强制证人出庭作证的司法困境与立法重构. 人民检察, 2016 (6).
[②] 黄伯青. "需求侧"改革:刑事证人出庭作证实证分析. 法律适用, 2107 (3).
[③] 侯建军. 刑事证人出庭作证制度研究. 法律适用, 2015 (12).

均有拒绝作证的权利，但自愿作证或担任辩方证人的除外；享有拒绝作证权的近亲属包括配偶、父母、子女。"

对上述第2款的规定而言，一是强制措施少，严厉程度不够。比较国外经验，将刑事责任的承担作为最严厉的制裁措施是各主要法治国家的通常做法。二是证人作证特免权不完整。应当将享有作证特免权的主体范围扩大，延伸至基于婚姻、公务、法律职业以及政治选举、宗教、商业秘密的作证特免权。

（三）证人保护制度的局限

2012年修正的《刑事诉讼法》第61条规定："人民法院、人民检察院和公安机关应当保障证人及其近亲属的安全。对证人及其近亲属进行威胁、侮辱、殴打或者打击报复，构成犯罪的，依法追究刑事责任；尚不够刑事处罚的，依法给予治安管理处罚。"第62条规定："对于危害国家安全犯罪、恐怖活动犯罪、黑社会性质的组织犯罪、毒品犯罪等案件，证人、鉴定人、被害人因在诉讼中作证，本人或者其近亲属的人身安全面临危险的，人民法院、人民检察院和公安机关应当采取以下一项或者多项保护措施：（一）不公开真实姓名、住址和工作单位等个人信息；（二）采取不暴露外貌、真实声音等出庭作证措施；（三）禁止特定的人员接触证人、鉴定人、被害人及其近亲属；（四）对人身和住宅采取专门性保护措施；（五）其他必要的保护措施。证人、鉴定人、被害人认为因在诉讼中作证，本人或者其近亲属的人身安全面临危险的，可以向人民法院、人民检察院、公安机关请求予以保护。"其构成了我国证人保护制度。"人民法院、人民检察院、公安机关依法采取保护措施，有关单位和个人应当配合。"第63条规定了对证人出庭的经费保障。以上三条规定共同构成了我国刑事证人保护制度的基本框架。

然而，目前法律规定仍然存在一定的问题。

一是证人保护的义务主体不清。刑事诉讼法规定公安机关、检察机关、法院三家均是证人保护的义务主体，却对各个机关各自承担义务的诉讼阶段、保护方式、具体职责、交接途径等缺乏细化规定，以至于在实践中三机关互相推卸保护证人责任的情况时有发生，看似有许多机关来保护证人，而实际上证人处在无人保护的危险境地。

二是证人保护具有滞后性，事前保护不足。《刑事诉讼法》第61条的规定实际上是事后惩罚：只有证人遭受了威胁、侮辱、殴打或者打击报复之后，相关机关才能对该违法犯罪人追究刑事责任或给予治安管理处罚。而在这些威胁、侮辱、殴打或者打击报复实际发生之前，证人难以得到有效的保护，即便公、检、法机关明知存在证人保护的现实需要，也因法律没有规定而难以施行。

三是主动保护证人的案件类型过窄。2012年修改后的《刑事诉讼法》第62条仅列举了"危害国家安全犯罪、恐怖活动犯罪、黑社会性质的组织犯罪、毒品犯罪"四类案件，虽然该条规定使用了"等"字样，但法律的列举对实践具有很强的指导、示范意义，使应当采取证人保护措施的案件范围狭窄。修改后的刑事诉讼法仅规定在"人身安全面临危险"的情况下，司法机关应采取保护措施。但司法实践中证人及其近亲属的财产权、名誉权遭受打击报复的情况也时有发生，导致证人的切身利益遭受损害，影响证人作证的积极性。[1]

---

[1] 曹建煜. 五方面细化刑事证人出庭制度. 人民检察，2013（6）.

四是证人保护措施的具体实施不明确。(1) 是否对启动证人保护进行审查不明确；(2) 证人保护措施的期限不明确；(3) 证人保护机关的职责不明确。[1]

对以上几个集中性的问题，学者们提出了针对性的完善建议。

有学者针对证人保护适用的范围提出，将涉及暴力犯罪纳入证人保护案件的范围，同时，对于采取证人保护措施的前提条件，应不限于人身安全面临危险，证人的财产权和名誉权同样应该受到保护。[2]

还有学者针对上述问题，提出完善证人保护机制的两点建议：一是规定证人保护措施的采取可以由法院决定，但控方证人交由公安机关执行，辩方证人交由法院执行。通过明确证人保护的主体，避免相互推诿现象的出现。二是加强对证人的事前保护。应当允许证人在面临威胁、侮辱、殴打或者打击报复的危险之时即向公、检、法机关寻求保护，公、检、法机关认为存在此种危险的，即可以决定采取相应的证人保护措施，改变当前必须等待证人实际受到伤害后才能采取惩罚措施的被动局面。[3]

五、简易程序

（一）简易程序规定的产生与变更

1996年《刑事诉讼法》修改时增加了简易程序，引起了学者们的广泛研究。有学者指出，大量的简单轻微案件能够通过简易程序得到迅速而公正的处理，成为刑事诉讼发展的趋势。但是刑事诉讼法增加的简易程序并不等于单纯的简单程序，它有着严格的适用范围、严密的使用条件和保障制度，是科学合理的刑事诉讼程序，从这个角度看，简易程序符合正当程序理念。

有学者对"正当程序的简易化与简易程序的正当化"进行了更深入的思考。其认为，正当程序理念蕴含丰富的内容，正确理解正当程序的内涵，应当从以下几个层次来把握：首先，正当程序最基本的表述是以双重否定的方式来强调：刑事诉讼中剥夺任何人的生命、自由或财产都必须严格遵守正当的法律程序。其次，正当程序广义上包括刑事诉讼中必须遵守的一切法律规定的合理的程序和规则。最后，对被告人权利的保护意味着对司法机关权力的限制。而简易程序的正当化应当明确规定简易程序的适用范围；明确规定被告人必须享有最基本的权利；为了防止适用范围以外的案件不恰当地适用简易程序，立法必须设定一套合理完善的救济保障措施，借以保障简易程序的正确适用。[4]

还有学者认为，应当加强检察机关对简易程序的审判监督。具体措施包括：（1）赋予检察机关确认权。即赋予检察机关对于庭审前本案是否可以适用简易程序提出建议或者进行认可的权力。（2）赋予检察机关纠正权。它包括对实体违法问题和对程序违法问题的纠正。（3）赋予检察人员建议处分权。检察人员认为独任审判员在庭审过程中有严重违反政纪的行为，需要给予政纪处分的，可以向法院有关负责人建议给予其政纪处分。（4）立法

---

[1] 曹建煜. 五方面细化刑事证人出庭制度. 人民检察，2013（6）.
[2] 曹建煜. 五方面细化刑事证人出庭制度. 人民检察，2013（6）.
[3] 陈光中. 完善证人出庭制度的若干问题探析——基于实证试点和调研的研究. 政法论坛，2017（2）.
[4] 陈卫东，李洪江. 正当程序的简易化与简易程序的正当化. 法学研究，1998（2）.

机关应通过适当的形式规定检察机关"纠正违法通知书"的法律效力。[①]

在简易程序的价值方面,学者们也具有较为全面的认知,认为其顺应了刑事诉讼制度日益追求诉讼效率的趋势;使国家有限的司法资源得到有效配置,有助于普通程序所追求的正义目标得以实现;简易程序追求高效率在一定程度上也有利于保护当事人合法权益,从另一个角度实现人权保障。为了保障上述价值的实现需要:(1)明确划定可以适用简易程序的刑事案件的范围。只有在三方一致同意的情况下,才能适用简易程序,且案件的范围应当从犯罪性质、犯罪情节、事实和证据情况三个方面入手。(2)明确规定简易程序中被告人权利的保障措施。(3)合理设置简易程序的运作程序,尤其是简易程序的救济程序。[②]

后来许多学者对我国现行刑事审判程序提出了"简易程序不简易"的批评,其主要表现为,普通程序中,被告人的基本程序保障尚未完全落实,而简易程序对诉讼效率之追求亦存在缺陷。有学者认为,我国刑事程序的发展趋势不应当是逐渐简易化,而恰恰应当是程序正当化程度的全面提高。国外强化简易程序是在完备的正当化程序和较高的司法人权保障水平的基础上逐步推进的。我国刑事诉讼法在形式上强求"接轨",所带来的反而是被告人程序保障在实质上的大幅度减弱。在提出所谓的"简易程序不简易"时,应当认识到,与我国简易程序之复杂程度较高相伴随的另一现象是,适用简易程序审判的案件,在涉嫌犯罪的严重性上也是相当高的,"最高量刑不超过三年有期徒刑"的案件均有适用简易程序的可能,这在其他国家的简易程序中可以说非常罕见。而且,"我国法律所规定的'犯罪行为'与西方国家存在一个相当明显的差别,很多被我国刑法以'情节显著轻微危害不大'为由不认为是犯罪的,在西方国家则属犯罪行为,这一区别决定了,简易程序在我国刑事司法体制中的作用并不像西方国家那么大"[③]。

2012年《刑事诉讼法》对简易程序的规定进行了如下修改。

第一,简易程序的案件适用范围。修改后的刑事诉讼法将适用简易程序的案件范围扩大到基层人民法院管辖的案件,即除可能判处无期徒刑和死刑的案件外均可以适用简易程序。

第二,简易程序的适用条件。修改后的刑事诉讼法规定适用简易程序的前提条件是:(1)案件事实清楚、证据充分;(2)被告人承认自己所犯罪行,对起诉书指控的犯罪事实没有异议;(3)被告人对适用简易程序没有异议,也即赋予了被告人对简易程序的程序选择权。相比之前,突破了可能判处的刑罚在三年以下有期徒刑的规定。增设了不能适用简易程序的案件种类。

第三,取消了适用简易程序须经人民检察院同意的程序,即只要符合适用简易程序的条件,人民法院即可决定适用简易程序,而无须人民检察院同意。

第四,审判组织上,以往要求由审判员一人独立审判。修改之后,对可能判处三年有期徒刑以下刑罚的,既可组成合议庭进行审判,也可由审判员一人独任审判;对可能判处

[①] 温小洁. 检察机关对刑事简易程序的审判监督. 法学杂志,1999(9).
[②] 刘广三,周伟. 论刑事诉讼简易程序的若干正义要求. 政法论坛,2004(5).
[③] 汪建成. 刑事诉讼法再修订过程中面临的几个选择. 中国法学,2006(6).

的有期徒刑超过三年的,则应组成合议庭进行审判。

第五,适用简易程序审理公诉案件,人民检察院都应当派员出席法庭。以往规定的是"适用简易程序审理公诉案件,人民检察院可以不派员出席法庭。"

第六,在法庭审理过程中,明确增加了法庭确认程序,询问被告人对起诉书指控的犯罪事实的意见。简易程序的审理期限在原本20天的基础上,对有可能判处三年以上有期徒刑的案件,审理期限可延长至一个半月。

(二) 简易程序公诉人出庭

1996年《刑事诉讼法》中规定,人民检察院可以不派员出席法庭,在实践中检察院在绝大多数情况下并不派员出庭支持简易程序的公诉。在2012年以前的司法实践中,简易程序案件几乎等同于不出庭的案件。2012年《刑事诉讼法》规定了简易程序公诉人出庭制度,这对于构建合理的庭审结构、实现公诉职能的全面履行、遏制公诉权滥用以及提高检察机关的法律监督能力具有重要意义。

对于该制度的运行,有学者认为可借鉴外国检察官的出庭经验,吸收本土不同地区的试点探索成果,构建繁简不同的简易案件公诉人出庭程序,同时衔接配套的简易程序庭审模式、倡导简案专办,充分利用庭前整理程序,并辅之以人、财、物的支持和出庭技能培训,检察机关必将能够践行本次修改的《刑事诉讼法》之立法目的,推动公诉工作向更高水平发展。[1]

同时,也有学者从实证研究的角度,提出司法实践中公诉人出庭的简易程序仍然存在着庭前程序较繁,效率较低;庭审中公诉形式化,程序公正提升度不明显的问题,短期之内不应高估这项改革的成效。未来的简易程序公诉人出庭制度改革,须在刑事诉讼程序改革的整体框架下加以思考。[2]

在实践过程中部分地区检察院为了充分发挥简易程序节约司法资源的目的,设置了相对固定的办案组或者专办人员办理适用简易程序案件。这一做法有利于办案人员熟悉适用简易程序案件的特点和操作程序,加快办案进度,提高办案效率。但是有学者指出,不宜采取办案人员和出庭人员相分离的做法。办案要讲究亲历性,出庭人员不具体审查案件,不熟悉案情,一旦被告人对案件细节提出辩解,可能造成无法答辩的情形,甚至可能造成错案,而案件承办人员只做书面工作不出庭也不利于公诉人的培养。[3]

(三) 简易程序的决定权

1996年《刑事诉讼法》明确"对依法可能判处三年以下有期徒刑、拘役、管制、单处罚金的公诉案件,事实清楚、证据充分,人民检察院建议或者同意适用简易程序的",人民法院可以适用简易程序审理。其中,需要检察院同意以及未提及被告人决定权的规定使当时的新法具有一定的局限性。

在当时的刑事诉讼活动中,当事人不愿意适用普通程序,不能构成其启动简易程序的前提。当事人不愿意适用简易程序,不能构成其变更该程序的理由。只有人民法院拥有选择或不选择简易程序的双向选择权力,简易程序自由选择权牢牢受控于人民法院。被告人

---

[1] 董坤. 简易程序公诉人出庭问题研究. 法律科学, 2013 (3).
[2] 左卫民. 简易程序中的公诉人出庭:基于实证研究的反思. 法学评论, 2013 (4).
[3] 王军. 我国刑事简易程序的若干问题. 国家检察官学院学报, 2012 (4).

无简易程序选择权。因此，有学者认为，有必要确定被告人对简易程度的选择权。原因是：第一，刑事审判简易程序决定权由司法机关行使，使实际适用简易程序的案件数量远远少于理论上的预测数量。第二，适用简易程序的案件类型相对集中，主要集中在盗窃、故意伤害、私藏枪支、销赃几类案件，违反了公诉案件适用简易程序的条件（一是事实清楚，证据充分；二是不分罪名，以刑画线）。如此一来，一方面加大了司法机关的负担，不利于公正与效率的协调。另一方面，无形中加重了被告人的刑罚，因为不适用简易程序，很大程度上阻断了较轻刑罚的判处。赋予当事人选择权则不仅有助于增进判决的合法性，提高公众对诉讼的信服度和接纳度；而且有助于增进诉讼的效率，提升诉讼机制的社会适应性。[①]

2012年《刑事诉讼法》取消了适用简易程序须经人民检察院同意的程序，即只要符合适用简易程序的条件，人民法院即可决定适用简易程序，而无须人民检察院同意。同时，其保留了人民检察院对适用简易程序的建议权。

有学者认为这一改革仍然有不彻底之处，1999年《人民检察院刑事诉讼规则》第307条将提起检察建议的权力交由检察长行使，这样一来会影响工作效率，而且在实践中，由于报检察长批准决定效率低下，很多基层检察院都只是由部门负责人审批即起诉。加之，由于适用简易程序属于审理程序的选择问题，且适用简易程序需经被告人同意，因而并不影响被告人权利的实现，所以建议对有关规定作出修改，由主诉检察官自行决定或公诉部门负责人批准决定。[②]

在被告人程序选择权的问题上，程序选择权包括程序启动权和程序变更权。虽然我国司法解释通过认罪与否赋予了被告人在公诉案件中对于简易程序适用的否决权，但是有学者认为，主动的启动和消极的否认在对主体地位的表现上有很大区别，不利于被告人的权利保障。[③] 此外，在简易程序审理过程中，除了被告人翻供自动导致的程序转变外，应增加被告人转换程序的变更理由。

（四）简易程序的多元化

最高人民法院、最高人民检察院和司法部于2003年3月14日联合发布了《关于适用简易程序审理公诉案件的若干意见》和《关于适用普通程序审理"被告人认罪案件"的若干意见（试行）》。2014年8月，最高人民法院、最高人民检察院、公安部、司法部出台了《关于在部分地区开展刑事案件速裁程序试点工作的办法》。2016年7月，最高人民法院、最高人民检察院、公安部发布的《关于推进以审判为中心的刑事诉讼制度改革的意见》第21条提出："推进案件繁简分流，优化司法资源配置。完善刑事案件速裁程序和认罪认罚从宽制度，对案件事实清楚、证据充分的轻微刑事案件，或者犯罪嫌疑人、被告人自愿认罪认罚的，可以适用速裁程序、简易程序或者普通程序简化审理。"这些规定在一定程度上反映了在司法实践制度上和司法实践中对多元化简易程序的态度。而在理论界对这一改革的研究更加超前，除了简易程序多元化外，简易刑事程序和程序类型化都是对这一问题的其他表述形式。

---

① 於恒强，张品泽. 试论刑事审判简易程序选择权. 政法论坛，1999（3）.
② 王军. 我国刑事简易程序的若干问题. 国家检察官学院学报，2012（4）.
③ 杨冠宇. 刑事诉讼简易程序改革研究. 比价法学，2011（6）.

如有学者认为，应当增设刑事处罚令程序，其不仅有助于降低诉讼成本提高诉讼效率，还能够避免公开审理可能给被告人造成的不利的舆论影响。且被告人在程序上具有异议权，这也使被告人拥有了对于普通审理的选择权，有助于保障被告人权利，维护被告人主体地位。[1]

还有学者通过对比我国台湾地区刑事简易程序，认为大陆应当建立多元格局的刑事简易程序，其中包括处刑令程序，引进辩诉交易制度，建立监视裁判程序。[2]

六、速裁程序

2014年6月，第十二届全国人大常委会第九次会议决定授权最高人民法院、最高人民检察院在北京、天津、上海、重庆、沈阳、大连、南京、杭州、福州、厦门、济南、青岛、郑州、武汉、长沙、广州、深圳、西安开展刑事案件速裁程序试点工作。2016年9月，全国人大再次授权最高人民法院、最高人民检察院在前述18个城市开展刑事案件认罪认罚从宽制度试点，速裁程序试点纳入新的试点继续进行。2018年修改的《刑事诉讼法》对试点工作中行之有效的成熟做法加以总结和提炼，在第三编"审判"第二章"第一审程序"中增设第四节"速裁程序"。由此，速裁程序正式入法。

刑事诉讼法主要对速裁程序规定了下述内容：（1）速裁程序的适用范围，即该程序适用于基层人民法院管辖的可能判处三年有期徒刑以下刑罚、被告人认罪认罚、民事赔偿问题已经解决的案件；（2）速裁程序的特殊规则，即该程序不受《刑事诉讼法》规定的送达期限的限制，不进行法庭调查、法庭辩论，但应当听取被告人的最后陈述意见，应当当庭宣判；（3）办案期限和不宜适用速裁的程序转化。

学界关于速裁程序的著述集中于对速裁程序的试点研究方面。例如，有学者通过调查问卷的方式对速裁程序18个试点城市的情况进行了考察，结果显示，刑事速裁程序试点在保障司法公正的前提下提高了诉讼效率，得到了参与试点的诉讼参与人的广泛认可。同时，调查也显示，速裁程序试点在案件适用范围、认罪程序、律师辩护、量刑协商等方面还存在缺陷。对此，该学者提出，在提高速裁程序适用比率、扩大速裁程序适用范围的同时，还要建立对被指控人的认罪自愿性审查机制，构造规范的认罪控辩协商机制，制定速裁案件审理证据指引，改进速裁案件的庭审方式。[3] 也有学者认为，我国刑事速裁程序试点以来取得了积极成效，但同时也暴露出该程序在宏观设计和微观运行两层面的问题，具体包括：（1）制度设计权力色彩过重；（2）体系性思考不足；（3）适用范围过窄；（4）法律援助值班律师制度虚置；（5）庭审流程不明确；（6）被害人权利保障阙如等问题。完善刑事速裁程序有必要进一步强化权利设计理念、进一步加强体系性建构、进一步扩大适用范围、进一步完善援助律师制度、进一步完善庭审机制、进一步强化被害人权利保障。[4] 还有学者对某市5个基层人民法院2014年7月1日至2016年7月31日的试点情况展开调研，发现：从适用速裁程序的案件的比例以及从速裁程序在个案办理中的效率来看，其相

---

[1] 高飞. 刑事简易程序改革与完善研究. 中国刑事法杂志，2008（3）.
[2] 陈岚. 海峡两岸刑事简易程序之比较. 现代法学，2009（5）.
[3] 李本森. 刑事速裁程序试点研究报告——基于18个试点城市的调查问卷分析. 法学家，2018（1）.
[4] 张宝. 刑事速裁程序的反思与完善. 法学杂志，2018（4）.

对于简易程序的效率优势并不明显。此外,从速裁程序案件犯罪嫌疑人、被告人审前强制措施情况及被判处的刑罚情况看,速裁程序试点并未有效地降低对犯罪嫌疑人、被告人的羁押性强制措施适用比例,同时亦未明显地提升非监禁刑适用比例,因此同样未能很好地实现提升刑事诉讼中人权司法保障水平的改革预期。其背后的原因在于,速裁程序适用条件的设定局限,以及控辩双方选择适用速裁程序的动力不足,限制了进入速裁程序案件的总量,制约了速裁程序对诉讼效率的提升;社会治理体系以及治理能力的局限,限制了非羁押性强制措施以及非监禁刑的适用,制约了速裁程序在加强人权保障水平方面的贡献。[1]

另外,有论者对速裁程序中的证明方法展开研究,其认为严格证明是实质真实追求下证据法定主义对证据裁判主义的规制,是直接言词原则与自由心证在现代刑事诉讼中的要求。而"不再进行法庭调查、法庭辩论"的刑事速裁程序,以被告人的认罪认罚为前提,在确保控方提供充分证据的基础上,保证被告人认罪认罚的自愿性,体现了各方参与的主体间性,从而重构了刑事审判的事实发现或者事实建构机制,解除了严格证明对于犯罪事实的心证形成过程的严格限制。哈贝马斯认为,通过理性论证达成的共识即是"正当"的结果和"客观"的真理。因此,刑事速裁程序的事实证明并不要求过高的证明标准,严格证明所要求的"内心确信"已经悄然消解。[2]

总之,面对日益增多的刑事案件,理应构建繁简分流、层次分明的案件纠纷解决机制。构建并完善刑事速裁程序,有助于在我国刑事诉讼中形成简单案件快办、复杂案件精办的多样化、科学化格局。刑事案件诉讼程序的多层次化,实现了诉讼程序与案件难易程度相协调、实现了与刑罚轻重程度相适应,是一种科学的决策和智慧的选择。但是,我们也应该看到,由于刑事案件速裁程序自身的特殊性,在案件受理范围、移送审查起诉、法庭审理等环节都有别于普通刑事案件,由于被告人认罪的预设化和庭审过程的简约化,被告人的基本权利无疑会受到一定程度上的缩减和冲击。因此,在落实速裁程序的过程中,务必要遵守公正优先、兼顾效率的原则。[3]

七、专家辅助人制度

1979年《刑事诉讼法》第71条规定,"侦查人员对于与犯罪有关的场所、物品、人身、尸体应当进行勘验或者检查。在必要的时候,可以指派或者聘请具有专门知识的人,在侦查人员的主持下进行勘验、检查。"其第88条规定,"为了查明案情,需要解决案件中某些专门性问题的时候,应当指派、聘请有专门知识的人进行鉴定"。据此规定得知,具有专门知识的人参与诉讼解决专门性问题,较为肯定的方式为"协助现场勘验、检查"或者"进行鉴定"两种方式。2012年《刑事诉讼法》第192条第2款和《民事诉讼法》第79条分别规定,"公诉人、当事人和辩护人、诉讼代理人可以申请法庭通知有专门知识的人出庭,就鉴定人作出的鉴定意见提出意见";"当事人可以申请人民法院通知有专门知识的人出庭,就鉴定人作出的鉴定意见或者专业问题提出意见"。据此可以认为,具有专门知识者参与诉讼的方式目前有如下四种:(1)协助侦查人员勘验、检查现场等;(2)接受

---

[1] 刘方权. 刑事速裁程序试点结果实证研究. 国家检察官学院学报,2018 (2).
[2] 欧卫安. 论刑事速裁程序不适用严格证明——以哈贝马斯的交往共识论为分析的视角. 政法论坛,2018 (2).
[3] 樊崇义. 2018年《刑事诉讼法》最新修改解读. 中国法律评论,2018 (6).

指派或委托、聘请,就专门性问题进行鉴定并给出鉴定意见;(3)出庭就已有的鉴定意见提出意见;(4)出庭就专业问题提出意见。

(一)专家辅助人制度的价值

早期的专家辅助人制度仅在最高人民法院《关于民事诉讼证据的若干规定》中有规定,不仅没有上升到基本法的地位,而且其在刑事司法鉴定中的缺位也表明我国还远未建立专家辅助人制度。刑事案件中专家辅助人制度的提出是为了解决司法鉴定中存在的问题。早期,检警内部仍然存在鉴定机构违背鉴定机构中立性的原理,司法鉴定作为证据难以满足客观真实的内在要求。之后全国人民代表大会常务委员会《关于司法鉴定管理问题的决定(草案)》中对于鉴定机构的设置作出了新的规定,撤销检察机关(自侦部门除外)和人民法院内部的鉴定机构,只允许其配备技术人员辅助审判和检察工作。虽然最后仍对公安机关和检察机关自侦部门内的鉴定机构做了保留,但专家辅助人制度已经初见端倪。人们认识到要避免司法鉴定"暗箱操作"的问题,除了进行鉴定机构分离之外,还必须增强控辩双方对司法鉴定程序的参与,即允许控辩双方通过聘请专家辅助人对鉴定过程进行监督。同时,专家辅助人制度还有助于改善法官对鉴定结论的审查判断不科学的问题。改变以往法官和控辩双方当事人由于是鉴定事项专业的外行而不具有相应的技术知识,找不到询问的角度,发现不了鉴定结论漏洞的状况。[①]

有学者认为,专家辅助人制度可以弥补现行鉴定制度的不足,保障当事人履行举证责任;解决庭审时质证虚化,发挥质证的实质功效;帮助法官解决专门性问题,为认定证据奠定基础;充实当事人的诉讼权利,均衡双方的诉讼力量。此外,专家辅助人还能消除当事人对鉴定意见或其他专家意见的疑虑,并能对个案形成监督。[②] 还有学者认为,一方面,建构专家辅助人出庭制度是全面推进依法治国,建设中国特色社会主义法治体系的题中之义。其一,专家辅助人出庭制度是保障当事人诉讼权利的程序性武器。其二,专家辅助人出庭制度是寻求刑事司法公正的具象化结果。另一方面,专家辅助人出庭制度也是为提高诉讼效率和节约司法成本所进行的有益探索。[③]

(二)专家辅助人的诉讼地位

就专家辅助人具有何种诉讼地位这一问题,不少学者认为,基于专家辅助人在诉讼活动中的辅助性和附属性,故其并不应享有独立的主体地位。持此观点者的重要依据之一是,2012年《刑事诉讼法》第106条有关"诉讼参与人"的界定并未提及专家辅助人,民事诉讼法的相关规定也未明示专家辅助人的法律身份属性问题,而专家辅助人又显然不是当事人、法定代理人或诉讼代理人。

有学者持不同观点,认为应当将专家辅助人定位为诉讼参与人。刑事诉讼法或民事诉讼法在就"诉讼参与人"或"诉讼参加人"作出规定时,没有涉及专家辅助人,这应该是修法时的一个疏漏。但不能因为这种疏漏或立法空白,便否定专家辅助人诉讼地位的独立性。本质上言,专家辅助人乃诉讼参与人之一。专家辅助人与案件结局没有直接的利害关系,其实体权益并没有因为诉讼的进行而处于待判定状态,也不会因诉讼的结束而受到有

---

① 黄敏. 建立我国刑事司法鉴定"专家辅助人"制度. 政治与法律, 2004(1).
② 李学军, 朱梦妮. 专家辅助人制度研析. 法学家, 2015(1).
③ 韩红. 专家辅助人出庭制度的构建. 国家检察官学院学报, 2015(2).

利或不利的影响。其之所以会参加到诉讼活动中来，是受一方当事人的聘请或委托，旨在协助其委托人充分有效地行使相关的诉讼权利，为诉讼的顺利进行提供服务和帮助，而这些，与诉讼参与人中的辩护人或诉讼代理人、鉴定人等，并无二致。[①]

虽然同样支持其诉讼参与人的定位，但是另有学者的观点在更加细微之处与以上观点存在差异。即专家辅助人不是一般意义上的诉讼参与人，具有特殊性：其一，专家辅助人需要以鉴定意见的存在为前提，对鉴定意见具有依附性。可以说，专家辅助人属于较鉴定人及与鉴定人平行的证人、辩护人和诉讼代理人低一层级的下位诉讼参与人；其二，专家辅助人提出的意见如果被法庭采纳，则可能带来相关的鉴定意见不能采信的后果，该鉴定意见不能作为定案的根据。因此，专家辅助人应当属于特殊的诉讼参与人。未来的司法解释可以考虑在诉讼参与人一节中为专家辅助人留有一席之地。[②]

还有学者认为专家辅助人在功能性上承担着检验人、审前阶段的专家辅助人、审判阶段协助质证的人三种角色，倾向于将专家辅助人与证人、鉴定人并列为一种新的其他诉讼参与人。[③]

（三）专家辅助人意见的属性

在英美法系，专家证人的意见便是专家证据。在大陆法系，德国的"鉴定证人"是法定的证据种类之一；在俄罗斯，刑事诉讼中"专家结论和陈述"和"鉴定人的结论和陈述"一样作为一种证据的种类。有学者认为，根据我国司法解释，专家辅助人意见不同于作为定案根据的证据，也不同于上述国家的规定。作为一种质证意见时，有专门知识的人所发表的意见不属于证据材料的范畴，更不能作为定案的根据。专家辅助人意见在庭审中的属性被界定为一种控诉意见或辩护意见，主要的作用则是协助控辩双方进行质证。作为被质证对象时，专家辅助人意见和证人证言、鉴定意见相似，将影响法官心证形成的过程，其需要被质证、被审查。[④]

有学者认为应确认专家辅助人意见的证据属性，认可其证据效力。具体理由如下：首先，从证据的关联性、客观性及合法性考虑。专家辅助人意见与诉讼中涉及的事实问题有关联性。此外，专家辅助人意见是具有专门知识者，根据自己的学识和经验对专门性问题作出的判断和推断，其与证人证言、当事人陈述、鉴定意见等证据一样，均以言词为表现形式，故具有证据法学意义上的客观性。再者，专家辅助人介入诉讼并给出相关专业性意见，是在法律的规范下进行的，显然也就具备了合法性。其次，从诉讼证明的必要性考虑。如果专家辅助人意见不是证据，在诉讼中不能作为证据使用，那么，一方面，当专家辅助人意见与案件中指向专门性问题的鉴定意见或其他专家意见形成对抗时，其难免陷入证明力被默认低人一等的尴尬境地。另一方面，面对诉讼中无法付诸鉴定，亦无法提供分析报告的专门性问题，若不认可专家辅助人意见的证据效力，关涉专门性问题的争议事实的证明也将无证据支撑。最后，从司法实践的需求来看。大部分法官均将专家辅助人的意见作为证据而采纳、采信，即在认定或否定某些事实的存在时，均将相关专家辅助人意见

[①] 李学军，朱梦妮. 专家辅助人制度研析. 法学家，2015 (1).
[②] 左宁. 我国刑事专家辅助人制度基本问题论略. 法学杂志，2012 (12).
[③] 胡铭. 专家辅助人：模糊身份与证据短缺——以新《刑事诉讼法》司法解释为中心. 法学论坛，2014 (1).
[④] 胡铭. 专家辅助人：模糊身份与证据短缺——以新《刑事诉讼法》司法解释为中心. 法学论坛，2014 (1).

视为认定或否定的基础。①

（四）专家辅助人出庭程序的构建

专家辅助人出庭程序的构建成为专家辅助人制度的另一研究重点。一般认为其包括专家辅助人的资格和选任，以及专家辅助人的质证程序。

就前者而言，依据2012年《刑事诉讼法》的规定，公诉人、被害人及其诉讼代理人、被告人及其辩护人对专家辅助人出庭只有申请权而没有决定权，专家辅助人能否出庭的决定权由法庭掌握。法庭应当着重考虑以下三个因素：(1) 法庭对鉴定意见是否产生了一定程度的质疑。(2) 专家辅助人是否符合一定的资质（我国对鉴定人实行登记管理，但并非只有被登记管理的人才是权威专家，专家辅助人的范围可以不受登记管理的限制）。(3) 专家辅助人出庭是否会造成诉讼的过分拖延。②

另有学者认为，对于我国专家辅助人的资格，从原则上来说，在某一领域，任何具备相应知识、技术或经验的自然人都应有被聘任为专家辅助人的可能，以便聘任方能够更加灵活便利地聘任专家辅助人出庭质证。而对于专家辅助人的选任，在借鉴两大法系相关规定的基础上，我国的专家辅助人制度也可以采用二元模式（依申请和依职权）。关于被聘任的专家辅助人参与诉讼的时间，会因聘任方身份的不同而有所差异。刑事案件的被害人、侦查机关、检察机关、审判机关可以依据自身需要随时地聘任专家辅助人。而犯罪嫌疑人或被告人则有所不同，他们可以在被侦查机关第一次讯问或者采取强制措施之日起聘任专家辅助人。③

就质证程序而言，一方面，确立在庭前会议上开示专家辅助人意见的程序。另一方面，专家辅助人出庭质证采用"直接询问—交叉询问—再次询问—再次交叉询问"的交叉询问程序。④ 还有学者认为，专家辅助人出庭质证可以分为三种情况：公诉人或者当事人中只有一方聘请专家辅助人出庭；控辩双方都聘请专家辅助人出庭；依公诉人或者当事人的申请由法庭聘请的专家辅助人出庭。⑤

第三节　第二审程序

一、全面审查原则

综观世界各国刑事诉讼立法例，上诉审的审查范围大致有两类，即部分审查制（或称有限审查制）和全面审查制。这一分类主要是依据上诉审的审查及判决的范围是否受提起理由的限制。绝大多数国家都实行的是部分审查制，按内容还可再分为事实审、法律审。前者是指上诉审法院对案件所认定的事实重新作实体审查；后者是指上诉审法院只对案件适用的法律是否正确进行审查。在部分审查制下，上诉法院所审查的内容仅限于当事人在

---

① 李学军，朱梦妮. 专家辅助人制度研析. 法学家，2015 (1).
② 左宁. 我国刑事专家辅助人制度基本问题伦略. 法学杂志，2012 (12).
③ 韩红. 专家辅助人出庭制度的构建. 国家检察官学院学报，2015 (2).
④ 韩红. 专家辅助人出庭制度的构建. 国家检察官学院学报，2015 (2).
⑤ 左宁. 我国刑事专家辅助人制度基本问题伦略. 法学杂志，2012 (12).

上诉书或复审申请书中明确表示不服的部分，而对于上诉书或复审申请书中没有涉及的部分，即使存在一些错误，上诉审也不作重新审理和更正。

德国是实行部分审查制的典型国家，该国《刑事诉讼法》第 327、352 条第 1 款对上告审、上诉审的审查判决范围作出了明确规定，即"法院只能对法院判决被要求撤销的那部分进行审查""上诉法院只是根据所提出的上诉申请进行审查，如果上诉是依据程序上的错误时，只审查提出上诉申请时所说明的事实。"

在日本，对于控诉审的审判对象，日本学界主要有两种观点：第一种观点认为，原判决本身是控诉审的审判对象，上诉审法院可以依照职权调查当事人提出的理由以外是否还存在撤销原判的理由，对原审进行综合审查；第二种观点认为，当事人提出控诉理由是控诉审的审判对象，通过审查控诉理由来审查原判决。日本刑事诉讼涉及的部分，即使存在一些错误，上诉审也不作重新审理和更正。日本刑事诉讼法权威田口守一教授认为，上诉审的主要目的是统一解释法律，救济提出异议的当事人。因此，控诉审的职权应当从保护当事人特别是被告人的主张的角度进行职权调查。日本判例也认为，事后审查是以当事人提出的控诉内容为中心的，这是控诉审的基本原则，职权原则只不过是这种原则的补充。第一审中的当事人主义和职权主义之间的关系，在控诉审中也同样适用。①

苏联为完成纠正第一审法院的错误，改善第一审法院工作的质量的任务，在刑事诉讼二审程序中建立了一种特殊的上诉和重新审查制度即检查原则。苏维埃《刑事诉讼法典》第 412 条规定，"第二审法院除审查上诉状中对判决声明不服的事项外，每次必须审查案件的全部范围，检查判决是否合法和有根据。"该条所规定的检查原则，和我国的全面审查原则文虽有殊，但含义基本相同。由于我国在法制建设初期深受苏联的影响（不论是法学研究还是实际立法），因而，早期的诉讼立法和司法实践均采纳了全面审查的方式。我国 1979 年的《刑事诉讼法》第 134 条确立了该原则，即"第二审法院应当就第一审判决认定的事实和适用法律进行全面审查，不受上诉或者抗诉范围的限制"。最高人民法院在《关于执行〈中华人民共和国刑事诉讼法〉若干问题的解释》第 251 条对第二审法院的审查范围作了较为详尽的规定："（一）第一审判决认定的事实是否清楚、证据是否确实、充分，证据之间有无矛盾；（二）第一审判决适用法律是否正确，量刑是否适当；（三）在侦查、起诉、第一审程序中，有无违反法律规定的诉讼程序的情形；（四）上诉、抗诉是否提出了新的事实和证据；（五）被告人供述、辩解的情况；（六）辩护人的辩护意见以及采纳的情况；（七）附带民事部分的判决、裁定是否适当；（八）第一审法院合议庭、审判委员会讨论的意见。"对全面审查原则在刑事诉讼二审中的基本含义，学者们一般解释为：(1) 既要审查一审裁判认定的事实是否清楚，证据是否确实、充分、合法，又要审查一审裁判适用法律、定罪量刑是否正确；(2) 既要审查被告人、自诉人或者人民检察院已上诉、抗诉的部分，又要审查未上诉、抗诉的部分；(3) 既要从实体上对案件进行审查，又要从程序上审查诉讼活动是否合法；(4) 在共同犯罪案件中，既要对已上诉的被告人和抗诉的部分进行审查，又要对未上诉的被告人和未抗诉的部分进行审查。②

---

① 田口守一. 刑事诉讼法. 北京：法律出版社，2000：313.
② 陈卫东，李奋飞. 刑事二审"全面审查原则"的理性反思. 中国人民大学学报，2001（2）.

长期以来，我国刑事诉讼法在二审案件的审查范围上坚持全面审查的原则。2012年《刑事诉讼法》延续了前两部刑事诉讼法的规定，在第222条明确了"第二审人民法院应当就第一审判决认定的事实和适用法律进行全面审查，不受上诉或者抗诉范围的限制。共同犯罪的案件只有部分被告人上诉的，应当对全案进行审查，一并处理。"该原则自1979年《刑事诉讼法》确立后的二十年间，一直被认为是刑事二审程序中的重要原则。

随着审判方式改革的深入以及程序正义理念的弘扬，该原则开始受到质疑，甚至被认为应当废除。其主要理由有二：一是违背了司法审判被动性和中立性原则；二是全面审查原则有违程序的安定性和诉讼的经济性。[①]

有学者认为应当建立有限审查原则。允许当事人或者检察院仅就第一审判决的一部分内容提起上诉或者抗诉，第二审受其约束，原则上其审理范围仅限于对原审判决提出上诉或者抗诉的部分。这样处理有三个理由。

首先，从当事人的角度看，允许对判决的一部分内容提起上诉既合乎上诉的目的，也有利于当事人的攻击、防御。上诉既然是对原判决声明不服，那么，上级审如果集中于当事人不服而有争议的部分，当然更符合提起上诉的目的。而且，当事人可以借部分上诉突出攻击、防御的焦点，主动限定第二审的审理范围，从而增加上诉结果的可预期性，不至于发生对原判决服判的部分被第二审改判的危险。

其次，从法院负担的角度看，全面审查意味着第二审必须依职权对原判决控辩双方已无争议的部分重复审理，重新调查证据、认定事实。这种做法浪费了司法资源，而且可能会对有实质争议案件的开庭审理产生消极影响，拖累第二审案件的整体审判质量。反之，以当事人部分上诉约束第二审的审理范围则可以节省司法资源，将有限的司法资源投入对一审判决确有争议的部分，从而有助于提高二审开庭的比例和审判质量。

最后，从审级结构的角度看，第二审的全面审查可能会架空第一审，导致诉讼重心上移。[②]

有学者认为应当坚持全面审查原则，其原因有四。其一，在二审终审制下，经过第二审程序审判后，判决生效、交付执行、案件终结。在这种情况下，如果二审法院不对案件进行全面认真的审查，而是只审查上诉或者抗诉的范围，将难以全面发现一审裁判在事实认定或者法律适用上的错误，将妨碍二审程序救济功能的实现，难以保证案件的实体公正和程序公正。而且，这还会导致申诉的增加和审判监督程序的扩大。因此，可以说，二审终审制与全面审查原则相互依附，互相配合。二审终审制决定了全面审查原则的存在，全面审查原则保证了二审终审制的实现。其二，全面审查原则有利于保障被告人的权益。由于法律的专业化，无论是在域外法治国家还是在我国，刑事被告人的法律素质总体较低。然而，在域外，由于律师辩护制度和法律援助制度的发达，被告人大都有律师为其辩护。如在美国，宪法修正案第4条规定："在一切刑事诉讼中，被告应享受下列权利：……并取得律师帮助为其辩护。"但是，在我国，不仅被告人文化水平较低并欠缺法律知识，律师辩护率也很低，而且呈逐年下降趋势。因此，在这种情况下，被告人难以发现二审裁判

[①] 陈卫东，李奋飞. 刑事二审"全面审查原则"的理性反思. 中国人民大学学报，2001 (2).
[②] 魏晓娜. 以审判为中心的刑事诉讼制度改革. 法学研究，2015 (4).

的问题，难以准确地提出上诉的理由。二审法院对案件进行全面审查，有助于发现一审裁判在事实认定和法律适用上存在的问题，弥补当事人自我救济能力的不足。其三，违背司法审判被动性和中立性原则反而是为了能够促进控辩双方实质的平等对抗。我国的实际情况是被告人的辩护权难以得到充分的行使和有效的保障。因此，要实现控辩双方实质上的平等，法官就应更加关注被告人权益的保护。这就需要赋予法官更多的职权，适当发挥司法能动性，而不是单纯消极中立地审判案件。而全面审查原则就是有效发挥法官的职权作用进而保障被告人利益的重要原则，有必要加以保留。其四，不符合诉讼效率原则不能成为废除全面审查原则的依据。因为在二审案件中维护公正的价值不能向效率让位。此外，通过实证调研发现，大部分承办法官认为，如果仅就上诉、抗诉范围内的案情进行审查，不能全面、客观地了解全部的案情，就可能会有不公平、不公正的裁判结果。[①]

除以上两种针锋相对的观点外，"改良派"貌似持有了一种中立观点。有学者认为，二审的审理范围应区分情况进行确定。（1）对事实问题的上诉或抗诉原则上以上诉或抗诉请求涉及范围为限。与法律问题不同，对事实问题的判断主要依赖于经验和常识，法官并不因其身份而拥有特殊的技能。这是英美法系陪审团、大陆法系国家及我国的陪审员制等公民参与诉讼机制的立论基础。刑事案件的控辩双方经过一审开庭审理，对案件事实一般都有清楚的认识，对双方共同认可的事实和分歧所在也有明确的把握，特别是被告人，对法院认定的事实是否符合真实情况最为了解。（2）对法律问题的上诉，实行全面审查；对法律问题的抗诉以抗诉范围为准；同时存在上诉和抗诉的，进行全面审查。理由是：其一，法律问题与事实问题不同，我国目前刑事诉讼被告人法律素质普遍不足，多数对法律适用是否妥当缺乏确切的认识，由其自身恰当指出上诉请求并提出理由超出了绝大多数被告人的能力。国外上诉审对象限于被告人上诉请求，前提性条件是被告人的律师帮助权得到较充分的保障，而我国目前刑事案件律师辩护率严重偏低，律师帮助权的国家保障范围相当狭窄。当前情况下，如果将审判对象限于上诉请求，无异于承认被告人有选择"自杀"的权利，这是难以接受的。其二，对法律问题进行全面审查很大程度上无损于诉讼效率。废除全面审查意见的重要根据在于其妨碍诉讼效率，违背诉讼经济原则，但如果适用书面审理解决法律问题，可节约相当多的司法资源。[②] 其三，由于我国实行两审终审制，没有专门统一法律适用的第三审，第二审不但发挥着救济功能，保证个案法律适用的正确性，而且承担着国外第三审法院具有的统一法律适用的功能。在进行三审制改革，建立独立的法律审之前，为保障法律的统一适用，二审法官对法律问题有必要进行全面审查。

二、被害人上诉请求权

2012年《刑事诉讼法》规定："被害人及其法定代理人不服地方各级人民法院第一审的判决的，自收到判决书后五日以内，有权请求人民检察院提出抗诉。人民检察院自收到被害人及其法定代理人的请求后五日以内，应当作出是否抗诉的决定并且答复请求人。"

由此可知，我国刑事被害人无权提起上诉，如果对判决有异议的只能由检察机关代为

[①] 陈光中，曾新华. 刑事诉讼法再修改视野下的二审程序改革. 中国法学，2011（5）.
[②] 秦宗文. 刑事二审全面审查原则新探. 现代法学，2007（3）.

抗诉。对于是否应当赋予被害人独立的上诉权，学界存在争议。

认为应当赋予被害人上诉权的学者认为，刑事被告人的权利保护已经越来越受到重视，被害人地位与人格的边缘化与客体化，甚至一度沦落为证人角色，被害人的诉求淹没于国家公权的声音和意志中。以"公诉机关已代表"为借口并不能掩盖被害人"被代表"的事实，它本质上是剥夺了被害人的选择权和表达权，造成了被害人与被告人权利对抗失衡，而表象上代表被害人的公诉机关的实质立场却是中立的。被害人只能向检察机关申请抗诉，而且，检察机关的抗诉理由不一定与被害人的上诉理由相同。赋予被害人上诉权有以下价值。第一，有利于充分发挥司法监督作用，使二审终审制度落到实处，并保证被害人诉讼权利的完整性和持续性。第二，有利于增强被害人对审判公信和权威的认可、舒缓对被告人的不满和怨恨，即使二审判决不能改变一审判决，被害人的主动参与对了解审判的整个过程以及判决理由都具有极强的现实感，从而化解涉讼上访、维护司法和谐。第三，有利于被告人进一步认识自己的罪行对被害人所造成的伤害和痛苦，促其反省、自责、悔过、赔偿和矫正。第四，有利于避免一审判决的错误，促进定性准确、量刑公正。[①]

反对赋予被害人上诉权的学者认为，在是否赋予被害人上诉权的问题上，既要考虑上诉权对诉讼结构和公诉权运行状况的影响，也要考量被告人权利保障程度以及其他国家和地区对被害人权利保障的状况等诸多因素。在我国，因被告人所处的受追诉之不利地位，加上我国历史和现实的诸多原因，被告人获得法律保护和公正审判的程度还有待提高，所以，要维护诉讼中控辩双方平等对抗地位和实现对被告人的公正审判，必须给予被告人更多诉讼权利上的保护。虽然在司法实践中，对被害人的权利保障也不尽理想，但是相对而言，在被告人权利保护方面存在的问题更为严重。如果法律再赋予被害人上诉权，将会对被告人上诉权的行使造成冲击，也会打破检察机关与被害人在上诉审中相对平衡的法律地位，被告人不得不面对被害人和检察机关这两种控诉主体。另外，如果赋予被害人上诉权，将因无法遵循上诉不加刑原则而对被告人的利益构成相当大的威胁。除了《俄罗斯联邦刑事诉讼法典》中规定被害人享有独立的上诉权以外，其他国家都没有这一规定，这也说明各国在制度设计中遵循着这样一种基本理念：强化被害人的人权保障不能以损害被告人的人权保障为前提。[②]

三、二审程序中检察机关的职能履行

对于出席二审法庭的检察人员的身份，长期以来，存在以下四类观点：一是仅将其作为法律监督机关的代表，认为检察人员出席二审法庭是针对原审人民法院的判决裁定是否正确进行审查并监督二审审判活动是否合法，而不是继续支持公诉；二是将其视为国家公诉人，即一种身份，双重任务；三是既将其视为公诉人，又将其视为法律监督机关的代表，也就是两种身份，双重职能；四是认为在上诉案件中出席法庭的检察人员应视为国家公诉人，而在抗诉案件中出席法庭的检察人员则应视为法律监督机关的代表。[③]

在1996年《刑事诉讼法》修改之前，由于法律对刑事诉讼二审案件的审理方式未作

---

① 潘庸鲁，孙晔. 上诉权的现实与理想. 中国刑事法杂志，2011（8）.
② 尹丽华. 论刑事上诉审的权利救济价值. 法商研究，2007（2）.
③ 周永年. 刑事二审程序中履行检察职能的若干问题研究. 华东政法学院学报，2006（3）.

规定，因而，法院根据客观实际情况，在审理刑事诉讼二审案件时，大多采用书面审理和讯问审理，真正开庭审理的很少。

1996年《刑事诉讼法》修改后规定，二审原则上都应当开庭审理。有学者将彼时的二审审理方式进行了划分，即直接审理和间接审理。所谓直接审理，是指第二审人民法院在审查全部案卷材料基础上，直接接触当事人、证人或其他诉讼参与人，采取开庭审理或者分别讯问被告人、询问当事人、证人，分别调查核实证据的方式对二审案件进行审理。直接审理实际上又分为开庭审理和讯问审理两种。所谓开庭审理又称法庭审理，是指法院通过开庭，在出庭双方及其他诉讼参与人的直接参加下审核证据，查明事实，作出裁判的审理方式。所谓讯问审理，其特点是合议庭采取阅卷、讯问上诉人、原审被告人及其他当事人，进行必要的调查核实证据，听取检察员和辩护人的意见后，进行评议，或者由主审法官讯问原审被告人并进行必要的核实证据后向合议庭成员汇报，进行评议，作出终审裁判的审理方式。所谓间接审理又称书面审理，是指二审法院经审查全部案卷材料和证据材料，既不开庭，也不讯问被告人，仅通过对书面材料的审查就作出实体裁判的审理方式。

只有开庭审理的上诉案件，法院才会通知检察院阅卷并派员出席法庭。也就是说，对于讯问审理的案件检察机关根本无从接触，这就谈不上行使法律监督的职能了。而过多的讯问审理对于检察机关履行二审监督职能是十分不利的。对于上述问题，有学者认为可以在法庭调查阶段用"核证"的概念来代替"质证"；将"法庭辩论"改为"法庭论述"；建议变更二审法庭的位置安排。①

四、二审程序的审理方式

为满足刑事二审程序全面审查的需要，1996年《刑事诉讼法》第187条在规定以"第二审人民法院对上诉案件，应当组成合议庭，开庭审理"为原则的同时，还规定在特殊情形下"可以不开庭审理"，即合议庭经过阅卷，讯问被告人、听取其他当事人、辩护人、诉讼代理人的意见，"对事实清楚的，可以不开庭审理"。此处的"事实清楚的"，根据最高人民法院于1996年12月发布的《关于执行〈中华人民共和国刑事诉讼法〉若干问题解释（试行）》第241条的规定，是指：一、二审合议庭对案情事实的认定一致；认定事实的证据充分。可是，在司法实践中，有的法官往往忽视"证据充分"，而达到一、二审合议庭对案情事实的认定一致的要求便认为构成"事实清楚"，但这更多的是法官主观认识上的一致。此外，法官对于"证据充分"的认定往往受到主观认识的影响而未必正确。以至于在1996年《刑事诉讼法》修改后，人民法院对当事人上诉案件开庭审理的只占此类案件的极少数。②

有学者认为，从逻辑上讲，法院在审理中需要解决和处理的刑事事项越多和越复杂，所使用的法律程序就应越正规和完善，所以采用的审判方式也就越加完整。然而，有关调查显示，在二审程序中，绝大多数法院确是以不公开的书面审理为原则，以开庭审理为例

---

① 周永年. 刑事二审程序中履行检察职能的若干问题研究. 华东政法学院学报，2006（3）.
② 李学宽. 刑事二审审理方式存在的问题与对策. 中国法学，1999（1）.

外。实务部门之所以普遍采用书面审理的方式，除了刑事诉讼法的不完善导致法官在是否开庭审理的问题上享有较大的自由裁量权，以及在二审法院全面审理的情况下根本无力完全实现开庭审理之外，还与实务部门的实用主义心态具有直接联系。根据学者的调查，法官们对二审程序无法贯彻开庭审理的解释主要包括：第一，如果二审案件以开庭审理为原则，以阅卷并调查讯问的不开庭为例外的话，就有可能不利于提高审判效率，造成人力和物力的资源浪费。第二，法院系统的"内请"制度也影响了上诉审法院对二审案件重新开庭审理的积极性。第三，只要审查一下原审法院的案卷材料，就可以判断出被告人及其辩护律师的上诉理由是否充分，如果二审中上诉理由对案件事实和证据的认识与其一审辩护理由没有实质变化，或者二审无须改变原审判决，那么，就可以断定不需要考虑辩护律师的意见也不需要开庭审理。① 实践中，出于诉讼效率方面的考虑，无论是抗诉案件还是上诉案件，检察机关往往不愿出庭，这在一定程度上也影响了二审法院采用开庭审理的积极性。②

2012年《刑事诉讼法》第223条对二审开庭审理的规定进行了修改。要求"第二审人民法院对于下列案件，应当组成合议庭，开庭审理：（一）被告人、自诉人及其法定代理人对第一审认定的事实、证据提出异议，可能影响定罪量刑的上诉案件；（二）被告人被判处死刑的上诉案件；（三）人民检察院抗诉的案件；（四）其他应当开庭审理的案件。"

然而，有学者认为上述规定明确列举了开庭审理的情形，虽然有助于解决司法实践中二审法院原则上不开庭审理的问题，但是，存在以下两个明显缺陷：一是未规定对法律适用有重大异议的上诉案件如无罪判有罪、量刑畸重等，也应当开庭审理。二是是否开庭审理，完全取决于法院的自由裁量，而无视被告人的意愿。所以其建议将上述第223条第1项改为："只要被告人、自诉人及其法定代理人对第一审判决认定的事实、证据或者法律适用提出异议的，第二审人民法院在听取上诉人意见后，认为可能影响定罪量刑的上诉案件。"也就是说，增加规定"法律适用"以及"在听取上诉人意见后"。其理由是，首先，对于法律适用有重大争议的案件开庭审理，法官有机会直接听取被告人、自诉人、辩护人、被害人及其法定代理人和检察机关关于量刑的意见，这有利于正确适用法律，有利于公正定罪量刑，有利于维护当事人的合法权益。其次，听取上诉人的意见能够有效防止法官主观决断，制约法官的自由裁量权，也能使上诉人服判，达到案结事了的效果。最后，开庭审理能够使案件更有效地接受社会监督，以公开防营私，以公开保公正。③

还有学者认为，对事实问题的二审应当一律以开庭方式进行。只有如此，才可能在最低限度上保证二审有不低于一审的事实认定能力，发挥二审的监督与纠错功能。如果二审全面开庭审理的话，这一点是对的。但不论上诉请求如何，强制二审全部开庭，是一种矫枉过正之举。对法律问题的上诉是否开庭审判有两种做法，一如英美国家，开庭审理；二如日本，一般不开庭审理，例外情况下才开庭。美国之所以上诉审开庭审理，与其采用判例法有密切关系。法官不但在事实方面受制于当事人双方，所适用法律一般也应以控辩双方所举判例为准，若法官依据控辩双方律师所未举之判例进行判决往往会受到强烈批评，

---

① 陈卫东. 刑事诉讼法实施问题调研报告. 北京：中国方正出版社，2001：125-193.
② 张军，姜伟，田文昌. 刑事诉讼：控辩审三人谈. 北京：法律出版社，2001：345.
③ 陈光中，曾新华. 刑事诉讼法再修改视野下的二审程序改革. 中国法学，2011（5）.

控辩双方的当庭辩论对最后的法律适用具有重要意义。而在日本和我国这种成文法国家，法律适用一般相对明确，控辩双方提交书面意见基本就可以了。对疑难案件，法官也可以开庭直接听取控辩双方的意见。[①]

此外，有学者曾对二审审理方式中存在的其他问题进行分析。

其一，法律对控辩双方权利的保护严重失衡。控辩（原、被告）平等是现代程序正义的基本要求。在刑事诉讼过程中，由于控诉方的实际力量远远强于辩护方的，因而现代各国在建构刑事诉讼的各项制度时都通过限制控方力量、强化对被追诉方权利的保护来实现控辩双方力量的大体平衡。但在我国，就二审的审判方式而言，法律却规定，只要是检察机关提起抗诉的案件，法院就必须开庭审判，检察机关就有机会在公开的法庭上通过言词辩论来提出和论证有利于本方的事实和理由，而对于辩护方上诉的案件，法院则通常只进行书面审查，被追诉方很难对有利于本方的事实和理由进行充分的说理和论证，这无疑是违反控辩（原、被告）平等的基本要求的。

其二，庭前审查基本上替代了审判，二审庭审被架空。本来，庭前审查是为法庭审判作准备的，庭前审查的最终目的是保证法庭审判的顺利进行，因而最终决定案件裁判结果的应是法庭审判阶段，而不是庭前审查阶段。这一规则不仅适用于一审程序，而且适用于二审程序。但在我国，就二审上诉案件而言，绝大多数案件经法院阅卷，讯问被告人，听取当事人、辩护人、诉讼代理人的意见，就作出了终审的判决或者裁定，庭前审查已经完全取代了法庭审判。即使是那些法院经审查认为事实不清，最终决定开庭审判的案件，由于合议庭在开庭审判前已经详细审阅一审案卷，讯问被告人，听取当事人、辩护人、诉讼代理人的意见，因而往往已对案件事实形成自己的看法，开庭审判在很大程度上只是对庭审前预断的一种检验和确认，法庭审判很难发挥应有的决定案件最终裁判结果的功能。

其三，法官职权过于强大，与我国以对抗制为取向的审判方式改革目标相左。刑事诉讼程序是一个有机的整体，一审与二审作为刑事诉讼程序两个内在的组成部分应体现大体相同的理念和精神。以职权主义的二审程序救济当事人主义的一审裁判，或者以当事人主义的二审程序救济职权主义的一审裁判，都可能导致救济程序本应具有的一些功能难以发挥作用。在我国自 20 世纪 80 年代末即开始探索的审判方式改革中，对抗制一直是改革的主要目标，基本思路是强化控辩双方的程序决定权，强化控辩双方对裁判结果的影响力，弱化法官的程序控制能力。而按照我国现行立法的规定，上诉案件的处理程序和裁判结果基本上完全被法官控制。就绝大多数实行所谓调查讯问式审理方式的案件而言，案件的处理过程和裁判结果完全被法官所控制，即使是二审法院经调查讯问，认为事实不清必须开庭审理的案件，案件的处理过程和裁判结果也基本上被法官掌握。因为法官在开庭审判前已经进行了充分的阅卷和调查讯问，对事实的认定和法律的适用已经形成了自己的看法，因而即使是开庭审判的案件，在审判过程中起决定作用的也主要是法官，而不是控辩双方。

其四，单方、书面、秘密性审查不符合二审作为诉讼程序所应具有的基本属性。诉讼天然应当是一种三方性活动，三方即发生争议的双方当事人以及进行裁决的中立的第三方

---

① 秦宗文. 刑事二审全面审查原则新探. 现代法学，2007（3）.

法院。为了保证作出的裁决的正确性,并且保证裁决为当事人所信服,法院在进行审判时必须充分听取当事人的意见,在当事人双方的充分参与下形成和产生裁判结论。正因为如此,审判天然应当是一种三方结构,天然应当由法官在控辩(原、被告)双方同时在场的情况下采用直接言词的方式进行。这一原则不仅适用于一审程序,而且适用于包括二审程序在内的一切审判程序。但在我国,立法和司法实践部门往往容易混淆这两者之间的应有界限,按照行政活动的方式来设计刑事审判程序。就二审上诉案件的审判而言,绝大多数案件都是采用由法官在对案卷进行书面审查的基础上,进行少量调查讯问的方式来处理的,不仅不听取控辩双方的意见,也不传唤证人、鉴定人等出庭作证,完全是一种单方、书面、间接、秘密的审理方式,这无疑与二审作为一种诉讼程序所应具有的基本属性不符。

其五,单方、书面、秘密性审查不符合现代程序正义的基本要求。现代程序正义有一项基本原则:参与原则。在刑事诉讼中,参与原则要求程序能够确保受裁判结果影响的控辩双方能够充分参与案件的处理过程,能够充分发表自己关于案件处理的观点、意见和主张,能够充分提出据以支持其主张的事实和证据,能够与对方展开充分的对抗和辩论,从而对案件的裁判结果施加积极的影响。就二审案件而言,裁判结果直接涉及对被告人的自由权、生命权等根本权利进行限制或剥夺,理应给予被告人以充分的参与机会,使被告人能够充分出示对其有利的材料和证据,能够充分论证对其有利的事实和理由,从而尽可能使法院作出对其有利的裁判。但在我国,由于法院在处理上诉案件时,对绝大多数案件都不开庭审判,而是采用所谓调查讯问的方式进行处理,因而被追诉方无法提出有利于本方的证据和材料,无法对不利于本方的证人、鉴定人等进行质证和询问,很难充分阐述有利于本方的事实和理由,很难对裁判结果施加有效的影响,这不仅不利于法院作出正确的裁判结论,而且使被告人产生一种被处置和人格不受尊重的感觉,这无疑是违反程序正义的基本要求的。

其六,单方、书面、秘密性审查不利于查清案件事实真相。在很多案件中,往往都同时存在着多方面的证据,既有有利于被告人的证据,也有不利于被告人的证据;既有客观真实的证据,也有错误虚假的证据。只有在庭审过程中经过当庭出示、询问、质证和审查,法官才有可能对证据进行正确的审查判断,从而否定错误虚假的证据,肯定客观真实的证据,排除证据间的相互矛盾和冲突之处,作出正确的裁判结论。按照我国刑事诉讼法的规定,对于绝大多数上诉案件,二审法院都可以不经开庭审理,而直接通过所谓调查讯问的方式进行处理,这对于查清案件事实真相是非常不利的。原因很简单,二审法官通常并不一定比一审法官高明,一审进行了开庭审判,而二审只进行书面审查和极为简单的调查讯问,那么二审法官怎么可能通过一个远比一审简单的程序就洞察出一审裁判的错误之处呢?因而除非一审裁判明显事实不清、证据不足或者证据之间相互矛盾,否则,二审法院通常很难摆脱一审法院裁判结论的影响。对于那些一审法院虽然在证据证明力的认定上存在错误,如将真实的证据误以为是虚假的证据或者将虚假的证据误以为是真实的证据,但据以作出裁判的证据在形式上仍能形成一个完整推理锁链的隐性错误,仅仅通过所谓调查讯问的方式是很难发现的。我国司法实践中上诉案件二审法院极少改判与此无疑有紧密的关系。

对于上述问题，该学者认为根本思路是要彻底改变目前二审以书面审理为主，以言词审理为辅的做法，规定无论是对控诉方抗诉的案件还是对辩护方上诉的案件，都必须采用开庭审理的方式进行。具体而言包括以下几点：一是所有案件二审法院在审理时都必须采用直接言词的方式进行，控辩双方都有权出庭陈述有利于本方的意见，并可进行相互辩论，不得以书面审查代替言词审理；二是在对查清案件事实或澄清争议有必要时，控辩双方还可传唤有利于本方的证人、鉴定人等出庭作证；三是除符合法律规定的情形以外，二审审理也必须公开进行，群众可以旁听，新闻记者可以采访报道。①

五、二审发回重审

原审法院的违法判决一般采用发回重审的方式予以处理，但违法事由存在实体违法与程序违法之区别，因此，发回重审也可相应地分为基于实体违法的发回重审与基于程序违法的发回重审。

（一）二审发回重审的立法沿革

基于实体违法的发回重审主要是原审法院错误认定事实或者事实不清、证据不足等原因所致，而基于程序违法的发回重审则主要在于刑事诉讼中的公共权力机关违反程序规则或者因为违反证据规则等所致。

关于因程序违法所致的发回重审，在我国1979年、1996年、2012年《刑事诉讼法》中均有相应规定。1979年《刑事诉讼法》第138条规定，第二审人民法院发现第一审人民法院违反法律规定的诉讼程序，可能影响正确判决的时候，应当撤销原判决，发回原审人民法院重新审判。从该规定可知：原审程序违法是否会有发回重审的结果以是否影响正确判决为标尺，如果可能影响正确判决的就发回重审，反之则不发回重审。该规定以程序工具主义为出发点，对实现程序的独立价值并无益处。

而1996年《刑事诉讼法》在第191条中却作出如下规定：第二审人民法院发现第一审人民法院的审理有下列违反法律规定的诉讼程序的情形之一的，应当裁定撤销原判，发回原审人民法院重新审判：（1）违反本法有关公开审判的规定的；（2）违反回避制度的；（3）剥夺或者限制了当事人的法定诉讼权利，可能影响公正审判的；（4）审判组织的组成不合法的；（5）其他违反法律规定的诉讼程序，可能影响公正审判的。从该规定看，在基于程序违法的发回重审问题上，1996年《刑事诉讼法》对1979年《刑事诉讼法》进行了两点修改：一是改变原有概括式规范方式，而用列举具体程序违法（第1、2、4项）的方法明确了发回重审的情形；二是对于没法列举的程序违法而须发回重审的判断标准由可能影响正确判决修改为可能影响公正审判（第3、5项），两点修改将具体与原则结合，既增强了操作性，又兼顾了对程序公正独立价值的重视。②

在发回重审的次数上，1979年《刑事诉讼法》和1996年《刑事诉讼法》没有对发回重审的次数进行限制，发回重审的案件，均是适用一审程序进行审理，由此，所作的裁判为一审裁判。控辩双方针对重审后的裁判，依法可以再次上诉。刑事司法实践中出现数次

---

① 陈永生. 刑事二审审理方式之改革. 政治与法律，2004（1）.
② 袁锦凡. 我国刑事程序违法发回重审制度研究——反思与重建. 现代法学，2015（3）.

撤销原判发回重审，数次上诉抗诉的情形，不仅有碍程序的经济性而且严重侵害了当事人的权利。2012年《刑事诉讼法》第225条增加了对因"事实不清楚或者证据不足"发回重审的次数。发回重新审判的案件作出判决后，被告人提出上诉或者人民检察院提出抗诉的，第二审人民法院应当依法作出判决或者裁定，不得再发回原审人民法院重新审判。

2012年《刑事诉讼法》不仅完全保留了1996年《刑事诉讼法》基于程序违法发回重审的相关规定，而且扩展了发回重审的程序范围，这主要表现为在审监程序和死刑复核程序中也增加了基于程序违法发回重审的规定。关于审监程序中的基于程序违法发回重审，2012年《刑事诉讼法》第242条规定："当事人及其法定代理人、近亲属的申诉符合下列情形之一的，人民法院应当重新审判：……（四）违反法律规定的诉讼程序，可能影响公正审判的。"关于死刑复核程序中基于程序违法的发回重审，最高人民法院《关于适用〈中华人民共和国刑事诉讼法〉的解释》第350条规定："最高人民法院复核死刑案件，应当按照下列情形分别处理：……（六）原审违反法定诉讼程序，可能影响公正审判的，应当裁定不予核准，并撤销原判，发回重新审判。"2012年《刑事诉讼法》对此问题的修改，将程序违法发回重审的适用程序从第二审程序扩展延伸到了审判监督程序和死刑复核程序，进一步扩大了发回重审这种程序违法制裁的适用范围及可以适用的审理程序，这对于维护审判程序的公正性和实现程序的独立价值，无疑大有裨益。

（二）二审发回重审的问题

1. 功能的异化

从理论上讲，撤销原判、发回重审意味着第二审法院对原审法院没有依法认真履行审判职责的一种否定性评价。基于上下级法院之间的监督与被监督关系，这种否定性评价可以促使第一审法院在重新审判过程中尽量避免出现程序错误，以便消除程序错误对裁判结果的负面影响，或者将裁判建立在事实清楚、证据确实充分的基础之上，以免冤枉无辜，从而更好地保护当事人的合法权益。但是，这种监督和救济功能并没有得到很好地实现。

首先，对于事实不清、证据不足的案件，第二审法院不是直接改判无罪，而是发回重审的做法尽管有一定的否定评价意味，但是实践中更多的变成对一审法院的从宽处理方式。因为，第二审法院在本来可以直接改判无罪的情况下却并没有这样做，而是撤销原判、发回重审，从而使原审法院有了"改过自新"的机会，即通过补充调查证据，使案件重新达到事实清楚、证据充分的程度。换句话说，无论是从宽处理还是"疑罪从有"，第二审法院所要考虑的问题都不是将那些本来没有达到法定证明标准的案件改判无罪，而是通过发回重审这种间接的方式，争取最终实现判处被告人有罪的目的。大量案例已经充分表明，在上下级法院之间发回重审、循环审判过程中，审判程序的终结通常不是以被告人得到无罪判决作为标志，而是以检察机关寻找到新的事实或者证据从而可以稳妥地判决被告人有罪作为标志。这或许是司法实践中上下级法院之间因为同一事实反复进行循环审判而迟迟不肯终结审判程序的一个重要原因。①

其次，发回重审制度被滥用、乱用，成为某些政法部门、司法机关规避正当法律程序

---

① 王超. 刑事二审发回重审制度的功能异化：从救济到惩罚. 政治与法律，2011 (11).

的工具。刑事诉讼法规定，原判决事实不清或证据不足的，可以查清事实后改判，也可以撤销原判发回重审，这是一项选择性条款，二审法院具有一定选择权，当然在大多数情况下二审法院会选择发回重审。一个案件在一审与二审程序之间反复运作，这不仅会使被告人面临多重危险，前途和命运一直处于不确定的状态，其名誉、隐私、自由乃至前途也将因此受到损害，这是循环审判产生的制度基础。[①] 有学者通过实证研究发现，层级不同的二审法院对待发回重审的态度并不相同，上下级法院之间"人情关系"密切程度会影响二审法院选择发回重审的意愿。[②]

最后，发回重审制度设计上的缺陷，如"事实不清楚、证据不足"只是一个原则标准，不够明确。究竟什么情况下属于事实不清楚或者证据不足，法律并没有一个具体的可操作的规定标准。[③]

2. 没有发回重审次数的限制性规定

发回重审的案件，均适用一审程序进行审理，由此，所作的裁判为一审裁判。控辩双方针对重审后的裁判，依法可以再次上诉、抗诉，为避免之前刑事司法实践中出现数次撤销原判、发回重审，数次上诉、抗诉的不经济审判，2012年《刑事诉讼法》对发回重审次数予以限制，但是该限制仅限于事实不清、证据不足发回重审的情形，而不包括程序违法发回重审的情形，也即因程序违法发回重审的情况不在二次限制次数之列。[④]

3. 发回重审由原审人民法院审理不合理

中国法院内部一直采用的是案件审批制度和错案责任追究制。案件在被第二审法院发回重审以后，即使由原审法院另行组成合议庭进行重审，新的判决结论同原来的审判结果相比可能差别也不大。尤其是在很多案件本来就是经过院长或者审判委员会决定的情况下，指望通过原审法院重新审判的方式来改变原审结论，是颇有难度的。既然原审法院重新审判以后的审判结局难以改变，那么第二审法院指望通过发回重审的方式来消除原审程序违法的负面影响或者纠正原审错误裁判，也就很难得到真正实现。换句话说，第二审法院采取发回原审法院重新审判的方式并不能达到刑事上诉程序应有的救济功效。

（三）二审发回重审的存废

不少学者建议取消第二审法院发回重审的权力。这是因为发回重审影响了二审程序纠错功能的发挥；发回重审侵犯了被告人享有的迅速审判权，不利于被告人的人权保障；发回重审制度与疑罪从无原则存在冲突；发回重审造成重复追诉和重复审判；发回重审增加诉讼成本。[⑤]

而反对者认为不应当废除刑事诉讼二审发回重审制度。一方面，发回重审是第二审法院处理案件的一种基本方式，具有自身的合理性。如果取消第二审发回重审的权力，那么

[①] 陈卫东，李奋飞. 刑事二审发回重审制度之重构. 法学研究，2004 (1).
[②] 伍金平. 新刑诉法二审发回重审制度修改的立法解读与思考——基于D市两级法院上诉案件二审程序运行的实证研究. 中国刑事法杂志，2012 (8).
[③] 孙小文，冯博. 改革和完善刑事案件发回重审制度. 郑州大学学报（哲学社会科学版），2011 (2).
[④] 袁锦凡. 我国刑事程序违法发回重审制度研究——反思与重建. 现代法学，2015 (3).
[⑤] 高景峰. 必须废除违背疑罪从无原则的发回重审. 检察日报，2005-05-10；王俊杰. 建议取消二审法院发回重审的权力. 民主与法制时报，2006-11-13，第A16版；徐秉晖. 我国刑事诉讼二审发回重审制度实证与理论分析. 法律适用，2006 (6).

第二审法院对于案件的处理要么是维持原判，要么是直接改判。而这两种方式显然无法充分发挥上诉程序的救济、纠错或者监督功能。① 另一方面，通过一定的制度限制能够克服上述问题。通过限制发回重审的理由、次数或者方式，完全可以将刑事诉讼二审发回重审制度存在缺陷的程度降到最低。②

还有学者认为，无论是用"重新界定发回重审标准"，还是用"取消发回重审程序"或"限制发回重审次数"来克服现行发回重审制度缺陷，都存在不足之处，原因在于这三种方案都是试图用"立法"的思路来解决"司法"的问题。③

第四节 死刑复核程序

死刑复核程序是我国刑事诉讼法规定的专门适用于死刑案件的特别程序，是指法院对依法需要核准的死刑案件予以审查核准的一种特殊审判程序。它包括对判处死刑立即执行案件的复核程序和对判处死刑缓期两年执行案件的复核程序。对死刑复核程序性质的研究主要包括四种观点：第一，认为死刑复核程序是法院的内部审批程序。第二，死刑复核是一种特殊的制度，即有别于第一审程序和第二审程序，也有别于行政审批程序，它是最高人民法院对死刑的监督程序。第三，应然地认为死刑复核程序应定位于纯粹性的审判程序。第四，认为应将死刑复核程序定位为审判程序和行政程序的混合。多数学者认为，死刑复核程序的功能定位至少包括三方面：第一，确保死刑质量，防止错误使用死刑；第二，控制死刑数量，贯彻少杀、慎杀原则；第三，统一死刑的适用标准。此外还包括：为被告人提供救济；制约下级法院的死刑裁判权；吸收社会不满。④

在2007年以前，学界多围绕死刑核准权的归属、死刑复核程序的定位和功能进行研究。2007年死刑复核权回归最高人民法院，死刑案件的核准权主体已经确定下来，之后的研究有了一定的转向。在2012年《刑事诉讼法》修改以后增设了检察监督和辩护律师介入的规定，为死刑复核程序的研究提供了新的视角。

一、死刑复核权的下放与收回

1979年7月1日第五届全国人民代表大会第二次会议通过了《刑事诉讼法》和《人民法院组织法》，总结了历史正反两方面的经验教训，于《刑事诉讼法》第15条、第144条、第145条、第146条、第147条和《人民法院组织法》第13条，对死刑案件的审判复核和审判程序作了明确的规定，不仅把判处死刑的权限划归中级人民法院，而且明确规定了对死刑案件的复核程序，指出死刑由最高人民法院核准，死缓由高级人民法院核准。这标志着死刑核准权已统一集中于最高人民法院。然而1979年《刑事诉讼法》关于死刑核准权的规定未曾实施已几成具文。

---

① 王超. 刑事二审发回重审制度的功能异化：从救济到惩罚. 政治与法律，2011 (11).
② 方晨辰. 我国刑事二审发回重审制度的实然分析与规范设计. 河南警察学院学报，2011 (6).
③ 伍金平. 新刑诉法二审发回重审制度修改的立法解读与思考——基于D市两级法院上诉案件二审程序运行的实证研究. 中国刑事法杂志，2012 (8).
④ 高原. 审级制度视野下死刑复核制度的缺陷及其完善路径. 政治与法律，2012 (9).

为了打击严重的刑事犯罪，1980年2月12日，第五届全国人大常委会第十三次会议作出决定，在1980年内，对杀人、抢劫、强奸、放火和其他严重危害社会治安的现行刑事犯罪分子判处死刑的核准权，由最高人民法院授权省、自治区、直辖市高级人民法院行使。接着，1981年6月10日，第五届全国人大常委会第十九次会议作出《关于死刑案件核准问题的决定》。该决定指出：(1) 在1981年至1983年内对犯有杀人、抢劫、强奸、爆炸、放火、投毒、决水和破坏交通、电力等设备的罪行，由省、自治区、直辖市高级人民法院终审判决死刑的，或者中级人民法院一审判决死刑，被告人不上诉，经高级人民法院核准的，以及由高级人民法院一审判决死刑，被告人不上诉的，都不必报最高人民法院核准。(2) 对反革命和贪污犯等判处死刑，仍然按照刑事诉讼法关于死刑复核程序的规定，由最高人民法院核准。

1983年9月2日第六届全国人大常委会第二次会议在上述《关于死刑案件核准问题的决定》尚未届满之时，通过了《关于修改〈中华人民共和国人民法院组织法〉的决定》，对《人民法院组织法》第13条作了修改。其规定死刑案件除由最高人民法院判决以外，应当报请最高人民法院核准，杀人、强奸、抢劫、爆炸以及其他严重危害公共安全和社会治安判处死刑的案件的核准权，最高人民法院在必要的时候，得授权省、自治区、直辖市的高级人民法院行使。

1983年9月，最高人民法院根据修改后的《人民法院组织法》第13条的规定，召开了第177次审判委员会会议，对今后贯彻的有关规定作了司法解释，发出了《关于授权高级人民法院核准部分死刑案件的通知》。该通知规定，在当前严厉打击刑事犯罪活动期间，为了及时严惩严重危害公共安全和社会治安的罪大恶极的刑事犯罪分子，除由本院判决的死刑案件以外，各地对反革命案件和贪污等严重经济犯罪案件（包括受贿案件、走私案件、投机倒把案件、贩毒案件、盗运珍贵文物出口案件）判处死刑的，仍应由高级人民法院复核同意后，报本院批准；对杀人、强奸、抢劫、爆炸以及其他严重危害公共安全和社会治安判处死刑的案件的核准权，本院依法授权各省、自治区、直辖市高级人民法院和解放军军事法院行使。1991年6月6日和1993年8月18日，最高人民法院先后又将毒品犯罪死刑案件的核准权，授权给云南省和广东省高级人民法院行使。①

死刑核准权的下放带来了一系列的消极影响，最突出的问题在于部分案件的二审与死刑复核程序合二为一，导致死刑复核程序失去最后屏障的作用。有学者指出了死刑复核权收回面临的主要困境：(1) 政治风险。大幅度降低死刑适用，还存在政治、社会与文化的障碍。"杀人者死"是中国人根深蒂固的观念；且我国社会处于转型期，刑事犯罪率居高不下，难以有效贯彻少杀、慎杀的政策要求。此外，收回复核权，过多的案件数量会使最高人民法院的复核工作难以达到较高的国际标准，面临一定的国际压力。(2) 职能难题。最高人民法院作为国家最高审判机关，其基本职能是进行政策指导和法律标准的把握，由于这种最高性、指导性以及超脱性，除了某些例外情况，它不应当是一个事实审法院，但死刑复核案件将不可避免地要求最高人民法院进行事实审。这可能在某些情况下使最高人民法院面临一种欲审不能、欲罢不成的尴尬。(3) 系统性问题。死刑案件的质量与数量控

---

① 陈卫东，刘计划. 关于死刑复核程序的现状及存废的思考. 中国法学，1998 (5).

制是一个综合性的问题，是一项系统工程，涉及政治与法律、观念与制度、民情与法意、立法与司法、实体与程序等多方面的关系。在这个综合性的控制工程中，最高人民法院只是一个组成部分，只是一项系统要素，它无力有效地控制其他部分的运行。（4）程序性障碍。死刑复核权收回，应当有必要的制度资源支持，这主要是指刑事诉讼法关于死刑案件的程序设计能够适应收回死刑复核权后办案的基本要求。

刑事诉讼法关于死刑复核程序的设计明显不足，主要存在三个方面的问题：一是审前程序不适应慎用死刑的需要。一没有律师在场，二没有全程录音、录像，致使刑讯逼供等违法取证的情况很难避免，证据的可靠性难以保障。二是死刑复核程序规定简陋而缺乏可操作性，对审理方式与程序、参与主体与审限等均没有明确规定。三是与死刑适用相关的审判程序存在一定问题。如在审判程序的规定中，证人出庭制度不完善，使司法实践中绝大部分证人不出庭，包括有争议问题的重要证人或关键证人的不出庭，无法对其进行有效的质证。大量死刑案件主要依靠书面证言与口供定案，程序的正当性与证据的可靠性都受到不良影响。①

围绕着死刑核准权的收回问题，一些学者提出了一系列旨在促成司法制度发生重大变化的改革建议。例如，有些学者主张在全国设立若干所最高人民法院分院，使其成为最高人民法院的派出机构，人、财、物受最高人民法院统一管理，以避免来自地方的干扰，这样既可以保证最高人民法院最大限度地统一适用死刑标准，又可以解决最高人民法院办案力量不足的问题。②也有人主张建立最高人民法院派出巡回法庭制度，就地审理死刑复核案件，既能解决审理案件不及时的问题，又不必对现行司法体制作较大改变。③还有学者基于死刑复核采取行政报核方式的内在缺陷，主张废除死刑复核程序，针对死刑案件建立三审终审制，所有死刑案件均实行强制上诉制度，使所有死刑案件都可以自动进入第三审程序。④而在上述改革设想均未得到采纳的情况下，几乎所有学者、律师退而求其次，主张最高人民法院应当通过开庭审理的方式进行死刑核准工作，使辩护律师与最高人民检察院检察官有机会就是否核准死刑问题进行公开辩论，也使最高人民法院法官有机会听取控辩双方的不同意见。⑤而一些来自检察系统的人士则更是出于对死刑复核程序进行法律监督的考虑，认为最高人民检察院检察官应有权出席死刑复核庭或发表书面意见，或者由检察长或检察委员会委员列席最高人民法院审判委员会会议。⑥

不过，随着最高人民法院组建五大刑事审判庭工作的完成，一种由最高人民法院法官通过书面审查进行死刑复核的工作机制逐渐得到确立，那种按照审级制度模式重构死刑复核程序的改革设想基本落空，甚至就连律师界和检察系统的人士难得达成共识的共同参与死刑复核的主张也成为一种虚幻的泡影。2007年1月1日，最高人民法院正式开始对死刑案件行使核准权。同时，最高人民法院随后发布的几件司法解释，逐步确立了死刑复核程

---

① 龙宗智. 收回死刑复核权面临的难题及其破解. 中国法学，2006（1）.
② 周道鸾. 论死刑核准权的收回与死刑复核程序的完善. 时代法学，2005（6）.
③ 胡云腾，等. 论死刑适用——兼论死刑复核程序的完善. 人民司法，2004（2）.
④ 陈卫东，刘计划. 死刑案件应实行三审终审制改造的构想. 现代法学，2004（3）.
⑤ 顾永忠. 关于加强死刑案件辩护的若干问题. 法学家，2006（4）.
⑥ 张智辉. 死刑复核程序改革与检察机关的介入权. 法律科学，2006（4）.

序的基本框架，使萦绕在这一问题上的种种悬念不复存在。①

此外，1996年《刑事诉讼法》对死刑复核程序的规定显得较为粗疏。1996年《刑事诉讼法》第200条、第201条规定了死刑和死缓案件应报请复核，但对报请复核的具体程序包括报请复核的具体内容与期限并无规定；关于死刑、死缓复核的具体程序，第202条仅规定了复核组织，而对复核的内容、方法，复核后的处理，复核的期限并未作出规定。此外，实践中复核机关对死刑案件要进行全面审查，包括事实审与法律审，由于其只进行书面审查，并不听取控辩双方特别是辩护方的意见，因而其审查的程序价值有限，不利于彻底发现错误，尤其是事实上的错误。

二、死刑复核中审级问题及其改革

有学者根据审级制度的原理（审级独立原则、审级制约原则、程序分流原则）分析发现我国死刑复核的审级制度存在以下不足。

一是定义混乱、概念交叉。我国相关法律和司法解释中并没有对"复核"与"核准"作出明确区分，尤其没能就二者的程序功能、适用范围、相互位阶作出界定。这种规定方式不仅模糊了死刑复核程序的性质，更为确定死刑复核程序的审级地位和审级功能增加了困难。

二是独立审级"似是而非"。死刑复核程序的审查对象并非在先的第一审判决或第二审判决，而是死刑案件本身，复核法官的任务与初审法官的并无根本上的不同，这种以重复劳动实现"纠错"功能的程序难以在理论上获得独立的审级地位。

三是终审不终、程序回溯。2012年刑事诉讼法修正案赋予了最高人民法院改判死刑案件的职权，并对二审发回重审做了次数上的限制，这将在一定程度上缓解程序回溯的问题。但修正案对发回重审的规定是否适用于死刑复核中被发回重审的案件、发回重审的案件应当依何种程序审理，还需要有进一步的规定。

在实现死刑复核程序的功能上也有不足。

一是死刑复核程序并不能胜任纠错的任务。这是因为：（1）死刑复核程序缺乏完整的对抗机制；（2）死刑复核法官承担查明事实的职责力有不逮；（3）法律未规定事实真伪不明时的处理方式，复核法官不敢做终局裁判。从实践运行效果来看，即使死刑复核程序的构造足以保证发现真实，其他程序的缺位和异化也会使其效果大打折扣：（1）侦查、审判程序缺乏控辩平等对抗，事实发现困难；（2）上诉审缺乏对初审的有效制约，纠错功能被搁置；（3）复核裁决无法约束重审，程序回溯导致纠错成本过高。

二是死刑复核程序现有的制度设计并不能保证法律的统一适用。（1）复核标准与裁判标准重合，缺乏独立的死刑适用必要性的标准，容易导致"滥杀"；（2）放弃建立唯一终审法院的努力，由分散的合议庭复核案件，容易导致法律适用的分歧；（3）最高人民法院不分事项地全面处理所有死刑案件，不堪重负，难以推进法律正确适用；（4）复核裁定说理不足，缺乏创设规则的可能性。

另外有学者同样质疑最高人民法院进行死刑复核对统一死刑适用上的贡献，但是在论

---

① 陈瑞华. 通过行政方式实现司法正义？——对最高人民法院死刑复核程序的初步考察. 法商研究，2007（4）.

证上有所差异。其理由是，死刑核准权收回之前最高人民法院仅对经济犯罪和职务犯罪等少数案件行使死刑核准权，实际上造成了官民在死刑适用程序上的不平等，相比而言，收回死刑核准权确实有促进平等、统一标准的效果。但是，最高人民法院内部设有五个刑事审判庭，而且并非所有的死刑案件都会提交最高人民法院审判委员会讨论决定，因此五个刑事审判庭之间在死刑适用上的不一致几乎是难以避免的。即使是在同一个刑事审判庭内部，死刑的适用标准也未必能做到完全统一。①

该学者从死刑案件的权威性结构入手，认为中国的死刑程序体系中存在一种上行的权威，审级越高，权威越大，整个程序控制体系的重心也经由第二审程序、死刑复核程序上行至最高人民法院，在死刑案件中形成了一种高度"集中"的权威结构。同时，由于第二审和死刑复核程序均在法律上或者实践中贯彻全面审查原则，第二审法院或者死刑复核法院可以在事实认定、法律适用或者刑罚量定中的任何一个方面否定前一个审级的判决。在死刑程序控制的路径选择上，中国习惯性地对死刑复核程序和死刑案件第二审程序寄予厚望，中国官方和民间在死刑程序问题上的关注点长期以来也主要集中于"回收死刑核准权"、死刑案件二审开庭等议题。相比之下，处于整个程序体系底座的第一审程序则显得相对寥落。一审程序中涉及死刑案件的特殊规定也只有级别管辖、强制辩护、讯问时录音录像和办案期限寥寥数条。普通刑事案件一审中普遍存在的证人出庭率不高、量刑程序不独立等问题，在死刑案件第一审程序中无一能够幸免。②

针对死刑复核程序的上述缺陷，学者们基于不同的目标设计，提出了截然不同的改革方向。一些学者认为，应当废除死刑复核程序，用死刑案件的"三审"程序取而代之，或直接将死刑复核程序改造为死刑案件的第三审③；另一些学者认为，三审的改动涉及我国根本的审级制度，应当慎重行事，从客观实际出发，可以在保留死刑复核程序的前提下对其进行程序优化。④

主张三审化改造的学者认为，当前死刑复核程序全面审查、兼顾事实与法律的做法有违现代司法活动规律，也与最高人民法院保证法律统一适用、创设规则、指导司法的职能背道而驰。他们主张：（1）将死刑复核程序改造为单纯的法律审；（2）通过取消最高人民法院和高级人民法院一审管辖权、对死刑案件实行强制上诉等方式保障被告人的上诉权；（3）通过改造一审、二审，限缩再审的方式强化三审的功能，并以此作为切入点，在刑事司法中全面建构三审终审制。⑤

主张死刑复核程序"自体优化"的学者认为，三审终审制是审级制度的重大变革，牵涉甚众，当前还没有条件实行，只能在现有的程序定位前提下对死刑复核程序进行诉讼化改造。改造的途径主要有：（1）改革最高人民法院复核死刑案件的审判组织，设立专门的审判委员会；（2）坚持全面复核原则，复核内容既包括事实证据认定，也包括原判法律适

---

① 魏晓娜. 论死刑案件的权威结构. 中国刑事法杂志, 2015 (2).
② 魏晓娜. 论死刑案件的权威结构. 中国刑事法杂志, 2015 (2).
③ 陈卫东, 刘计划. 关于死刑复核程序现状及存废的思考. 中国法学, 1998 (5)；李化祥. 中国审级制度发展的路径. 甘肃社会科学, 2011 (5).
④ 马松建. 死刑司法控制研究. 北京：法律出版社, 2006：215, 217-219.
⑤ 汪建成. 冲突与平衡——刑事程序理论的新视角. 北京：北京大学出版社, 2006：273-275.

用；(3) 实行死刑案件的律师强制辩护原则且死刑复核法官必须当面听取被告人意见；(4) 复核审的审理方式以是否存在争议为标准进行分流；(5) 复核程序只应由被告人一方启动；(6) 复核完毕后，只能减轻被告人的刑罚。①

对于死刑案件上行权威结构的弊端，有学者认为，未来中国应重定死刑案件第二审和死刑复核程序的功能②，以保护第一审程序的重心地位，实现垂直方向上的权威分化；同时，加强被告人对质权的法律保护，保证关键证人出庭作证；强化死刑案件陪审功能，实现水平方向上的权威分化。③

针对上述关于死刑复核程序在事实认定上的、先天不足的问题讨论，在中国现阶段，完全排除死刑复核程序对事实问题的审查并不现实。但与原审法院相比，最高人民法院和德日等国的第三审上诉法院一样，缺少核实证据的必要手段，其在事实审查方面并不占有优势。以最高人民法院目前可以借助的调查手段而言，将审查重点集中于证据的充分性、事实认定的内在逻辑性以及死刑案件之间适用标准的一致性与统一性，则是比较合理的。④

三、死刑复核程序的审判组织

按照现行法的规定，最高人民法院复核死刑案件，应当由审判人员三人组成合议庭进行。有学者认为，以上规定有两个缺陷：一是合议庭人数偏少；二是简单多数原则显得不够慎重，建议增加合议庭人数及严格表决机制来达到通过审判组织限制死刑的目的。⑤

但有学者认为目前更需要关注的问题是，如何防范司法实践中替代合议制的所谓"承办人"制的出现。⑥ 这种做法实际剥夺或变相剥夺了其他合议庭成员对案件的评议权力。其实，法律设立合议制的主要目的就是发挥集体智慧，并按照民主集中制的方式来处理案件。最高人民法院复核死刑案件，不仅要防范"承办人"制的侵袭，还应赋予承担死刑复核的合议庭对是否适用死刑问题的独立核准权，原则上不再提交审判委员会讨论。只有合议庭的意见有严重分歧时，才可由合议庭提请院长决定提交审判委员会讨论决定。

四、死刑复核程序的检察监督

2012年《刑事诉讼法》明确规定："在复核死刑案件过程中，最高人民检察院可以向最高人民法院提出意见。最高人民法院应当将死刑复核结果通报最高人民检察院。"最高人民法院《关于适用〈中华人民共和国刑事诉讼法〉的解释》第357条也明确规定，死刑复核期间，最高人民检察院提出意见的，最高人民法院应当审查，并将采纳情况及理由反馈最高人民检察院。这虽然没有明确检察机关在死刑复核程序中的监督地位，但从法理及现行法律规定来看，检察机关作为国家的法律监督机关，对死刑复核程序进行法律监督具有正当性。《人民检察院刑事诉讼规则（试行）》对死刑复核法律监督进行了细化，2012

---

① 高原. 审级制度视野下死刑复核制度的缺陷及其完善路径. 政治与法律，2012 (9).
② 强化死刑案件第二审的救济功能，允许当事人或者人民检察院仅就第一审判决的一部分提起上诉或者抗诉，第二审法院受其约束。发挥死刑复核程序的统一死刑适用功能。
③ 魏晓娜. 死刑案件的权威结构. 中国刑事法杂志，2015 (2).
④ 魏晓娜. 以审判为中心的刑事诉讼制度改革. 法学研究，2015 (4).
⑤ 陈卫东. 关于完善死刑复核程序的几点意见. 外国法译评，2006 (5).
⑥ 陈瑞华. 论彻底的事实审——重构我国刑事第一审程序的一种理论思路. 中外法学，2013 (3).

年下半年，最高人民检察院还成立了死刑复核检察厅，承办死刑复核法律监督工作。但是，由于死刑复核及执行程序、相关工作机制、法律规范及人员配置等方面还存在不少问题，因而检察机关对死刑案件的法律监督仍面临现实障碍。[①] 死刑复核法律监督工作存在的问题主要有以下方面。

1. 关于启动方式。根据2018年《刑事诉讼法》第247条和最高人民法院《关于适用〈中华人民共和国刑事诉讼法〉的解释》第344条的规定，死刑复核程序的报请主体为各高级人民法院，被告人、辩护人及检察院均无报请复核的资格。由于"从性质上讲，司法权自身不是主动的，要想它行动，就得推动它"，因而死刑案件的报请方式已然与司法权的被动、中立属性相违背，且此种制度设计也使检察机关因无从知晓复核开始的时间而无法进行检察监督。

2. 关于审理方式。现阶段我国死刑案件的复核采取书面审加提审被告的方式。2012年修正后的《刑事诉讼法》增加规定：辩护律师提出要求的，应当听取辩护律师的意见。在复核死刑案件过程中，最高人民检察院可以向最高人民法院提出意见。据此，尽管2012年《刑事诉讼法》修改生效后的复核方式与以往的相比有了较大的开放性，允许辩护律师和检察院介入，但法院阅卷的审理方式依旧没有太大改观。法官审理时不公开开庭，主要通过阅卷审核进行。倘若发现事实认定方面存有疑问，无须控辩双方举证质证，而是由最高人民法院负责死刑复核的法官调取核实证据。对合议庭的成员是否必须一起讯问被告人、调取证据、阅卷评议，法律及司法解释甚至都未作出规定。

3. 关于执行期限。根据2012年《刑事诉讼法》第250条、251条（2018年《刑事诉讼法》第261条、262条）的规定，最高人民法院判决或核准死刑，并由最高人民法院院长签发执行死刑的命令后，应在7日以内交付执行。这就意味着从死刑判决生效到罪犯最终被交付执行，中间间隔的时间非常短暂，从而造成被判处死刑立即执行的被告人一律在短期内被执行的局面。此种"快速处决"的执行模式导致被判死刑的被告人几乎不再可能去寻求任何法律救济，也无法行使申诉权等其他被告能够享有的诉讼权利。因此，执行期限过短会使检察机关面对已经核准将要执行的死刑裁判"来不及"监督。

除了上述死刑复核程序及死刑执行本身的问题导致检察机关难以开展检察监督以外，相关工作机制的不健全、不完善也是造成当前死刑复核法律监督困难的原因。主要表现如下。

1. 最高人民检察院与最高人民法院的联系不够紧密。2012年《刑事诉讼法》虽然给予了最高人民检察院死刑复核法律监督的职权，但对其履行法律监督权的配套措施却没有加以规定，从而使最高检在对死刑复核进行实际监督时存在一些障碍。

2. 检察系统自身的工作机制不够健全。从表面上看，死刑复核法律监督是最高人民检察院的工作职责，并不涉及下级检察院，但事实是除了最高人民法院判处的死刑一审案件系由最高人民检察院全程参与、出庭公诉外，其他由各高级人民法院报核的死刑案件，最高人民检察院并不能及时有效地掌握该案事实证据的认定是否有瑕疵及程序有无违法等情况。因此，当案件进入最高人民法院复核时，最高人民检察院若想实现有效的监督，与

---

① 刘仁文，郭莉. 论死刑复核法律监督的完善. 中国刑事法杂志，2012（6）.

下级检察院建立内部工作联系机制,实现信息共享就显得十分必要。

3. 与辩护律师的沟通不够顺畅。在死刑复核程序中,由于辩护律师是作为被告方利益的代表,从切实维护被告人的利益出发提出意见的,因而为了保证监督的有效性,应当建立、完善与辩护律师的沟通机制,通过与律师的交流,了解有利、不利被告人的各种情节,以便能够站在更加客观公正的立场上审视案件。2008年最高人民法院和司法部会签了《关于充分保障律师依法履行辩护职责确保死刑案件办理质量的若干规定》,其中第17条规定:"死刑案件复核期间,被告人的律师提出当面反映意见要求或者提交证据材料的,人民法院有关合议庭应当在工作时间和办公场所接待,并制作笔录附卷。律师提出的书面意见,应当附卷。"相比之下,最高人民检察院的工作则较为滞后,除2007年最高人民法院、最高人民检察院、公安部、司法部《关于进一步严格依法办案确保办理死刑案件质量的意见》第40条明确"死刑案件复核期间,被告人委托的辩护人提出听取意见要求的,应当听取辩护人的意见,并制作笔录附卷。辩护人提出书面意见的,应当附卷"(并未明确检察院的主体职责)外,至今未见进一步之规定,未来应在这一方面予以加强。

对此,有学者认为,最高人民检察院可以通过审查省级人民检察院的备案材料或专题报告,直接受理申诉、控告和举报,接受最高人民法院征询等途径介入死刑复核程序,并以提出检察建议和意见、抗诉或申请复议、出席开庭、参加听审、列席审判委员会、向全国人大常委会汇报等方式进行监督,确保死刑适用的正当性与合法性。①

有学者认为解决上述问题应遵循严格限制并减少死刑、切实保障人权、维护公共利益、公平、及时、突出重点等原则。检察机关在死刑复核中的诉讼地位不是公诉人,而是法律监督者。检察机关可以通过备案审查、受理申诉控告等启动监督程序。监督的主要方式包括提出案件意见、派员列席审判委员会会议、派员出席法庭或听审活动、抗诉、纠正违法以及立案侦查审判人员职务犯罪等。②

五、死刑复核程序的律师介入

2012年《刑事诉讼法》第240条规定,"辩护律师提出要求的,应当听取辩护律师的意见"。但是,如果被告人因为贫穷或其他原因没有委托辩护人,是不是就不能享有该项制度利益呢?换句话说,在死刑复核阶段,对于没有委托辩护人的被告人,最高人民法院是否应当为其指定辩护律师提供法律援助呢?

有学者认为,首先,从理论上讲,获得法律援助的权利是被告人辩护权的重要组成部分。因此,死刑复核程序作为死刑案件的最后一道关卡,应当保障被告人获得律师的辩护,如果被告人没有委托律师,就应当为其指派法律援助律师。其次,从规范解释上讲,2012年《刑事诉讼法》第34条关于"被告人可能被判处死刑"的规定,属于法定应当指定辩护的强制性规定。作为一项总则性规定,没有任何理由将直接关系着被告人生死问题的死刑复核程序排除在外。最后,从程序公正的角度看,为没有委托辩护人的被告人指定辩护律师,也是死刑复核程序公平适用的内在要求。③

---

① 刘仁文,郭莉. 论死刑复核法律监督的完善. 中国刑事法杂志,2012 (6).
② 万春. 死刑复核法律监督制度研究. 中国法学,2008 (3).
③ 吴宏耀. 死刑复核程序的律师参与. 国家检察官学院学报,2012 (6).

第五节 审判监督程序

一、审判监督程序的功能

刑事审判监督程序，又称刑事非常救济程序、刑事再审程序，是指"人民法院、人民检察院对已经发生法律效力的判决或裁定，因发现在认定事实上或者在适用法律上确有错误，而依法提起并对案件进行重新审判的程序"。刑事审判监督程序是补救性程序即救济性程序，属于"审判之上的审判"，但并不是刑事诉讼的必经程序，同时还有别于审判监督、第二审程序和死刑复核程序等概念。其价值功能包括：（1）实现公平正义。公正是法治的生命线，也是诉讼的生命和灵魂。对生效裁判启动审判监督程序目的在于纠正错误和实现公正而使之成为最后一道防线。（2）维护法律统一实施。尽管我国刑事审判监督无事实再审和法律审之分，但对事实认定和适用法律都要审查的目的之一也在于实现法律统一。"法律统一则是其设立对生效裁判进行重新审理的主要目的所在。"（3）保障人权。刑事判决涉及对被告人的生命、自由、财产等的处分，若判决错误必然会伤害其合法权利。作为纠正错误的审判监督程序显然具有保障当事人合法权利之功能。英美等国家采取签发人身保护状、调卷令、禁审令、训令等方式纠正判决中的错误。属于大陆法系的德国法规定有利于受有罪判决人的再审，法国法规定利益再审原则即"传统上再审被说成是法的安定与正义的相克上成立的制度但在现行法下直截了当地被纯化为救济无辜的制度"。这些规定的目的都是保障当事人的合法权利或人权。（4）终局性规则下的利益均衡与程序自治，促进司法独立。程序一方面要求终结性，另一方面也要求实现司法公正，这两者之间存在冲突紧张关系。再审制度实质上打破了终局性规则取得的利益均衡，再审程序作为纠错防错的救济程序具有程序自治和促进司法独立的作用。①

二、审判监督程序的启动困境

审判监督程序包括启动程序和审理程序两个递进部分：其中启动程序是指当事人提出再审申请后由有关司法机关（法院、检察院）审查判断是否满足启动条件并决定是否进入审理程序，此环节又可称为申请再审阶段，我国实践中称之为申诉复查或申诉审查阶段。

有学者以案件当事人及其法定代理人、近亲属启动再审程序和检察院、法院启动再审程序上的不平等为研究视角，认为我国审判监督程序的启动在立法上存在三方面问题：第一，所谓再审程序从再审立案开始，只是对于法院和检察院而言，而对于当事人及其法定代理人、近亲属而言，再审立案之前设立了极为苛刻的审查程序；第二，虽然《刑事诉讼法》为当事人及其法定代理人、近亲属规定的再审申诉理由与《人民检察院刑事诉讼规则》规定的再审抗诉理由一致，但由于两者适用不同的再审立案程序，以及该理由本身的规定缺陷，因而表面行文一致的再审立案条件在当事人那里与在法院、检察院那里有着天壤之别；第三，在整个再审启动程序中，当事人自始至终都不是提起再审程序的主体，其

---

① 卞建林，桂梦美. 启动刑事审判监督程序的困境与出路. 法学，2016（4）.

申诉与其他的机关、团体、企事业单位或群众等对生效判决、裁定所提出的意见或情况反映一样，只是一种请求。①

另有学者从冤假错案救济困难的角度，认为我国审判监督程序在实践中确有困难。体现在：一是从媒体曝光的刑事冤案来看，犯罪嫌疑人、被告人及其近亲属申诉很难启动审判监督程序。二是很多冤案得以纠正的原因都极为偶然。从近年媒体披露的冤案来看，被告人之所以最终被认定为无罪，大多数都是因为真凶出现或命案中被害人"复活"这些极为偶然的因素，因检察机关、法院认为原审裁判存在错误而主动纠正的极少。三是有些案件即便在真凶出现或被害人"复活"后也很难启动审判监督程序。从近年媒体披露的冤案来看，有些案件即使在真凶出现或被害人"复活"后，有关机关也拒不纠正，甚至千方百计阻挠纠正。四是许多冤案从被告人被错判有罪到认定无罪经常要经过几年，甚至十几年。②

还有学者认为启动我国刑事审判监督程序的困境还体现在以下方面。一是刑事审判监督程序的行政化色彩浓厚。有关机关只要认为确有错误就可以提起再审而不限定是否有利于被告人的利益，这种不以人权保障为理念却仍坚守"实事求是、有错必纠"的犯罪控制理念属于典型的行政职权程序化模式，而不具有"诉讼"的特征。二是启动理由抽象宽泛、不具有可操作性。重新审判的情形中，对于"新证据""证据不确实、不充分、依法应当予以排除""适用法律有错误""程序违法""审判人员有违法失职行为"等条件如何理解没有具体规定，尽管有关司法解释或文件给予了相应说明，但仍然是比较抽象、宽泛而不具有可操作性的，甚至导致启动存在任意性。三是法院、检察院可以直接启动审判监督程序。法院主动提起再审违背控审分离、不告不理、中立性以及被动性和消极性的现代刑事诉讼原则与原理，造成法院自身角色重叠即既当运动员又当裁判员的司法不公局面。申诉人与检察院抗诉地位不平衡的事实严重违背了控辩平等原则，片面夸大了检察院的法律监督职能，使法院的生效裁判受到严重威胁，不利于保障程序的安定性和裁判权威性。四是启动程序未区分是否有利于被告人再审的类型。五是如何审查、如何复查以及管辖法院不清。六是启动审判监督程序申诉、抗诉期限不明。③

对于以上问题的解决，很多学者提出"对再审申诉进行诉讼化改造"的主张，而这种改造必须建立在控辩平等和司法中立的基础之上，只有使被告人和检察院能够平等面对中立的第三方，才有可能实现这一目标。除此之外，在案件启动之后、正式再审之前，现行刑事诉讼法及相关司法解释对申诉所规定的审查程序应当予以保留，并把检察院的再审抗诉也纳入该审查的对象范围之内，这样，既是对生效判决既判力的一种维护，可以防止控辩双方滥用再审诉权，也是再审程序和二审程序的区别之一。有关这一问题，很多学者主张，"接受再审申请的法院应以诉讼方式对此申请进行审查……应在控辩双方的同时参与下，举行听证程序"④，通过听证会，使当事人能够积极有效地参与到诉讼程序中来。⑤

---

① 元轶. 比较法视野下的中国刑事再审程序改造——从俄罗斯刑事再审程序谈起. 比较法研究, 2010 (6).
② 陈永生. 冤案为何难以获得救济. 政法论坛, 2017 (1).
③ 卞建林, 桂梦美. 启动刑事审判监督程序的困境与出路. 法学, 2016 (4).
④ 陈瑞华. 刑事再审程序研究. 政法论坛, 2000 (6).
⑤ 胡铭. 联合国刑事司法准则视野下的再审程序改革. 研究生法学, 2005 (1).

因为即便是正式的再审程序，法官也不过主要是在原生效判决已确定的事实基础上对有关的法律问题进行审理，其法庭审理程序并不需要依照事实审程序进行，只要控辩双方出庭、进行简单的陈述、表明各自的观点即可。同时，考虑到目前我国激增的申诉案件数量，所以，作为正式再审程序前置程序的再审审查程序不应叠床架屋式地采用与正式再审程序类似的开庭审理方式。只要采取书面审理的方式，并保证由原审法院的上级法院的法官对申诉和抗诉进行全面审查，就完全可以在提高司法效率的同时，保障控辩双方的再审申诉（抗诉）权。

三、审判很难纠正侦查、起诉阶段的错误

就制度设计而言，刑事诉讼从侦查、起诉到审判，从一审、二审到死刑复核审判监督，应当是一个不断纠错的过程，但是在我国实践中，公、检、法机关之间以及不同审级的法院之间过度强调相互配合，而轻视相互制约，后续的办案机关对此前的办案机关所犯的错误经常采取容忍，甚至袒护的态度，结果是前面的阶段犯下的错误在后面的阶段很难得到纠正。

有学者认为造成这一问题的原因主要是：（1）公、检、法三机关诉讼地位不合理，侦查、起诉、审判三阶段的纵向结构严重扭曲；（2）地方党政部门介入具体案件的处理，削弱甚至取消了刑事诉讼的内在制约机制；（3）对申诉再审的审判与审查机关规定不合理，导致当事人申诉很难启动再审程序；（4）《国家赔偿法》对赔偿义务机关的规定不合理，导致办案机关为逃避赔偿义务而拒绝纠正错案。[①]

四、关于有利于被告人再审的类型

有学者认为，对于启动程序的提起理由和适用条件，我国刑事诉讼法未规定任何有利和不利的区分，对提起不利于被告人的再审无任何附加严格条件，如新证据、被告人自白、限制被害人申诉等。司法机关只要相信生效裁判确有错误便能启动再审，而不论这对被告人是否有利。法律监督机关的抗诉导致被告人可能被反复追究或加重其刑罚，与再审理论上不得恶化被告人诉讼地位和再审不加刑原则是相背离的，不利于被告人的人权保障。[②] 对此存在两种解决思路。

有学者认为，应当建立再审不加刑原则。德国刑事诉讼法典规定了"再审不加刑"原则，即对为被告人利益提起的再审，无论提出该申请的是被告人还是检察机关，法院经过重新审判，不能作出不利于被告人的变更。我国刑事诉讼法没有规定"再审不加刑"原则，却强调了再审程序的纠错功能，导致为被告人利益的再审的结果也可能是加重被告人的刑罚，这对鼓励被告人行使法律所赋予的权利是不利的，应考虑借鉴德国的做法。[③] 但有学者对此观点不太认同，因为绝对禁止不利于被告人的再审就如同绝对禁止对生效判决的再审一样，是极端教条的做法，实不可取，而不对不利于被告人的再审进行严格的限制，则会违背人权保障的基本要求。这两者之间，存在一个黄金分割点，由于国别的不

---

① 陈永生. 冤案为何难以获得救济. 政法论坛，2017（1）.
② 卞建林，桂梦美. 启动刑事审判监督程序的困境与出路. 法学，2016（4）.
③ 方华. 刑事再审程序存在的问题与立法应对. 人民检察，2010（5）.

同，这个点的位置可能会因一定的具体国情有些许差别。①

另有学者认为，应当细化"新的事实""新情况""新证据""确有错误"等内涵，并还要规定再审的类型，即有利于被告人的再审和不利于被告人的再审。有利于被告人再审的理由可以规定如下情形：（1）发现原判决依据的物证、书证是伪造或变造的，或者原判决所依据的言词证据经查是不合法手段获取或不真实的；（2）新的证据或者新发现的情况可以证明被告人应当被判定无罪或者较轻刑罚的；（3）发现原判决所采纳的证人证言、鉴定意见或者翻译是虚假的；（4）参与该案的原有关人员在办理本案履行职务过程中有违法行为的；（5）原判决在适用法律上的错误导致罪名错误、量刑过重的；（6）作为原判决所依据的其他判决已被依法撤销或者变更的；（7）原案诉讼过程中存在严重程序违法情形的，可能影响公正审判的。不利于被告人再审的理由需要更加严格的限制，可以设计如下情形：（1）严重犯罪因原判证据不足被判无罪，现有新的证据证明被告人实施了犯罪行为的；（2）被判无罪之后在法庭外做了值得令人相信的严重犯罪行为自白的；（3）原审时被采纳的对被告人有利的物证、书证、证人证言等证据是伪造或者变造的；（4）为了被告人利益而参与该案的原侦查人员、检察人员、审判人员在办理本案过程中有收受被告人贿赂、徇私舞弊、枉法裁判行为的；（5）有证据证明原案被告人串通证人、鉴定人、翻译人员致使他们作了伪证、虚假鉴定和翻译的。②

五、审判监督程序的管辖问题

刑事再审案件的管辖欠缺合理性。在申诉管辖上，刑事诉讼法对申诉人向哪一级人民法院或人民检察院提出申诉未予限制，这意味着原审法院或上级法院均有可能对原审裁判进行再审，为互相推诿留下借口，也不利于司法资源优化配置，必然增加司法公正成本。因此，为了充分有效地实现再审之诉的作用，有必要明确法院之间再审案件的管辖权，限由终审法院的上一级法院受理再审之诉，比终审法院自己纠正自己更切实有效。当然，这会增加上级法院的工作压力，但随着对再审之诉的事由作出严格限制，这样的案件数量将会大大减少。③

---

① 元轶. 比较法视野下的中国刑事再审程序改造——从俄罗斯刑事再审程序谈起. 比较法研究，2010（6）.
② 卞建林，桂梦美. 启动刑事审判监督程序的困境与出路. 法学，2016（4）.
③ 方华. 刑事再审程序存在的问题与立法应对. 人民检察，2010（5）.

第四章 执 行

刑事诉讼中的执行,是指人民法院将已经发生法律效力的判决和裁定交付执行机关,以实施确定的内容及处理执行中的诉讼问题而进行的各种活动。刑事执行是国家刑罚权的直接表现形式,也是实现国家刑罚目的的根本保障。关于执行体制,有学者认为,实现审判权和执行权相分离的体制是司法改革的重要任务,应当确定路径选择,从机制到体制加以设计;机制解决审判权与执行权既分离又衔接的运行方式,体制是在此基础上的审执分离的组织架构。该学者认为,人民法院审执合一的机制应当是审执分离改革中必须注意的关键点,改革的渐进性是基于我国审执机制的制度与实践现状,是基于执行权和执行程序内在的司法性要求。[1]

第一节 自由刑的执行

有学者认为,对罪犯执行刑罚是国家授予监狱的职责,监狱环境的复杂性和管理对象的特殊性,要求赋予监狱在狱政管理、劳动改造、教育、生活卫生等方面广泛的自由裁量权,提出应当构建一个由立法规制、司法审查和行政执法控制的法律监控体系对监狱自由裁量权予以控制。[2]

有观点指出,监狱体制改革促进刑罚执行活动的科学化和规范化,监所检察部门应当适应该规律,推进监狱检察规范化和制度化建设,夯实监狱检察基层基础工作,完善检察纠正违法和检察建议制度。[3]

有学者对监狱领域适用"修复性矫正方案"的问题做了实证研究,认为现行矫正方案中缺乏对被害人的关注,服刑罪犯对赔偿被害人的理解认识不清,提出监狱可以根据未成年人和女性罪犯的特殊性向其推行修复性矫正方案,对老病残犯实行"以人为本"的处遇举措,要注意在实施修复性司法矫正方案的过程中对监狱干警的权益保障,保证罪犯的劳动所得。[4]

有学者对监狱功能及其影响因素做了考察,梳理了相关学术评论,认为监狱功能可以从

---

[1] 洪冬英. 论审执分离的路径选择. 政治与法律, 2015 (12).
[2] 张坚. 论监狱自由裁量权及其控制. 法学评论, 2007 (6).
[3] 最高人民检察院监所检察厅课题组. 监狱改革背景下中国监狱监察制度的改革与完善. 中国刑事法杂志, 2009 (8).
[4] 鲁兰. 监狱适用"修复性矫正方案"调研报告. 刑事法评论, 2009 (1).

国家、社会、犯罪人和被害人的主体方面进行分析，以实现监狱功能并克服其局限。[1] 有学者通过分析当前社区矫正试点中存在的问题，探索我国社区矫正试点的途径、社区矫正制度立法、模式分析三个方面，强调理解和认识社区矫正制度的必要性，重点分析了社区矫正试点与矫正对象重新犯罪的问题、社区矫正工作者的警察编制待遇问题，提出了增强社区试点的领导力量、筹建完善社区矫正工作机构、引入科学的罪犯分类及心理矫治方法的建议。[2]

有学者分析了司法所作为社区矫正执行机构的优势与局限，论述了在我国设置社区矫正专门工作机构的必要性，提出应当设置在县级司法行政部门，建立专职工作队伍，抓住重点工作环节以完善其工作机制。[3]

有学者分析了我国社区矫正工作存在的问题及原因，提出应当从转变刑罚观念、完善相关立法、加强社区工作、鼓励社会参与、发挥检察机关作用等方面完善社区矫正制度。[4] 有学者认为，我国社区矫正的司法实践对帮教的关注大大超过了对惩罚的关注，矫枉过正的行刑理念导致了社区矫正发展方向的偏差，应当平衡社区矫正的惩罚性与恢复性之间的价值冲突，在承继与发展柔性矫正措施的基础上，梳理与完善刚性矫正措施体系。[5]

有学者分析了检察监督在社区矫正中存在的问题，认为检察机关在社区矫正的检察监督中应设立社区矫正决定前的人格调查制度，应享有社区矫正建议权、提出纠正意见权、抗诉权及追诉职务犯罪权，检察机关应当维护矫正对象的合法权益，建立健全对社区矫正中日常奖赏、施处公益劳动等执行活动的监督制度，保证社区矫正工作的合法性。[6]

有学者认为，社区矫正被定位为刑罚执行的惩罚改造功能与基层治理的安置帮教任务的结合，没有普遍地为被害人、社区提供恢复性意义的会商程序与修复结果，说明了"恢复性司法进路"的局限性。其认为应当重视行政权内部的职能调整，以及行政权与司法权之间的功能协作，从而确定社区矫正的法理依据与刑事政策意义。[7] 有学者认为，社区矫正既是刑罚执行制度的重要改革，是创新社会管理的重要内容，也是严肃的刑事执法活动，应当有专门的法律予以规制。该学者认为，社区矫正是建立在社区自治基础上的一项法律制度，也是政府移交社区的公共事务。社区矫正机构属社区居委会序列，在社区党组织、居委会的管理下开展社区矫正工作，公检法司在社区矫正中代表国家，依各自职能实施司法审判、法律监督和行政执法、业务指导等工作。在社区矫正工作中国家权力与社区自治权的有机结合，体现出在刑罚执行制度上的一种社会管理模式。[8]

有学者对我国东部地区某市5年的相关数据进行了统计分析，发现社区矫正人员的犯罪率低于监狱、看守所刑满释放人员的，认为社区矫正确实能够有效预防与减少重新犯罪。[9]

---

[1] 汪勇. 监狱功能的多元视角探析. 刑事法评论, 2009 (2).
[2] 鲁兰. 论推进社区矫正试点之制约因素. 法学评论, 2007 (6).
[3] 但未丽. 社区矫正执行机构的重建及运行机制探讨. 法学评论, 2008 (5).
[4] 张凯, 姚宏科. 社区矫正分析. 中国刑事法杂志, 2009 (9).
[5] 宗会霞. 从"矫枉过正"到"刚柔并济"——从我国社区矫正理念重塑及实务探索. 政治与法律, 2011 (5).
[6] 钟文华, 王远伟. 社区矫正检察监督研究. 中国刑事法杂志, 2010 (11).
[7] 徐俊驰. 社区矫正的刑事政策意义：兼论恢复性司法进路的局限. 中国刑事法杂志, 2012 (3).
[8] 刘爱童. 社区矫正法律制度研究——以城市社区为视角. 法学评论, 2012 (6).
[9] 吴卫军, 徐如红, 任永芳. 社区矫正能否有效预防与减少重新犯罪？以东部某省H市2007—2011年数据为对象的个案分析. 中国刑事法杂志, 2013 (10).

减刑是刑罚执行变更活动之一,是我国刑事立法的一个创举,对于贯彻惩办与宽大相结合的刑事政策、化消极因素为积极因素、有效实现刑罚目的具有重要意义。有学者考察了我国的减刑制度,发现其程序设置与正当程序的要求相距甚远。由于刑法、刑事诉讼法对减刑制度的规定简单粗疏,监狱在其中拥有非常大的自主空间,可以自行制定诸如计分考核、分级管理等奖惩制度,考量罪犯是否满足减刑条件,使罪犯不敢发表意见,减刑难以真实、公允。法院对监狱呈报的材料,既没有复核的能力,也不愿花费复核的功夫,法院否决减刑的案件微乎其微,减刑案件的审理质量普遍不高。减刑改变了罪犯所受刑罚的具体执行,罪犯及被害人的利益与之关涉最大,却没有程序参与的机会,而是被粗暴地排除在程序之外。法官在监狱呈报的材料中看不到其他意见,秘密的书面审理也成为一种过程,社会公众也无法参与其中。可以说,这样的减刑程序表现出来的是鲜明的行政色彩,法律没有赋予罪犯和被害人诉讼主体的法律地位,有违程序正义。该学者认为,减刑是对刑罚的变更,属于司法裁判的范围,因此应当按照完全的庭审程序进行,由罪犯提出减刑申请,检察院和被害方作为监督方出庭,监狱管理人员和相关罪犯作为证人出庭,法官亲自主持庭审,在充分考虑各方参与者的意见的基础上居中裁决。此外,还要求监狱对罪犯的考核真实,明确罪犯享有的知情权、申请减刑权、提出异议权、复核权、质证权等权利,允许律师介入减刑程序,征求被害人意见、吸纳专业人士作为陪审员参与减刑案件审理,明确审理期限,赋予罪犯对减刑裁定的上诉权,规范减刑申请次数和时间间隔。坚持以司法裁判权为中心,形成科学合理的减刑制度,并在程序正义的基础上最大限度地实现减刑结果的公正。①

有学者对减刑、假释的开庭审理机制作了反思,认为减刑、假释的开庭审理具有公开审理徒有其名、社会公开和外部监督有限、缺少辩论的展开、庭审囿于考核成绩、内部监督制约不明显等形式化问题。建议在监狱旁建设专门法庭保证庭审公开,完善审判构造,检察机关积极主动参与庭审,引入辩护代理制度,完善不服法院裁判的救济程序,破解减刑、假释开庭审理的形式化困境。②

有学者认为,为抑制部分已获减刑的罪犯在服余刑期间抗拒改造,构建发生型减刑撤销制度以顺应我国刑罚执行需求,这体现了行刑效益原则,合乎有错必究、宽严相济的刑事政策,有利于我国刑罚特殊预防目的的实现。为维护罪犯合法权益,在保障罪犯充分参与减刑撤销裁定制作过程的同时,通过在监管机构增设人大秘密信箱以畅通罪犯不服减刑撤销裁定的申诉渠道。该学者认为,因现实必要性和可操作性不足,现阶段我国不宜实施罪犯刑满释放后减刑撤销机制。③

有学者对减刑、假释的目的进行了反思,认为我国减刑、假释以教育、矫正犯罪人为目的,但这种理想化的目的定位在实践中因操作困难而并没有得到真正实现,反而沦为空洞口号。减刑、假释的实质依据均是"有悔改表现",而悔改表现的具体衡量标准则是日常的计分考核,因而计分考核结果是减刑、假释的直接判断标准。然而无论考核内容如何细化,都难以与教育、矫正目的对接。且近年来,媒体曝光的减刑、假释过程中司法腐败

---

① 于同志,陈伶俐. 论减刑程序的正当化. 中国刑事法杂志, 2006 (3).
② 刘天响. 减刑、假释开庭审理形式化之检讨. 中国刑事法杂志, 2011 (11).
③ 宋高初. 论减刑撤销. 中国法学, 2014 (6).

现象很多。基于悔改表现的减刑、假释的主要判断标准是计分考核，而计分考核由监狱干警操作，监狱干警有较大的自由裁量权，因而无论如何细化标准，都难以避免权力寻租。由于教育、矫正效果要依靠具体的考核分衡量，因而直接的结果就是，那些能得到较高考核分的服刑犯更容易获得减刑、假释。现实中，那些头脑灵活、善于伪装、目标明确的服刑犯一般能获得较高的考核分；而那些真正老实改造，却因无一技之长，行动迟缓的服刑犯的考核分往往较低。此外，减刑、假释后再犯罪的现象也比较严重。将教育、矫正作为减刑、假释目的之所以会导致这些问题，主要有以下两方面原因：第一，将教育作为刑罚的本质与目的存在定位上的根本偏差。第二，教育、矫正的效果难以测定。西方国家最初设立减刑、假释制度，并不是为了教育、矫正犯罪人，后来教育刑论者试图以教育、矫正作为减刑、假释目的，最终却走向失败。晚近以来，重返社会思想因关注未来、帮助犯罪人重新适应社会生活而逐渐受到重视，不少国家以重返社会思想为指导，改革调整其减刑、假释制度，扩大渐进释放范围。我国减刑、假释的目的当转向重返社会，并构建以自动给予的减刑为基础的假释制度。这种制度中，给予减刑和假释是自动的，不和正面考核挂钩，犯罪人不再"唯分是举"，虚假表现。监管人员也不用劳心费力地"日记载、周评议、月公布"，只需要监督犯罪人遵守规则，履行基本义务，因而可以避免将计分考核作为减刑、假释实质依据和判断标准的弊端，减少监管人员的工作负担。并且这种制度可以有效减少监狱人口数量，促进监狱高效有序管理。信用假释制度有利于实现减刑、假释程序公正。[①]

  有学者对司法实践中暴露出来的违规、违法减刑、假释现象进行了反思，对我国减刑、假释程序予以检视，发现在监狱、法院、检察机关的相关工作中都存在着一些问题。在监狱提请减刑、假释的程序中，虽采取提议、申请、审查、决定的方式，形成的却是减刑、假释机制在监狱系统的"内循环"，外界很少能够有机会参与和干预。尽管法律当中也规定了"公示"的制度，但该"公示"的受众极为有限，仅是在监狱内部对警察和其他服刑罪犯进行公示，也不方便其他机关和人员的参与和监督。在此种单方面、不透明、少制约的程序下，一旦出现权力滥用，极容易导致一些不符合减刑、假释条件的服刑人员材料被报送至人民法院。在法院审理减刑、假释的程序中，法院更加注重审理活动的公开性，使服刑人、检察机关和刑罚执行机关均可参加减刑、假释程序，服刑人可以陈述理由，而这样做存在的缺点也颇为明显：法官不了解服刑人员的改造情况，需要刑罚执行机关的辅助。此外，公示期间提出不同意见的人（主要是被害人及其家属）究竟是以何种法律地位参与到减刑、假释案件当中，不仅法律没有明确规定，在理论上也鲜有论述。在检察机关对减刑假释案件的监督中，"运动式"的检查工作取得了一定的效果，纠正了大量的违规减刑、假释案件，同时也遏制和震慑了有关部门人员的违规操作，但是难以从根本上解决减刑、假释制度中存在的问题。减刑、假释制度的封闭性导致其缺乏公众的有效监督，以书面审理为原则、以开庭审理为例外的庭审方式已经难以承担减刑、假释的重任。针对上述问题，有学者认为部分试点地区探索的减刑假释听证制度取得了不俗的成绩，应当将刑事听证引入减刑、假释程序之中，加强公民参与司法，建立减刑、假释提请听证和减刑、假释审理听证制度。听证与庭审相比，裁决的主体、内容、流程不同，程序的其他

[①] 张亚平. 减刑、假释的目的反思与制度变革. 现代法学，2015（6）.

参与人不同,公民的参与方式不同、对抗性不同、举行地点不同。听证在形式上表现为召开听证会,即利害关系人、非利害关系人齐聚一堂,当面、直接、公开表明自己的意见。与书面审理相比,听证制度避免了程序的封闭性和纸面化。与开庭审理相比,听证制度减少了对抗,提高了效率。该学者建议,要构建起我国的减刑、假释听证制度,应当从减刑、假释提请听证和减刑、假释审理听证两个环节进行,并从听证的内容、程序设计、证明标准等方面进行讨论。[①]

有学者对我国减刑、假释的关系进行了反思,认为我国存在着减刑排挤假释的现状,减刑、假释的适用率相差极大,假释基本被搁置不用。之所以存在这样的现象,其根本原因在于制度设计不尽合理。对执行机关来说,减刑是便捷而有效的控制工具,可以控制犯人行为,维持监狱纪律。对犯罪人来说,减刑周期较短,犯罪人经过短时间的努力,就可以立竿见影地获得相应的奖励,因而更容易刺激其努力表现。对执行机关来说,减刑也基本不存在误判的风险,也不会因误判而承担相应的责任。但是,对犯罪人来说,减刑非但不能起到预想的促进悔改的效果,反而还存在其他弊端。犯罪人很容易急功近利地积极表现,甚至是虚假表现,骗取考核记分,进而骗取减刑。犯罪人因减刑提前释放以后,不再接受任何形式的后续监督和帮助,这不利于他们逐渐过渡到正常的社会生活。与减刑的周期性和反复适用性相比,假释只能一次性适用,更有利于促进犯罪人悔改,但不利于执行机关控制犯罪人行为,维持机关纪律。对执行机关来说,假释中"没有再犯罪的危险"之条件,犹如一把悬在其头上的达摩克利斯之剑,使其时刻面临因误判而被追责的风险。在减刑、假释并存且相互独立的关系模式下,执行机关必然选择减刑而抛弃假释。该学者对国内对于减刑假释的改革观点进行了评析,又梳理了域外减刑假释关系的现状,发现当今世界减刑和假释的关系并没有统一的模式,减刑假释的不同关系模式差别主要在于对以下四个关键问题的认识和选择:一是减刑、假释并存是否为立法的重复与浪费的问题,二是减刑的实质条件应是良好表现还是"不坏"的问题,三是先减后撤还是事后减刑的问题,四是如何安排减刑和假释的关系。该学者分析后认为,应从总体上对我国减刑、假释制度进行综合改革,使减刑和假释分别发挥其功能优势,构建以自动给予的减刑为基础的提前释放制度。信用假释制度以自动给予的减刑为基础,监管人员不用煞费苦心地考察犯罪人的良好表现,因而会更加客观、公正、高效。犯罪人在刑罚执行过程中及假释期间,可因不良表现而随时撤销减刑及假释,因而自始至终能自我激励,自我约束。信用假释对于每个人都是平等的,因而能得到绝大多数犯罪人心理上的接受,减少因减刑、假释不公而导致的对抗情绪,从而使其安心改造,遵规守纪。[②]

有学者利用实证研究的方法,对我国减刑程序的公平性开展研究。该学者通过对1 700余份减刑裁定书的研究和对减刑实务人员的深度访谈,了解到我国减刑的运行实践。研究发现,2013年以前,受社会关注的"三类罪犯"的首次减刑和非首次减刑系数均高于非三类罪犯的,2014年以后,三类罪犯的减刑更加严格。该学者分析认为,中国控制三类罪犯减刑的实践效果一定程度上挑战了当事人能力理论的普适性,说明在研究转型中

---

① 程绍燕. 我国减刑、假释听证制度研究. 政法论坛, 2016 (4).
② 张亚平. 我国减刑、假释关系之反思与重构. 法律科学, 2016 (4).

国司法问题时，应更多关注"程序正当性"与"政策影响力"这两个因素的重要性。对三类罪犯减刑的运动式治理既收到了突出的成效，也暴露着当前改革资源配给有限的瓶颈和无奈。法律和司法解释对减刑的规定仍较为笼统，而且各地执行政策时的宽松程度会造成不同省份之间、不同监狱之间的差别。刑罚执行机关的减刑操作标准也较为粗疏，检察机关对减刑的监督功能发挥受限。该学者认为，我国减刑规范呈现出多元性和复杂性，减刑实践的运行情况也与减刑规范的宏旨有较大的鸿沟，基层减刑主体的行动逻辑很大程度上不是法律中心主义的，甚至不是司法解释中心主义的，相反更可能是政策导向的和地方主义的，法律面前人人平等或"减刑不阿富贵"的立法理念并没有很好地贯彻到执法实践和司法实践中。因此，该学者提出一种既能配合程序正当化改革方案，又不破坏或抵消程序正当化改革举措的新进路，即技术检测进路。所谓技术检测进路，主要是采取一些微观的监测手法来发现实务操作中的一些问题，如个别司法人员因寻租、滥用裁量权、经验不足等原因，而对服刑人员的减刑裁定显著偏离以往整个组织的常规减刑操作。[①]

第二节 财产刑的执行

关于财产刑执行制度的完善，现有研究主要从财产刑执行的理论基础、财产刑执行的程序与规则、财产刑执行检察监督制度三个方面进行。对财产刑执行的理论基础的研究大多采用理论分析的研究方法。有学者提出财产刑具有公法上的债权属性，因此可以从民事实体法和民事程序法的角度为财产刑执行提供理论基础。[②] 有学者进一步指出，具有债权属性的财产刑执行应当设置检察机关扮演执行债权人角色，具有公法属性的财产刑执行应当设置公安机关担当威慑主体，在此基础上完善财产刑执行制度。[③] 也有实务界人士以财产权的公法债权属性为基础，剖析财产刑执行权构造，定位侦查机关、检察机关、人民法院审判和执行部门在财产刑执行中的职能，提出以执行权力的优化配置顺畅执行体制、提高执行效率。[④] 财产刑执行程序与规则的完善大多采用实证主义和对策法学的研究方法。调查显示，从 2004 年到 2014 年，财产刑的执行状况都不尽乐观，财产刑执行率低，执行规则缺失，执行方式单一，执行手段难以发挥作用。学界和实务界人士试图以立法机制的完善解决财产刑执行中存在的问题，提出了合理配置执行权力、完善执行程序规则、建立财产刑执行协助人制度，探索诉前财产调查与控制制度、被告人财产状况附卷移送制度、财产刑预缴保证金制度、财产刑易科制度、财产刑缓刑制度等制度创新，完善财产刑配套制度建设，为财产刑执行制度的顺畅运行提供了多种建议。[⑤] 有学者从制度性问题入手，

[①] 林喜芬. 中国减刑程序公平性的实证研究. 中国法学, 2016 (6).
[②] 肖建国. 论财产刑执行的理论基础——基于民法和民事诉讼法的分析. 法学家, 2007 (2).
[③] 黄忠顺. 论司法机关在财产刑执行中的角色分担. 中国刑事法杂志, 2014 (1).
[④] 上海市第二中级人民法院课题组. 财产刑执行权的优化配置. 人民司法, 2015 (9).
[⑤] 重庆市第一中级人民法院课题组. 财产刑执行情况的调查报告. 西南政法大学学报, 2004 (9)；上海市第一中级人民法院课题组. 财产刑执行机制之构建——以上海法院财产刑执行情况的实证分析为基础. 人民司法, 2006 (6)；朱和庆, 赵秉志. 财产刑执行的调查与研究. 北京: 人民法院出版社, 2007 (1): 3-85；韩玉胜, 沈玉忠. 财产刑执行完善路径之探寻. 政法论丛, 2009 (1)；胡茜筠, 李哲, 常健. 财产刑执行情况调研分析. 人民检察, 2013 (4)；李存国, 等. 财产刑执行实证研究. 人民检察, 2014 (7).

分析认为财产刑执行中法院与被执行人之间的二元程序构造是产生财产刑执行问题的根本原因，应当通过引入检察权，形成多方主体参与的财产刑执行程序，并据此设计执行制度。[1] 还有学者提出，财产刑执行程序的完善应当以诉讼化为方向，建立起涵盖执行的启动、实施、变更、中止与终结及保障机制的完整执行程序。[2] 财产刑执行检察监督作为财产刑执行制度的重要组成部分，早在 20 世纪 80、90 年代就有学者提出了其中存在的问题和解决方案。[3] 近年来，随着实务界对刑事执行检察监督的重视和实证研究方法的兴起，该问题的研究有了新的视角，学界和实务界提出的财产刑执行检察监督的制度性建议更具针对性。[4] 相关文章及著作对财产刑执行的理论及实务问题均有所涉猎，许多建议具有创新性，对财产刑执行制度的丰富与完善作出了贡献。

关于罚金刑执行制度的完善，我国刑事法学界围绕罚金刑执行难题及其解决展开了讨论。有学者认为罚金执行案件激增，执行无法可依，罚金执行案件自身的特殊性和法院客观条件有限等是罚金刑执行难的原因，认为应完善罚金运行的相关制度保障，并从罚金裁判和执行两个方面解决罚金刑空判的问题。[5] 有学者对罚金刑执行难的成因予以分析，认为要克服罚金刑执行难题，重点在于完善制度设计。[6] 有学者注意到司法实践中受刑人因受到监禁、失去人身自由而无法缴纳罚金的情况，提出了建立罚金缴纳义务人和罚金实际缴纳人相分离的制度作为解决罚金刑执行难问题的实践路径。[7] 有学者从我国实际出发，批评了罚金易科制度、无限期追缴罚金制度和罚金缓刑制度的水土不服，主张从刑事实体法上废除单处罚金制、将必并制改为得并制、收取罚金保证金，从而解决执行难问题。[8] 有学者从司法的角度，对罚金刑的裁量和执行情况进行了实证分析，以图表的形式展现了罚金刑执行率的实际情况，针对执行难的现实，主张增加罚金易科自由刑的规定，完善罚金刑的执行机制以保障罚金刑的执行。[9] 另有学者指出，解决财产刑执行难的问题，既要减少不当裁判，也要增强执行，提出在现行法律框架内建立异地委托执行制度，拓展财产刑强制执行的对象，建立财产执行状况与减刑、假释相挂钩的适用机制，建立健全财产刑执行机构与执行规范程序。[10] 还有学者从被告人、立法和司法机关三个方面总结罚金刑执行难的原因。[11] 可以说，相关研究对罚金刑执行难题的探究相当深入，为该问题的解决提出了许多具有说服力和启发性的建议。

关于没收财产刑执行制度的研究的数量比罚金刑执行制度的研究的数量少了许多，现

---

[1] 乔宇. 论财产刑执行的法律问题——以财产刑制度性执行难为中心. 法律适用, 2015 (10).
[2] 朱道华. 财产刑执行机制新探——以执行机制的诉讼化改造为视角. 河北法学, 2011 (6).
[3] 张雪姐. 财产刑执行监督问题初探. 国家检察官学院学报, 2004 (6).
[4] 尚爱国. 财产刑执行检察监督制度研究. 人民检察, 2013 (18). 南京市秦淮区人民检察院课题组. 财产刑执行检察监督问题研究. 时代法学, 2015 (4)；李兆梁. 财产刑执行监督问题研究——以海淀法院财产刑执行情况的实证分析为基础. 中国检察官, 2016 (5).
[5] 朱旭伟. 罚金执行难的成因和对策. 现代法学, 1998 (4).
[6] 王启江. 罚金刑执行研究. 北京：法律出版社, 2012：16-28.
[7] 周光富. 罚金刑执行难之克服. 政治与法律, 2003 (6).
[8] 刘明祥. 论解决罚金刑执行难题的立法途径. 法学家, 2009 (2).
[9] 王琼. 罚金刑实证研究. 北京：法律出版社, 2009.
[10] 袁登明. 寻求缓解财产刑执行难之道——在现有法律框架下的制度创建. 法律适用, 2010 (7).
[11] 刘世友. 从现实迈向理想——罚金刑执行完善路径之探寻. 法律适用, 2013 (1).

有研究主要围绕没收财产刑的理论困境、司法困境及制度完善进行。有学者指出，没收财产刑违背了刑罚现代化与经济性的要求，由于立法粗疏造成的执行难问题严重，在没收财产刑废除前应当严格限定其适用条件，建立没收替代和没收补偿制度，建立完善的没收执行程序。[1] 有学者通过对司法统计数据的分析，赞成保留没收财产刑，提出应当通过建立被告人财产申报制度、确立没收财产数额标准、完善民事债权优先偿还等提高没收财产刑执行实效。[2] 有学者通过对没收财产刑进行理论研究、历史考察、比较考察及实证分析，提出应当废除没收财产刑的立法建议，并以完善罚金刑和特别没收的方式实现财产刑的结构调整，顺畅财产刑执行机制。[3] 有学者主张限制适用没收财产刑，建议将其执行权统一交由司法行政机关行使，同时加大检察监督力度，以促进没收财产刑的执行。[4] 有学者以实证分析的方法指出了没收财产刑的司法困境，提出在废止前应当采取建立犯罪嫌疑人、被告人的财产调查制度、强化财产保全制度、规范没收执行程序、完善没收执行监督机制及委托执行制度等方法予以完善。[5] 现有没收财产刑的研究十分有限，在域外没收财产刑废除成为基本趋势的情况下，对没收财产刑存在于我国刑罚体系中的理论基础不无争论，需要对其深入研究。对仍处于刑罚体系中的没收财产刑的制度完善也需要以更加系统的视角，将其放置于整个财产刑执行制度中予以完善。

第三节　刑罚执行中的法律监督

有学者认为，刑罚执行监督的滞后影响了刑罚执行的效果。实践中暴露出来的监督范围不完整、内容不明确、效果不理想等问题，既有法治理念上的原因，也有法律制度本身和实践操作层面中的问题，应当加快刑罚执行监督的理念更新，加强立法保障，注重刑罚执行监督的功能发挥，促进监督机制创新，构建完善、高效、有序的监督体系。[6]

有学者认为，我国刑罚执行监督存在着执行监督理念定位偏差，执行主体分散，执行监督机构设置失当，刑罚交付执行、变更执行与执行本身制度错位，执行监督方式过简等问题，并提出了针对性的解决方法。[7] 有学者认为，我国刑罚执行监督中存在的问题，主要源于立法层面上不完善、监督体制本身的理念滞后和职能分配不合理等原因，有必要设定统一的刑罚法和刑罚执行机构，统一法院的刑罚执行变更权，赋予检察机关介入调查权与刑罚执行强制措施权，以此来完善执行监督的立法规范；同时，设置专门的刑罚执行监督部门，优化检察机关内部配置，以完备刑罚执行监督体制。[8]

财产刑执行检察监督是刑罚执行检察监督的重要组成部分。此前，检察机关对于财产

---

[1] 杨彩霞. 没收财产刑的困境与出路. 华东政法大学学报，2001（4）.
[2] 何显兵. 论没收财产刑的改革与完善. 中国刑事法杂志，2011（1）.
[3] 姚贝. 没收财产刑研究. 北京：中国政法大学出版社，2011：177-248.
[4] 史丹如. 没收财产刑适用研究. 中国人民公安大学学报（社会科学版），2014（6）.
[5] 万志鹏. 没收财产刑研究. 北京：法律出版社，2013：270-315.
[6] 周骏如，赵鹏. 刑罚执行活动中的法律监督问题. 中国刑事法杂志，2009（3）.
[7] 丁英华. 刑罚执行监督过程中的问题与完善. 中国刑事法杂志，2011（7）.
[8] 单民. 刑罚执行监督中的问题和对策. 政治与法律，2012（11）.

刑的执行监督基本属于检察监督的空白地带，监所检察部门也缺乏成熟的财产刑执行监督经验。有研究指出，监所检察部门要重视财产刑执行的监督工作，为完善财产刑监督机制奠定实践和理论基础，为财产刑执行监督创造良好的外部环境，并从建立健全发现财产刑执行违法机制、建立健全财产刑执行监督纠正违法及检察建议机制、建立健全财产刑执行监督保障机制等三个角度完善财产刑执行检察监督工作机制。①

有课题组对部分基层法院、检察院进行调查和座谈，分析了2 800多个案件，对财产刑执行监督的现状、财产刑执行监督的必要性、执行监督当中存在的问题、原因等方面进行了实证调查，发现财产刑执行中存在适用比例高但执结率较低、执行程序不尽规范等问题。财产刑执行检察监督中也存在介入监督被动，监督条款虚置，监督主体不明，人财物保障不足，监督方式单一、监督效力缺乏强制性等问题。财产刑执行检察监督不力的原因则在于监督意识缺乏，没有明确的法律规定，相关配套机制不完善，对其完善应当从理念、立法等方面入手，畅通信息渠道，确保检察机关对财产刑执行情况的知情权。课题组还对财产刑执行检察监督的工作机制和执行机制完善两方面进行了探讨。②

受传统的重自由刑、轻财产刑思想和相关制度缺乏或不完善等法律现状的影响，较长一段时期内，财产刑的适用、执行和监督均不规范，空判率高，有损刑罚的严肃性和权威性。加强对财产刑执行的检察监督是实践中面临的较为迫切的问题。有实务工作者结合工作中看到的财产刑执行监督的现状及发现的问题，提出了检察机关刑事执行检查部门对财产刑执行监督的方法和途径。检察机关一要监督人民法院依法正确适用财产刑，要实现有效监督，就要与公诉部门加强联系沟通，变"事后监督"为"事前监督"，既要监督人民法院建立科学的财产刑数额裁量机制，也要对不正确的财产刑判决裁定依法提起抗诉。检察机关二要对人民法院执行财产刑的情况依法监督，办理减刑、假释案件时，将罪犯执行财产刑的情况纳入罪犯悔改表现综合考核的范围，建立财产刑执行法律文书移交备案制度。检察机关三要监督监狱协助人民法院做好财产刑执行工作。检察机关四要监督看守所协助人民法院做好财产刑执行工作。检察机关五要监督社区矫正机构和公安机关协助人民法院做好财产刑执行工作。最后，检察机关还要逐步建立完善财产刑执行监督的相关机制，探索合理有效的监督途径。③

2016年3月13日，曹建明检察长在最高人民检察院工作报告中明确指出：检察机关将开展财产刑执行检察监督工作。学者们和实务界人士围绕"财产刑执行检察监督的深化与完善"的主题，分别从为什么要对财产刑执行进行检察监督、财产刑执行检察监督的范围、实践中检察机关主要采取了哪些监督手段和方法、财产刑执行检察监督的程序应该如何设置、检察机关如何完善与其他机关的财产刑执行信息共享机制、检察机关应从哪些方面入手进一步改进监督方式等角度进行了讨论。④

---

① 尚爱国. 财产刑执行检察监督制度研究. 人民检察，2013 (18).
② 南京市秦淮区人民检察院课题组. 财产刑执行检察监督问题研究. 时代法学，2015 (2).
③ 李自民，王晓景. 关于财产刑执行检察监督工作的思考. 河南社会科学，2015 (7).
④ 庄永廉，袁其国，熊秋红，万毅，刘计划，刘传稿. 财产刑执行检察监督的深化与完善. 人民检察，2016 (11).

第五章 特别程序

第一节 未成年人刑事案件诉讼程序

未成年人刑事案件诉讼程序,是指专门适用于未成年人刑事案件的侦查、起诉、审判、执行等程序的一种特别刑事诉讼程序,这是由未成年人不同于成年人的心理和生理特点所决定的。2012 年我国《刑事诉讼法》增设"特别程序"一编,专章规定了"未成年人刑事案件诉讼程序"。这标志着我国未成年人刑事案件诉讼程序立法走向成熟。

有学者对 2012 年《刑事诉讼法修正案(草案)》中关于未成年人刑事诉讼程序的规定进行了探讨,认为应当从程序法的角度对未成年人刑事诉讼程序的原则作出特别规定,明确无罪推定原则,增设特别帮助和保护原则,增加询问时辩护律师在场的规定,为刑事诉讼中的未成年人设置特别的程序法律后果,完善合适成年人在场制度和适用于未成年人的强制措施制度。[1]

有学者认为,我国未成年人审前羁押制度的实际运行状况不容乐观,涉罪未成年人羁押率较高,应当遵循国际准则,借鉴发达国家经验,针对我国未成年人刑事诉讼制度运行的弊端与特点,采取切断办案人员与案件之间的利益纽带,加强对公安、检察机关的外部制衡,实行审前羁押决定程序"准司法化",完善审前羁押替代性措施,改善被羁押未成年人的特殊处遇等措施,解决未成年人审前羁押问题。[2]

有学者认为,未成年人诉讼程序应当适度放宽附条件不起诉的可能刑罚条件,用前科消灭制度取代犯罪记录封存制度,同时规定讯问和审判未成年人时的律师在场权。[3] 有学者考察了未成年人犯罪记录封存制度的实施状况,认为需要从启动程序、决定模式等方面解决其规范化问题,加强对该制度执行的检察监督。[4]

有学者考察了合适成年人参与未成年人刑事诉讼程序的实践状况,认为合适成年人讯问时在场在维护未成年人基本权利的同时,也有助于促进讯问的顺利进行和改革办案人员

---

[1] 王敏远. 论未成年人刑事诉讼程序. 中国法学,2011 (6).
[2] 姚建龙. 未成年人审前羁押制度检讨与改进建议. 中国刑事法杂志,2011 (4).
[3] 汪建成. 论未成年人犯罪诉讼程序的建立和完善. 法学,2012 (1).
[4] "未成年人刑事检察制度"课题组. 未成年人犯罪记录封存制度的构建与检察监督. 政治与法律,2012 (5).

的询问方式，因而具有较高的认可度。但实践中也存在合适成年人地位与作用出现偏差及讯问时在场作用的实质性有待加强等问题，建议在实践经验的基础上对合适成年人参与机制的具体操作予以明确和细化。①

有学者认为，未成年人刑事案件社会调查制度是少年司法制度的重要组成部分，可以通过此项制度全面掌握未成年犯罪嫌疑人、被告人犯罪的原因，平时的表现以及可能被挽救的程度，有利于完善我国未成年人保护制度，有利于对未成年人正确定罪、合理量刑，规范未成年人刑事审判程序。建议从制度内容、调查方法入手，完善我国未成年人刑事案件社会调查制度。②

有学者认为，《刑事诉讼法》规定的未成年人犯罪记录封存制度在实施层面上存在许多外在障碍和内在缺陷，未充分考虑未成年人犯罪差异性对启动模式的不同需求，也没有对犯罪记录封存的具体实施、解封程序进行细致规范。该学者认为应当为法律实施提供客观保障，并通过法律解释对程序的启动、实施、解除等进行正当化改造。③

有学者对合适成年人询问时在场制度的实施状况进行了实证研究，认为该制度在基本实现了预设功能的同时，存在着形式化的问题，合适成年人在场表现过于消极，其职责难以实质履行。该学者提出，应当设计合理的具体制度和操作方法，纠正和防止形式化倾向，保障合适成年人在询问过程中实质性地履行职责。④

有学者从价值层面考察了未成年人附条件不起诉制度，认为未成年人附条件不起诉制度体现了刑事司法效率与犯罪特殊预防、刑罚主义与保护主义、未成年人福利与正当程序、个别处遇与处遇均衡等理念的冲突与平衡。⑤ 有学者认为，未成年人刑事审判应当不公开进行，其审判过程不应当公开，包括诉讼材料不公开、判决不公开、对媒体报道进行限制等，只有在与正当程序、被告人利益、新闻自由等利益平衡后才能确定是否公开审判，以确保未成年人利益与公众知情权的合理平衡。⑥

有学者认为，未成年人犯罪刑事诉讼程序的施行与适用，应当从四个方面展开：一是组织保证，加强未成年人犯罪刑事检察机构的专业化建设；二是模式延伸，拓展捕诉监防一体化的检察职能；三是人权保障，完善未成年人犯罪特殊检查制度；四是社会支撑，构建未成年人犯罪司法辅助体系。⑦

有学者从审查批捕、审查起诉、诉讼监督三个方面考察了上海市未成年人刑事检察工作的实践，认为可以从这三个环节进行制度创新，促进2012年修改的《刑事诉讼法》关于未成年人的专章规定的实施。⑧

---

① 何挺．"合适成年人"参与未成年人刑事诉讼程序实证研究．中国法学，2012（6）．
② 陈立毅．我国未成年人刑事案件社会调查制度研究．中国刑事法杂志，2012（6）．
③ 刘清生．规范与事实之间的冲突与弥合：未成年人犯罪记录封存制度的未来走向．中国刑事法杂志，2012（6）．
④ 何挺．合适成年人讯问时在场的形式化倾向及其纠正．中国刑事法杂志，2012（11）．
⑤ 陈晓宇．冲突与平衡：论未成年人附条件不起诉制度．中国刑事法杂志，2012（12）．
⑥ 高一飞，李维佳．审判公开的限度——以未成年人刑事审判为例．法律科学，2013（2）．
⑦ 樊荣庆．未成年人犯罪刑事诉讼程序的施行与适用．政法论坛，2013（5）．
⑧ "未成年人刑事检察制度"课题组．未成年人特殊检察程序实施制度研究——以上海的实践为样本．政治与法律，2013（10）．

有学者认为，现行法律对涉罪未成年人的教育与矫治的规定还较为原则，提出应当建立针对涉罪未成年人的专门的、规范的心理辅导与矫治系统，并遵循无偿、自愿、保密的原则，政府给予财政补贴支持。[1] 有学者认为，未成年人全面调查制度具有正当性基础，应当由公安机关、人民检察院、人民法院或者三机关委托或许可的有关组织、机构和辩护人进行调查，将调查报告作为证据使用，以完善未成年人全面调查制度，促进未成年人刑事司法制度的发展。[2] 有学者认为，《刑事诉讼法》规定的合适成年人参与诉讼制度法律效果较弱，应当强化合适成年人在场的法律效果，明确其职责并做好未成年人刑事案件的社会调查工作。[3] 有学者认为，公开宣判的方式不符合未成年人的隐私保护和少年司法矫正之宗旨，应当出于未成年人隐私保护、公众知情权、司法监督等价值平衡的目的，将未成年人判决有限公开，即原则上不公开宣判，无罪判决可申请公开，未成年人刑事判决文书采用隐去未成年人个人信息的网络有限公开模式。[4] 有学者对域外未成年人附条件不起诉相关制度进行了比较考察，认为我国应当逐步扩大未成年人附条件不起诉的受案范围，加强未成年人社会调查与附条件不起诉的衔接，增强所附条件的教育性，培育社会力量开展帮教及考察，提高获得有利结果的标准，适当减少对检察机关的掣肘，以完善我国的附条件不起诉制度。[5] 有学者考察了其他国家的未成年人司法模式，认为我国依附于成年人刑事司法体系下的未成年人犯罪处理方式难以实现惩罚与教育的双重目标，提出我国应当建立兼顾国家、社会、个人利益的恢复性司法模式，成立区别于成人司法的少年法院，建立平等对话的机制，以恢复和谐为目标，对未成年人进行保护教育和犯罪预防。[6]

第二节 当事人和解的公诉案件诉讼程序

1996 年《刑事诉讼法》及相关司法解释中均有刑事自诉案件以及附带民事诉讼案件和解的规定，刑事公诉案件的和解受到禁止，但实务中刑事和解的现象层出不穷。如何从理论上对司法实践中的"私了"进行回应，也成为这一时期学者们关注的话题。

有学者利用比较研究方法，介绍了西方国家的刑事和解理论与实践。西方国家的和解作为一种刑事思潮，发端于 20 世纪中叶，目的是恢复加害人和被害人的关系，兼顾被害人与犯罪人的利益，体现了刑事诉讼的经济性，刑罚的开放性、谦抑性，行刑的社会化等，是法律价值观变化的产物。该学者认为，西方司法实践中的刑事和解共有四种模式，分别为社区调停模式、转处模式、替代模式和司法模式。刑事和解的实践内容包括适用和解的条件、和解的进行、和解的行为几方面。该学者认为，西方的刑事和解是符合刑罚发展规律的，建议借鉴西方国家的刑事和解理论与实务，对我国的刑事诉讼法作出改革。[7]

有学者分析了西方刑事和解背后的理论基础，分别对恢复正义理论、平衡理论、叙说

---

[1] 雷小政. 涉罪未成年人心理辅导与矫治机制改革. 中国刑事法杂志, 2014 (1).
[2] 曾新华. 未成年人全面调查制度若干问题之探讨. 法律科学, 2014 (2).
[3] 李明蓉, 李晓郭. 合适成年人参与诉讼制度探析. 中国刑事法杂志, 2014 (4).
[4] 梅文娟. 论未成年人刑事判决之有限公开. 现代法学, 2014 (5).
[5] 肖中华, 李耀杰. 未成年人附条件不起诉相关制度比较. 国家检察官学院学报, 2015 (2).
[6] 姚莉. 未成年人司法模式转型下的制度变革与措施优化. 法学评论, 2016 (1).
[7] 刘凌梅. 西方国家刑事和解理论与实践介评. 现代法学, 2001 (1).

理论进行了分析评介，认为这些理论本身就代表了一种多元的研究视角和进路，这些观念对既存正义模式的改变，使考察视角从社会本位向个人本位主义迈进了一步。[①] 有学者在此基础上，分析认为恢复正义理论是刑事和解最重要的理论基础，正义恢复的途径存在于被害恢复与加害恢复两个基本方面。在我国，并不存在制度化的刑事和解，要移植刑事和解必须具备合适的条件，尤其会遇到刑事和解的个人本位主义价值观与现行刑事法的国家本位价值观的对立与冲突，以及被害人的人身利益和社会利益的司法保护问题。该学者建议，构建刑事和解的中国模式应当对刑事立法和配套措施作相应的改革，包括取消被害人的公诉参与权、以自诉案件为突破口逐渐扩展到公诉案件，将被害人谅解、犯罪人赔偿作为实体处理的法定情节，以基层普遍存在的人民调解组织为基础，建立专业的刑事和解调停机构，建立被害人人身利益和社会利益的保护制度。[②]

有学者从纠纷解决的视角对刑事和解作了分析，认为通过和解解决刑事纠纷在本质上是个人权利和国家权力的一种协调和平衡，在我国自古有之。该学者分析认为，刑事和解与自诉、国家追诉、附带民事诉讼存在密切的理论联系，对刑事和解的法律规制可以从案件范围和解决方式来考虑。[③]

有学者对刑事和解进行了实证研究，认为刑事和解制度符合我国的现实和文化，契合了国际现代法治的潮流，应当在坚持双方自愿原则、合法守德原则、公平正义原则和双向保护原则的基础上适用刑事和解制度，并就刑事和解的适用方式、启动程序、成立条件、案后处理等问题进行了探讨。[④]

有学者认为刑事和解受现行法律框架、司法资源、考评机制以及传统司法观念的束缚，在适用范围、处理方式及相关配套措施等方面还存在问题，建议确立科学的指导原则、界定刑事和解的案件范围、明确刑事和解的适用条件并建立完善相关配套机制，以建立与我国的时代背景和法律文化相契合的刑事和解制度。[⑤]

有学者认为，在刑事和解制度尚未法制化的情况下，司法实践中出现了适用刑事和解制度泛化的倾向，这可能导致罪刑不均衡、被害人边缘化等后果，产生司法腐败等问题，提出应当合理解读刑事和解制度恢复正义的内涵及限度，并合理界定刑事和解制度的适用范围。[⑥]

有学者通过对刑事和解的概念进行辨析，明确了刑事和解的基本内涵，区分了刑事和解与形式谅解的差异，梳理了国际范围内的刑事和解与形式谅解实践，比较考察了刑事和解与刑事谅解的理论基础、价值取向、参与主体、适用对象、实施程序及法律后果。该学者提出，我国应当基于刑事谅解的实践情况，构建以刑事谅解为基础的刑事和解制度，包括确立和解检察官制度，建立刑事和解的启动、和解方案拟定、谅解、协商与执行程序，以发展出刑事和解的中国模式。[⑦]

[①] 刘方权，陈晓云. 西方刑事和解理论基础评介. 云南大学学报法学版，2003 (1).
[②] 马静华. 刑事和解的理论基础及其在我国的制度构想. 法律科学（西北政法学院学报），2003 (4).
[③] 葛琳. 刑事和解——作为一种纠纷解决方式的分析. 国家检察官学院学报，2005 (6).
[④] 周世雄. 也论刑事和解制度——以湖南省检察机关刑事和解探索为分析样本. 法学评论，2008 (3).
[⑤] 宋英辉，等. 我国刑事和解实证分析. 中国法学，2008 (5).
[⑥] 徐阳. 我国适用刑事和解制度泛化倾向之检省与矫正. 法商研究，2008 (6).
[⑦] 卞建林，封利强. 构建刑事和解的中国模式——以刑事谅解为基础. 政法论坛，2008 (6).

有学者分析了刑事和解出现的合理性和必然性，提出可以从明确刑事和解的适用范围与条件、启动和解的条件、和解协议的内容等方面建构刑事和解制度，并完善其适用程序。① 有学者考察了西方刑事和解制度的价值，认为国内刑事和解的理论研究和实务操作均存在着过度抬高被害人地位的问题，它们将目光聚焦于被害人谅解犯罪嫌疑人上，提出被害人谅解并不是刑事和解的核心要素，而应关注犯罪客体在刑事和解中的价值，这决定着被害人刑事实体处分权的有无与刑事和解的适用范围。②

有学者通过实证研究的方法，考察了刑事和解适用的基本情况及刑事和解的效果，针对司法实务中出现的问题提出了相应的解决对策，为我国刑事和解制度的建立提供了可行方案。③ 有学者认为，被害人权利保障是刑事和解制度的核心价值，实践中被害人在和解程序中再次被害的现象频繁发生，提出应当构建被害人与被告人自主沟通、商谈的程序空间，应当有律师对贫困被害人进行法律援助，应当设置被害人异议程序和申请撤销和解程序，严格限制与和解相关的国家机关裁量权，以此完善刑事和解制度。④

有学者梳理了刑事和解所面临的八个方面的批评，包括损害公共利益、削弱一般预防、漠视正当程序、违反平等原则、无法节约资源、偏离自愿性、法网扩大化、社区虚幻化等问题，对其予以了回应，认为这些问题是难以成立的，应当发现其中的反思性价值，完善刑事和解。⑤ 有学者分析了实践中死刑案件的和解现象，认为死刑案件的和解超越了刑事和解的理论合理性，实质上是国家对被害人救助责任的推卸，并旗帜鲜明地提出被害人死亡的案件中不存在和解的可能。⑥ 有学者认为，刑事和解是一项具有中国特色的刑事司法制度，不仅可以适用于轻罪案件，也可以有条件地适用于重罪乃至可能判处死刑的案件，并且应当贯穿刑事诉讼的整个过程。刑事和解可以在现行法律中找到制度依据，与罪刑法定和罪责刑相适应并不矛盾。⑦

有学者认为，刑事和解是在对传统诉讼机制的反思中成长起来的一种纠纷解决机制，是多元化纠纷解决机制中的重要一环，应当摆正刑事和解和既存诉讼体制之间的关系，将两者整合，在诉讼机制作为犯罪应对的基本力量的基础上，将刑事和解作为必要补充。⑧ 有学者从民法的角度对刑事和解制度进行了解读，认为刑事和解是刑事司法从对抗走向对话的价值转换过程，有利于保护被害人利益，促进加害人回归社会，节约司法成本、提高司法效率。该学者提出，刑事自诉制度的确立、扩张就是刑法民法化的例证，刑事和解协议的性质和效力问题是其实践操作的重点所在。⑨

有学者对英美的刑事和解制度进行了考察，认为被害人—罪犯和解模式是英美法系国

---

① 甄贞. 建构刑事和解制度的基本思路. 政法论坛, 2008 (6).
② 于志刚. 论刑事和解视野中的犯罪客体价值. 现代法学, 2009 (1).
③ 宋英辉, 郭云忠, 李哲, 罗海敏, 何挺, 向燕, 王贞会, 冯诏锋. 公诉案件刑事和解实证研究. 法学研究, 2009 (3).
④ 徐阳. 刑事和解中权力过度推进之危害及其防范——被害人保障维度的考量. 法学评论, 2009 (6).
⑤ 杜宇. 刑事和解: 批评意见与初步回应. 中国刑事法杂志, 2009 (8).
⑥ 孙万怀. 死刑案件可以并需要和解吗?. 中国法学, 2010 (1).
⑦ 陈光中. 刑事和解再探. 中国刑事法杂志, 2010 (2).
⑧ 杜宇. 刑事和解和传统诉讼体制之关系. 环球法律评论, 2010 (2).
⑨ 刘承韪. 刑事和解制度的民法解读. 环球法律评论, 2010 (2).

家普遍采用并且最常采用的刑事和解模式,它建立在恢复性司法理念之上,以实现罪犯与被害人的对话为主要目标,在实践中取得了较好的效果。英美刑事司法观从极端的程序正义向关注实质正义转变,从罪犯、被告人中心主义向罪犯、被告人与被害人利益并重转变,从国家主义向社会与国家分权转变,这些对我国刑事和解制度的发展具有借鉴意义。[①]

有学者从刑事案件"私了"这一中国本土问题出发,分析了中国刑事和解制度的独特功能,认为刑事和解制度不仅有扬弃"私了"这一本土法治资源利弊的潜能,而且能够沟通国家法与民间规则以助益刑事法治建设,具有增强国家基层社会治理功能的重大价值。[②]

有学者厘清了刑事和解的概念,认为轻罪重罪案件均可刑事和解,被害人、加害人、调解人、辩护人与诉讼代理人、司法工作者都应当被纳入刑事和解的主体范围。[③] 有学者考察了大陆刑事和解的现状,认为我国已经为刑事和解程序的制度化设计提供了一定的政策和法律支持。对比考察台湾地区刑事和解的缓起诉和协商程序,其认为这种立法路径和制度设计模式可以为大陆刑事和解制度的研究和制度化建设提供一些借鉴作用。[④] 有学者指出,量刑公正是保证刑事和解健康发展的关键因素,认为可以从刑罚个别化、限制法官的自由裁量权、赋予检察人员量刑建议权、实施宽严相济的刑事政策及国家救济几个方面着手完善刑事和解制度。[⑤]

2012年《刑事诉讼法》修改,吸收了司法实践中的有益做法,单独设立了"当事人和解的公诉案件诉讼程序"一章,规定了刑事公诉案件的和解程序。有学者认为,刑事和解的核心问题是处理加害人和受害人之间的权利义务关系。厘清根据什么规范处理、分配刑事和解中的当事人的权利义务问题,是刑事和解的重要前提。该学者提出,民间规范可作为刑事和解中当事人权利义务分配的根据。该学者,并探究其原因及可行性。[⑥]

有学者认为,刑事和解以一定的事实为基础,但刑事和解的事实观应当有别于普通程序的事实观,将入案事实定位为达到立案标准,出案事实要求为基本事实清楚即可,同时承认合意事实的存在,在此基础上对破案和错案的观念做适当调整。[⑦] 有学者探究了刑事和解制度上的主体行动,认为在刑事和解的制度化进程中,司法机关既在宏观上成为刑事和解制度化的重要推动力量,也在微观上以国家法律权威和强制力量作为个案和解的后盾,从程序上决定着刑事和解程序的启动、进行,以及和解后的处理结果等。同时,当事人的博弈和实践也决定着案件的发展方向,民众以及学者也参与其中,成为刑事和解制度化的重要推动因素和催化剂。[⑧]

有学者认为,刑事和解的诉讼构造可以归结为必要构造模式和合理构造模式两种,司法机关在刑事和解中不宜作为调解人同时出现,调解人应当在律师等民间人员中选任。律

---

① 朱立恒. 英美刑事和解探析——以VOA模式为中心的考察. 环球法律评论, 2010 (2).
② 肖仕卫, 马静华. 中国刑事和解的独特功能——以刑事案件"私了"问题之解决为起点的分析. 中国刑事法杂志, 2010 (2).
③ 袁剑湘. 论刑事和解的主体与适用范围——以刑事和解的界定为出发点. 法学评论, 2010 (3).
④ 孙维萍, 邢鹏虎. 两岸刑事和解制度比较. 中国刑事法杂志, 2010 (3).
⑤ 任华哲, 李青. 刑事和解与量刑公正. 法学评论, 2010 (5).
⑥ 谢晖. 论刑事和解与民间规范. 现代法学, 2011 (2).
⑦ 林志毅. 论刑事和解事实观. 现代法学, 2011 (2).
⑧ 萨其荣桂. 刑事和解实践中的行动者——法社会学视野下的制度变迁与行动者逻辑. 现代法学, 2012 (2).

师可以在和解中扮演两种角色,一是作为辩护人、代理人参加和解,在和解程序的启动、协商、监督中发挥作用;二是作为独立调解人主持调解。该学者认为,在人民调解委员会已有的制度框架内,建立律师独立调解人制度,有利于刑事和解的健康发展。①

有学者认为,刑事和解各项价值功能发挥的前提是当事人之间能够达成和解协议,从逻辑上看,当事人之间和解协议的达成,需要经过启动和解和进入和解后的谈判协商两个阶段,当事人的主体性对和解的开始、进展乃至最终的结果都发挥着重要作用。② 有学者认为,刑事和解实践的产生根源在于司法机关对妥善解决纠纷的需要,这是刑事和解的正当性基础,但是,过于追求纠纷解决的目标,可能导致办案机关不适当的施压行为、和解协议偏离法律规定等问题。该学者提出刑事和解应当将法律作为纠纷解决的基准,并据此完善刑事和解的程序规则。③ 有学者考察了当事人和解的轻伤害案件,认为我国的刑事和解已经建立起了法制化的运行方式,应定位于与刑事实体法规定相适应、以刑事谅解为基础的刑事和解制度。④ 有学者认为,刑事诉讼法关于当事人和解的公诉案件诉讼程序的规定过于粗疏,导致实践中操作困难。对比考察法国公诉案件和解程序在功能定位、适用的案件范围、使用的措施种类以及司法机关在程序中的作用等,有助于我国公诉案件和解程序的完善。该学者建议明确适用案件的范围,具体化和解措施,将适用限定在审查起诉阶段,在保证司法机关主导地位的同时分散具体工作。⑤

有学者对制度化的刑事和解进行了考察,认为刑事和解的理念和实践表现出了我国刑事司法从报应正义向恢复正义转型的现代路径。⑥ 有学者对刑事诉讼法及相关司法解释关于当事人和解的公诉案件诉讼程序的规定进行了评价,认为其在适用条件的把握、和解的内容和方式、主持制作和解协议书的性质、和解的法律后果等问题上存在制度设计的缺陷,应当分别明确并加以完善。⑦

有学者认为,要保障当事人和解的公诉案件的司法公信力,就应当在刑事实体法中将刑事和解规定为法定量刑情节,在民事实体法上明确规定民法基本原则适用于当事人刑事和解协议,明确该协议的附条件性及其在民事实体方面的拘束力。该学者提出,应当完善当事人和解公诉案件的适用条件、标准及程序,将和解成果作为不起诉的法定依据之一,建议完善刑事和解案例指导制度,优化刑事和解案例评价机制,完善刑事和解监督制约机制。⑧

有学者对国外和国内关于刑事和解制度的理论基础进行了考察,认为现有理论均缺乏对刑事、民事责任转化原理的探讨,认为刑事、民事责任惩罚性与补偿性的部分融合,刑法系保障法与民法系调整法的体系关系定位以及刑事、民事责任之间实质模糊地带的存

---

① 赵运恒. 律师在刑事和解中的角色. 中国刑事法杂志, 2012 (3).
② 李蓉, 穆远征. 论刑事和解达成中的当事人因素. 中国刑事法杂志, 2012 (4).
③ 向燕. 论刑事和解的适用基准. 法学, 2012 (12).
④ 黄京平. 刑事和解的政策性运行到法制化运行——以当事人和解的轻伤害案件为样本的分析. 中国法学, 2013 (3).
⑤ 王洪宇. 中法比较视阈下我国公诉案件和解程序之再完善. 中国法学, 2013 (6).
⑥ 姜敏. 刑事和解:中国刑事司法从报应正义向恢复正义转型的路径. 政法论坛, 2013 (5).
⑦ 陈卫东, 程晓璐. 当事人和解的公诉案件诉讼程序配套规定之评析与建议. 中国刑事法杂志, 2013 (7).
⑧ 姚显森. 论刑事和解案件司法公信力的法制保障. 中国刑事法杂志, 2014 (5).

在，为刑事、民事责任的转化提供了实体依据。与现行理论、立法和司法实践契合，该理论夯实了刑事和解制度的理论基础，有助于合理界定刑事和解制度的适用范围。①

有学者认为，刑事诉讼法新增的当事人和解程序与已有的附带民事诉讼程序具有相似的价值取向，即全面维护被害人的合法权益，尽可能弥补被害人因加害人的犯罪行为造成的损失，以实现节省司法资源、加速案件处理、恢复被犯罪分子破坏了的社会关系的司法目的。同时，由于二者在适用期间和受案范围上存在一定的重合之处，可能出现当事人在程序选择上的冲突及由此带来的衔接问题。将当事人和解与附带民事诉讼程序进行有效衔接，需要明确衔接的案件范围、基本原则，厘清其与不起诉决定之间的关系以及针对不同的司法实践状况确定不同的衔接方案。②

有学者批评了《刑事诉讼法》对当事人和解的公诉案件诉讼程序的规定，认为其实质是在现行法有关逮捕、酌定不起诉和量刑之相关规定基础上的重复建设。它在实践层面，削弱了对被害人损失的弥补和对社会关系损害修复的关注，在理论层面，造成了学界认识的混乱。该学者认为，应当认真对待和解与类和解这些值得法律给予充分评价的事实，在现行法框架下寻找制度创新的可能性。③有学者认为，刑事和解具有两个层面，一是实体性，即解决已然犯罪的结果，以道歉、赔偿等方式实现全部或部分刑事责任；二是程序性，即刑事和解可通过国家司法、协商性司法和恢复性司法实现。④

第三节 犯罪嫌疑人、被告人逃匿、死亡案件违法所得的没收程序

犯罪嫌疑人、被告人逃匿、死亡案件违法所得的没收程序，是指当某些案件中犯罪嫌疑人、被告人逃匿或者死亡时，追缴其违法所得及其他涉案财产所特有的方式、方法和步骤，具有普遍性、特殊性、公正性的特点。这一程序是2012年《刑事诉讼法》的创设，是对现实中存在的贪官外逃、国际合作问题的回应。

有学者认为，我国《刑法》第64条规定的特别没收条款在适用对象和范围上比较模糊，导致司法实践混乱。2012年修订的《刑事诉讼法》在"特别程序"一编中设置犯罪嫌疑人、被告人逃匿、死亡案件违法所得的没收程序，主要规定了没收违法所得案件的适用范围、适用条件、申请启动程序、审理程序、审理后的处理、程序终止的适用情形等内容，在一定程度上弥补了《刑法》第64条特别没收条款的缺陷，在打击犯罪方面发挥了重要的作用。然而，由于该程序对特别没收的规定仍然存在较大的自由裁量空间，如果适用不当，即有可能侵犯第三人乃至无辜公民合法的财产权益。为此，有必要对该程序进行深入研究，以确保其在实现惩罚和打击犯罪功能之时不侵犯相对人乃至第三人的合法权益，从而实现刑事诉讼法统筹惩罚犯罪与保障人权的立法目的。该学者提出，应当通过程序立法进一步明确刑事没收程序的法律性质、明确刑事特别没收的客体与对象、明确刑事

---

① 李会彬. 刑事和解制度的理论基础新探——以刑、民事责任转化原理为视角. 法商研究，2015（4）.
② 刘少军. 论当事人和解与刑事附带民事诉讼程序的衔接. 政法论坛，2016（1）.
③ 孙远. 当事人和解的公诉案件诉讼程序之立法论批判. 政治与法律，2016（6）.
④ 李卫红. 刑事和解的实体性与程序性. 政法论坛，2017（2）.

特别没收的证明标准、完善刑事特别没收的正当程序，保障第三人的合法权益。[1]

有学者对违法所得没收程序进行了比较，分析认为各国代表性的程序模式有二，一是美国、英国等国家的做法，设置专门、独立的民事没收程序，适用与民事诉讼相类似的规则与标准，二是德国的做法，在刑事诉讼框架内设置特别程序，适用特殊的刑事诉讼标准。我国很显然采用了后一种立法技术，但在适用对象、地域管辖、利害关系人的保障性规定方面存在缺陷，应当从制度定位与证明标准方面进行明确，进行地域改革管辖，强化利害关系人的权利保障，加强国际合作以完善该程序。[2]

有学者比较考察了特别没收程序的性质，认为我国特别没收程序的性质应采"保安处分说"，在坚持其原则性、明确其特殊性的基础上，设计特别没收程序的适用范围和适用对象。[3] 最高人民法院有法官撰文强调，要依法规范刑事案件涉案财物的处理程序。他指出，涉案财物的处理作为一种"对物之诉"，对于违法所得的认定和处理都必须由人民法院依法定程序进行。人民检察院应当对犯罪事实、涉案财物与犯罪性质存在实质性关联等承担举证责任。在犯罪事实层面，证明必须达到证据确实充分的标准，才有适用特别没收程序的前提。对涉案财物属于违法所得，只需达到优势证据标准即可。在该程序中，必须保障当事人和利害关系人的程序参与权和救济权，保障庭审公正公开。此外，该法官还对该程序扩大适用中的实践问题进行了探讨。[4] 有学者考察了域外特别没收程序的证明规则，认为检察机关应当承担举证责任，财产的共同所有人、被告人的继承人、有关财产的受让人、对有关财物享有其他权利的第三人、被他人用于犯罪之财物的所有人、财产受害人等利害关系人负有证明义务。审判机关不用固守刑事诉讼的证明标准，而应该根据程序的特殊性质，采取特殊的证明标准、证据规则、推定、裁量权等采证规则。[5] 有学者探讨了《刑事诉讼法》对特别没收程序的规定，认为应当从其性质定位、适用条件、没收对象、证明规则等方面进行明确和细化，以解决其理论和适用问题。[6]

有学者认为，违法所得特别没收程序的立法指导思想存在较大偏差，制度设计粗疏，缺陷在所难免，如诉讼架构严重失衡，背离刑事诉讼法的基本原则，适用案件范围边界不清，生效没收裁定的直接撤销制度违反了程序正义等。为此，必须加强对违法所得特别没收程序的风险控制，首先必须实现立法指导思想从"重人轻物"向"人物并重"转轨的革命性变革，同时要注意遵循刑事诉讼法的基本原则；加强权利保障的力度，维持诉讼架构的平衡；建立货币化标准，严格限定违法所得没收特别程序适用的案件范围；维护生效没收裁定的权威性与安定性，废除直接撤销制度；加强对违法所得特别没收程序的检察监督。[7]

有学者认为，特别没收程序存在着性质、适用条件、没收对象、证明等重要且有争议

---

[1] 杨立新. 我国刑事特别没收程序的司法适用及其完善. 江苏行政学院学报，2013 (6).
[2] 施鹏鹏，尚晶. 违法所得特别没收程序的构造与完善. 人民检察，2014 (7).
[3] 熊秋红. 从特别没收程序的性质看制度完善. 法学，2013 (9).
[4] 戴长林. 依法规范刑事案件涉案财物处理程序. 中国法律评论，2014 (2).
[5] 黄风. 特别刑事没收证明规则比较研究. 比较法研究，2014 (3).
[6] 邵劭. 特别没收程序的理论和适用问题探析. 法商研究，2014 (4).
[7] 邓立军. 违法所得特别没收程序的潜在风险与控制. 法学评论，2015 (1).

的问题亟待解决。该学者认为，对于特别没收程序的性质，应当从法律关系的具体性质、法律后果以及程序的运行特征等方面理解，因此主要属于民事程序，但具有公法色彩和保安处分性质，不具有惩罚性质。在适用条件上，刑事诉讼法表述的是"可以"而不是"应当"，这就赋予了检察机关裁量权，其可以从案件的社会影响、涉案财物的形态与价值、司法成本等方面来考量并决定是否向法院提出没收申请。在没收对象上，该学者认为我国的规定过于狭窄，应当将直接收益和间接收益都纳入没收的范围。在证明问题上，该学者认为，特别没收程序中检察机关应当承担犯罪行为已发生、违法所得和涉案财物与犯罪行为的关联等事项的举证责任。对于犯罪行为的证明，可以考虑将"高于优势证据标准"或者"明显优势"作为证明标准，但对于违法所得和涉案财物与犯罪行为的关联，应当遵循民事诉讼中的优势证据标准；而利害关系人提出抗辩的，由其承担举证责任。对于该程序的完善，该学者建议应当从建立法律援助制度、健全涉案财产调查与保全制度、完善国际合作的有关制度、加强对特别没收程序的监督等几方面着手。[1]

有学者分析认为，刑事诉讼法确立的"犯罪嫌疑人、被告人逃匿、死亡案件违法所得没收程序"与传统的刑事诉讼程序存在着显著的区别。作为一种面向涉案财物的诉讼程序，对特别没收程序的进一步分析有必要结合民事法和刑事实体法的知识和理论。在利害关系人的认定上，司法解释所确立的所有权标准存在着不合理限制案外人参与权的问题，有必要将所有权的范围扩展至担保物权、用益物权。从证据法理上讲，检察机关需要举证证明犯罪嫌疑人、被告人实施了犯罪行为，以及其所申请没收的财物与犯罪事实之间存在实质联系。倘若利害关系人对涉案财物主张合法权益，其需要就涉案财物的权属事实承担证明责任。此外，由于争议对象和裁判标准的不同，特别没收程序中针对不同的证明对象，存在着排除合理怀疑和优势证据两种证明标准。[2]

有学者分析了特别没收程序的法律规定，认为我国立法存在着没有明确利害关系人的范围，法律援助保障不足，申诉、异议、上诉权保障不到位等问题，可能会侵犯公民的合法财产所有权，救济程序有待完善。要完善特别没收程序的救济程序，要明确利害关系人的范围、完善利害关系人的权益保障措施、明确没收裁定错误时的救济，同时为了保证实体的公正，可以根据犯罪嫌疑人、被告人的归案时间，明确程序的回转。[3]

第四节 依法不负刑事责任的精神病人的强制医疗程序

强制医疗是出于避免社会危害和保障精神病患者健康利益的目的而采取的、一项对精神疾病患者的人身自由予以一定的限制并对其所患精神疾病进行治疗的特殊保安处分措施，具有适用对象特殊、适用措施强制、适用目的双重的特征。

有学者认为，刑事诉讼法对强制医疗程序的规定较为笼统，提出刑事强制医疗程序应当与行政强制医疗程序衔接，应当处理好强制医疗程序与刑事诉讼程序的关系，界定

---

[1] 熊路. 特别没收程序若干问题研究. 时代法学, 2015（4）.
[2] 刘玫, 胡逸恬. 论我国违法所得没收程序——基于实体和程序的双重考察. 温州大学学报（社会科学版）, 2017（5）.
[3] 谢丽珍. 论我国特别没收程序利害关系人救济程序的不足及完善. 温州大学学报（社会科学版）, 2017（5）.

公安机关所采取的临时保护性约束措施的性质，确定强制医疗程序的审判组织，明确到场人员的可为行为，明确申请复议的效力，明确检察机关对强制医疗实行法律监督的方式。①

有学者对强制医疗程序中的证据法问题作了分析，认为对被告人的行为是刑法所规定的犯罪行为并造成危害、被告人为不负刑事责任的精神病人的证明要采取严格证明的方式，达到排除合理怀疑的证明标准，而对被告人的社会危害性的证明则可以采用自由证明的方式，只需达到优势证据标准即可。在检察机关申请强制医疗的程序中，检察机关应当承担证明责任，但在法官依职权决定强制医疗时，检察机关只对被告人的犯罪行为承担证明责任。在辩方申请强制医疗时，辩方只对被告人符合强制医疗要件负有初步的证明责任；而检察机关则应对被告人不符合强制医疗条件承担最终的证明责任。②

有学者认为，我国刑事诉讼法规定的强制医疗程序存在着适用范围狭窄、适用条件模糊、程序衔接不明晰、审理和决定程序不完善、执行程序缺失、救济和监督不力等问题，提出应当通过完善当事人诉权、强化检察监督等方式，健全强制医疗制度。③ 有学者对中美刑事强制医疗制度进行了比较，认为美国的制度及实践对我国刑事强制医疗制度提供了具有参考价值的思路，触及了我国刑事强制医疗制度的盲点。该学者还提出了构建我国二元化刑事强制医疗的设想，认为应确立附条件释放式强制医疗制度，借鉴美国关于"有继续危害社会可能"的认定标准、在涉案精神病人的出庭问题上的处理方式、对刑事强制医疗决定提出异议的方式、刑事强制医疗的期限、解除刑事强制医疗的证明责任和证明标准，完善我国的刑事强制医疗制度。④

有学者认为，法律和有关司法解释对刑事强制医疗程序的启动程序、决定程序、执行程序等问题都缺乏明确具体的规定，导致实践中遇到很多问题，检察机关也无法对其有效监督。该学者提出应当对这些问题作出明确规定，完善检察机关相应的法律监督制度，以有效发挥强制医疗的应有作用。⑤ 有学者认为，强制医疗程序申请复议的效力滞后性以及立法在诊断评估解除问题上的语焉不详影响了救济的及时性，加之实践中复议和解除审理的虚化，制约了救济机制功能的有效发挥。完善我国强制医疗诉讼救济制度，应以上诉代替复议，明确诊断评估的周期及提出解除意见的期限，并推动上诉、解除审理的实质化，以实现强制医疗措施的准确适用，维护当事人的权利。⑥

第五节　缺席审判程序

一、缺席审判的概念

从各国法律规定看，刑事缺席审判有广义和狭义之分，狭义的刑事缺席审判仅指被告

---

① 汪建成. 论强制医疗程序的立法构建和司法完善. 中国刑事法杂志, 2012 (4).
② 纵博, 陈盛. 强制医疗程序中的若干证据法问题解析. 中国刑事法杂志, 2013 (7).
③ 田圣斌. 强制医疗程序初论. 政法论坛, 2014 (1).
④ 张吉喜. 中美刑事强制医疗制度相关问题比较研究. 环球法律评论, 2014 (5).
⑤ 邓思清. 完善刑事强制医疗程序及法律监督制度. 国家检察官学院学报, 2014 (6).
⑥ 王君炜. 我国强制医疗诉讼救济机制之检讨. 法学, 2016 (12).

人不出席法庭的审判;广义的刑事缺席审判还包括控诉方不出席法庭的审判。我国学者对此也有不同的主张,有的主张狭义,有的主张广义。主张狭义者认为从狭义上理解刑事缺席审判更符合其本质特征,主要是因为:(1) 作为指控被告人犯罪的控诉方,其追诉犯罪的主动性和法院实行的不告不理原则决定了控诉方不能或不会缺席审判,而作为被追诉者的被告人,为了逃避刑事处罚,往往会缺席审判。(2) 从解决刑事纠纷的角度分析,司法实践中往往出现被告人缺席审判的现象,如被告人逃匿、死亡、丧失诉讼行为能力等。法院频繁的中止审理将严重影响定分止争的效果,也正是为了解决这一问题,各国才确立了刑事缺席审判制度。(3) 从世界各国的立法来看,缺席审判制度也是指被告人的缺席。

二、缺席审判的理论基础

按照现代刑事诉讼法的基本原则,被告人在场权应当得到保证,即"被告人在审判过程中,有权亲自到场接受审判,法庭不得进行缺席审判。这一权利为被告人充分行使辩护权,有效地参与法院裁判结论的形成过程提供了一个最基本的保障。缺席审判只能在非常必要的情况下才能进行,并且应被限制在最小的范围之内。"[①] 但是,在司法实践中,由于刑事诉讼追求的价值具有多元性,而且同一价值在不同的条件下又具有多层次性,因而作为一般原则的例外,在某些特定条件下,为了追求特定的诉讼价值,有必要允许法庭在被告人不出席的情况下进行审判,为此许多国家确立了刑事缺席审判制度。这一制度的建立具有其客观现实原因和一定的理论基础。

有学者认为,缺席审判的理论基础源于有诉必审理论、效率侧重理论、人权保障理论。(1) 有诉必审理论与起诉法定主义具有相似的精神体现,"起诉法定主义"是指,只要有足够的证据证明存在犯罪事实,被告人的行为构成犯罪,并且需要追究其刑事责任时,就符合起诉的法定条件。而被告人是否在案或者是否能够出庭,既不是提起公诉的积极条件,也不是阻止公诉提起的消极条件。而一旦检察机关或检察官对案件提起公诉,不管被告人是否到庭接受审判,按照有诉必审理论的要求,法院都必须对案件进行审判,以确定被告人是否有罪。为了保证法院的及时审判,在被告人逃避审判或因其他原因不能或不愿出席法庭的情况下,国家就必须建立刑事缺席审判制度。(2) 效率侧重理论是指,在公正和效率这一对刑事诉讼固有矛盾下,虽然公正与效率应当兼顾,但是,公正并非永远为第一价值,有时效率也应当为第一价值。在审判过程中,如果被告人逃匿的,为了防止被告人将此作为拖延诉讼的一种策略,避免诉讼期限过分拖延,许多国家确立了刑事缺席审判制度。同时,对于轻微的刑事案件,如果被告人不愿意出庭的,由于轻微犯罪对国家和被告人的影响相对较小,在正义和效率的价值矛盾中,为了向效率倾斜,许多国家也允许对此进行刑事缺席审判。(3) 让被告人出庭参与审判活动是实现自我辩护,维护自己合法权利的有效手段,但是,在某些情况下,被告人参与刑事审判往往存在许多不利的因素,不利于对其权利的保护。一方面,被告人出席审判,在庭中站在被告席上,在社会公众面前展示自己"可能"不光彩的一面,这对被告人的心理是一个极大的压力,并且也有损被告人的人格尊严。另一方面,在被告人未被羁押的情况下,如果要求被告人出席审判

---

① 岳礼玲,陈瑞华. 刑事程序公正的国际标准与修正后的刑事诉讼法(上). 政法论坛,1997 (3).

活动，被告人必然会为此付出一定的时间和费用，这会给被告人的权益带来一定的损失，甚至影响被告人的正常生活。特别是某些轻微的刑事案件，更是如此。[1]

三、我国刑事缺席审判制度的发展

2012年《刑事诉讼法》的修改是刑事缺席审判制度的重大分野，在此之前我国刑事诉讼法中并不存在缺席审判的法律基础和实践样态，但2012年修改的《刑事诉讼法》第五编第三章以特殊程序的形式规定了"犯罪嫌疑人、被告人逃匿、死亡案件违法所得的没收程序"，虽然有学者认为其同真正意义上的违法所得没收程序有所差异，但是其在某种程度上成为我国缺席审判制度的制度实体。

我国加入《联合国反腐败公约》以后，学术界围绕着刑事缺席审判制度的立与不立展开了广泛探讨，形成了两种对立的观点：否定说与肯定说。否定说即反对说，主张我国建立刑事缺席审判制度的时机与条件尚不成熟，主要理由在于该制度与直接言词原则等刑事诉讼的基本理论相悖，在人权理念彰显的今天，不利于保护被告人的人权。肯定说即赞成说，主张我国目前应顺应国际社会反腐潮流，积极履行《联合国反腐败公约》义务，引进刑事缺席审判制度，以遏制日益严重的贪污贿赂等腐败犯罪。肯定说系目前的通说，主要基于功利主义，立论于刑事政策的角度进行分析。

反对者的忧虑还集中于以下几个方面的原因："一是怕出现错案。在现代刑事诉讼中，被告人参与诉讼是程序公正的一项重要原则，它不仅体现着对被告人人格尊严的尊重，维护着程序的公正性，而且有利于法院查明案情，作出公正合理的判决。如果在被告人缺席的情况下进行审判，就剥夺了被告人的辩护权、质证权、最后陈述权等诉讼权利，法院无法听取被告人对案件的辩护意见，这必然不利于法院查明案件事实，容易导致错案的发生。二是无法对被告人实行刑罚处罚。刑事诉讼活动不仅是司法机关确认被告人是否有罪的一项活动，而且也是国家行使刑罚权的一项活动。如果在被告人脱逃的情况下对其进行审判，即使法院确定其有罪，并给予一定的刑罚，但也无法对被告人实际进行刑罚处罚，这样刑事审判就失去了其应有的意义。"[2] 还有观点认为在现阶段构建刑事缺席审判制度的条件还不成熟，原因包括：（1）目前我国"重实体、轻程序"的做法仍然存在，现代刑事诉讼的基本价值（尤其是充分保障被告人的诉讼权利）如若存在例外，难免会降低已有程序正义的普遍认同感[3]，而缺席审判制度的引进恰恰不利于保障被告人审判权和辩护权等诉讼权利的享有。（2）不符合国际人权法基本原则。按照联合国人权事务委员会的观点，缺席审判只能在已经给被告人一切必要通知，包括时间、地点以及要求他出庭而没有出庭的情况。（3）多国只适用于轻罪案件。例如，英国治安法院在适用简易程序审理案件时即可作缺席判决。[4]

当然对此制度的建立不乏支持者。有学者从价值论的角度对我国刑事缺席审判制度的构建进行了探讨，阐释了缺席审判制度在我国的存在依据。其哲学基础在于矛盾的特殊

---

[1] 邓思清. 刑事缺席审判制度研究. 法学研究，2003（3）.
[2] 邓思清. 刑事缺席审判制度研究. 法学研究，2003（3）.
[3] 魏昌东，赵秉志.《联合国反腐败公约》在中国刑事立法中的转化模式评析. 法治研究，2012（5）.
[4] 陆海. 也论构建我国追回腐败资产的法律机制. 法学评论，2013（3）.

性，法理学根据在于矫正正义，诉讼法学根基为有罪必诉、有诉必审，刑法学价值在于一般预防，经济学价值则为诉讼效率。[1] 还有学者基于现实需要，认为构建刑事缺席审判具有必要性。(1) 当前我国犯罪外逃的现象十分严重，由于我国没有刑事缺席审判制度，故而面对腐败人员携带大量资金外逃的经济腐败案件束手无策，这不仅使违法犯罪得不到应有的惩罚，法律的权威性受到了严重损害，还给国家和人民造成了极大的经济损失，对社会的安定和谐形成了潜在的威胁。(2) 建立缺席审判制度是完善刑事诉讼法律制度的必然要求。1996年《刑事诉讼法》没有规定缺席审判制度，因此，凡遇到犯罪嫌疑人、被告人"缺席"不能到案（庭）的情况，公安、检察机关或人民法院都只能对案件的侦查或审判作出"中止"、"终止"或者"撤销"的处理。这些规定成了无法及时追究犯罪嫌疑人、被告人刑事责任的法定理由。由于没有缺席审判制度，在国际司法协助中也就没有有效的引渡依据（生效法律判决），因而引渡外逃涉案人员只能通过外交途径解决，不仅浪费时间，而且严重影响司法效率。(3) 建立缺席判决制度是准确及时地查明犯罪事实的必然要求。建立刑事缺席审判制度，可以在犯罪嫌疑人或被告人逃跑的情况下及时查明案情并对其涉嫌犯罪的行为进行审判，这不仅提高了司法机关的办案效率，节省了审判资源，最主要的是可以还无罪的人以清白，使有罪的人得到应有的惩罚，从而有效维护社会的稳定与和谐。(4) 建立缺席审判制度可以保障被害人之受损权益获得救济，稳定执政党的社会基础。一旦被告人潜逃或死亡，犯罪嫌疑人或被告人的所有犯罪行为将随之在法律程序上"消失"。这样会潜藏着极大的危险性：一是使不法分子的气焰更加嚣张，更为严重地破坏社会秩序的稳定；二是遭到破坏的社会关系无法通过司法途径弥合，久而久之损害法律的尊严，动摇执政党的社会基础。如果建立缺席审判制度，那么对已经死亡的被告人依法进行审判就是可能的；依据生效判决书执行死亡被告人的财产，被害人的损失就能得到赔偿，涉及的国家和集体的财产也能及时追回。(5) 腐败等严重犯罪的不断升级态势及其跨国性、全球性，要求各国建立刑事缺席审判制度。(6) 建立缺席审判制度还有利于保护未成年人的权利。[2]

对于我国刑事缺席审判制度的完善，有学者认为，应当注意以下几个方面的问题：(1) 刑事缺席审判不宜限定案件范围（有观点认为应限定为某些经济犯罪案件和轻微犯罪案件，其范围应包括《联合国反腐败公约》所适用的各种犯罪）。(2) 规定严格的送达、告知程序以确保被告人享有充分的知情权。(3) 规定严格的辩护人制度。应明确设定犯罪嫌疑人、被告人家属委托律师辩护或司法机关指定律师的辩护制度，并强化律师辩护权（包括在侦查、起诉阶段的参与权或在场权），以确保不能到案（庭）的犯罪嫌疑人、被告人的辩护权。对于犯罪嫌疑人、被告人或其家属没有聘请律师的，公安机关、人民检察院或人民法院应当及时函告法律援助机构为其指定辩护律师。(4) 改革庭审方式。须明确规定被告人和其辩护律师有权核对或者（事后）查阅庭审笔录；并且对所有刑事缺席审判案件全程录音录像（供有关部门检查或涉案人员事后提出异议时备查），必要时还可以给涉案外逃人员运用现代科技手段实施"海外连线"，使之"在场"参与庭审。[3]

---

[1] 魏建文，魏昕. 刑事缺席审判制度的价值分析. 中国刑事法杂志，2009 (6).
[2] 田圣斌，麻爱民. 我国公诉案件缺席审判制度探析. 法律评论，2008 (4).
[3] 田圣斌，麻爱民. 我国公诉案件缺席审判制度探析. 法律评论，2008 (4).

还有学者以腐败资产追回为角度，认为对这类案件的缺席审判的立法模式应当进行调整。虽然犯罪嫌疑人、被告人逃匿、死亡案件违法所得没收程序作为特别程序被规定在刑事诉讼法中，但其并不当然地类属于刑事诉讼程序。因为是否由刑事诉讼法进行规定，并不是判定程序性质的唯一标准。所以，在刑事诉讼法中明确该程序的民事诉讼性质，并力求民事诉讼与刑事诉讼程序的平行运行，是我国腐败资产追回机制相对合理的立法模式。①

党的十八大以来，我国的反腐败工作取得了全方位、开创性的成绩，国际追逃、追赃取得重大进展。但是，反腐败斗争形势依然复杂，已有的犯罪嫌疑人、被告人逃匿、死亡违法所得没收程序显然无法解决如何追捕潜逃海外腐败分子的问题。在此背景下，2018年修改的《刑事诉讼法》于第五编特别程序中增设缺席审判程序一章，包括第291条至第297条共7个条文。其中，刑事缺席审判制度的基本适用范围限定于"对于贪污贿赂犯罪案件，以及需要及时进行审判，经最高人民检察院核准的严重危害国家安全犯罪、恐怖活动犯罪案件，犯罪嫌疑人、被告人在境外，监察机关、公安机关移送起诉，人民检察院认为犯罪事实已经查清，证据确实、充分，依法应当追究刑事责任的"。此外，"因被告人患有严重疾病无法出庭，中止审理超过六个月，被告人仍无法出庭，被告人及其法定代理人、近亲属申请或者同意恢复审理的"、"被告人死亡的，人民法院应当裁定终止审理，但有证据证明被告人无罪"以及"人民法院按照审判监督程序重新审判的案件，被告人死亡的"，也可以缺席审判。值得注意的是，修改后的《刑事诉讼法》一方面规定了犯罪嫌疑人、被告人潜逃境外的缺席审判的具体程序，包括管辖、送达、判决、涉案财产处理、交付执行刑罚等；另一方面，修改后的《刑事诉讼法》对委托辩护和提供法律援助作出规定，并赋予被告人近亲属上诉权以及罪犯异议权，体现了对被告人诉讼权利的充分保障。②

我国刑事缺席审判制度的正式确立迅速引发了理论界和实务界的广泛讨论。例如，有学者指出，刑事缺席审判制度的理论基础包括控诉原则、起诉法定原则以及对被告人庭审在场权的合理限制。该制度在我国的建立，既有利于海外追逃、追赃等反腐败工作的开展，也有利于实现诉讼经济，有效保障诉讼当事人的合法权益。另外，该学者还结合具体制度设计阐释了其中涉及的疑难问题，并提出了改革方向。③ 也有学者结合域外缺席审判的立法和司法实践经验，对缺席审判制度提出完善建议：在庭前程序中需要明确缺席审判的启动、法院对缺席起诉的审查以及对被告人发出通知等问题；在庭审程序中应当保障缺席的被告人的答辩和陈述权利、获得辩护权利、与证人对质权利等，贯彻无罪推定的原则。此外，还应当为缺席审判被告人设置救济程序，包括上诉和重审等程序。④ 还有论者指出，作为解决未出席法庭审判的被告人刑事责任的一项制度，刑事缺席审判制度具有"天然"缺陷。对该制度的研究需要从三个方面展开：一是我国新设的刑事缺席审判制度的主要内容，以明确这项制度究竟"是什么"的问题；二是增设这项制度的基本动因，以

---

① 陆海. 也论构建我国追回腐败资产的法律机制. 法学评论，2013（3）.
② 卞建林，谢澍. 刑事诉讼法再修改：解读与反思. 中共中央党校学报，2018（6）.
③ 陈卫东. 论中国特色刑事缺席审判制度. 中国刑事法杂志，2018（3）.
④ 杨宇冠，高童非. 中国特色刑事缺席审判制度的构建——以比较法为视角. 法律适用，2018（23）.

认识"为什么"增设这项制度的问题；三是对新增的这项制度的学理分析，以探讨该制度面临的诸多问题的解决方案。该学者认为，应当严格限制对潜逃的被告人适用缺席审判，进一步完善为平冤昭雪而设置的缺席审判。[①]

---

① 王敏远. 刑事缺席审判制度探讨. 法学杂志，2018（8）.

第六章 司法改革

第一节 前　言

早在1996年3月，第八届全国人民代表大会第四次会议就批准并实施了《国民经济和社会发展"九五"计划和2010年远景目标纲要》，该纲要在明确提出我国经济体制改革的同时，亦提出加强社会主义精神文明建设和民主法治建设的目标。党的十五大报告提出，"发展民主必须同健全法制紧密结合，实行依法治国。依法治国，就是广大人民群众在党的领导下，依照宪法和法律规定，通过各种途径和形式管理国家事务，管理经济文化事业，管理社会事务，保证国家各项工作都依法进行，逐步实现社会主义民主的制度化、法律化，使这种制度和法律不因领导人的改变而改变，不因领导人看法和注意力的改变而改变。依法治国，是党领导人民治理国家的基本方略，是发展社会主义市场经济的客观需要，是社会文明进步的重要标志，是国家长治久安的重要保障。党领导人民制定宪法和法律，并在宪法和法律范围内活动。依法治国把坚持党的领导、发扬人民民主和严格依法办事统一起来，从制度和法律上保证党的基本路线和基本方针的贯彻实施，保证党始终发挥总揽全局、协调各方的领导核心作用"[①]。

最初的刑事审判方式改革是法院为缓解案件压力的临时之举。20世纪90年代以来，随着经济体制改革、市场经济的日益活跃以及法治观念的普及，社会矛盾也朝着多元化方向发展，并演化为大量法律纠纷被推拥到法院，法院不堪重负便开始了举证责任改革，继而开始了庭审方式改革、审判方式改革、诉讼机制改革。以法院和法官制度为切入点的司法改革拉开了序幕。随着改革实践的深入，诸多弊端也逐步成为公众关注的焦点问题，比如法院管理体制以及社会深恶痛绝的司法不公与司法腐败问题等，改革的波及面越来越广。1997年江泽民总书记在党的十五大报告中正式提出了"推进司法改革，从制度上保证司法机关依法独立公正地行使审判权和检察权"，"司法改革"因之获得了官方话语的正式承认，这也促成了法学界与司法实务界围绕该主题展开广泛的对话、研讨并积极地付诸实践。如最高人民法院、最高人民检察院先后出台了《人民法院五年改革纲要》和《检察改革三年实施意见》，并分别进行了机构改革，在全国范围内推行了主审法官制、主诉

---

① 中国法律年鉴社编辑部. 中国法律年鉴1998. 中国法律年鉴，1997 (1).

(办)检察官制、检务公开等重大改革措施。虽然在整个过程中关于证据制度改革的讨论不绝于耳,但由于越来越认识到它在整个刑事诉讼制度中的核心地位,因而研讨证据收集规则、证据排除规则、举证规则、质证规则以及证人出庭作证、证据开示、司法鉴定制度改革问题在当下可谓炙手可热。[1]

随后,2007年党的十七大报告提出,"深化司法体制改革,优化司法职权配置,规范司法行为,建设公正高效权威的社会主义司法制度,保证审判机关、检察机关依法独立公正地行使审判权、检察权。"这标志着我国的司法改革进入了逐步深化阶段。按照党的十七大的总体要求,中央司法体制改革领导小组提出了中央政法委员会《关于深化司法体制和工作机制改革若干问题的意见》。2008年12月,中共中央转发了该意见。该意见围绕优化司法职权配置、落实宽严相济刑事政策、加强政法队伍建设、加强政法经费保障四个方面,提出了60项改革任务。这60项改革任务主要包括:加强对刑事、民事和行政诉讼的法律监督,进一步明确监督的范围、程序和措施;改革现行民事、行政案件执行体制,切实解决判决、裁定"执行难"的问题;改革和完善看守所管理和监督机制,切实防止发生刑讯逼供和超期羁押现象;优化侦查权的配置,切实加强对侦查活动的制约监督;规范司法机关上下级之间的关系,切实防止和克服司法行政化倾向;从立法上完善对司法权的保障制度,切实维护社会主义法制的严肃性;改革劳动教养制度,切实解决对办理治安违法案件监督制约不够的问题;完善快速办理轻微刑事案件的工作机制、适应未成年人案件实际特点的办案机制,建立刑事和解、暂缓起诉、前科消灭等符合宽严相济刑事政策要求的制度;建立刑事被害人救助制度,明确救助的原则、对象、申请条件、发放主体、救助标准和具体工作制度;完善刑罚执行制度,逐步扩大减刑假释的覆盖面;积极推行社区矫正试点,进一步明确范围,严格职责,建立完善相关制度,确保社区矫正与刑罚执行、安置帮教等工作有机衔接;改革和完善法律院校招生分配制度,培养造就政治业务素质高、实战能力强的复合型法律应用人才,从根本上规范政法机关的进人体制;建立符合政法干警职业特点的在职培训制度;建立区别于一般公务员的政法机关职务序列和职数比例,完善司法人员职业保障制度;改革和完善律师管理制度,真正把律师作为社会主义法律工作者来管理;进一步落实"收支两条线"规定,实现政法经费由财政全额负担,建立分项目、分区域、分部门的分类保障政策,规范基础设施建设的经费保障,改革和完善政法经费管理制度等。由此,司法改革进入重点深化、系统推进的新阶段。随后,最高人民检察院、最高人民法院等机关部门分别对司法改革的任务作了具体细化。2009年2月,最高人民检察院制定下发了《关于深化检察改革2009—2012年工作规划》及工作方案,提出了优化职权配置、改革和完善接受监督制约制度、落实宽严相济刑事政策、改革和完善组织体系和干部管理制度、改革和完善政法经费保障体制五个方面的任务。最高人民法院也于同年发布了《人民法院第三个五年改革纲要(2009—2013)》,提出了优化人民法院职权配置、落实宽严相济刑事政策、加强人民法院队伍建设、加强人民法院经费保障、健全司法为民工作机制五个方面30个任务的改革方案。公安机关、司法部也都按照司改意见进行了部署。从改革的内容来看,这一阶段的司法体制改革首先集中于各项法律机制的改革。例

---

[1] 马明亮. 正义的妥协:协商性司法在中国的兴起. 中外法学,2004 (1).

如，最高人民检察院的改革主要包括建立和完善行政执法与刑事司法相衔接的工作机制，改革和完善对侦查活动的法律监督机制，开展量刑建议试点，改革和完善对刑罚执行活动的法律监督制度，优化职务犯罪审查逮捕权配置，建立和推行讯问职务犯罪嫌疑人全程同步录音录像制度，建立健全规范检察机关扣押、冻结款物工作的长效机制等。最高人民法院的改革则主要包括刑事被害人救助制度改革，司法公开制度改革，人民陪审员制度改革，审判委员会制度改革，量刑规范化和审理程序改革，完善有关犯罪的定罪量刑标准改革，司法警察体制及法官制度改革，完善上下级法院审判监督关系改革，完善死刑复核程序改革等。在体制改革方面也取得了重要进展，实现了铁路公检法划归地方。2012年，国务院新闻办公室发布了《中国的司法改革白皮书》，总结了改革成果，司法改革任务基本完成，达到了预期效果。而且，司法改革的成果也大多被吸收到法律之中。例如，此一阶段探索的刑事和解制度、社区矫正制度、量刑规范化改革、侦查讯问录音录像制度等大都被吸收转化到2012年修正的《刑事诉讼法》之中，以法律的形式加以固定。①

2012年，党的十八大提出要"进一步深化司法体制改革"，第三轮司法体制改革也呼之欲出。2013年党的十八届三中全会通过了中共中央《关于全面深化改革若干重大问题的决定》（以下简称《决定》），提出要"推进法治中国建设"，并提出司法改革方面三个主要任务，即"确保依法独立公正行使审判权检察权""健全司法权力运行机制""完善人权司法保障制度"。如果说既往十余年的司法改革侧重于法律制度建设，那么十八届三中全会提出的改革规划则为实现体制改革提供了社会政治背景与动力。《决定》中提到的"确保依法独立公正行使审判权检察权""推动省以下地方法院、检察院人财物统一管理""探索建立与行政区划适当分离的司法管辖制度""改革审判委员会制度，完善主审法官、合议庭办案责任制，让审理者裁判、由裁判者负责""明确各级法院职能定位，规范上下级法院审级监督关系"等一系列的旨在加强法院独立行使审判权，创造公正司法环境的举措，就是司法体制改革的重要体现。此外，党的十八届四中全会通过的中共中央《关于全面推进依法治国若干重大问题的决定》提出，"推进以审判为中心的诉讼制度改革""完善刑事诉讼中认罪认罚从宽制度"等重大刑事诉讼司法改革问题，直接关乎刑事诉讼各机关诉讼职能和我国诉讼格局的重大转变，关乎我国刑事诉讼程序繁简分流机制的有序开展。可以说，本轮司法改革涉及内容之广泛、改革责任之重大、改革力度之强、影响范围之深远都远远超出了前两轮。②

总结既往是为了更好地展望未来。回顾二十多年的司法改革历程，这是一个从启动到展开以至不断推进、深化的过程，也是一个耕耘的艰辛与收获的喜悦并存的历程，更是一个"权利"战胜"权力"的法治发达过程。从程序改革到制度、工作机制改革以至体制改革，司法改革正在一步步迈向改革的"深水区"。尽管改革之路荆棘丛生，改革也会伴有"阵痛"，但改革没有回头路，解决体制性问题，从根本上革除司法的弊端已经是摆在我们面前的一个躲不开、绕不过的根本问题。未来的司法改革之路依旧漫长，仍需我们法律人以及社会各界的不懈努力。③

---

① 陈卫东. 司法改革之中国叙事. 中国法律评论，2014（1）.
② 陈卫东. 司法机关依法独立行使职权研究. 中国法学，2014（2）.
③ 陈卫东. 司法改革之中国叙事. 中国法律评论，2014（1）.

2017年,党的十九大报告提出,科学立法、严格执法、公正司法、全民守法深入推进,法治国家、法治政府、法治社会建设相互促进,中国特色社会主义法治体系日益完善,全社会法治观念明显增强。国家监察体制改革试点取得实效,行政体制改革、司法体制改革、权力运行制约和监督体系建设有效实施。该报告再次强调了司法体制改革的重要意义,指出要深化司法体制改革,提高全民族法治素养和道德素质。

第二节 司法制度改革

一、法官(院)制度改革

有学者认为,对法院的人事制度改革,有利于依法审判原则、独立审判原则和公正审判原则的实施,司法机关应当去行政化、去附属化和去行政管理化。[①]

有学者指出,我国1996年《刑事诉讼法》的制定出台,导致了法官司法调查权的较大变化:首先,庭前审查由实体审查向程序化审查转变;其次,在庭审中,法官的主导性调查转变为补充性调查;最后,在法庭审理过程中,法官原有的庭外自行调整权已不复存在。了解这些变化,有助于正确认识法官在刑事审判中的角色转换,全面把握我国刑事诉讼法所确立的审判方式。[②]

有学者认为,我国的法院体制行政化现象严重。所谓"法院体制行政化",是指法院在整个构成和运作方面与行政机关在体制构成和运作方面有着基本相同的属性,是按照行政体制的结构和运作模式建构和运行的。行政机关的体制结构和运作方式需要满足整个行政管理自上而下的统一性和行政权力行使的效率性,这就要求在体制结构和运作方式方面强调行政内部的上下服从关系。上级机关与下级机关是一种命令与服从的关系。下级机关必须严格执行上级机关的行政命令,行政工作人员也必须严格执行本部门内上级的命令和指示。为了保证行政机关中上级对下级的行政命令能够得到有效的执行,就必然要求有相应的组织形式和管理形式,有严格的行政等级差别。如果将我国法院体制和行政管理体制加以对比,就会发现行政机关的这一基本特征在我国法院体制中有明显的反映。因为我国法院实际上一开始就是按照行政体制的结构模式来建构的,当然就具有行政化的特征。该学者指出,应当通过改革的方式,弱化法院的行政化,使其更符合司法化的规律。[③]

有学者从本土资源出发,详尽地论证了我国审判委员会在我国法院设立过程中发挥的重要作用,其提出在中国社会需要审判委员会这样的制度设计,虽然与西方的制度并不相同,但只要其可以解决中国问题,就是需要的、恰当的。[④] 该学者进一步指出,由于现实的法院总是要履行与审判相关的某些行政管理职能,因而法院内部的行政管理就有可能与法院的审判工作有所交叉、混合,甚至与司法权行使发生某种冲突,并会在一定程度上影响司法权的行使。应从中国基层法院的实际运作来进一步探讨中国法院的行政管理制度是

---

① 程宗璋. 依法治国与人民法院人事制度改革. 组织人事学研究,1998 (6).
② 陈卫东,刘计划. 我国刑事诉讼中法官司法调查权的变化. 法学评论,1998 (2).
③ 胡锡庆,张少林. 刑事庭审认证规则研究. 诉讼法论丛,2001 (1).
④ 苏力. 基层法院审判委员会制度的考察及思考. 北大法律评论,1998 (2).

如何影响其司法职能的。该学者从法院系统内部的制度设置来考察，认为法院不可避免地要面临一系列内部行政事务，因此，法院行政管理制度的设置具有其自身的合法性。但是法院的行政管理制度可能侵入、侵蚀审判制度，造成正式审判制度的变形。中国法院系统面临的一系列问题，包括审判独立的问题，可能都与这个问题处理不当或受重视程度不够相关。该学者进而得出了重要的不是排斥这种行政管理事务，而是要随着社会分工的发展，注意将法院的行政管理职能同法院的司法职能逐步分离开来这一结论。[①]

有学者运用现代化理论，对法院制度进行了类型化的分析，并简要归纳总结出现代性法院的六大特征，包括分化、独立、功能多元化、裁判依据的一元化、程序的妥当性和法官的专业性。以此为基点，从六个方面对法院改革的利弊得失进行了分析，进而得出了结论：法院的现代化进程将是长期的，进一步的改革将不可避免。[②]

有学者认为，"垂直领导"在我国法院体制改革中居于主导地位，似乎已成为法学理论界和司法实务界（特别是法官们）普遍赞同的观点。这种观点主张将人民法院目前仍由各级地方政府控制的人事、财政和物资权划归最高人民法院统管，在法院系统内部实行人、财、物由上而下的一体化管理。这种改革方案的基本思想是通过对法院体系内部自身控管力度的强化，即整个法院系统人、财、物的对外独立，来对抗一些地方政府对司法审判的干扰，以克服当前一些地区司法审判中存在的地方保护主义倾向。然而法院体制这种体现国家法治化程度，具有长远的根本性意义的体制改革，虽不排除现实需要上的考虑，但是更重要的恐怕不仅仅是某些现实需要上的考虑。在法院体制改革中，任何"头痛医头，脚痛医脚"的功利性思维方式都是极不科学的，也是值得斟酌、研究的。[③]

还有学者进一步指出，司法不公或司法腐败的根本原因在于我国现行法院管理体制存在的三个弊端：司法权地方化、法院内部管理行政化和法官的非职业化。司法体制的改革必须有明确的指导思想和整体设计，通过修改法律，自上而下地进行。要把地方法院法官的任免权收归省级人大常委会；法院的经费由国家拨付；实行司法辖区和行政区划的分离。要取消对下级法院除上诉审和再审以外的监督；加强法官的审判独立。基层法院取消审判委员会和合议庭制度；中级以上法院要强化合议庭地位。大幅精简法官，建立严格的法官选拔制度、逐级遴选制度、定期交流制度以及惩戒制度，并对法官给予必要的身份保障和经济保障。[④]

有学者提出，法院或法官是审判的主体。任何审判活动的展开都不可能离开法院和法官，而法院体制和法官制度架构的合理性又是以审判价值实现的程度为基本标准的。伴随着民事、刑事审判方式改革的深入和拓展，民事、刑事审判方式改革所涉及的问题已不再局限于单纯的审判行为或审判方式，而进一步扩展为审判主体的内部结构、审判人员的素质与审判的效率、审判的实体正义和程序正义的若干关联点上。过去的民事、刑事审判方式的改革大多只注重审判程序和审判行为方式这种客体和对象层面，而忽视了审判程序和审判行为操作、事实认定的主体层面。民事、刑事审判方式改革的实践表明，脱离审判主

---

① 苏力. 论法院的审判职能与行政管理. 中外法学，1999（5）.
② 左卫民，吴卫军. 现代化事业中的法院建构——评人民法院五年改革纲要. 政治与法律，2001（4）.
③ 廖中洪. "垂直领导"：法院体制改革的重大误区. 现代法学，2001（1）.
④ 刘会生. 人民法院管理体制改革的几点思考. 法学研究，2002（3）.

体，单纯关注审判方式改革的客体层面，难以使民事、刑事审判方式改革取得更好的效果。①

关于审判委员会方面，审判委员会的存在使审和判分离是一不争的事实，而刑事诉讼中审判的重要性，又主要由审判中心主义说明。因此，有论者对审判中心主义进行了探讨。他认为，审判中心主义是法治国家公认的一条基本刑事司法原则，它是民主社会公正彻底地解决政府与个人之间利益冲突的客观需要，对于两大法系的侦查、起诉、法庭审理和上诉程序以及刑事证据法则都有重要的影响。审判中心主义有两层含义：一是在整个刑事程序中，审判程序是中心，只有在审判阶段才能最终决定特定被告人的刑事责任问题，侦查、起诉、预审等程序中主管机关对于犯罪嫌疑人罪责的认定仅具有程序内的意义，对外不产生有罪的法律效果。二是在全部审判程序当中，第一审法庭审判是中心，其他审判程序都是以第一审程序为基础和前提的，既不能代替第一审程序，也不能完全重复第一审的工作。所谓审判中心论已为诉讼阶段论取代的观点，如果不是有意掩盖事实，至少是对法治国家的刑事程序不够了解。以审判作为全部刑事诉讼的中心，这是现代法治国家都承认的，是现代刑事诉讼的基本原则之一，不存在审判阶段与侦查、起诉阶段平行的问题，更不存在以诉讼阶段论取代审判中心论的问题。审判是否应当成为全部刑事程序的中心是另一个问题，不应当混同。从法理上说，必须充分肯定审判中心主义的价值，它不仅是刑事程序法治化的重要基础，而且对于国家的整个民主法治制度建设具有长远的指导意义。离开严格的审判中心主义，就不可能在决定公民刑事责任的程序中贯彻法治原则，就无法按照民主的要求保障市民社会中的个人基本权利，防止政府随意限制或剥夺个人的自由、财产甚至生命。决策机关应当配合新的审判方式的落实以及国际人权公约的贯彻而采取一些新的、有助于促进刑事程序向法治化方向发展的有力措施，使审判逐步成为全部刑事程序的真正中心，使法庭审理程序更加公正、审理后所作的裁判更加有权威性。②

有论者以广泛收集的实证资料为基础，对审判委员会的利弊及存废问题进行了深入的探讨。他认为，审判委员会得以存在，并获得某种事实上的正当性，有着深刻的社会结构性、功能性的原因，而这些原因又都是在考虑其存废问题时所无法回避的。审委会制度在中国基层法院存在的相对合理性，是基于目前及可预见的未来社会的诸多制约条件，就此而言，这是该种制约条件下的一种相对有利、有效且公正的司法制度。③

为完善我国的审判制度，使之体现出公正、民主等基本要素，有论者对陪审制度完善问题进行了分析。他认为，总的来说，我国目前在审判实践中采用的人民陪审员制度并没有发挥其应有的作用。一方面，法官们经常抱怨现在的陪审员很难请，即使请来了，或者因为其素质不高，或者因为其不负责任，在审判中也发挥不了多大的作用。另一方面，许多陪审员抱怨他们在审判中根本不受重视，白白浪费很多时间，没法发挥作用，而且误工补助也不到位。我国已经实行多年的人民陪审员制度越来越流于形式。然而，陪审制度有其特殊的存在价值，在我国现阶段的社会情况下尤其如此。陪审制度的价值主要表现在以

---

① 张卫平. 论我国法院体制的非行政化——法院体制改革的一种基本思路. 法商研究, 2000 (3).
② 孙长永. 审判中心主义及其对刑事程序的影响. 现代法学, 1999 (4).
③ 苏力. 基层法院审判委员会制度的考察及思考. 北大法学评论. 第1卷第2期. 北京：法律出版社, 1999.

下几个方面：(1) 陪审制度有利于司法公正；(2) 陪审制度有利于司法民主；(3) 陪审制度有利司法公开；(4) 陪审制度有利于法院独立行使审判权；(5) 陪审制度有利于司法廉洁；(6) 陪审制度有利于普法教育。因此，应该坚持陪审制度。但是，我国现存的陪审制度中确实存在着很多缺陷，应该吸收西方陪审制度中的合理因素，对我国的陪审制度进行必要的改革。具体内容包括：关于适用陪审员审判的案件范围，目前还应该把陪审制度限定在一审案件的范围之内，而且以少数案件作为试点，然后逐渐扩大适用的范围。关于陪审员的选任，法院应在当地政府的协助下每年从当地有陪审员资格的公民中挑选一定数量的人担任候选陪审员，制成名单，存入法院的计算机系统。这种一般选任中的资格审查不必过于严格，入选人数可以多一些。当某个具体案件的审判需要陪审员时，法院应由专门人员采用随机的方式从候选陪审员名单中选出一定数量的人。而陪审员任期则宜短不宜长，而且最好明确规定一个陪审员在一定期限内只参与一个案件的审判。关于陪审员的职能改革，根据我国目前的情况，划分陪审员与法官的职能是不太合适的，可以做一些相对的划分。例如在庭审调查中，明确规定法官负责主持和引导，陪审员负责审查证据；在评议裁决时，陪审员主要评议事实问题，法官主要分析法律适用问题等。另外，在某些特殊案件中，也可以尝试让陪审员单独负责某些具体案件事实的认定。[①]

二、检察官（院）制度改革

（一）检察权的性质

关于检察权应当如何定位的问题，学术界有行政权说、司法权说、行政化倾向的司法权说、司法化倾向的行政权说、法律监督权说等。无论是检察系统内部的研究人员还是立场显得更为中立的法学界的专家学者都一致认为，检察权不应属于行政权。多数代表认为，从主流上讲，检察权更多地体现的是司法属性，因此应当属于司法权。有代表认为，中国的检察机关就是法律监督机关，其职权就是法律监督权。此外，学术界还有一种观点认为，将检察机关定位于法律监督机关并不科学，因为社会生活中有多种主体、从多个层面对法律的实施进行监督。一些学者对这种观点进行了反驳，认为这种观点混淆了"法律监督"和"监督法律"这两个概念。法律监督是运用法律规定的手段、按照法律规定的程序监督法律的实施，除检察机关的监督外，其他监督方式并不具有这种特点。这一点使检察监督有别于其他监督方式，同时也要求检察机关严格依照法定程序进行监督，国家立法机关应充分考虑检察监督的这种特点，在有关法律中合理设计监督程序。现有法律中特别是民事诉讼法、行政诉讼法中有关法律监督的内容太过原则和概括，程序上的可操作性没有体现出来，应尽快予以修正；刑事诉讼法也存在着不少欠缺，应当予以完善。我国的检察机关拥有侦查权也是历来确定检察权属时将检察权划定为行政权的一个重要论据。而在全国首届检察理论研究年会上，一些参加者指出，检察机关所拥有的侦查权是履行法律监督权的一个手段，不能根据实现权力的方式来确定权力本身的属性。根据对世界各国及中国历史上的监督权的研究，监督从最初就具有弹劾性或追诉性，其现实中表现为两种基本的职能形式，一是对违反者具有强制性的揭露和移交裁决职能（主要适用于犯罪行为，如

[①] 何家弘. 陪审制度纵横论. 法学家，1999 (3)；熊秋红. 司法公正与公民参与. 法学研究，1999 (4).

立案、侦查、逮捕、起诉等),二是对违反者不具有强制性的提出纠正意见或将违法行为公之于众的职能(如对法院的抗诉和对公安机关提出的检察建议)。检察机关的各项职权包括侦查权,无不包容在监督权的这两种表现形式当中,因此法律监督权与侦查权并不矛盾。在全国首届检察理论研究年会上,还有一些学者认为,检察机关对国家工作人员职务犯罪直接立案侦查符合权力相互制衡的需要,是此类案件的特点决定的。如像某些人主张的那样将侦查权统一归属于公安机关,那么,由作为行政机关的公安机关去监督政府部门的职务行为,显然不符合监督原理。特别应当指出的是,职务犯罪不仅是利用职权进行的犯罪,而且还是利用职权掩盖罪行、对付侦查的犯罪,如果侦查部门不具有相当的独立性去与这种犯罪相抗衡,那么查办的效果必然大打折扣。因此,那种取消检察机关对职务犯罪的侦查权的观点恐怕缺乏现实基础。当然,检察机关应当保留侦查权,但这种权力涉及的范围不应过大,更不能搞检察机关指挥侦查那一套,否则,必将动摇检察权的性质,使检察监督丧失保障法律统一正确实施的功效而沦落为对大量个案的查办。[①] 在随后的研究中,又有学者指出,检察权的性质是法律监督权,检察改革的方向是强化法律监督,而不是削弱检察机关的法律监督权。有的学者从现代检察制度的历史发展中论证检察权的性质,指出现代检察制度从其诞生的时候起,就是为了维护国家制定的法律在全国范围内的统一实施,并且在世界各国,检察权都是国家权力中一个相对独立的、具有特殊性的权力。在"三权分立"的国家结构中,检察权处于一种十分尴尬的境地:检察机关隶属于行政机关又不同于行政机关,其被称为"特殊的行政机关";检察权不同于司法权又不得不附属于司法权,共被称为"准司法权";检察官不是法官又完全按照法官来对待,其被称为"站着的法官""准司法官"。这种尴尬的境地,严重地限制和妨碍了检察功能的发挥和检察机关的发展,也背离了现代检察制度创设的初衷即维护国家法律的统一实施。这种尴尬境地的出现,是由"三权分立"学说的根本缺陷造成的。社会主义国家结构克服了"三权分立"的弊端,为检察权的有效行使创造了条件。在统一的国家权力中,检察权作为国家权力中的一项相对独立的权能而存在成为可能,检察机关作为国家机关的一个独立机构被法律正式确认。这就为检察机关的发展提供了制度性的保障。有的学者从法律监督的基本含义中分析检察权的性质,指出法律监督不同于权力监督,法律监督权也不是泛指的一般监督权,不能把所有监督法律实施的权力或权利都视为法律监督权。法律监督权特指运用法律规定的手段、按照法律规定的程序、能够产生一定法律效果的监督权。在我国,依照宪法和法律的规定,法律监督权具有主体的唯一性、对象的特定性、手段的法定性和结果的强制性等特征。而这些特征,对于其他监督权来说,是不具有的;对于法律监督权来说,是不可或缺的。这些特征的结合,反证了检察权作为法律监督权是一种独立的权力。有的学者从国家权力构架中分析检察权的性质,指出我国的根本政治制度是人民代表大会制,国家权力统一由人民代表大会行使。在人民代表大会下设立四个机关分别执行人民代表大会的决议,即行政机关、审判机关、法律监督机关和军事机关。相应地,在完整的统一的国家权力下形成四个分权力,即行政权、司法权、法律监督权和军事权。这四种分权力,与"三权分立"国家中的"三权"概念虽然有相同之处,但是不论在性质上还是在范围上

[①] 王琰. 为检察实践提供坚实的理论基础——全国首届检察理论研究年会综述. 人民检察,2000(2).

都是不对等的。在这种国家权力结构中,检察权是一种具有独立存在价值的法律监督权,它既不隶属于行政权,也不隶属于审判权。在我国的国家权力结构中,不论是从宪法的"刚性"规定上看,还是从我国权力运作的实际情况看,检察权都是作为一种独立的国家权力即法律监督权而存在的。检察权的行政性质和司法性质有机结合,构成了法律监督权所特有的属性,使它既不同于行政权,又不同于司法权,而成为国家权力分类中一种独立的权力。有的学者从权力架构与权力行使的关系上论证检察权的性质,指出我国法律监督权的设置是历史的选择,而不是任意的选择。分权制衡制与集权监督制对国家权力的划分思路是不同的。在"三权分立"的政治体制下,对权力行使的监督是通过权力制衡来谋求权力之间的平衡,以防止权力滥用和权力腐败的;而在集权监督制的政治体制下,则是通过设置监督来防止权力滥用和权力腐败的。完善对行使权力的监督机制是集权政治制度的关键问题。这种监督机制首先是上位机关即人民代表大会的监督,但是权力机关的监督毕竟是总体的和宏观的,而对执法权限的监督不可能是普遍的和常规的,只能是个别的。这就需要设立国家专门的法律监督机关,行使法律和权力机关赋予它的具体监督权限,并且其法律地位应当是直接从属于权力机关,与行政机关和审判机关处于同一层面上。因此,在集权制国家,设立专门的法律监督机关,既具有法理合理性,也具有技术合理性。[1]

(二) 检察机关的公诉职能

关于公诉问题的研究,有学者对公诉权的基本理论、公诉活动的基本原则,以及公诉工作中的主要问题,进行了全面系统地研究,集中反映了近年来关于公诉问题的研究成果。此外,一些学者也发表了一系列文章,对公诉权的效力、不起诉问题、证据问题等进行了深入的研究。关于公诉权对审判权的制约,对于人民检察院起诉的案件,人民法院在审判活动中是否应当受起诉范围的限制?判决书能否超越起诉书指控的范围?有的学者认为,法院有权根据人民检察院指控的犯罪事实改变起诉书指控的罪名和对未经起诉的人作出判决。但是多数学者认为,判决不能超出起诉的范围。诉讼是以诉为前提的,刑事审判权的被动性和中立性,使它没有理由在没有控诉的情况下进行审判,同样也没有理由对没有指控的犯罪进行审判,没有理由对起诉书中没有对被告人提出指控的事实作出判决;公诉权作为一种追诉请求权,它的行使是启动刑事审判权的先决条件。刑事审判权的行使不得超出公诉权设定的范围,不仅是公诉权本身的性质所要求的,而且是保障被告人的诉讼权利所必需的。有的学者指出,不告不理是现代刑事诉讼中调整起诉与审判关系的重要原则。为了贯彻控审分离,追求控辩平衡,实现审判公正,审判范围必须受诉讼请求事项的约束,未经起诉的个人和事实,法院不得径行审理或定罪量刑;法庭在同一事实基础上不得认定较起诉罪名为重的罪行;起诉方变更、追加控诉,或者法庭变换适用刑法条款,均应及时告知被告方,以保障被告人辩护权的行使;法院认为指控的罪名与指控的事实不符而检察院又不同意变更指控的罪名时,法院应当向控辩双方告知改变指控罪名的意图,在控辩双方进行必要的准备之后,再行审理和判决。关于不起诉问题的研究,主要涉及不起诉的价值、存疑不起诉、不起诉公开审查等方面。一些文章充分肯定了不起诉制度设置的价值,并客观地分析了实践中不起诉率高的原因,提出了解决问题的方法。有的学者指

---

[1] 张智辉. 2000年检察理论研究综述. 人民检察,2001 (1).

出，不起诉制度是一项符合诉讼发展规律和方向的、具有独立诉讼价值和极大实践意义的制度。它符合刑罚个别化和轻刑化的刑事政策，体现了合理使用司法资源和恰当运用检察自由裁量权的原则，具有诉讼经济效益价值。因此，应当重视不起诉的程序地位，充分发挥不起诉的特有功能。有的学者指出，对于实践中不起诉率高的现象加以控制，其目的是试图将不起诉控制在合理的范围以内，以减少不起诉决定的不当现象。但是比例控制存在着明显的弊端，容易束缚办案人员的手脚而使法律规定得不到充分贯彻，产生一系列负面效应。因此，对不起诉率高的问题，应当具体分析，采取有针对性的措施，加以纠正，如针对不起诉条件理解过宽的问题，强调不起诉的适用范围不得逾越"犯罪情节轻微"的限制等。有的学者认为，为了完善我国的不起诉制度，有必要扩大自由裁量权行使的空间，改革我国现行的"公诉转自诉制度"，在被害人不服不起诉决定的救济制度中增设过滤机制，保证检察机关的自由裁量权发挥应有的功能。有的学者认为，1996年修改后的《刑事诉讼法》实施以来，存疑不起诉率有不断增加的趋势。其原因主要是：侦查阶段搜集证据不及时、不全面，造成关键证据灭失，难以弥补；补充侦查的针对性不强，盲目性较大；对犯罪嫌疑人的翻供未采取有力对策，使案件的事实无法再继续查清；调查取证不细致，证人证言之间的矛盾不能合理排除。因此，要加强专业知识的学习，提高办案人员的业务素质；提高证据意识，注重对证据的审查判断；加强检察机关内部的制约机制和请示报告制度，把好案件质量关。[①]

另有学者指出，从表面上看，公诉方式仅仅是检察机关单方面进行的一种形式上的手续，而不具有多大的研究价值。但事实上，公诉方式与一个国家的审判模式有着紧密的联系，其程序设计是否科学，甚至关系到整个刑事诉讼程序的公正性与合理性。我国1996年《刑事诉讼法》吸收了英美对抗式诉讼制度的一些要素，使我国的审判模式基本具备了对抗式的特征。但是，我国的公诉方式在废除原来的全案卷宗移送制度时，并没有完全采取起诉状一本主义，而是改采一种介于两者之间的起诉方式，被有人戏称为"复印件主义"。这不但没有革除掉原来"审前预断"乃至"先定后审"的缺陷，反而使辩护律师的阅卷权受到了限制，同时也浪费了国家宝贵的司法资源。显然，如果不从"复印件主义"走向"起诉状一本主义"的公诉模式，我国对抗制的改革就不会取得实质的突破。[②]

(三) 检察机关的法律监督职能

有学者提出，依法治国需要建立完善的法律监督机制，检察机关的法律监督是整个法律监督体系中重要的组成部分，如何活化用人机制、深化检察机关的人事制度改革，使其更好地发挥法律监督职能是进一步完善法律监督机制，推进依法治国进程所面临的一项重大而紧迫的课题。[③]

立案监督权是1996年修改后的《刑事诉讼法》赋予检察机关的一项独立的检察权，但是在实践中立案监督工作存在着一些亟待解决的问题，这些问题制约着立案监督工作健康有序的发展。立案监督职能缺乏与之相配套的权力，如法律在赋予检察机关立案监督权

[①] 张智辉. 2000年检察理论研究综述. 人民检察, 2001 (1).

[②] 李奋飞. 从"复印件主义"走向"起诉状一本主义"——对我国刑事公诉方式改革的一种思考. 国家检察官学院学报, 2003 (4).

[③] 何宝玺, 张玉梅. 检察机关人事制度亟待改革. 行政与法, 1998 (6).

的同时，没有赋予检察机关检查获知权和建议处置权，直接影响了检察机关对立案监督案件线索的获得方式，特别是对不接受立案监督的单位和个人，检察机关毫无办法，影响了监督的效果。因此，有的学者建议，法律应当赋予检察机关检查获知权和建议处置权，同时要明确界定不立案理由成立的范围，进一步规范立案监督工作。有的学者认为，刑事自诉案件不立案的情况，应当纳入立案监督的视野。1996 年修改后的《刑事诉讼法》确立了检察机关依法监督刑事诉讼的原则，目的是保证司法机关统一正确执行刑事法律，维护刑事司法的公正与效率。而作为刑事审判程序一个组成部分的刑事自诉案件的审理程序，也应当纳入刑事法律监督的范围之内。这对于保证刑事自诉程序的公正与高效、完善检察制度，强化法律监督职能，具有重要的意义。因此，亟须加强检察机关对刑事自诉案件的监督。这种监督应当包括：对未生效判决裁定提出抗诉，对已生效判决裁定提出抗诉，对法院审理刑事自诉案件违反法定程序的情况提出纠正意见，对刑事自诉案件不立案的情况进行监督等。关于民事、行政诉讼监督，有的学者认为，我国现行的民事诉讼监督制度不利于建立真正的法治。检察院基于自身对案件事实的认定或者对适用法律的理解，认为法院裁判错误，从而提起抗诉，发动审判监督程序，要求法院纠正错误判决，有悖基本的诉讼法理，陷入了一个案件只有一个正确判决的错误理念，导致抗诉权与审判权的冲突，是对审判权的不当干预。因此，该学者对检察院的抗诉监督的合理性和必要性表示怀疑，主张改造检察监督体制。对此，持不同意见者针锋相对地指出，一个案件固然不能只有一个正确判决，但是绝不能因此而得出民事案件在事实认定上和法律适用上，法院不会有错案和检察院不能进行监督的论断。在中国，国家设置民事、行政诉讼检察监督制度的基础是人民代表大会制度，在人民代表大会制度下，审判权的行使必须受监督；审判独立并不意味着不能甚至不得对审判权进行监督；检察监督坚持有错必纠，直接体现了公平、正义理念；检察机关抗诉的目的是保障司法公正，这与司法改革的方向是一致的。因此，在中国，民事、行政诉讼检察监督具有充分的法理依据；以审判独立为借口而宣称不受任何监督，是违背法律规定的，不符合中国的法理。当然，现行的民事行政诉讼检察监督制度也存在着严重的局限性，需要通过检察改革来完善。完善民事、行政诉讼检察监督制度的核心是构建和完善民事、行政诉讼检察监督的方式，如对司法人员的贪污受贿、徇私舞弊、枉法裁判行为进行查处等。①

（四）国家监察体制改革后检察权的发展

随着国家监察体制改革试点的开展，职务犯罪侦查部门的整体转隶，检察制度又一次走到了历史的十字路口。有学者提出，对检察机关是法律监督机关的宪法定位毫无疑问，但在如何实现法律监督这一问题上，1979 年《人民检察院组织法》并未提供一个令人满意的设计方案，给当代中国检察制度留下一个历史性难题。该学者认为，在新的依法治国语境下，检察机关要完成宪法所赋予的法律监督的使命，就必须顺应历史潮流，以宪法"依法治国""尊重和保障人权"的精神为依归，努力成为宪法、法律的守护者，公民基本权利的守护者。为了实现上述职能，需要我们对检察机关的对外关系、组织结构和职权配置进行反思性重构或调整。具体包括：第一，在对外关系上，尽量摒除不当干预，保障检

---

① 张智辉. 2000 年检察理论研究综述. 人民检察，2001（1）.

察机关依法独立行使职权；第二，重新确立检察系统内部的垂直领导机制；第三，理顺"检察一体"原则与检察官独立办案的关系；第四，应赋予检察机关履行法律监督职责所必要的手段性职权；第五，强化检察机关在公安机关执法质量考评中的作用。[①]

有论者指出，在我国，检察机关无权对监督对象直接进行处理，因而其法律监督需要以职务犯罪侦查权作为支撑。国家监察体制改革后，检察监督失去了职务犯罪侦查权的支撑，这会导致诉讼监督进一步软化和弱化，致使具有中国特色的检察制度面临严峻挑战。在全面推进依法治国的大背景下，坚持和发展中国特色社会主义检察制度，必须坚持检察机关的宪法定位；通过给检察机关保留在履行职责中发现的职务犯罪的侦查权、赋予检察监督以硬的约束力、赋予监督中的调查核实权以及必要措施，来增强监督刚性；通过提请合宪性审查、拓展司法审查和行政检察，来逐步拓展检察职能，从而使中国特色社会主义检察制度在新时代得到巩固和发展。[②]

也有论者指出，国家监察体制改革背景下的检察工作面临四大考验，检察权的重构具有应然性、必然性和现实性。要确保新的检察事业行稳致远，必须首先在思路理念上"破旧立新"。在"四个根除"的基础之上，须将"强化监督、维护公益、创新发展"确立为新时期检察工作的发展理念。在国家权力结构调整过程中，检察机关需重新审视检察权与行政执法权、监察权、侦查权、审判权等其他国家权力之间的关系。基于此，检察机关可按照专设职务犯罪检察机构、拓展传统刑事监督职能、推动民事监督由"权利救济"向"权力问责"转变、释放公益诉讼制度效能、盘活控告申诉检察资源、推动以"办案"为主的刑事执行检察模式等具体思路，构建职务犯罪检察、刑事检察、民事检察、行政检察、控告申诉检察、刑事执行检察"六位一体"的检察工作新格局。[③]

（五）检察机关内设机构改革

2018年6月15日，最高人民检察院内设机构改革拉开帷幕。由此，选择"捕诉合一"还是"捕诉分离"引发了刑事诉讼法学界的热烈探讨。所谓"捕诉合一"，就是将批捕的部门和起诉的部门合并，批捕权和起诉权由同一检察官或者检察官办案组行使。[④] 学界支持"捕诉合一"的理由主要包括：其一，"捕诉分离"机制难以满足司法实践需要，存在交叉职权的问题，且不利于缩短侦查期限，导致犯罪嫌疑人、被告人羁押期偏长；其二，"捕诉合一"可以提高工作效率，防止捕诉工作脱节；其三，"捕诉合一"有利于检察机关引导侦查和实施监督[⑤]；其四，"捕诉合一"可以精简检察机关内部业务环节，实现部门业务的整合，有利于激活刑事诉讼机制内的制约作用。[⑥]

学界赞同"捕诉分离"的理由主要包括：第一，批捕权与公诉权性质不同；第二，"捕诉合一"使公诉部门吸纳了侦查监督部门，从而削弱了侦查监督职能；第三，"捕诉合一"可能使公诉质量降低，不利于检察机关职能履行中的专业化要求；第四，"捕诉合一"

---

① 魏晓娜. 依法治国语境下检察机关的性质与职权. 中国法学，2018（1）.
② 朱孝清. 国家监察体制改革后检察制度的巩固与发展. 法学研究，2018（4）.
③ 杨克勤. 论国家监察体制改革背景下的检察工作发展新路径. 当代法学，2018（6）.
④ 邓思清. 捕诉合一是中国司法体制下的合理选择. 检察日报，2018-06-06.
⑤ 郭烁. 捕诉调整. "世易时移"的检察机制再选择. 东方法学，2018（4）.
⑥ 张建伟. "捕诉合一"的改革是一项危险的抉择？——检察机关"捕诉合一"之利弊分析. 中国刑事法杂志，2018（4）.

可能使辩护效果大打折扣，从而使冤错案件发生的可能性大大增加。[①]

还有学者指出，检察机关设置内部机构，是为了实现专业分工、提高效益，也是为了便于上级指挥监督。设置时应考虑司法责任制及其限度、办案业务量和检察官数量、办案组织的设置、业务工作特性、日常管理需要以及上下级检察机关的业务对接。目前还应注意机构设置的适度稳定性，以及机构设置的基本统一性。"大部制"比较适合案件数量较少、检察人员较少的检察院，尤其是基层检察院。检察机关实行诉讼与监督职能分离和机构分离利弊皆有，但两种职能难以完全分开，且在侦查权转隶后，诉讼监督更需批捕权和公诉权支持。"捕诉合一"可精简机构、提高效率，但捕、诉性质不同，部门合一还会造成业务部门设置不平衡。除未成年人案件以外，其他特定类型案件亦应慎重实行"捕诉合一"。检察机关的内部机构及功能设置，应视国家监察体制改革推进状况而作适当调整。[②]

（六）关于检察制度改革的其他问题

有学者探讨了当前中国司法制度改革中检察机关改革的环节，提出法院制度的改革和律师制度的改革，需要有检察制度的改革相配套。检察机关改革的一个关键问题就是改变检察机关一般法律监督机关的性质，转变检察机关的职能，使它把主要职能放在公诉和司法监督方面。[③]

还有学者结合世界各国检察制度发展趋势，认为我国检察制度改革应增强检察机关的独立性，扩大检察机关职权范围，加强对检察权行使的监督制约机制。[④]

针对我国检察改革的发展方向，有论者通过对世界检察制度的比较研究后认为，检察制度作为一种年轻的制度，无论在任何一个国家都是独具特色的。日本、美国、英国等国家在建立本国的检察制度时，最初都刻意仿效别国模式，但后来却发现"没有与它完全对等的东西"。这是因为，一国的检察制度仅仅是其政权组织形式的一个部分，其模式必然受制于该国政体的需要和经济、历史、文化等因素的影响，没有本国特色的检察制度是不存在的。如是，则完全没有必要将中国的检察制度以西方的标准挂上行政权或司法权的标签，或对中国检察机关所承担的与他国不同的职权进行指摘，那种照搬别国制度的想法则更为幼稚。因此，中国检察制度改革的方向应是"建设有中国特色社会主义检察制度"，这不仅是一个伟大的设想，而且与检察制度的内在发展规律相适应，是完全能够实现的。那么，中国检察制度的特色是什么？在全国首届检察理论研究年会上，有学者指出，这应体现在"法律监督"上。我国法律对检察机关的定位在与国家体制长期磨合中，经历了由"一般监督"到"法律监督"的演进过程。从宪法和人民检察院组织法的规定来看，检察机关的监督是一种国家监督和专门监督，检察机关的职责在于保障宪法的统一、正确实施。但根据彭真同志在第五届全国人民代表大会第二次会议上关于《刑法》《刑事诉讼法》《检察院组织法》等七个法律草案的说明，"检察院对于国家机关和国家工作人员的监督，只限于违反刑法，需要追究刑事责任的案件"，也就是说，检察机关的监督只是一种刑事监督或犯罪监督。这就使检察机关维护宪法和法律统一正确实施的职权有其名而无其实；

[①] 张建伟. "捕诉合一"：职能整合之功能分析. 人民检察，2018（14）.
[②] 龙宗智. 检察机关内部机构及功能设置研究. 法学家，2018（1）.
[③] 蔡定剑. 司法改革中检察职能的转变. 政治与法律，1999（1）.
[④] 羊震，黄祥坤. 浅谈我国检察制度改革的走向. 国家检察官学院学报，2000（1）.

同时，检察机关的监督现在已完全超出了犯罪监督的范围，根据民事诉讼法和行政诉讼法的规定而延伸到民事、行政领域，这就导致法律对检察机关职权的规定存在矛盾。这个矛盾使检察权的定位处于彷徨不定的状态中，并必然使检察权的第二层配置达不到科学合理的目标，从而衍生出当前检察体制中存在的诸多不足，如检察管理行政化严重、内部机构设置不合理、检察人员管理不科学、检察业务工作缺乏透明度等。因此，要解决检察体制现有的不足，必须首先在检察院组织法中明确检察机关是国家的法律监督机关，这种监督不仅包括犯罪监督，还包括民事、行政诉讼的监督，使宪法确定的检察机关的法律定位得以体现。①

对于检察制度的改革，有代表指出，检察改革应建立在对检察工作规律的客观认识基础之上，不能为了改革而改革，应有长远设计、近期规划、具体部署。检察改革还缺乏总体规划和缜密设计，有的措施出台显得过于仓促，缺乏必要的论证和试验。而搞好检察改革需要注入更多的理性思维，对客观规律有更为清醒的认识。第一，对国家政治体制、司法体制改革方向的认识。检察制度作为我国现阶段社会主义制度下的上层建筑的重要组成部分，在社会生活中发挥着重要的作用，对这一制度的变革应充分考虑到国家政治体制和司法体制的承受力、包容力，符合政治体制、司法体制改革的潮流。对于检察权在国家权力运行模式中到底应处于什么样的位置、扮演什么样的角色、发挥多大的作用、怎样发挥作用等问题都应放在这个大背景中去思考。同时，在把检察权定位于司法权的前提下，应当特别注意检察权与审判权的关系，注意与审判权的改革协调发展。按照系统论的观点，检察系统作为司法系统这个母系统的子系统，其改革必须纳入司法体制改革的整体规划中去，符合母系统和其他子系统改革的要求，共同发展，而不能自行其是，独树一帜。第二，对司法规律的认识。有代表指出，我们在进行检察改革时，总是提及要遵循司法规律，但究竟司法规律包括哪些内容，司法工作与行政工作的本质区别在哪里却少有论及，这就使"检察改革要符合司法规律"的提法更像一个口号，而对实际改革措施缺乏应有的指导和规范意义。第三，对检察权整体发展规律和实现检察权的各种方式运作规律的认识。检察改革中的任何一个举措，都是检察制度发展的组成部分，应当符合检察制度作为一个整体发展的需要。因此，不能漠视检察体制的特点去为了改革而改革，各项改革措施要目的明确，方向一致，协调配合；同时，实现检察权能的各项具体检察工作也有其运作规律，在改革过程中不能在不同的职能部门强求一律，眉毛胡子一把抓。那种跟风上、大拨哄的做法不符合改革所具有的扬弃性质，必然导致资源的浪费和效率降低，最终达不到改革的目的。②

1999年全国检察机关推行了六项改革措施，各个学者也纷纷发表了意见和建议。对于检察委员会改革，有些代表认为现有的改革还存在着一些问题。第一，检委会专门机构设置。有的地方在研究室内设立一个专职部门，有的地方是与研究室一体化，即研究室同时担任检察委员会的专门机构，承担其职责，有的地方是独立设置。这种多样化的设置使检察机关上下级之间的领导关系无法真正落实，不便于检察委员会工作的督促和检查。考

---

① 王琰. 为检察实践提供坚实的理论基础——全国首届检察理论研究年会综述. 人民检察，2000（2）.
② 王琰. 为检察实践提供坚实的理论基础——全国首届检察理论研究年会综述. 人民检察，2000（2）.

虑到检察机关机构、编制等问题,检察委员会专门机构最好能统一设置在研究室内,这样便于工作的落实与开展。第二,最高人民检察院应当对检察委员会改革的重心进行调整,现在改革的重点放在省级及地市级检察机关,但大量的检察业务是由基层人民检察院承担的,基层检察院检察委员会的工作质量和效率直接影响着检察工作的整体水平,因此,应将改革的重心放在对基层院检察委员会的改革上。第三,专职部门对提交检察委员会讨论的案件是进行程序性审查还是实体性审查,目前各地做法不一,要求也不一,应当统一到向检察委员会提出正确适用法律意见这个标准上来。第四,明确检察委员会与党组会(党委会)、检察长办公会的职责区别。目前有的地方检察委员会很少研究与检察业务有关的重大事项,不是无事可以研究,而是由于检察委员会与党组会、检察长办公会职能划分不清,很多应当由检察委员会研究决定的事项被其他决策机构讨论了。因此,应当把党组会讨论的范围限定在人事、党务等工作方面,将检察长办公会讨论的范围限定在行政事务方面,其他与检察业务有关的重大事项还是应由检察委员会来研究决定。这样划分,有利于党政分开、行政权与司法权分开,使司法工作按照司法规律要求进行。第五,有关检察委员会委员的选拔问题。许多检察院检察委员会的专职委员由中层干部竞争上岗中落聘的人员和年龄较大面临退休的人员来担任,不符合对检察委员会委员高素质的要求。因此,包括专职委员在内的所有委员的选拔应实行考核选拔制,并规定相应的任期,不能搞终身制,这样才能保证委员能够积极进取,钻研业务,保证检察委员会委员的高素质。许多学者认为,检察委员会的改革还停留在改进工作方法的层面,并不是真正意义的改革,将来的检察委员会应由决策机构转变为检察长决策的咨询机构。对于主诉检察官制度改革的情况,有学者虽然给予了很高的评价,认为其确实达到了提高效率和办案质量的目的,但有学者同时指出,这项"改革"还不具有改革所应有的质的飞跃,仅仅是落实办案责任。如果仅仅停留在这个层面上,那么意义也只是局限性的,因此应寻求更高、更大的发展。有的学者指出,在检察权的各项权能中,公诉权最集中地体现了检察权的司法属性,公诉活动具有司法活动判断性、独立性、亲历性三大特性。现有公诉活动中判断性和亲历性都体现得十分充分,唯有独立性一点有待改进。而主诉检察官制度在加强检察官的独立性方面向前迈进了一大步,使检察官的司法属性得到了全面的张扬。如果能够处理好这项改革中涉及的权力合理分配问题,那么这项改革可以成为实现检察管理体制由行政化向司法化转变的突破口。

第三节 司法体制改革

一、司法职权配置改革

优化司法职权配置,是党的十七大报告中提出的司法体制改革的一项重要任务,也是建设公正高效权威的社会主义司法制度的一个重要方面。如何优化刑事司法职权配置,成为刑事诉讼法学研究的重要内容。

1. 关于刑事诉讼中权力的和谐化

有学者认为,对我国的司法体制改革尤其是刑事诉讼中的权利化配置,应当遵循相对合理主义的路径标准。① 有学者对我国的刑事司法改革的一些原则、路径和权利配置进行了详尽的分析，提出了设立廉政机关、建立起诉公开制度的建议。② 刑事司法职权的合理配置涉及对公、检、法三机关及其司法机构内部关系的调整，这种调整是司法体制改革的重要组成部分。处于社会转型期的中国，应当将构建中立、独立的法院作为司法体制改革的主要目标。在刑事诉讼中，公、检、法关系的重塑，关键在于建立以司法裁判为中心的刑事诉讼构造；在司法机构的内部关系上，应当处理好司法机构的整体独立与司法人员的个人独立之间的关系，彰显刑事司法功能的特质，实现司法的本我定位。③

有论者认为，刑事诉讼中国家权力的和谐化主要是指侦查权、检察权、审判权的自身构成要素以及相互之间在刑事诉讼的配置和运行过程中所应形成的相应、协调或者均衡、匀称的关系，它应当包含权力的结构性、权力的规范性、权力的合法性等三个特征；刑事诉讼中权力和谐化的实现，包括权力的法治化、权力的程序化、权力的人本化、权力的民主化。④ 有学者指出，关于司法权配置有两部分重要内容：一是要健全司法权力"分工负责，互相配合，互相制约"机制；二是要健全侦查权、检察权、审判权各自的运行机制。该学者指出，"分工负责，互相配合，互相制约"是我国长期刑事司法实践的经验总结。分工负责使公、检、法三机关在刑事诉讼中各自职权清晰，职责明确，从而有效地避免了职责不清和互相推诿。互相配合必须在分工负责的基础上进行，没有分工就谈不上配合。互相配合既不能搞"联合办案"，也不能搞互相替代。互相制约是此原则的制度精华，强调在权力分离前提下的制衡，对于保证法律的统一正确实施、防止国家权力滥用和异化、保障诉讼参与人合法权益、预防和及时纠正诉讼中可能出现的错误和违法现象，具有特别重要的意义。⑤

有学者认为，依法独立行使职权原则在我国的司法实践中多异化为司法的地方化及行政化。为保障司法权的合理配置，应以本次司法改革为契机，大力推动以依法独立行使职权为核心构建我国特色的司法独立原则，摒除案外因素的影响，以司法的法律效果为根本追求。在贯彻依法独立行使职权原则的基础上妥善处理好与党的领导的关系。必须结合司法改革的社会背景，从内、外两个方面统筹协调，整体推进司法机关依法独立行使职权。我国司法改革的历史表明必须进行体制上的改革，而体制改革的核心则在于构建我国的依法独立行使职权原则。在新一轮司法改革的背景下，探讨、推进依法独立行使职权原则具有重大的理论与实践意义。对于依法独立行使职权原则，我国传统上的认知存在着一定的偏差，导致依法独立行使职权原则在我国的构建在理论与实践之间存在着巨大的分歧。在我国，应当构建以依法独立行使职权原则为核心的司法独立，协调处理好与党的领导、人民代表大会制度之间的关系。而且，依法独立行使职权原则强调排斥法外因素的影响，因此，应当理性对待司法的法律效果与政治效果、社会效果之间的关系。依法独立行使职权

---

① 龙宗智. 相对合理主义. 北京：中国政法大学出版社，1999.
② 谭世贵. 刑事司法改革若干问题探讨. 中国法学，2000 (6).
③ 熊秋红. 刑事司法职权的合理配置. 当代法学，2009 (1).
④ 卞建林，田心则. 论刑事诉讼中权力的和谐化. 人民检察，2008 (4).
⑤ 卞建林. 健全司法权分工配合制约机制的思考. 人民检察，2014 (19).

原则不仅是一种理念,也是一系列制度的集合。在我国,还应当从内、外两个方面调整现有的制度设置,确保依法独立行使职权原则的实现。①

有的学者认为应当从国家治理的视角下展开对司法权配置问题的研究。中国国家治理系统包括党的执政系统、人大系统、行政系统、法院系统和检察院系统。司法权的中立性、被动性、独立性和终局性反映出它在国家治理中的功能具有不可替代性,而其成长过程的历史性、复杂性和变革性决定了司法权的构建必然会经历一个曲折艰辛的过程。鉴于中国司法权功能的局限性及其现实后果,应着眼于社会主义法治国家的建设和国家治理系统结构功能的优化,以权力制约为理念配置司法权,以权利保护为核心运行司法权,以实现良性运转为标准保障司法权,以培育法治文化为根本支撑司法权,在优化国家治理系统自身结构的同时,增强其适应、整合、目标达成和维持功能。②

另有的学者指出,随着司法改革的不断深化,为保障司法权的有序运行,应当在改革中继续坚持司法的去行政化与去地方化。在2015年这个全面深化改革关键之年和全面推进依法治国的开局之年中,全面深化司法体制改革既是全面深化改革的法治指引与法治保障,又是全面推进依法治国的关键环节与核心内容。我国从1997年即提出司法改革,十几年来,司法体制改革的决策不可谓没有,司法体制改革的措施不可谓不多,司法体制改革的追求不可谓不强。在一系列的司法改革活动中,既有自下而上的探索实践或者由有关部门、系统自我设计的尝试,又有中央有组织渐次展开的顶层设计。但是,无论哪种形式的司法体制改革,收效皆不显著,甚至招致"狼来了"的社会评价。究其原因,最根本的是没有找准司法体制改革的"牛鼻子",没有找到"撬动"司法体制改革"顽石"的支点,同时,司法体制改革当权者的决心不够、立场不坚,有的司法体制改革决策者本身就是既有体制的获益者。以往的经验和教训都告诉我们,去司法行政化和去司法地方化是全面深化司法体制改革的两个核心支点,当权者必须以壮士断腕的勇气与果敢,下定决心,持之以恒,层层推进,方能突破长期以来司法体制改革之瓶颈。③

有的学者提出,司法权的建构基点应在于重塑司法公信力。司法通常指诉讼,司法公信力则主要指法院审判的公信力。也就是说,司法公信力是指社会公众及当事人对法院审判的信服和认同的程度,司法公信力是当事人和社会公众内心深处对司法的感触和体验,属于道德范畴和心理状态,不能用强制手段来构建,这与具有一定公权力强制因素的司法权威性有所区别。当然,司法权威本身也应当包含司法公信力,只有具备公信力的司法权力才能构成真正的司法权威。④

一些学者认为,要提升司法公信力,则需要从司法公开、司法参与、司法监督以及司法主体等多个方面来展开。司法的公信力是保证司法价值得以顺利实现的条件,是建设法治社会的前提,也是提升我国新时期司法改革的重要目标。党的十八大报告提出"注重发挥法治在国家治理和社会管理中的重要作用",将"全面推进依法治国"确立为推进我国政治体制改革的重要任务,对于深化司法改革意义重大。深化司法改革,内容涉及司法公

---

① 陈卫东. 司法机关依法独立行使职权研究. 中国法学,2014(2).
② 沈德咏,曹士兵,施新州. 国家治理视野下的中国司法权构建. 中国社会科学,2015(3).
③ 冀祥德. 全面深化司法体制改革的两个支点. 北京联合大学学报.(人文社会科学版),2015(3).
④ 陈光中. 略谈司法公信力问题. 法制与社会发展,2015(5).

开、司法参与、司法监督、司法主体等制度。充分的司法公开为提升司法公信力提供了外部条件；实质的司法参与形成提升司法公信力的形式和要径；有效的司法监督是提升司法公信力的保障；高素质的司法主体构成提升司法公信力的载体和基础。[①]

在司法权内部分工协调方面，有些学者提出应当在承认"分工负责，互相配合，互相制约"原则的基础上强调健全分工配合制约机制。在全面深化改革的历史背景下，依法治国作为推进国家治理体系与治理能力现代化的制度保障，承载着时代所赋予的重大而紧迫的历史使命。党的十八届四中全会直面我国法治建设领域存在的突出问题，立足我国社会主义法治建设实际，对全面推进依法治国的指导思想、总目标、基本原则、发展道路、基本方略、重大举措等一系列重大理论和实践问题，作出了科学论断和全面部署，是新时期我国法治建设的战略动员和行动纲领。健全司法权力运行机制是党的十八届四中全会确定的司法改革的重要任务，健全公、检、法三机关"分工负责，互相配合，互相制约"机制是健全司法权力运行机制的重要内容。而我国刑事诉讼法确定的公、检、法三机关在刑事诉讼中应当"分工负责，互相配合，互相制约"的原则，无论是在司法职权配置方面，还是在实际运行当中，均存在问题。同时，在当代中国的社会发展进程中，依法治国的基本内涵和价值意蕴在不断丰富和深化，法治国家的基本轮廓和未来走向日渐清晰和理性。依法治国基本方略与宪法的原则精神高度契合，具有鲜明的宪法逻辑。而法治建设的成效又因国家、社会、公民的多维参与而依赖于宪法实施的效果，在全面推进依法治国的伟大历史实践中，宪法实施有着至关重要的作用和意义。[②]

在司法权监督方面，有的学者对法院向人大汇报工作提出质疑，认为这种做法与司法改革中有关"权责统一"的目标相背离，以后法院工作报告的主要内容应限定为经费支出、行政事务管理以及法官队伍的总体情况。[③]

2. 关于警察权的权力配置

刑事诉讼中的警察权是维护社会安全的公共权力，然而如果其行使越过法律的界限，就会侵犯公民的合法权利。有学者就提出，我国刑事警察权具有垄断性、广泛性和重大性的特征，应当对其进行有针对性的制度约束。[④] 还有学者通过法律规则出发，分析了警察权的界限。[⑤] 此外，不少学者从域外比较法中获取灵感对我国的警察权力进行对比分析。[⑥] 2012 年《刑事诉讼法》修改过程中社会上出现的对"秘密拘捕"的质疑，就反映出公众对刑事警察权不当行使的担忧。有学者认为，在刑事诉讼法对警察权扩张和限制的基础上，应当在司法解释中进一步予以规范。其一，厘清相关术语。应当细化 2012 年《刑事诉讼法》第 54 条中的"刑讯逼供"和"暴力取证"，细化被适用强制措施之后的通知家属的规定，细化该法第 117 条的"必要的休息时间"和第 148 条中的"严格的批准手续"。其二，设置违反程序的后果。根据刑事警察权行使过程中违反法定程序的严重程度，建议

[①] 孟军，甄贞. 司法改革中司法公信力问题研究. 湖北社会科学，2015 (9).
[②] 卞建林. 健全司法权分工配合制约机制的思考. 河南社会科学，2015 (1).
[③] 张泽涛. 法院向人大汇报工作的法理分析及其改革——以十八大以来法院体制改革为主线. 法律科学，2015 (1).
[④] 许志. 法治视野下刑事警察权的合力构建. 西北政法学院公安学院，2006 (6).
[⑤] 孙中华. 绝对自由与法律规则：现代警察权之合法性与正当性刍议. 吉林公安高等专科学校学报，2004 (2).
[⑥] 约翰·安德逊，王大伟. 警察权力论. 福建公安高等专科学校学报，1999 (2).

相关司法解释在设置违反程序法律后果方面规定以下两种情形：一是可以补正的情形，二是归于无效的情形。①

3. 关于检察权的配置与行使

检察改革是当前司法体制改革的一个热点、重点和难点，也是一个具有一定政治色彩的带有几分敏感性的学术问题。早在20世纪末，学者们就对检察权及其相关问题进行了深入探讨，学者们就此问题进行了一场有意义的学术争论。② 对于这场争论，有学者认为，关于检察制度是不是可以质疑的争论，触到了中国法学的一个痛点：缺乏理性的学术论辩。理性的学术论辩就是遵守论辩规则的论辩，最为重要的规则是言谈者的普遍性和论辩机遇的平等性；其次是尊重他人对自己观点的解释；第三是宽容。走向理性学术辩论，应实现法学论辩的无禁止原则，同时制止"利益法学"对法学的扭曲。③ 2000年最高人民检察院制定了《检察改革三年实施意见》，提出了检察改革的基本原则和工作思路。围绕如何进行检察改革，许多文章提出了独到的见解。有的学者认为，法律监督是国家根本大法对检察机关性质的定位，也是检察机关的立身之本，检察改革必须以此作为自己的价值取向，在探索和实施多项具体改革措施时，必须把有利于强化法律监督作为遵循的首要原则。④ 有学者认为，提高诉讼效率应当成为检察改革的价值取向之一。效率，即减少诉讼成本，节省司法资源，使刑事诉讼所必要的耗费降低到最低程度，同时最大程度地加快案件处理的速度、提高案件处理的质量。公平、正义和效率是法律资源配置的三种价值取向。只有降低成本投入、提高诉讼效率，才能使法律所追求的公平、正义价值最大程度地实现。提高诉讼效率，就必须减少刑事诉讼机关内部环节，扩大司法人员自由裁量权，完善简易审判程序，严格执行诉讼期间和时效的规定。主诉检察官制度就是一种追求效率的制度，因为它扩大检察官的权力，减少了行政干预，有利于提高诉讼效率。⑤ 有的学者认为，司法改革的主体是法院和检察院。但是司法改革涉及政治权力配置以及司法功能的定位，并关系整个国家的结构和体制，需要调动国家和社会的大量政治资源和财政投入，这种改革不能也不应当由司法机关自行进行。司法机关作为司法改革的主体，改革的重点只能是司法公正和提高效率，在现行法制的框架内对司法制度进行完善和改进，而不可能从权力配置和司法权在政治权力中的地位的高度去设计总体的发展战略。我国司法制度中的许多制度是基于司法人员素质较低的估计而设计的。⑥ 有的学者认为，担心赋予检察官的权力较大容易导致腐败和权力失控，是没有必要的，因为只有缺乏制约的权力才会导致腐败。在赋予检察官权力的同时，必须建立相应的制约机制，来保证检察官正确行使权力。检察官应当具有认定案件事实和证据的权力，根据自己对案件的认识作出对案件起诉或不起诉的处理决定；具有证据调查的权力；具有建议法院适用简易程序的权力；具有决定法

---

① 陈卫东. 刑事诉讼法在修改后刑事警察权与公民权的平衡. 法学家，2012（3）.
② 朱孝清. 关于中国检察制度的若干问题. 中国法学，2007（2）；崔敏. 为什么检察制度屡受质疑——对一篇重要文章中某些观点的商榷. 法学，2007（7）；王守安. 学术批评应当客观理性——评《为什么检察制度屡受质疑》一文. 法学，2007（9）.
③ 周永坤. 追求理性的学术辩论. 法学，2007（10）.
④ 陈卫东. 侦检一体化与刑事审前程序的重构. 国家检察官学院学报，2002（1）.
⑤ 张智辉. 2000年检察理论研究综述. 人民检察，2000（2）.
⑥ 孟勤国，向甬. 论中国司法改革. 现代法学，2000（6）.

院延期审理的权力;具有决定是否抗诉的权力。保障检察官依法独立行使职权是检察改革的关键措施。[①] 关于主诉检察官办案责任制的模式,有的学者指出,主要有:审控分离模式,即事务检察官在主诉检察官的指导下负责案件的审查起诉工作,主诉检察官负责出庭支持公诉工作;"双轨制"模式,即主诉检察官与其带领的非主诉检察官分别负责审查起诉和出庭支持公诉;"搭档式"模式,即主诉检察官与其助手共同参与审查起诉和出庭支持公诉的全部活动、由主诉检察官负责。其中,"搭档式"模式更能适应刑事诉讼和庭审改革的要求。[②] 也有人认为,在主诉检察官办案责任制改革中,暴露出体制转换中的一些根本性问题,如各地在推行主诉检察官办案责任制的过程中,都规定了检察长或检察委员会决定的事项以及科长、处长的权力,从而使主诉检察官的独立职权所剩无几,"主诉"名不副实,与主诉检察官办案责任制改革的初衷相矛盾;各地在推行主诉检察官办案责任制的过程中普遍遇到两个无法回避的矛盾,即放权与滥用职权的矛盾、利益激励与财政供给能力的矛盾,从而使"责、权、利"统一的改革目标难以实现。解决这些矛盾,必须坚持检察机关统一行使检察权的原则、"责、权、利"有机统一的原则、放权与制约相配套的原则。[③]

检察委员会是各级检察机关中对重大案件和重要检务工作负有讨论决定和决策指导职责的法定组织,在检察工作中具有举足轻重的地位。探索检察委员会工作改革,对于保障检察工作的质量,提高法律监督水平,具有重大意义。对检察委员会的改革,有的学者提出应当从五个方面进行探索:一是在人员组成上,由院、厅(处、科)领导两个层次的格局向院、厅(处、科)领导和非领导职务的检察员三个层次的格局转变,以扩大检察委员会与检察人员之间的联系,促进检察委员会决策的科学化及其落实。二是在公开程度上,由检察委员会关起门来决定重大事项向检察委员会讨论决定与安排有关人员列席旁听或邀请有关领导、专家出席提供咨询等相结合转变,以改变决策过程的相对封闭状态。三是在工作程序上,由检察委员会秘书转接提交程序向研究室介入咨询过滤程序转变,以提高检察委员会的工作效率和质量。四是在督导方式上,由重研究、轻指导向研究与指导同步转变,以督促检察委员会研究决定的重大事项的贯彻落实。五是在责任机制上,由民主集中、集体负责制向民主集中、集体与个人共同负责制转变,以增强检察委员会成员的个人责任感。有的学者认为,对检察委员会制度进行改革,首先应当明确检察委员会的断案模式,其次应当明确检察长在检察委员会中的定位,然后是检察委员会研究讨论具体案件的程序。按照诉讼民主和程序正义的要求,检察委员会改革的价值取向是决策的司法模式,而不是行政模式,即检察委员会断案模式应当遵循参与原则(对于终局性的决定应当允许当事人参与)、申辩原则(每一个检察委员会委员都能充分地发表自己对案件的处理意见)、回避原则、救济原则。检察长在检察委员会的决策过程中,只是主持人和参与人,而不应当以行政或党务领导的身份出现,为此,检察长应最后发表自己的意见,并按照少数服从多数的原则作出决定。检察委员会的决策程序应当包括形式审查程序、实质审查程

---

① 张雪姐. 试论建立检察机关职权保障机制. 国家检察官学院学报, 2000 (4).
② 王戬. 论主诉检察官制. 黑龙江省政法管理干部学院学报, 2001 (2).
③ 吴学艇. 检察一体原则与主诉检察官制度改革. 人民检察, 2000 (4).

序、资格审查程序、案件讨论程序、表决程序和执行程序。[1]

2010年，检察职权配置仍然是检察权研究的热点问题。有学者指出，在司法体制与工作机制的改革中，按照中央有关文件的精神，重点就是要"加强权力监督和制约"，其具体措施是优化司法职权配置。为完成这一任务，中央提出了一系列的改革措施，尤其是检察改革，以加强法律监督、促进社会和谐为主体，紧紧抓住影响司法公正、制约司法能力的关键环节，进一步解决体制性、机制性障碍，优化司法职权配置。检察改革已经走过多年的历程，在促进检察制度完善、提高法律监督能力等方面发挥了积极的作用，但随着检察改革的深入推进，对检察理论的需求越来越急迫，标准也越来越高，许多事关检察改革的重大问题亟待理论上的论证和支撑。为适应方兴未艾的检察改革对检察理论的需求，检察理论尤其是关于检察改革问题的研究，必须随着检察改革的深入推进，实现研究角度和研究重点的转换。在有关检察改革问题的研究上，既要把研究的重点放在检察改革的理论基础，改革应当坚持的原则、价值目标，各项改革举措的具体设计等单个问题的论证上，又要通过对前一阶段检察改革整体效果的反思、评估，并结合改革已经取得的成效和检察体制与工作机制完善的整体目标，提出后续改革的方向和整体方案。[2]

也有学者对检察规律进行研究，认为检察规律是指检察活动本身所要求的决定其发展趋势和质量的各要素之间的内在的本质联系，检察规律的主要内容包含检察活动对其所依托的运行机制的依附性、检察主体在检察活动中的地位上的平等性等六个方面。而检察规律带给我们的启示主要包括：建立健全与检察价值目标相适应的检查运行机制；必须建立确保检察活动主体双方享有平等地位的检察运行机制；必须建立健全保障被追诉者合法权益的工作机制；必须建立健全确保检察活动主体能够独立实施活动的工作机制；必须建立健全检察办案活动中决策者亲历案件事实的工作机制；检察活动的启动者必须树立全面客观的执法理念。[3]

关于检察权的内涵方面，有学者指出，将英文中的"public prosecution"翻译为"检察"，是因为西方国家特别是大陆法系国家的检察机关均具有监督属性。以公诉为主的职能、监督的属性、维护国家法制统一的目的、国家与社会公益代表的身份，四者共同构成"检察"的内涵。最根本的是要全面理解和正确把握检察的内涵，防止把各个要素特别是把检察职能中的公诉职能与检察内涵中的其他要素割裂开来或对立起来，防止片面的追诉控诉倾向，从而依法客观公正地履行职责。[4]

有学者指出，检察工作一体化获得了宪法和法律的确认，体现了检察工作的基本规律，这在当前形势下更为需要，更具有迫切性。检察工作一体化需要相应的保障机制才能实现，同时需要检察工作自身的进一步规范。纵观当今世界，不论社会制度如何，检察独立和检察一体化已经成为各国检察制度发展的一种趋势和各国构建检察制度的一项基本原则。检察工作一体化是检察一体化的机制体现，它是指检察机关在行使检察权的过程中形成的整体统筹、上下一体、内部整合、横向协作、统一行使检察权的机制。其基本特征有

---

[1] 张智辉. 2000年检察理论研究综述. 人民检察, 2000 (2).
[2] 樊崇义. 简论法律监督与检察改革. 河南社会科学, 2010 (2).
[3] 向泽选, 曹苏明. 检察规律及其启示. 华东政法大学学报, 2010 (6).
[4] 朱孝清. 检察的内涵及启示. 法学研究, 2010 (2).

五：独立性、统一性、整体性、协调性、承继性。①

有学者对检察委员会制度进行分析，指出我国检察委员会制度是我国特色检察制度的重要组成部分。该学者提出，我国检察委员会制度是检察机关讨论并决定重大疑难案件和重要事项的一项检察制度，它是有中国特色的检察制度的重要组成部分。但是，在我国司法改革研讨中，有学者从西方国家检察制度和司法官应当具有独立性出发，主张取消我国的检察委员会制度，这种过于简单的观点不仅不符合我国国情，而且也与司法民主原则相背离。因此，探讨我国检察委员会制度的存废和改革问题，不仅关系我国检察改革的总体路径，而且关系是否能够建立科学合理的中国特色检察制度。②

也有学者对检察机关的非刑事职权进行分析，主张检察机关的非刑事职权是检察职权的组成部分，非刑事职权对于检察定位有着至为关键的作用，无论是被定位于"法律监督"的我国检察机关还是被定位于"法律守护人"或"政府律师"的域外检察官，其对非刑事职权的规定都直接决定了检察定位的阐释。在西方主要法治国家，检察机关或纯粹是作为政府律师的角色出现，或是偶尔被当作咨议部门使用。我国检察机关的非刑事职权是出于检察机关的理念定位而衍生出的非刑事职权，检察机关非刑事职权是证实检察机关法律监督职能最为重要的论据。③

有学者指出，检察改革已经走过恢复重建检察规范和以检察机制改革为主要内容的阶段，而将进入以检察体制改革为主的阶段。新时期检察改革又必将在过去改革成果的基础上向前推进，新一轮检察改革进路的确定，要体现补强与拓展相结合、符合检察规律、提升检察执法公信力等原则的要求，具体围绕检察机关的组织结构、检察办案组织、检察人员分类管理和检察职业保障的改革而展开。要通过改革，增强检察机关内部机构设置的科学化程度，彰显检察权的司法属性，确立检察官的司法官地位，凸显检察一体的特征，增强检察执法的独立性和公正性。④

有的论者认为，和谐社会视野应该包含三层意思：第一层意味着思维观念的一种变革；第二层意味着目标的变化；第三层意味着制度设计的变化。检察权的配置可以分为内部配置和外部配置，而研究的重点应该放在外部检察权的配置上。从刑事诉讼的角度来说，还需要调整和当事人权利的关系，在这个意义上，"和谐社会视野下检察权的配置及行使"可以被解读为：以新的观念、新的思维来设定、研究检察权所要实现的目标是什么，以及如何调整相关制度以满足和实现我们所设定的目标。⑤还有的论者以检察权的基本理论为切入点进行论证，认为探讨检察权以及检察机关的性质问题，主要是为了解决检察权的独立性及其身份保障问题，因此，应当返回问题的始点，回归"行政权—司法权"这一研究范式。在肯定检察权的双重定位的前提下，从检察权的历史起源、现实构造以及发展趋势来看，检察权本质上应当被定位为一种司法权。既然检察权是一种司法权，那么检察官独立的法律解释权应当得到尊重。检察权、司法权、法律监督权，本质上是"三位

---

① 陈卫东. 检察工作一体化及其保障与规范. 河北法学，2010（2）.
② 邓思清. 论我国检察委员会制度改革. 法学，2010（1）.
③ 甄贞，郭兴莲. 检察机关非刑事职权探究. 人民检察，2010（6）.
④ 向泽选. 新时期检察改革的进路. 中国法学，2013（5）.
⑤ 王敏远. 和谐社会背景下检察权的配置与行使. 国家检察官学院学报，2008（1）.

一体"的概念，它们的具体适用语境取决于对宪法条文的正确解读。据此，检察机关与公安机关、审判机关之间应当是一种法律监督关系，这也是检警一体化、审判监督权存在的理论基础；而控辩对抗、检察官当事人化等理论主张和改革诉求，则因与检察权的司法权定位相悖而缺乏足够的理论根基。[1]

有论者认为，马克思主义哲学系统论思想是检察工作一体化的根本性的思想依据；党中央关于落实科学发展观和构建社会主义和谐社会的重大战略目标在宏观上为其提供了政策上的正当性依据；建设公正高效权威的社会主义检察制度的检察改革目标则在微观上为其提供了制度上的正当性依据；我国宪法、法律和最高人民检察院的相关规定构成了检察工作一体化的法律依据；检察实践的客观需要为其提供了现实依据。[2]

为迎合司法改革的趋势，要确立检察官独立行使检察权，在肯定检察一体化的同时强化检察官的独立办案机制，实现检察长指令法治化。在检察权的制约层面，要充分发挥法院等外部监督机关的作用。要进一步厘清检察机关诉讼职能、诉讼监督职能和诉讼救济职能的关系，以听证的方式对检察职能的履行进行司法化改造。在职务犯罪侦查上，应当从纵向、横向两个层面推进侦查一体化。[3] 此外，为发扬司法民主的精神，应重视人民监督员制度，在未来应在厘清相关理论问题和总结实践经验的基础上，推进该制度的立法进程。[4]

4. 审判权运行的相关问题

有学者从法官的角色定位出发，探讨了审判权与法官的社会学定位。[5] 还有学者指出，审判权在裁判解决具体法律上的纷争时，也应有自己特定的权力界限。[6] 在随后的审判权改革中，要注意进一步明确审判不公开的范围，排除相应阻力，防止审判程序"内部化"，探索使用互联网等新技术来实现审判公开。有学者认为，司法公开是指国家专门机关在办理案件过程中依法向社会和诉讼参与人公开有关诉讼活动和信息。在推进司法改革的过程中，应当进一步明确审判不公开的范围，采取有效措施排除公开审理的人为阻力，并防止审判程序"内部化"，探索以互联网技术进行审判公开的新途径；进一步扩大检察机关终结性法律文书的公开范围，增强文书的说理性，健全和完善检察机关重要案件信息统一发布制度，对审查逮捕程序进行"公开听审"化改造，并建立不起诉听证制度，以进一步推进司法公开。[7]

另有学者认为，协同主义诉讼模式是民事诉讼中的一个重要理论，将其导入刑事诉讼中，有利于审辩之间从对立走向一定程度的协作，实现辩护权对裁判权的制约，逐步实现"庭审中心主义"和"审判中心主义"，发挥审判守护公正的作用，防范冤假错案的发生。虽然将协同主义诉讼模式导入刑事诉讼还面临一些障碍，但不能从根本上阻碍其导入。在协同的路径选择上，控审之间和审辩之间应采用不同模式，控审协同受审辩协同的制约，

---

[1] 万毅. 检察权若干基本理论问题研究——返回检察理论研究的始点. 政法论坛，2008（8）.
[2] 宋英辉. 检察工作一体化的理论基础与现实需求. 人民检察，2008（22）.
[3] 陈卫东，程永峰. 新一轮检察改革中的重点问题. 国家检察官学院学报，2014（1）.
[4] 卞建林，褚宁. 人民监督员制度的运行与完善. 国家检察官学院学报，2014（1）.
[5] 樊学勇. 法官社会角色的定位. 法律适用，2001（4）.
[6] 胡锦光，张德瑞. 论人民法院行使审判权的自律性：兼及审判权的界限问题. 上海政法学院学报，2006（7）.
[7] 肖沛权. 推进司法公开问题的思考. 法学，2015（12）.

审辩协同处于中心地位。[1]

在考查审判质量时,有观点认为,20世纪90年代以来,受西方"新公共管理运动"的影响,中国司法机关开始积极探索绩效评估、案件质量考评等制度。经过多年探索,中国的案件质量评估体系在强化司法管理、优化司法质量等方面作出了显著的贡献,但也凸显了诸多弊端,如评估目标定位不清、地区差异考虑不够、定量方法过度偏重及司法用户欠缺关注。从比较法的角度考量,司法质量的优化及评估最早发端于美国,之后影响了欧洲大陆及世界其他国家。各国优化司法质量的手段具有多样性,决策者尽可能在"司法官独立"与"质量评估"之间作策略性调和。在优化模式上,美国、加拿大、英国、荷兰及法国等代表性国家多采用程序型、管治型、管理型及结构型模式优化司法质量,并对世界其他国家产生了深远影响。中国案件质量评估体系的改革应立足域外经验,结合本国实际,取长补短,在既定政策框架下确立更符合司法规律的改革路径。[2]

在审判参与层面,有学者指出,基于对人民陪审制度自身功能的思考,正确地把握住人民陪审制度改革的具体方向,构建开放、透明的阳光司法机制,是司法机关在落实党的十八届四中全会精神时应当正视的问题。据此,完善我国人民陪审制度,要求人民陪审应由精英陪审向全民参与转变、由常任陪审向临时陪审转变、由法院主导向当事人权利转变、由陪而不审向又陪又审的方向转变。[3]

在法院机构设置层面,有学者首先回顾了巡回法庭(院)的历史流变,并对相关概念进行了辨析,在此基础上对理论界关于最高人民法院设立巡回法庭之当下观点进行了梳理和评析,指出其存在的问题,提出并论证了关于最高人民法院设立巡回法庭的独特观点。该学者认为,最高人民法院设立的巡回法庭,在行政上是最高人民法院的组成部分;在审判管辖权上相当于高级人民法院,近期受理跨省、自治区、直辖市的一审行政案件和民商事案件,将来必要时可以受理跨地级行政区的二审行政案件和民商事案件。[4]

5. 诉讼监督权力的定位与优化

诉讼监督是检察机关依法行使其法律监督权的主要体现。面对新的形势和要求,如何正确认识和理性看待检察机关的诉讼监督,实现诉讼监督职能的优化配置进而更好地维护司法公正、提高司法效率、树立司法权威,是学术界较为关注的话题,检察机关亦对此进行了诸多有益探索与尝试。有论者对于加强和改进诉讼监督的进路,从五个方面予以了回应:第一,完善诉讼监督的法律制度,拓宽知情渠道、明确监督范围、完善监督程序、增设监督措施和方式以及增强监督刚性。第二,突出监督重点,在三大诉讼监督中继续把刑事诉讼监督作为重点的同时加强民事审判、行政诉讼监督,在各项监督中分别强化其应有重点监督内容。第三,强化和改进监督措施,其中最根本的就是不折不扣地落实改革的措施和各地人大的决议。第四,健全完善监督机制,包括行政执法与刑事司法衔接机制、检察机关与相关部门信息共享和沟通协调机制、检察机关内部衔接配合、整体联动机制以及

---

[1] 亢晶晶. 协同主义诉讼模式在刑事诉讼中的导入——兼谈我国控辩审关系的反思与重构. 法律科学, 2015 (3).
[2] 施鹏鹏, 王晨辰. 论司法质量的优化与评估——兼论中国案件质量评估体系的改革. 法制与社会发展, 2015 (1).
[3] 汪建成, 刘泊宁. 论我国人民陪审制度改革的方向——基于人民陪审制度功能的思考. 东岳论丛, 2015 (8).
[4] 顾永忠. 最高人民法院设立巡回法庭之我见. 法律科学, 2015 (2).

考核评价机制等。第五，讲究监督方法，实现个案监督与综合监督相结合，日常监督与专项监督相结合，纠正违法、错误与查处职务犯罪相结合，敢于监督与善于监督相结合，以及监督与预防、与化解矛盾纠纷相结合。①

检察机关在刑事诉讼活动中承担的职能表现在两个方面：诉讼职能和监督职能。提起和支持公诉显然属于诉讼职能，立案监督、侦查监督、审判监督和刑罚执行监督等职能归属于诉讼监督职能亦不存在异议，而对于职务犯罪侦查以及审查逮捕职能的归属则见仁见智。对于上述争议，有论者提出了一个新的解读视角，即各项检察职能无论如何分类都概由检察机关统一行使，只有在检察职能一体化的语境中来探讨和运用二元论甚至是多元论的学说，才具有真正的法律意义。②

有学者通过解构我国检察机关刑事审判监督职能，发现三种行使方式都系诉权范畴，即属诉讼职能。其中，向法院提出"纠正意见"名不副实，实为一种异议。抗诉案件改判比例极低，与检察机关"在刑事抗诉中始终站在客观、中立、公正的立场上，代表国家对法院确有错误的裁判实施法律监督"的辩称不符，二审、再审中的抗诉不过是检察机关提起的上诉和申请再审。对审判人员职务犯罪案件的侦查，实为检察机关调查事实、收集证据的追诉活动，因定性为监督，造成诉讼法律关系混乱和诉讼职能冲突。由此，将检察机关在刑事审判程序中的职能区分为诉讼职能和监督职能，是我国传统刑事诉讼理论研究中的误区。③

还有论者对当前地方诉讼监督立法热的现象进行了深入思考，指出这一现象主要肇因于中央加强对司法权的监督制约、人大改进司法监督、人民群众迫切要求公正司法以及检察机关法律监督职能的不断完善等因素。该论者认为，虽然诉讼监督地方立法名称不一，但规范对象均着眼于诉讼监督，因而在地方立法形式上宜用决议的形式，并应将听取检察机关专项报告作为决议形成的前置程序。与此同时，诉讼监督未来应当超越地方立法囿于一地的局限性，走向全国性立法之路，在路径选择上不宜过分追求立法形式的精致，而应注重规范发生效力的作用机制。④

二、确保依法独立公正行使审判权、检察权

关于司法独立问题，一直是我国学者普遍关心的一项重要课题。早在20世纪末，学者们就针对司法独立问题进行了广泛而深入的学术探讨。有学者就司法独立与媒体监督的问题进行了深入分析⑤，还有学者就司法独立的含义及属性进行了深入讨论。⑥ 除此之外，有学者从刑事一体化的角度，探讨了刑法视角下的司法独立属性。⑦ 司法管理体制改革的出发点是去除司法的地方化，改变目前全国各级法院、检察院的司法地方保护主义。为适应法官、检察官员额制改革的要求，有学者提出应当改革诉讼程序机制和办案模式，法官的职责范围是在争议整理的基础上查明争议重点、作出实体判决，其他工作都应由辅助人

---

① 朱孝清. 论诉讼监督. 国家检察官学院学报，2011 (5).
② 吕涛，杨红光. 刑事诉讼监督新论. 人民检察，2011 (8).
③ 刘计划. 检察机关刑事审判监督职能解构. 中国法学，2012 (5).
④ 甄贞，王志坤. 诉讼监督地方立法的反思. 国家检察官学院学报，2011 (1).
⑤ 谭世贵. 论司法独立与媒体监督. 中国法学，1999 (4).
⑥ 肖金明，尹凤桐. 论司法独立. 山东大学学报，1999 (7).
⑦ 陈兴良. 罪刑法定司法化研究. 法律科学，2005 (7).

员完成。①

  有学者认为法官、检察官的员额比例过低，导致法官、检察官流失迅速加剧，办案压力大幅上升，并可能导致以审判为中心的司法改革目标异化。从当今世界主要国家法官、检察官人口比来看，我国的数据处于中间略偏上的位置。由于社会主义或原社会主义国家法官、检察官人口比普遍高于其他国家的，大陆法系国家的普遍高于其他国家的，而我国同时兼具这两者，因而法官、检察官人口比不宜过低。从法官人均办案数来看，中国的数据似乎比较低，但实际上，这是因为中国与其他国家法院受理案件的标准、诉讼分流机制、法官与司法辅助人员的比例、法官的行政负担等因素不同；就法官采用普通程序审理案件的人均办案数而言，我国与其他国家的大体持平。因此，我国有必要适当提高法官、检察官员额制改革的比例；区分不同地区、类型、级别的法院，确定不同的员额比例；强化配套制度的建设，扩大司法辅助人员队伍。②

  有学者就 2017 年颁布的《关于办理刑事案件严格排除非法证据若干问题的规定》，分析了当前形势下检察机关所面临的新局面，指出在转变传统的依赖口供心理的同时，检察机关应当做好承担证明侦查阶段证据来源合法性的责任，并且就同步录音录像等技术性问题进行了深入的探讨。该学者指出，《关于办理刑事案件严格排除非法证据若干问题的规定》意味着我国非法证据排除规则体系的构建迈上了一个新的台阶，提高了办案机关在刑事诉讼各个阶段收集采信证据的标准，紧密契合以审判为中心的诉讼制度改革的迫切需要。这一规定的适用将会为审前活动特别是检察机关审查逮捕、审查起诉等工作带来新的发展机遇，但同时也对其工作机制调整提出更高的要求和挑战。未来一段时期，检察机关需深刻把握这一规定的精神，积极推动工作规范与办案制度的适应性转变，发挥其在刑事诉讼活动中"起承衔接"之作用，在履行法律监督职责的同时坚决贯彻落实证据裁判原则、严把证据质量关，为综合提升我国司法裁判权威、推动我国社会主义法治现代化转型保驾护航。③

  有学者指出，中国的司法改革是一场重大的政治革命，是建设社会主义法治国家的关键步骤。其任务是：通过司法改革实现司法公正，以司法公正引领社会公正并促进法治社会建设；通过完善司法管理体制和司法权力运行机制，实现司法权力与其他国家权力的合理配置，健全各种权力行使的法律制度并形成相互制约关系，有效防治权力腐败以促进法治政府建设。不能将司法改革视为司法机关"系统内部"的改革，也不能将其理解为"司法技术"的改革，更不能将其简单地看成是司法权力再分配的改革。司法改革要卓有成效地进行，首先应依据宪法落实法检两院的宪法定位，而这也是构建"以审判为中心的诉讼制度"的宪制前提。④

三、司法责任制

  早期对于司法责任制的研究，主要在于对责任豁免和司法责任追究的界限划分。⑤ 随

---

① 陈卫东. 当前司法改革的特点与难点. 湖南社会科学，2016（2）.
② 陈永生，白冰. 法官、检察官员额制改革的限度. 比较法研究，2016（2）.
③ 陈卫东. 严格排除非法证据规定下的检察发展新机遇. 中国刑事法杂志，2017（4）.
④ 徐静村. 法检两院的宪法定位与司法改革. 法学，2017（2）.
⑤ 谢高仕. 从责任豁免制中走出的司法行为——简论司法责任制. 湖北民族学院学报，2000（3）.

后对于司法责任的研究，重点开始侧重于追究司法责任的前提——司法权的独立行使。有的学者认为，对于法院来说，首先需要改变既有的"法院独立"的观念，因为无论从法院组织还是法律职业伦理来看，都应当承认法官独立。我国审判组织的制度形式与运作实践似乎都在支持"法院独立"的观点。但是，此观点始终没有说服所有人，特别是实务部门的法律职业人。因此，法律界必须对这些理论的误解加以澄清。无论从法院组织理论，还是从法律职业理论，都可以得出法官独立的观点。而且，当前我国正在进行的每一项司法改革措施都在促进法官的独立性。[①] 在法官责任追究模式上，有的学者将责任分为结果责任模式、程序责任模式以及职业伦理责任模式三类。其中，结果责任模式发端于错案责任追究制，后被纳入违法审判责任制，如今则被视为防范冤假错案的重要制度保证。程序责任模式滥觞于违法审判责任制，如今则成为法院进行案件质量评查、对法官确定奖惩措施的主要依据。随着新一轮司法改革的推进，法学界发出了尊重司法规律、重构法官责任制度的呼声，一种主要针对法官违背职业伦理行为来构建法官责任的新模式——职业伦理责任模式，逐渐出现在各种司法改革的方案之中。上述三种模式都是司法体制改革的产物，都有各自得以存在的制度空间，也都有相应的局限性和实施障碍。通过总结我国法官责任制度的发展经验，可以为未来法官责任制度模式的选择确立一些基本准则。通过分析三者利弊，该学者认为，将职业伦理责任模式作为追究机制的建构范式更符合司法运行规律。[②]

在检察官责任制方面，有的学者认为，前两次改革均未达到预期目的，其原因是为我国政策实施型司法模式所限制。政策实施型司法与科层体制具有高度的契合性。而行政审批制办案模式则满足了政策实施型司法权力集中与质量控制方面的需要。因此，两次改革都不可能从根本上放弃行政审批制办案模式。面对办案责任的压力问题，我国检察官办案责任制改革通过部分权力让渡与责任范围划分的方式予以解决，但这均非根本的解决之道。未来的检察官办案责任制改革需要在转变政策实施型司法模式的基础上，疏离政策实施型司法与行政审批制之间的紧密关系，构建起检察一体与检察官独立相协调的办案机制。[③]

此外，有的学者提出了规范司法行为的理念。规范司法行为指的是使国家司法机关及司法人员运用法律处理案件的具体活动，按照既定规范、标准来进行操作，达到或超越规定的标准。规范司法行为包括法律和职业伦理两个层面，其标准则包括实体标准、程序标准和职业伦理标准。在当前背景下，推进规范司法行为实质上是要求尊重程序的价值和地位，确保程序正义的实现。在我国，规范司法行为应当做到规范内部司法行为与外部司法行为并重，尊重司法规律，重视事前预防和事中救济，协调规范司法行为与司法能力有限性的关系，加强职业伦理建设，以及依靠司法性规制方式规范司法行为。为推进规范司法行为可持续发展，在制度上需要构建有效的预防机制和救济机制。[④]

司法责任制被称为司法改革的"牛鼻子"。有学者认为，应当从责任承担形式、责任追究主体和责任追究程序三个方面进行构建和完善。在新一轮司法改革中，构建和完善司法责任制，是司法公正的重要保障，是权责统一原则的必然要求，也是中西方司法文明共

[①] 蒋惠岭. "法院独立"与"法官独立"之辩——一个中式命题的终结. 法律科学, 2015 (1).
[②] 陈瑞华. 法官责任制度的三种模式. 法学研究, 2015 (4).
[③] 杜磊. 检察官办案责任制改革探索. 环球法律评论, 2015 (3).
[④] 陈卫东, 杜磊. 司法改革背景下规范司法行为的进路. 学习与探索, 2015 (11).

同的经验汇集。司法责任制以司法独立为前提，以提高司法职业待遇为保障，是一个价值多元化的责任制度。在进行制度构建时，应当遵循司法规律与中国实际相结合之指导原则，在司法独立和司法责任之间寻求适当的平衡。还应当坚持主、客观相结合的基本原则，在范围上明确哪些行为不属于追责情形，在时效上正确理解"终身"的相对性，防止司法责任制适用的扩大化和任意化。①

有学者提出，在改革和完善法官责任制时，应当适时修改法官法，严格区分司法问责制与行政问责制，改变"重实体、轻程序"的惯性思维。根据法官法的规定，"法官责任制"指的是法官因违纪违法犯罪而追究法官责任的制度。但是，在司法改革的过程中，又出现了几个与之相关的概念，如"错案责任追究制""违法审判责任制""主审法官、合议庭办案责任制""司法责任制"等。不同的概念有着不同的内涵和指向，需要予以厘清；同时也需要对这些概念与法官责任制之间的关系进行梳理；此外，还需要以其他国家和地区的法官责任制为参照，探讨中国语境下的法官责任制的理论支撑、内在逻辑、基本内容以及主要问题。②

此外，还有学者提出，检察改革的核心问题是检察指令权的规制问题。应当明确我国检察指令权的适用条件、界限及其效力，即应将便宜主义下需要统一裁量基准的、需要统一法律解释的、需要提升检察效能的以及需要避免检察官误断或者滥权的事由作为适用检察指令权的积极事由；而将法定主义、检察官客观义务、证据评价、法律确信以及诫命规定与合法性义务作为我国检察指令权不可逾越的界限。此外，还应明确我国的检察指令仅具有柔性效力，并基于审批型检察指令和非审批型检察指令的区分而采取不同的改革路径，以弱化我国检察指令的刚性效力。③

在错案责任方面，有学者提出，从单纯凭错案追究责任到符合主客观相统一条件时才追究错案责任，体现了人类对司法规律认识的深化和司法的文明进步。错案责任追究与豁免相辅相成，分别体现对司法权的控制与保障。对故意或重大过失所造成的错案进行责任追究，体现了主观过错、客观行为、危害结果三者的有机统一，有利于增强司法人员责任心、提高办案质量和司法公信力，有利于彰显社会公平正义、贯彻权责一致原则，也符合我国国情。对无故意或重大过失的错案予以责任豁免，是体现司法职业特殊性、遵循司法规律的需要，是实现权力与责任相一致、权力控制与权力保障相统一的需要，也是贯彻现代刑罚理念的需要。④

有学者指出，自党的十八届三中全会提出"改革审判委员会制度，完善主审法官、合议庭办案责任制，让审理者裁判，由裁判者负责"的司法责任制改革以来，推进司法责任制改革就成为司法改革的一项重要内容，中央有关部门及最高人民法院相继推出了一系列改革举措。对于如何推进司法责任制改革，理论上有不同的认识，实践中也有一些误区，对于司法责任制的理解，应从司法权的主体、审判责任的概念与设置原则、审判责任的构成要件与豁免条件、错案追究的主体和程序、审判权的监督与制约问题方面进行系统性梳

---

① 陈光中，王迎龙. 司法责任制若干问题之探讨. 中国政法大学学报，2016 (2).
② 熊秋红. 中国语境下的法官责任制. 人民法治，2016 (6).
③ 杜磊. 论检察指令权的实体规制. 中国法学，2016 (1).
④ 朱孝清. 错案责任追究与豁免. 中国法学，2016 (2).

理，只有这样，才有利于学界了解司法责任制改革。[1]

有学者指出，检察机关完善司法责任制，应遵循司法规律和检察工作规律；加强与其他改革措施的统筹协调；实行综合配套改革。在实践中，需围绕司法责任体系、办案运行模式、加强监督管理和破解"案多人少"难题，建立健全相关制度，完善相关工作机制，确保司法责任制的各项要求落地生根。[2]

四、关于司法改革的反思

关于中华人民共和国成立初期司法改革的经验与教训，有学者认为，中华人民共和国成立初期的司法改革运动是新中国法制建设史上的重大事件。其成绩虽然很大，但是由于对旧法观点包括西方资本主义国家的法律思想未能采取实事求是的态度而予以全盘否定，因而对新中国后来的法制建设和法学发展产生了不可低估的负面影响。回顾、总结此次运动的经验和教训，正确处理法律的阶级性与普世性、司法与政治、司法官职业化与司法大众化以及司法程序化与司法便民化之间的关系，对于司法体制改革具有重要的现实意义。[3]

2013年，为了贯彻落实党的十八大关于全面深化改革的战略部署，十八届三中全会研究了全面深化改革的若干重大问题，作出了中共中央《关于全面深化改革若干重大问题的决定》。该决定涉及社会、政治、经济的各个方面，其中在第九部分论证了关于"推进法治中国建设"的决定，包括维护宪法法律权威，深化行政执法体制改革，确保依法独立公正行使审判权、检察权，健全司法权力运行机制以及完善人权司法保障制度等五方面内容。而在该决定的指引下，有关各方都对新一轮的司法改革寄予很高的热情和参与度。对此，有学者认为，深化司法改革，必须坚持法治理念，遵循司法规律。应当完善确保审判权、检察权独立行使的机制，改善党对司法工作的领导方式，理顺纪委与检察机关的关系，理顺权力机关与司法机关的关系。要改革司法机关人事、财政过度受制于同级党政组织的制度。公、检、法分工配合制约的原则存在缺陷，应采取措施加以弥补。规范大要案的办理，保证"打黑"活动依法定程序进行。遏制司法行政化倾向，进一步规范审判委员会、院庭长与合议庭的关系，规范上下级法院关系。司法绩效考评制度应进行科学化、合理化改革。应继续推动司法官职业化，提高司法官待遇。对司法官特别是领导干部的遴选应当更加规范。[4]

有学者认为，依法治国方略的确立奠定了我国刑事司法改革的基本方向。法治原则要求惩罚犯罪应当建立在充分保障人权的基础之上。国际化、宪法化、社会化已经成为现代刑事司法制度发展的主要趋势。中国刑事司法改革既应对刑事司法制度发展的世界性潮流作出回应，也应对中国的社会转型作出回应。[5]

有学者认为，无论就其深度还是广度而言，业已启动的司法体制机制改革充分体现了决策层推进国家治理体系现代化的愿望与决心。而要确保改革的预期效果得以达成，仅有世界观意义上的缜密设计是不够的，还需方法论层面上的科学指引。试点方法的大规模运

---

[1] 陈卫东.司法责任制改革研究.法学杂志，2017（8）.
[2] 郑青.深化司法责任制改革的几点思考.人民检察，2017（7）.
[3] 陈光中.建国初期司法改革运动综述.法学家，2009（6）.
[4] 陈光中，龙宗智.关于深化司法改革若干问题的思考.中国法学，2013（4）.
[5] 熊秋红.中国语境下的刑事司法改革.法商研究，2007（6）.

用，无疑使当下的司法改革具有了浓郁的实验色彩。而熟练掌握试点实验方法，借助设计方案的周延性，充分评估改革举措的实际效应，将有助于树立其推广价值。通过对域外经验的借鉴，结合诸项现实环境因素的考察，可以为法治中国的推进寻求切实可行的司法路径。[1] 还有的学者分析了本次司法改革的基本理路和主要内容，包括：深化司法管理体制改革，推进司法人员分类管理改革，推进司法责任制改革，加强人权司法保障，推进司法民主，提升司法权威，保证司法廉洁，提高司法效率，促进诉讼便利化，推进刑罚制度人道化，推进司法队伍职业化，深化律师制度改革。本轮司法改革的基本特点包括：坚持党的领导，坚持以宪法为根本遵循，坚持遵循司法规律，坚持从中国国情出发，坚持顶层设计和基层探索相结合，坚持依法有序推进，坚持运用现代科技破解难题。[2] 更有学者指出，"顶层设计"型司法改革成功的必要前提是确立正确的改革方向，正确的改革方向有赖于正确的司法理念。司法理念最重要的内容包含司法属性理念、司法目的理念、司法方法理念和司法组织活动原则理念。在法治社会，司法的属性是裁判，司法的目的是作为公平的正义，司法方法论的原则是形式主义，司法组织活动的原则是依法独立行使审判权。因此，司法改革的正确方向应当是切实做到依法独立行使审判权，而其中最关键的任务就是在法治原则下处理好依法独立行使审判权与党的领导之间的关系。[3] 有学者指出，我国当下的司法改革从整体上讲是在司法规律的意义上进行的，然而在实践中这些改革措施与旧有体制中的某些因素存在诸多冲突。其具体表现为："去行政化"的改革与改革的行政化模式之间的冲突，司法权力的应然原理与中国式的司法权力模式之间的冲突，技术性改革与固有诉讼结构之间的冲突，司法内部改革与外在制度环境的冲突。司法改革的成效取决于对这些体制性冲突的化解程度。[4]

值得关注的是，党的十九大报告在部署深化依法治国实践时明确提出，要"深化司法体制综合配套改革，全面落实司法责任制，努力让人民群众在每一个司法案件中感受到公平正义"。在此背景下，有学者厘清了司法责任制改革的缘起和进程，发现在缺乏必要配套措施的情况下，单项推进司法责任制改革难以见效。在新一轮司法改革的顶层设计中，应当以综合配套理论为指导，全面推进司法责任制，具体包括：其一，改革法院检察院的管理模式，突出司法职权的主业地位；其二，从分案制度、案件投诉制度等方面进一步完善司法责任制，充分发挥其制度优势；其三，改革思想政治教育模式，实行分类施教；其四，完善司法保障制度，赋予司法责任制长久的生命力。[5]

第四节 推进以审判为中心的诉讼制度改革

一、"庭审中心主义"的涵义

有学者提出，应当对"庭审中心主义"内涵重新进行界定，认为严格意义上的庭审中

---

[1] 李奋飞. 司法改革的试验方法——以试点方案的类型化设计为研究对象. 法学，2017（8）.
[2] 黄文艺. 中国司法改革基本理路解析. 法制与社会发展，2017（2）.
[3] 周永坤. 有关司法改革方向的几个司法理念与实践问题. 政治与法律，2017（1）.
[4] 李拥军. 司法改革中的体制性冲突及其解决路径. 法商研究，2017（2）.
[5] 张智辉. 论司法责任制综合配套改革. 中国法学，2018（2）.

心主义主要适用于一审的重大、复杂、疑难及被告人不认罪的案件。对于如何贯彻"庭审中心主义",有的学者认为,审判中心主义在理论上是指审判活动在刑事诉讼全过程中应处于中心地位和起关键作用。具体而言,一般认为它是指在刑事诉讼各阶段之间的关系上,审判阶段是中心,侦查、起诉是服务、服从于审判的。首先,在由侦查、起诉、审判、刑罚执行组成的刑事诉讼的全过程中,虽然各种诉讼活动都是围绕涉案犯罪嫌疑人、被告人的刑事责任问题展开的,但审判居于中心的地位。其次,审判不仅在诉讼结果上居于决定地位,而且在诉讼过程中对审前程序也有制约、影响作用:对于侦查机关采取的侦查措施如搜查、监听以及强制措施如逮捕、羁押,审判机关通过法官的司法审查予以控制;对于检控机关能否启动起诉程序,审判机关也通过预审法官、中间程序等机制予以约束。最后,审判机关对于被告人是否有罪、应否处以刑罚、处以何种刑罚的决定,不能采用行政性的手段而必须采用审判的方式作出。①

有的学者认为,针对长期以来刑事案件审判中普遍存在的庭审走过场、庭上审理庭下定案等痼疾,第六次全国刑事审判工作会议提出了追求庭审中心主义的改革方向。落实这一改革方向,需要一系列若干机制的完善为支撑。应当推动关键证人出庭,通过贯彻直接言词原则、确立质证原则及其例外、正确对待全案移送制度、运用庭前会议、建立程序性裁判以及构建案件繁简分流制度这几个方式来确保"庭审中心主义"的实现。②

二、"以审判为中心"的涵义

有学者认为,推进以审判为中心的诉讼制度改革是司法改革的重要组成部分。这项改革,应当在确定的司法理念的指引下推进,即按照司法的规律及坚持"司法是社会公平正义的最后一道防线"推进改革。这项改革所要解决的问题,不仅仅是充分发挥法庭审判的功能,更重要的是为了促进司法公正、更加有力地保障司法公正、更加有效地维护司法公正。为此,改革应当有利于从源头治理司法不公正的问题,即针对以往的刑事诉讼实践中的"以侦查为中心"的问题,确立"以审判为中心"的新的诉讼制度,以便解决这些问题。③

有的学者提出"以审判为中心",实质上是强调审判阶段尤其是第一审程序中的法庭审判在整个刑事诉讼程序中的中心地位,强调把事实认定和证据采信限定在审判阶段,并通过制度提升法院的权威,保证判决的终局性。为此,一方面,应当对现行刑事审前程序进行诉讼化改造,引入司法令状原则,加强检察机关对公安机关侦查工作的引导和监督,通过权力制约,保障犯罪嫌疑人的诉讼权利。另一方面,应当对法庭审判进行实质化改革,确立、完善证据开示制度和庭前会议制度,改革全案卷宗移送制度,贯彻直接言词原则。④ 此外,有的学者通过分析审判中心论与诉讼阶段论,揭示了"以审判为中心"内涵在于"以庭审为中心",揭示了增强庭审实质化背后的原因以及侦查重心形成的深层结构原因,就以庭审为重心涉及的庭审实质化的各种因素进行分析,指出要使审判变成真的审

---

① 顾永忠. "庭审中心主义"之我见. 人民法院报,2014-05-16.
② 程雷. 审判公开背景下刑事庭审实质化的进路. 法律适用,2014 (12).
③ 王敏远. 以审判为中心的诉讼制度改革问题初步研究. 法律适用,2015 (6).
④ 樊崇义,张中. 论以审判为中心的诉讼制度改革. 中州学刊,2015 (1).

判,需要起诉状一本主义等一系列配套改革措施。①

有的学者还认为,"审判中心"并非舶来品,它主要是针对我国"侦查中心"传统而言的,为推进这项改革,首先应当对审判中心的内涵及意义进行阐述,并从以下四个方面进行相关诉讼制度的改革:保证审判权依法独立行使、完善辩护制度、特别是法律援助制度、完善证人出庭制度、探索贯彻直接言词原则以及保证侦查、审查起诉质量。而为公正审判奠定坚实基础可以从保障司法机关独立行使职权等方面予以展开。②

有学者认为,"以审判为中心"是基于特定历史背景和司法规律提出的重大命题,实质是对侦查、起诉、审判职能之间关系的反思与重构,意在建立科学合理的刑事诉讼构造。以审判为中心是就刑事公诉案件而言的,它强调的是诉讼职能定位,而不是机关部门地位;它并不意味着刑事诉讼全程统一实行审判标准;与庭审中心主义也存在区别。在我国推进以审判为中心需要合理界定诉讼职能,并在此基础上改革相应的诉讼制度。当然,以审判为中心的改革会对侦查、起诉、辩护工作带来深刻影响,这些方面也要进行改革,以适应以审判为中心的要求。③

有学者提出,"以审判为中心"是本轮司法改革措施中最具影响力、意义最为深远的改革举措,其是针对以侦查为中心提出来的。以审判为中心强调以审判职能为中心,以审判为中心不是以庭审为中心,以审判为中心不是证明标准的统一,以审判为中心不适用于民事、行政案件,以审判为中心的改革与"分工负责,互相配合,互相制约"原则并行不悖。未来以审判为中心的刑事诉讼格局的重新构建,应着力推进庭审的实质化建设,积极推进审前程序的制度重构,全面发挥律师在庭审中的作用。强调法官在定罪科刑方面的唯一性和权威性,以及审判特别是庭审在刑事诉讼中的核心地位。④

三、如何实现庭审实质化

有观点认为,我国法院近年来对庭审实质化所作的改革没有从根本上摆脱"新间接审理主义"的困扰,刑事法庭将公诉方案卷材料奉为庭前查阅和当庭调查的对象,使证人证言笔录和被告人供述笔录在法庭上具有无可争议的证据能力,甚至可以成为法庭认定案件事实的直接根据。这一审判理念的形成,与流水作业的诉讼构造模式、实体真实至上的价值取向、法官倾向于刑事追诉的理念以及建立在办案期限基础上的效率意识有着直接的关系,并带来了一系列消极的诉讼后果。在一定程度上,刑事法官庭前产生先入为主的预断、法庭审判流于形式、法官排斥被告方的辩护观点、法庭审理失去纠错能力等,都是新间接审理主义所造成的负面影响。我国法院近年来对庭审实质化所做的改革探索,尽管有一定的积极效果,但没有从根本上摆脱新间接审理主义的困扰。可以说,克服新间接审理主义的消极作用的困难,确立真正的直接和言词的审理方式,是中国刑事司法改革所要追求的目标之一。⑤

---

① 张建伟. 审判中心主义的实质内涵与实现途径. 中外法学,2015(4).
② 陈光中,步洋洋. 审判中心与相关诉讼制度改革初论. 政法论坛,2015(2).
③ 陈卫东. 以审判为中心:当代中国刑事司法改革的基点. 法学家,2016(4).
④ 陈卫东. 以审判为中心:解读、实现与展望. 当代法学,2016(4).
⑤ 陈瑞华. 新间接审理主义"庭审中心主义改革"的主要障碍. 中外法学,2016(4).

有学者从全案移送制度出发，认为在庭前审查与庭前准备这两个程序环节，应主要依托控方卷宗材料来展开，强化庭前审查的实质性与庭前准备的充分性；而法庭审判一旦正式开启，则应严格贯彻直接审理原则，控方卷宗笔录仅能在有限范围内发挥作用。需要极力避免的一种错误做法是：在开庭之前禁止法官阅卷，在庭审过程中则对包括2012年《刑事诉讼法》第187条第1款在内的诸多彰显直接审理原则之要求的规定作限缩解释，从而将卷宗笔录作为法庭调查的主要对象。[1]

有学者提出，将审判方式从审问式转为控辩式，为摆脱庭审虚化现象、推进庭审实质化奠定了基础。为了保证庭审在查明事实、认定证据、保护诉权、公正裁判中发挥决定性作用，需要完善举证、质证和认证规则，充实法庭调查和辩论程序。与此同时，还需推动刑事审判模式从传统型向现代型、从"伞形结构"向"三角形结构"转变。我国的刑事审判方式兼具职权主义与当事人主义色彩，但它并非当事人主义和职权主义的简单相加，而是受到文化传统、司法体制、刑事政策、资源状况等多重因素限制，体现出明显的混合性、过渡性和变动性。综合考虑制度路径、立法技术、法治环境等方面因素，我国宜确立直接言词原则和维持卷宗移送主义，并借鉴大陆法系国家的经验，细化直接言词原则的例外情形，加强案卷移送制度自身的正当性。[2]

有学者从庭前会议制度的功能定位来观察，认为在以审判为中心的视角下审视我国的庭前会议制度，会发现两个方面的问题：一方面是立法对庭前会议功能设定不到位，导致一些重大的程序性问题不能在庭前会议中作出实质性处理，影响庭前会议功能的充分发挥，即功能"缺省"；另一方面，在庭前会议中即讨论与被告人的定罪、量刑密切相关的实体性问题，使庭前会议超越了自身应有的功能定位，属功能"溢出"。针对前一问题，可以考虑通过修改司法解释，给程序性问题的实质性处理留出空间，并赋予其对后续审判程序的约束力。对于后一问题，实践中应区分主要争点与附带争点，庭前会议中可以讨论解决的仅限于附带争点。[3]

有学者提出，通过对嫌疑人人身自由的自行剥夺以及对涉案财物的自行处置，也通过对案件系属犯罪案件、嫌疑人构成犯罪等问题的公开披露和实质化定性，侦查机关与案件的结局发生了利害关系；通过侦查案卷移送制度的设计，法庭审判成为对侦查结论的形式审查和确认过程；通过各种法定的程序倒流机制，检察机关对侦查机关有所疏漏的案件进行必要的拾遗补漏和程序补救，对法院作出有罪裁决施加重大的影响。侦查中心主义构造带来了一系列负面后果，但迄今为止，我国的司法改革并没有对此产生实质性的触动。要彻底解决庭审形式化问题，真正推动审判中心主义改革，就必须对侦查中心主义给予认真的对待，并逐步抛弃这一问题重重的诉讼构造。[4]

有学者指出，庭审实质化改革是我国刑事审判领域乃至整个刑事诉讼领域的一场革命性变革，其本质是以公正审判取代不公正的审判，因而需要以司法理念的更新为前提，以

---

[1] 孙远. 全案移送背景下控方卷宗笔录在审判阶段的使用. 法学研究, 2016 (6).
[2] 熊秋红. 刑事庭审实质化与审判方式改革. 比较法研究, 2016 (5).
[3] 魏晓娜. 庭前会议制度之功能"缺省"与"溢出"——以审判为中心的考察. 苏州大学学报（哲学社会科学版）, 2016 (1).
[4] 陈瑞华. 论侦查中心主义. 政法论坛, 2017 (2).

制度变革为保障，而不仅仅是庭审技术的完善。只有以公正司法的理念为指导，以有助于实现公正审判的制度保障为条件，以具体展示公正审判的程序和证据规则为支撑，协同推进理念更新、制度变革和技术改良，才能实现刑事庭审实质化的改革目标。[1]

有学者认为，从1979年的庭前移送案卷制度，到1996年对检察机关移送起诉的案卷范围的限制，再到1998年的庭后移送案卷制度，直至2012年对庭前案卷移送制度的恢复，中国刑事诉讼法在规范法官庭前阅卷问题上走过了一条曲折的发展道路。但是法院通过阅卷来形成裁判结论的审判方式并没有发生实质性的变化。主要原因有：法官主导证据调查的司法传统；以案卷笔录为中心的审判方式；在法庭之外形成裁判结论的司法文化；建立在阅卷基础上的复审制度。要彻底解决法庭审判流于形式的问题，就必须废止案卷移送制度，避免法官在开庭前接触、查阅任何案卷笔录和证据材料，从而彻底割断侦查与法庭审判程序之间的联系。[2]

另有观点认为，我国公诉案件的起诉制度在1996年《刑事诉讼法》修改中吸收了"起诉状一本主义"因素，将"案卷移送制度"改造为"复印件移送制度"。这种具有折中主义的"中间道路"因遗留影响法官产生预断的可能，被有些学者视为导致庭审空洞化的祸首。2012年《刑事诉讼法》修改，又退回到1979年《刑事诉讼法》"案卷移送制度"的原位。从刑事诉讼程序正义视角来看，"复印件移送制度"并非审判程序改革错接病枝的集大成者，2012年《刑事诉讼法》在扩大辩护律师阅卷范围、增加庭前会议制度后，"案卷移送制度"在新的诉讼环境和制度下如何发挥功能，如何保障退回的制度与新设置的制度之间不发生功能上的冲突，仍需在程序正义的框架下进行探索，以免立法对实践的尊重转化为实践对修法的异化，出现屡改屡败的现象。[3]

有论者指出，学界对于庭审实质化的理论探讨尚有一些盲点，相关的改革举措也存在较大局限。推进庭审实质化并非刑事庭审制度局部的技术性改良，而是刑事审判方式转型的系统性工程。首先，应当从确定案件类型、审理层级、审理内容三个维度上对庭审实质化予以推进。其次，要重塑以抗辩制为内核的庭审事实发现机制，构建庭审内外部的裁判心证约束机制，规范合议决策和法院案管决策的案件裁断审决机制。[4]

还有学者对某地区两级中院的庭审实质化试点中的证人出庭、证据调查、律师辩护效果以及庭前会议召开、非法证据排除等情况进行了调研和考察，发现改革试点对庭审实质化有一定促进，但实质化程度并不充分，距离以审判为中心的诉讼制度改革目标似乎尚远。试点改革有效而有限的背后既有技术层面的原因，也与改革未触及司法结构层面、配套措施不到位等问题相关。未来改革需要进一步调整思路，强调审判决定性的系统性司法改革，而庭审实质化作为审判中心的一项重要内容，其推行应以争议案件为适用对象，推动关键证人充分出庭且法庭证据尤其口头证据效力优先，解决控辩审三方"法律语言"与出庭人员"生活语言"之间的矛盾，确定以对抗性为主调的可操作方案与具体机制。[5]

---

[1] 孙长永，王彪. 论刑事庭审实质化的理念、制度和技术. 现代法学，2017（2）.
[2] 陈瑞华. 案卷移送制度的演变和反思. 政法论坛，2012（5）.
[3] 郭华. 我国案卷移送制度功能的重新审视. 政法论坛，2013（3）.
[4] 陈实. 刑事庭审实质化的维度与机制探讨. 中国法学，2018（1）.
[5] 左卫民. 地方法院庭审实质化改革实证研究. 中国社会科学，2018（6）.

四、"以审判为中心"与"分工负责，相互配合，相互制约"原则的关系

有学者认为，中共中央《关于全面推进依法治国若干重大问题的决定》的提出，推进以审判为中心的诉讼制度改革。这一重大决策符合诉讼规律、司法规律和法治规律，是破解制约刑事司法公正突出问题、加强人权司法保障的必由之路。以审判为中心，其实质是在刑事诉讼的全过程实行以司法审判标准为中心，核心是统一刑事诉讼证明标准。此项改革有利于更好地贯彻"分工负责，互相配合，互相制约"的刑事诉讼原则。改革要坚持循序渐进，规划近景、中景和远景三个目标，并分段加以推进。①

不少学者对此表示赞同，他们认为"分工负责，互相配合，互相制约"原则阻碍实现审判中心主义的看法是错误的，"以审判为中心"是对"分工负责，互相配合，互相制约"原则的创新和发展，彼此之间不矛盾。理解"以审判为中心"与"分工负责，互相配合，互相制约"原则之间关系的三大理论基础是坚守法律正当程序、树立人权司法保障的刑事诉讼目的观和新型的诉讼法律关系。坚持"以审判为中心"，需要对"分工负责，互相配合，互相制约"原则作出以下新的诠释和理解：依法独立行使审判权，为互相分工原则树立榜样；加强侦诉协作，构建科学的互相配合格局；以递进制约为主线，为互相制约注入新元素；坚持证据裁判原则，为"分工负责，互相配合，互相制约"提供证据链。②

五、"以审判为中心"与证据制度

有学者认为，以审判为中心并不仅仅包括证据裁判、证据收集、证据保全、认证等在内的证据问题，它还涉及整个诉讼结构的变化。但是，十八届四中全会在这个问题上的原文表述是"推进以审判为中心的诉讼制度改革……全面贯彻证据裁判规则，严格依法收集、固定、保存、审查、运用证据，完善证人、鉴定人出庭制度，保证庭审在查明事实、认定证据、保护诉权、公正裁判中发挥决定性作用"。这段话表明，"以审判为中心"表述的核心就是证据问题。所以我们现在的研讨，甚至今后这方面的改革，重点都应该放在证据方面，而学者们所期待的从诉讼结构上进行的改革暂时还很难做到。在证据制度的构建中，证据的认证是核心环节。目前的以审判为中心制度的改革，应当在从制度着眼的同时，从证据制度着手。③

也有学者认为，以审判为中心是刑事诉讼发展到法治状态下的必然现象，符合司法规律。以审判为中心意味着只有经过审判才能最终确定被告人有罪，还意味刑事诉讼各阶段的活动，特别是限制自由和收集证据的活动，应符合审判的要求。以审判为中心要求发挥庭审在调查核实证据和认定案件事实中的决定作用。法庭质证是庭审的中心活动，完善庭审质证制度是推进以审判为中心的诉讼制度改革的重要举措。法庭质证是庭审的中心活动，质证是庭审实质化的体现，是对审判前收集的证据的检验，是刑事被告人的合法权利，也是实现司法公正审判的重要保障。有关部门应当制定庭审质证规则，司法人员应当

---

① 沈德咏. 论以审判为中心的诉讼制度改革. 中国法学，2015（3）.
② 樊崇义."以审判为中心"与"分工负责、互相配合、互相制约"关系论. 法学杂志，2015（11）.
③ 陈卫东. 以审判为中心要强化证据的认证. 证据科学，2016（3）.

重视质证工作，提高质证的参与和应对能力。①

有观点指出，以审判为中心的刑事诉讼制度应当呈现正向递进关系和发挥反向指引作用，而我国当前立法采刑事证明标准形式一元化之模式，导致动态诉讼程序与静态证明标准之间出现紧张关系。推进以审判为中心的刑事诉讼制度改革并不意味着要统一证明标准或定罪标准前移，反而需要通过递进式诉讼程序形塑递进式证明（证据）标准：厘清一条纵向主线、搭建多条横向分支，以技术化的方式将程序重心从侦查程序逐步推进到审判程序，实现从以侦查为中心向以审判为中心的转变，突出庭审之功用，彰显证明之价值。②

有学者强调，中央提出严格司法政策，推进以审判为中心的诉讼制度改革，核心内容之一是实现庭审实质化。立足司法实践，庭审实质化需要以司法证明实质化为前提。侦查人员出庭作证，有助于落实证据裁判原则，实现司法证明实质化。同时，有必要促使侦查取证按照司法裁判的要求进行，明确侦查人员出庭作证的条件和程序，并强化法庭当庭裁判的要求。③

六、"以审判为中心"的实现

有学者认为实现"以审判为中心"意在实现刑事庭审实质化。刑事庭审实质化是"以审判为中心的诉讼制度改革"的基本要求，其内核是被告人的刑事责任在审判阶段通过庭审方式解决。在一些地方的司法实践中，逮捕"绑架"审判，审理方式以审查案卷笔录为主，庭前会议实体化，以及法庭审理仅以定罪为中心，均在一定程度上虚置了刑事审判程序，使其流于形式。在构建庭审中心裁判机制以及落实"权责一致"办案责任制的背景下，有必要消除庭审虚化的成因，建构审判中心主义的诉讼结构，实现直接言词原则的庭审方式，合理定位庭前会议功能，调整定罪与量刑并重的庭审内容，在诉讼制度层面实现我国刑事审判程序的实质化。④有的学者从辩护方视角来观察，认为要贯彻"以审判为中心"需要保障辩护方对质权，提升庭审辩护的有效性，保障辩护方获得有利于己的证据权，建立起完备的程序性裁判机制。⑤

有的学者认为，以审判为中心的诉讼制度改革离不开诉讼程序改革的制度配合与保障，主要包括诉侦、诉审、诉辩关系的改革。在诉审关系的处理上，重新审视"分工负责，互相配合，互相制约"，扭转诉审之间"重配合、轻制约"的现实倾向；要突出审判的诉讼中心地位，推动庭审的实质化运行；要正确定位法律监督权，维护审判权威。在诉侦关系的处理上，要构建"大控诉"格局，公诉引导侦查；要转变监督重点，强化侦查监督；在办案模式上，要扭转"以侦查为中心"的办案现状。在诉辩关系的处理上，诉辩双方职业目的要逐渐走向趋同；可借鉴无效辩护制度，引入有效辩护概念，提升辩护效果；以有效公诉应对有效辩护，提升公诉质量的同时走向庭审中的实质诉辩对抗。⑥

---

① 杨宇冠，刘曹禛. 以审判为中心的诉讼制度改革与质证制度之完善. 法律适用，2016（1）.
② 谢澍. 论形式证明标准之实质递进性——"以审判为中心"语境下的分析. 法商研究，2017（3）.
③ 刘静坤. 论司法证明实质化——以侦查人员出庭作证为切入点. 法律适用，2017（3）.
④ 汪海燕. 论刑事庭审实质化. 中国社会科学，2015（2）.
⑤ 张建伟. 审判的实质化：以辩方的视角观察. 法律适用，2015（6）.
⑥ 樊崇义，李思远. 以审判为中心背景下的诉审、诉侦、诉辩关系刍议. 人民检察，2015（17）.

除此以外，有的学者认为党的十八届四中全会决定提出推进以审判为中心的诉讼制度改革，这触及了中国刑事诉讼结构中一个由来已久的症结。以审判为中心观念的缺失，造成了同一审级诉讼流程中审判的离心化和实际上的侦查中心主义，进而导致垂直审级结构中第一审的失重，在实践中引发了较为严重的后果和特殊的政治风险。推进以审判为中心的刑事诉讼制度改革，应当在两个方向上着手：在水平方向上，首先，应当在宏观的侦查、审查起诉和审判的关系上实现以审判为中心，其中的关键在于抑制案卷移送制度的不良影响，同时为审判中心主义发掘更大的制度空间；其次，在审判阶段应当做到以庭审为中心，其核心要求是保护被告方的对质权；最后，法院判决的权威性来自公正的庭审，法院自身也不能脱离庭审来进行事实认定。在纵向的审级结构上，在打造坚实的第一审的基础上，确立第一审在事实认定方面的权威地位，同时合理界定和调整第二审和死刑复核程序的功能，确保第一审在整个刑事程序体系中居于重心地位。[①]

七、"以审判为中心"与刑事辩护制度

2007年修订的《律师法》虽然在保障律师的阅卷权、会见权等方面进行了大胆的尝试，但是一方面由于《律师法》的个别规定不够务实，另一方面由于有的实务部门人员对辩护权的强化保障持抵触和拒绝执行的态度，因而《律师法》有关规定陷入"有法不依"困境。[②]

许多学者认为，律师法在一定程度上改善了律师执业环境，但律师法规定的律师权利并不易真正实现。学者普遍认为律师法的修改扩大了律师权利，给侦查工作带来了挑战，但从长远来看有利于促进侦查水平的提升和办案质量的提高。[③]

有学者指出，推进以审判为中心的诉讼制度改革，在完善公、检、法之间的关系的同时，也要重视对当事人权利的保障。所谓优化司法职权的配置，调整法院、检察院和公安机关这三个机关的职权和关系，是为了更进一步地促进司法公正，而不是在争论哪个部门的哪个权力要有多大，更不应简单地从表象来看待各部门的权力和部门之间的关系因此所发生的变化。同时，讨论上述关系的时候，我们还要有一个新的着眼点，即职权机关之外的着眼点，那就是当事人，尤其是刑事诉讼之中的被刑事追诉之人。应当看到，在讨论这些问题的时候，我们需要重视当事人在刑事诉讼关系中的地位，强化对其的权利保障，否则，司法职能部门的权力配置的优化，易于沦为只是权力系统内部的结构调整，而与权利保障无关。[④]

有学者提出，优化司法职权配置，应当与以审判为中心的诉讼制度改革同步推进并纳入后者的轨道，适当调整由控辩审三方的法律地位和相互关系所决定的诉讼构造，实现从传统的以侦查为中心的公、检、法"铁三角"关系，向法治国家的以审判为中心的控、辩、审三方互动关系转变。为实现控辩平等，应当对侦查权和检察权的行使依法予以限

[①] 魏晓娜. 以审判为中心的刑事诉讼制度改革. 法学研究，2015 (4).
[②] 陈光中. 进一步推进刑事诉讼法制建设. 中国法学，2008 (5).
[③] 王金贵. 深入推进刑事诉讼制度的科学构建——中国法学会刑事诉讼法学研究会2008年年会综述. 人民检察，2008 (19).
[④] 王敏远. 司法改革背景下的三机关相互关系问题探讨. 法制与社会发展，2016 (2).

制,大力加强辩方权利保障,确立以被告人为主体的辩护权利保障体系。[1]

有学者认为,以审判为中心的诉讼制度实质上是充分保障犯罪嫌疑人、被告人及其辩护律师辩护权的诉讼制度,应当落实控方的举证责任,正确理解律师向犯罪嫌疑人、被告人核实证据的权利;充分保障辩方对控方证人、鉴定人、侦查人员质证的权利;科学设立交叉询问规则,重点适用于被告人不认罪的案件,加强对控辩双方交叉询问技能的培训。[2]

还有学者提出,我国当前的侦查中心主义诉讼结构阻碍了辩护律师在维护被追诉人的合法权益、防范冤假错案和实现司法公正方面所应发挥的作用,造成有效的律师辩护保障体系的不完善。中共中央《关于全面推进依法治国若干重大问题的决定》提出的审判中心主义目标,为律师辩护保障体系的完善提供了新的契机和平台,同时,律师辩护保障也是审判中心主义目标的应有之义和本质要求。实现从侦查中心主义向审判中心主义的转变是当务之急。审判中心主义下律师辩护保障体系的完善需要相关的程序和制度作为配套机制,其中最关键的是应当建构以法官为中心的辩护律师权利救济模式和约束性律师辩护制度,完善律师辩护保障体系。[3]

有观点指出,以审判为中心的精神内涵在于形成判决基础的信息应当有机会得到反驳性检验。推进以审判为中心,必然以有效辩护为最终落脚点。有效辩护有狭义和广义两种含义,广义上的有效辩护对狭义上的有效辩护具有基础性意义,应当成为制度建设的重点。完善有效辩护制度,应当从一"反"一"正"两个方面着力,即一方面确立并保障被告人的对质权,另一方面落实辩护律师的调查取证权。[4]

八、"以审判为中心"与其他

就"以审判为中心"的诉讼制度改革中的侦查工作而言,有观点认为推进"以审判为中心"的诉讼制度改革对侦查环节的取证工作提出了更高的要求。这需要在侦查阶段建立起完善的非法证据排除制度和能够落实无罪推定原则的相应措施;从内外两方面加强对侦查工作的引导和监督;改变原有的侦查观念和侦查模式,从而确保侦查中的每个环节更加规范,最终保障侦查阶段所取得证据的合法性能经得起审判工作的检验。[5]

就"以审判为中心"与刑事司法职能之间的关系而言,有学者指出,实施以审判为中心的刑事程序改革需要全面把握以审判为中心的诉讼制度改革目标提出的时空维度,准确理解以审判为中心的诉讼制度改革的含义和内容,深入分析以审判为中心的刑事程序改革所面临的机制困境及体制难题。刑事司法职权配置优化应当成为我国当前刑事司法体制改革的重中之重。在调整侦查权、检察权、审判权职权配置的同时,理顺三者之间的关系已经成为建立以审判为中心的刑事司法体制及司法权运行机制的前提条件及制度基础。[6]

就"以审判为中心"与诉讼模式的关系方面,有学者认为,唯有在检察环节建构体现

---

[1] 张保生. 审判中心与控辩平等. 法制与社会发展, 2016 (3).
[2] 顾永忠. 以审判为中心背景下的刑事辩护突出问题研究. 中国法学, 2016 (2).
[3] 陈卫东, 亢晶晶. 我国律师辩护保障体系的完善——以审判中心主义为视角. 中国人民大学学报, 2016 (3).
[4] 魏晓娜. 审判中心视角下的有效辩护问题. 当代法学, 2017 (3).
[5] 王峣. "以审判为中心"诉讼制度改革中的侦查工作. 法学杂志, 2017 (2).
[6] 张能全. 论以审判为中心的刑事程序改革与刑事司法职权优化配置. 现代法学, 2017 (4).

控辩对抗特征的审前事实和证据审查机制，方能将非法证据及时排除在审前环节，也唯有采用此机制对特定类型的案件进行审查逮捕和审查起诉，方能确保审查逮捕和审查起诉环节作出的检察决定的准确性、有效性和说服力。而审前控辩对抗机制功能的正常发挥，有待于检察机关在审前程序中主导地位的确立，这对检察改革又提出了新的更高的要求，即增加"逐渐确立检察机关在审前程序中主导地位"的内容，并建立侦查机关就案件侦查听取检察机关意见、侦查机关适用强制性措施由检察机关审查并授权的制度，赋予检察机关对侦查人员惩戒的建议权。[1]

关于"以审判为中心"和诉审关系，有学者指出，构建以审判为中心背景下的新型诉审关系是司法改革的一个重要课题。案卷中心主义的实质是"以侦查为中心"，导致诉审之间制衡机制弱化，公诉环节与审判环节界限不清。以审判为中心是对诉审分离原则的升华，刑事司法实践应建构以公诉为主导、以司法审查为制约的审前程序，建构以直接审理为原则、以一审为主导的庭审方式，加速实现法官、检察官精英化，完善对庭审活动的法律监督，以适应以审判为中心的诉讼制度改革。[2]

第五节　完善刑事诉讼认罪认罚从宽制度

完善认罪认罚从宽制度，是贯彻落实宽严相济的刑事政策，实现依法从宽的法治路径。早在 2004 年，宪法就增加了"尊重和保障人权"的内容，准确及时地查明犯罪事实，正确地适用法律，惩罚犯罪分子，保障无辜的人民不受刑事追究，也就成了我国刑事诉讼制度构建和设计的重要目的。自 20 世纪末以来，我国的刑事政策由强调"严打""坦白从宽、抗拒从严"，走向了理性化的、更加现代化的、内涵更为丰富的"宽严相济"。要求对犯罪分清轻重、区别对待，做到该严则严，当宽则宽，宽严相济，罚当其罪。在这一政策的指导下，我国的刑事立法和司法实践与过去相比，呈现出了明显的缓刑化特征。但是随着社会经济的快速发展和利益格局的深刻调整，我国进入了社会风险增加，矛盾纠纷增多的时期。刑事立法越来越多地介入社会生活，被纳入刑事处罚范畴的行为也越来越多，宽严相济的刑事政策执行面临新的问题。随着劳教制度的废除，危险驾驶罪的入刑，违法犯罪行为的多发，轻罪刑事案件数量明显增加，在这样复杂的局面下，如果仍将"宽严相济"的刑事政策定位于指导性的、政策性的，不将其定位于具体的刑事制度而落到实处，将会产生一系列的严重后果。这既影响人民群众对司法公正的感受，也制约着宽严相济政策的价值发挥。因此，对于认罪认罚从宽制度，就是将过去较为零散的制度政策进行汇合完善，使其制度化、体系化和法律化。在此需要特别说明的是，虽然认罪认罚从宽制度是宽严相济、坦白从宽刑事政策的制度化，其虽有繁简分流、提升效率的功能，但仍以准确惩罚犯罪、依法保障人权，实现刑事司法公正为首要价值目标。[3]

---

[1] 向泽选. 控辩对抗的审前模式——兼论检察机关如何因应"以审判为中心". 政法论坛，2017（3）.
[2] 韦亚力. 论我国刑事诉讼中的新型诉审关系——以审判为中心的诉讼制度改革为分析视角. 人民检察，2016（11）.
[3] 北京高级人民法院刑一庭. 刑事案件认罪认罚从宽制度综述. 人民法治，2017（1）.

一、"认罪认罚从宽"中"认罪""认罚"的含义

有学者认为,"认罪"是指犯罪嫌疑人、被告人如实供述了被指控的行为事实,并在后续的协商过程中达成了承认罪行指控的协议;"认罚"即愿意受罚,是指犯罪嫌疑人、被告人在认罪的基础上自愿接受所认之罪在实体法上带来的刑罚后果,同时也应当包含对诉讼程序简化的认可。[1]

也有学者从三个角度理解其内涵:一是"认罪认罚",有罪供述与悔罪态度是适用该程序的前提,口供的重要性在这个前提上得到凸显;二是"从宽处理",认罪认罚的利益性会促使犯罪嫌疑人、被告人利害权衡之后寻求法秩序下的协作而非对抗;三是司法改革的效率取向,诉讼协作关系使庭审时间得到压缩,从而在政治、司法和社会诸方面取得司法机关预期的效果。[2]

有学者指出,规范、严谨的从宽处理体系是维持认罪认罚从宽制度适用合法性的基础条件之一。解读域外代表性国家的认罪案件从宽处罚规范,可分为美国的"无限制模式"和英国、德国的"比例模式",不同模式的界分与该国认罪案件快速处理程序的多样性特点紧密相连。在对比和借鉴的基础上,我国未来改革宜建立从宽处理的混合体系模式,以配合多元化繁简分流机制的适用,满足刑事司法领域优化职权配置、减轻办案负担的迫切需要。改革方案应适当丰富从宽处罚的内涵与类型,在科学地设计从宽比例及其限度的同时,规范检察权与审判权在刑罚从宽自由裁量方面的互动影响,突显司法审查与监督的关键作用,平衡控辩双方和被害人等主体的权利义务及其参与关系,这既需调动认罪积极性,又应保障刑罚威慑力。[3]

有观点认为,认罪是认罪认罚从宽制度适用的核心前提之一,现阶段理论界和实务界对认罪的认识有待更新。认罪不只要求被追诉人承认被指控的犯罪事实,还可能需要承认指控的罪名。认罪因诉讼程序类型的不同而有差异性。认罪有别于自首、自白和坦白。司法机关判断认罪的核心是满足自愿性,且须符合刑罚目的。关于认罪的观点可分为"主观标准"和"客观标准",我国改革宜采用规范评价的标准,司法机关确信"认罪"应满足四项基本条件。实现认罪及其自愿性还有赖于健全证据开示制度、从宽处理制度、律师实质参与制度以及法院审查与救济制度等保障措施。[4]

另有学者指出,自愿认罪是认罪认罚从宽制度的核心要件。在程序上,犯罪嫌疑人、被告人是否自愿认罪将作为程序分流的实质要件,决定着案件的走向以及适用什么样的程序。在审前程序中,认罪认罚之间往往表现为一种协商、博弈过程,而不是犯罪嫌疑人、被告人单向的、被动的"认可"。但是,当前单向的、被动的"认罪认罚"是司法实践中最常见的一种认罪认罚形式。在认罪认罚从宽制度改革中,从宽处理是促使犯罪嫌疑人、被告人选择认罪的重要激励措施。因此,认罪认罚案件的程序分流应当包括两个层面的分

---

[1] 陈卫东. 认罪认罚从宽制度研究. 中国法学,2016 (2).
[2] 张建伟. 认罪认罚从宽处理:内涵解读与技术分析. 法律适用,2016 (11).
[3] 赵恒. 论从宽处理的三种模式. 现代法学,2017 (5).
[4] 赵恒. 认罪及其自愿性审查:内涵辨析、规范评价与制度保障. 华东政法大学学报,2017 (4).

流：诉与不诉的案件分流，审判程序的繁简分流。[1] 还有论者运用法教义学的方法，辅之以代表性案例，重点对刑事诉讼中认罪的界定、特征与类型，认罚的具体效力以及从宽模式的种类与正当性进行了体系化的探索，得出了如下法教义学意义上的结论：其一，"认罪"是一个复杂的概念，具有形式多样、阶段分布、结论可逆等特征。法官可以从心素与体素两方面判断认罪的"理解"与"作出"要件是否成立，进而判断犯罪嫌疑人、被告人是否构成认罪。但是，认罪的认定主体是否为法官、认罪的程度与意愿如何，均是可能破坏认罪之构造进而影响认罪最终认定结论的具体因素。其二，"认罚"具有法定与酌定两种类型。法定形式的认罚是启动刑事速裁程序及适用认罪认罚从宽制度的必要条件，酌定形式的认罚则是犯罪嫌疑人、被告人悔罪意愿的表达方式。认罚虽然具有确认认罪、启动特定程序的效力，但却不具有使被告人从宽处罚甚至阻却救济的绝对效力。其三，从宽分为实体性从宽与程序性从宽两种模式。撤销案件、不起诉、变更强制措施、减少审前羁押期限等从宽形式均具有存在的正当性。从宽模式目前正处于开放发展的状态。法教义学研究结论表明，"认罪"、"认罚"与"从宽"蕴含着未被发现的丰富学理内涵。[2]

二、认罪认罚从宽制度与"以审判为中心"的关系

有学者认为，认罪认罚从宽制度是指在刑事诉讼中，从实体和程序上鼓励、引导、保障确实有罪的犯罪嫌疑人、被告人自愿认罪认罚，并予以从宽处理、处罚的由一系列具体法律制度、诉讼程序组成的集合性法律制度。认罪认罚从宽制度与以审判为中心的诉讼制度之间实质上是刑事诉讼中对办案机关及办案人员办理案件的实然需要与应然要求的关系。认罪认罚从宽不等于辩诉交易，后者只是一项具体的诉讼制度，不可能与我国的认罪认罚从宽制度相提并论。认罪认罚从宽制度同样适用于侦查阶段，且既适用于简易程序、速裁程序，也适用于普通程序。任何被追诉人在刑事诉讼中都有获得公正审判的诉讼权利，但被追诉人根据自己的案情有权自愿放弃，选择采用简化的诉讼程序和方式对其审判，并在法定范围内获得"好处"[3]。

还有学者提出，公正审判是国际公约和各国普遍认可的现代刑事司法准则，刑事审判程序繁简分流，是推进以审判为中心的诉讼制度改革的重要配套机制。简化审理程序逐步扩大适用是未来发展趋势，适用简化程序审理的大量案件，不能放松公正审判的标准。为确保简化审理程序的公正性，需要完善被告人认罪自愿性的保障机制，同时落实公正审判的基本要求。[4]

三、认罪认罚从宽制度与刑事案件速裁程序

在为期两年的刑事案件速裁程序试点的基础上，认罪认罚从宽制度试点工作在部分地区展开。有学者认为，在刑事速裁程序试点过程中，刑事诉讼效率的明显提高，也引发了

---

[1] 吴宏耀. 论认罪认罚从宽制度. 人民检察，2017（5）.
[2] 孔令勇. 教义分析与案例解说：读解刑事诉讼中的"认罪"、"认罚"与"从宽". 法制与社会发展，2018（1）.
[3] 顾永忠. 关于"完善认罪认罚从宽制度"的几个理论问题. 当代法学，2016（6）.
[4] 刘静坤. 刑事审判程序繁简分流与公正审判. 法律适用，2016（6）.

一些制度上的创新，但也存在适用范围相对较窄、庭审功能弱化等现实。构建刑事速裁程序需要坚持理性思维，正确处理追求公正与讲究效率的关系、司法规律与中国特色的关系、理论先行与实践检验的关系、诉讼结构与联合办公的关系、以审判为中心与庭审简化的关系以及速裁程序与其他救济程序的关系。①

因此，有学者提出，在全面推行认罪认罚从宽改革的过程中，有必要总结和参考刑事速裁程序的试点经验，作出一些既有必要性也有可行性的制度安排。改革者有可能面临认罪与认罚的同步性、认罪认罚的自愿性、控辩协商的幅度、未决羁押制度的制约、法庭审理的对象、被害人赔偿问题的处理等一系列新的难题。对于这些难题，有必要总结刑事速裁程序的试点经验和教训，提出相应改革思路。②

有观点认为，随着刑法立法观日益转向积极，刑法修正案不断增加罪名、降低入刑门槛，刑事案件数量持续增长，案多人少矛盾日益突出。速裁程序试点和认罪认罚从宽制度的完善，均以解决上述问题为出发点。从内在逻辑看，对认罪认罚的行为人从宽处理，具有客观和主观两个方面的依据。从外在价值上说，简易程序和速裁程序的适用，均需要以被告人认罪认罚作为正当化机制，而被告人认罪认罚反过来需要以从宽处理作为动力机制。随着速裁程序的试点的推广，我国刑事审判已形成普通程序—简易程序—速裁程序的"三级递简"格局。但这一格局存在以下问题：着眼于简化审判程序的改革无法有效控制进入审判程序的案件总量；三种程序之间的繁简分化程度不足；简易程序和速裁程序适用率偏低。完善认罪认罚从宽制度，应从以下三个方面着手：构建有效的审前分流机制，实现对审判案件总量的控制；进一步分化审判程序，引入协商程序，改进速裁程序；引入程序激励机制。③

还有学者认为，"认罪认罚从宽"滥觞于"坦白从宽、抗拒从严"和"宽严相济"的刑事政策，是在新的历史条件下对其中宽缓一面的发展。认罪认罚从宽在我国刑法和刑事诉讼法中已有较为充分的体现，但尚存在进一步完善的空间。在刑法中，可考虑将其作为一项原则予以规定，并对现有法律及司法解释中的规定进行整合，对从宽的幅度予以必要的限制。在刑事诉讼法中，因被告人认罪认罚而带来程序简化，其正当性来源是被告人自愿放弃正式审判，它需要以被告人认罪认罚的自愿性、真实性、明智性等作为支撑条件。在当前的司法环境下，量刑协商制度的引进潜藏着司法不公的巨大风险。以被追诉者认罪认罚为前提构建程序分流机制，在审前程序中应侧重通过起诉便宜主义强化程序分流功能；在审判程序中则需依据案件轻重、难易程度不同，构建多元化的简易速裁程序。在我国关于完善认罪认罚从宽制度的讨论中，需要少一些实用主义、多一些理性分析，坚持将尊重司法规律作为改革的首要原则，在政策立法化或立法政策化的过程中，恪守刑事法治的底线要求，以避免因程序过于松弛而造成冤假错案。④

有观点认为，认罪认罚从宽顶层设计和制度推进的关键在于让一线办案人员有现实选择的标准和可供切实操作的程序指引。不能将认罪认罚概括为一个原则或制度名称，将其

---

① 樊崇义. 刑事速裁程序：从"经验"到"理性"的转型. 法律适用，2016 (4).
② 陈瑞华. "认罪认罚从宽"改革的理论反思——基于刑事速裁程序运行经验的考察. 当代法学，2016 (4).
③ 魏晓娜. 完善认罪认罚从宽制度：中国语境下的关键词展开. 法学研究，2016 (4).
④ 熊秋红. 认罪认罚从宽的理论审视与制度完善. 法学，2016 (10).

简单地糅合到既有的程序当中去。相较于已有的规定和程序，认罪认罚从宽应着重强调其特质性内容并一以贯之地进行技术规则的补充完善：一方面应按照认罪与不认罪进行程序区分，另一方面在整体设计上应体现程序的逐渐简化内容，从而使繁简分离于具体程序的选择和运行中。中国式认罪认罚的构建要注意制度背景差异和实践运行效果要求，同时要避免可能产生的程序疏漏，在律师实质辩护的制度保障下，真正实现其繁简分流的价值取向与立法任务。①

有学者认为，刑事速裁程序作为认罪认罚从宽制度建构的重要内容，以提升刑事诉讼程序效率为重要价值取向，包含着实体上（刑罚）从轻、程序上从简的制度安排，同时在一定程度上以控辩协商为先决条件。从这一实践价值出发，可以将刑事速裁程序试点视为完善认罪认罚从宽制度之先行试验，刑事速裁程序试点过程中积累的经验与教训在制度安排与试点方案上对于认罪认罚从宽制度之完善具有重要参考价值。认罪认罚从宽的制度设计应当重视控辩双方关系的协商性，并通过提升犯罪嫌疑人、被告人的协商能力以确保其认罪认罚的自愿性。法院对认罪认罚案件的审理重点也将从对案件事实与证据的审查转向对被告人认罪的自愿性、控辩协商的合法性之维度，继而将提高公众对中国司法的信任度作为衡量试点成功的根本尺度。②

就认罪认罚与程序分流而言，有学者表明，对认罪认罚案件进行分流处理是以审判为中心的诉讼制度改革的必然要求。在我国现行法律框架下，对刑事案件进行分流，除了速裁程序和简易程序之外，可以考虑利用《刑事诉讼法》规定的不起诉程序，对认罪认罚的轻微刑事案件直接作出不起诉的决定。在论证认罪认罚案件分流必要性的基础上，提出通过完善不起诉制度的程序设计实现案件分流的构想。③

从速裁程序的视角考虑，有学者认为，尚处于试点阶段的刑事速裁程序中系统、合理的从宽处理制度呈缺位状态。对从宽规定的理解，应当坚持从宽符合刑事政策、刑责相适应和区别化等原则。在程序层面的从宽应当以诉讼阶段节点为标准，在侦查阶段缩短办案期限、加强非羁押性强制措施的适用；在审查起诉阶段加强不起诉制度的适用；在审判阶段凸显程序审理的量刑化和书面化。在量刑层面的从宽制度设计实际上包括审前阶段的量刑协商和审判阶段的量刑审查两个维度，当下需要以从宽类型为标准着眼于量刑从宽制度的系统化设计，从而推动认罪制度改革的深化发展。④

2018年修改后的《刑事诉讼法》已增加速裁程序，这意味着继普通程序、简易程序后速裁程序立法化的完成。

四、认罪认罚从宽制度的理论反思与改革

有学者提出，认罪认罚从宽制度是我国"宽严相济"刑事政策从宽一面的体现。该制度虽然已实行于现有的刑事司法中，但需进一步制度化、体系化。详言之，该制度原则上适用于包括可能判处死刑在内的所有案件，贯穿于侦查、审查起诉、审判三个阶段。其

---

① 王戬. 认罪认罚从宽的程序性推进. 华东政法大学学报，2017（4）.
② 刘方权. 认罪认罚从宽制度的建设路径——基于刑事速裁程序试点经验的研究. 中国刑事法杂志，2017（3）.
③ 张智辉. 认罪认罚与案件分流. 法学杂志，2017（6）.
④ 周新. 论从宽处理的基本原则及其类型——基于刑事速裁程序试点的分析. 政治与法律，2017（3）.

证明标准应坚持"案件事实清楚,证据确实、充分",但证据规则可以适度从简。在具体适用的设计上,建议认罪认罚从宽作为一项基本制度载入《刑事诉讼法》总则,应当建立公安司法机关同被追诉人协商的制度,从宽处理不受被害人意见的约束;将可能判处徒刑以上刑罚的认罪认罚案件纳入法律援助范围,可考虑设立认罪认罚案件的上诉审查程序。①

有学者认为,"认罪"是指犯罪嫌疑人自愿供述自己的犯罪事实,并承认自己的行为是犯罪;"认罚"首先是指自愿接受所认之罪带来的刑罚后果,其次,其内容随着刑事诉讼程序的推进而逐步具体、明晰。认罪认罚案件仍应以"案件事实清楚、证据确实、充分"为证明标准,但该证明标准的层次可根据该类案件的特点来把握。控辩协商是认罪认罚从宽制度的一个关键环节,它借鉴了美国的辩诉交易,植根于我国的协商文化,是合作型刑事诉讼模式的一种表现形式。在我国,控辩协商只适用于事实清楚、证据确实充分案件中的量刑协商。②

在证明标准上,有论者认为,我国刑事证明标准中的实体要件与心证要件均不存在放宽或降低之可能性,否则将突破刑事法治的基本底线,显然亦非我国司法改革所欲追求之目标。因此,认罪认罚案件与不认罪案件在证明标准上的差别,只能以程序要件的放宽作为基本路径。即对认罪认罚案件之证据调查程序的严格性程度,可较不认罪案件做一定程度的降低,达到实质上降低证明标准之效果,实现认罪认罚案件中证明标准的科学运用。③也有学者指出,多数试点地区出台的实施细则实际上降低了认罪认罚案件的证明标准,这在短时间内可能有助于加快办理认罪认罚案件,但从长远来看,未必是合理的做法。结合美国的和德国的相关经验教训,该学者提出:坚持法定证明标准并不妨碍检察机关就证据较为薄弱的案件与犯罪嫌疑人及其辩护人进行认罪认罚协商,也不意味着法院不可以根据案件特点、证明对象的不同进行灵活把握,更不意味着把法庭审判阶段的证明标准简单地适用于审前阶段。法庭应当一并审查认罪认罚的自愿性、合法性与真实性,确保法定证明标准得到落实。④

还有学者认为,认罪认罚从宽程序是我国给予认罪、悔罪的被告人从轻、从宽处理的程序,前提是被告人必须自愿认罪、接受处罚,且对适用的法律无异议,体现了很强的职权主义色彩,最为关键的是认罪认罚从宽不能动摇"事实清楚,证据确实、充分"的证明标准。我国在进行认罪认罚从宽程序试点的同时,可以吸收辩诉交易制度的合理内核,但要审慎对待,紧密结合我国的国情。⑤

还有学者指出,对认罪认罚从宽案件中的被害人合法权利予以保护是尊重与保障人权、保持刑事诉讼程序、制度的一致性与合理性以及防范严重诉讼风险出现的必然要求。加强被害人权利保护首先应当明确被害人在认罪认罚从宽案件中具有程序运作主体的地位,并辅之以与其主体地位相适应的知情权、发表意见权、提出异议权、获得法律帮助权

---

① 陈光中,马康. 认罪认罚从宽制度若干重要问题探讨. 法学,2016(8).
② 朱孝清. 认罪认罚从宽制度的几个问题. 法治研究,2016(5).
③ 孙远. 论认罪认罚案件的证明标准. 法律适用,2016(11).
④ 孙长永. 认罪认罚案件的证明标准. 法学研究,2018(1).
⑤ 樊崇义,李思远. 认罪认罚从宽程序中的三个问题. 人民检察,2016(8).

以及救济权等基本诉讼权利。①

有学者就认罪认罚从宽试点改革暴露出来的以效率为先的做法进行反思,提出认罪认罚从宽制度改革应致力于解决被追诉人认罪认罚却得不到适当、有效从宽处理的实践难题。因此,这一改革应主要从实体法层面着手,明确认罪认罚后从宽处理的具体规则;在程序法方面则应完善认罪认罚从宽案件审理的程序构造,更好地保障实体从宽的实现;相应地,要防止相关改革设计与相关举措过度追求效率。②

有观点认为,认罪认罚从宽程序以犯罪嫌疑人、被告人认罪为基础,以诉讼程序简化为特征,其正当性取决于认罪是否具有自愿性和真实性。然而现阶段我国认罪认罚从宽程序面临着较高的非自愿认罪风险和虚假认罪风险。非自愿认罪风险存在的原因包括非法侦查讯问行为的存在、律师帮助权的缺位和证据先悉权的缺陷等;虚假认罪风险存在的原因则包括被追诉人的主观原因、审讯策略和技术的运用、无罪判决率畸低、无效的律师帮助等。欲有效防范这些风险的发生,需要在审前阶段确立反对强迫自我归罪特权、建立律师有效帮助机制、保障认罪前的证据先悉权,也需要在审判阶段建立专门的认罪审查程序、确立判决前的反悔机制以及完善上诉制度。③

此外,有学者认为,在不降低证明标准的前提下,被告人的认罪认罚使定罪问题不再具有严格的证明意义,因此对于认罪认罚案件可以采用自由证明的方法,以提高诉讼效率。认罪与认罚究竟是捆绑还是分离,是否认罪即可从宽,这不仅关系到被告人认罪认罚的自愿性,还与被告人认罪后刑罚的执行问题息息相关。坚持认罪认罚从宽中的证据裁判原则,就是应当将审判的重点落在量刑的问题上,凸显庭审中量刑的作用与功能,同时也能与证明方法相衔接。对于认罪认罚从宽的案件也应当繁简分流,对其前瞻性构想是应当设置微罪、轻罪和重罪划分的实体标准与程序标准,进一步优化诉讼程序。④

还有学者指出,认罪制度视角下我国刑事诉讼程序往往存在衔接与配套不顺畅的问题,具体包括:(1) 认罪制度下普通程序简化审理的程序定位缺失;(2) 程序分流的效果不佳;(3) 认罪制度下刑事和解程序的定位不合理。该学者认为,无论是立法规范方面的欠缺还是司法实务试点中程序适用的混乱,产生这种现象的根源在于对认罪制度的理解和构建缺乏统筹化的设计。这种统筹化的设计,源自对合意式诉讼程序的理解定位、刑事诉讼简化性程序位阶的整体把握和我国刑事诉讼程序的宏观布局。因此,要体系化地推动我国刑事诉讼程序的改造和衔接,应当以认罪认罚从宽制度的改革为契机,注重整体布局和通盘考虑,优化内部设计和配置,规避不必要的损耗。应准确把握认罪认罚从宽制度的程序内涵对刑事诉讼程序体系的深刻影响;从三类基本程序的层级构建方面着手,厘清普通程序、简易程序以及速裁程序之间的界分与衔接,适当关注简化审理程序的补充意义;在比较认罪案件处理程序与非认罪案件处理程序差异的基础上,关注审前协商活动对各类程序适用的影响,并与从宽处理幅度相结合;还应留意诉讼程序改造与司法职权变化的关系

---

① 刘少军. 认罪认罚从宽制度中被害人权利保护研究. 中国刑事法杂志, 2017 (3).
② 左卫民. 认罪认罚从宽:误区与正解——反思效率优先的改革主张. 法学研究, 2017 (3).
③ 史立梅. 认罪认罚从宽程序中的潜在风险及其防范. 当代法学, 2017 (5).
④ 樊崇义, 李思远. 认罪认罚从宽制度的理论反思与改革前瞻. 华东政法大学学报, 2017 (4).

以及繁简分流程序体系的整体完备。①

五、认罪认罚从宽制度与刑事法律援助制度

刑事法律援助制度的完善是辩护制度修改的重要内容之一，2012年《刑事诉讼法》在刑事法律援助方面有明显的进步。首先，在援助对象上，从原来法定法律援助的三种人扩大到五种人，增加了"尚未完全丧失辨认或者控制自己行为能力的精神病人"和"可能被判处无期徒刑的人"；其次，在提供法律援助的诉讼阶段上，由原来的审判阶段提前到侦查阶段与审查起诉阶段；最后，规定提供法律援助的方式是"人民法院、人民检察院和公安机关应当通知法律援助机构指派律师为其提供辩护"，将"法律援助的责任"从过去由律师承担改变为由政府设立的法律援助机构承担。有学者评价，尽管2012年《刑事诉讼法》的修改距离解决现实需要仍有较大差距，但毕竟向前迈进了一大步。随着国家经济社会的不断发展，我国的刑事法律援助事业仍应不断完善。②

还有学者指出，尽管2012年《刑事诉讼法》对于辩护制度的重大修改大大丰富了辩护权的内涵，但很多有关辩护权的法律条款规定得比较模糊、抽象，为防止律师辩护权有关条款内容被虚化或异化，亟待相关解释对其细化或明确化，方有可能守护2012年《刑事诉讼法》修改中关于辩护权制度改革的成果。③

有观点指出，建立法律援助值班律师制度是推进以审判为中心的刑事诉讼制度改革和完善认罪认罚从宽制度的重要保障。立足于保障被追诉者的合法权益，值班律师将与指定律师、委托律师共同构成我国刑事辩护（法律帮助）的三分格局。在开展刑事案件认罪认罚从宽制度试点之际，有必要检视为期两年的刑事速裁程序试点情况，进一步明确值班律师的法律地位，细化值班律师的法律职责，强化值班律师制度的程序保障，提出完善值班律师制度的体系化构想。④

关于辩护的有效性问题，有学者提出，律师的有效辩护是保障认罪认罚案件程序公正的理论前提，唯有有效辩护才能保障被告人认罪的自愿性、程序选择的自主性及量刑建议的公正性。在认罪认罚从宽制度中，应强化值班律师制度的落实与完善，明确其辩护人的定位、肯定值班律师的阅卷权及量刑协商等权利，保障其尽职尽责履行辩护职责，使其成为认罪认罚程序积极有效的参与者而非消极的"见证人"。对于辩护律师存在明显的工作缺欠并导致被告人失去程序选择机会，构成无效辩护的，应当强化法庭对认罪认罚活动的司法审查，明确被告人辩护权的救济机制，完善认罪案件中被告人"反悔"时的救济程序。⑤

有学者从律师介入的角度出发，认为完善刑事诉讼中的认罪认罚从宽制度应当抓住"三条主线"（自愿性、协商性、律师作用）、实现"两个价值"（公正与效率）、守住"两

---

① 周新. 我国刑事诉讼程序类型体系化探究——以认罪认罚从宽制度的改革为切入点. 法商研究, 2018 (1).
② 顾永忠. 我国刑事辩护制度的重要发展、进步与实施——以新刑事诉讼法为背景的考察分析. 法学杂志, 2012 (6).
③ 汪海燕. 合理解释——辩护权条款虚化和异化的防线. 政法论坛, 2012 (6).
④ 吴小军. 我国值班律师制度的功能及其展开——以认罪认罚从宽制度为视角. 法律适用, 2017 (11).
⑤ 闵春雷. 认罪认罚案件中的有效辩护. 当代法学, 2017 (4).

个基础"(惩罚犯罪与保障人权)。通过设立讯问时律师在场制度,保障被追诉人认罪认罚的自愿性;通过完善量刑激励制度,为协商性司法模式的实施提供依据和基础;通过完善律师值班制度和法律援助制度,保障律师充分、有效地参与到制度实施中来,从而实现公正与效率兼顾的司法目标。[1]

六、认罪认罚从宽制度与刑事被害人救助制度

早在 2008 年,刑事诉讼法学界就讨论过关于构建恢复性司法的话题。当时有学者认为,恢复性司法的运作思路是通过犯罪受害人、公正的第三方调解人以及所有可能参与到此一行动中的人的道德教育、感化,使加害者对自己行为的罪过产生悔恨、反省之情,唤起加害者的责任感,最终达致冲突双方的和解和社区关系的恢复。这种实质正义、结果正义的理论进路更多的是采取了伦理学、社会学而非法学的立场和观点。恢复性司法是正式的国家刑事司法活动的补充,可视作对传统刑事司法模式的查漏补缺。[2]

被害人权益保障是一个世界性的话题,在法律上确立被害人国家救助(补偿)制度已经成为现代法治国家的一个共同趋势。在我国司法实践中,被害人只赢得一纸赔偿判决书却得不到任何赔偿的案例屡见不鲜。因此,为了更好地保障被害人人权、维护司法公正,我国理论界和实务界关于建立刑事被害人国家救助(补偿)制度的呼声越来越高,有的地方的司法机关还进行了有益的尝试。有的论者提出,在我国建立统一的被害人救助制度势在必行。按照先政策后立法的思路,可先由中央有关机关制定并发布关于开展刑事被害人救助工作的意见,规定由各级财政按照一定的比例拨付被害人救助资金,公、检、法三机关在各自所处的诉讼阶段提出对被害人救助的建议,县级以上社会治安综合治理办公室审核决定,能够在财政负担能力范围内较好地解决贫困被害人救助问题。在条件成熟时,建立被害人补偿制度。[3]

有学者强调,认罪认罚从宽制度试点是司法改革的重要组成部分。其突出体现了优化配置司法资源、对案件实行繁简分流,进一步提高诉讼效率的基本思想。然而,其中存在着未充分关注被害人合法权利保护的问题。对认罪认罚从宽案件中的被害人合法权利予以保护是尊重与保障人权、保持刑事诉讼程序和制度的一致性与合理性以及防范严重诉讼风险出现的必然要求。加强被害人权利保护首先应当明确被害人在认罪认罚从宽案件中具有程序运作主体的地位,并辅之以与其主体地位相适应的知情权、发表意见权、提出异议权、获得法律帮助权以及救济权等基本诉讼权利。[4]

七、认罪认罚从宽制度立法化

党的十八届四中全会提出,完善刑事诉讼中认罪认罚从宽制度,至 2018 年 11 月,该制度试点工作圆满结束,也顺利实现了从试点到正式立法的过渡。在此背景下,有学者结合在多个试点城市的实证研究和思考,通过对试点实际样态的观察与解读,就"认罪认罚

---

[1] 冀祥德,李瑛. 律师介入认罪认罚从宽制度研究. 人民检察,2016 (18).
[2] 叶青,徐翀. 正义视角下的恢复性司法理念之检讨. 辽宁公安司法管理干部学院学报,2007 (3).
[3] 陈彬,李昌林. 论建立刑事被害人救助制度. 政法论坛,2008 (4).
[4] 刘少军. 认罪认罚从宽制度中的被害人权利保护研究. 中国刑事法杂志,2017 (3).

从宽"的概念、认罪协商答辩与自愿性审查、公安机关适用、律师参与以及上诉申诉救济等五个方面的问题展开批判性论述。有学者认为,"认罪"是承认指控犯罪事实且认可指控罪名,"认罚"包含控辩双方均赞同的刑法评价后果,"从宽"则是动态的多内容体系,从而区别于自首、坦白和如实供述;审判阶段认罪自愿性审查机制的构建应当从保障被追诉人知悉权、强调实质审查等方面着手;适当减轻负担,调整工作方式,以提高公安机关适用该制度的积极性;律师参与认罪认罚从宽制度的形式化问题突出;部分地区面临高上诉率的难题,其致因包括过高心理预期值、普通上诉制度缺乏针对性等,较之于突破"上诉不加刑"原则,适当限制上诉权是可取方案。[1]

关于认罪认罚从宽案件中的证明标准,学界有两种不同观点:一是认罪认罚从宽案件不应降低证明标准,二是此类案件之证明标准应当有所降低。有学者认为,关于认罪认罚从宽案件证明标准以及其他相关制度、规则设计,应考虑以下几个方面的因素:(1)在价值目标上,合理定位认罪认罚从宽案件中公正与效率的关系;(2)在诉讼制度改革中,科学定位认罪认罚从宽制度与以审判为中心的关系;(3)在证据制度中,理性、谨慎对待口供的证明作用。认罪认罚从宽制度并不因程序分流而处于附属地位,更不意味着可以游离于庭审实质化的要求之外。相反,认罪认罚从宽与以审判为中心具有理论交织中的耦合性,其适用的证明标准与其他案件并无实质性差异,只是基于被告人认罪认罚证明程序或要求相应简化。证明标准具有指引和规范作用,降低认罪认罚案件的证明标准,很可能产生"多米诺骨牌"效应,导致实然层面侦查和审查起诉质量的下降,也会引发侦查中心和口供中心的回潮。换言之,认罪认罚从宽之程序简化,只是严格证明之形式性要求相应降低,并非放弃严格证明原则本身,更不能混淆证明机理而完全转向自由证明。唯有如此,方能确保认罪认罚从宽改革的正确方向,将法定证明标准落到实处,作为事实认定的底线准则,从而防范冤假错案滋生导致司法公信力消解。[2]

第六节 冤假错案的防范

近年来,陆续披露纠正的数起刑事冤错案件引起社会的极大关注。刑事冤错案件频现,不仅给有关当事人及其亲属造成重大伤害,而且使司法公信力受到严重挑战。出于对实践热点问题的关切,诉讼理论界对错案的发生、成因、救济与防范等展开了深入研讨。

一、错案的界定

关于刑事错案的界定,有学者认为我国对错案的认识存在泛化倾向,包括两种事实认定的错案和三种法律适用的错案共计五种之多,以致"不仅模糊了人们对刑事错案本质的认识,而且分散了错案救济的资源"。该学者主张,借鉴国外立法例将错案限定于因缺乏犯罪要件的证据而造成的事实认定上无罪错判有罪的案件。[3]

---

[1] 周新. 认罪认罚从宽制度立法化的重点问题研究. 中国法学, 2018 (6).
[2] 汪海燕. 认罪认罚从宽案件证明标准研究. 比较法研究, 2018 (5).
[3] 季美君. 刑事错案的程序性预防——以修改后的刑事诉讼法内容为背景. 人民检察, 2013 (5).

二、错案的成因

关于刑事错案的成因，有学者认为，刑事错案现象有宏观方面与个案中微观层面的原因。中国传统法律文化的消极影响、刑事诉讼机制和刑事司法机关工作机制方面的缺陷、外部力量对刑事司法机关不恰当的影响以及公诉机关与审判机关对于案件的认识差异，是具有普遍性的、深层次的原因。把握刑事错案的原因和规律，克服这些消极因素，是预防错案的重点。[①]

有学者认为，刑讯逼供、违法取证、忽视科技手段的运用、对无罪证据视而不见、轻视律师辩护、有罪推定是导致冤案的最主要原因。冤案所反映的片面追求破案率，检察机关和法院办案时难以保持独立，对案件的处理过分迁就社会舆论和被害人压力，公、检、法三机关过分重视相互配合而轻视相互制约，司法经费不足，对错案责任的规定过于严格的问题，值得反思。[②]

有学者指出，疑罪从无是由无罪推定原则引申出来的一条金科玉律，其源自自古就有的"有利被告"原则，已成为各国刑事司法领域的重要共识。不论是从理论逻辑还是从实践理性上看，疑罪从无都是现代刑事司法体系的重要规则，且作为处理疑案的技术性手段，在尊重和保障人权、防范冤假错案、维护刑事司法公正、促进司法文明进步中发挥了不可替代的作用。但受制于种种因素，疑罪从无在司法实践中的落实情况尚不够理想，亟待我们从思想观念入手，着力强化控、辩、审三方相互制约的作用，切实提升专门机关的办案能力，健全、完善配套程序规则和证据制度体系，努力为落实疑罪从无营造宽松、理性的氛围提供坚实可靠的保障。[③]

有学者将错案划分为两类：一类是非故意造成的刑事错案，被称为"正义的夭折"；另一类是执法者故意违反相关的法律规定而造成的错案，被称为"正义的流产"[④]。针对非办案人员故意或失职造成的刑事错案，学者从认识规律和心证过程的角度表示理解：事实认定者只能凭借证据间接地认定案件事实，因此具有天然的局限性。在某种意义上说，任何一种司法制度都不能完全杜绝冤错案件的发生。另有学者指出，我国"严禁刑讯逼供"和"不得被强迫自证有罪"与国际人权公约的最低限度保证是一致的。由于我国"严禁刑讯逼供"法律制度不完善，刑讯逼供、强迫自证有罪屡禁不止，因而造成一批冤假错案。完善"严禁刑讯逼供"法律制度，要赋予犯罪嫌疑人及被告人"反对刑讯逼供""不被强迫自证有罪"的权利，并且要优待证人，强化刑事律师的作用，加强对讯问的监控，规定法院、检察院对刑讯逼供证据的特别审查程序，规定刑讯逼供犯罪嫌疑人的举证责任，强化侦查措施，实行羁押与侦查分管。[⑤]

我国司法实践中出现的冤枉无辜、错判好人这种现象，其原因是多方面的、错综复杂的。有学者认为，一方面刑事司法制度存在问题：公、检、法三机关配合有余制约不足，

[①] 李建明. 刑事错案的深层次原因——以检察环节为中心的分析. 中国法学，2007 (3).
[②] 陈永生. 我国刑事误判问题透视——以20起震惊全国的刑事冤假错案为样本的分析. 中国法学，2007 (3).
[③] 沈德咏. 论疑罪从无. 中国法学，2013 (5).
[④] 季美君. 刑事错案的程序性预防——以修改后的刑事诉讼法内容为背景. 人民检察，2013 (5).
[⑤] 胡石友. 完善"严禁刑讯逼供"法律制度——兼谈"不得被强迫自证有罪". 法学杂志，2007 (1).

诉讼实质上是以侦查为中心的。另一方面，在诉讼观念方面也存在问题：重打击犯罪，轻人权保障，办案过程中容易产生犯罪嫌疑人、被告人有罪的先入为主的观念，不能听取犯罪嫌疑人、被告人的辩解和辩护人的辩护。当然，还有证据运用方面的原因，如降低证明标准，过分轻信和依赖口供，不按法定程序收集证据，疑罪不能从无而是从有、作量刑从轻留有余地的判决等。①

本轮司法改革在人权保障上的成就体现在预防和纠正冤假错案、遏制刑讯逼供、非法证据排除规制的适用等方面。有学者认为，"疑罪从轻"的观念为冤案的产生提供了"平台"，因而也是产生冤案的祸根所在。这种处理案件方法是以轻判作为"代价"并达到不让犯罪分子逃脱法网的结果，使司法人员在心理上产生一种负价值"平衡"；以轻判作为"交换的筹码"，也使案件中的被告人心理得到了负价值"平衡"，因而其逻辑上存在矛盾之处。坚持贯彻"疑罪从无"原则才能根治冤假错案的发生。②

有观点认为，正确的刑事司法理念的缺失、"运动式"执法和法律设计的体制与机制失灵、排斥不同意见等是导致冤假错案形成的主要因素。因此，该学者指出，应真正树立符合中国特色社会主义法治的执法观，信守法治原则，严格依法办案；完善体制、机制，使侦查权受到有效制约；完善执法办案考评机制。应改变简单通过办案指标和各种统计数据排队的做法，根据各执法环节的特点，确立科学合理的办案绩效考评体系，把办案质量作为根本的、核心的执法导向。全面落实非法证据排除制度等措施，减少相应的冤假错案的发生。③

有学者对聂树斌一案进行了程序性分析，并指出公安机关、检察机关、法院接力协作，法定制约关系下的层层把关沦为关关失守，可谓共同铸成冤错。为了预防冤错发生，需要废除分工负责关系原则，建构以审判为中心的刑事诉讼制度。聂树斌虽获改判无罪，但该案的申诉审查、申诉复查、再审程序均值得检讨。已决案件因发现新证据而出现重大疑点时，如果权利人提出申诉，法院应当启动再审程序予以纠错。为了有效纠正冤错案件，应当完善申诉制度，发挥再审程序的救济功能，而最高人民法院、最高人民检察院责无旁贷，应承担起最高的法律责任。④

此外，有学者对近年来"留有余地"的裁判方式进行分析，认为这种裁判方式的基本特征是"疑罪从有"和"疑罪从轻"，也就是对那些尚未达到定罪标准的案件予以定罪并从轻量刑。无论是从司法体制还是从法院内部的裁判程序方面来看，这种裁判方式都有其形成的复杂原因。在这种裁判方式的影响下，中国法院不可能成为司法正义的维护者，而只能基于现实主义的司法理念，通过妥协和委曲求全来获得生存。但在"冤假错案"发生后，法院往往成为制度的牺牲者。只要这一裁判方式继续存在，那么，法院司法裁判的公信力就不可能树立起来，刑事司法制度也难以发生实质性的变革。⑤

---

① 顾永忠. 以最大的责任防范冤案发生. 人民法院报，2013-06-07 (2).
② 刘宪权. "疑罪从轻"是产生冤案的祸根. 法学，2010 (6).
③ 孙谦. 如何有效地防止和避免冤假错案. 人民法院报，2016-10-30 (8).
④ 刘计划. 刑事冤错案件的程序法分析——以聂树斌案为例. 比较法研究，2017 (3).
⑤ 陈瑞华. 留有余地的判决——一种值得反思的司法裁判方式. 法学论坛，2010 (4).

三、错案的预防与纠正

在错案成因方面,有的学者从证据的角度出发,对 2010 年最高人民法院等两院三部出台的《关于办理死刑案件审查判断证据若干问题的规定》和《关于办理刑事案件排除非法证据若干问题的规定》进行了高度评价。尽管这两个规定还称不上尽善尽美,却使我国的刑事证据法迎来了一次历史性的发展契机。该学者就这两个规定出台的背景、意义、亮点及其不足进行了系统梳理和评析,并就如何进一步完善我国的刑事证据制度提出了五个方面的建议。[①]

有的学者认为错案是由直接原因和深层原因共同导致的。导致错案的直接原因在于:过分依赖犯罪嫌疑人、被告人口供,刑讯逼供问题比较严重;忽视科技手段的运用,司法鉴定经常出现低级错误;违法取证,隐瞒、伪造证据,甚至阻止证人作证的现象屡屡出现;片面追求证明有罪,对无罪证据经常视而不见;轻视被告人辩护,对辩护律师的合理意见经常置之不理;无视法定证明标准,许多案件证据严重不足仍认定犯罪嫌疑人、被告人有罪等。深层次的原因在于:片面追求破案率,要求命案必破;检察机关、法院难以独立办案;对案件的处理过分迁就社会舆论、过分屈从被害人;公、检、法机关过分重视相互配合而轻视相互制约;对公安司法机关办案经费投入不足等。[②]

有的学者认为,错案在类型上可以划分为"不可饶恕的错误"和"不能容忍的错误"两种,前者是指明知死刑案件的证明未能达到刑事诉讼法所规定的证明要求,却仍然作出死刑裁判。后者是指那种基于侦查和起诉中明显且低级的错误甚至严重违法而导致的死刑错案。该学者在这两者的基础上提出了防范错案的建议。[③]

至于如何预防错案,有学者基于实证分析提出应当通过贯彻证据裁判原则来实现错案的预防。该学者认为,证据裁判主义的核心内容是运用证据认定案件事实,并正确使用证据作为定案的依据。坚持证据裁判主义,应当强调证据收集、使用的客观性和全面性。这一方面要求我们在证据收集、使用过程中不能对不同证据带有不同看法,而是既要收集不利于被告人的证据,也要收集有利于被告人的证据;既要对不利于被告人的证据进行审查,又要对有利于被告人的证据进行审查。另一方面,不能只从假设的事实去寻找证据,而对与假设的事实有矛盾的证据视而不见。坚持证据裁判主义,应当重视证明标准。对证明标准的理解要从正面和反面两个角度进行。从正面看,要求证立,即运用证据认定案件事实要达到充分、确实的程度;从反面看,要求排伪,即运用证据所认定的事实已经排除合理怀疑。证立只能运用证据,排伪则既可以使用证据,又可运用经验和逻辑规则。[④]

不少学者对此持赞成意见,认为可以通过可靠证据来遏制刑事错案。美国学界与实务界普遍认为通过可靠证据来遏制刑事错案的发生是非常积极且有效的,因此从宏观上构建了通过可靠证据来遏制刑事错案的机制。该机制以证据为根本,以证据的收集为起点,以证据的保全为核心,以证据的审查判断为重点,对与证据相关的诉讼制度进行逐步改革与

[①] 陈卫东. 中国刑事证据法的新发展——评两个证据规定. 法学家,2010 (5).
[②] 陈永生. 论刑事错案的成因. 中外法学,2015 (3).
[③] 王敏远. 死刑错案的类型、原因与防治. 中外法学,2015 (3).
[④] 汪建成. 论证据裁判主义与错案预防——基于 16 起刑事错案的分析. 中外法学,2015 (3).

完善。①

还可以借鉴英国供述排除规则来对错案进行预防。有学者指出，20 世纪 70 年代发生在英国的数起冤假错案促使立法机关出台了一系列举措，其中最重要的莫过于确立供述排除规则。英国的供述排除规则采取了强制排除与裁量排除相结合的立法模式，法律上的规定加之法院在实践中形成的一系列判例，形成了一套既具有原则性又颇具灵活性的证据规则体系，既有效保障了刑事被告人的正当权利，又充分尊重了法官在供述排除与采纳方面的自由裁量权。我国《刑事诉讼法》虽然已经确立了非法证据排除规则，但在供述排除范围等方面仍存在很多问题。英国的供述排除规则为我国相关问题的解决和完善提供了一种可供借鉴的思路，对于我国防范冤假错案具有十分重要的价值和意义。②

在错案纠正方面，有学者提出应当避免错案追究的偶然性。面对刑事误判的纠正严重依赖于死者复活、真凶落网等"偶然"事件的司法现实，尤其是在纠正那些疑似死刑误判时会遇到障碍，因而有必要对中国的刑事误判发现机制、认定标准和纠正机制等问题进行深入地考察和分析，从而对中国刑事误判纠正难问题给出令人信服的解释。若要刑事误判的纠正不再依赖于"偶然"，应赋予那些被生效裁判确定有罪者一些必要的权利，明确刑事误判的认定标准，改变"以自我纠错为中心"的刑事再审体制。③

有学者提出，刑事再审案件可以分为两类：一类是刑事难案，其虽因"确有错误"而被提起再审，但再审后仍可能维持原判；另一类是刑事冤案，即再审前已确信原生效裁判确定的"罪犯"事实上是无辜之人，再审只是为了从法律上加以确认。对于后者，司法实践中采用实质上回归原审程序的再审程序进行审判，产生了诸多问题。鉴于此，应当专门设立在审理法院、当事人及其他参与人、审理方式、审理内容、裁判依据等方面既不同于一审程序也不同于二审程序的特别再审程序。④

为切实防范冤假错案，有论者强调应当推进严格司法。严格司法是党的十八届四中全会提出的重要司法政策，体现了全面推进依法治国的内在要求，对深化司法改革、完善司法制度、保证公正司法具有重要指导意义。严格司法的底线标准是切实防范冤假错案，制度标准是宪法法律得到切实贯彻落实，使纸面上的法律真正成为实践中的法律。严格司法的核心价值体现为对权力的司法监督，对权利的司法保障。为推进严格司法，应当基于现代法治理念和原则，从统一司法裁判的规范标准、完善公正司法的程序标准和健全严格司法的保障机制等方面入手，建立健全事实认定符合客观真相、办案结果符合实体公正、办案过程符合程序公正的法律制度，努力实现保证公正司法、提高司法公信力的目标。⑤

针对非法证据排除的问题，有学者认为，中国非法证据排除规则已经从法律文本走向司法实践，并且在保障人权方面发挥了重要作用。在司法实践中，绝大多数非法证据排除申请都能启动对证据合法性的审查，其中约有一成左右的申请得到支持，从而将非法证据

---

① 樊崇义，胡志风. 美国通过可靠证据遏制刑事错案的机制考察. 国家检察官学院学报，2015 (3).
② 史立梅. 英国供述排除规则对我国防范冤假错案之借鉴. 国家检察官学院学报，2015 (3).
③ 李奋飞. 刑事误判纠正依赖"偶然"之分析. 法学家，2015 (4).
④ 顾永忠. 关于刑事冤案再审程序的几个问题——以刑事冤案应当专设再审程序为研究重点. 法学杂志，2016 (1).
⑤ 沈德咏. 论严格司法. 政法论坛，2016 (4).

排除。在非法证据被排除的案件中，有些被告人被宣告无罪，有些案件被发回重审，有些案件被检察院撤回起诉；有些被告人虽被定罪，但其被指控的部分犯罪事实未被认定。有关非法证据排除的司法实践反映出一些问题，例如"毒树之果"原理的缺失导致犯罪嫌疑人、被告人的权利不能得到更好保护，部分案件在证据合法性证明问题上出现转嫁举证责任的现象，有些案件法院从内容真实推论程序合法，有些案件因规则模糊导致权利保护不到位。应对的举措是确立"毒树之果"规则，杜绝举证责任倒置，逐步实现从证据分类型规则向权利分类型规则的转变。①

四、错案的救济、追究与赔偿

2012年《刑事诉讼法》的修改，最大亮点是在第2条中增加了"尊重和保障人权"。尊重和保障人权是我国宪法确立的一项重要原则，体现了社会主义制度的本质要求。② 这是我国第一次在部门法律中载入"尊重和保障人权"的规定，属于突破性的创新，具有深远和重大意义。有学者认为，2012年《刑事诉讼法》明确将"尊重和保障人权"写进总则，并通过修改、补充和完善相关具体制度和程序，加强刑事司法活动中对公安司法机关权力的限制和诉讼参与人权利的保护，增强诉讼的透明度和对抗性，翻开了我国刑事司法领域人权保障和民主司法的新篇章，成为我国刑事司法制度史上新的里程碑。③ 有学者通过经济学的方法，将刑事错案控制机制与现代经济学理论相结合，找寻刑事错案控制机制的钥匙。通过用"帕累托最优"、科斯定理、私人信息、激励相容以及经济学博弈模型的分析，探讨如何优化我国刑事错案控制机制，以期借用经济学领域的研究成果，开辟刑事司法工作的新视野和新方法。④

关于刑事错案的救济方面，有学者通过考察域外的错案救济制度，提出设置专门的刑事错案发现机构、发挥普通民众作用、充分利用DNA证据、尊重与加强律师作用等建议。关于刑事错案的追责问题，有学者指出司法实践中存在两种截然相反的倾向，需要加以矫正：一是责任追究泛化，二是司法集体操作模式。可以通过将司法权下放给承办案件的司法人员，以明确其责任的方式涤除之。⑤

为防止错案的不断发生，应当建立一套有效的错案追究机制，有的学者认为应首先确定错案责任的构成，在此基础上把握相应原则来追究司法官的错案责任。⑥ 对此，有的学者还提出，应当遵循司法规律科学的建构，错案追究制最先开始适用于法院系统。党的十八届三中全会和四中全会通过的《决定》以及中央政法机关的文件都明确了错案追究制度。我国刑事错案追究制度存在的主要问题是缺乏统一明确的"错案"标准和制度规范，责任追究基本上是在本系统内部进行，责任追究在一定程度上违背了司法规律。科学构建刑事错案责任追究制度需要正确把握"错案责任追究"的范围和启动程序，切实遵循司法

---

① 易延友. 非法证据排除规则的中国范式——基于1459个刑事案例的分析. 中国社会科学，2016 (1).
② 陈光中. 刑事诉讼法修改的最大亮点："尊重和保障人权". 立法前沿，2012 (2).
③ 谢佑平. 新刑事诉讼法述评：以历史为视角. 中国司法论坛，2012 (6).
④ 邹绯箭. 现行刑事错案控制机制的经济学分析. 中国刑事法杂志，2011 (5).
⑤ 顾永忠. 以最大的责任防范冤案发生. 人民法院报，2013-06-07 (2).
⑥ 朱孝清. 试论错案责任. 人民检察，2015 (16).

规律，确保法院判决的权威性和既判力。[①] 为完善赔偿制度，应当在厘清国家追偿制度内涵的基础上，进一步完善向冤案责任者进行追偿的制度。刑事冤案向被害人进行国家赔偿后，对冤案责任者是否以及如何追究责任的问题日益受到社会关注，其中之一就是向冤案责任者进行追偿的问题。但是，就我国目前的追偿制度而言，一方面人们对它的功能、作用的认识还有一定问题，另一方面追偿制度在立法和执行上也有一定问题。应当理性认识国家追偿制度的功能与作用；应当完善立法，从实体和程序上细化国家追偿制度；还应当严格执法，以追责促追偿，切实贯彻执行国家追偿制度。[②]

此外，刑事错案的防范涉及更新诉讼观念，加强诉讼制约，强化诉讼监督，突出庭审作用等很多方面。有学者指出，应通过设立刑事申诉筛选机制，负责受理申诉，并对申诉进行审查、调查和评估，之后将符合法定条件的申诉输出到再审系统。世界上主要有三种申诉筛选模式：司法机关型、独立机构型和民间团体型。我国现行申诉筛选机制没有很好地起到筛选优质冤假错案的作用，因此，应设立一个独立的申诉案件复查委员会来统一受理、审查和筛选申诉案件。[③] 有学者对此提出了系统的治理路径，提出我国在治理刑事司法错误方面主要包括防治与认知两个层面。在防治策略上，主要采取变法路径，依赖法治化的制度变革以求取冤假错案的减少，但却遭遇本土制度语境的强力抵制；在认知思维上，主要采取普法路径，通过对公民的普法教育，使其萌生权利意识、证据意识和程序意识，但这也遭到民众朴素正义观的强烈反弹。而防治策略与认识思维的局限均肇始于对转型语境的关注和兼顾不够，因此，未来中国刑事司法错误的治理路径应迈向一种语境导向的防治与认知，即在改革路径上，应兼顾理想目标与现实策略、制度能力与制度正当性、西方法治经验与本土转型语境；在认知话语方面，应调整法律人"居高临下"的论证策略，引导普通人的自觉反思。[④]

有学者从证据运用角度提出了五点要求：一要严格证明标准；二要正确对待口供；三要重视实物证据；四要禁止非法取证；五要贯彻疑罪从无。[⑤] 除此之外，实务部门也有专家契合工作实际提出了对"坚守防止冤假错案底线"的几点认识和要求：首先，从思想觉悟上要明确确保办案质量、坚守防止冤假错案底线，是每一个执法办案人员的终身追求和重大责任；其次，要明确案件质量的内涵，既要坚守防止冤假错案底线，又要坚持"两个基本"，防止纠缠细枝末节，宽纵犯罪；再次，要明确"冤假错案"的标准，坚持疑罪从无，守住不把疑案当作犯罪来处理这个底线；最后，要明确检察机关守住防止冤假错案底线的具体工作标准。起诉和审查批捕工作应当严格按照法律规定执行。[⑥] 疑罪从无曾经多是被作为无罪推定的中国化路径加以探讨的，其成为传统刑事诉讼研究的重要组成部分，但是随着近些年冤案频发，学者也指出"冤案主要发生于疑罪案件之中"，并且其根源在

---

① 樊崇义，刘文化. 客观与理性：刑事错案责任追究制度的理念建构. 安徽大学学报. （哲学社会科学版），2015（4）.
② 顾永忠. 国家追偿制度的理性思考. 当代法学，2015（5）.
③ 郭欣阳. 刑事申诉筛选机制比较研究. 政法论丛，2007（5）.
④ 林喜芬. 中国刑事司法错误的治理路径——基于转型语境的理论诠释. 政法论坛，2011（2）.
⑤ 卞建林，白思敏. 守住证据底线，防止冤错案件. 法律适用，2013（9）.
⑥ 朱孝清. 对"坚守防止冤假错案底线"的几点认识. 检察日报，2013-07-08（3）.

于审判机关及审判人员对疑罪案件尚未真正树立疑罪从无的司法理念。① 首先，在疑罪的含义方面，学者认为对"疑罪"概念的界定，应与"疑罪"的实务语境对接。疑罪之疑，主要体现为"事疑""罪疑""人疑""心疑""审疑""裁疑""诚疑""普疑"②。其次，有学者提出疑罪从无在司法实践中的落实情况尚不够理想，亟待我们从思想观念入手，着力强化控、辩、审三方相互制约的作用，切实提升专门机关的办案能力，健全、完善配套程序规则和证据制度体系，努力为落实疑罪从无营造宽松、理性的氛围提供坚实可靠的保障。③ 最后，与疑罪从无紧密相连的无罪推定原则再次受到学者关注。研究者表明，无罪推定在我国经历了一个曲折的发展过程，现行刑事诉讼法中尚没有关于无罪推定的明确表述，其精神虽然在逐步展现和加强，但仍未真正到位，有待进一步完善。应当修改刑事诉讼法关于未经法院判决不得确定有罪原则的规定，采取国际通行之无罪推定原则的表述，把排除合理怀疑与结论唯一结合适用，完善并坚决贯彻"存疑有利于被指控人"规则。④

第七节　国家监察体制改革

一、国家监察体制改革历程

党的十八大以来，反腐败斗争取得了令人瞩目的成绩。经验证明，只有坚持全面从严治党，集中有效的反腐败力量，才能从根本上解决腐败问题。推进国家监察体制改革，特别是设置国家监察委员会，是全面从严治党的需要，是加强党对反腐败统一领导，形成制度化、法制化成果的需要，有利于实现党内监督与人民监督有机结合。⑤

2016年11月，根据党中央关于深化国家监察体制改革的顶层设计，中共中央办公厅印发了《关于在北京市、山西省、浙江省开展国家监察体制改革试点方案》，提出在试点地区实行监察体制，设立监察委员会，建立集中统一、权威高效的监察体系。⑥ 由此，国家监察体制改革这场事关全局的重大政治改革正式拉开了序幕。2016年12月25日，十二届全国人大常委会作出《关于在北京市、山西省、浙江省开展国家监察体制改革试点工作的决定》，授权试点地区设立监察委员会，并按照管理权限对本地区所有行使公权力的公职人员依法实施全面监察；同时暂时调整或者暂时停止适用《行政监察法》《刑事诉讼法》《人民检察院组织法》等相关法律中的相应规范。试点地区监察委员会将人民政府的监察厅（局）、预防腐败局及人民检察院查处贪污贿赂、失职渎职以及预防职务犯罪等部门的相关职能整合进来，与纪委合署办公，履行纪检、监察两项职能。

2017年10月，党的十九大作出新的重大部署，要求深化国家监察体制改革，将试点工作在全国推开，组建国家、省、市、县监察委员会，同党的纪律检查机关合署办公，实

---

① 顾永忠. 以最大的责任防范冤案发生. 人民法院报, 2013-06-07 (2).
② 金钟. 论疑罪. 江苏社会科学, 2013 (3).
③ 沈德咏. 论疑罪从无. 中国法学, 2013 (5).
④ 陈光中, 张佳华, 肖沛权. 论无罪推定原则及其在中国的适用. 法学杂志, 2013 (10).
⑤ 马怀德. 国家监察体制改革的重要意义和主要任务. 国家行政学院学报, 2016 (6).
⑥ 《关于〈全国人民代表大会常务委员会关于在北京市、山西省、浙江省开展国家监察体制改革试点工作的决定（草案）〉的说明》.

现对所有行使公权力的公职人员监察全覆盖。2017年11月4日，第十二届全国人大常委会第三十次会议审议通过《关于在全国各地推开国家监察体制改革试点工作的决定》，为试点工作提供法治保障。

2018年3月11日，第十三届全国人民代表大会第一次会议审议通过了《中华人民共和国宪法修正案》并予以公布施行。宪法修正案将监察体制改革作为重要内容加以规定，确立了监察权在国家权力结构与体系中的宪法地位。2018年3月20日，全国人大审议通过了《中华人民共和国监察法》（以下简称"《监察法》"），从而将党的十八届六中全会确定的、十九大进一步提出的反腐败体制改革的顶层设计与重大决策通过立法程序予以固定，保障反腐败工作在法治轨道上行稳致远。有学者指出，《监察法》在于宪有据的前提下，明确了监察机关的性质、职责、地位与工作原则等内容，其中规定保障当事人合法权益是重要亮点，并且注意贯彻以审判为中心的精神。但在律师介入、留置后通知亲属等问题上存在不足，有待进一步完善。[①]

总之，正在进行的监察体制改革既是反腐败体制的重大改革，也是政治体制的重大改革。有学者分析，国家监察体制改革既创造性地传承了我国古代监察制度的优良传统，又借鉴了海外反腐败的有益经验，对于推进国家治理现代化和法治化具有重大意义。[②] 此项改革内容具有四大特点：监察权成为与行政权和司法权并列的国家权力；监察全覆盖；监察职权扩展到职务犯罪调查和处置；领导体制以垂直为主。[③]

二、监察权与司法权的衔接

监察体制改革带来了职务犯罪监察调查程序与刑事诉讼程序衔接的重大课题。有学者指出，《监察法》与《刑事诉讼法》衔接的关键是证据适用问题，而监察证据在刑事诉讼中的使用主要由《监察法》第33条所规制，该条文分为三款，分别规定了监察机关收集的证据材料在刑事诉讼中作为证据的使用，监察机关取证、查证、使用证据的标准，以及非法证据的排除。就刑事诉讼监察证据的证据资格而言，监察机关依照《监察法》规定收集的符合《刑事诉讼法》法定证据种类的证据材料，具有进入刑事诉讼的资格，经审查起诉与法庭调查确认其证据能力与证明力的，可以作为定案的根据；就刑事诉讼监察证据的取证规范而言，监察机关在调查取证时，应当依照《监察法》规定的程序与规则进行，但当规范不明或缺位时，则应遵循《刑事诉讼法》及其司法解释关于侦查取证程序的规定，并参照相关审查认证规范对调查措施予以及时调整；就非法监察证据及其排除而言，对于职务犯罪监察程序而言，应当依据《刑事诉讼法》体系确立的非法证据排除规则进行非法证据的认定与排除。[④] 同样，有学者认为，证据制度是监察制度与刑事司法衔接的重要环节。该学者提出，对于监察委员会的调查取证程序，《监察法》应当在取证的合法性、保障证据可靠性两个方面作出更详细的规范。监察委员会在调查中获取的所有类型的证据只

[①] 陈光中，兰哲. 监察制度改革的重大成就与完善期待. 行政法学研究，2018（4）.
[②] 陈光中. 关于我国监察体制改革的几点看法. 环球法律评论，2017（2）.
[③] 陈光中，邵俊. 我国监察体制改革若干问题思考. 中国法学，2017（4）.
[④] 陈卫东，聂友伦. 职务犯罪监察证据若干问题研究——以《监察法》第33条为中心. 中国人民大学学报，2018（4）.

要符合刑事证据能力要件,都可以直接在诉讼中使用,而无须再构建内部的转换机制。《监察法》对调查措施所进行的规范与《刑事诉讼法》对侦查措施所进行的规范并不完全一致,但对于调查所取得的证据都应适用《刑事诉讼法》规定的非法证据排除规则。监察委员会收集的证据同样也应适用司法解释规定的不可靠证据排除规则。①

有论者认为,监察权与司法权的衔接问题主要包括两大方面:其一,监察权与检察权的衔接问题,其中又涉及证据移送问题、留置与逮捕的衔接问题和决定起诉问题。其二,监察权与审判权的衔接问题,其中又涉及证人出庭问题、非法证据排除规则的适用问题和留置的法律效果。②

还有学者提出,国家监察体制改革应当通过监察立法与《刑事诉讼法》相洽洽,细化留置措施的适用条件,留置期限与现行法律期限相协调,赋予检察机关对监察委员会延长留置期限的审批权与提出检察纠正意见权,赋予被留置人近亲属及其委托代理人、律师帮助的权利;明确监察官主体责任,构建监察责任制、非法证据排除制度、错案责任追究制,明确赔偿主体赔偿责任,并将职务犯罪特别调查结束后进入刑事诉讼的冤错案件纳入国家赔偿制度,使反腐败目的与保障人权、实体正义、程序正义法益目标相契合,实现职务犯罪调查程序与刑事诉讼程序的有机衔接。③

另有学者认为,监察委员会与司法机关协调衔接的实质,是监察制度与国家刑事诉讼程序制度的协调和衔接,具体包括:其一,案件管辖的协调衔接。职能管辖应当清晰,级别管辖应设基础规范,并案管辖应符合规律,地域管辖宜作出规定并反映案件特点。其二,立案程序的协调衔接。在监察立案的基础上应建立刑事立案制度,以避免纪法界限模糊,并由此设立部分高强度强制侦查措施启动节点,同时便于与司法程序对接。其三,调查措施的协调衔接。职务犯罪调查措施的具体实施,应准用我国《刑事诉讼法》的相关规范,以落实"与刑事审判关于证据的要求和标准相一致"。其四,人身强制措施的协调衔接。"通缉"应限于犯罪嫌疑人。留置措施应限于涉嫌犯罪的被调查人,以便适用于非国家工作人员,并实现"双规"改留置的制度进步;检察机关对移送人员应当进行逮捕审查。应按照"任何人不能充当自己案件法官"原理对职务犯罪强制措施制度作进一步改革。其五,证据适用的协调衔接。为适用非法证据排除规则,应扩大全程录音录像的适用范围,随案移送或留存可查;在证人包括侦查(调查)人员出庭问题上,应规定调查人员出庭作证。其六,人权保障措施的协调衔接。立法应确认"尊重和保护人权"原则,职务犯罪调查应准许律师进入,同时可参照我国《刑事诉讼法》作适当限制。其七,案件移送的协调衔接。案件移送后,应依法全面实施审查起诉,同时应确认检察机关对犯罪调查活动的法律监督,包括立案监督。其八,在协调衔接的制度性保障条件方面,《监察法》应按照纪法适度分离及其递进关系作出程序规定,同时内部机构宜适当分离。可将监察机关的刑事部门设置为相对独立的执法主体(包括成为案件移送主体),通过"降低身段",促

---

① 纵博. 监察体制改革中的证据制度问题探讨. 法学, 2018(2).
② 陈光中, 邵俊. 我国监察体制改革若干问题思考. 中国法学, 2017(4).
③ 徐汉明, 张乐. 监察委员会职务犯罪调查与刑事诉讼衔接之探讨——兼论法律监督权的性质. 法学杂志, 2018(6).

进监察机关与司法机关的协调衔接。[①]

三、监察委员会的调查权

监察体制改革拉开序幕后,学界纷纷对监察委员会调查权的性质、特征为何,其与检察机关职务犯罪侦查权的异同等问题展开研究和探讨。有学者认为,监察委员会的调查权具备国家性、强制性、综合性等特征。职务犯罪调查权与侦查权在法律适用、强制手段、非直接强制手段等方面存在明显差异,但监察委员会调查权与侦查权均通过对物、对人较高程度的强制手段实现查证犯罪,监察委员会针对职务犯罪以"调查"为名展开的一些手段及其强制性都与检察机关职务犯罪侦查手段相似。应在监察机关与司法机关"分工合作、互相制约"的基础上,通过司法权力机关适度、有限地参与,使监察委员会调查权得以在法定程序框架下规范行使,从而令其反腐职能发挥到最优。[②]

有学者提出,在监察体制改革完成后,我国《监察法》确立了一种集党纪调查权、政纪调查权与刑事调查权于一身的单轨调查体制。这种体制将三种调查混为一谈,无法兼顾刑事调查的特殊性,从而大大降低了刑事调查的法制化水平。由于监察机关不执行刑事诉讼法,而只执行《监察法》及其关联法规,因而,《刑事诉讼法》以及司法解释所确立的非法证据排除规则,就难以对其发挥约束作用。另外,监察机关单轨调查体制的确立还带来了留置场所的滥用问题,难以为被调查人提供最低限度的程序保障。要走出困境,使监察机关的刑事调查纳入法治的轨道,使被调查人获得基本的权利保障,就必须确立一种双轨调查体制,在监察机构内部设置相对独立的党纪政纪调查部门与刑事调查部门,前者遵守《监察法》以及关联法规的约束,后者则与其他侦查机关一样,受到《刑事诉讼法》的约束,并达到刑事侦查所要求的程序保障水平。[③]

四、监察留置措施

《关于在北京市、山西省、浙江省开展国家监察体制改革试点工作的决定》明确规定监察委员会可以采取谈话、讯问、询问、查询、冻结、调取、查封、扣押、搜查、勘验检查、鉴定、留置12项措施。《监察法》草案及《监察法》均对前述措施予以保留并细化。其中,留置措施的适用问题引发了学界的热议。

有学者对留置措施的由来和性质、当前留置措施存在的主要问题进行了探讨,并提出了进一步规范和完善的若干构想。具体而言,作为监察委员会调查活动中限制被调查人人身自由的唯一措施,留置与"双规"有着不可分割的联系。但留置措施在改革试点中存在性质不明确、适用条件宽泛、审批程序部分失当、期限过长、救济不力及外部监督与制约缺失、被调查人无权委托律师为自己辩护等诸多问题。为了保证其正确适用,切实保障人权,应当进一步明确留置的性质,取消对严重职务违法的嫌疑人适用留置措施,明确留置只适用于具有法定情形的职务犯罪嫌疑人,对"正常留置""临时留置"适用不同的批准

[①] 龙宗智. 监察与司法协调衔接的法规范分析. 政治与法律,2018 (1).
[②] 左卫民,安琪. 监察委员会调查权:性质、行使与规制的审思. 武汉大学学报(哲学社会科学版),2018 (1).
[③] 陈瑞华. 论监察委员会的调查权. 中国人民大学学报,2018 (4).

程序并改变监察委采取留置措施一律由"监察机关领导人员集体研究决定"的机制,设置留置的一般期限和延长期限,并赋予被调查人在留置期间获得律师辩护或法律帮助的权利。[①]

也有学者提出,作为取代"双规"措施的监察留置措施具有行刑双性以及强制性、预防性等特性。基于合法性原则、正当程序原则、合比例性原则以及查留分离原则,适用监察留置应同时符合下述三项条件:(1)有违法犯罪事实;(2)违法犯罪嫌疑人属于公职人员;(3)有留置之必要。另外,决定主体、批准主体、留置场所、留置时限、留置与逮捕如何衔接等问题也应当作为监察留置正当程序的要点予以考虑。需要强调的是,被留置人的权利保障应当作为监察体制改革中的重要内容,进行相应的制度构建时应当着眼于事前权利保障与事后权利救济两个方面。事前权利保障主要包括使被留置人明确自身合法权利的内容、免于逼供权、陈述申辩权;而事后的权利救济主要应当着眼于监察申诉救济权以及求偿权。[②]

另有论者认为,国家监察体制改革用留置取代"双规"措施,留置完成了从党内措施到国家监察措施的转变,成为监察机关采取的限制人身自由的强制性措施。留置措施适用程序,特别是提请留置的程序、决定程序、决定的人员和方式、通知家属的内容形式等一系列问题有待进一步研究和明确。案件移送检察机关审查起诉后,检察机关对被留置的对象作何处理,包括先行拘留,再根据案件情况以及犯罪嫌疑人的情况决定采取何种刑事强制措施程序,也需要研究和明确。监察机关将调查的职务犯罪案件移送检察机关之后,检察机关如果认为有事实和证据需要补充核实,将案件退回监察机关的,此时案件仍然处于审查起诉阶段,犯罪嫌疑人应关押在看守所,不应退回到留置状态,不应转移至监察机关办案场所。[③]

还有学者专门对留置措施适用中的程序问题展开研究。该学者提出,留置包括决定立案时的留置与调查过程中的留置。鉴于留置只有在经过调查核实且确实掌握了部分违法犯罪事实及证据且听取了被调查人的意见之后才宜适用,立案决定时的留置应当限制适用,而在补充调查中则不能适用留置。另外,在留置持续期间发现新的犯罪事实,不能另行适用留置;留置解除后,在特定情形下,可以再次适用留置,但留置期限应当连续计算。依照合目的性或者合条件性判断,留置应当解除或者可以解除。在监察案件与侦查案件相关联的情形下,应当注意留置与刑事强制措施的衔接。[④]

[①] 谭世贵. 监察体制改革中的留置措施:由来、性质及完善. 甘肃社会科学,2018(2).
[②] 江国华,王冲. 监察委员会留置措施论析. 湖北社会科学,2018(9).
[③] 杨宇冠,高童非. 监察机关留置问题研究. 浙江工商大学学报,2018(5).
[④] 王飞跃. 监察留置适用中的程序问题. 法学杂志,2018(5).

图书在版编目（CIP）数据

刑事诉讼法学的发展脉络：1997—2018/刘计划主编. --北京：中国人民大学出版社，2020.9
（教育部人文社会科学重点研究基地中国人民大学刑事法律科学研究中心系列丛书）
ISBN 978-7-300-28572-6

Ⅰ.①刑… Ⅱ.①刘… Ⅲ.①刑事诉讼法-法学史-研究-中国-1997—2018 Ⅳ.①D925.202

中国版本图书馆CIP数据核字（2020）第169851号

教育部人文社会科学重点研究基地
中国人民大学刑事法律科学研究中心系列丛书
刑事诉讼法学的发展脉络（1997—2018）
主编 刘计划
Xingshi Susong Faxue de Fazhan Mailuo（1997—2018）

出版发行	中国人民大学出版社			
社　　址	北京中关村大街31号		邮政编码	100080
电　　话	010-62511242（总编室）		010-62511770（质管部）	
	010-82501766（邮购部）		010-62514148（门市部）	
	010-62515195（发行公司）		010-62515275（盗版举报）	
网　　址	http://www.crup.com.cn			
经　　销	新华书店			
印　　刷	北京玺诚印务有限公司			
规　　格	185 mm×260 mm　16开本		版　次	2020年9月第1版
印　　张	21 插页1		印　次	2020年9月第1次印刷
字　　数	494 000		定　价	86.00元

版权所有　侵权必究　　印装差错　负责调换